デイリー
日本語・
ベトナム語・
英語辞典

冨田健次［監修］
三省堂編修所［編］

Daily
Japanese-Vietnamese-
English Dictionary

© Sanseido Co., Ltd. 2018
Printed in Japan

[監修] 冨田健次

[ベトナム語校閲] Phan Thị Mỹ Loan

[編集協力]
川上真知子／竹川侑希／中嶋弘子／中原智子／中山美香／藤原美代子
古屋賀子／細川圭子／門田久幸／吉田美紀子／吉村鏡子
Bùi Thị Trang, Đặng Trung Hưng, Đinh Thị Như Quỳnh,
Đoàn Thị Diệp Anh, Huỳnh Văn Khang, Ngô Trung Thắng,
Nguyễn Ngọc Linh, Nguyễn Thùy Khiết Tâm, Phạm Thị Hồng Loan,
Phạm Thị Kiều, Phạm Thị Phương Oanh, Phan Thị Cẩm Tú

[会話吹き込み] Nguyễn Thị Lan Phương

[組版] 三省堂データ編集室
[音声収録] スタジオ映音空間

[装画] 内山洋見
[装丁] 三省堂デザイン室

まえがき

　近年，日本アニメのブームがわき起こったり，和食が世界遺産に登録されたりと，日本の文化・芸術が世界的に注目を集めています。それに伴い，海外からの観光客や日本での留学・就労をもとめる外国人が増えています。そして，2020年の東京オリンピック・パラリンピックをきっかけとして，多くの日本人がさまざまな言語や文化背景をもつ人たちをおもてなしの心で迎え入れようとしています。

　2002年より刊行を開始した「デイリー3か国語辞典」シリーズは，ハンディかつシンプルで使いやすいとのご好評をいただき，増刷を重ねてまいりました。このたび，アジアにおける有力言語の一つ，ベトナム語に焦点を当てた『デイリー日本語・ベトナム語・英語辞典』を刊行いたします。ベトナムは近年著しい経済発展を遂げ，日本との政治・経済的結びつきが非常に強まっています。海外旅行先，企業の進出先，研修生・学生の派遣元としてもますます重要性を増しています。旅先でのコミュニケーションや初歩の学習に本書をどうぞご活用下さい。

　本書の構成は次の通りです。詳しくは「この辞書の使い方」をごらんください。

◇日本語・ベトナム語・英語辞典…

　日本語に対応するベトナム語がひと目でわかります。分野別単語集と合わせ約1万3千項目収録しました。見出しの日本語には「ふりがな」に加え「ローマ字」も示し，語義が複数にわたるものなどには（　）で中見出しを設けました。ベトナム語と英語にはカナ発音を示しました。

◇日常会話…

　テーマや状況別に，よく使われるごく基本的な表現をまとめました。ベトナム語と英語の音声は，無料ウェブサービスで聴くことができます。

◇分野別単語集…

　「職業」「病院」など，分野別に関連する基本的な単語をまとめました。

　本書の編集は，日本語と英語の選定および英語のカナ発音は原則としてシリーズ共通のものとしたうえで，ベトナム語部分の監修を大阪大学元教授の冨田健次先生にお願いいたしました。この場を借りて篤く御礼申し上げます。

　2018年初夏

　　　　　　　　　　　　　　　　　　　　　　　　三省堂編修所

この辞書の使い方

【日本語・ベトナム語・英語辞典】
○日本語見出し
・日常よく使われる日本語を五十音順に配列した
・長音「ー」は直前の母音に置き換えて配列した
　例：　**アーモンド**　→　ああもんど　　　　**チーム**　→　ちいむ
・見出し上部にふりがなを付し，常用漢字以外の漢字も用いた
・見出し下部にローマ字を付けた
　例：　**上達する**　→　joutatsusuru　　　　**長所**　→　chousho
・語義が複数あるものなどには（　）で中見出しを設けた
・熟語見出しについては見出しを～で省略した

○ベトナム語
・見出しの日本語に対応するベトナム語の代表的な語句を示した
・ベトナム語にはシンプルなカナ発音を付けた
・声調についてはベトナム語のつづりに表示されるので，カナ発音には示していない（詳しくは，見返しの「ベトナム語の文字とカナ発音の対照表」を参照）

○英語
・見出しの日本語に対応する英語の代表的な語句を示した
・原則的にアメリカ英語とし，イギリス英語には British の略記号 Ⓑ を付けた
・冠詞・複数形などの詳細な表記は原則的に割愛した
・英語にはシンプルなカナ発音を付け，アクセントは太字で示した

【日常会話】
・「あいさつ」「食事」「買い物」「トラブル・緊急事態」の４つの場面別に，よく使われる日常会話表現をまとめた
・日本語・ベトナム語・英語の順に配列し，同じ意味を表す別の表現は / で区切って併記した
・ベトナム語のカナ発音は日本語・ベトナム語・英語辞典に準じた

【分野別単語集】
・分野別によく使われる語句をまとめた
・日本語・ベトナム語・英語の順に配列し，英語は Ⓔ で示した
・ベトナム語のカナ発音は日本語・ベトナム語・英語辞典に準じた

ベトナム語とはどのような言語か？

　ベトナム語は，オーストロアジア（南アジア）語族に分類される言語で，隣国のカンボジアの主要言語クメール語と兄弟関係にあり，これにタイ・カダイ語族やオーストロネシア（南島）語族など周辺の 53 といわれる少数民族（かつてはチャンパ民族など大民族も存在）の諸言語が融合してできた「ハイブリッド」言語です。

　現在の人口 9000 万人余の 9 割がキン（京）族といわれる多数民族で，彼らの言語を基盤にして「国語」としてのベトナム語が形成されています。

　ベトナム語は，以下で述べるように，「単音節言語」「声調言語」「孤立語タイプ」という三大特徴を持った言語です。

■ベトナム語の「音節」の構造

　ベトナム語の単語を構成する「音節」は，以下のような構造をしています。

　　頭子音＋（半母音）＋母音＋末子音／＋声調

　ただし，表記上はこれらすべてが現れるわけではなく，多くは母音以外のいずれかが欠けた形で現れます。

《母　音》　音節にとって必須の母音は，舌の位置と口むろの「広・狭」によって，以下の 9 種に区別されます。

	舌高	舌半	舌低
舌前	i [iː]	ê（狭）[eː]	e（広）[ɛː]
舌中	ư [ɯː]	ơ（狭）[ɤː]	a（広）[ɑː]
舌奥	u [uː]	ô（狭）[oː]	o（広）[ɔː]

　「舌中」のơとaについてのみ「短」母音が加わり，「長・短」の対立を生んでいます。

　　ơ [ɤː]（狭・長）：â [ɤ]（狭・短）
　　a [ɑː]（広・長）：ă [ɑ]（広・短）

ちなみに，他の母音については長短の区別はなく，やや長めに発音されます。

　「舌高」の i ư u については「広・狭」の対立がない代わりに，以下のような「二重母音」が発生します。

　　舌前　ia [iə]　　　舌中　ưa [ɯə]　　　舌奥　ua [uə]

　これらの後に末子音が来る「閉音節」の場合には，発音とスペルに以下のように若干の変化が見られます。

　　舌前　ia　→　iê-/yê [ie]
　　舌中　ưa　→　ươ [ɯɤ]
　　舌奥　ua　→　uô [uo]

　基本的には，この「広・狭」「長・短」の母音の対立のうえに，さらに 6 種類の「声調」がかぶさって，音節の核が構成されることになります。

《声調》　「広・長」の母音aを例にとってみると, aには, 無記号で書かれる「平」らで「高」いaと, 下降線で書かれる「平」らで「低」いàに分かれます。さらに, 「高」いところから喉を詰めぎみにさらに高みへ急速に上り詰めるãと, 「低」いところから緩やかに下降した後にやや上昇させるảの声調に分かれ, さらに「高」い位置から喉を詰めることなく急上昇させるáと「低」のまま急速に喉を詰めて終わらせるạに分かれます。

	平ら	喉詰めて急速上昇	喉詰めず急速上昇
高い	a	ã	á

	平ら	喉詰めず下降後上昇	喉詰めて急速停止
低い	à	ả	ạ

　声調に決まった順序はありませんが, 教育界ではa à á ả ã ạ の順に並べるのが普通で, 辞書の見出し語もこの順に配列されることが一般的です。

　このように, 各音節は核となる母音の「高・低」「広・狭」「長・短」が「声調」と一体となって発せられてようやく意味を持った音節となります。そのどれかが違えば全く異なる語彙になってしまうので, 学習者は母音の種類と声調の区別には十分注意を払う必要があります。

《半母音》　ベトナム語の半母音には, 円唇の[w]しかありません。ただし, ベトナム語のアルファベットにはWの文字がないので (ほかにF J Zもない), 以下のようにoとuで[w]を表します。

　　oa←wa　　oe←we　　uê←wê　　uy←wi　　uơ←wơ
　　hoa←hwa　hoe←hwe　huê←hwê　huy←hwi　huơ←hwơ

《頭子音》　詳しくは, 見返しの表を参照。以下では, 日本語の五十音と比較しながら, 発音に際してとくに注意する点のみをあげます。

カ行：　　ca [kɑ:] (ke) ……　＊前舌母音i, ê, eの時のみkで表記。
ガ行：　　ga [ɣɑ:] (ghe) ……　＊前舌母音i, ê, eの時のみghで表記。喉の奥をこすりぎみに。
ガ行：　　nga [ŋɑ:] (nghe) ……　＊前舌母音i, ê, eの時のみnghで表記。いわゆる「鼻濁音」で。
カ行：　　kha [xɑ:]　＊カ行とハ行の中間の音で, 喉の奥をこすりぎみに。
ハ行：　　ha [hɑ:]
チャ行：　cha / tra [cɑ:]　＊北部では区別しない。南部では後者は舌を反り上げて。
ニャ行：　nha [ɲɑ:]
ダ行：　　da [ɗɑ:]
ラ行：　　la [lɑ:]　＊舌を反らさず真っ直ぐ伸ばして。
ナ行：　　na [nɑ:]
タ行：　　ta [tɑ:]　＊息を漏らさず喉を詰めぎみに。
タ行：　　tha [t'ɑ:]　＊喉をリラックスさせて息を思い切り出して。
サ行：　　xa / sa [sɑ:]　＊北部では区別しない。南部では後者は舌を反り上げて。
ザ行：　　da / gia / ra [zɑ:]　＊北部では区別しない。南部では前二者は日本語の「ヤ」, 後者は「ラ」に近く。

バ行： ba [ɓɑː]
ファ行： pha [fɑː] *下唇を上歯で軽くかんで。
ヴァ行： va [vɑː] *下唇を上歯で軽くかんで。
マ行： ma [mɑː]

《末子音》 「高・広・長」母音のaを例にとって，末子音との結合とその表記について説明します。

	〈利用される口内部位〉					
	唇	舌先	喉	口蓋	-y	-w
鼻 音	am [ɑːm]	an [ɑːn]	ang [ɑːŋ]	anh [ɑɲ]	ai [ɑːj]	ao [ɑːw]
内破音	ap [ɑːp̚]	at [ɑːt̚]	ac [ɑːk̚]	ach [ɑc̚]		

以下では，ベトナム語に見られる3つの特徴について説明します。

■単音節言語から複音節言語へ

ベトナム語の単語は，日本語の「目」や「手」，英語のbigやbookのように一つの音節からできているのが基本です。したがって，一般的に語彙は短く，しかも瞬時に音楽的要素（声調）も聞き分けなければならないため，その「聞こえ」の度合いは極端に低い言語といえます。

しかしながら，国内における他民族との共生やベトナム社会の複雑化により伝える内容も高度になり，この「聞こえ」の度合いを高め相互理解を深める必要性が増してきたため，徐々にさまざまな工夫がこらされるようになりました。

まずは音声面からの工夫で，1音節の語そのものを丸ごと繰り返したり，語の一部である頭子音だけを繰り返したり，頭子音を除いた「韻」（半母音＋母音＋末子音／＋声調）の部分だけを繰り返したりすることで，「聞こえ」を高めるようにしました。その結果として，意味を持たない音節の付加された2音節語が大量に生まれました。

　　[例] chuồn chuồn「とんぼ」　　　đất đai「土地」
　　　　bơ vơ「途方に暮れた」

もう一方の工夫としては，ある意味を持った語（とくに同意語や類義語，あるいは対義語）を付加して2音節語とし，全体の意味を強化する方法があげられます。これにより，さらに大量の2音節語を獲得することができました。

　　[例] làng xóm「村」+「村」=「村」　　xe cộ「車」+「そり」=「車類」
　　　　mua bán「売る」+「買う」=「商売する」

その中には，当然，他民族の語彙も含まれています。また，紀元前から1000年以上にもわたって植民地支配を受けた中国からもたらされた漢語のほとんどが2音節・4音節語であったのも，ベトナム語の複音節化に幸いしました。19世紀の植民地宗主国フランスによって多数の近代的文物とともにもたらされた西洋語彙も，概ね2音節にまとめられ，ベトナム語を豊かな複音節（2音節）言語に育んできました。

　　[例] kỳ lạ「奇」（漢語）+「変わった」=「奇妙な」
　　　　hạnh phúc「幸福」（漢語）
　　　　cà phê「コーヒー」

■ 声調言語

 以上見てきたように、ベトナム語は、単語が基本的に1音節から成り立っているうえ、その音節の内部に独特の絶対的音調が"かぶさ"り、その音調の差によって意味を区別するという、極めて複雑な音楽的特徴を有する言語です。

 例えば、日本語の「歯」「刃」「葉」「羽」「端」「派」が6種類の音調で意味を区別するとしたらどうでしょうか。これらを発声し分け聞き分けることは、よほど音感に優れていなければ困難といえましょう。

 日本語のアクセントは、あくまで「相対的」なものであり、これとは区別する意味で、ベトナム語の音調を「絶対的」な「声調」と呼んでいます。すなわち、アクセントが違ってもそれほどの誤解は生みませんが、「声調」は決定的な誤解を生む危険があるため、学習者はとくに注意を払う必要があります。

■ 孤立語タイプ

 このようにして成立したベトナム語の単語は、いかなる場合にもその形を変えることはありません。一つひとつの語は独立（孤立）した存在で、一つの語から他の語が「派生」したり「活用」したりすることは、かつてはあったとしても今は全くありません。

 文法的な「格」や「数」「性」「時制」を表すこともなく、品詞が何であるかも曖昧です。したがって、個々の語彙を一定の順序（語序）に並べれば、互いに関連性が生まれ意味を成すようになります。

 順序の基本は、英文法に倣えば以下のようになります。

　　S + V + O + O/C　（S=主語，V=述語，O=目的語，C=補語）

　　Tôi cho em cái đó.「私は君にそれもあげよう」
　　私　やる　君　それ

　　Tôi muốn em đi đó.「私は君にそこへ行ってもらいたい」
　　私　望む　君　行く そこ

 修飾語は、他の東南アジアの多くの言語と同じく被修飾語に後置されます。

　　[例] người đẹp「人」+「美しい」=「美人」
　　　　 vẽ đẹp「描く」+「美しい」=「美しく描く」
　　　　 đẹp lắm「美しい」+「とても」=「とても美しい」

「数」を表したいときは、数詞が前置されるのが基本です。

　　[例] hai người「二」+「人」=「二人」
　　　　 hai con cá「二」+「匹」+「魚」=「魚二尾」
　　　　 những căn nhà「いくつかの」+「軒」+「家」=「何軒かの家」

 以上見てきたように、ベトナム語は文字と文法はかなり単純で習得しやすいのに対し、発音は世界一といってよいほどの難しさを抱えています。したがって、とにかく"発音が命"ともいえ、単語の一つひとつについて、「高さ（高・低）」「広さ（広・狭）」「長さ（長・短）」のすべてを「正確に」覚えることが大事です。

あ, ア

日	越	英
あーもんど **アーモンド** aamondo	hạnh nhân ハイン ニオン	almond **アー**モンド
あい **愛** ai	lòng yêu mến, tình thương ローンム イエゥ メーン, ティン トゥフオング	love **ラ**ヴ
あいかぎ **合い鍵** aikagi	chìa khoá dự phòng チア クフアー ズー フォーンム	duplicate key **デュー**プリケト **キ**ー
あいかわらず **相変わらず** aikawarazu	vẫn, như thường ヴォン, ニュー トゥフオング	as usual アズ **ユー**ジュアル
あいきょうのある **愛嬌のある** aikyounoaru	yêu kiều, duyên dáng イエゥ キエゥ, ズイエン ザーング	charming **チャー**ミング
あいこくしん **愛国心** aikokushin	lòng yêu nước ローンム イエゥ ヌオク	patriotism **ペ**イトリオティズム
あいこん **アイコン** aikon	icon, biểu tượng アイコン, ビエゥ トゥオング	icon **ア**イカン
あいさつ **挨拶** aisatsu	lời chào hỏi ローイ チャーゥ ホーイ	greeting グ**リー**ティング
～する	chào hỏi チャーゥ ホーイ	greet, salute グ**リー**ト, サ**ルー**ト
あいしゃどー **アイシャドー** aishadoo	phấn mắt フォン マッ	eye shadow **ア**イ **シャ**ドウ
あいしょう **愛称** aishou	tên thân mật テーン トホン モッ	nickname **ニ**クネイム
あいじょう **愛情** aijou	tình yêu, mối tình ティン イエゥ, モーイ ティン	love, affection **ラ**ヴ, ア**フェ**クション
あいず **合図** aizu	dấu hiệu, tín hiệu ゾゥ ヒエゥ, ティーン ヒエゥ	signal, sign ス**ィ**グナル, **サ**イン

日	越	英
あいすくりーむ **アイスクリーム** aisukuriimu	kem ケーム	ice cream **アイス** **クリーム**
あいすこーひー **アイスコーヒー** aisukoohii	cà phê đá カー フェー ダー	iced coffee **アイスト** **コーフィ**
あいすてぃー **アイスティー** aisutii	trà đá チャー ダー	iced tea **アイスト** **ティー**
あいすほっけー **アイスホッケー** aisuhokkee	khúc côn cầu trên băng クフークプ コーン コウ チェーン バング	ice hockey **アイス** **ハキ**
あいすらんど **アイスランド** aisurando	Ai xlen, Ai xơ len アーイ スレン, アーイ ソー レーン	Iceland **ア**イスランド
あいする **愛する** aisuru	yêu, thương イエゥ, トゥフオング	love **ラ**ヴ
あいそがつきる **愛想が尽きる** aisogatsukiru	hết tin, chán ghét ヘーッ ティーン, チャーン ゲーッ	(get) fed up with (ゲト) **フェド** **アプ** **ウィズ**
あいそのよい **愛想のよい** aisonoyoi	hoà nhã, nhã nhặn フアー ニャー, ニャー ニャン	affable, approachable **ア**ファブル, アプ**ロ**ウチャブル
あいた **空いた** aita	trống, rỗng チョーンム, ゾーンム	empty, vacant **エ**ンプティ, **ヴェ**イカント
あいだ **間** (時間) aida	quãng thời gian クアーング トホーイ ザーン	time, interval **タ**イム, **イ**ンタヴァル
(距離)	cách khoảng, tầm xa カイク クファーング, トム サー	distance **ディ**スタンス
(空間)	không gian, khoảng không コホーンム ザーン, クファーング コホーンム	space ス**ペ**イス
あいて **相手** aite	đối thủ, đối phương ドーイ トゥフー, ドーイ フオング	other person **ア**ザ **パ**ースン
(敵)	địch thủ, kẻ thù ディク トゥフー, ケー トゥフー	opponent オ**ポ**ウネント

日	越	英
<ruby>アイディア<rt>あいでぃあ</rt></ruby> aidia	ý tưởng, ý nghĩ イートゥオング, イーンギー	idea アイディーア
<ruby>IT<rt>あいてぃー</rt></ruby> aitii	IT, công nghệ thông tin アイティー, コーンム ングゲー トホームン ティーン	information technology インフォメイション テクナロヂ
<ruby>開いている<rt>あいている</rt></ruby> aiteiru	mở, ngỏ モー, ンゴー	open オウプン
<ruby>空いている<rt>あいている</rt></ruby> aiteiru	trống, rỗng チョーンム, ゾーンム	vacant ヴェイカント
(自由だ)	rảnh, rỗi rãi ザィン, ゾーィ ザーィ	free フリー
<ruby>アイドル<rt>あいどる</rt></ruby> aidoru	thần tượng トホン トゥオング	idol アイドル
<ruby>合間<rt>あいま</rt></ruby> aima	quãng thời gian クアーング トホーィ ザーン	interval インタヴァル
<ruby>曖昧な<rt>あいまいな</rt></ruby> aimaina	mơ hồ, lờ mờ モー ホー, ロー モー	vague, ambiguous ヴェイグ, アンビギュアス
<ruby>アイルランド<rt>あいるらんど</rt></ruby> airurando	Ai len, Ái Nhĩ Lan アーィ レーン, アーィ ニー ラーン	Ireland アイアランド
<ruby>アイロン<rt>あいろん</rt></ruby> airon	bàn là, bàn ủi バーン ラー, バーン ウーィ	iron アイアン
<ruby>会う<rt>あう</rt></ruby> au	gặp, gặp gỡ ガプ, ガプ ゴー	see, meet スィー, ミート
(約束して)	hen gặp ヘーン ガプ	meet ミート
<ruby>合う<rt>あう</rt></ruby> (一致する) au	hợp, khớp ホープ, コホープ	match with, conform to マチ ウィズ, コンフォームトゥ
(正確)	chính xác, đúng チン サーク, ドゥーンム	(be) correct (ビ) コレクト

日	越	英
アウトプット あうとぷっと autoputto	đầu ra, xuất ra ドゥ ザー, スオッ ザー	output **ア**ウトプト
アウトライン あうとらいん autorain	nét phác, nét đại cương ネーッ ファーク, ネーッ ダーィ クオング	outline **ア**ウトライン
和える あえる aeru	trộn, nêm gia vị チォーン, ネーム ザー ヴィー	dress with ド**レ**ス ウィズ
青 あお ao	màu xanh マゥ サイン	blue ブ**ル**ー
青い あおい aoi	xanh サイン	blue ブ**ル**ー
（顔色などが）	tái, xanh xao ターィ, サイン サーゥ	pale **ペ**イル
扇ぐ あおぐ aogu	quạt クアーッ	fan **ファ**ン
青白い あおじろい aojiroi	tái mét, xanh xao ターィ メーッ, サイン サーゥ	pale, wan **ペ**イル, **ワ**ン
赤 あか aka	màu đỏ マゥ ドー	red **レ**ド
赤い あかい akai	đỏ ドー	red **レ**ド
赤くなる あかくなる akakunaru	hoá đỏ, chuyển đỏ フアー ドー, チュイエン ドー	turn red **タ**ーン **レ**ド
赤字 あかじ akaji	thâm hụt, thâm thủng トホム フーッ, トホム トゥフーンム	deficit **デ**フィスィト
赤ちゃん あかちゃん akachan	đứa bé, trẻ thơ ドゥア ペー, チェー トホー	baby **ベ**イビ
赤身 （肉の） あかみ akami	nạc, không dính mỡ ナーク, コホーンム ジン モー	lean **リ**ーン
明かり あかり akari	ánh sáng, đèn sáng アィン サーング, デーン サーング	light, lamp **ラ**イト, **ラ**ンプ

日	越	英
あがる **上がる** （上に行く） agaru	lên, lên trên レーン, レーン チェーン	go up, rise **ゴウ** ア**プ**, **ラ**イズ
（増加する）	gia tăng, tăng lên ザー タング, タング レーン	increase, rise イン**ク**リース, **ラ**イズ
（興奮する・緊張する）	hồi hộp, căng thẳng ホーイ ホープ, カング タハング	(get) nervous (ゲト) **ナ**ーヴァス
あかるい **明るい** akarui	sáng, sáng sủa サーング, サーング スア	bright ブ**ラ**イト
（性格が）	vui tính ヴーイ ティン	cheerful **チ**アフル
あかわいん **赤ワイン** akawain	vang đỏ ヴァーング ドー	red wine **レ**ド **ワ**イン
あき **空き** （透き間） aki	khe hở, lỗ hở ケヘー ホー, ロー ホー	opening, gap **オ**ウプニング, **ギャ**プ
（余地）	chỗ hở, khoảng không チォー ホー, クヮーング コホーンム	room, space **ル**ーム, ス**ペ**イス
あき **秋** aki	mùa thu ムア トゥフー	fall, ⓑautumn **フォ**ール, **オ**ータム
あきかん **空き缶** akikan	lon trống, lon không ローン チォーンム, ローン コホーンム	empty can **エ**ンプティ **キャ**ン
あきち **空き地** akichi	chỗ trống, đất trống チォー チォーンム, ドッ チォーンム	vacant land **ヴェ**イカント **ラ**ンド
あきびん **空きびん** akibin	chai không チャーイ コホーンム	empty bottle **エ**ンプティ **バ**トル
あきべや **空き部屋** akibeya	phòng trống フォーンム チォーンム	vacant room **ヴェ**イカント **ル**ーム
あきらかな **明らかな** akirakana	rõ ràng, rõ rệt ゾー ザーング, ゾー ゼーッ	clear, evident ク**リ**ア, **エ**ヴィデント
あきらかに **明らかに** akirakani	rõ ràng, rõ rệt ゾー ザーング, ゾー ゼーッ	clearly ク**リ**アリ

日	越	英
あきらめる **諦める** akirameru	từ bỏ, đành chịu トゥー ボー, ダィン チーゥ	give up, abandon **ギヴ アプ**, ア**バ**ンドン
あきる **飽きる** akiru	chán, ngán チャーン, ンガーン	(get) tired of (ゲト) **タ**イアド オヴ
あきれすけん **アキレス腱** akiresuken	gân cổ chân ゴン コー チョン	Achilles' tendon ア**キ**リーズ **テ**ンドン
あきれる **呆れる** akireru	ngơ ngác, ngỡ ngàng ンゴー ンガーク, ンゴー ンガーング	(be) bewildered by (ビ) ビ**ウィ**ルダド バイ
あく **悪** aku	điều ác, cái xấu ディエゥ アーク, カーイ ソウ	evil, vice **イ**ーヴィル, **ヴァ**イス
あく **開く** aku	mở cửa モー クア	open **オ**ウプン
あく **空く** aku	để trống, bỏ trống デー チョーンム, ボー チョーンム	(become) vacant (ビカム) **ヴェ**イカント
あくい **悪意** akui	ác ý, ý xấu アーク イー, イー ソウ	malice **マ**リス
あくじ **悪事** akuji	việc làm xấu, hành động xấu ヴィエク ラーム ソウ, ハイン ドーンム ソウ	evil deed **イ**ーヴィル **ディ**ード
あくしつな **悪質な** akushitsuna	xấu xa, tồi tệ ソウ サー, トーイ テー	vicious, vile **ヴィ**シャス, **ヴァ**イル
あくしゅ **握手** akushu	bắt tay バッ タイ	handshake **ハ**ンドシェイク
あくせいの **悪性の** akuseino	ác tính アーク ティン	malignant マ**リ**グナント
あくせさりー **アクセサリー** akusesarii	đồ trang sức, nữ trang ドー チャーング スーク, ヌー チャーング	accessories アク**セ**ソリズ
あくせす **アクセス** akusesu	truy cập, cách đi チュイー コプ, カイク ディー	access **ア**クセス

日	越	英
あくせる **アクセル** akuseru	chân ga チョン ガー	accelerator アク**セ**ラレイタ
あくせんと **アクセント** akusento	giọng, trọng âm ゾーン, チョーンム オム	accent **ア**クセント
あくび **あくび** akubi	ngáp ンガープ	yawn **ヨ**ーン
あくま **悪魔** akuma	ma quỷ マー クイー	devil **デ**ヴィル
あくむ **悪夢** akumu	ác mộng アーク モーンム	nightmare **ナ**イトメア
あくめい **悪名** akumei	tai tiếng ターイ ティエンブ	bad reputation バド レピュ**テ**イション
あくようする **悪用する** akuyousuru	lợi dụng, sử dụng vào việc xấu ロイ ズーンム, スー ズーンム ヴァーウ ヴィエク ソウ	abuse, misuse ア**ビュ**ーズ, ミス**ユ**ーズ
あくりょく **握力** akuryoku	sức nắm của lòng bàn tay スーク ナム クア ローンム バーン タイ	grip strength グリプ スト**レ**ングス
あくりる **アクリル** akuriru	nhựa acrilic ニュア アクリリク	acrylic アク**リ**リク
あけがた **明け方** akegata	rạng đông, bình minh ザーンブ ドームン, ビン ミン	daybreak **デ**イブレイク
あける **開ける** akeru	mở, giở モー, ゾー	open **オ**ウプン
あける **空ける** akeru	để trống, làm trống デー チョームン, ラーム チョームン	empty **エ**ンプティ
あげる **上げる** ageru	cất lên, nhấc lên コッ レーン, ニオク レーン	raise, lift **レ**イズ, **リ**フト
(与える)	cho, tặng チョー, タンブ	give, offer **ギ**ヴ, **オ**ーファ

日	越	英
あげる **揚げる** ageru	rán, chiên ザーン, チエン	deep-fry ディープフライ
あご **顎** ago	hàm, cằm ハーム, カム	jaw, chin チョー, チン
あこがれ **憧れ** akogare	sự hâm mộ, ngưỡng mộ スー ホム モー, ングオング モー	yearning ヤーニング
あこがれる **憧れる** akogareru	hâm mộ, ngưỡng mộ ホム モー, ングオング モー	aspire to, long for アスパイア トゥ, ローング フォ
あさ **朝** asa	buổi sáng, ban sáng ブオイ サーング, バーン サーング	morning モーニング
あさ **麻** asa	gai ガーイ	hemp ヘンプ
(布)	vải lanh, vải bố ヴァーイ ラィン, ヴァーイ ボー	linen リネン
あさい **浅い** asai	nông, cạn ノーンム, カーン	shallow シャロウ
あさがお **朝顔** asagao	cây bìm bìm コィ ビーム ビーム	morning glory モーニング グローリ
あさって **あさって** asatte	ngày kia, ngày mốt ンガイ キア, ンガイ モーッ	day after tomorrow デイ アフタ トモーロウ
あさひ **朝日** asahi	nắng sáng, nắng sớm ナング サーング, ナング ソーム	morning sun モーニング サン
あさましい **浅ましい** asamashii	hèn hạ, đê tiện ヘーン ハー, デー ティエン	shameful シェイムフル
あざむく **欺く** azamuku	lừa bịp, dối trá ルア ビープ, ゾーイ チャー	cheat チート
あざやかな **鮮やかな** azayakana	tươi, sặc sỡ トゥオイ, サクソー	vivid ヴィヴィド

日	越	英
(手際が)	khéo, giỏi ケヘーゥ, ゾーィ	splendid, masterful スプレンディド, **マ**スタフル
あざらし **海豹** azarashi	hải cẩu, chó biển ハーィ コゥ, チョー ビエン	seal ス**ィ**ール
あざわらう **あざ笑う** azawarau	chế nhạo, chế giễu チェー ニャゥ, チェー ジエゥ	ridicule **リ**ディキュール
あし **足**（人の足首から先） ashi	bàn chân バーン チョン	foot **フ**ト
～首	cổ chân コー チョン	ankle **ア**ンクル
あし **脚** ashi	chân, cẳng チョン, カング	leg **レ**グ
あじ **味** aji	mùi vị, vị ムーィ ヴィー, ヴィー	taste **テ**イスト
(風味)	hương vị フオング ヴィー	flavor, Ⓑflavour フ**レ**イヴァ, フ**レ**イヴァ
あじあ **アジア** ajia	Châu Á, Á Châu チョゥ アー, アー チョゥ	Asia **エ**イジャ
～の	Châu Á チョゥ アー	Asian **エ**イジャン
あじけない **味気ない** ajikenai	nhạt nhẽo, tẻ nhạt ニャーッ ニエーゥ, テー ニャーッ	uninteresting ア**ニ**ンタレスティング
あした **明日** ashita	mai, ngày mai マーィ, ンガィ マーィ	tomorrow ト**モ**ーロウ
あじつけする **味付けする** ajitsukesuru	nêm gia vị ネーム ザー ヴィー	season with ス**ィ**ーズン ウィズ
あしば **足場** ashiba	giàn giáo, giáo ザーン ザーゥ, ザーゥ	scaffold ス**キャ**フォルド

日	越	英
あじみする **味見する** ajimisuru	nếm, nếm thử ネーム、ネーム トゥフー	taste テイスト
あじわう **味わう** ajiwau	thưởng thức món ngon トゥオング トゥフーク モーン ンゴーン	taste, relish テイスト、レリシュ
あずかる **預かる** azukaru	giữ, nhận giữ ズー、ニョン ズー	look after ルク アフタ
あずき **小豆** azuki	đậu đỏ ドゥ ドー	red bean レド ビーン
あずける **預ける** azukeru	gửi, gửi gắm グーイ、グーイ ガム	leave, deposit リーヴ、ディパズィト
あすぱらがす **アスパラガス** asuparagasu	măng tây マング トイ	asparagus アスパラガス
あすぴりん **アスピリン** asupirin	aspirin, át pi rin アスピリン、アーッ ピー リーン	aspirin **ア**スピリン
あせ **汗** ase	mồ hôi モー ホーイ	sweat スウェト
あせも **あせも** asemo	rôm, sảy ゾーム、サイ	heat rash ヒート ラシュ
あせる **焦る** aseru	nôn nóng, nóng vội ノーン ノーンム、ノーンム ヴォーイ	(be) impatient (ビ) インペイシェント
あそこ **あそこ** asoko	đằng kia, kia ダング キア、キア	over there オウヴァ ゼア
あそび **遊び** asobi	trò chơi チョー チョーイ	play プレイ
(娯楽)	trò vui, trò giải trí チョー ヴーイ、チョー ザーイ チー	amusement アミューズメント
(気晴らし)	giải trí, vui chơi ザーイ チー、ヴーイ チョーイ	diversion ディヴァージョン
あそぶ **遊ぶ** asobu	chơi, chơi bời チョーイ、チョーイ ボーイ	play プレイ

日	越	英
あたい **価** (価値) atai	giá, giá trị ザー, ザー チー	value, worth ヴァリュ, ワース
(値段)	giá cả ザー カー	price, cost プライス, コスト
あたえる **与える** ataeru	cho, ban phát チョー, バーン ファーツ	give, present ギヴ, プリゼント
(被害を)	gây hại ゴイ ハーイ	cause, inflict コーズ, インフリクト
あたたかい **暖かい** atatakai	ấm, ấm áp オム, オム アープ	warm ウォーム
あたたかい **温かい** (心が) atatakai	tốt bụng, tử tế トーッ ブーンム, トゥー テー	genial ヂーニャル
あたたまる **暖まる** atatamaru	được sưởi ấm ドゥオク スオイ オム	(get) warm (ゲト) ウォーム
あたためる **暖める** atatameru	hâm nóng, sưởi ấm ホム ノーンム, スオイ オム	warm (up), heat ウォーム (アプ), ヒート
あだな **あだ名** adana	tên hiệu, tên thân mật テーン ヒエウ, テーント トホン モッ	nickname ニクネイム
あたま **頭** atama	đầu ドゥ	head ヘド
(頭脳)	óc, não オークプ, ナーウ	brains, intellect ブレインズ, インテレクト
あたらしい **新しい** atarashii	mới, mới mẻ モーイ, モーイ メー	new ニュー
(最新の)	tối tân, hiện đại nhất トーイ トン, ヒエン ダーイ ニオッ	recent リースント
(新鮮な)	tươi トゥオイ	fresh フレシュ
あたり **当たり** (球の) atari	chạm, đụng チャーム, ドゥーンム	hit, strike ヒト, ストライク

日	越	英
（事業などの）	thành công	success
あたり 辺り atari	lân cận, phụ cận	vicinity
あたりまえの 当たり前の atarimaeno	bình thường, hiển nhiên	common, ordinary
あたる 当たる ataru	va chạm, đụng chạm	hit, strike
（事業などが）	đạt, thành công	hit, succeed
あちこち あちこち achikochi	khắp nơi, đây đó	here and there
あちら あちら achira	bên kia	(over) there
あつい 熱[暑]い atsui	nóng, nóng nực	hot
あつい 厚い atsui	dày	thick
あつかい 扱い atsukai	đối xử, cư xử	treatment, handling
あつかう 扱う atsukau	sử dụng, điều khiển	handle
（担当する）	phụ trách, quản lý	manage, deal with
（待遇する）	đối đãi, tiếp đãi	treat, deal with
あっかする 悪化する akkasuru	xấu đi	grow worse

日	越	英
あつかましい **厚かましい** atsukamashii	trơ trẽn, mặt dày チョー チェーン, マッ ザィ	impudent **イン**ピュ**デ**ント
あつぎする **厚着する** atsugisuru	mặc cho ấm マク チョー オム	dress warmly ド**レ**ス ウォームリ
あつくるしい **暑苦しい** atsukurushii	nóng bức, nóng nực ノーンム ブーク, ノーンム ヌーク	sultry, stuffy **サ**ルトリ, ス**タ**フィ
あつさ **厚さ** atsusa	bề dày ベー ザィ	thickness ス**ィ**クネス
あっさり **あっさり** assari	đơn giản, dễ dàng ドーン ザーン, ゼー ザーング	simply, plainly ス**ィ**ンプリ, プ**レ**インリ
～した	nhạt, mộc ニャーッ, モークブ	simple, plain ス**ィ**ンプル, プ**レ**イン
あっしゅくする **圧縮する** asshukusuru	ép, nén エープ, ネーン	compress コンプ**レ**ス
あつでの **厚手の** atsudeno	dày ザィ	thick ス**ィ**ク
あっとうする **圧倒する** attousuru	áp đảo, lấn át アープ ダーウ, ロン アーッ	overwhelm オウヴァ(ホ)**ウェ**ルム
あっとまーく **アットマーク** attomaaku	A còng, A móc アー コーンム, アー モークブ	at sign, @ **ア**ト **サ**イン
あっぱくする **圧迫する** appakusuru	áp bức, áp chế アープ ブーク, アープ チェー	oppress, press オプ**レ**ス, プ**レ**ス
あつまり **集まり** (会合) atsumari	cuộc họp, buổi họp mặt クオク ホープ, ブオイ ホープ マッ	gathering, meeting **ギャ**ザリング, **ミー**ティング
(多数集まったもの)	đám đông ダーム ドーンム	crowd, gathering ク**ラ**ウド, **ギャ**ザリング
あつまる **集まる** (会合する) atsumaru	tụ họp, tập hợp トゥー ホープ, トブ ホープ	meet, assemble **ミー**ト, ア**セ**ンブル
(群がる)	xúm xít, lâu nhâu スーム シーッ, ロウ ニョウ	gather **ギャ**ザ

日	越	英
あつみ **厚み** atsumi	bề dày, độ dày ベー ザィ, ドー ザィ	thickness **スィ**クネス
あつめる **集める** atsumeru	tập trung, tập hợp トプ チューンム, トプ ホープ	gather, collect **ギャ**ザ, コ**レ**クト
あつらえる **誂える** atsuraeru	đặt hàng, đặt mua ダッ ハーング, ダッ ムア	order **オ**ーダ
あつりょく **圧力** atsuryoku	áp lực, sức ép アープ ルゥク, スーク エープ	pressure プ**レ**シャ
あてさき **宛て先** atesaki	địa chỉ ディア チー	address ア**ド**レス
あてな **宛て名** atena	địa chỉ, tên người nhận ディア チー, テーン ングォイ ニョン	addressee アドレ**スィ**ー
あてはまる **当てはまる** atehamaru	phù hợp, ứng với フー ホープ, ウーング ヴォーイ	apply to, (be) true of ア**プ**ライ トゥ, (ビ) ト**ル**ーオヴ
あてる **充てる** ateru	phân phối, phân công フォン フォーイ, フォン コーンム	assign, allot ア**サ**イン, ア**ラ**ト
あてる (ぶつける) **当てる** ateru	đâm vào, đập vào ドム ヴァーウ, ドプ ヴァーウ	hit, strike **ヒ**ト, スト**ラ**イク
(推測する)	đoán, đoán chừng ドゥアーン, ドゥアーン チューング	guess **ゲ**ス
(成功する)	trúng, được việc チューンム, ドゥオク ヴィエク	succeed サク**スィ**ード
あと **跡** ato	dấu, dấu vết ゾゥ, ゾゥ ヴェーッ	mark, trace **マ**ーク, ト**レ**イス
あとあし **後足** atoashi	chân sau チョン サゥ	hind leg **ハ**インド **レ**グ
あどけない **あどけない** adokenai	ngây thơ ンゴィ トホー	innocent **イ**ノセント

日	越	英
あとしまつする **後始末する** atoshimatsusuru	dàn xếp, giải quyết ザーン セープ, ザーイ クイエッ	settle セトル
あとつぎ **跡継ぎ** atotsugi	người thừa tự, người nối nghiệp ングオイ トゥフア トゥー, ングオイ ノーイ ンギエプ	successor サクセサ
あとで **後で** atode	sau đây, lát nữa サウ ドイ, ラーッ ヌア	later, after レイタ, アフタ
あとの **後の** atono	sau, tiếp sau サウ, ティエプ サウ	next, latter ネクスト, ラタ
あどばいす **アドバイス** adobaisu	lời dặn, lời khuyên ローイ ザン, ローイ クフイエン	advice アドヴァイス
あどれす **アドレス** adoresu	địa chỉ ディア チー	address アドレス
あな **穴** ana	lỗ, hố ロー, ホー	hole, opening ホウル, オウプニング
あなうんさー **アナウンサー** anaunsaa	phát thanh viên, xướng ngôn viên ファーッ タハイン ヴィエン, スオング ンゴーン ヴィエン	announcer アナウンサ
あなうんす **アナウンス** anaunsu	lời thông báo ローイ トホーンム バーウ	announcement アナウンスメント
あなた **あなた** anata	(từ xưng hô: ngôi thứ hai) (トゥー スング ホー: ンゴーイ トゥフー ハーイ)	you ユー
あなどる **侮る** anadoru	coi rẻ, coi khinh コーイ ゼー, コーイ キヒン	underestimate, make light of ノンダレスティメイト, メイク ライト オヴ
あなろぐの **アナログの** anaroguno	analog, tương tự アナロク, トゥオング トゥー	analog, ⒷanaIogue アナローグ, アナローグ
あに **兄** ani	anh, anh trai アイン, アイン チャーイ	(older) brother (オウルダ) ブラザ

日	越	英
あにめ **アニメ** anime	phim hoạt hoạ, hoạt hình フィーム フアーッ フアー, フアーッ ヒン	animation アニメイション
あね **姉** ane	chị gái チー ガーイ	(older) sister (**オ**ウルダ) **ス**ィスタ
あの **あの** ano	kia, ấy キア, オイ	that **ザ**ト
あのころ **あの頃** anokoro	thời đó, bấy giờ トホーイ ドー, ボイ ゾー	in those days イン **ゾ**ウズ **デ**イズ
あぱーと **アパート** apaato	chung cư, căn hộ チューンム クー, カン ホー	apartment, ⒷflatⒷ ア**パ**ートメント, フ**ラ**ト
あばく **暴く** abaku	bộc lộ, bóc trần ボークプ ロー, ボークプ チョン	disclose ディスク**ロ**ウズ
あばれる **暴れる** abareru	làm dữ, làm ồn ラーム ズー, ラーム オーン	behave violently ビ**ヘ**イヴ **ヴァ**イオレントリ
あびせる **浴びせる** abiseru	giội, xối ゾーイ, ソーイ	pour on **ポ**ー オン
あひる **家鴨** ahiru	vịt, ngan ヴィーッ, ンガーン	(domestic) duck (ドメスティク) **ダ**ク
あふがにすたん **アフガニスタン** afuganisutan	Apganixtan, A Phú Hãn アプガニスタン, アー フー ハーン	Afghanistan アフ**ギャ**ニスタン
あふたーけあ **アフターケア** afutaakea	chăm sóc hậu mãi チャム ソークプ ホウ マーイ	aftercare **ア**フタケア
あふたーさーびす **アフターサービス** afutaasaabisu	dịch vụ hậu mãi ジク ヴー ホウ マーイ	after-sales service **ア**フタセイルズ **サ**ーヴィス
あぶない **危ない** abunai	nguy hiểm ングイー ヒエム	dangerous, risky **デ**インヂャラス, **リ**スキ
あぶら **脂** abura	mỡ, chất béo モー, チョッ ベーウ	grease, fat グ**リ**ース, **ファ**ト

日	越	英
あぶら **油** abura	dầu ゾゥ	oil **オ**イル
あぶらえ **油絵** aburae	tranh sơn dầu チャイン ソーン ゾゥ	oil painting **オ**イル **ペ**インティング
あぶらっこい **油っこい** aburakkoi	nhiều mỡ, nhiều chất béo ニエゥ モー, ニエゥ チォッ ベーゥ	oily **オ**イリ
あふりか **アフリカ** afurika	Châu Phi チョゥ フィー	Africa **ア**フリカ
～の	Châu Phi チョゥ フィー	African **ア**フリカン
あぶる **あぶる** aburu	nướng ヌオング	roast **ロ**ウスト
あふれる **あふれる** afureru	tràn ra, trào ra チャーン ザー, チャーゥ ザー	overflow, flood オウヴァ**フ**ロウ, フ**ラ**ド
あべこべの **あべこべの** abekobeno	ngược, đảo ngược ングオク, ダーゥ ングオク	contrary, reverse **カ**ントレリ, リ**ヴァ**ース
あぼかど **アボカド** abokado	bơ, quả bơ ボー, クアー ボー	avocado アヴォ**カ**ードゥ
あまい **甘い** amai	ngọt, ngọt ngào ンゴーッ, ンゴーッ ンガーゥ	sweet ス**ウィ**ート
（物事に対して）	không chặt, không nghiêm khắc コホーンム チャッ, コホーンム ンギエム カハク	indulgent イン**ダ**ルヂェント
あまえる **甘える** amaeru	làm nũng, nhõng nhẽo ラーム ヌーンム, ニォーンム ニエーゥ	behave like a baby ビ**ヘ**イヴ ライク ア **ベ**イビ
あまくちの **甘口の** amakuchino	ngọt, ngòn ngọt ンゴーッ, ンゴーン ンゴーッ	sweet ス**ウィ**ート
あまずっぱい **甘酸っぱい** amazuppai	chua ngọt チュア ンゴーッ	bittersweet **ビ**タスウィート

日	越	英
あまちゅあ **アマチュア** amachua	amatơ, nghiệp dư アマトー, ンギエプ ズー	amateur **アマ**チャ
あまど **雨戸** amado	cửa chắn mưa クア チャン ムア	(sliding) shutter (ス**ライ**ディング) **シャ**タ
あまやかす **甘やかす** amayakasu	chiều, nuông chiều チエゥ, ヌオング チエゥ	spoil ス**ポ**イル
あまり **余り** amari	phần thừa, phần dư フォン トゥフア, フォン ズー	rest, remainder **レ**スト, リ**マ**インダ
あまる **余る** amaru	thừa, dư トゥフア, ズー	remain リ**メ**イン
あまんじる **甘んじる** amanjiru	chịu, cam chịu チーゥ, カーム チーゥ	(be) contented with (ビ) コン**テ**ンテド ウィズ
あみ **網** ami	lưới ルオィ	net **ネ**ト
あみのさん **アミノ酸** aminosan	acid amin アシッ アミン	amino acid ア**ミ**ーノウ **ア**スィド
あみもの **編物** amimono	hàng đan ハーング ダーン	knitting **ニ**ティング
あむ **編む** amu	đan ダーン	knit **ニ**ト
あめ **飴** ame	kẹo ケーゥ	candy, ⓑsweets **キャ**ンディ, ス**ウィ**ーツ
あめ **雨** ame	mưa ムア	rain **レ**イン
あめりか **アメリカ** amerika	Mỹ, Châu Mỹ ミー, チョウ ミー	America ア**メ**リカ
〜合衆国	Hợp Chủng Quốc Hoa Kỳ ホープ チューンム クオク フアー キー	United States (of America) ユナイテッド ス**テ**イツ (オヴ ア**メ**リカ)

日	越	英
～人	người Mỹ ングォイ ミー	American アメリカン
～の	Mỹ, Hoa Kỳ ミー, フアー キー	American アメリカン
あやしい **怪しい** ayashii	kỳ lạ, kỳ dị キー ラー, キー ジー	doubtful, suspicious ダウトフル, サスピシャス
あやまち **過ち** ayamachi	tội lỗi, lỗi lầm トーイ ローイ, ローイ ロム	fault, error フォルト, エラ
あやまり **誤り** ayamari	lỗi lầm, sai lầm ローイ ロム, サーイ ロム	mistake, error ミステイク, エラ
あやまる **誤る** ayamaru	lầm lạc, sai sót ロム ラーク, サーイ ソーッ	mistake, fail in ミステイク, フェイル イン
あやまる **謝る** ayamaru	xin lỗi, tạ lỗi シーン ローイ, ター ローイ	apologize to アポロヂャイズ トゥ
あゆみ **歩み** ayumi	bước, bước đi ブオク, ブオク ディー	walking, step ウォーキング, ステプ
あゆむ **歩む** ayumu	đi bộ ディー ボー	walk ウォーク
あらあらしい **荒々しい** araarashii	dữ tợn, dữ dội ズートーン, ズー ゾーイ	wild, brutal ワイルド, ブルートル
あらい **粗い** arai	ráp, sần sùi ザープ, ソン スーイ	rough, coarse ラフ, コース
あらう **洗う** arau	rửa, giặt ズア, ザッ	wash, cleanse ワシュ, クレンズ
あらかじめ **あらかじめ** arakajime	sẵn, trước サン, チュオク	in advance, beforehand イン アドヴァンス, ビフォーハンド
あらし **嵐** arashi	bão, giông bão バーゥ, ゾーンム バーゥ	storm, tempest ストーム, テンペスト

日	越	英
あらす **荒らす** arasu	làm hỏng, gây thiệt hại ラーム ホーンム, ガイ ティヒエッ ハーイ	damage **ダ**ミヂ
あらそい **争い** arasoi	đấu tranh, cạnh tranh ドゥ チャイン, カイン チャイン	quarrel ク**ウォ**レル
（口論）	cãi cọ, tranh cãi カーイ コー, チャイン カーイ	dispute ディス**ピュ**ート
あらそう **争う** （けんかする） arasou	cãi vã, tranh giành カーイ ヴァー, チャイン ザイン	fight, quarrel **ファ**イト, ク**ウォ**レル
（口論する）	bàn cãi, tranh luận バーン カーイ, チャイン ルオン	dispute with ディス**ピュ**ート ウィズ
あらたまる **改まる** （新しくなる） aratamaru	đổi mới ドーイ モーイ	(be) renewed (ビ) リ**ニュ**ード
（変わる）	sửa đổi, thay đổi スア ドーイ, タハイ ドーイ	change **チェ**インヂ
（改善される）	được cải tiến, được cải thiện ドゥオク カーイ ティエン, ドゥオク カーイ ティヒエン	reform, improve リ**フォ**ーム, インプ**ル**ーヴ
（儀式ばる）	nghiêm ngặt, nghiêm chỉnh ンギエム ンガッ, ンギエム チン	(be) formal (ビ) **フォ**ーマル
あらためる **改める** （新しくする） aratameru	đổi mới, làm mới ドーイ モーイ, ラーム モーイ	renew, revise リ**ニュ**ー, リ**ヴァ**イズ
（変える）	thay đổi, chuyển đổi タハイ ドーイ, チュイエン ドーイ	change **チェ**インヂ
あらびあ **アラビア** arabia	Ả Rập アー ゾプ	Arabia ア**レ**イビア
～語	tiếng Ả Rập ティエング アー ゾプ	Arabic **ア**ラビク
～数字	con số Ả Rập コーン ソー アー ゾプ	Arabic numerals **ア**ラビク **ヌ**メラルズ

日	越	英
あらぶしゅちょうこくれんぽう **アラブ首長国連邦** arabushuchoukoku renpou	Các Tiểu vương quốc Ả Rập thống nhất カーク ティエゥ ヴオング クオク アー ゾァプ トホーンム ニオッ	UAE, United Arab Emirates **ユー**エイ**イー**, ユ**ナ**イテド **ア**ラブ イ**ミ**レツ
あらぶの **アラブの** arabuno	Ả Rập アー ゾァプ	Arabian ア**レ**イビアン
あらゆる **あらゆる** arayuru	tất cả, hết thảy トッ カー, ヘーッ タハイ	all, every **オ**ール, **エ**ヴリ
あらわす **表す** arawasu	biểu lộ, biểu hiện ビエゥ ロー, ビエゥ ヒエン	show, manifest **ショ**ウ, **マ**ニフェスト
あらわれる **現れる** arawareru	hiện ra, xuất hiện ヒエン ザー, スオッ ヒエン	come out, appear **カ**ム **ア**ウト, ア**ピ**ア
あり **蟻** ari	kiến, con kiến キエン, コーン キエン	ant **ア**ント
ありうる **有り得る** ariuru	có thể, có khả năng コー テヘー, コー カハー ナング	possible **パ**スィブル
ありえない **有り得ない** arienai	không thể, không có khả năng コホーンム テヘー, コホーンム コー カハー ナング	impossible イン**パ**スィブル
ありがたい **有り難い** arigatai	cám ơn, cảm tạ カーム オーン, カーム ター	thankful **サ**ンクフル
ありのままの **ありのままの** arinomamano	như vốn có ニュー ヴォーン コー	frank, plain フ**ラ**ンク, プ**レ**イン
ありふれた **ありふれた** arifureta	bình thường ビン トゥフオング	common, ordinary **カ**モン, **オ**ーディナリ
ある **ある** (存在する) aru	có, tồn tại コー, トーン ターイ	there is, be **ゼ**ア イズ, **ビ**ー
(位置する)	nằm, ở ナム, オー	(be) situated (ビ) **ス**ィチュエイテド
(持っている)	có コー	have, possess **ハ**ヴ, **ポ**ゼス

日	越	英
あるいは **あるいは** aruiwa	hay, hoặc ハイ, フアク	(either) or (イーザ) オー
あるかり **アルカリ** arukari	chất kiềm チヨツ キエム	alkali **ア**ルカライ
あるく **歩く** aruku	đi bộ, bước ディー ボー, ブオク	walk, go on foot **ウォ**ーク, **ゴ**ウ オン **フ**ト
あるこーる **アルコール** arukooru	cồn, rượu cồn コーン, ズオウ コーン	alcohol **ア**ルコホール
あるじぇりあ **アルジェリア** arujeria	An Giê Ri アーン ジエ ジー	Algeria アル**ヂ**アリア
あるぜんちん **アルゼンチン** aruzenchin	Ác Hen Ti Na, Ác Giăng Tin アーク ヘーン ティー ナー, アーク ザング ティーン	Argentina アーヂェン**ティ**ーナ
あるつはいまーびょう **アルツハイマー病** arutsuhaimaabyou	bệnh đăng trí ベン ダーング チー	Alzheimer's disease **ア**ールツハイマズ ディ**ズ**ィーズ
あるばいと **アルバイト** arubaito	việc làm thêm ヴィエク ラーム テヘーム	part-time job パート**タ**イム **ヂ**ャブ
あるばむ **アルバム** arubamu	album, an bom アルブム, アーン ボーム	album **ア**ルバム
あるみにうむ **アルミニウム** aruminiumu	nhôm ニョーム	aluminum アル**ー**ミナム
あれ **あれ** are	cái kia, nó カーイ キア, ノー	that, it **ザ**ト, **イ**ト
あれから **あれから** arekara	từ đó, từ đấy トゥー ドー, トゥー ドイ	since then スィンス **ゼ**ン
あれほど **あれほど** arehodo	đến mức ấy, đến mức đó デーン ムーク オイ, デーン ムーク ドー	so (much) **ソ**ウ (**マ**チ)
あれらの **あれらの** arerano	những cái kia ニューング カーイ キア	those **ゾ**ウズ

日	越	英
あれる **荒れる** (天候などが) areru	xấu đi, dữ dội ソウ ディー, ズー ゾーイ	(be) rough, deteriorate (ビ) **ラ**フ, ディ**ティ**アリオレイト
(肌が)	xù xì, sần sùi スー シー, ソン スーィ	(get) rough (ゲト) **ラ**フ
(荒廃する)	hoang tàn, đổ nát フアーング ターン, ドー ナーッ	(be) ruined (ビ) **ル**インド
あれるぎー **アレルギー** arerugii	dị ứng, chứng dị ứng ジー ウーング, チューング ジー ウーング	allergy **ア**ラヂ
あれんじする **アレンジする** arenjisuru	sắp xếp, sắp đặt サプ セープ, サプ ダッ	arrange ア**レ**インヂ
あわ **泡** awa	bọt ボーッ	bubble, foam **バ**ブル, **フォ**ウム
あわせる **合わせる** awaseru	hợp, gộp ホープ, ゴープ	put together, unite プト ト**ゲ**ザ, ユー**ナ**イト
(照合する)	so, so sánh ソー, ソー サイン	compare コン**ペ**ア
(設定・調整する)	lắp ghép ラプ ゲープ	set, adjust **セ**ト, ア**チャ**スト
あわただしい **慌ただしい** awatadashii	bận rộn, hấp tấp ボン ゾーン, ホプ トプ	hurried **ハ**ーリド
あわだつ **泡立つ** awadatsu	sủi tăm, sủi bọt スーィ タム, スーィ ボーッ	bubble, foam **バ**ブル, **フォ**ウム
あわてる **慌てる** (急ぐ) awateru	gấp gáp, vội vàng ゴプ ガープ, ヴォーィ ヴァーング	(be) hurried, (be) rushed (ビ) **ハ**ーリド, (ビ) **ラ**シュト
(動転する)	bối rối, lúng túng ボーィ ゾーィ, ルーンム トゥーンム	(be) upset (ビ) アプ**セ**ト
あわれな **哀れな** awarena	tội nghiệp, đáng thương トーィ ンギエプ, ダーング トゥフオング	sad, poor **サ**ド, **プ**ア

日	越	英
あわれむ **哀れむ** awaremu	xót thương, thương xót ソーット トゥフオング, トゥフオング ソーット	pity, feel pity for **ピティ**, **フィール** ピティ フォ
あん **案** (計画) an	kế hoạch ケー フアイク	plan プラン
(提案)	dự án, đề án ズー アーン, デー アーン	suggestion サグ**チェ**スチョン
あんいな **安易な** an-ina	dễ dãi ゼー ザーイ	easy **イ**ーズィ
あんきする **暗記する** ankisuru	thuộc lòng, học thuộc lòng トゥオク ローンム, ホークプ トゥオク ローンム	memorize, learn by heart メモライズ, **ラ**ーン バイ ハート
あんけーと **アンケート** ankeeto	cuộc thăm dò, thăm dò ý kiến クオク タハム ゾー, タハム ゾー イー キエン	questionnaire クウェスチョ**ネ**ア
あんごう **暗号** angou	ám hiệu, mật hiệu アーム ヒエウ, モッ ヒエウ	cipher, code **サ**イファ, **コ**ウド
あんこーる **アンコール** ankooru	bis ビス	encore **ア**ーンコー
あんさつ **暗殺** ansatsu	ám sát, giết hại アーム サーッ, ジエッ ハーイ	assassination アサスィ**ネ**イション
あんざん **暗算** anzan	tính nhẩm, đếm nhẩm ティン ニャム, デーム ニャム	mental arithmetic **メ**ンタル アリスメティク
あんじ **暗示** anji	ám thị アーム テイヒー	hint, suggestion **ヒ**ント, サグ**チェ**スチョン
あんしょうする **暗唱する** anshousuru	đọc thuộc lòng ドークプ トゥフオク ローンム	recite リ**サ**イト
あんしょうばんごう **暗証番号** anshoubangou	mã số マー ソー	code number **コ**ウド **ナ**ンバ
あんしんする **安心する** anshinsuru	yên tâm, yên lòng イエン トム, イエン ローンム	feel relieved **フィ**ール リリーヴド

日	越	英
あんず **杏** anzu	hạnh, mơ hạnh ハイン, モー ハイン	apricot **ア**プリカト
あんせい **安静** ansei	an dưỡng, tĩnh dưỡng アーン ズオング, ティン ズオング	rest **レ**スト
あんぜん **安全** anzen	an toàn アーン トゥアーン	security スィ**キュ**アリティ
～な	an toàn, yên ổn アーン トゥアーン, イエン オーン	safe, secure **セ**イフ, スィ**キュ**ア
あんてい **安定** antei	ổn định オーン ディン	stability, balance スタ**ビ**リティ, **バ**ランス
あんてぃーく **アンティーク** antiiku	kiểu cổ, cổ xưa キエゥ コー, コー スア	antique アン**ティ**ーク
あんてな **アンテナ** antena	ăng ten アング テーン	antenna, aerial アン**テ**ナ, **エ**アリアル
あんな **あんな** anna	như thế, như vậy ニュー テヘー, ニュー ヴォイ	such, like that **サ**チ, ライク **ザ**ト
あんない **案内** annai	sự hướng dẫn, chỉ dẫn スー フオング ゾン, チー ゾン	guidance **ガ**イダンス
（通知）	sự thông tin スー トホーンム ティーン	information, notification インフォ**メ**イション, ノウティフィ**ケ**イション
～する	hướng dẫn, chỉ dẫn フオング ゾン, チー ゾン	guide, show **ガ**イド, **ショ**ウ
（通知する）	thông báo, thông tin トホーンム バーオ, トホーンム ティーン	notify **ノ**ウティファイ
あんに **暗に** anni	ngầm, ngấm ngầm ンゴム, ンゴム ンゴム	tacitly **タ**スィトリ
あんばらんす **アンバランス** anbaransu	không cân bằng コホーンム コン バング	imbalance イン**バ**ランス

日	越	英
アンペア あんぺあ anpea	ampere, ăm pe アムペー，アムペー	ampere **アン**ピア
暗黙の あんもくの anmokuno	ngầm ンゴム	tacit **タ**スィット
アンモニア あんもにあ anmonia	ammoniac, amôniắc アモニアク，アモニアク	ammonia ア**モ**ウニャ

い，イ

日	越	英
胃 い i	dạ dày, bao tử ザーザィ，バーウトゥー	stomach ス**タ**マク
いい いい ii	tốt, hay トーッ，ハイ	good, fine, nice **グ**ド，**ファ**イン，**ナ**イス
言い争う いいあらそう iiarasou	cãi nhau カーイ ニャウ	quarrel with ク**ウォ**レル ウィズ
いいえ いいえ iie	không, chưa コホーンム，チュア	no **ノ**ウ
言い返す いいかえす iikaesu	trả miếng, cãi lại チャーミエング，カーイラーイ	answer back **アン**サ バク
いい加減な (無計画な) いいかげんな iikagenna	không có kế hoạch コホーンム コー ケー フアイク	haphazard ハプ**ハ**ザド
(無責任な)	vô trách nhiệm ヴォー チャイク ニエム	irresponsible イリス**パ**ンスィブル
言い過ぎ いいすぎ iisugi	nói quá lời ノーイ クアー ローイ	exaggeration イグザチャ**レ**イション
言い付け いいつけ iitsuke	lời dặn ローイ ザン	order, instruction **オ**ーダ，インスト**ラ**クション
言い伝え いいつたえ iitsutae	truyền miệng, truyền khẩu チュイエン ミエング，チュイエン コホウ	tradition, legend トラ**ディ**ション，**レ**ヂェンド

日	越	英
いいのがれる **言い逃れる** iinogareru	nói thác ノーイ タハーク	excuse oneself イクス**キュー**ズ
いいふらす **言いふらす** iifurasu	huênh hoang, phô trương フエン フアーング, フォー チュオング	spread ス**プレ**ド
いいぶん **言い分** iibun	ý kiến, lý lẽ イー キエン, リー レー	say, opinion **セ**イ, オ**ピ**ニョン
いいわけ **言い訳** iiwake	biện minh ビエン ミン	excuse, pretext イクス**キュー**ズ, プリーテクスト
いいん **委員** iin	ủy viên ウイー ヴィエン	member of a committee **メ**ンバ オヴ ア コ**ミ**ティ
～会	ủy ban, hội đồng ウイー バーン, ホーイ ドーンム	committee コ**ミ**ティ
いう **言う** iu	nói, bảo ノーイ, バーウ	say, tell **セ**イ, **テ**ル
（称する）	gọi, xưng ゴーイ, スーング	call, name **コー**ル, **ネ**イム
いえ **家** （住居） ie	nhà, nhà cửa ニャー, ニャー クア	house ハウス
（自宅）	nhà mình, nhà riêng ニャー ミン, ニャー ジエング	home **ホ**ウム
（家族）	gia đình ザー ディン	family **ファ**ミリ
いえでする **家出する** iedesuru	bỏ nhà ボー ニャー	run away from home **ラ**ン ア**ウェ**イ フラム **ホ**ウム
いおう **硫黄** iou	lưu huỳnh, sulfur ルーウ フイン, スンフー	sulfur **サ**ルファ
いおん **イオン** ion	ion, iôn イーオン, イーオン	ion **ア**イオン

日	越	英
以下 (そこからあと) ika	trở xuống	following
(それより少ない)	ít hơn, dưới	less than, under
烏賊 ika	mực, cá mực	squid, cuttlefish
以外 igai	ngoại trừ, ngoài ra	except, excepting
意外な igaina	không ngờ, bất ngờ	unexpected
胃潰瘍 ikaiyou	loét dạ dày	gastric ulcer, stomach ulcer
いかがわしい (疑わしい) ikagawashii	đáng nghi, đáng ngờ	doubtful
(わいせつな)	dâm ô	indecent
医学 igaku	y học, y khoa	medical science
生かす (命を保つ) ikasu	giữ cho sống	keep alive
(活用する)	áp dụng, ứng dụng	put to good use
胃下垂 ikasui	sa dạ dày	gastroptosis
厳めしい ikameshii	oai nghiêm, uy nghiêm	solemn, stern
怒り ikari	cơn giận	anger, rage

日	越	英
いき **息** iki	hơi thở ホーイ トホー	breath ブレス
いぎ **意義** igi	ý nghĩa イー ンギア	significance スィグ**ニ**フィカンス
いぎ **異議** igi	ý kiến phản đối イー キエン ファーン ドーイ	objection オブ**チェ**クション
いきいきした **生き生きした** ikiikishita	sinh động, sống động シン ドーンム, ソーンム ドーンム	lively, fresh **ラ**イヴリ, フ**レ**シュ
いきおい **勢い** ikioi	thế, đà テヘー, ダー	momentum モウ**メ**ンタム
いきかえる **生き返る** ikikaeru	sống lại ソーンム ラーイ	come back to life **カ**ム **バ**ク トゥ **ラ**イフ
いきかた **生き方** ikikata	cách sống, lối sống カイク ソーンム, ローイ ソーンム	lifestyle **ラ**イフスタイル
いきさき **行き先** ikisaki	nơi đi, nơi đến ノーイ ディー, ノーイ デーン	destination デスティ**ネ**イション
いきさつ (事情) **いきさつ** ikisatsu	sự tình, cơ sự スー ティン, コー スー	circumstances **サ**ーカムスタンセズ
(詳細)	chi tiết, đầu đuôi チー ティエッ, ドゥ ドゥオイ	details **ディ**ーテイルズ
いきている **生きている** ikiteiru	đang sống, còn sống ダーング ソーンム, コーン ソーンム	alive, living ア**ラ**イヴ, **リ**ヴィング
いきどまり **行き止まり** ikidomari	đường cùng, ngõ cụt ドゥオング クーンム, ンゴー クーッ	dead end **デ**ド **エ**ンド
いきなり **いきなり** ikinari	đột nhiên, đột ngột ドーッ ニエン, ドーッ ンゴーッ	suddenly, abruptly **サ**ドンリ, アブ**ラ**プトリ
いきぬき **息抜き** ikinuki	thư dãn, giải trí トゥフー ザーン, ザーイ チー	rest, breather **レ**スト, ブ**リ**ーザ
いきのこる **生き残る** ikinokoru	sống sót ソーンム ソーッ	survive サ**ヴァ**イヴ

日	越	英
生き物 ikimono	sinh vật, vật sống	living thing
イギリス igirisu	Anh, nước Anh	England, Great Britain
～人	người Anh	English (person)
生きる ikiru	sống, sinh sống	live, (be) alive
行く iku	đi, ra đi	go
(去る)	bỏ đi, rời	leave
育児 ikuji	nuôi nấng, nuôi dưỡng	childcare
いくつ ikutsu	mấy, bao nhiêu	how many
(年齢が)	bao nhiêu tuổi, mấy tuổi	how old
いくつか ikutsuka	mấy, vài ba	some, several
池 ike	ao, đầm	pond, pool
胃痙攣 ikeiren	cơn co thắt dạ dày	stomach cramps
いけない (悪い) ikenai	không tốt, xấu	bad, naughty
(してはならない)	không được, không nên	must not do

日	越	英
いけん **意見** (考え) iken	ý kiến イー キエン	opinion, idea オピニョン, アイディーア
(忠告)	khuyên răn, răn bảo クフイエン ザン, ザン バーゥ	advice アドヴァイス
いげん **威厳** igen	oai vệ, uy nghiêm ゥアーイ ヴェー, ゥイー ンギエム	dignity ディグニティ
いご **以後** (今後) igo	từ nay trở về sau トゥー ナイ チョー ヴェー サゥ	from now on フラム ナゥ オン
(その後)	về sau, sau đó ヴェー サゥ, サゥ ドー	after, since アフタ, スィンス
いこう **意向** ikou	ý định イー ディン	intention インテンション
いこうする **移行する** ikousuru	chuyển dịch, chuyển động チュイエン ジク, チュイエン ドーンム	move, shift ムーヴ, シフト
いざかや **居酒屋** izakaya	quán rượu, quán nhậu クアーンズ ズォゥ, クアーン ニォゥ	pub パブ
いざこざ **いざこざ** izakoza	lủng củng, trúc trắc ルーンム クーンム, チュークプ チャク	dispute, quarrel ディスピュート, クウォレル
いさましい **勇ましい** isamashii	dũng cảm, can đảm ズーンム カーム, カーン ダーム	brave, courageous ブレイヴ, カレイヂャス
いさめる **諫める** isameru	cản, ngăn cản カーン, ンガン カーン	remonstrate リマンストレイト
いさん **遺産** isan	di sản, gia tài ジー サーン, ザー ターイ	inheritance, legacy インヘリタンス, レガスィ
いし **意志** ishi	ý chí イー チー	will, volition ウィル, ヴォウリション
いし **意思** ishi	ý muốn イー ムオン	intention インテンション

日	越	英
石 ishi	đá, hòn đá	stone
意地 iji	ý chí, tính kiên trì	obstinacy
意識 ishiki	ý thức, nhận thức	consciousness
〜する	để ý, chú ý	(be) conscious of
異質の ishitsuno	dị biệt, khác biệt	heterogeneous
いじめる ijimeru	bắt nạt, ăn hiếp	bully, torment
医者 isha	bác sĩ	doctor
慰謝料 isharyou	đền bù, bồi thường	compensation
移住 (他国からの) ijuu	di cư	immigration
(他国への)	di cư	emigration
萎縮 ishuku	co, teo	atrophy
遺書 isho	di chúc, chúc thư	will, testament
衣装 ishou	trang phục, y phục	clothes, costume
以上 ijou	trở lên	more than, over
異常な ijouna	lạ thường, bất thường	abnormal

日	越	英
いしょく **移植** (植物の) ishoku	bứng cây trồng chỗ khác ブーング コイ チョーンム チョー カハーク	transplantation トランスプラン**テ**イション
(生体の)	cấy, ghép コイ, ゲープ	transplant トランスプ**ラ**ント
いしょくの **異色の** ishokuno	dị thường, khác lạ ジー トゥフオング, カハーク ラー	unique ユー**ニ**ーク
いじる **いじる** ijiru	sờ mó, ngoáy ソー モー, ングアイ	finger, fumble with **フ**ィンガ, **フ**ァンブル ウィズ
いじわるな **意地悪な** ijiwaruna	dữ, đanh đá ズー, ダインダー	ill-natured, nasty **イ**ルネイチャド, **ナ**スティ
いじん **偉人** ijin	vĩ nhân ヴィー ニオン	great person グレイト **パ**ーソン
いす **椅子** isu	ghế, ghế ngồi ゲー, ゲー ンゴーイ	chair, stool **チ**ェア, ス**ト**ゥール
いすらえる **イスラエル** isuraeru	I xra en イー スラー エーン	Israel **イ**ズリエル
いすらむきょう **イスラム教** isuramukyou	Hồi giáo, đạo Hồi ホーイ ザーゥ, ダーウ ホーイ	Islam イス**ラ**ーム
～徒	tín đồ Hồi giáo, người theo đạo Hồi ティーン ドー ホーイ ザーゥ, ングオィ テヘーゥ ダーウ ホーイ	Muslim **マ**ズリム
いずれ **いずれ** (そのうち) izure	mai sau, trong tương lai マーイ サゥ, チョーンム トゥオング ラーイ	someday **サ**ムデイ
いせい **異性** isei	người khác giới ングオィ カハーク ゾーイ	opposite sex **ア**ポズィット **セ**クス
いせき **遺跡** iseki	di tích ジー ティク	ruins **ル**ーインズ
いぜん **以前** izen	về trước, trước đây ヴェー チュオク, チュオク ドイ	ago, before ア**ゴ**ウ, ビ**フ**ォー

日	越	英
いぜんとして **依然として** izentoshite	vẫn, còn ヴォン、コーン	still スティル
いそがしい **忙しい** isogashii	bận, bận rộn ボン、ボン ゾーン	(be) busy (ビ) ビズィ
いそぐ **急ぐ** isogu	gấp, gấp gáp ゴプ、ゴプ ガープ	hurry, hasten ハーリ、ヘイスン
いぞく **遺族** izoku	gia tộc còn lại của người đã mất ザー トークブ コーン ラーイ クア ングオイ ダー モッ	bereaved family ビリーヴド ファミリ
いそんする **依存する** isonsuru	lệ thuộc, phụ thuộc レー トゥフオク、フー トゥフオク	depend on ディペンド オン
いた **板**　（木などの） ita	tấm ván, tấm gỗ トム ヴァーン、トム ゴー	board ボード
（金属の）	tấm kim loại トム キーム ルアーイ	plate プレイト
いたい **遺体** itai	di hài, di thể ジー ハーイ、ジー テヘー	dead body デド バディ
いたい **痛い** itai	đau, nhức ダウ、ニュック	painful ペインフル
いだいな **偉大な** idaina	vĩ đại ヴィー ダーイ	great, grand グレイト、グランド
いだく **抱く** idaku	giữ, ôm ấp ズー、オーム オプ	have, bear ハヴ、ベア
いたくする **委託する** itakusuru	ủy thác ウイー タハーク	entrust, consign イントラスト、コンサイン
いたずら **いたずら** itazura	nghịch, quậy phá ンギク、クオィ ファー	mischief, trick ミスチフ、トリク
〜な	nghịch ngợm ンギク ンゴーム	naughty ノーティ

日	越	英
いただく **頂く** (もらう) itadaku	xin, nhận シーン, ニオン	receive リ**スィ**ーヴ
いたみ **痛み** itami	cơn đau, cơn đau nhức コーン ダゥ, コーン ダゥ ニューク	pain, ache **ペ**イン, **エ**イク
いたむ **痛む** itamu	đau, nhức ダゥ, ニューク	ache, hurt **エ**イク, **ハ**ート
いたむ **傷む** (壊れる) itamu	hỏng, hư ホーンム, フー	(become) damaged (ビカム) **ダ**ミヂド
(腐る)	hư, thối フー, トホーイ	rot, go bad **ラ**ト, **ゴ**ウ **バ**ド
いためる **炒める** itameru	xào サーゥ	fry フ**ラ**イ
いたりあ **イタリア** itaria	Ý, I ta li a イー, イー ター リー アー	Italy **イ**タリ
～語	tiếng Ý ティエング イー	Italian イ**タ**リャン
いたりっく **イタリック** itarikku	chữ viết nghiêng チュー ヴィエッ ンギエング	italics イ**タ**リクス
いたる **至る** itaru	đến, tới デーン, トーイ	arrive at ア**ラ**イヴ アト
いたるところに **至る所に** itarutokoroni	khắp mọi nơi カハプ モーイ ノーイ	everywhere **エ**ヴリ(ホ)ウェア
いたわる **労る** itawaru	an ủi アーン ウーイ	take care of, show kindness to テイク **ケ**ア オヴ, **ショ**ウ **カ**インドネス トゥ
いち **一** ichi	một, nhất モーッ, ニオッ	one **ワ**ン
いち **位置** ichi	vị trí, địa vị ヴィー チー, ディア ヴィー	position ポ**ズィ**ション

日	越	英
いち **市** ichi	chợ, chợ búa チォー, チォー ブア	fair, market **フェア**, **マ**ーケト
いちおう **一応** ichiou	tạm, tạm thời ダーム, ダーム トホーイ	generally **ヂェ**ネラリ
いちおく **一億** ichioku	một trăm triệu モーッ チャム チエウ	one hundred million ワン **ハ**ンドレド **ミ**リョン
いちがつ **一月** ichigatsu	tháng một, tháng giêng タハーング モーッ, タハーング ジエング	January **ヂャ**ニュエリ
いちげき **一撃** ichigeki	cú đánh, cú đấm クー ダイン, クー ドム	single strike **ス**イングル **スト**ライク
いちご **苺** ichigo	dâu tây ゾウ トイ	strawberry スト**ロ**ーベリ
いちじく **無花果** ichijiku	sung, vả スーンム, ヴァー	fig **フィ**グ
いちじの **一次の** ichijino	tạm thời, lần đầu ダーム トホーイ, ロン ドウ	primary, first プ**ラ**イメリ, **ファ**ースト
いちじるしい **著しい** ichijirushii	nổi bật, rõ rệt ノーイ ボッ, ゾー ゼーッ	remarkable, marked リ**マ**ーカブル, **マ**ークト
いちど **一度** ichido	một lần, một khi モーッ ロン, モーッ キヒー	once, one time **ワ**ンス, **ワ**ン **タ**イム
いちどう **一同** ichidou	tất cả mọi người トッ カー モーイ ングオイ	all, everyone **オ**ール, **エ**ヴリワン
いちどに **一度に** ichidoni	một lúc, cùng lúc モーッ ルークプ, クーンム ルークプ	at the same time アト ザ **セ**イム **タ**イム
いちにち **一日** ichinichi	một ngày モーッ ンガイ	(a) day, one day (ア) **デ**イ, **ワ**ン **デ**イ
～おきに	cách một ngày カイク モーッ ンガイ	every other day **エ**ヴリ **ア**ザ **デ**イ

日	越	英
いちにちじゅう **一日中** ichinichijuu	cả ngày, suốt ngày カーンガイ, スオッンガイ	all day (long) **オール デイ** (**ロ**ーング)
いちねん **一年** ichinen	một năm, mỗi năm モーッ ナム, モーイ ナム	(a) year, one year (ア) **イ**ア, **ワ**ン **イ**ア
いちねんじゅう **一年中** ichinenjuu	cả năm, quanh năm カー ナム, クアイン ナム	all (the) year **オール** (ザ) **イ**ア
いちば **市場** ichiba	chợ, chợ búa チオー, チオー ブア	market **マ**ーケト
いちばん **一番** ichiban	thứ nhất トゥフー ニャッ	first, No.1 **ファ**ースト, **ナンバ ワ**ン
(最も)	nhất, bậc nhất ニャッ, ボク ニャッ	most, best **モ**ウスト, **ベ**スト
いちぶ **一部** (一部分) ichibu	một phần, một bộ phận モーッ フォン, モーッ ボー フォン	(a) part (ア) **パ**ート
いちまん **一万** ichiman	mười nghìn, mười ngàn ムオイ ンギーン, ムオイ ンガーン	ten thousand **テ**ン **サ**ウザンド
いちめん **一面** (一つの面) ichimen	một mặt モーッ マッ	one side **ワ**ン **サ**イド
(全面)	toàn diện, toàn bộ トゥアーン ジエン, トゥアーン ボー	whole surface **ホ**ウル **サ**ーフェス
いちょう **公孫樹** ichou	cây ngân hạnh コイ ンゴン ハイン	ginkgo **ギ**ンコウ
いちりゅうの **一流の** ichiryuuno	hạng nhất, bậc nhất ハーング ニャッ, ボク ニャッ	first-class **ファ**ーストクラス
いつ **いつ** itsu	bao giờ, lúc nào バーウ ゾー, ルークプ ナーウ	when (ホ)**ウェ**ン
いつう **胃痛** itsuu	đau dạ dày ダウ ザー ザイ	stomachache **ス**タマケイク
いっか **一家** ikka	một nhà, một gia đình モーッ ニャー, モーッ ザー ディン	family **ファ**ミリ

い

日	越	英
いつか **いつか** itsuka	khi nào đó, một ngày nào đó キヒー ナーウ ドー, モーッ ンガイ ナーウ ドー	some time サム タイム
いっきに **一気に** ikkini	một hơi, một mạch モーッ ホイ, モーッ マイク	in one try, ⓑin one go イン ワン トライ, イン ワン ゴウ
いっけん **一見** ikken	cái nhìn, cái liếc mắt カーイ ニーン, カーイ リエク マッ	apparently アパレントリ
いっこ **一個** ikko	một cái, một chiếc モーッ カーイ, モーッ チエク	one, (a) piece ワン, (ア) ピース
いっこう **一行** ikkou	một đoàn, một nhóm モーッ ドゥアーン, モーッ ニョーム	party, suite パーティ, スウィート
いっさんかたんそ **一酸化炭素** issankatanso	carbon monocid, cacbon monoxít カークボン モノシッ, カークボン モノシッ	carbon monoxide カーボン モナクサイド
いっしき **一式** isshiki	một bộ モーッ ボー	complete set コンプリート セト
いっしゅ **一種** isshu	một loại, một thứ モーッ ルアーイ, モーッ トゥフー	a kind, a sort ア カインド, ア ソート
いっしゅん **一瞬** isshun	một lát, một chốc モーッ ラーッ, モーッ チョークプ	(a) moment (ア) モウメント
いっしょう **一生** isshou	cuộc đời, cuộc sống クオク ドーイ, クオク ソーンム	life, whole life ライフ, ホウル ライフ
いっしょうけんめい **一生懸命** isshoukenmei	hết sức, gắng sức ヘーッ スーク, ガンヶ スーク	with all one's might ウィズ オール マイト
いっしょに **一緒に** isshoni	cùng nhau, với nhau クーンム ニャウ, ヴォーイ ニャウ	together, with トゲザ, ウィズ
いっせいに **一斉に** isseini	đồng loạt, nhất loạt ドーンム ルアーッ, ニョッ ルアーッ	all at once オール アト ワンス
いっそう **一層** issou	càng, lại càng カーンヶ, ラーイ カーンヶ	much more マチ モー

日	越	英
いったいとなって **一体となって** ittaitonatte	cùng nhau, với nhau クーンム ニャウ, ヴォーイ ニャウ	together, as one トゲザ, アズ ワン
いっちする **一致する** icchisuru	nhất trí ニャッ チー	coincide with コウインサイド ウィズ
いっちょくせんに **一直線に** icchokusenni	thẳng, thẳng băng タハング, タハング バング	in a straight line イン ア ストレイト ライン
いっついの **一対の** ittsuino	một đôi, một cặp モーッ ドーイ, モーッ カブ	a pair of ア ペア オヴ
いっていの **一定の** itteino	nhất định, ở một mức độ nào đó ニャッ ディン, オー モーッ ムーク ドーナーウ ドー	fixed フィクスト
いつでも itsudemo	bất kỳ lúc nào, lúc nào cũng ボッ キー ルークブ ナーウ, ルークブ ナーウ クーンム	always オールウェイズ
いっとう **一等** （賞） ittou	giải nhất ザーイ ニャッ	first prize ファースト プライズ
（一番良い等級）	bậc nhất ボク ニャッ	first class ファースト クラス
いっぱい **一杯** （満杯） ippai	một cốc, một chén モーッ コークブ, モーッ チェーン	full of フル オヴ
～の	đầy, đầy ắp ドイ, ドイ アブ	full フル
いっぱん **一般** ippan	cái chung カーイ チューンム	generality ヂェネラリティ
～的な	chung チューンム	general, common ヂェネラル, カモン
～に	thông thường, đại thể トホーンム トゥフオング, ダーイ テヘー	generally ヂェネラリ
いっぽう **一方** （一つの方面） ippou	một phía, một bên モーッ フィア, モーッ ベーン	one side, direction ワン サイド, ディレクション

日	越	英
(他方では)	mặt khác マッ カハーク	on the other hand, meanwhile オン ズィ **ア**ザ ハンド, ミーン(ホ)ワイル
～通行	lưu thông một chiều ルーウ トホーンム モーッ チエウ	one-way traffic **ワ**ンウェイ トラフィク
～的な	thiên lệch, đơn phương ティヒエン レク, ドーン フオング	one-sided **ワ**ンサイデド
いつまでも itsumademo	mãi mãi, dài dài マーイ マーイ, ザーイ ザーイ	forever フォレ**ヴ**ァ
いつも itsumo	luôn luôn, thường xuyên ルオン ルオン, トゥフオング スイエン	always **オ**ールウェイズ
いつわり 偽り itsuwari	giả dối, dối trá ザー ゾーイ, ゾーイ チャー	lie, falsehood **ラ**イ, **フォ**ールスフド
いつわる 偽る itsuwaru	lừa dối, lừa bịp ルア ゾーイ, ルア ビーブ	lie, deceive **ラ**イ, ディス**ィ**ーヴ
いてざ 射手座 iteza	chòm sao Nhân mã チョーム サーウ ニォン マー	Archer, Sagittarius **ア**ーチャ, サヂ**テ**アリアス
いてん 移転 iten	di chuyển, dời chỗ ジー チュイエン, ゾーイ チォー	relocation リー**ロ**ウ**ケ**イション
いでん 遺伝 iden	di truyền ジー チュイエン	heredity ヒ**レ**ディティ
～子	gen ゼーン	gene **ヂ**ーン
～子組み換え	biến đổi gen ビエン ドーイ ゼーン	gene recombination **ヂ**ーン リーカンビ**ネ**イション
いと 糸 ito	sợi, chỉ ソーイ, チー	thread, yarn スレド, **ヤ**ーン
いど 井戸 ido	giếng ジエング	well **ウェ**ル

日	越	英
いどう **移動** idou	di dời, chuyển dịch ジー ゾーィ, チュイエン ジク	movement **ムー**ヴメント
~**する**	xê dịch, di dời セー ジク, ジー ゾーィ	move **ムー**ヴ
いとこ **従兄弟[従姉妹]** itoko	anh chị em họ アィン チー エーム ホー	cousin **カ**ズン
いどころ **居所** idokoro	nơi ở ノーィ オー	whereabouts (ホ)**ウェ**ラバウツ
いとなむ **営む** itonamu	sinh sống, kiếm ăn シン ソーンム, キエム アン	conduct, carry on コン**ダ**クト, **キャ**リ **オ**ン
いどむ **挑む** idomu	thách thức タハイク トゥフーク	challenge **チャ**レンヂ
いない **以内** inai	nội trong, trong phạm vi ノーィ チョーンム, チョーンム ファーム ヴィー	within, less than ウィ**ズ**ィン, **レ**ス **ザ**ン
いなか **田舎** inaka	nhà quê, miền quê ニャー クエー, ミエン クエー	countryside **カ**ントリサイド
いなずま **稲妻** inazuma	chớp, tia chớp チョープ, ティア チョープ	lightning **ラ**イトニング
いにんする **委任する** ininsuru	ủy nhiệm, giao nhiệm vụ ウイー ニエム, ザーウ ニエム ヴー	entrust, leave イント**ラ**スト, **リ**ーヴ
いぬ **犬** inu	chó チョー	dog **ド**ーグ
いね **稲** ine	lúa, cây lúa ルア, コィ ルア	rice **ラ**イス
いねむり **居眠り** inemuri	ngủ gật, ngủ gà ngủ gật ングー ゴッ, ングー ガー ングー ゴッ	nap, doze **ナ**プ, **ド**ウズ
いのち **命** inochi	sinh mệnh, tính mạng シン メン, ティン マーング	life **ラ**イフ

日	越	英
いのり **祈り** inori	lời cầu nguyện, lời cầu xin ローイ コゥ ングイエン, ローイ コゥ シーン	prayer プレア
いのる **祈る** inoru	cầu nguyện, cầu xin コゥ ングイエン, コゥ シーン	pray to プレイ トゥ
(望む)	mong ước, hy vọng モーンム ウオク, ヒー ヴォーンム	wish ウィシュ
いばる **威張る** ibaru	kiêu ngạo, tự đắc キエウ ンガーゥ, トゥー ダク	(be) haughty, swagger (ビ) ホーティ, スワガ
いはん **違反** ihan	vi phạm ヴィー ファーム	violation ヴァイオレイション
いびき **いびき** ibiki	tiếng ngáy ティエング ンガイ	snore スノー
いびつな **歪な** ibitsuna	méo, méo mó メーゥ, メーゥ モー	distorted ディス**ト**ーテド
いべんと **イベント** ibento	sự kiện, chương trình スー キエン, チュオング チン	event イ**ヴェ**ント
いほうの **違法の** ihouno	trái phép, trái pháp luật チャーイ フェープ, チャーイ ファープ ルオッ	illegal イリーガル
いま **今** ima	bây giờ, hiện giờ ボイ ゾー, ヒエン ゾー	now ナウ
いまいましい **忌々しい** imaimashii	bực mình, bực tức ブーク ミン, ブーク トゥーク	annoying アノイング
いまごろ **今頃** imagoro	gần đây, dạo này ゴン ドイ, ザーゥ ナイ	at this time アト ズィス **タ**イム
いまさら **今更** imasara	bây giờ lại, đến giờ lại ボイ ゾー ラーイ, デーン ゾー ラーイ	now, at this time **ナ**ウ, アト **ズ**ィス **タ**イム
いみ **意味** imi	nghĩa, ý nghĩa ンギア, イー ンギア	meaning, sense ミーニング, **セ**ンス

日	越	英
~する	có nghĩa コーン ギア	mean, signify ミーン, スィグニファイ
いみてーしょん **イミテーション** imiteeshon	vật giả, hàng giả ヴォッ ザー, ハーング ザー	imitation イミテイション
いみん **移民** (他国からの) imin	dân di cư, di dân ゾン ジー クー, ジー ゾン	immigrant イミグラント
(他国への)	dân di cư, di dân ゾン ジー クー, ジー ゾン	emigrant エミグラント
いめーじ **イメージ** imeeji	hình ảnh ヒン アイン	image イミヂ
いもうと **妹** imouto	em gái エーム ガーイ	(younger) sister (ヤンガ) スィスタ
いやいや **いやいや** iyaiya	miễn cưỡng, bất đắc dĩ ミエン クオング, ボッ ダク ジー	reluctantly, unwillingly リラクタントリ, アンウィリングリ
いやがらせ **嫌がらせ** iyagarase	làm phiền, quấy rối ラーム フィエン, クオィ ゾーイ	harassment, abuse ハラスメント, アビュース
いやくきん **違約金** iyakukin	tiền phạt ティエン ファーッ	penalty ペナルティ
いやしい **卑しい** iyashii	đê hèn, đê tiện デー ヘーン, デー ティエン	low, humble ロウ, ハンブル
いやす **癒す** iyasu	chữa lành, làm lành チュア ライン, ラーム ライン	heal, cure ヒール, キュア
いやな **嫌な** iyana	ghê gớm, ghê tởm ゲー ゴーム, ゲー トーム	disgusting ディスガスティング
いやほん **イヤホン** iyahon	ống nghe オーンム ンゲー	earphone イアフォウン
いやらしい **いやらしい** iyarashii	thô bỉ, bỉ ổi トホー ビー, ビー オーイ	disagreeable ディサグリーアブル

日	越	英
イヤリング iyaringu	hoa tai, bông tai フアー ターイ, ボーンム ターイ	earring **イ**アリング
いよいよ（とうとう） iyoiyo	cuối cùng クオィ クーンム	at last アト **ラ**スト
（ますます）	càng, lại càng カーング, ラーイ カーング	more and more **モ**— アンド **モ**—
意欲 iyoku	ý muốn イー ムオン	volition, desire ヴォウリション, ディ**ザ**イア
以来 irai	từ khi, từ lúc トゥー キヒー, トゥー ルークプ	since, after that **ス**ィンス, アフタ **ザ**ト
依頼 irai	nhờ cậy, nương tựa ニォー コイ, ヌオング トゥア	request リク**ウェ**スト
～する	nhờ, dựa ニォー, ズア	ask, request **ア**スク, リク**ウェ**スト
いらいらする irairasuru	sốt ruột, bực bội ソーッ ズオッ, ブーク ボーイ	(be) irritated (ビ) **イ**リテイテド
イラク iraku	I rắc イー ラク	Iraq イ**ラ**ーク
イラスト irasuto	minh hoạ ミン フアー	illustration イラスト**レ**イション
イラストレーター irasutoreetaa	người vẽ minh hoạ ングォイ ヴェー ミン フアー	illustrator **イ**ラストレイタ
イラン iran	I ran イー ラーン	Iran イ**ラ**ン
入り口 iriguchi	cửa vào クア ヴァーウ	entrance **エ**ントランス
医療 iryou	y tế イー テー	medical treatment メディカル ト**リ**ートメント
威力 iryoku	uy lực, uy thế ウイー ルーク, ウイー テヘー	power, might パウア, **マ**イト

日	越	英
いる **居る** iru	ở, tồn tại オー, トーン ターイ	be, there is, there are ビー, ゼア イズ, ゼア アー
いる **要る** iru	cần, cần thiết コン, コン ティヒエッ	need, want ニード, ワント
いるか **海豚** iruka	cá heo カー ヘーゥ	dolphin ダルフィン
いれいの **異例の** ireino	ngoại lệ, khác thường ングアーイ レー, カハークトゥフオング	exceptional イクセプショナル
いれかえる **入れ替える** irekaeru	thay đổi, thay thế タハイ ドーイ, タハイ テヘー	replace リプレイス
いれずみ **入れ墨** irezumi	xăm サム	tattoo タトゥー
いれば **入れ歯** ireba	răng giả ザング ザー	false teeth フォールス ティース
いれもの **入れ物** iremono	đồ đựng ドー ドゥーング	receptacle リセプタクル
いれる **入れる** (中に) ireru	bỏ vào, cho vào ボー ヴァーゥ, チョー ヴァーゥ	put in プト イン
(人を)	cho vào チョー ヴァーゥ	let into, admit into レト イントゥ, アドミト イントゥ
(受け入れる)	tiếp nhận, thu nhận ティエプ ニョン, トゥフー ニョン	accept, take アクセプト, テイク
いろ **色** iro	màu, sắc マゥ, サク	color, ⒷColour カラ, カラ
いろいろな **色々な** iroirona	nhiều thứ, nhiều loại ニエゥ トゥフー, ニエゥ ルアーイ	various ヴェアリアス
いろけ **色気** iroke	hấp dẫn giới tính ホプ ゾン ゾーイ ティン	sex appeal セクス アピール

日	越	英
いろん **異論** iron	ý kiến phản đối イー キエン ファーン ドーイ	objection オブ**チェ**クション
いわ **岩** iwa	tảng đá ターング ダー	rock ラク
いわう **祝う** iwau	chúc mừng, ăn mừng チュークプ ムーング, アン ムーング	celebrate **セ**レブレイト
いわし **鰯** iwashi	cá trích, cá mòi カー チク, カー モーイ	sardine サー**ディ**ーン
いわゆる **いわゆる** iwayuru	cái gọi là カーイ ゴーイ ラー	so-called **ソ**ウコールド
いわれ **いわれ** iware	lý do, nguyên do リー ゾー, ングイエン ゾー	reason, origin **リ**ーズン, **オ**ーリヂン
いんかん **印鑑** inkan	con dấu コーン ゾウ	stamp, seal ス**タ**ンプ, ス**ィ**ール
いんきな **陰気な** inkina	u sầu, buồn rầu ウー ソウ, ブオン ゾウ	gloomy グ**ル**ーミ
いんく **インク** inku	mực, mực tây ムーク, ムーク トイ	ink **イ**ンク
いんけんな **陰険な** inkenna	xảo trá, xảo quyệt サーウ チャー, サーウ クイエッ	crafty, insidious ク**ラ**フティ, インス**ィ**ディアス
いんこ **インコ** inko	vẹt đuôi dài ヴェードゥオイ ザーイ	parakeet パラ**キ**ート
いんさつ **印刷** insatsu	ấn loát オン ルアーッ	printing プ**リ**ンティング
〜する	in, in ấn イーン, イーン オン	print プ**リ**ント
いんし **印紙** inshi	con tem chứng nhận đã đóng thuế hoặc lệ phí コーン テーム チューング ニオン ダー ドーンム トゥフエー フアク レー フィー	revenue stamp レヴェニュー ス**タ**ンプ

日	越	英
いんしゅりん **インシュリン** inshurin	insulin イーンスリーン	insulin イ**ン**シュリン
いんしょう **印象** inshou	ấn tượng オン トゥオング	impression インプ**レ**ション
いんすたんとの **インスタントの** insutantono	ngay lập tức, ăn liền ンガイ ロプ トゥーク, アン リエン	instant **イ**ンスタント
いんすとーるする **インストールする** insutoorusuru	cài đặt カーイ ダッ	install インス**トー**ル
いんすとらくたー **インストラクター** insutorakutaa	hướng dẫn viên フオング ゾン ヴィエン	instructor インスト**ラ**クタ
いんすぴれーしょん **インスピレーション** insupireeshon	cảm hứng カーム フーング	inspiration インスピ**レ**イション
いんぜい **印税** inzei	tiền bản quyền, phí bản quyền ティエン バーン クイエン, フィー バーン クイエン	royalty **ロ**イアルティ
いんそつする **引率する** insotsusuru	dẫn dắt ゾン ザッ	lead リード
いんたーちぇんじ **インターチェンジ** intaachenji	giao lộ ザーウ ロー	(travel) interchange (ト**ラ**ヴェル) インタチェインヂ
いんたーねっと **インターネット** intaanetto	Internet インタネッ	Internet **イ**ンタネット
いんたーふぇろん **インターフェロン** intaaferon	chất inteferôn チャッ インテフェロン	interferon インタ**フィ**ラン
いんたい **引退** intai	sự về hưu, giải nghệ スー ヴェー フーウ, ザーイ ンゲー	retirement リ**タ**イアメント
〜する	về hưu, giải nghệ ヴェー フーウ, ザーイ ンゲー	retire リ**タ**イア
いんたびゅー **インタビュー** intabyuu	phỏng vấn フォーンム ヴォン	interview **イ**ンタヴュー

日	越	英
いんち **インチ** inchi	inch イーン	inch イ**ン**チ
いんてりあ **インテリア** interia	nội thất ノーイ トホッ	interior design イン**ティ**アリア ディ**ザ**イン
いんど **インド** indo	Ấn Độ オン ドー	India イン**ディ**ア
〜の	Ấn Độ オン ドー	Indian イン**ディ**アン
いんとねーしょん **イントネーション** intoneeshon	ngữ điệu ングー ディエゥ	intonation イント**ネ**イション
いんどねしあ **インドネシア** indoneshia	In đô nê xi a イーン ドー ネー シー アー	Indonesia インド**ニー**ジャ
いんぷっと **インプット** inputto	đầu vào ドゥ ヴァーゥ	input **イ**ンプト
いんふるえんざ **インフルエンザ** infuruenza	bệnh cúm ベン クーム	influenza インフル**エ**ンザ
いんふれ **インフレ** infure	nạn lạm phát ナーン ラーム ファーツ	inflation インフ**レ**イション
いんぼう **陰謀** inbou	âm mưu, mưu kế オム ムーゥ, ムーゥ ケー	plot, intrigue プ**ラ**ト, **イ**ントリーグ
いんよう **引用** in-you	sự trích dẫn スー チク ゾン	citation サイ**テ**イション
〜する	trích dẫn チク ゾン	quote, cite ク**ウォ**ウト, **サ**イト
いんりょく **引力** inryoku	sức hút スーク フーツ	attraction, gravitation アト**ラ**クション, グラヴィ**テ**イション

日	越	英
うぃすきー **ウイスキー** uisukii	whisky, rượu uýt ky ウィッキー, ズォウ ウィッ キー	whiskey, ⓑwhisky (ホ)**ウィ**スキ, **ウィ**スキ
ういるす **ウイルス** uirusu	siêu vi khuẩn, virus シエウ ヴィー クフォン, ヴィールッ	virus **ヴァ**イアラス
うーる **ウール** uuru	len, dạ レーン, ザー	wool **ウ**ル
うえ **上** （上方） ue	trên, phần trên チェーン, フォン チェーン	upper part **ア**パ パート
（表面）	mặt, bề mặt マッ, ベー マッ	surface **サ**ーフェス
〜に	ở trên, bên trên オー チェーン, ベーン チェーン	on **オ**ン
うえいたー **ウエイター** ueitaa	bồi bàn, tiếp viên nam ボーイ バーン, ティエプ ヴィエン ナーム	waiter **ウェ**イタ
うえいとれす **ウエイトレス** ueitoresu	cô hầu bàn, tiếp viên nữ コー ホウ バーン, ティエプ ヴィエン ヌー	waitress **ウェ**イトレス
うえすと **ウエスト** uesuto	thắt lưng, eo タハッ ルーング, エーウ	waist **ウェ**イスト
うぇぶさいと **ウェブサイト** webusaito	website ウェブサイッ	website **ウェ**ブサイト
うえる **植える** ueru	trồng チョーンム	plant プ**ラ**ント
うえる **飢える** ueru	đói ドーイ	go hungry, starve **ゴ**ウ **ハ**ングリ, ス**ター**ヴ
うぉーみんぐあっぷ **ウォーミングアップ** woominguappu	khởi động コホーイ ドーンム	warm-up **ウォ**ームアプ
うおざ **魚座** uoza	chòm sao Thiên Ngư チョーム サーウ ティヒエン ングー	Fishes, Pisces **フィ**シェズ, **パ**イスィーズ

日	越	英
うがい ugai	súc miệng	gargling
迂回する ukaisuru	đi đường vòng	take a roundabout way
伺う (尋ねる) ukagau	hỏi thăm, hỏi han	ask
(訪問する)	thăm hỏi, thăm viếng	visit
迂闊な ukatsuna	đãng trí, lơ đễnh	careless
浮かぶ (水面に) ukabu	nổi, bập bềnh	float
(心に)	nảy ra, thoáng qua	come to
受かる ukaru	thi đỗ, đậu	pass
浮き uki	phao	float
浮き袋 ukibukuro	phao bơi, bong bóng cá	swimming ring
(救命用の)	phao cứu đắm, phao cứu hộ	life buoy
浮く (水面に) uku	nổi	float
(余る)	thừa, dư	(be) left, (be) not spent
受け入れる ukeireru	chấp nhận, đón nhận	receive, accept

日	越	英
うけおう **請け負う** ukeou	nhận thầu ニォン トホゥ	contract, undertake コントラクト, アンダテイク
うけつぐ **受け継ぐ** (後を継ぐ) uketsugu	kế thừa, nối nghiệp ケー トゥファ, ノーイ ンギエプ	succeed to サクスィード トゥ
(相続する)	thừa kế, thừa tự トゥファ ケー, トゥファ トゥー	inherit インヘリト
うけつけ **受付** (受付所) uketsuke	quầy tiếp tân クォイ ティエプ トン	information office, reception インフォメイション オフィス, リセプション
(受領)	sự nhận スー ニォン	receipt, acceptance リスィート, アクセプタンス
うけつける **受け付ける** uketsukeru	nhận ニォン	receive, accept リスィーヴ, アクセプト
うけとりにん **受取人** uketorinin	người nhận ングォイ ニォン	receiver リスィーヴァ
(受給者・受益者)	người lĩnh, người được cấp ングォイ リン, ングォイ ドゥオク コプ	recipient リスィピアント
うけとる **受け取る** uketoru	nhận được, nhận lấy ニォン ドゥオク, ニォン ロイ	receive, get リスィーヴ, ゲト
うけみ **受け身** (受動態) ukemi	thể bị động テヘー ビー ドーム	passive voice パスィヴ ヴォイス
(受動的態度)	bị động, thụ động ビー ドーム, トゥフー ドーム	passivity パスィヴィティ
うけもつ **受け持つ** ukemotsu	đảm nhiệm, chịu trách nhiệm ダーム ニエム, チーウ チャイク ニエム	take charge of テイク チャーデ オヴ
うける **受ける** (物などを) ukeru	nhận, lấy ニォン, ロイ	receive, get リスィーヴ, ゲト
(損害などを)	chịu, bị チーウ, ビー	suffer サファ

日	越	英
(試験を)	đi thi	take
動かす ugokasu	lay động, xê dịch	move
(機械を)	cho chạy, vận hành	run, work, operate
(心を)	xúc động, cảm động	move, touch
動き ugoki	cử động, cử chỉ	movement, motion
(活動)	hoạt động, hành động	activity
(動向)	chiều hướng, xu hướng	trend
動く ugoku	chuyển động, động đậy	move
(作動する)	chạy, vận hành	run, work
(心が)	cảm động, xúc động	(be) moved
兎 usagi	thỏ	rabbit
牛 ushi	bò	cattle
(子牛)	bê	calf
(雄牛)	bò đực	bull, ox
(雌牛)	bò cái	cow

日	越	英
うしなう **失う** ushinau	mất, đánh mất モッ, ダィン モッ	lose, miss ルーズ, ミス
うしろ **後ろ** ushiro	phía sau, sau lưng フィア サゥ, サゥ ルーング	back, behind バク, ビハインド
うず **渦** uzu	xoáy, xoáy nước スアイ, スアイ ヌオク	whirlpool (ホ)ワールプール
うすい **薄い** (厚みが) usui	mỏng モーンム	thin スィン
(色が)	nhạt ニャーッ	pale ペイル
(濃度が)	loãng ルアーング	weak ウィーク
うずく **疼く** uzuku	nhức nhối, nhói ニューク ニョーイ, ニョーイ	ache, hurt エイク, ハート
うすぐらい **薄暗い** usugurai	chập choạng tối, nhá nhem チョプ チュアーング トーイ, ニャー ニェーム	dim, dark, gloomy ディム, ダーク, グルーミ
うずまき **渦巻き** uzumaki	xoáy nước, dòng xoáy スアイ ヌオク, ゾーンム スアイ	whirlpool (ホ)ワールプール
うすめる **薄める** usumeru	làm nhạt, làm loãng ラーム ニャーッ, ラーム ルアーング	thin, dilute スィン, ダイリュート
うせつする **右折する** usetsusuru	rẽ phải, quẹo phải ゼー ファーイ, クエーゥ ファーイ	turn right ターン ライト
うそ **嘘** uso	dối trá, giả dối ゾーイ チャー, ジアー ゾーイ	lie ライ
～つき	kẻ nói dối, kẻ hay nói điêu ケー ノーイ ゾーイ, ケー ハイ ノーイ ディエゥ	liar ライア
うた **歌** uta	bài hát バーイ ハーッ	song ソーング

日	越	英
うたう **歌う** utau	hát, ca hát ハーッ, カー ハーッ	sing ス**イ**ング
うたがい **疑い** （疑念） utagai	sự nghi ngờ, nghi hoặc スー ンギー ンゴー, ンギー フアク	doubt **ダ**ウト
（不信）	sự bất tín, mất lòng tin スー バッ ティーン, モッ ローンム ティーン	distrust ディスト**ラ**スト
（容疑・嫌疑）	sự tình nghi, hoài nghi スー ティン ンギー, フアーイ ンギー	suspicion サス**ピ**ション
うたがう **疑う** （疑念を抱く） utagau	nghi ngờ, nghi hoặc ンギー ンゴー, ンギー フアク	doubt **ダ**ウト
（嫌疑をかける）	tình nghi ティン ンギー	suspect サス**ペ**クト
（不信に思う）	bất tín, mất lòng tin バッ ティーン, モッ ローンム ティーン	distrust ディスト**ラ**スト
うたがわしい **疑わしい** utagawashii	đáng ngờ, khả nghi ダーング ンゴー, カハー ンギー	doubtful **ダ**ウトフル
（不審な）	ám muội, mập mờ アーム ムオイ, モプ モー	suspicious サス**ピ**シャス
うち **家** （家屋） uchi	nhà, trong nhà ニャー, チォーンム ニャー	house **ハ**ウス
（家庭）	gia đình, nhà ザー ディン, ニャー	family, household **ファ**ミリ, **ハ**ウスホウルド
うち **内** uchi	trong, nội チォーンム, ノーイ	inside, interior イン**サ**イド, インティアリア
うちあける **打ち明ける** uchiakeru	bày tỏ, thổ lộ バイトー, トホー ロー	confess, confide コン**フェ**ス, コン**ファ**イド
うちあわせる **打ち合わせる** uchiawaseru	dàn xếp, bàn bạc ザーン セープ, バーン バーク	arrange ア**レ**インヂ
うちがわ **内側** uchigawa	bên trong ベーン チォーンム	inside イン**サ**イド

日	越	英
うちきな **内気な** uchikina	bẽn lẽn, thẹn thùng ベーン レーン, テヘーン トゥフーンム	shy, timid **シャ**イ, **ティ**ミド
うちけす **打ち消す** uchikesu	phủ nhận, phủ định フー ニャン, フー ディン	deny ディ**ナ**イ
うちゅう **宇宙** uchuu	vũ trụ ヴー チュー	universe **ユ**ーニヴァース
～飛行士	nhà du hành vũ trụ ニャー ズー ハイン ヴー チュー	astronaut **ア**ストロノート
うつ **打つ** utsu	đánh, đập ダイン, ドプ	strike, hit スト**ラ**イク, **ヒ**ト
うつ **撃つ** utsu	bắn バン	fire, shoot **ファ**イア, **シュ**ート
うっかりして **うっかりして** ukkarishite	sơ ý, sơ suất ソー イー, ソー スオット	carelessly **ケ**アレスリ
うつくしい **美しい** utsukushii	đẹp, đẹp đẽ デープ, デープ デー	beautiful **ビュ**ーティフル
うつす **写す** utsusu	chép, sao チェープ, サーウ	copy **カ**ピ
(写真を)	chụp, chụp ảnh チュープ, チュープ アイン	take a photo **テ**イク ア **フォ**ウトウ
うつす **移す** utsusu	chuyển, dời チュイエン, ゾーイ	move, transfer **ム**ーヴ, ト**ラ**ンスファ
(病気を)	làm lây lan ラーム ロイ ラーン	give, infect **ギ**ヴ, イン**フェ**クト
うったえる **訴える** uttaeru (裁判に)	kiện, kiện cáo キエン, キエン カーウ	sue **ス**ー
(世論に)	kêu, kêu gọi ケーウ, ケーウ ゴーイ	appeal to ア**ピ**ール トゥ
(手段に)	viện đến, cầu đến ヴィエン デーン, コウ デーン	resort to リ**ゾ**ート トゥ

日	越	英
うっとうしい **うっとうしい** uttoushii	u sầu, phiền toái ウーソウ、フィエントゥアーイ	bothersome バザサム
うっとりする **うっとりする** uttorisuru	đam mê, bị lôi cuốn ダームメー、ビーローイクオン	(be) mesmerized (ビ) メズメライズド
うつむく **うつむく** utsumuku	cúi đầu クーイドウ	hang one's head ハングヘド
うつる **移る** utsuru	chuyển đi, dời đi チュイエンディー、ゾーイディー	move ムーヴ
（病気が）	lây, truyền nhiễm ロイ、チュイエンニエム	catch キャチ
うつわ **器** utsuwa	đồ đựng ドードゥーング	vessel, container ヴェスル、コンテイナ
うで **腕** ude	cánh tay カインタイ	arm アーム
（技能）	tài nghệ, kỹ năng ターインゲー、キーナング	ability, skill アビリティ、スキル
～時計	đồng hồ đeo tay ドームホーデーウタイ	wristwatch リストワチ
うなぎ **鰻** unagi	cá chình, con lươn カーチン、コーンルオン	eel イール
うなずく **うなずく** unazuku	gật, gật đầu ゴッ、ゴッドウ	nod ナド
うなる **唸る** unaru	rên rỉ, kêu rên ゼーンジー、ケーウゼーン	groan グロウン
（動物が）	gầm, rống ゴム、ゾーンム	growl グラウル
（機械や虫が）	kêu ầm ầm, kêu vo vo ケーウオムオム、ケーウヴォーヴォー	roar, buzz ロー、バズ
うに **海胆** uni	nhím biển ニームビエン	sea urchin スィーアーチン

日	越	英
うぬぼれる unuboreru	tự cao, tự kiêu トゥー カーウ, トゥー キエウ	(become) conceited (ビカム) コンス**ィ**ーテド
右派 uha	đảng cánh hữu ダーング カイン フーウ	right wing **ラ**イト **ウィ**ング
奪う (取り上げる・盗む) ubau	cướp, ăn cướp クオプ, アン クオプ	take away, rob **テ**イク ア**ウェ**イ, **ラ**ブ
(剥奪する)	cướp đoạt, tước đoạt クオプ ドゥアーツ, トゥオク ドゥアーツ	deprive ディプ**ラ**イヴ
乳母車 (箱形の) ubaguruma	xe đẩy trẻ con, xe nôi セー ドィ チェー コーン, セー ノーィ	baby carriage, Ⓑpram **ベ**イビ **キャ**リヂ, プ**ラ**ム
(椅子形の)	xe đẩy trẻ con セー ドィ チェー コーン	stroller, Ⓑpush-chair スト**ロ**ウラ, プ**シュ**チェア
初な ubuna	ngây thơ, thơ ấu ンゴィトホー, トホー オウ	innocent, naive **イ**ノセント, ナー**イ**ーヴ
馬 uma	ngựa ンガア	horse **ホ**ース
(子馬)	ngựa con ンガア コーン	foal, colt **フォ**ウル, **コ**ウルト
うまい (おいしい) umai	ngon, ngon lành ンゴーン, ンゴーン ライン	good, delicious **グ**ド, ディ**リ**シャス
(上手だ)	giỏi, khéo ゾーィ, ケヘーウ	good, skillful **グ**ド, ス**キ**ルフル
埋まる umaru	bị vùi, bị chôn ビー ヴーィ, ビー チォーン	(be) buried (ビ) **ベ**リド
生[産]まれる umareru	sinh ra, đẻ ra シン ザー, デー ザー	(be) born (ビ) **ボ**ーン
(生じる)	nảy sinh, phát sinh ナィ シン, ファーツ シン	come into existence **カ**ム **イ**ントゥ イグ**ズィ**ステンス

日	越	英
うみ **海** umi	biển, bể ビエン、ベー	sea スィー
うみだす **生み出す** umidasu	tạo ra, làm ra ダーウ ザー、ラーム ザー	produce プロデュース
うみべ **海辺** umibe	bờ biển, bãi biển ボー ビエン、バーイ ビエン	beach ビーチ
うむ **生[産]む** umu	sinh ra, đẻ ra シン ザー、デー ザー	bear ベア
（生み出す）	sản xuất, chế biến サーン スオッ、チェー ビエン	produce プロデュース
うめく **うめく** umeku	rên rỉ, rên rẩm ゼーン ジー、ゼーン ゾム	groan, moan グロウン、モウン
うめたてる **埋め立てる** umetateru	lấp ロプ	fill up, reclaim フィル アプ、リクレイム
うめる **埋める** umeru	vùi, chôn ヴーイ、チョーン	bury ベリ
（損失などを）	đền bù, bù đắp デーン ブー、ブー ダプ	cover カヴァ
（満たす）	làm đầy, chứa đầy ラーム ドィ、チュア ドィ	fill フィル
うもう **羽毛** umou	lông chim, lông vũ ローンム チーム、ローンム ヴー	feathers, down フェザズ、ダウン
うやまう **敬う** uyamau	kính trọng, tôn trọng キン チョーンム、トーン チョーンム	respect, honor, Ⓑhonour リスペクト、アナ、アナ
うら **裏** （表面や正面に対する） ura	mặt sau, đằng sau マッ サウ、ダンム サウ	back バク
（反対側）	mặt trái, bề trái マッ チャーイ、ベー チャーイ	reverse リヴァース

日	越	英
うらがえす **裏返す** uragaesu	lật ngửa, lộn trái ロッングア, ローン チャーイ	turn over ターン オウヴァ
うらがわ **裏側** uragawa	mặt sau, bề trái マッ サウ, ベー チャーイ	back, reverse side バク, リヴァース サイド
うらぎる **裏切る** uragiru	trở mặt, lật mặt チョー マッ, ロッ マッ	betray ビトレイ
うらぐち **裏口** uraguchi	cửa sau, cổng sau クア サウ, コーンム サウ	back door バク ドー
うらごえ **裏声** uragoe	tiếng the thé, giọng the thé ティエング テヘー テヘー, ゾーンム テヘー テヘー	falsetto フォールセトウ
うらじ **裏地** uraji	lớp lót, vải lót ロープ ローッ, ヴァーイ ローッ	lining ライニング
うらづける **裏付ける** urazukeru	chứng tỏ, chứng minh チューング トー, チューング ミン	prove, confirm プルーヴ, コンファーム
うらどおり **裏通り** uradoori	ngõ, ngõ hẻm ンゴー, ンゴー ヘーム	back street バク ストリート
うらない **占い** uranai	thuật bói toán トゥフオッ ボーイ トゥアーン	fortune-telling フォーチュンテリング
うらなう **占う** uranau	bói, xem bói ボーイ, セーム ボーイ	tell a person's fortune テル フォーチュン
うらにうむ **ウラニウム** uraniumu	uranium, urani ウラニウム, ウラニー	uranium ユアレイニアム
うらむ **恨む** uramu	căm giận, hận thù カム ゾン, ホン トゥフー	bear a grudge ベア ア グラヂ
うらやましい **羨ましい** urayamashii	đáng thèm muốn, đáng ghen tị ダーング テヘーム ムオン, ダーング ゲーン ティー	enviable エンヴィアブル
うらやむ **羨む** urayamu	thèm muốn, ghen tị テヘーム ムオン, ゲーン ティー	envy エンヴィ

日	越	英
うらん **ウラン** uran	uranium, urani ウラニウム, ウラニー	uranium ユアレイニアム
うりあげ **売り上げ** uriage	doanh số, doanh số bán ra ズアィン ソー, ズアィン ソー バーン ザー	amount sold アマウント ソウルド
うりきれる **売り切れる** urikireru	bán hết バーン ヘーツ	(be) sold out (ビ) ソウルド アウト
うりだす **売り出す** uridasu	bán ra バーン ザー	put on sale プト オン セイル
うりば **売り場** uriba	quầy bán hàng, khu bán hàng クオィ バーン ハーング, クフー バーン ハーング	department ディパートメント
うる **売る** uru	bán バーン	sell セル
うるうどし **閏年** uruudoshi	năm nhuận ナム ニュオン	leap year リープ イア
うるおい **潤い** uruoi	hơi ẩm ホーイ オム	moisture モイスチャ
うるおう **潤う** uruou	ẩm ướt オム ウオッ	(be) moistured, (be) moistened (ビ) モイスチャド, (ビ) モイスンド
うるぐあい **ウルグアイ** uruguai	U ru goay ウー ルー グアィ	Uruguay ユアラグワイ
うるさい **うるさい** urusai	ầm ĩ, ồn ào オム イー, オーン アーウ	noisy ノイズィ
(しつこい)	dai dẳng, làm phiền ザーィ ザング, ラーム フィエン	pesky, persistent ペスキ, パスィステント
うるし **漆** urushi	sơn mài, sơn ソーン マーイ, ソーン	(Japanese) lacquer (ヂャパニーズ) ラカ
うれしい **嬉しい** ureshii	mừng, sung sướng ムーング, スーンム スオング	happy, delightful ハピ, ディライトフル

日	越	英
うれる **売れる** ureru	bán chạy, bán tốt バーン チャイ, バーン トート	sell well セル ウェル
うろたえる **うろたえる** urotaeru	bối rối, lúng túng ボーイ ゾーイ, ルーンム トゥーンム	(be) upset (ビ) アプ**セ**ト
うわき **浮気** uwaki	ngoại tình, lăng nhăng ングアーイ テイン, ラング ニャング	(love) affair (ラヴ) アフェア
うわぎ **上着** uwagi	áo khoác, áo choàng アーウ クフアーク, アーウ チュアーング	jacket, coat チャケト, コウト
うわごと **うわごと** uwagoto	nói mê ノーイ メー	delirium ディリリアム
うわさ **噂** uwasa	tiếng đồn, tin đồn ティエング ドーン, ティーン ドーン	rumor, ⑧rumour ルーマ, ルーマ
うわべ **上辺** uwabe	bề ngoài, mặt ngoài ベーングアーイ, マッングアーイ	surface サーフェス
うわまわる **上回る** uwamawaru	vượt, vượt quá ヴォット, ヴォック クアー	exceed イクスィード
うわやく **上役** uwayaku	người cấp trên ングオイ コプ チェーン	superior, boss スーピアリア, ボス
うん **運** (運命) un	số phận, vận mệnh ソー フォン, ヴォン メン	fate, destiny フェイト, デスティニ
(幸運)	may, may mắn マイ, マイ マン	fortune, luck フォーチュン, ラク
うんえい **運営** un-ei	điều hành, điều khiển ディエウ ハイン, ディエウ キヒエン	management マニヂメント
うんが **運河** unga	kênh, kênh ngòi ケン, ケン ンゴーイ	canal カナル
うんこう **運行** unkou	vận tải, vận chuyển ヴォン ターイ, ヴォン チュイエン	service, operation サーヴィス, アペレイション
うんざりする **うんざりする** unzarisuru	chán ngán, ngán ngẩm チャーン ンガーン, ンガーン ンゴム	(be) sick of (ビ) スィク オヴ

日	越	英
うんせい **運勢** unsei	vận may rủi ヴォン マィ ズーィ	fortune **フォー**チュン
うんそう **運送** unsou	tải, chuyên chở ターィ, チュイエン チョー	transportation トランスポー**テ**イション
うんちん **運賃** unchin	cước phí vận chuyển クオク フィー ヴォン チュイエン	fare **フェ**ア
うんてん **運転** unten	sự lái xe, điều khiển xe スー ラーィ セー, ディエゥ キヒエン セー	driving ド**ラ**イヴィング
(機械の)	sự cho chạy, vận hành スー チョー チャィ, ヴォン ハイン	operation ア**ペ**レイション
~手	lái xe, tài xế ラーィ セー, ターィ セー	driver ド**ラ**イヴァ
~する	lái, lái xe ラーィ, ラーィ セー	drive ド**ラ**イヴ
(機械を)	vận hành, điều khiển ヴォン ハイン, ディエゥ キヒエン	operate **ア**ペレイト
~免許証	bằng lái xe バング ラーィ セー	driver's license ド**ラ**イヴァズ **ラ**イセンス
うんどう **運動** undou	vận động, phong trào ヴォン ドーンム, フォーンム チャーゥ	exercise **エ**クササイズ
(競技としての)	thể thao テヘー タハーゥ	sports ス**ポ**ーツ
(行動)	vận động, hành động ヴォン ドーンム, ハイン ドーンム	campaign キャン**ペ**イン
~する	vận động, tập thể dục ヴォン ドーンム, トプ テヘー ズークプ	exercise **エ**クササイズ
うんめい **運命** unmei	vận số, định mệnh ヴォン ソー, ディン メン	fate, destiny **フェ**イト, **デ**スティニ
うんゆ **運輸** un-yu	vận tải, vận chuyển ヴォン ターィ, ヴォン チュイエン	transportation トランスポー**テ**イション

日	越	英
うんよく **運よく** un-yoku	may mắn, may sao マイ マン, マイ サーウ	fortunately フォーチュネトリ

え, エ

日	越	英
え **絵** e	tranh, hội hoạ チャイン, ホーイ フアー	picture ピクチャ
え **柄** e	cán, tông カーン, トーンム	handle ハンドル
えあこん **エアコン** eakon	máy điều hoà nhiệt độ マイ ディエゥ フアー ニエッド ドー	air conditioner エア コンディショナ
えいえんの **永遠の** eienno	vĩnh viễn, vĩnh cửu ヴィン ヴィエン, ヴィン クーゥ	eternal イターナル
えいが **映画** eiga	phim, điện ảnh フィーム, ディエン アイン	movie, film ムーヴィ, フィルム
～館	rạp chiếu phim ザープ チエゥ フィーム	(movie) theater, Ⓑcinema (ムーヴィ) スィアタ, スィネマ
えいきゅうに **永久に** eikyuuni	vĩnh cửu, mãi mãi ヴィン クーゥ, マーイ マーイ	permanently パーマネントリ
えいきょう **影響** eikyou	ảnh hưởng, tác động アイン フオング, ターク ドーンム	influence インフルエンス
えいぎょう **営業** eigyou	doanh nghiệp, kinh doanh ズアイン ンギエプ, キン ズアイン	business, trade ビズネス, トレイド
～する	kinh doanh キン ズアイン	do business ドゥー ビズネス
えいご **英語** eigo	tiếng Anh, Anh ngữ ティエング アイン, アイン ングー	English イングリシュ
えいこう **栄光** eikou	vinh quang, vẻ vang ヴィン クアーング, ヴェー ヴァーング	glory グローリ

日	越	英
えいこく **英国** eikoku	nước Anh, Anh Quốc ヌオク アイン, アイン クオク	England, Great Britain イングランド, グレイト ブリトン
えいじゅうする **永住する** eijuusuru	định cư, sống hẳn ディン クー, ソーンム ハン	reside permanently リザイド パーマネントリ
えいず **エイズ** eizu	AIDS, SIDA エイッ, シーダー	AIDS エイヅ
えいせい **衛星** eisei	vệ tinh ヴェー ティン	satellite サテライト
えいせいてきな **衛生的な** eiseitekina	vệ sinh ヴェー シン	hygienic, sanitary ハイヂーニク, サニテリ
えいぞう **映像** eizou	hình ảnh ヒン アイン	image イミヂ
えいてんする **栄転する** eitensuru	thăng chức, thăng cấp タハング チューク, タハング コプ	(be) promoted (ビ) プロモウテド
えいゆう **英雄** eiyuu	anh hùng, anh hào アイン フーンム, アイン ハーウ	hero, heroine ヒアロウ, ヘロウイン
えいよ **栄誉** eiyo	vinh dự, vinh diệu ヴィン ズー, ヴィン ジエウ	honor, ⒷhonourD アナ, アナ
えいよう **栄養** eiyou	dinh dưỡng ジン ズオング	nutrition ニュートリション
えーかー **エーカー** eekaa	mẫu Anh モウ アイン	acre エイカ
えーじぇんと **エージェント** eejento	văn phòng đại diện, đại lý ヴァン フォーンム ダーイ ジエン, ダーイ リー	agent エイヂェント
えーす **エース** eesu	át chủ bài, quân át アーッ チュー バーイ, クオン アーッ	ace エイス
えがお **笑顔** egao	vẻ mặt tươi cười ヴェー マット トゥオイ クオイ	smiling face スマイリング フェイス

日	越	英
えがく **描く** egaku	vẽ, miêu tả ヴェー, ミエゥター	draw, paint ド**ロ**ー, **ペ**イント
えき **駅** eki	ga, nhà ga ガー, ニャー ガー	station ス**テ**イション
えきしょう **液晶** ekishou	tinh thể lỏng ティン テヘー ローンム	liquid crystal **リ**クウィド ク**リ**スタル
えきす **エキス** ekisu	tinh chất ティン チョッ	extract イクスト**ラ**クト
えきすとら **エキストラ** ekisutora	vai phụ, vai quần chúng ヴァーイ フー, ヴァーイ クオン チューンム	extra **エ**クストラ
えきぞっくな **エキゾチックな** ekizochikkuna	ngoại lai, đẹp kỳ lạ ングアーイ ラーイ, デープ キー ラー	exotic イグ**ザ**ティク
えきたい **液体** ekitai	chất lỏng, thể lỏng チョッ ローンム, テヘー ローンム	liquid, fluid **リ**クウィド, フ**ルー**イド
えくすたしー **エクスタシー** ekusutashii	mê li, ngây ngất メーリー, ンゴィンゴッ	ecstasy **エ**クスタスィ
えぐぜくてぃぶ **エグゼクティブ** eguzekutibu	ủy viên ban chấp hành, quản trị ウイー ヴィエン バーン チョプ ハイン, クアーン チー	executive イグ**ゼ**キュティヴ
えくぼ **えくぼ** ekubo	lúm đồng tiền ルーム ドーンム ティエン	dimple **ディ**ンプル
えごいすと **エゴイスト** egoisuto	người ích kỷ, vị kỷ ングオィ イキ キー, ヴィー キー	egoist **イ**ーゴウイスト
えごいずむ **エゴイズム** egoizumu	tính ích kỷ, vị kỷ ティン イキ キー, ヴィー キー	egoism **イ**ーゴウイズム
えこのみーくらす **エコノミークラス** ekonomiikurasu	hạng thường ハーング トゥフオング	economy class イ**カ**ノミ ク**ラ**ス
えこのみすと **エコノミスト** ekonomisuto	nhà kinh tế học ニャー キン テー ホークプ	economist イ**カ**ノミスト

日	越	英
えころじー **エコロジー** ekorojii	sinh thái học シン タハーイ ホークプ	ecology イーカロヂ
えさ **餌** esa	thức ăn cho thú nuôi, thức ăn gia súc トゥフーク アン チョー トゥフー ヌオイ, トゥフーク アン ザー スークプ	pet food ペト フード
（釣りなどの餌）	mồi モーイ	bait ベイト
えじき **餌食** ejiki	mồi sống, nạn nhân モーイ ソーンム, ナーン ニオン	prey, victim プレイ, ヴィクティム
えじぷと **エジプト** ejiputo	Ai Cập アーイ コプ	Egypt イーヂプト
えしゃくする **会釈する** eshakusuru	chào, chào hỏi チャーウ, チャーウ ホーイ	salute, bow サルート, バウ
えすえふ **SF** esuefu	truyện khoa học viễn tưởng チュイエン クファー ホークプ ヴィエン トゥオング	science fiction サイエンス フィクション
えすかるご **エスカルゴ** esukarugo	ốc sên (để ăn) オークプ セーン (デー アン)	escargot エスカーゴウ
えすかれーたー **エスカレーター** esukareetaa	thang cuốn, cầu thang cuốn タハーング クオン, コウ タハーング クオン	escalator, ⒷMoving staircase エスカレイタ, ムーヴィング ステアケイス
えだ **枝** eda	cành, nhánh cây カイン, ニャイン コイ	branch, bough ブランチ, バウ
えちおぴあ **エチオピア** echiopia	Ê ti ô pi a エー ティー オー ピー アー	Ethiopia イースィオウピア
えっせい **エッセイ** essei	tùy bút, tiểu luận トゥイー ブーッ, ティエウ ルオン	essay エセイ
えつらんする **閲覧する** etsuransuru	tìm đọc ティーム ドークプ	read, inspect リード, インスペクト
えなめる **エナメル** enameru	men, lớp men メーン, ロープ メーン	enamel イナメル

日	越	英
えねるぎー **エネルギー** enerugii	sức lực, năng lượng スーク ルック, ナングルオング	energy **エ**ナヂ
えのぐ **絵の具** enogu	màu vẽ マウ ヴェー	paints, colors, Ⓑcolours **ペ**インツ, **カ**ラズ, **カ**ラズ
えはがき **絵葉書** ehagaki	bưu ảnh ブーウ アイン	picture postcard **ピ**クチャ **ポ**ウストカード
えび **海老** ebi	tôm, tép トーム, テープ	shrimp, prawn シュリンプ, プローン
（アカザエビ）	tôm càng Nhật Bản トーム カーング ニャット バーン	Japanese lobster **ヂ**ャパニーズ **ラ**ブスタ
（ロブスター）	tôm hùm, tôm rồng トーム フーム, トーム ゾーンム	lobster **ラ**ブスタ
えぴそーど **エピソード** episoodo	giai thoại, tình tiết ザーイ トゥアーイ, ティン ティエッ	episode **エ**ピソウド
えぴろーぐ **エピローグ** epiroogu	lời bạt, phần kết ローイ バッ, フォン ケッ	epilogue **エ**ピローグ
えぷろん **エプロン** epuron	tạp dề ターブ ゼー	apron **エ**イプロン
えほん **絵本** ehon	sách tranh, truyện tranh サイク チャイン, チュイエン チャイン	picture book **ピ**クチャ **ブ**ク
えめらるど **エメラルド** emerarudo	ngọc bích, ngọc lục bảo ンゴークブ ビク, ンゴークブ ルークブ バーウ	emerald **エ**メラルド
えらー **エラー** eraa	sai trái, lỗi lầm サーイ チャーイ, ローイ ロム	error **エ**ラ
えらい **偉い** erai	vĩ đại, xuất sắc ヴィーダーイ, スオッ サク	great グレイト
えらぶ **選ぶ** erabu	lựa chọn, tuyển chọn ルア チョーン, トゥイエン チョーン	choose, select **チ**ューズ, セレクト

日	越	英
(選ぶ、選出する)	bầu, bầu cử ボウ, ボウ クー	elect イレクト
えり **襟** eri	cổ áo コー アーウ	collar カラ
えりーと **エリート** eriito	người có hạng, người xuất sắc ングオイ コー ハーング, ングオイ スオッ サク	elite エイリート
える **得る** eru	giành được, đạt được ザイン ドゥオク, ダーッ ドゥオク	get, obtain ゲト, オブテイン
えれがんとな **エレガントな** eregantona	tao nhã, thanh lịch ターウ ニャー, タハイン リク	elegant エリガント
えれべーたー **エレベーター** erebeetaa	thang máy, cầu thang máy タハーング マイ, コウ タハーング マイ	elevator, ⒷIift エレヴェイタ, リフト
えん **円** ((図形の)円) en	hình tròn, vòng ヒン チォーン, ヴォーンム	circle サークル
(円(通貨))	yên Nhật イエン ニオッ	yen イエン
えんかい **宴会** enkai	yến tiệc, buổi tiệc イエン ティエク, ブオイ ティエク	banquet バンクウェト
えんかくの **遠隔の** enkakuno	xa, cách xa サー, カイク サー	remote, distant リモウト, ディスタント
えんがん **沿岸** engan	bờ biển, ven biển ボー ビエン, ヴェーン ビエン	coast コウスト
えんき **延期** enki	sự hoãn lại スー フアーン ライ	postponement ポウストポウンメント
~する	hoãn lại フアーン ライ	postpone ポウストポウン
えんぎ **演技** engi	sự biểu diễn, trình diễn スー ビエウ ジエン, チン ジエン	performance, acting パフォーマンス, アクティング

日	越	英
～する	biểu diễn, trình diễn	act, perform
えんきょくな **婉曲な** enkyokuna	dùng uyển ngữ, nói vòng	euphemistic
えんきんほう **遠近法** enkinhou	luật xa gần, phép vẽ phối cảnh	perspective
えんげい **園芸** engei	làm vườn, trồng trọt	gardening
えんげき **演劇** engeki	kịch, diễn kịch	theater, drama, ⓑtheatre
えんこ **縁故** enko	quan hệ huyết thống, ruột thịt	relation
えんし **遠視** enshi	viễn thị	farsightedness
えんじにあ **エンジニア** enjinia	kỹ sư, kỹ thuật viên	engineer
えんしゅう **円周** enshuu	đường tròn	circumference
えんしゅつ **演出** enshutsu	sự đạo diễn	direction
～家	nhà đạo diễn	director
～する	đạo diễn	direct
えんじょ **援助** enjo	sự hỗ trợ, viện trợ	help, assistance

日	越	英
～する	giúp đỡ, ủng hộ ズープ ドー, ウーンム ホー	help, assist ヘルプ, アスィスト
えんしょう **炎症** enshou	viêm ヴィエム	inflammation インフラメイション
えんじる **演じる** enjiru	biểu diễn, đóng vai ビエウ ジエン, ドーンム ヴァーイ	perform, play パフォーム, プレイ
えんじん **エンジン** enjin	động cơ, máy ドーンム コー, マイ	engine エンヂン
えんしんりょく **遠心力** enshinryoku	lực ly tâm ルーク リー トム	centrifugal force セントリフュガル フォース
えんすい **円錐** ensui	hình nón ヒン ノーン	cone コウン
えんすと **エンスト** ensuto	động cơ ngừng chạy, tắt máy ドーンム コー ングーング チャイ, タッ マイ	engine stall エンヂン ストール
えんせいする **遠征する** enseisuru	viễn chinh ヴィエン チン	make an expedition メイク アン エクスペディション
えんぜつ **演説** enzetsu	diễn thuyết ジエン トゥフイエッ	speech スピーチ
えんそ **塩素** enso	chlor, clo クロー, クロー	chlorine クローリーン
えんそう **演奏** ensou	sự diễn tấu, hoà nhạc スー ジエン トゥ, フアー ニャーク	musical performance ミューズィカル パフォーマンス
～する	diễn tấu, biểu diễn nhạc ジエン トゥ, ビエウ ジエン ニャーク	play, perform プレイ, パフォーム
えんそく **遠足** ensoku	cuộc đi chơi, đi tham quan クオク ディー チオーイ, ディー タハーム クアーン	excursion, field trip イクスカージョン, フィールド トリップ
えんたい **延滞** entai	chậm trễ, trì hoãn チョム チェー, チー フアーン	delay ディレイ

日	越	英
えんだか **円高** endaka	Yên đang cao, Yên đang tăng giá イエン ダーング カーゥ, イエン ダーング タング ザー	strong yen rate ストローング **イェン** レイト
えんちゅう **円柱** enchuu	cột hình trụ コーッ ヒン チュー	column **カ**ラム
えんちょう **延長** enchou	sự kéo dài スー ケーゥ ザーィ	extension イクス**テン**ション
〜する	kéo dài ケーゥ ザーィ	prolong, extend プロローング, イクス**テン**ド
〜戦	hiệp đấu phụ ヒエプ ドゥ フー	overtime, ⓑextra time オウヴァ**タイ**ム, **エ**クストラ **タ**イム
えんどうまめ **えんどう豆** endoumame	đậu Hà Lan ドゥ ハー ラーン	(green) pea (グリーン) ピー
えんとつ **煙突** entotsu	ống khói オーンム コホーィ	chimney **チ**ムニ
えんぴつ **鉛筆** enpitsu	bút chì ブーッ チー	pencil **ペ**ンスル
えんぶん **塩分** enbun	muối, lượng muối ムォィ, ルオング ムォィ	salt (content) **ソ**ールト (**カ**ンテント)
えんまんな **円満な** enmanna	viên mãn, đôn hậu ヴィエン マーン, ドーン ホウ	harmonious ハー**モ**ウニアス
えんやす **円安** en-yasu	Yên đang thấp, Yên đang giảm giá イエン ダーング トホプ, イエン ダーング ザーム ザー	weak yen rate **ウィ**ーク **イェン** レイト
えんよう **遠洋** en-you	viễn dương ヴィエン ズオング	ocean **オ**ウシャン
えんりょ **遠慮** (遠慮・ためらい) enryo	do dự, lưỡng lự ゾー ズー, ルオング ルー	hesitation ヘズィ**テ**イション

日	越	英
(謙虚・遠慮)	khiêm tốn, khiêm nhường キヒエム トーン, キヒエム ニュオング	modesty マディスティ
～する	làm khách, ngại ngùng ラーム カハイク, ンガーイ ングーンム	(be) reserved, hold back (ビ) リザーヴド, ホウルド バク

お, オ

日	越	英
お 尾 o	đuôi ドゥオイ	tail テイル
おい 甥 oi	cháu trai チャウ チャーイ	nephew ネフュー
おいかえす 追い返す oikaesu	đuổi về ドゥオイ ヴェー	send away センド アウェイ
おいかける 追いかける oikakeru	đuổi theo ドゥオイ テヘーウ	run after, chase ラン アフタ, チェイス
おいこしきんし 追い越し禁止 oikoshikinshi	cấm vượt コム ヴオッ	no passing ノウ パスィング
おいこす 追い越す oikosu	vượt, vượt qua ヴオッ, ヴオッ クアー	overtake オウヴァテイク
おいしい 美味しい oishii	ngon, vị ngon ンゴーン, ヴィー ンゴーン	nice, delicious ナイス, ディリシャス
おいだす 追い出す oidasu	đuổi ra, đuổi khỏi ドゥオイ ザー, ドゥオイ コホーイ	drive out ドライヴ アウト
おいつく 追いつく oitsuku	đuổi kịp ドゥオイ キープ	catch up キャチ アプ
おいつめる 追い詰める oitsumeru	đuổi đến cùng ドゥオイ デーン クーンム	drive into, corner ドライヴ イントゥ, コーナ
おいはらう 追い払う oiharau	khua, đuổi khỏi クフア, ドゥオイ コホーイ	drive away, chase off ドライヴ アウェイ, チェイス オーフ

日	越	英
オイル oiru	dầu ゾウ	oil オイル
老いる oiru	già đi, già ザー ディー, ザー	grow old グロウ オウルド
追う ou	đi theo, đuổi theo ディー テヘーウ, ドゥオイ テヘーウ	run after, chase ラン アフタ, チェイス
(流行を)	theo, theo dõi テヘーウ, テヘーウ ゾーイ	follow ファロウ
負う (背負う) ou	cõng コーンム	bear on one's back ベア オン バク
(責任・義務を)	chịu, gánh チーウ, ガイン	take upon oneself テイク アポン
王 ou	vua, nhà vua ヴア, ニャー ヴア	king キング
応援 (声援) ouen	sự ủng hộ, khích lệ スー ウーンム ホー, キヒク レー	cheering, rooting チアリング, ルーティング
~する	ủng hộ, khích lệ ウーンム ホー, キヒク レー	cheer, root for チア, ルート フォ
横隔膜 oukakumaku	hoành cách mô, cơ hoành フアイン カイク モー, コー フアイン	diaphragm ダイアフラム
王冠 oukan	miện, vương miện ミエン, ヴオングミエン	crown クラウン
応急手当 oukyuuteate	sơ cứu, sơ cấp cứu ソー クーウ, ソー コプ クーウ	first aid ファースト エイド
王国 oukoku	vương quốc ヴオング クオク	kingdom キングダム
王子 ouji	vương tử ヴオング トゥー	prince プリンス

日	越	英
おうじ 皇子 ouji	hoàng tử	Imperial prince
おうしざ 牡牛座 oushiza	chòm sao Kim Ngưu	Bull, Taurus
おうじて 応じて oujite	theo, tuỳ theo	according to
おうしゅうする 押収する oushuusuru	tịch thu, tịch biên	seize
おうじょ 王女 oujo	công chúa	princess
おうじょ 皇女 oujo	hoàng nữ	Imperial princess
おうじる 応じる (応える) oujiru	đáp ứng	answer, reply to
(受け入れる)	tiếp nhận, đồng ý	comply with, accept
おうせつしつ 応接室 ousetsushitsu	phòng đợi, phòng tiếp khách	reception room
おうだん 横断 oudan	sự băng qua	crossing
〜する	băng, băng qua	cross
〜歩道	chỗ qua đường, vạch qua đường	crosswalk, Ⓑpedestrian crossing
おうとう 応答 outou	sự đáp ứng, lời đáp	reply
おうねつびょう 黄熱病 ounetsubyou	bệnh sốt vàng da	yellow fever

日	越	英
おうひ **王妃** ouhi	hoàng hậu フアーング ホウ	queen クウィーン
おうふく **往復** oufuku	khứ hồi クフー ホーイ	round trip, to and from ラウンド トリップ, トゥー アンド フラム
〜する	khứ hồi, đi và về クフー ホーイ, ディー ヴァー ヴェー	go to and back ゴウ トゥ アンド バク
おうぼ **応募** oubo	sự nộp đơn xin, gửi đơn xin スー ノープ ドーン シーン, グーイ ドーン シーン	application アプリケイション
〜する	nộp đơn xin, gửi đơn xin ノープ ドーン シーン, グーイ ドーン シーン	apply, enter アプライ, エンタ
おうぼうな **横暴な** oubouna	bạo ngược, chuyên chế バーウ ングオク, チュイエン チェー	tyrannical, oppressive ティラニカル, オプレスィヴ
おうむ **鸚鵡** oumu	vẹt, anh vũ ヴェーッ, アイン ヴー	parrot パロト
おうよう **応用** ouyou	sự áp dụng, ứng dụng スー アープ ズーンム, ウーング ズーンム	application, use アプリケイション, ユーズ
〜する	áp dụng, ứng dụng アープ ズーンム, ウーング ズーンム	apply アプライ
おうりょう **横領** ouryou	biển thủ, tham ô ビエン トゥフー, タハーム オー	embezzlement インベズルメント
おえる **終える** oeru	kết thúc, chấm dứt ケーット トゥフークッ, チョム ズーッ	finish, complete フィニシュ, コンプリート
おおあめ **大雨** ooame	mưa to, mưa rào ムア トー, ムア ザーウ	heavy rain ヘヴィ レイン
おおい **多い** ooi	nhiều, đầy ニエウ, ドイ	much マチ
(回数が)	nhiều lần, hay ニエウ ロン, ハイ	frequent フリークウェント

日	越	英
(数が)	nhiều, lắm ニエウ, ラム	many メニ
おおい **覆い** ooi	vỏ bọc, vỏ bao ヴォー ボクプ, ヴォー バーウ	cover カヴァ
おおいに **大いに** ooini	rất, lắm ゾッ, ラム	greatly, very much グレイトリ, ヴェリ マチ
おおう (かぶせる) **覆う** oou	bao phủ, bao bọc バーウ フー, バーウ ボクプ	cover カヴァ
(隠す)	che giấu, che lấp チェー ゾウ, チェー ロプ	disguise ディスガイズ
おおがたの **大型の** oogatano	kích thước lớn, cỡ lớn キク トゥフォク ローン, コー ローン	large-scale ラージスケイル
おおかみ **狼** ookami	chó sói チョー ソーイ	wolf ウルフ
おおきい **大きい** ookii	to, lớn トー, ローン	big, large ビグ, ラージ
おおきくする **大きくする** ookikusuru	làm cho lớn lên, khuếch đại ラーム チォー ローン レーン, クフエク ダーイ	enlarge インラージ
おおきくなる **大きくなる** ookikunaru	lớn lên, trưởng thành ローン レーン, チュオング タハイン	(get) bigger, (get) larger (ゲト) ビガ, (ゲト) ラージャ
おおきさ **大きさ** ookisa	cỡ, kích thước コー, キク トゥフォク	size サイズ
おおきな **大きな** ookina	to, lớn トー, ローン	big, large ビグ, ラージ
(巨大な・莫大な)	đồ sộ, khổng lồ ドー ソー, コホーンム ロー	huge, enormous ヒューヂ, イノーマス
おーくしょん **オークション** ookushon	bán đấu giá バーン ドゥ ザー	auction オークション

日	越	英
おおぐまざ **大熊座** oogumaza	chòm sao Đại Hùng, chòm sao Gấu lớn チォーム サーウ ダーイ フーンム, チォーム サーウ ゴゥ ローン	Great Bear グレイト ベア
おおげさな **大袈裟な** oogesana	thổi phồng, cường điệu トホーイ フォーンム, クオング ディエウ	exaggerated イグ**ザ**ヂェレイテド
おーけすとら **オーケストラ** ookesutora	dàn nhạc, ban nhạc ザーン ニャーク, バーン ニャーク	orchestra **オ**ーケストラ
おおごえ **大声** oogoe	tiếng to, giọng to ティエング トー, ゾームン トー	loud voice ラウド **ヴォ**イス
おおざら **大皿** oozara	đĩa lớn, đĩa to ディア ローン, ディア トー	platter プ**ラ**タ
おーすとらりあ **オーストラリア** oosutoraria	Úc, Ô xtrây li a ウークプ, オー ストゥレイー リー アー	Australia オースト**レ**イリャ
おーすとりあ **オーストリア** oosutoria	nước Áo, Áo ヌオク アーウ, アーウ	Austria **オ**ーストリア
おおぜいの **大勢の** oozeino	đông người, nhiều người ドーンム ングオイ, ニエウ ングオイ	(a) large number of (ア) ラーヂ **ナ**ンバ オヴ
おーそどっくすな **オーソドックスな** oosodokkusuna	chính thống チン トホンム	orthodox **オ**ーソダクス
おーでぃおの **オーディオの** oodiono	âm hưởng, âm thanh オム フオング, オム タハイン	audio **オ**ーディオウ
おーでぃしょん **オーディション** oodishon	thử giọng, thử vai トゥフー ゾーンム, トゥフー ヴァーイ	audition オー**ディ**ション
おーでころん **オーデコロン** oodekoron	nước thơm, nước hoa ヌオク トホーム, ヌオク フアー	eau de cologne オウ デ コ**ロ**ウン
おおての **大手の** ooteno	lớn lao, quy mô lớn ローン ラーウ, クイー モー ローン	big, major **ビ**グ, **メ**イヂャ
おおどおり **大通り** oodoori	đường cái, đường chính ドゥオング カーイ, ドゥオング チン	main road **メ**イン **ロ**ウド

日	越	英
おーとばい **オートバイ** ootobai	xe máy, xe mô tô セーマィ, セーモートー	motorcycle モウタサイクル
おーどぶる **オードブル** oodoburu	món khai vị, đồ khai vị モーン カハーイ ヴィ, ドー カハーイ ヴィー	hors d'oeuvre オーダーヴル
おーとまちっくの **オートマチックの** ootomachikkuno	tự động トゥー ドーンム	automatic オートマティク
おーとめーしょん **オートメーション** ootomeeshon	tự động hoá, kỹ thuật tự động トゥー ドーンム フアー, キー トゥフオッ トゥー ドーンム	automation オートメイション
おーなー **オーナー** oonaa	người chủ, chủ nhân ングォイ チュー, チュー ニオン	owner オウナ
おーばー **オーバー** oobaa	áo khoác アーゥ クフアーク	overcoat オウヴァコウト
おーびー **OB** (卒業生) oobii	người đã tốt nghiệp ングォイ ダー トーッ ンギエプ	graduate グラデュエト
おーぷにんぐ **オープニング** oopuningu	khai trương, khai mạc カハーイ チュオング, カハーイ マーク	opening オウプニング
おーぷん **オーブン** oobun	lò ロー	oven アヴン
おーぷんな **オープンな** oopunna	cởi mở, thẳng thắn コーィ モー, タハング タハン	open オウプン
おーぼえ **オーボエ** ooboe	ôboa, kèn ôboa オーバー, ケーン オーバー	oboe オウボウ
おおみそか **大晦日** oomisoka	giao thừa, đêm giao thừa ザーゥ トゥフア, デーム ザーゥ トゥフア	New Year's Eve ニュー イアズ イーヴ
おおもじ **大文字** oomoji	chữ hoa, chữ viết hoa チュー フアー, チュー ヴィエッ フアー	capital letter キャピトル レタ
おおや **大家** ooya	chủ nhà, chủ nhân チュー ニャー, チュー ニオン	owner, land lord オウナ, ランド ロード

日	越	英
おおやけの **公の** (公共の) ooyakeno	công, chung コーンム, チューンム	public パブリク
(公式の)	chính thức チン トゥフーク	official オフィシャル
おおらかな **おおらかな** oorakana	rộng lòng, rộng lượng ゾーンム ローンム, ゾーンム ルオング	bighearted, magnanimous ビグハーテド, マグナニマス
おかあさん **お母さん** okaasan	mẹ, bà mẹ メー, バー メー	mother マザ
おかしい **おかしい** (こっけいな) okashii	buồn cười, khôi hài ブオン クオイ, コホーイ ハーイ	funny ファニ
(楽しい)	vui, vui vẻ ヴーイ, ヴーイ ヴェー	amusing アミューズィング
(奇妙な)	kỳ lạ, kỳ dị キー ラー, キー ジー	strange ストレインヂ
おかす **犯す** (罪などを) okasu	phạm tội, phạm ファーム トーイ, ファーム	commit コミト
(法律などを)	phạm pháp, vi phạm ファーム ファープ, ヴィー ファーム	violate ヴァイオレイト
(婦女を)	hãm hiếp, cưỡng dâm ハーム ヒエプ, クオング ゾム	rape レイプ
おかす **侵す** okasu	xâm lấn, xâm chiếm ソム ロン, ソム チエム	violate, infringe on ヴァイオレイト, インフリンヂ オン
おかす **冒す** okasu	mạo hiểm マーウ ヒエム	run ラン
おかず **おかず** okazu	thức ăn トゥフーク アン	side dish, garnish サイド ディシュ, ガーニシュ
おかね **お金** okane	tiền, tiền bạc ティエン, ティエン バーク	money マニ

日	越	英
おがわ **小川** ogawa	sông con, suối ソーンム コーン, スオィ	brook, stream ブルク, ストリーム
おかん **悪寒** okan	ớn lạnh, cảm lạnh オーン ライン, カーム ライン	chill チル
おき **沖** oki	khơi, ngoài khơi コホーイ, ングアーイ コホーイ	offing オーフィング
おきあがる **起き上がる** okiagaru	đứng dậy ドゥーング ゾイ	get up ゲト アプ
おきしだんと **オキシダント** okishidanto	chất ô xi hoá チョット オー シー フアー	oxidant アクシダント
おぎなう **補う** oginau	bổ sung, bù đắp ボー スーンム, ブー ダナ	make up for メイク アプ フォ
おきにいり **お気に入り** okiniiri	thích thú, vừa ý ティヒク トゥフー, ヴア イー	favorite, Ⓑfavourite フェイヴァリト, フェイヴァリト
おきもの **置物** okimono	đồ trang trí, đồ trang hoàng ドー チャーング チー, ドー チャーング ファーング	ornament オーナメント
おきる **起きる** okiru	ngồi dậy, đứng dậy ンゴーイ ゾイ, ドゥーング ゾイ	get up, rise ゲト アプ, ライズ
(目を覚ます)	thức dậy, ngủ dậy トゥフーク ゾイ, ングー ゾイ	wake up ウェイク アプ
(発生する)	xảy ra, phát sinh サイ ザー, ファーッ シン	happen, occur ハプン, オカー
おきわすれる **置き忘れる** okiwasureru	để quên, bỏ quên デー クエーン, ボー クエーン	forget, leave フォゲト, リーヴ
おく **奥** oku	phần trong cùng, góc trong cùng フォン チョーンム クーンム, ゴークプ チョーンム クーンム	innermost, far back イナモウスト, ファー バク
おく **億** oku	một trăm triệu モーッ チャム チエウ	one hundred million ワン ハンドレド ミリョン

日	越	英
おく **置く** oku	để, đặt デー, ダッ	put, place プト, プレイス
おくがいの **屋外の** okugaino	ngoài trời ングアーイ チォーイ	outdoor アウトドー
おくさん **奥さん** okusan	bà nhà, bà xã バー ニャー, バー サー	Mrs, wife ミスィズ, ワイフ
おくじょう **屋上** okujou	sân thượng ソン トゥフオング	roof ルーフ
おくそく **憶測** okusoku	ước đoán, đoán chừng ウオク ドゥアーン, ドゥアーン チューング	supposition サポジション
おくないの **屋内の** okunaino	trong nhà チョーンム ニャー	indoor インドー
おくびょうな **臆病な** okubyouna	nhát gan, nhút nhát ニャーッ ガーン, ニューッ ニャーッ	cowardly, timid カウアドリ, ティミド
おくふかい **奥深い** okufukai	sâu thẳm, sâu sắc ソウ タハム, ソウ サク	deep, profound ディープ, プロファウンド
おくゆき **奥行き** okuyuki	chiều sâu, bề sâu チエウ ソウ, ベー ソウ	depth デプス
おくりさき **送り先** (届け先) okurisaki	nơi gửi đến ノーイ グーイ デーン	destination デスティネイション
おくりじょう **送り状** okurijou	danh đơn hàng gửi ザイン ドーン ハーング グーイ	invoice インヴォイス
おくりぬし **送り主** okurinushi	người gửi hàng ングオイ グーイ ハーング	sender センダ
おくりもの **贈り物** okurimono	quà tặng クアー タング	present, gift プレズント, ギフト
おくる **送る** okuru	gửi グーイ	send センド
(見送る)	tiễn, tiễn chân ティエン, ティエン チォン	see off スィー オーフ

日	越	英
おくる 贈る okuru	tặng, biếu タング, ビエゥ	present プリゼント
（賞などを）	tặng thưởng, trao tặng タング トゥフオング, チャーゥ タング	award アウォード
おくれる 遅れる okureru	muộn, trễ ムオン, チェー	(be) late for (ビ) レイト フォ
おくれる 後れる（時代などに） okureru	lạc hậu ラーク ホゥ	(be) behind (ビ) ビハインド
おこす 起こす okosu	đỡ, nâng đỡ ドー, ノング ドー	raise, set up レイズ, セト アプ
（目覚めさせる）	đánh thức ダイン トゥフーク	wake up ウェイク アプ
（引き起こす）	gây ra, làm xảy ra ゴィ ザー, ラーム サィ ザー	cause コーズ
おこたる 怠る okotaru	sao lãng, lơ là サーゥ ラーング, ロー ラー	neglect ニグレクト
おこない 行い okonai	hành động, hành vi ハイン ドーンム, ハイン ヴィー	act, action アクト, アクション
（品行）	phẩm cách, phẩm hạnh フォム カィク, フォム ハイン	conduct カンダクト
おこなう 行う okonau	làm, hành động ラーム, ハイン ドーンム	do, act ドゥー, アクト
（挙行する）	cử hành, tiến hành クー ハイン, ティエン ハイン	hold, celebrate ホウルド, セレブレイト
（実施する）	thi hành, thực hiện ティヒー ハイン, トゥフーク ヒエン	put in practice プト イン プラクティス
おこる 起こる okoru	phát sinh ファーッ シン	happen, occur ハプン, オカー
（勃発する）	xảy ra サィ ザー	break out ブレイク アゥト

日	越	英
おこる **怒る** okoru	nổi giận, tức giận ノーイ ゾン, トゥーク ゾン	(get) angry (ゲト) **ア**ングリ
おごる **奢る** ogoru	đãi, thết đãi ダーイ, テヘーッ ダーイ	treat ト**リ**ート
おごる **驕る** ogoru	kiêu căng, kiêu ngạo キエゥ カング, キエゥ ンガーゥ	(be) haughty (ビ) **ホ**ーティ
おさえる **押さえる** osaeru	ấn, bấm オン, ボム	hold down **ホ**ウルド **ダ**ウン
おさえる **抑える** (制圧する) osaeru	lấn át, áp bức ロン アーッ, アープ ブーク	suppress サプ**レ**ス
(阻止する)	ngăn chặn, cản trở ンガン チャン, カーン チョー	check, inhibit **チェ**ク, イン**ヒ**ビト
(抑制・制御する)	điều khiển, chế ngự ディエゥ キヒエン, チェー ングー	control コント**ロ**ウル
おさない **幼い** osanai	thơ ấu, thơ dại トホー オゥ, トホー ザーイ	infant, juvenile **イ**ンファント, **チュ**ーヴェナイル
おさまる **治まる** (安定している) osamaru	ổn định, ổn thoả オーン ディン, オーン トゥファー	(be) settled, (be) stabilized (ビ) **セ**トルド, (ビ) ス**タ**ビライズド
(鎮まる)	yên ổn, yên lặng イエン オーン, イエン ラング	calm down, subside **カ**ーム **ダ**ウン, サブ**サ**イド
(元に戻る)	trở lại, hồi phục チョー ラーイ, ホーイ フークプ	(be) restored to (ビ) リス**ト**ード トゥ
おさまる **納まる** (入っている) osamaru	ăn khớp, vừa khớp アン コホープ, ヴア コホープ	(be) put in, fit in (ビ) **プ**ト イン, **フィ**ト イン
(落着する)	giải quyết, kết thúc ザーイ クイエッ, ケーッ トゥフークプ	(be) settled (ビ) **セ**トルド
おさめる **治める** (鎮圧する) osameru	trấn áp, dẹp チョン アープ, ゼープ	suppress サプ**レ**ス

日	越	英
(統治する)	thống trị, cai trị トホーンム チー, カーイ チー	rule, govern ルール, ガヴァン
おさめる 納める (納品する) osameru	cống nộp hàng, giao hàng コーンム ノープ ハーング, ザーウ ハーング	deliver ディリヴァ
(納金する)	nộp tiền, trả tiền ノープ ティエン, チャー ティエン	pay ペイ
おじ 伯[叔]父 oji	bác, chú バーク, チュー	uncle アンクル
おしい 惜しい oshii	tiếc, đáng tiếc ティエク, ダーング ティエク	regrettable リグレタブル
おじいさん (祖父) ojiisan	ông nội, ông ngoại オーンム ノーイ, オーンム ングアーイ	grandfather グランドファーザ
(老人)	ông già, cụ già オーンム ザー, クー ザー	old man オウルド マン
おしえ 教え oshie	bài học, giáo lý バーイ ホークプ, ザーウ リー	lesson, teachings レスン, ティーチングズ
おしえる 教える oshieru	dạy, dạy bảo ザイ, ザイ バーウ	teach, instruct ティーチ, インストラクト
(告げる)	bảo, thông báo バーウ, トホーンム バーウ	tell テル
(知らせる)	cho biết, báo tin チョー ビエッ, バーウ ティーン	inform インフォーム
おじぎ お辞儀 ojigi	cúi đầu chào クーイ ドゥ チャーウ	bow バウ
おしこむ 押し込む oshikomu	độn, nhồi ドーン, ニォーイ	push in, stuff into プシュ イン, スタフ イントゥ
おしつける 押しつける (強制する) oshitsukeru	ép, bắt エープ, バッ	force フォース

日	越	英
おしべ **雄しべ** oshibe	nhị, nhị đực	stamen
惜しむ (残念に思う) oshimu	tiếc, hối tiếc	regret
(出し惜しむ)	tiếc chút tiền bỏ ra	spare
(大切にする)	quý, quý trọng	value
おしゃべりな **お喋りな** oshaberina	nói nhiều, nhiều chuyện	talkative
おしゃれする **お洒落する** osharesuru	diện, ăn diện	dress up
おしゃれな **お洒落な** osharena	diện, ăn mặc đẹp	stylish
おじょうさん **お嬢さん** ojousan	cô gái, ái nữ	young lady
おしょく **汚職** oshoku	tham ô, tham nhũng	corruption
おす **押す** osu	ấn, bấm	push, press
おす **雄** osu	đực, trống	male
おせじ **お世辞** oseji	nịnh, nịnh hót	compliment, flattery
おせっかいな **お節介な** osekkaina	tính thích xen vào việc người khác, hay can thiệp	meddlesome
おせん **汚染** osen	ô nhiễm	pollution

日	越	英
おそい 遅い osoi	muộn, trễ ムオン, チェー	late レイト
（速度が）	chậm チョム	slow スロウ
おそう 襲う osou	tấn công, công kích トン コーンム, コーンム キク	attack アタク
（天災などが）	tấn công トン コーンム	hit, strike ヒト, ストライク
おそらく 恐らく osoraku	có lẽ, chắc コー レー, チャク	perhaps パハプス
おそれ おそれ （懸念） osore	lo sợ, nỗi lo sợ ロー ソー, ノーイ ロー ソー	apprehension アプリヘンション
（恐怖）	nỗi sợ, sợ hãi ノーイ ソー, ソー ハーイ	fear フィア
おそれる 恐れる osoreru	sợ, sợ hãi ソー, ソー ハーイ	fear, (be) afraid of フィア, (ビ) アフレイド オヴ
おそろしい 恐ろしい osoroshii	khủng khiếp, khiếp sợ クフーンム キヒエプ, キヒエプ ソー	fearful, awful フィアフル, オーフル
おそわる 教わる osowaru	học tập, được dạy ホークプ トプ, ドゥオク ザイ	learn ラーン
おぞん オゾン ozon	ôzôn, ozone オーゾーン, オーゾーン	ozone オウゾウン
おたがいに お互いに otagaini	nhau, với nhau ニャウ, ヴォーイ ニャウ	each other イーチ アザ
おたふくかぜ おたふく風邪 otafukukaze	quai bị, bệnh quai bị クアーイ ビー, ベン クアーイ ビー	mumps マンプス
おだやかな 穏やかな （平穏な） odayakana	yên ổn, thanh bình イエン オーン, タハイン ビン	calm, tranquil カーム, トランクウィル
（温厚な）	đôn hậu, hiền hậu ドーン ホウ, ヒエン ホウ	gentle, kind チェントル, カインド

日	越	英
おちいる **陥る** ochiiru	rơi vào, lọt vào	fall into
おちつく **落ち着く** ochitsuku	trấn tĩnh, lấy lại bình tĩnh	(become) calm, calm down
(定住する)	ổn định, định cư	settle down
おちる **落ちる** ochiru	rơi xuống, rụng	fall, drop
(汚れ・しみが)	bong ra, rơi ra	come off
(試験に)	trượt, thi trượt	fail
おっと **夫** otto	người chồng, chồng mình	husband
おつり **お釣り** otsuri	tiền thối	change
おでこ **おでこ** odeko	trán	forehead
おと **音** oto	tiếng, âm thanh	sound
おとうさん **お父さん** otousan	bố, cha	father
おとうと **弟** otouto	em trai	(younger) brother
おどかす **脅かす** odokasu	đe doạ, hăm doạ	threaten, menace
おとこ **男** otoko	nam giới, đàn ông	man, male

日	越	英
おとこのこ **男の子** otokonoko	con trai, nam nhi コーン チャーイ, ナーム ニー	boy ボイ
おどし **脅し** odoshi	sự đe doạ, lời hăm doạ スー デー ズアー, ローイ ハム ズアー	threat, menace スレト, メナス
おとしだま **お年玉** otoshidama	tiền mừng tuổi, tiền lì xì ティエン ムーング トゥオイ, ティエン リー シー	New Year's gift ニュー イアズ ギフト
おとす **落とす** otosu	đánh rơi, đánh mất ダイン ゾーイ, ダイン モッ	drop, let fall ドラプ, レト フォール
（汚れを）	tẩy, tẩy trừ トイ, トイ チュー	remove リムーヴ
（信用・人気を）	mất uy tín モッ ウイー ティーン	lose ルーズ
おどす **脅す** odosu	ăn hiếp, bắt nạt アン ヒエプ, バッ ナーッ	threaten, menace スレトン, メナス
おとずれる **訪れる** otozureru	thăm hỏi, thăm viếng タハム ホーイ, タハム ヴィエング	visit ヴィズィト
おととい **一昨日** ototoi	hôm kia ホーム キア	day before yesterday デイ ビフォー イェスタディ
おととし **一昨年** ototoshi	năm kia ナム キア	year before last イア ビフォー ラスト
おとな **大人** otona	người lớn, người đã trưởng thành ングオイ ローン, ングオイ ダー チュオング タハイン	adult, grown-up アダルト, グロウナプ
おとなしい **おとなしい** otonashii	hiền lành, nết na ヒエン ライン, ネーッ ナー	quiet, docile クワイエト, ダスィル
おとめざ **乙女座** otomeza	chòm sao Đồng trinh, Cung Xử nữ チョーム サーウ ドーンム チン, クーンム スー ヌー	Virgin, Virgo ヴァーヂン, ヴァーゴウ
おどり **踊り** odori	sự nhảy múa, khiêu vũ スー ニャイ ムア, キヒエウ ヴー	dance ダンス

日	越	英
おとる **劣る** otoru	kém, tồi ケーム, トーイ	(be) inferior to (ビ) イン**フィ**アリア トゥ
おどる **踊る** odoru	múa, nhảy ムア, ニャイ	dance **ダ**ンス
おとろえる **衰える** （健康・人気が） otoroeru	suy thoái, suy giảm スイ トゥアーイ, スイ ザーム	decline ディク**ラ**イン
（人などが）	yếu đi, suy nhược イエウ ディー, スイー ニュオク	(become) weak (ビカム) **ウィ**ーク
おどろかす **驚かす** odorokasu	làm ngạc nhiên, làm kinh ngạc ラーム ンガーク ニエン, ラーム キン ンガーク	surprise, astonish サプ**ラ**イズ, ア**ス**タニシュ
おどろき **驚き** odoroki	sự ngạc nhiên, sửng sốt スー ンガーク ニエン, スーング ソーッ	surprise サプ**ラ**イズ
おどろく **驚く** odoroku	ngạc nhiên, kinh ngạc ンガーク ニエン, キン ンガーク	(be) surprised (ビ) サプ**ラ**イズド
おなか **お腹** onaka	bụng, dạ dày ブーンム, ザー ザィ	stomach ス**タ**マク
おなじ **同じ**（同一） onaji	giống nhau, đồng nhất ゾーンム ニャゥ, ドーンム ニオッ	same **セ**イム
（等しい）	bằng nhau, ngang nhau バング ニャゥ, ンガーング ニャゥ	equal, equivalent **イ**ークワル, イク**ウィ**ヴァレント
（同様）	như nhau, tương tự ニュー ニャゥ, トゥオング トゥー	similar **ス**ィミラ
（共通）	chung, cùng chung チューンム, クーンム チューンム	common **カ**モン
おに **鬼** oni	quỷ, con quỷ クイー, コーン クイー	ogre, demon **オ**ウガ, **ディ**ーモン
（遊戯の）	người đóng vai quỷ ングオイ ドーンム ヴァーイ クイー	it **イ**ト

日	越	英
～ごっこ	trò chơi đuổi bắt チョー チョーイ ドゥオイ バッ	(game of) tag (ゲイム オヴ) タグ
おの **斧** ono	rìu, cái rìu ジーウ, カーイ ジーウ	ax, hatchet, ⑬axe アクス, ハチト, アクス
おのおの **各々** onoono	mỗi, từng モーイ, トゥーング	each イーチ
おば **伯[叔]母** oba	bác gái, cô バーク ガーイ, コー	aunt アント
おばあさん（祖母） obaasan	bà nội, bà ngoại バー ノーイ, バーングアーイ	grandmother グランドマザ
（老女）	bà già バー ザー	old woman オウルド ウマン
おぱーる **オパール** opaaru	opal, opan オパン, オパン	opal オウパル
おばけ **お化け** obake	ma, con ma マー, コーン マー	ghost ゴウスト
おびえる **怯える** obieru	hoảng sợ, khiếp đảm フアーング ソー, キヒエプ ダーム	(be) frightened at (ビ) フライトンド アト
おひつじざ **牡羊座** ohitsujiza	chòm sao Bạch Dương チョーム サーウ バイク ズオング	Ram, Aries ラム, エアリーズ
おぺら **オペラ** opera	opera, nhạc kịch オペラー, ニャーク キク	opera アパラ
おぺれーたー **オペレーター** opereetaa	người điều khiển máy móc, nhân viên tổng đài ングオイ ディエゥ キヒエン マイ モークプ, ニョン ヴィエン トーンム ダーイ	operator アパレイタ
おぼえている **覚えている** oboeteiru	nhớ, vẫn nhớ ニォー, ヴォン ニォー	remember リメンバ
おぼえる **覚える** oboeru	thuộc, thuộc lòng トゥフオク, トゥフオク ローンム	memorize メモライズ

日	越	英
（習得する）	học tập, tiếp thu	learn
おぼれる **溺れる** oboreru	đắm đuối, say đắm	(be) drowned
おまけ **おまけ** （景品・割り増し） omake	phần thưởng, quà thêm vào hàng	premium
（付け足し）	phần thêm, phụ thêm	bonus, extra
〜する　（割引）	bớt giá, giảm giá	discount
おまもり **お守り** omamori	bùa, bùa hộ mệnh	charm, talisman
おまわりさん **お巡りさん** omawarisan	người cảnh sát, anh cảnh sát	police officer, cop, policeman
おむつ **おむつ** omutsu	tã, tã lót	diaper, ⓑnappy
おもい **重い** omoi	nặng, nặng nề	heavy
（役割や責任が）	trọng trách, trọng đại	important, grave
（病が）	bệnh nặng, ốm nặng	serious
おもいがけない **思いがけない** omoigakenai	không ngờ, bất ngờ	unexpected
おもいきり **思い切り** omoikiri	hết sức, gắng sức	to one's heart's content
おもいだす **思い出す** omoidasu	nhớ lại, hồi tưởng	remember, recall

日	越	英
おもいつく **思いつく** omoitsuku	nghĩ ra, nghĩ đến	think of
おもいで **思い出** omoide	nỗi nhớ, kỷ niệm	memories
おもいやり **思いやり** omoiyari	nghĩ cho người khác	consideration
おもう **思う** omou	tưởng, nghĩ	think
(見なす)	coi như, xem như	consider as
(推測する)	đoán, đoán chừng	suppose
おもさ **重さ** omosa	trọng lượng, sức nặng	weight
おもしろい **面白い** omoshiroi	hay, thú vị	interesting
(奇抜だ)	buồn cười, dí dỏm	odd, novel
おもちゃ **玩具** omocha	đồ chơi	toy
おもて **表** (前面) omote	mặt trước	front, face
(表面・正面)	mặt, bề mặt	face
(戸外)	ngoài trời, ngoài nhà	outdoors
おもな **主な** omona	chủ yếu, chính	main, principal
おもに **主に** omoni	chủ yếu	mainly, mostly

日	越	英
おもむき **趣** omomuki	thị hiếu, gu ティヒー ヒエゥ, グー	taste, elegance **テイスト**, **エ**リガンス
おもり **重り** omori	viên chì, quả cân ヴィエン チー, クアー コン	weight, plumb **ウェ**イト, プラム
おもわく **思惑** omowaku	ý định, ý đồ イー ディン, イー ドー	intention, thought イン**テ**ンション, **ソ**ート
おもんじる **重んじる** omonjiru	coi trọng, chú trọng コーイ チョーン, チュー チョーン	place importance upon プレイス イン**ポ**ータンス ア**ポ**ン
（尊重する）	tôn trọng, quý trọng トーン チョーン, クイー チョーン	value **ヴァ**リュ
おや **親** oya	bố mẹ, cha mẹ ボー メー, チャー メー	parent **ペ**アレント
（両親）	song thân ソーン トホン	parents **ペ**アレンツ
おやつ **おやつ** oyatsu	đồ ăn lót dạ, đồ ăn vặt ドー アン ローッ ザー, ドー アン ヴァッ	snack ス**ナ**ク
おやゆび **親指** oyayubi	ngón cái, ngón tay cái ンゴーン カーイ, ンゴーン タイ カーイ	thumb **サ**ム
（足の）	ngón chân cái ンゴーン チョン カーイ	big toe **ビ**グ ト**ゥ**
およぐ **泳ぐ** oyogu	bơi, bơi lội ボーイ, ボーイ ローイ	swim ス**ウィ**ム
およそ **およそ** oyoso	khoảng chừng, áng chừng クファーン チューン, アーン チューン	about, nearly ア**バ**ウト, **ニ**アリ
およぶ **及ぶ** oyobu	đến, tới デーン, トーイ	reach, amount to **リ**ーチ, ア**マ**ウント トゥ
おらんだ **オランダ** oranda	Hà Lan ハー ラーン	Netherlands **ネ**ザランヅ

日	越	英
オリーブ oriibu	ô liu, cây ô liu オーリーウ, コイ オーリーウ	olive アリヴ
～油	dầu ô liu ゾウ オーリーウ	olive oil アリヴ オイル
オリオン座 orionza	chòm sao O ri on, chòm sao Lạp Hộ チョーム サーウ オー リー オーン, チョーム サーウ ラープ ホー	Orion オライオン
オリジナルの orijinaruno	chính hiệu, gốc チン ヒエウ, ゴープ	original オリヂナル
折り畳む oritatamu	gấp, xếp ゴプ, セープ	fold up フォウルド アプ
折り目 orime	nếp gấp ネープ ゴプ	fold フォウルド
織物 orimono	hàng dệt, vải dệt ハーング ゼーッ, ヴァーイ ゼーッ	textile, fabrics テクスタイル, ファブリクス
下りる oriru	xuống, đi xuống スオング, ディー スオング	come down カム ダウン
降りる oriru	xuống スオング	get off, get out of ゲト オーフ, ゲト アウト オヴ
オリンピック orinpikku	Olympic, thế vận hội オリムピク, テヘー ヴォン ホーイ	Olympic Games オリンピク ゲイムズ
折る oru	gấp lại, xếp lại ゴプ ラーイ, セープ ラーイ	bend ベンド
（切り離す）	bẻ gẫy, bẻ đôi ベー ゴイ, ベー ドーイ	break, snap ブレイク, スナプ
織る oru	dệt ゼーッ	weave ウィーヴ
オルガン orugan	organ, đàn organ オールガーン, ダーン オールガーン	organ オーガン

日	越	英
おれがの **オレガノ** oregano	kinh giới dại キン ゾーイ ザーイ	oregano オレーガノウ
おれる **折れる** oreru	gãy, bị gãy ゴイ, ビー ゴイ	break, snap ブレイク, スナプ
（譲歩する）	nhường, nhường nhịn ニュオング, ニュオング ニーン	give in ギヴ イン
おれんじ **オレンジ** orenji	cam, quả cam カーム, クアー カーム	orange オリンヂ
おろかな **愚かな** orokana	dốt, ngu ゾーッ, ングー	foolish, silly フーリシュ, スィリ
おろし **卸** oroshi	bán buôn, bán sỉ バーン ブオン, バーン シー	wholesale ホウルセイル
～値	giá bán buôn ザー バーン ブオン	wholesale price ホウルセイル プライス
おろす **降ろす** orosu	đem xuống, hạ xuống デーム スオング, ハー スオング	drop off ドラプ オーフ
（積み荷を）	dỡ, tháo dỡ ゾー, タハーゥ ゾー	unload アンロウド
おろす **下ろす** orosu	tháo xuống, hạ xuống タハーゥ スオング, ハー スオング	take down テイク ダウン
おわり **終わり** owari	phần cuối, đoạn cuối フォン クオイ, ドゥアーン クオイ	end, close エンド, クロウズ
おわる **終わる** owaru	kết thúc, chấm dứt ケートゥフークプ, チオム ズーッ	end, close エンド, クロウズ
（完成する）	hoàn thành, hoàn tất フアーン タハイン, フアーン トッ	finish フィニシュ
（完結する）	kết thúc, chấm dứt ケートゥフークプ, チオム ズーッ	conclude コンクルード

日	越	英
おん **恩** on	ơn, công ơn オーン, コーンム オーン	obligation, debt of gratitude アブリゲイション, デト オヴ グラティテュード
おんかい **音階** onkai	âm giai, thang âm オム ザーイ, タハーング オム	scale スケイル
おんがく **音楽** ongaku	âm nhạc, nhạc オム ニャーク, ニャーク	music ミューズィク
おんかん **音感** onkan	thính tai, tai sành nhạc ティヒン ターイ, ターイ サイン ニャーク	ear イア
おんきゅう **恩給** onkyuu	tiền hưu trí cấp cho công chức và gia đình họ ティエン フーウ チー コプ チョー コーンム チューク ヴァー ザー ディン ホー	pension パーンスィアン
おんけい **恩恵** onkei	ân huệ, phúc đức オン フエー, フークプ ドゥーク	favor, benefit, Ⓑfavour フェイヴァ, ベニフィト, フェイヴァ
おんこうな **温厚な** onkouna	đôn hậu, hiền hậu ドーン ホウ, ヒエン ホウ	gentle チェントル
おんしつ **温室** onshitsu	nhà kính ニャー キン	greenhouse グリーンハウス
～効果	hiệu ứng nhà kính, hiệu ứng lồng kính ヒエゥ ウーング ニャー キン, ヒエゥ ウーング ローンム キン	greenhouse effect グリーンハウス イフェクト
おんじん **恩人** onjin	ân nhân, người chịu ơn sâu オン ニョン, ングオイ チーウ オーン ソウ	benefactor ベネファクタ
おんす **オンス** onsu	ounce, lượng tây オウンス, ルオング トイ	ounce アウンス
おんすい **温水** onsui	nước nóng ヌオク ノーンム	hot water ハト ウォータ
おんせい **音声** onsei	âm thanh オム タハイン	voice ヴォイス

日	越	英
おんせつ **音節** onsetsu	âm tiết オム ティエッ	syllable ス**ィ**ラブル
おんせん **温泉** onsen	suối nước nóng スオィ ヌオク ノーンム	hot spring, spa **ハ**ト スプリング, ス**パ**ー
おんたい **温帯** ontai	ôn đới オーン ドーィ	temperate zone **テ**ンペレト **ゾ**ウン
おんだんな **温暖な** ondanna	ôn hoà, ấm áp オーン フアー, オム アープ	warm, mild **ウォ**ーム, **マ**イルド
おんど **温度** ondo	nhiệt độ ニエッ ドー	temperature **テ**ンパラチャ
～計	nhiệt kế, nhiệt biểu ニエッ ケー, ニエッ ビエゥ	thermometer サ**マ**メタ
おんな **女** onna	đàn bà, phụ nữ ダーン バー, フー ヌー	woman **ウ**マン
おんなのこ **女の子** onnanoko	con gái, nữ nhi コーン ガーィ, ヌー ニー	girl, daughter **ガ**ール, **ド**ータ
おんぷ **音符** onpu	nốt nhạc ノーッ ニャーク	note **ノ**ウト
おんぶする **負んぶする** onbusuru	cõng, mang trên lưng コーンム, マーング チェーン ルーング	carry on one's back **キャ**リ オン **バ**ク
おんらいんの **オンラインの** onrainno	online, trực tuyến オンライン, チュークトゥイエン	online **ア**ンライン

日	越	英

か, カ

か
科 (学校・病院の)
ka — khoa (クファー) — department (ディパートメント)

(学習上の) — môn, ngành (モーン, ンガイン) — course (コース)

か
課 (教科書などの)
ka — bài, bài học (バーィ, バーィ ホークプ) — lesson (レスン)

(組織の区分の) — phòng, ban (フォーンム, バーン) — section, division (セクション, ディヴィジョン)

か
蚊
ka — muỗi (ムオィ) — mosquito (モスキートゥ)

が
蛾
ga — con ngài, bướm (コーン ンガーィ, ブオム) — moth (モース)

かーそる
カーソル
kaasoru — con trỏ (コーン チョー) — cursor (カーサ)

かーでぃがん
カーディガン
kaadigan — áo len đan (アーゥ レーン ダーン) — cardigan (カーディガン)

かーてん
カーテン
kaaten — màn cửa, rèm cửa (マーン クア, ゼーム クア) — curtain (カートン)

かーど
カード
kaado — các, thẻ (カーク, テヘー) — card (カード)

がーどまん
ガードマン
gaadoman — nhân viên bảo vệ, người gác cửa (ニョン ヴィエン バーゥ ヴェー, ングオィ ザーク クア) — guard (ガード)

かーとりっじ
カートリッジ
kaatorijji — hộp chứa, hộp mực (ホープ チュア, ホープ ムーク) — cartridge (カートリヂ)

がーな
ガーナ
gaana — Gha na (ガー ナー) — Ghana (ガーナ)

日	越	英
かーねーしょん **カーネーション** kaaneeshon	hoa cẩm chướng フアー コム チュオング	carnation カーネイション
がーねっと **ガーネット** gaanetto	ngọc hồng lựu ンゴークプ ホームス ルーウ	garnet ガーネト
かーぶ **カーブ** kaabu	đường cua, khúc cua ドゥオング クア, クフークプ クア	curve, turn カーヴ, ターン
かーぺっと **カーペット** kaapetto	thảm タハーム	carpet カーペト
がーるふれんど **ガールフレンド** gaarufurendo	bạn gái バーン ガーイ	girlfriend ガールフレンド
かい **回** （競技・ゲームの） kai	hiệp, vòng thi đấu ヒエプ, ヴォーンム ティヒー ドゥ	round, inning ラウンド, イニング
（回数）	lần, lượt ロン, ルオッ	time タイム
かい **会** （集まり） kai	họp, hội ホープ, ホーイ	meeting, party ミーティング, パーティ
（団体）	đoàn thể, tập thể ドゥアーン テヘー, トプ テヘー	society ソサイエティ
かい **貝** kai	sò hến, trai ốc ソー ヘーン, チャーイ オークプ	shellfish シェルフィシュ
がい **害** gai	tổn hại, thiệt hại トーン ハーイ, ティヒエッ ハーイ	harm, damage ハーム, ダミヂ
かいいん **会員** kaiin	hội viên, thành viên ホーイ ヴィエン, タハイン ヴィエン	member, membership メンバ, メンバシプ
かいおうせい **海王星** kaiousei	Hải Vương Tinh, Sao Hải Vương ハーイ ヴオング ティン, サーウ ハーイ ヴオング	Neptune ネプテューン
がいか **外貨** gaika	ngoại tệ, tiền tệ nước ngoài ングアーイ テー, ティエン テー ヌオクン グアーイ	foreign money フォーリン マニ

日	越	英
かいがい **海外** kaigai	hải ngoại, nước ngoài ハーイ ングアーイ, ヌオク ングアーイ	foreign countries **フォー**リン **カ**ントリズ
かいかく **改革** kaikaku	cải cách, cách tân カーイ カイク, カイク トン	reform, innovation リ**フォ**ーム, イノ**ヴェ**イション
〜する	cải cách, cách tân カーイ カイク, カイク トン	reform, innovate リ**フォ**ーム, **イ**ノヴェイト
かいかつな **快活な** kaikatsuna	vui tính, vui vẻ ヴーイ ティン, ヴーイ ヴェー	cheerful **チ**アフル
かいがら **貝殻** kaigara	vỏ sò, vỏ ốc ヴォー ソー, ヴォー オークプ	shell **シェ**ル
かいがん **海岸** kaigan	bờ biển, bãi biển ボー ビエン, バーイ ビエン	coast, seashore **コ**ウスト, **スィ**ーショー
がいかん **外観** gaikan	ngoại diện, bề ngoài ングアーイ ジエン, ベー ングアーイ	appearance ア**ピ**アランス
かいぎ **会議** kaigi	hội nghị, cuộc họp ホーイ ンギー, クオク ホープ	meeting, conference **ミ**ーティング, **カ**ンファレンス
かいきゅう **階級** kaikyuu	giai cấp, tầng lớp ザーイ コプ, トンプ ローブ	class, rank **ク**ラス, **ラ**ンク
かいきょう **海峡** kaikyou	eo biển エーウ ビエン	strait, channel ス**ト**レイト, **チャ**ネル
かいぎょう **開業** kaigyou	khai trương カハーイ チュオング	starting a business ス**タ**ーティング ア **ビ**ズネス
かいぐん **海軍** kaigun	hải quân ハーイ クオン	navy **ネ**イヴィ
かいけい **会計** (勘定) kaikei	thanh toán, trả tiền タハイント トゥアーン, チャー ティエン	check, ⒷBill, cheque **チェ**ク, **ビ**ル, **チェ**ク
(経済状況)	tình hình kinh tế, tài chính ティン ヒン キン テー, ターイ チン	accounting, finance ア**カ**ウンティング, フィ**ナ**ンス

日	越	英
~士	kế toán viên	accountant
かいけつ **解決** kaiketsu	sự giải quyết	solution, settlement
~する	giải quyết	solve, resolve
かいけん **会見** kaiken	buổi họp báo	interview
がいけん **外見** gaiken	hình dáng bên ngoài	appearance
かいげんれい **戒厳令** kaigenrei	lệnh giới nghiêm	martial law
かいご **介護** kaigo	chăm sóc, trông nom	care
かいごう **会合** kaigou	cuộc họp, buổi họp	meeting, gathering
がいこう **外交** gaikou	ngoại giao	diplomacy
~官	nhà ngoại giao	diplomat
がいこく **外国** gaikoku	nước ngoài, ngoại quốc	foreign country
~人	người nước ngoài, người ngoại quốc	foreigner
~の	nước ngoài, của nước ngoài	foreign
がいこつ **骸骨** gaikotsu	bộ xương, hài cốt	skeleton

日	越	英
かいさいする **開催する** kaisaisuru	tổ chức, mở	hold, open
かいさつぐち **改札口** kaisatsuguchi	cửa soát vé	ticket gate
かいさん **解散**（議会や組織の） kaisan	giải tán, giải thể	dissolution
（集まりの）	giải tán	breakup
がいさん **概算** gaisan	ước lượng, ước tính	rough estimate
かいさんぶつ **海産物** kaisanbutsu	hải sản	marine products
かいし **開始** kaishi	sự bắt đầu, khởi đầu	start, beginning
～する	bắt đầu, mở màn	begin, start
かいしめる **買い占める** kaishimeru	mua nhẵn, mua sạch	buy up, corner
かいしゃ **会社** kaisha	công ty, hãng	company, firm
～員	nhân viên công ty	office worker, employee
かいしゃく **解釈** kaishaku	sự cắt nghĩa, giải nghĩa	interpretation
～する	cắt nghĩa, giải nghĩa	interpret
かいしゅう **回収** kaishuu	thu hồi	recovery, collection

日	越	英
かいしゅう **改宗** kaishuu	cải đạo, thay đổi tín ngưỡng カーイ ダーウ, タハイ ドーイ ティーン ングオング	conversion コンヴァージョン
がいしゅつする **外出する** gaishutsusuru	đi ra, đi ra ngoài ディー ザー, ディー ザー ングアーイ	go out ゴウ アウト
かいじょう **会場** kaijou	nơi hội họp, hội trường ノーイ ホーイ ホープ, ホーイ チュオング	site, venue サイト, ヴェニュー
かいじょうの **海上の** kaijouno	trên biển チェーン ビエン	marine マリーン
がいしょくする **外食する** gaishokusuru	ăn ngoài, ăn quán アン ングアーイ, アン クアーン	eat out イート アウト
かいじょする **解除する** kaijosuru	giải trừ, huỷ bỏ hiệu lực ザーイ チュー, フイー ボー ヒエゥ ルーク	cancel キャンセル
かいすい **海水** kaisui	nước biển, nước mặn ヌオク ビエン, ヌオク マン	seawater スィーウォータ
~浴	tắm biển タム ビエン	sea bathing スィー ベイズィング
かいすうけん **回数券** kaisuuken	tập vé トプ ヴェー	book of tickets, commutation tickets ブク オヴ ティケツ, カミュテイション ティケツ
がいする **害する** gaisuru	hại, làm hại ハーイ, ラーム ハーイ	injure インヂャ
かいせい **快晴** kaisei	đẹp trời デープ チョーイ	fine weather ファイン ウェザ
かいせいする **改正する** kaiseisuru	cải chính, sửa đổi カーイ チン, スア ドーイ	revise, amend リヴァイズ, アメンド
かいせつ **解説** kaisetsu	sự giải thích, giảng giải スー ザーイ ティヒク, ザーング ザーイ	explanation エクスプラネイション
~する	giải thích, giảng giải ザーイ ティヒク, ザーング ザーイ	explain, comment イクスプレイン, カメント

日	越	英
かいぜん **改善する** kaizen	cải thiện カーイ ティヒエン	improve インプルーヴ
かいそう **海草[藻]** kaisou	rong biển, rau biển ゾーンб ビエン, ザウ ビエン	seaweed **スィ**ーウィード
かいぞう **改造** kaizou	cải tạo, cải biến カーイ ターウ, カーイ ビエン	reconstruction リーコンスト**ラ**クション
かいそうする **回送する** kaisousuru	gửi chuyển tiếp, đưa xe buýt tàu điện trống về bãi xe bãi tàu グーイ チュイエン ティエプ, ドゥア セーブイーッ, タウ ディエン チオームb ヴェーバーイ セー, バーイ タウ	send on, forward センド オン, **フォ**ーワド
かいぞく **海賊** kaizoku	hải tặc, hải khấu ハーイ タク, ハーイ コホウ	pirate **パ**イアレト
〜版	in lậu, nhập lậu イーン ロウ, ニオプ ロウ	pirated edition **パ**イアレイテド イ**ディ**ション
かいたくする **開拓する** kaitakusuru	khai thác, khai phá カハーイ ターハーク, カハーイ ファー	open up, develop **オ**ウプン **ア**プ, ディ**ヴェ**ロプ
かいだん **会談** kaidan	hội đàm, hội kiến ホーイ ダーム, ホーイ キエン	talk, conference ト−ク, **カ**ンファレンス
かいだん **階段** kaidan	cầu thang コウ タハーンб	stairs ス**テ**アズ
かいちく **改築** kaichiku	xây dựng lại ソイ ズーンб ラーイ	rebuilding リー**ビ**ルディンб
がいちゅう **害虫** gaichuu	côn trùng có hại コーン チューンб コー ハーイ	harmful insect, vermin **ハ**ームフル **イ**ンセクト, **ヴァ**ーミン
かいちゅうでんとう **懐中電灯** kaichuudentou	đèn pin, đèn bấm デーン ピーン, デーン ボム	flashlight, ⒷTorch フ**ラ**シュライト, **ト**ーチ
かいちょう **会長** kaichou	hội trưởng, tổng giám đốc ホーイ チュオンб, トーンб ザーム ドークб	president, CEO, chairman プ**レ**ズィデント, ス**ィ**ーイーオウ, **チェ**アマン

日	越	英
かいつうする **開通する** kaitsuusuru	thông xe, thông cầu トホーンム セー, トホーンム コゥ	(be) opened to traffic (ビ) **オ**ウプンド トゥ ト**ラ**フィク
かいて **買い手** kaite	người mua ングオィ ムア	buyer **バ**イア
かいてい **海底** kaitei	đáy biển ダィ ビエン	bottom of the sea **バ**トム オヴ ザ ス**ィ**ー
かいていする **改定する** kaiteisuru	sửa lại, sửa đổi スア ラーィ, スア ドーィ	revise リ**ヴァ**イズ
かいてきな **快適な** kaitekina	dễ chịu, thoải mái ゼー チーゥ, トゥファアーィ マーィ	agreeable, comfortable アグ**リ**ーアブル, **カ**ンフォタブル
かいてん **回転** kaiten	sự quay, xoay vòng スー クァィ, スァィ ヴォーンム	turning, rotation **タ**ーニング, ロウ**テ**イション
～する	quay, xoay vòng クァィ, スァィ ヴォーンム	turn, rotate **タ**ーン, **ロ**ウテイト
かいてん **開店** kaiten	mở tiệm, mở hàng モー ティエム, モー ハーング	opening **オ**ウプニング
がいど **ガイド** gaido	người hướng dẫn, người dẫn đường ングォィ フオング ゾン, ングォィ ゾン ドゥオング	guide **ガ**イド
～ブック	sách chỉ dẫn, sách chỉ nam サィク チー ゾン, サィク チー ナーム	guidebook **ガ**イドブク
～ライン	phương châm, nguyên tắc フオング ナォム, ングイェン タク	guidelines **ガ**イドラインズ
かいとう **解答** kaitou	bài giải, giải đáp バーィ ザーィ, ザーィ ダープ	answer, solution **ア**ンサ, ソ**ル**ーション
～する	giải, giải đáp ザーィ, ザーィ ダープ	answer, solve **ア**ンサ, **サ**ルヴ

日	越	英
かいとう **回答** kaitou	sự đáp ứng, trả lời	reply リプライ
～する	đáp ứng, trả lời	reply to リプライ トゥ
かいどくする **解読する** kaidokusuru	giải	decipher, decode ディサイファ, ディコウド
かいなんきゅうじょ **海難救助** kainankyuujo	cứu hộ trên biển, cứu nạn trên biển	sea rescue, salvage スィー レスキュー, サルヴィデ
かいにゅう **介入** kainyuu	sự can thiệp, xen vào	intervention インタヴェンション
～する	can thiệp, xen vào	intervene インタヴィーン
がいねん **概念** gainen	khái niệm, ý niệm	notion, concept ノウション, カンセプト
かいはつ **開発** (商業的な) kaihatsu	sự khai thác, mở mang	(business) exploitation (ビズネス) エクスプロイテイション
(新製品などの)	sự khai thác, phát triển	development ディヴェロプメント
～する	khai thác, phát triển	develop, exploit ディヴェロプ, イクスプロイト
～途上国	nước đang phát triển	developing country ディヴェロピング カントリ
かいばつ **海抜** kaibatsu	mặt biển	above the sea アバヴ ザ スィー
かいひ **会費** kaihi	hội phí, phí hội viên	fee, membership fee フィー, メンバシプ フィー
がいぶ **外部** gaibu	bên ngoài, phía ngoài	outer section, outer part アウタ セクション, アウタ パート

日	越	英
かいふくする **回復する** kaifukusuru	hồi phục, khôi phục ホーイ フークプ, コホーイ フークプ	recover, restore リ**カ**ヴァ, リス**トー**
かいぼう **解剖** kaibou	giải phẫu, mổ ザーイ フォウ, モー	dissection ディ**セ**クション
かいほうする **解放する** kaihou	giải phóng, giải thoát ザーイ フォーンム, ザーイ トゥフアーッ	release, liberate リ**リー**ス, リ**バ**レイト
かいほうする **開放する** kaihousuru	rộng mở, thoáng đãng ゾーンム モー, トゥフアーング ダーング	keep open **キー**プ **オ**ウプン
かいまく **開幕** kaimaku	khai mạc, mở màn カハーイ マーク, モー マーン	opening **オ**ウプニング
がいむ **外務** gaimu	ngoại giao, ngoại vụ ングアーイ ザーウ, ングアーイ ヴー	foreign affairs **フォー**リン ア**フェ**アズ
かいもの **買い物** kaimono	mua hàng, mua sắm ムア ハーング, ムア サム	shopping **シャ**ピング
かいやく **解約** kaiyaku	hủy hợp đồng フイー ホープ ドーンム	cancellation キャンセ**レ**イション
がいらいご **外来語** gairaigo	từ ngoại lai, từ vay mượn トゥー ングアーイ ラーイ, トゥー ヴァイ ムオン	loanword **ロ**ウンワード
かいりつ **戒律** kairitsu	giới luật, pháp giới ゾーイ ルオッ, ファープ ゾーイ	commandment コ**マ**ンドメント
がいりゃく **概略** gairyaku	đại lược, khái lược ダーイ ルオク, カハーイ ルオク	outline, summary **ア**ウトライン, **サ**マリ
かいりゅう **海流** kairyuu	hải lưu ハーイ ルーウ	sea current **スィー カー**レント
かいりょう **改良** kairyou	cải tạo, cải tiến カーイ ターウ, カーイ ティエン	improvement インプ**ルー**ヴメント
かいろ **回路** kairo	mạch điện マイク ディエン	(electronic) circuit (イレクト**ラ**ニク) **サー**キト

日	越	英
かいわ **会話** kaiwa	hội thoại, đàm thoại ホーイ トゥアーイ, ダーム トゥアーイ	conversation カンヴァ**セ**イション
かいん **下院** kain	hạ nghị viện ハー ンギー ヴィエン	House of Representatives ハウス オヴ レプリ**ゼ**ンタティヴズ
かう **飼う** kau	nuôi, chăn nuôi ヌオイ, チャン ヌオイ	keep, raise **キ**ープ, **レ**イズ
かう **買う** kau	mua, sắm ムア, サム	buy, purchase **バ**イ, **パ**ーチェス
がうん **ガウン** gaun	áo choàng, áo dài アーウ チュアーング, アーウ ザーイ	gown **ガ**ウン
かうんせらー **カウンセラー** kaunseraa	người khuyên bảo, cố vấn ングオィ クフイエン バーウ, コー ヴォン	counselor **カ**ウンセラ
かうんせりんぐ **カウンセリング** kaunseringu	khuyên bảo, chỉ bảo クフイエン バーウ, チー バーウ	counseling **カ**ウンセリング
かうんたー **カウンター** kauntaa	quầy hàng, quầy thu tiền クオィ ハーング, クオィ トゥフー ティエン	counter **カ**ウンタ
かえす **返す** kaesu	trả lại, đưa lại チャー ラーイ, ドゥア ラーイ	return, send back リ**タ**ーン, **セ**ンド バク
かえり **帰り** kaeri	sự trở về, đường về スー チョー ヴェー, ドゥオング ヴェー	way home **ウェ**イ **ホ**ウム
かえりみる **顧みる** kaerimiru	nhìn lại, kiểm tra lại ニーン ラーイ, キエム チャー ラーイ	look back, reflect on ル**ク** バク, リフ**レ**クト **オ**ン
かえる **蛙** kaeru	ếch, nhái エク, ニャーイ	frog フ**ロ**ーグ
かえる **替[換]える** kaeru	đổi lại, thay thế ドーイ ラーイ, タハイ テヘー	exchange イクス**チェ**インヂ
かえる **帰る** kaeru	trở về, quay về チョー ヴェー, クアイ ヴェー	come home, go home **カ**ム **ホ**ウム, **ゴ**ウ **ホ**ウム

日	越	英
(去る)	rời, bỏ đi ゾーイ, ボーディー	leave リーヴ
かえる **変える** kaeru	thay đổi, chuyển タハイ ドーイ, チュイエン	change **チェ**インヂ
かえる **返る** kaeru	trở lại, đảo ngược lại チョー ラーイ, ダーウ ングオク ラーイ	return, come back リ**ターン**, **カム バ**ク
かお **顔** kao	mặt, khuôn mặt マッ, クフオン マッ	face, look **フェ**イス, **ル**ク
かおり **香り** kaori	mùi, hương ムーイ, フオング	smell, fragrance ス**メ**ル, フ**レ**イグランス
がか **画家** gaka	hoạ sĩ, hoạ công フアー シー, フアー コーンム	painter **ペ**インタ
かがいしゃ **加害者** kagaisha	kẻ gây tội, kẻ hành hung ケー ゴィ トーイ, ケー ハイン フーンム	assailant ア**セ**イラント
かかえる **抱える** kakaeru	bế, ẩm ベー, アム	hold in one's arms **ホ**ウルド イン **ア**ームズ
かかく **価格** kakaku	giá cả ザー カー	price, value プ**ラ**イス, **ヴァ**リュ
かがく **化学** kagaku	hoá học フアー ホークプ	chemistry **ケ**ミストリ
かがく **科学** kagaku	khoa học クフアー ホークプ	science **サ**イエンス
～者	nhà khoa học ニャー クフアー ホークプ	scientist **サ**イエンティスト
かかげる **掲げる** kakageru	treo lên, giơ lên チェーウ レーン, ゾー レーン	hoist, hold up **ホ**イスト, **ホ**ウルド **ア**プ
かかと **踵** kakato	gót, gót chân ゴーッ, ゴーッ チォン	heel **ヒ**ール

109

日	越	英
かがみ **鏡** kagami	gương, tấm gương グオング, トム グオング	mirror, glass ミラ, グラス
かがむ **かがむ** kagamu	ngồi xổm, ngồi chồm hổm ンゴーイ ソーム, ンゴーイ チオーム ホーム	stoop ストゥープ
かがやかしい **輝かしい** kagayakashii	huy hoàng, rực rỡ フイー フアーング, ズーク ゾー	brilliant ブリリアント
かがやき **輝き** kagayaki	sự sáng ngời, ánh sáng chói lọi スー サーング ンゴーイ, アイン サーング チオーイ ローイ	brilliance ブリリャンス
かがやく **輝く** kagayaku	ánh lên, lóng lánh アイン レーン, ローンム ライン	shine, glitter シャイン, グリタ
かかりいん **係員** kakariin	người chịu trách nhiệm, nhân viên phục vụ ングオイ チーウ チャイク ニエム, ニオン ヴィエン フークブ ヴー	person in charge of パースン イン **チャーヂ** オ ヴ
かかる **掛かる** （物が） kakaru	rủ xuống, xoã xuống ズー スオング, スアー スオング	hang from ハング フラム
（金が）	mất, tốn tiền モッ, トーン ティエン	cost コスト
（時間が）	mất, tốn thời gian モッ, トーン トホイ ザーン	take テイク
かかわる **かかわる** kakawaru	có liên quan, có quan hệ コー リエン クアーン, コー クアーン ヘー	(be) concerned in (ビ) コンサーンド イン
かき **牡蠣** kaki	hàu, con hàu ハウ, コーン ハウ	oyster オイスタ
かき **柿** kaki	hồng, quả hồng ホーンム, クアー ホーンム	persimmon パース**ィ**モン
かぎ **鍵** kagi	chìa khoá チア クフアー	key キー
かきかえる **書き換える** kakikaeru	viết lại, chép lại ヴィエッ ラーイ, チェープ ラーイ	rewrite リーライト

日	越	英
かきとめる **書き留める** kakitomeru	ghi lại, ghi vào	write down
かきとり **書き取り** kakitori	viết chính tả	dictation
かきとる **書き取る** kakitoru	viết lấy, ghi lấy	write down, jot down
かきなおす **書き直す** kakinaosu	viết lại, chép lại	rewrite
かきまぜる **掻き混ぜる** kakimazeru	quấy, khoắng	mix up
かきまわす **掻き回す** kakimawasu	quấy, khuấy	stir
かきゅう **下級** kakyuu	cấp dưới, bậc thấp	lower class
かぎょう **家業** kagyou	sự nghiệp của gia đình, gia nghiệp	family business
かぎる **限る** kagiru	giới hạn, hạn chế	limit, restrict
かく **核** kaku	nhân	core
（原子核）	hạt nhân	nucleus
～兵器	vũ khí hạt nhân	nuclear weapon
かく **書く** kaku	viết, ghi	write
かく **掻く** kaku	gãi, gảy	scratch

日	越	英
かぐ **家具** kagu	đồ đạc, bàn ghế ドー ダーク, バーン ゲー	furniture **ファー**ニチャ
かぐ **嗅ぐ** kagu	ngửi ングーイ	smell, sniff ス**メ**ル, ス**ニ**フ
がく **額** gaku	khung, khuôn クフーンム, クフオン	forehead **ファ**リド
がくい **学位** gakui	học vị, bằng cấp ホークプ ヴィー, バング コプ	(university) degree (ユーニ**ヴァ**ースィティ) ディグリー
かくうの **架空の** kakuuno	tưởng tượng, ảo tượng トゥオング トゥオング, アーウ トゥオング	imaginary イ**マ**ヂネリ
かくえきていしゃ **各駅停車** kakuekiteisha	tàu chậm, tàu chợ タウ チョム, タウ チョー	local train **ロ**ウカル ト**レ**イン
がくげい **学芸** gakugei	khoa học nghệ thuật クフアー ホークプ ンゲー トゥフオッ	arts and sciences **アー**ツ アンド **サ**イエンセズ
かくげん **格言** kakugen	cách ngôn, châm ngôn カイク ンゴーン, チォム ンゴーン	maxim **マ**クスィム
かくご **覚悟** kakugo	sự sẵn sàng, sự chuẩn bị trước tinh thần cho việc không hay スー サン サーング, スー チュオン ビー チュオク ティン トホン チョー ヴィエク コホーンム ハイ	preparedness プリ**ペ**アドネス
～する	sẵn sàng, chuẩn bị trước tinh thần cho việc không hay サン サーング, チュオン ビー チュオク ティン トホン チョー ヴィエク コホーンム ハイ	(be) prepared for (ビ) プリ**ペ**アド フォ
かくさ **格差** kakusa	cách biệt, chênh lệch カイク ビエッ, チェン レク	difference, gap **ディ**ファレンス, **ギャ**プ
かくじつな **確実な** kakujitsuna	chắc chắn チャク チャン	sure, certain **シュ**ア, **サ**ートン
がくしゃ **学者** gakusha	học giả, nhà nghiên cứu ホークプ ザー, ニャー ンギエン クーウ	scholar ス**カ**ラ

日	越	英
がくしゅう **学習** gakushuu	học tập	learning
～する	học, học tập	study, learn
がくじゅつ **学術** gakujutsu	học thuật	learning, science
かくしん **確信** kakushin	sự tin chắc	conviction
～する	tin chắc	(be) convinced of
かくす **隠す** kakusu	che giấu, giấu giếm	hide, conceal
がくせい **学生** gakusei	học sinh, học trò	student
～証	thẻ học sinh	student ID card
かくせいざい **覚醒剤** kakuseizai	chất kích thích, ma tuý	stimulant
がくせつ **学説** gakusetsu	học thuyết, lý thuyết	doctrine, theory
かくだいする **拡大する** kakudaisuru	làm to ra, phóng to	magnify, enlarge
かくちょう **拡張** kakuchou	sự mở mang, mở rộng	extension
～する	mở rộng ra	extend
がくちょう **学長** gakuchou	hiệu trưởng	president
かくづけ **格付け** kakuzuke	xếp hạng	rating

日	越	英
かくていする **確定する** kakuteisuru	xác định, ấn định サーク ディン, オン ディン	decide ディ**サイド**
かくてる **カクテル** kakuteru	rượu cốc tai, cocktail ズォウ コクターイ, コクターイ	cocktail **カ**クテイル
かくど **角度** kakudo	góc độ, giác độ ゴーク ナ ドー, ザーク ドー	angle **ア**ングル
かくとう **格闘** kakutou	đấu vật, chống chọi ドゥ ヴァット, チォーンム チォーイ	fight **ファ**イト
かくとくする **獲得する** kakutokusuru	giành, đoạt ザイン, ドゥアーッ	acquire, obtain アク**ワ**イア, オブ**テ**イン
かくにんする **確認する** kakuninsuru	xác nhận, chứng nhận サーク ニョン, チューング ニョン	confirm コン**ファ**ーム
がくねん **学年** gakunen	năm học, niên học ナム ホークプ, ニエン ホークプ	school year ス**クー**ル **イ**ア
がくひ **学費** gakuhi	học phí, tiền học ホークプ フィー, ティエン ホークプ	tuition, school expenses テュー**イ**ション, ス**クー**ル イクスペンセズ
がくふ　（総譜） **楽譜** gakufu	bản nhạc, nhạc phổ バーン ニャーク, ニャーク フォー	score ス**コー**
（譜面）	bản nhạc バーン ニャーク	music **ミュー**ズィク
がくぶ **学部** gakubu	khoa クフアー	faculty, department **ファ**カルティ, ディ**パー**トメント
かくほする **確保する** kakuhosuru	giữ, bảo đảm ズー, バーゥ ダーム	secure スィ**キュ**ア
かくまく **角膜** kakumaku	giác mạc ザーク マーク	cornea **コー**ニア
かくめい **革命** kakumei	cách mạng, cách mệnh カイク マーング, カイク メン	revolution レヴォ**ルー**ション

日	越	英
がくもん **学問** gakumon	học vấn, học hành ホークプ ヴォン, ホークプ ハイン	learning, study **ラ**ーニング, ス**タ**ディ
がくや **楽屋** gakuya	phòng hoá trang フォーンム フアー チャーング	dressing room ド**レ**スィング **ル**ーム
かくりつ **確率** kakuritsu	xác suất サーク スオッ	probability プラバ**ビ**リティ
かくりつする **確立する** kakuritsusuru	xác lập, thành lập サーク ロプ, タハイン ロプ	establish イス**タ**プリシュ
かくりょう **閣僚** kakuryou	thành viên nội các タハイン ヴィエン ノーィ カーク	cabinet minister **キャ**ビネト ミ**ニ**スタ
がくりょく **学力** gakuryoku	học lực, sức học ホークプ ルーク, スーク ホークプ	academic ability アカ**デ**ミク ア**ビ**リティ
がくれき **学歴** gakureki	lý lịch học tập リー リク ホークプ トプ	academic background アカ**デ**ミク **バ**クグラウンド
かくれる **隠れる** kakureru	ẩn náu, ẩn nấp オン ナゥ, オン ノプ	hide oneself **ハ**イド
がくわり **学割** gakuwari	giảm giá cho học sinh ザーム ザー チョー ホークプ シン	student discount ス**テュ**ーデント **ディ**スカウント
かけ **賭け** kake	đánh cuộc, đánh bạc ダイン クオク, ダイン バーク	gambling **ギャ**ンブリング
かげ **陰** kage	bóng, bóng tối ボーンム, ボーンム トーィ	shade **シェ**イド
かげ **影** kage	bóng, hình bóng ボーンム, ヒン ボーンム	shadow, silhouette **シャ**ドウ, スィル**エ**ト
がけ **崖** gake	vách đá ヴァイク ダー	cliff ク**リ**フ
かけい **家計** kakei	ngân sách gia đình ンゴン サイク ザー ディン	household budget **ハ**ウスホウルド **バ**ヂェト

日	越	英
かけざん **掛け算** kakezan	phép tính nhân フェープ ティン ニョン	multiplication マルティプリ**ケ**イション
かけつする **可決する** kaketsusuru	thông qua, chấp thuận トホーンム クアー, チオプ トゥフオン	approve ア**プ**ルーヴ
かけひき **駆け引き** kakehiki	thương lượng, đàm phán トゥフオング ルオング, ダーム ファーン	tactics **タ**クティクス
かけぶとん **掛け布団** kakebuton	chăn đắp チャン ダプ	quilt, comforter ク**ウィ**ルト, **カ**ンフォタ
かけら **かけら** kakera	mảnh, mảnh vỡ マイン, マイン ヴォー	fragment フ**ラ**グメント
かける **掛ける** kakeru	treo, mắc チェーウ, マク	hang, suspend ハング, サス**ペ**ンド
(時間・金を)	tiêu, tiêu xài ティエウ, ティエウ サーイ	spend ス**ペ**ンド
(電話を)	gọi, kêu ゴーイ, ケーウ	call **コ**ール
(CD・レコードを)	bật nhạc, bật đĩa ボッ ニャーク, ボッ ディア	play プ**レ**イ
(ラジオなどを)	bật radio ボッ ラーディーオー	turn on **タ**ーン **オ**ン
(掛け算する)	tính nhân ティン ニョン	multiply **マ**ルティプライ
かける **架ける** kakeru	bắc, xây バク, ソイ	build over ビルド **オ**ウヴァ
かける **駆ける** kakeru	chạy, phóng チャイ, フォーンム	run **ラ**ン
かける **欠ける** (一部が取れる) kakeru	sứt, mẻ スーッ, メー	break off ブレイク **オ**ーフ

日	越	英
（不足している）	thiếu, sót ティヒェゥ, ソーッ	lack ラク
かける **賭ける** kakeru	đánh cuộc, đánh cá ダイン クオク, ダイン カー	bet on ベト オン
かげる **陰る** kageru	làm mờ, làm tối ラーム モー, ラーム トーイ	darken ダークン
かこ **過去** kako	quá khứ, dĩ vãng クアー クフー, ジー ヴァーング	past パスト
かご **籠** kago	thúng, rổ トゥフーンム, ゾー	basket, cage バスケト, ケイヂ
かこう **加工** kakou	sự gia công, sự chế biến スー ザー コーンム, スー チェー ビエン	processing プラセスィング
〜する	gia công, chế biến ザー コーンム, チェー ビエン	process プラセス
かごう **化合** kagou	sự hoá hợp スー フアー ホープ	combination カンビネイション
〜する	hoá hợp フアー ホープ	combine コンバイン
かこむ **囲む** kakomu	vây, quây ヴォイ, クオィ	surround, enclose サラウンド, インクロウズ
かさ **傘** kasa	ô, dù オー, ズー	umbrella アンブレラ
かさい **火災** kasai	hoả hoạn, hoả tai フアー フアーン, フアー ターイ	fire ファイア
〜報知機	còi báo cháy コーィ バーゥ チャイ	fire alarm ファイア アラーム
〜保険	bảo hiểm hoả hoạn バーゥ ヒエム フアー フアーン	fire insurance ファイア インシュアランス

日	越	英
かさなる **重なる** kasanaru	trùng, chồng lên nhau チューンム, チョーンム レーン ニャウ	(be) piled up, overlap (ビ) パイルド **ア**プ, オウヴァ**ラ**プ
（繰り返される）	lặp lại, nhắc lại ラプ ラーイ, ニャク ラーイ	(be) repeated (ビ) リピーテド
（同時に起こる）	cùng xảy ra một lúc クーンム サイ ザー モーッ ルークプ	fall on, overlap **フォ**ール **オ**ン, オウヴァ**ラ**プ
かさねる **重ねる** （上に置く） kasaneru	chồng chất, chất đống チョーンム チョッ, チョッ ドーンム	pile up **パ**イル **ア**プ
（繰り返す）	lặp lại, nhắc lại ラプ ラーイ, ニャク ラーイ	repeat リピート
かさばる **かさ張る** kasabaru	kềnh càng, cồng kềnh ケン カーング, コーンム ケン	(be) bulky (ビ) **バ**ルキ
かざり **飾り** kazari	đồ trang trí, đồ trang hoàng ドー チャーング チー, ドー チャーング フアーング	decoration, ornament デコ**レ**イション, **オ**ーナメント
かざる **飾る** （装飾する） kazaru	trang hoàng, trang trí チャーング フアーング, チャーング チー	decorate, adorn **デ**コレイト, ア**ド**ーン
（陳列する）	trưng, bày チューング, バイ	put on show, display プト オン **ショ**ウ, ディス**プ**レイ
かざん **火山** kazan	núi lửa ヌーィ ルア	volcano ヴァル**ケ**イノウ
かし **華氏** kashi	thang nhiệt độ, Fahrenheit タハーング ニエッ ドー, ファレンヘッ	Fahrenheit **ファ**レンハイト
かし **歌詞** kashi	bài hát, lời ca バーィ ハーッ, ローィ カー	words, lyrics **ワ**ーヅ, **リ**リクス
かし **菓子** kashi	bánh kẹo バイン ケーウ	sweets, confectionery ス**ウィ**ーツ, コン**フェ**クショネリ

日	越	英
<ruby>樫<rt>かし</rt></ruby> kashi	sồi, cây sồi ソーイ, コイ ソーイ	oak **オ**ウク
<ruby>貸し<rt>かし</rt></ruby> kashi	sự cho vay, tiền cho vay スー チョー ヴァイ, ティエン チョー ヴァイ	loan **ロ**ウン
<ruby>家事<rt>かじ</rt></ruby> kaji	việc nội trợ ヴィエク ノーイ チョー	housework **ハ**ウスワーク
<ruby>火事<rt>かじ</rt></ruby> kaji	đám cháy, hoả hoạn ダーム チャイ, フアー フアーン	fire **ファ**イア
<ruby>貸し切りの<rt>かしきりの</rt></ruby> kashikirino	bao nguyên, thuê nguyên バーウ ングイエン, トゥフエー ングイエン	chartered **チャ**ータド
<ruby>賢い<rt>かしこい</rt></ruby> kashikoi	khôn コホーン	wise, clever **ワ**イズ, ク**レ**ヴァ
<ruby>貸し出し<rt>かしだし</rt></ruby> kashidashi	cho mượn, cho vay チョー ムオン, チョー ヴァイ	lending **レ**ンディング
<ruby>過失<rt>かしつ</rt></ruby> kashitsu	sai lầm, lỗi lầm サーイ ロム, ローイ ロム	fault, error **フォ**ルト, **エ**ラ
<ruby>貸し付け<rt>かしつけ</rt></ruby> kashitsuke	sự cho vay スー チョー ヴァイ	loan, credit **ロ**ウン, ク**レ**ディト
<ruby>カジノ<rt>かじの</rt></ruby> kajino	casino, sòng bạc lớn カージーノー, ソーンム バーク ローン	casino カ**スィ**ーノウ
<ruby>カシミヤ<rt>かしみや</rt></ruby> kashimiya	len cashmere レーン カソミア	cashmere **キャ**ジュミア
<ruby>貨車<rt>かしゃ</rt></ruby> kasha	xe chở hàng セー チョー ハーング	freight car フ**レ**イト **カ**ー
<ruby>貸家<rt>かしや</rt></ruby> kashiya	nhà cho thuê ニャー チョー トゥフエー	house for rent **ハ**ウス フォ **レ**ント
<ruby>歌手<rt>かしゅ</rt></ruby> kashu	ca sĩ カー シー	singer **スィ**ンガ

日	越	英
かじゅあるな **カジュアルな** kajuaruna	không trịnh trọng, bình thường コホーンム チン チォーンム, ビン トゥフオング	casual **キャ**ジュアル
かじゅう **果汁** kajuu	nước ép hoa quả ヌオク エープ フアー クアー	fruit juice フルート **チュ**ース
かじょう **過剰** kajou	quá mức, quá độ クアー ムーク, クアー ドー	excess, surplus イク**セス**, **サー**プラス
かしょくしょう **過食症** kashokushou	chứng cuồng ăn háu đói チューング クオング アン ハウ ドーイ	bulimia ビュリーミア
かしらもじ **頭文字** kashiramoji	chữ cái viết hoa チュー カーイ ヴィエッ フアー	initial letter, initials イニシャル **レタ**, イニシャルズ
かじる **かじる** kajiru	gặm, nhấm ガム, ニォム	gnaw at, nibble at ノー アト, **ニ**ブル アト
かす **貸す** kasu	cho vay, cho mượn チォー ヴァイ, チォー ムオン	lend レンド
（家などを）	cho thuê チォー トゥフエー	rent レント
（土地などを）	cho thuê, cho mướn チォー トゥフエー, チォー ムオン	lease リース
かす **滓** kasu	bã, cặn バー, カン	dregs ドレグズ
かず **数** kazu	số, con số ソー, コーン ソー	number, figure **ナン**バ, **フィ**ギャ
がす **ガス** gasu	ga, hơi ガー, ホーイ	gas ギャス
かすかな **かすかな** kasukana	nhẹ, yếu ớt ニェー, イエゥ オーッ	faint, slight **フェ**イント, スライト
かすむ **霞む** kasumu	che mờ, lờ mờ チェー モー, ロー モー	(be) hazy (ビ) **ヘ**イズィ

121

日	越	英
かすれる **掠れる** (声などが) kasureru	khản giọng, khàn giọng カハーン ゾーンム, カハーン ゾーンム	(get) hoarse (ゲト) **ホ**ース
かぜ **風** kaze	gió, làn gió ゾー, ラーン ゾー	wind, breeze **ウィ**ンド, ブ**リ**ーズ
かぜ **風邪** kaze	cảm, cảm mạo カーム, カーム マーウ	cold, flu **コ**ウルド, フ**ル**ー
かせい **火星** kasei	Hoả tinh, sao Hoả フアー ティン, サーゥ フアー	Mars **マ**ーズ
かぜい **課税** kazei	đánh thuế ダイン トゥフエー	taxation タク**セ**イション
かせき **化石** kaseki	hoá thạch フアー タハイク	fossil **ファ**スィル
かせぐ **稼ぐ** kasegu	kiếm ăn, kiếm tiền キエム アン, キエム ティエン	earn **ア**ーン
(時間を)	tranh thủ thời gian チャイン トゥフー トホーイ ザーン	gain **ゲ**イン
かせつ **仮説** kasetsu	giả thuyết, giả thiết ザー トゥフイエッ, ザー ティヒエッ	hypothesis ハイ**パ**セスィス
かそう **仮装** kasou	giả trang, cải dạng ザー チャーング, カーイ ザーング	disguise ディス**ガ**イズ
がぞう **画像** gazou	ảnh, hình ảnh アイン, ヒン アイン	picture, image **ピ**クチャ, **イ**ミヂ
かぞえる **数える** kazoeru	đếm デーム	count, calculate **カ**ウント, **キャ**ルキュレイト
かぞく **家族** kazoku	gia đình ザー ディン	family **ファ**ミリ
かそくする **加速する** kasokusuru	tăng tốc, gia tốc タング トークプ, ザー トークプ	accelerate アク**セ**ラレイト

日	越	英
ガソリン (がそりん) gasorin	xăng, xăng dầu サング, サング ゾウ	gasoline, gas, ⑧petrol ギャソリーン, ギャス, ペトロル
～スタンド	trạm xăng, cây xăng チャーム サング, コイ サング	gas station, filling station ギャス ステイション, フィリング ステイション
型 (かた) (鋳型) kata	khuôn đúc, mẫu đúc クフオン ドゥークプ, モウ ドゥークプ	mold, cast モウルド, キャスト
(様式)	kiểu, kiểu dáng キエゥ, キエゥ ザーング	style, mode, type スタイル, モウド, タイプ
形 (かた) (パターン) kata	kiểu, mẫu キエゥ, モウ	pattern パタン
(形式・形状)	hình thức, hình dạng ヒン トゥフーク, ヒン ザーング	form, shape フォーム, シェイプ
肩 (かた) kata	vai ヴァーイ	shoulder ショウルダ
固[堅, 硬]い (かたい) katai	cứng, rắn クーング, ザン	hard, solid ハード, サリド
(態度・状態が)	vững chắc, nghiêm nghị ヴーング チャク, ンギエム ンギー	strong, firm ストロング, ファーム
課題 (かだい) (任務) kadai	nhiệm vụ, nghĩa vụ ニエム ヴー, ンギア ヴー	task タスク
(主題)	chủ đề, đề tài チュー デー, デー ターイ	subject, theme サブヂェクト, スィーム
肩書 (かたがき) katagaki	lý lịch, lý lịch trích ngang リー リク, リー リク チク ンガーング	title タイトル
型紙 (かたがみ) katagami	rập ゾプ	paper pattern ペイパ パタン
敵 (かたき) kataki	kẻ thù, thù địch ケー トゥフー, トゥフー デイク	enemy, opponent エネミ, オポウネント

日	越	英
かたくちいわし **片口鰯** katakuchiiwashi	cá cơm カー コーム	anchovy アンチョウヴィ
かたち **形** katachi	hình, hình dạng ヒン, ヒン ザーング	shape, form シェイプ, フォーム
かたづく **片づく**（決着している） katazuku	đã giải quyết, ổn thoả ダー ザーイ クイエッ, オーン トゥフアー	(be) settled (ビ) セトルド
（終了している）	đã kết thúc, chấm dứt ダー ケーットゥフークブ, チョム ズーッ	(be) finished, (be) done (ビ) フィニシュト, (ビ) ダン
（整理される）	đã sắp xếp xong ダー サブ セーブ ソーンム	(be) put in order (ビ) プト イン オーダ
かたづける **片づける** katazukeru	sắp xếp, dọn dẹp サブ セーブ, ゾーン ゼーブ	put in order プト イン オーダ
（決着する）	giải quyết, hòa giải ザーイ クイエッ, フアー ザーイ	settle セトル
（終了する）	kết thúc, chấm dứt ケーットゥフークブ, チョム ズーッ	finish フィニシュ
かたな **刀** katana	đao, kiếm ダーウ, キエム	sword ソード
かたはば **肩幅** katahaba	rộng vai ゾーンム ヴァーイ	shoulder length ショウルダ レングス
かたほう **片方**（もう一方） katahou	một chiếc モーッ チエク	one of a pair ワン オヴ ア ペア
（片側）	một bên, một phía モーッ ベーン, モーッ フィア	one side ワン サイド
かたまり **塊** katamari	khối, đống コホーイ, ドーンム	lump, mass ランプ, マス
かたまる **固まる**（凝固する） katamaru	đông lại ドーンム ラーイ	congeal, coagulate コンチール, コウアギュレイト

日	越	英
(固くなる)	cứng lại, rắn lại クーング ラーイ, ザン ラーイ	harden ハードン
かたみち **片道** katamichi	một chiều モーッ チエゥ	one way ワン ウェイ
かたむく **傾く** katamuku	nghiêng, ngả ンギエング, ンガー	lean, incline リーン, インクライン
かたむける **傾ける** katamukeru	ghé, nghiêng ゲー, ンギエング	tilt, bend ティルト, ベンド
かためる **固める** (凝固させる) katameru	làm đông lại ラーム ドーンム ラーイ	make congeal メイク コンヂール
(固くする)	làm cho cứng, làm cho rắn ラーム チォー クーング, ラーム チォー ザン	harden ハードン
(強くする)	củng cố, làm cho vững chắc クーンム コー, ラーム チォー ヴーング チャク	strengthen, fortify ストレングスン, フォーティファイ
かたよる **偏る** katayoru	thiên về, nghiêng về ティヒエン ヴェー, ンギエング ヴェー	lean to, (be) biased リーン トゥ, (ビ) バイアスト
かたる **語る** kataru	kể, thuật lại ケー, トゥフオッ ラーイ	talk, speak トーク, スピーク
かたろぐ **カタログ** katarogu	ca ta lô, catalogue カー ター ロー, カーターロック	catalog, Ⓑcatalogue キャタローグ, キャタログ
かだん **花壇** kadan	luống hoa, khóm hoa ルオング フアー, コホーム フアー	flowerbed フラウアベド
かち **価値** kachi	giá trị ザー チー	value, worth ヴァリュ, ワース
かち **勝ち** kachi	thắng lợi, chiến thắng タハング ローイ, チエン タハング	victory, win ヴィクトリ, ウィン
かちく **家畜** kachiku	gia súc ザー スークプ	livestock ライヴスタク

日	越	英
かちょう **課長** kachou	trưởng phòng チュオング フォーンム	section manager セクション マニヂャ
かつ **勝つ** katsu	thắng, thắng lợi タハング, タハング ローイ	win ウィン
かつお **鰹** katsuo	cá ngừ カー ングー	bonito ボニートウ
がっか **学科** （大学の） gakka	ngành, phân khoa ンガイン, フォン クファー	department ディパートメント
がっか **学課** gakka	bài học, chương trình học バーイ ホークプ, チュオング チン ホークプ	lesson レスン
がっかい **学会** gakkai	hội nghiên cứu, hội thảo báo cáo khoa học ホーイ ンギエン クーウ, ホーイ タハーウ バーウ カーウ クファー ホークプ	academic society アカデミク ソサイエティ
がっかりする **がっかりする** gakkarisuru	thất vọng, cụt hứng トホッ ヴォーンム, クーッ フーング	(be) disappointed (ビ) ディサポインテド
かっき **活気** kakki	sức sống, sinh lực スーク ソーンム, シン ルーク	liveliness, animation ライブリネス, アニメイション
がっき **学期** gakki	học kỳ ホークプ キー	term, semester ターム, セメスタ
がっき **楽器** gakki	nhạc cụ, nhạc khí ニャーク クー, ニャーク キヒー	musical instrument ミューズィカル インストルメント
かっきてきな **画期的な** kakkitekina	có tính bước ngoặt, đánh dấu một thời kỳ コー ティン ブオック ングアッ, ディン ゾウ モーッ トホーイ キー	epochmaking エポクメイキング
がっきゅう **学級** gakkyuu	lớp học ロープ ホークプ	(school) class (スクール) クラス
かつぐ **担ぐ** katsugu	vác, gánh ヴァーク, ガイン	shoulder ショウルダ

日	越	英
(だます)	đánh lừa, gạt gẫm ディン ルア, ガーツ ゴム	deceive ディスィーヴ
かっこいい **かっこいい** kakkoii	diện, bảnh bao ジエン, バイン バーウ	neat, cool ニート, クール
かっこう **格好** kakkou	vẻ ngoài, hình dáng ヴェー ングアーイ, ヒン ザーング	shape, form シェイプ, フォーム
かっこう **郭公** kakkou	chim cu, cu gáy チーム クー, クー ガイ	cuckoo ククー
がっこう **学校** gakkou	trường học チュオング ホークプ	school スクール
かっさい **喝采** kassai	hoan hô, chúc tụng フアーン ホー, チュークプ トゥーンム	cheers, applause チアズ, アプローズ
がっしょう **合唱** gasshou	hợp xướng ホープ スオング	chorus コーラス
かっしょくの **褐色の** kasshokuno	màu nâu, rám nắng マウ ノウ, ザーム ナング	brown ブラウン
がっそう **合奏** gassou	hợp tấu, hoà tấu ホープ トゥ, フアー トゥ	ensemble アーンサーンブル
かっそうろ **滑走路** kassouro	đường băng ドゥオング バング	runway ランウェイ
かつて **かつて** katsute	đã từng ダー トゥング	once, before ワンス, ビフォー
かってな **勝手な** kattena	ích kỷ, tư kỷ イク キー, トゥー キー	selfish セルフィシュ
かってに **勝手に** katteni	tuỳ tiện, tự ý トゥイー ティエン, トゥー イー	arbitrarily アービトレリリ
かっとう **葛藤** kattou	xích mích, xung đột シク ミク, スーンム ドーツ	discord, conflict ディスコード, カンフリクト
かつどう **活動** katsudou	hoạt động, vận động フアーッド ドーンム, ヴォン ドーンム	activity アクティヴィティ

日	越	英
かっとなる **かっとなる** kattonaru	nổi giận, nổi xung	fly into a rage
かっぱつな **活発な** kappatsuna	lanh lợi, hoạt bát	active, lively
かっぷ **カップ** kappu	tách, chén	cup
かっぷる **カップル** kappuru	cặp, đôi	couple
がっぺいする **合併する** gappeisuru	sáp nhập	merge
かつやくする **活躍する** katsuyakusuru	hoạt động sôi nổi, hoạt động tích cực	(be) active in
かつよう **活用** katsuyou	sự vận dụng, áp dụng	practical use, application
（文法の）	chia thể động từ	conjugation
～する	vận dụng, áp dụng	put to practical use
かつら **かつら** katsura	tóc giả	wig
かてい **仮定** katei	sự giả định, giả sử	supposition, hypothesis
～する	giả định, giả sử	assume, suppose
かてい **家庭** katei	gia đình, nhà	home, family
かど **角** kado	góc, xó	corner, turn

日	越	英
かどう **稼動** kadou	vận hành, thao tác ヴォン ハイン, タハーウ ターク	operation アペレイション
かとうな **下等な** katouna	bậc thấp, hèn kém ボク トホプ, ヘーン ケーム	inferior, low イン**フィ**アリア, **ロ**ウ
かとりっく **カトリック** katorikku	Công giáo, đạo Cơ Đốc コーンム ザーウ, ダーウ コー ドークプ	Catholicism カ**サ**リシズム
かなあみ **金網** kanaami	lưới thép, lưới sắt ルオィ テヘープ, ルオィ サッ	wire netting **ワ**イア **ネ**ティング
かなしい **悲しい** kanashii	buồn bã, buồn rầu ブオン バー, ブオン ゾウ	sad, sorrowful **サ**ド, **サ**ロウフル
かなしみ **悲しみ** kanashimi	nỗi buồn, sự buồn rầu ノーィ ブオン, スー ブオン ゾウ	sorrow, sadness **サ**ロウ, **サ**ドネス
かなだ **カナダ** kanada	Ca na đa カー ナー ダー	Canada **キャ**ナダ
かなづち **金槌** kanazuchi	búa sắt ブア サッ	hammer **ハ**マ
かなめ **要** kaname	điểm cốt yếu, điều cốt yếu ディエム コッ イエウ, ディエウ コッ イエウ	(essential) point (イ**セ**ンシャル) **ポ**イント
かならず (ぜひとも) **必ず** kanarazu	dù sao cũng ズー サーウ クーンム	by all means バイ **オ**ール **ミ**ーンズ
(間違いなく)	nhất định, chắc chắn ニャッ デイン, チャク チャン	without fail ウィ**ザ**ウト **フェ**イル
(常に)	thường xuyên, luôn luôn トゥフオング スイエン, ルオン ルオン	always **オ**ールウェイズ
かなり **かなり** kanari	khá, tương đối カハー, トゥオング ドーィ	fairly, pretty **フェ**アリ, **プ**リティ
かなりあ **カナリア** kanaria	chim yến, bạch yến チーム イエン, バイク イエン	canary カ**ネ**アリ

日	越	英
かなりの **かなりの** kanarino	đáng kể ダーング ケー	considerable コン**スィ**ダラブル
かに **蟹** kani	cua, ghẹ クア, ゲー	crab ク**ラ**ブ
〜座	cung Cự Giải クーング クー ザーイ	Crab, Cancer クラブ, **キャ**ンサ
かにゅうする **加入する** kanyuusuru	gia nhập, tham gia ザー ニョプ, ターム ザー	join, enter **ヂョ**イン, **エ**ンタ
かぬー **カヌー** kanuu	xuồng, chèo xuồng スオング, チェーウ スオング	canoe カ**ヌ**ー
かね **金** kane	tiền, tiền bạc ティエン, ティエン バーク	money **マ**ニ
かね **鐘** kane	chuông チュオング	bell **ベ**ル
かねつ **加熱** kanetsu	đốt nóng, gia nhiệt ドーッ ノーンム, ザー ニエッ	heating **ヒ**ーティング
かねつ **過熱** kanetsu	đun quá nóng, hâm quá nóng ドゥーン クアー ノーンム, ホム クアー ノーンム	overheating オウヴァ**ヒ**ーティング
かねもうけ **金儲け** kanemouke	việc kiếm tiền ヴィエク キエム ティエン	moneymaking **マ**ニメイキング
〜する	kiếm tiền, làm tiền キエム ティエン, ラーム ティエン	make money **メ**イク **マ**ニ
かねもち **金持ち** kanemochi	giàu, người giàu ザウ, ングオイ ザウ	rich person **リ**チ **パ**ースン
かねる **兼ねる**（兼ね備える） kaneru	phối hợp, kết hợp フォーイ ホープ, ケーッ ホープ	combine with コン**パ**イン ウィズ
（兼務する）	kiêm, kiêm nhiệm キエム, キエム ニエム	hold concurrently **ホ**ウルド コン**カ**ーレントリ

日	越	英
かのうせい **可能性** kanousei	khả năng カハー ナング	possibility パスィビリティ
かのうな **可能な** kanouna	khả thi, có khả năng カハー ティヒー, コー カハー ナング	possible パスィブル
かのじょ **彼女** kanojo	chị ấy, cô ấy チー オイ, コー オイ	she シー
かば **河馬** kaba	hà mã, trâu nước ハー マー, チョウ ヌオク	hippopotamus ヒポパタマス
カバー kabaa	vỏ bọc, túi bọc ヴォー ボークブ, トゥーイ ボークブ	cover カヴァ
～する	đậy, che ドイ, チェー	cover カヴァ
かばう **かばう** kabau	bênh, bênh vực ベン, ベン ヴーク	protect プロテクト
かばん **鞄** kaban	túi, xắc トゥーイ, サク	bag バグ
かはんすう **過半数** kahansuu	số quá bán ソー クアー バーン	majority マヂョーリティ
かび **かび** kabi	mốc モークブ	mold, mildew モウルド, ミルデュー
かびん **花瓶** kabin	lọ hoa, bình hoa ロー フアー, ビン フアー	vase ヴェイス
かぶ **蕪** kabu	loại củ cải có hình giống su hào ルアーイ クー カーイ コー ヒン ゾームン スー ハーウ	turnip ターニプ
かふぇ **カフェ** kafe	quán cà phê クアーン カー フェー	café, coffeehouse キャフェイ, コーフィハウス
かふぇいん **カフェイン** kafein	caffein, ca phê in カフェイン, カー フェー イーン	caffeine キャフィーン

日	越	英
かふぇおれ **カフェオレ** kafeore	cà phê sữa カー フェー スア	café au lait キャフェイ オウ レイ
かぶけん **株券** kabuken	cổ phiếu, chứng khoán コー フィエウ, チューング クフアーン	stock certificate スタク サティフィケト
かぶしき **株式** kabushiki	cổ phần コー フォン	stocks スタクス
～会社	công ty cổ phần コーンム ティー コー フォン	joint-stock corporation ヂョイントスタク コーポレイション
～市場	thị trường chứng khoán ティヒー チュオング チューング クフアーン	stock market スタク マーケト
かふすぼたん **カフスボタン** kafusubotan	khuy măng sét, cài măng sét クフイー マング セーツ, カーイ マング セーツ	cuff link カフ リンクス
かぶせる **被せる** kabuseru	đậy, phủ ドィ, フー	cover with カヴァ ウィズ
（罪などを）	quy tội cho người khác クイートーイ チォー ングオイ カハーク	charge with チャーヂ ウィズ
かぶせる **カプセル** kapuseru	thuốc con nhộng, viên con nhộng トゥフオク コーン ニォーンム, ヴィエン コーン ニォーンム	capsule キャプスル
かぶぬし **株主** kabunushi	cổ đông コー ドーンム	stockholder スタクホウルダ
かぶる **被る** kaburu	đội ドーイ	put on, wear プト オン, ウェア
かぶれ **かぶれ** kabure	bị nổi mẩn ngứa, viêm da ビー ノーイ モン ングア, ヴィエム ザー	rash ラシュ
かふん **花粉** kafun	phấn hoa フォン フアー	pollen パルン
～症	chứng dị ứng phấn hoa チューング ジー ウーング フォン フアー	hay fever ヘイ フィーヴァ

日	越	英
かべ 壁 kabe	tường, vách トゥオング, ヴァイク	wall, partition ウォール, パーティション
～紙	giấy dán tường ゾィ ザーン トゥオング	wallpaper ウォールペイパ
かぼちゃ 南瓜 kabocha	bí đỏ, bí ngô ビー ドー, ビー ンゴー	pumpkin パンプキン
かま 釜 kama	nồi cơm, cái niêu ノーイ コーム, カーイ ニエゥ	iron pot アイアン パト
かま 窯 kama	lò ロー	kiln キルン
かまう (干渉する) 構う kamau	can thiệp カーン ティヒエプ	meddle in メドル イン
(気にかける)	để ý, quan tâm デー イー, クアーン トム	care about, mind ケア アバウト, マインド
(世話する)	trông nom, chăm sóc チョーンム ノーム, チャム ソークプ	care for ケア フォ
がまんする 我慢する gamansuru	nhịn, chịu đựng ニーン, チーゥ ドゥーング	(be) patient (ビ) ペイシェント
かみ 紙 kami	giấy ゾィ	paper ペイパ
かみ 神 kami	vị thần, thần linh ヴィー トホン, トホン リン	god ガド
(女神)	nữ thần, vị thần nữ ヌー トホン, ヴィー トホン ヌー	goddess ガデス
かみ 髪 kami	tóc, mái tóc トークプ, マーイ トークプ	hair ヘア
かみそり kamisori	dao cạo ザーゥ カーゥ	razor レイザ

日	越	英
かみつな **過密な**（人口が） kamitsuna	quá đông dân, số dân quá đông クアー ドーンム ゾン, ソー ゾン クアー ドーンム	overpopulated オウヴァパピュレイテド
（余裕がない）	căng, chặt カング, チャツ	tight, heavy **タ**イト, **ヘ**ヴィ
かみなり **雷** kaminari	sấm sét ソム セーッ	thunder **サ**ンダ
かみん **仮眠** kamin	tạm ngủ, chợp mắt タームングー, チョープ マッ	doze **ド**ウズ
かむ **噛む** kamu	cắn, nhai カン, ニャーイ	bite, chew バイト, **チュ**ー
がむ **ガム** gamu	kẹo cao su, kẹo nhai ケーウ カーウ スー, ケーウ ニャーイ	chewing gum **チュ**ーイング **ガ**ム
かめ **亀** kame	rùa ズア	tortoise, turtle **ト**ータス, **タ**ートル
かめいする **加盟する** kameisuru	gia nhập ザー ニョプ	(be) affiliated (ビ) ア**フィ**リエイテド
かめら **カメラ** kamera	máy ảnh, camera マイ アイン, カメラー	camera **キャ**メラ
～マン （映画・テレビなどの）	phóng viên nhiếp ảnh, người chụp ảnh フォーンム ヴィエン ニエプ アイン, ングオイ チューブ アイン	cameraman **キャ**メラマン
（写真家）	nhà nhiếp ảnh ニャー ニエプ アイン	photographer フォ**タ**グラファ
かめん **仮面** kamen	mặt nạ マッ ナー	mask **マ**スク
がめん **画面** gamen	màn hình マーン ヒン	screen, display ス**ク**リーン, ディス**プ**レイ
かも **鴨** kamo	vịt trời ヴィーッ チョーイ	duck **ダ**ク

日	越	英
かもく **科目** kamoku	môn học モーン ホクプ	subject サブヂェクト
かもつ **貨物** kamotsu	hàng, hàng hoá ハーング, ハーング フアー	freight, goods フレイト, **グ**ッヅ
〜船	tàu chuyên chở hàng hoá タウ チュイエン チォー ハーング フアー	freighter フレイタ
〜列車	tàu hoả chở hàng タウ フアー チォー ハーング	freight train フレイト トレイン
かもめ **鴎** kamome	hải âu ハーイ オウ	seagull ス**ィ**ーガル
かやく **火薬** kayaku	thuốc súng, thuốc nổ トゥフオク スーンム, トゥフオク ノー	gunpowder **ガ**ンパウダ
かゆい **痒い** kayui	ngứa, ngứa ngáy ングア, ングア ンガイ	itchy **イ**チ
かよう **通う** (定期的に) kayou	đi lại, lui tới thường xuyên ディー ラーイ, ルーイ トーイ トゥフオング スイエン	commute to, attend コミュート トゥ, ア**テ**ンド
(頻繁に)	hay đi, hay ghé ハイ ディー, ハイ ゲー	visit frequently **ヴィ**ズィト フリークウェントリ
かようび **火曜日** kayoubi	thứ ba トゥフー バー	Tuesday テューズデイ
から **殻** (貝の) kara	vỏ ốc, vỏ sò ヴォー オークプ, ヴォー ソー	shell シェル
(木の実の)	vỏ hoa quả ヴォー フアー クアー	shell シェル
(卵の)	vỏ trứng ヴォー チューング	eggshell エグシェル
がら **柄** gara	hoa văn, hoạ tiết フアー ヴァン, フアー ティエッ	pattern, design **パ**タン, ディ**ザ**イン

日	越	英
からー **カラー** karaa	màu sắc マウ サク	color, Ⓑcolour カラ, **カ**ラ
〜フィルム	phim màu フィーム マウ	color film カラ **フィ**ルム
からい **辛い** karai	cay カイ	hot, spicy ハト, ス**パ**イスィ
（塩辛い）	mặn マン	salty **ソ**ールティ
からかう **からかう** karakau	chế giễu, giễu cợt チェー ジエゥ, ジエゥ コーッ	make fun of **メ**イク **ファ**ン オヴ
がらくた **がらくた** garakuta	đồ bỏ đi, rác rưởi ドー ボー ディー, ザーク ズオイ	trash, garbage, Ⓑrubbish ト**ラ**シュ, **ガ**ービヂ, **ラ**ビシュ
からくちの **辛口の** （酒など） karakuchino	có vị êm đằm コー ヴィー エーム ダム	dry ド**ラ**イ
（批評などが）	nghiêm, nghiêm khắc ンギエム, ンギエム カハク	harsh, sharp **ハ**ーシュ, **シャ**ープ
からす **カラス** karasu	quạ, ác クアー, アーク	crow クロゥ
がらす **ガラス** garasu	kính, thuỷ tinh キン, トゥフイー ティン	glass グ**ラ**ス
からだ **体** karada	thân, mình トホン, ミン	body **バ**ディ
（体格）	dáng vóc, tầm vóc ザーング ウォークプ, トム ウォークプ	physique フィ**ス**ィーク
からふるな **カラフルな** karafuruna	nhiều màu sắc ニエゥ マウ サク	colorful **カ**ラフル
かり **借り** kari	nợ, nợ nần ノー, ノー ノン	debt, loan デト, **ロ**ウン

日	越	英
かりいれ **借り入れ** kariire	khoản nợ, món nợ クファーン ノー, モーン ノー	borrowing バロウイング
かりうむ **カリウム** kariumu	kalium, kali カリウム, カーリー	potassium ポタスィアム
かりきゅらむ **カリキュラム** karikyuramu	chương trình giảng dạy チュオング チン ザーング ザイ	curriculum カリキュラム
かりすま **カリスマ** karisuma	người nổi tiếng trong giới, người có tiếng nói trong giới ングオイ ノーイ ティエング チョーンム ゾーイ, ングオイ コー ティエング ノーイ チョーンム ゾーイ	charisma カリズマ
かりの **仮の** karino	giả định, tạm thời ザー ディン, ターム トーイ	temporary テンポレリ
かりふらわー **カリフラワー** karifurawaa	súp lơ, hoa lơ スープ ロー, フアー ロー	cauliflower コーリフラウア
かりゅう **下流** karyuu	hạ lưu con sông ハー ルーウ コーン ソーンム	downstream ダウンストリーム
かりる **借りる** kariru	vay, mượn ヴァイ, ムオン	borrow, rent バロウ, レント
かる **刈る** (作物を) karu	gặt ガッ	reap, harvest リープ, ハーヴェスト
(髪を)	cắt, hớt カッ, ホーッ	cut, trim カト, トリム
かるい **軽い** karui	nhẹ, nhẹ nhàng ニェー, ニェー ニャーング	light, slight ライト, スライト
(気楽な)	thoải mái トゥファーイ マーイ	easy イーズィ
かるしうむ **カルシウム** karushiumu	calcium, can xi カルシウム, カーン シー	calcium キャルスィアム
かるて **カルテ** karute	bệnh án ベン アーン	(medical) chart (メディカル) チャート

日	越	英
かるてっと **カルテット** karutetto	nhóm bốn, bản tứ tấu ニォーム ボーン, バーン トゥー トゥ	quartet クウォー**テ**ト
かれ **彼** kare	anh ấy, ông ấy アイン オイ, オーン オイ	he **ヒ**ー
かれいな **華麗な** kareina	lộng lẫy, sang trọng ローンム ロイ, サーング チョーンム	splendid, gorgeous スプ**レ**ンディド, **ゴ**ーヂャス
かれー **カレー** karee	cà ri カー リー	curry **カ**ーリ
がれーじ **ガレージ** gareeji	ga ra, nhà chứa ô tô ガー ラー, ニャー チュア オー トー	garage ガ**ラ**ージ
かれら **彼ら** karera	họ ホー	they **ゼ**イ
かれる **枯れる** kareru	héo, héo úa ヘーウ, ヘーウ ウア	wither, die **ウィ**ザ, **ダ**イ
かれんだー **カレンダー** karendaa	lịch リック	calendar **キャ**レンダ
かろう **過労** karou	làm việc quá sức ラーム ヴィエク クアー スーク	overwork **オ**ウヴァワーク
がろう **画廊** garou	phòng trưng bày tranh tượng フォーンム チューング バイ チャイント トゥオンング	art gallery **ア**ート **ギャ**ラリ
かろうじて **辛うじて** karoujite	chỉ vừa, vừa đủ チー ヴァ, ヴァ ドゥー	barely **ベ**アリ
かろりー **カロリー** karorii	calory, ca lo カロリー, カー ロー	calorie **キャ**ロリ
かわ **川** kawa	sông, con sông ソーンム, コーン ソーンム	river **リ**ヴァ
かわ **皮** (果皮) kawa	vỏ hoa quả ヴォー フアー クアー	peel **ピ**ール

日	越	英
(樹皮)	vỏ cây ヴォー コイ	bark バーク
(皮膚)	da, da dẻ ザー, ザー ゼー	skin スキン
かわ 革 kawa	da, da thuộc ザー, ザー トゥオク	hide, leather, fur ハイド, レザ, ファー
がわ 側 gawa	bên, đằng ベーン, ダング	side サイド
かわいい 可愛い kawaii	xinh xắn, dễ thương シン サン, ゼー トゥフオング	cute キュート
かわいがる 可愛がる kawaigaru	chiều chuộng, cưng chiều チエウ チュオング, クーング チエウ	love, cherish ラヴ, チェリシュ
かわいそうな 可哀相な kawaisouna	tội nghiệp, đáng thương トーイ ンギエプ, ダーング トゥフオング	poor, pitiable プア, ピティアブル
かわかす 乾かす kawakasu	phơi, phơi khô フォーイ, フォーイ コホー	dry ドライ
かわく 乾く kawaku	khô, khô ráo コホー, コホー ザーウ	dry (up) ドライ (アプ)
かわく 渇く (喉が) kawaku	khát, khát nước カハーツ, カハーツ ヌオク	(become) thirsty (ビカム) サースティ
かわせ 為替 kawase	hối đoái ホーイ ドゥアーイ	money order マニ オーダ
～レート	tỷ giá hối đoái ティー ザー ホーイ ドゥアーイ	exchange rate イクスチェインヂ レイト
かわりに 代わりに kawarini	thay cho, thay thế vào タハイ チョー, タハイ テヘー ヴァーウ	instead of, for インステド オヴ, フォー
かわる 代わる kawaru	thay thế, đổi lại タハイ テヘー, ドーイ ラーイ	replace リプレイス

日	越	英
かわる **変わる** kawaru	biến đổi, chuyển đổi ビエン ドーイ, チュイエン ドーイ	change, turn into **チェ**インヂ, **ター**ン イントゥ
かん **勘** kan	trực giác, trực quan チュック ザーク, チュック クアーン	intuition インテュ**イ**ション
かん **缶** kan	lon ローン	can, tin **キャ**ン, **ティ**ン
がん **癌** gan	ung thư, bệnh ung thư ウーンム トゥフー, ベン ウーンム トゥフー	cancer **キャ**ンサ
かんえん **肝炎** kan-en	viêm gan, bệnh viêm gan ヴィエム ガーン, ベン ヴィエム ガーン	hepatitis ヘパ**タ**イティス
がんか **眼科** ganka	khoa mắt, nhãn khoa クフアー マッ, ニャーン クフアー	ophthalmology アフサル**マ**ロヂ
かんがえ **考え** kangae	ý nghĩ, suy nghĩ イー ンギー, スイー ンギー	thought, thinking **ソー**ト, ス**ィ**ンキング
(アイディア)	ý tưởng イー トゥオング	idea アイ**ディー**ア
(意見)	ý kiến イー キエン	opinion オ**ピ**ニョン
かんがえる **考える** kangaeru	nghĩ, suy nghĩ ンギー, スイー ンギー	think ス**ィ**ンク
かんかく **感覚** kankaku	cảm giác カームザーク	sense, feeling **セ**ンス, **フィー**リング
かんかく **間隔** kankaku	khoảng cách クフアーング カイク	space, interval ス**ペ**イス, **イ**ンタヴァル
かんかつ **管轄** kankatsu	cai quản, nằm trong phạm vi quyền hạn カイ クアーン, ナム チオーンム ファーム ヴィー クイエン ハーン	jurisdiction of デュアリス**ディ**クション オヴ
かんがっき **管楽器** kangakki	nhạc khí thổi ニャーク キヒー トホーイ	wind instrument **ウィ**ンド **イ**ンストルメント

日	越	英
かんきする **換気する** kankisuru	thông gió, thông hơi トホーンム ゾー, トホーンム ホーイ	ventilate **ヴェ**ンティレイト
かんきつるい **柑橘類** kankitsurui	cam, quýt カーム, クイーッ	citrus fruit **スィ**トラス フ**ル**ート
かんきゃく **観客** kankyaku	khán giả カハーン ザー	spectator ス**ペ**クテイタ
〜席	ghế khán giả ゲー カハーン ザー	seat, stand ス**ィ**ート, ス**タ**ンド
かんきょう **環境** kankyou	hoàn cảnh, môi trường フアーン カイン, モーイ チュオング	environment イン**ヴァ**イアロンメント
かんきり **缶切り** kankiri	đồ khui hộp, đồ khui lon ドー クフーイ ホップ, ドー クフーイ ローン	can opener **キャ**ン **オ**ウプナ
かんきん **監禁** kankin	giam giữ, giam hãm ザーム ズー, ザーム ハーム	confinement コン**ファ**インメント
がんきん **元金** gankin	vốn, tiền vốn ヴォーン, ティエン ヴォーン	principal, capital プリンス**ィ**パル, **キャ**ピタル
かんけい **関係** kankei	quan hệ, mối quan hệ クアーン ヘー, モーイ クアーン ヘー	relation, relationship リ**レ**イション, リ**レ**イションシプ
〜する	có quan hệ, liên quan コー クアーン ヘー, リエン クアーン	(be) related to (ビ) リ**レ**イテド トゥ
（かかわる）	dính líu, liên luỵ ジン リーウ, リエン ルイー	(be) involved in (ビ) イン**ヴァ**ルヴド イン
かんげいする **歓迎する** kangeisuru	hoan nghênh, chào đón フアーン ンゲン, チャーウ ドーン	welcome **ウェ**ルカム
かんげきする **感激する** kangekisuru	cảm kích カーム キク	(be) deeply moved by (ビ) **ディ**ープリ **ム**ーヴド バイ
かんけつする **完結する** kanketsusuru	hoàn tất, hoàn thành フアーン トッ, フアーン タハイン	finish **フィ**ニシュ

日	越	英
かんけつな **簡潔な** kanketsuna	ngắn gọn, súc tích ンガン ゴーン, スークプ ティク	brief, concise ブリーフ, コンサイス
かんげんがく **管弦楽** kangengaku	âm nhạc soạn cho dàn nhạc, dàn nhạc オム ニャック スアーン チォー ザーン ニャック, ザーン ニャック	orchestral music オーケストラル ミューズィク
かんご **看護** kango	sự chăm sóc bệnh nhân スー チャム ソークプ ベン ニォン	nursing ナースィング
〜師	y tá イー ター	nurse ナース
〜する	chăm sóc bệnh nhân チャム ソークプ ベン ニォン	nurse ナース
かんこう **観光** kankou	du lịch tham quan ズー リク タハーム クアーン	sightseeing サイトスィーイング
〜客	khách du lịch tham quan カハイク ズー リク タハーム クアーン	tourist トゥアリスト
かんこうちょう **官公庁** kankouchou	cơ quan công quyền コー クアーン コーンム クイエン	government offices ガヴァンメント オーフィセズ
かんこうへん **肝硬変** kankouhen	bệnh xơ gan ベン ソー ガーン	cirrhosis スィロウスィス
かんこく **韓国** kankoku	Hàn Quốc ハーン クオク	South Korea サウス コリーア
〜語	tiếng Hàn Quốc ティエング ハーン クオク	Korean コリーアン
がんこな **頑固な** gankona	bướng bính, khó bảo ブオング ビン, コホー バーゥ	stubborn, obstinate スタボン, アプスティネト
かんさ **監査** kansa	giám sát, kiểm tra ザーム サーッ, キエム チャー	inspection インスペクション
かんさつ **観察** kansatsu	sự quan sát スー クアーン サーッ	observation アブザヴェイション

日	越	英
～する	quan sát, xem xét	observe
かんさんする 換算する kansansuru	đổi đơn vị đếm, quy đổi	convert
かんし 冠詞 kanshi	mạo từ, quán từ	article
かんし 監視 kanshi	giám thị, giám sát	surveillance
かんじ 感じ kanji	cảm xúc, cảm giác	feeling
（印象）	ấn tượng	impression
かんじ 漢字 kanji	chữ Hán, chữ nho	Chinese character
かんしゃ 感謝 kansha	cảm tạ, tạ ơn	thanks, appreciation
～する	cảm ơn, cảm tạ	thank
かんじゃ 患者 kanja	bệnh nhân	patient, case
かんしゅう 観衆 kanshuu	người xem, khán giả	spectators, audience
かんじゅせい 感受性 kanjusei	trí giác, cảm giác	sensibility
がんしょ 願書 gansho	đơn xin	application form
かんしょう 感傷 kanshou	thương xót, thương cảm	sentiment

日	越	英
かんじょう **感情** kanjou	tình cảm, tâm tình ティン カーム, トム ティン	feeling, emotion **フィ**ーリング, イ**モウ**ション
(情熱)	nồng nhiệt, tình cảm nồng nàn ノーム ニエッ, ティン カーム ノーム ナーン	passion **パ**ション
かんじょう **勘定** (計算) kanjou	tính toán, tính tiền ティン トゥアーン, ティン ティエン	calculation キャルキュ**レ**イション
(支払い)	trả tiền, thanh toán チャー ティエン, タハイン トゥアーン	payment **ペ**イメント
(請求書)	hóa đơn thu tiền フアー ドーン トゥフー ティエン	bill, check, Ⓑcheque ビル, **チェ**ク, **チェ**ク
かんしょうする **干渉する** kanshousuru	can thiệp カーン ティヒエプ	interfere インタ**フィ**ア
かんしょうする **鑑賞する** kanshousuru	thưởng thức, thưởng lãm トゥフォング トゥフーク, トゥフォング ラーム	appreciate アプ**リ**ーシエイト
がんじょうな **頑丈な** ganjouna	mạnh khỏe, cường tráng マイン クフエー, クオング チャーング	strong, stout スト**ロ**ング, ス**タ**ウト
かんじる **感じる** kanjiru	cảm thấy カーム トホイ	feel **フィ**ール
かんしん **関心** kanshin	quan tâm, quan hoài クアーン トム, クアーン フアーイ	concern, interest コン**サ**ーン, **イ**ンタレスト
かんしんする **感心する** kanshinsuru	cảm phục, thán phục カーム フークプ, タハーン フークプ	admire アド**マ**イア
かんしんな **感心な** kanshinna	đáng nể, đáng phục ダーング ネー, ダーング フークプ	admirable **ア**ドミラブル
かんじんな **肝心な** kanjinna	quan trọng, quan yếu クアーン チォーンム, クアーン イエウ	important, essential イン**ポ**ータント, イ**セ**ンシャル

日	越	英
かんすう **関数** kansuu	hàm số ハーム ソー	function ファンクション
かんせい **完成** kansei	sự hoàn thành, hoàn tất スー フアーン タハイン, フアーン トッ	completion コンプリーション
～する	hoàn thành, hoàn tất フアーン タハイン, フアーン トッ	complete, accomplish コンプリート, アカンプリシュ
かんせい **歓声** kansei	tiếng hoan hô ティエング フアーン ホー	shout of joy シャウト オヴ ヂョイ
かんぜい **関税** kanzei	thuế quan, quan thuế トゥフエー クアーン, クアーン トゥフエー	customs, duty カスタムズ, デューティ
かんせつ **関節** kansetsu	khớp xương コホープ スオング	joint ヂョイント
かんせつの **間接の** kansetsuno	gián tiếp ザーン ティエプ	indirect インディレクト
かんせん **感染** kansen	truyền nhiễm, lây truyền チュイエン ニエム, ロイ チュイエン	infection, contagion インフェクション, コンテイヂョン
かんせんする **観戦する** kansensuru	theo dõi trận đấu, xem thi đấu テヘーウ ゾーイ チョン ドゥ, セーム ティヒー ドゥ	watch a game ワチ ア ゲイム
かんせんどうろ **幹線道路** kansendouro	đường cái, đường chính ドゥオング カーイ, ドゥオング チン	highway ハイウェイ
かんぜんな **完全な** kanzenna	trọn vẹn, hoàn hảo チョーン ヴェーン, フアーン ハーウ	perfect パーフェクト
かんそう **感想** kansou	cảm tưởng, cảm nghĩ カーム トゥオング, カーム ンギー	thoughts, impressions ソーツ, インプレションズ
かんぞう **肝臓** kanzou	gan, lá gan ガーン, ラー ガーン	liver リヴァ
かんそうき **乾燥機** kansouki	máy sấy マイ ソイ	dryer ドライア

日	越	英
かんそうきょく **間奏曲** kansoukyoku	khúc nhạc đệm クフークプ ニャック デーム	intermezzo インタメッツォウ
かんそうする **乾燥する** kansousuru	khô, ráo コホー, ザーゥ	dry ドライ
かんそく **観測** kansoku	sự quan trắc スー クアーン チャク	observation アブザヴェイション
～する	quan trắc クアーン チャク	observe オブザーヴ
かんそな **簡素な** kansona	đơn giản, giản dị ドーン ザーン, ザーン ジー	simple スィンプル
かんだいな **寛大な** kandaina	rộng lượng, độ lượng ゾーンム ルオング, ドー ルオング	generous チェネラス
がんたん **元旦** gantan	Nguyên Đán ングイエン ダーン	New Year's Day ニュー イアズ デイ
かんたんする **感嘆する** kantansuru	khâm phục, thán phục コホム フークプ, タハーン フークプ	admire アドマイア
かんたんな **簡単な** kantanna	đơn giản, dễ dàng ドーン ザーン, ゼー ザーング	simple, easy スィンプル, イーズィ
かんちがいする **勘違いする** kanchigaisuru	hiểu lầm, tưởng lầm ヒエウ ロム, トゥオング ロム	mistake ミステイク
かんちょう **官庁** kanchou	cơ quan hành chính コー クアーン ハインチン	government offices ガヴァンメント オーフィセズ
かんちょう **干潮** kanchou	thủy triều xuống, lúc triều xuống トゥフイー チエウ スオング, ルークプ チエウ スオング	low tide ロウ タイド
かんづめ **缶詰** kanzume	đồ hộp ドー ホープ	canned food, Ⓑtinned food キャンド フード, ティンド フード
かんてい **官邸** kantei	dinh thự ジン トゥフー	official residence オフィシャル レズィデンス

日	越	英
かんてい 鑑定 kantei	giám định, thẩm định ザーム ディン, トホム ディン	expert opinion エクスパート オピニョン
かんてん 観点 kanten	quan điểm クアーン ディエム	viewpoint ヴューポイント
かんでんち 乾電池 kandenchi	pin, pin tiểu ピーン, ピーン ティエウ	dry cell, battery ドライ セル, バタリ
かんどう 感動 kandou	sự cảm động, xúc động スー カーム ドーンム, スークプ ドーンム	impression, emotion インプレション, イモウション
〜する	cảm động, xúc động カーム ドーンム, スークプ ドーンム	(be) moved by (ビ) ムーヴド バイ
〜的な	gây xúc động, gây ấn tượng ゴイ スークプ ドーンム, ゴイ オン トゥオング	impressive インプレスィヴ
かんとうし 間投詞 kantoushi	thán từ, cảm từ タハーント トゥー, カーム トゥー	interjection インタチェクション
かんとく （スポーツの） 監督 kantoku	huấn luyện viên フオン ルイエン ヴィエン	manager マニヂャ
（映画の）	đạo diễn ダーウ ジエン	director ディレクタ
（取り締まること）	sự giám sát, theo dõi スー ザーム サーッ, テヘーウ ゾーイ	supervision スーパヴィジャン
〜する	giám sát, theo dõi ザーム サーッ, テヘーウ ゾーイ	supervise スーパヴァイズ
かんな 鉋 kanna	cái bào カーイ バーウ	plane プレイン
かんにんぐ カンニング kanningu	quay cóp, cóp pi bài クアイ コープ, コープ ピー バーイ	cheating チーティング
かんねん 観念 kannen	quan niệm クアーン ニエム	idea, conception アイディーア, コンセプション

日	越	英
かんぱ **寒波** kanpa	đợt gió rét ドーッ ゾー ゼーッ	cold wave コウルド ウェイヴ
かんぱい **乾杯** kanpai	cạn chén, cụng ly カーン チェーン, クーンム リー	toast トウスト
かんばつ **干ばつ** kanbatsu	hạn hán ハーン ハーン	drought ドラウト
がんばる **頑張る** ganbaru	cố, cố gắng コー, コー ガング	work hard ワーク ハード
(持ちこたえる)	chịu đựng, kiên trì チーウ ドゥーング, キエン チー	hold out ホウルド アウト
(主張する)	chủ trương, cố chấp チュー チュオング, コー チョプ	insist on インスィスト オン
かんばん **看板** kanban	biển quảng cáo ビエン クアーング カーウ	billboard, signboard ビルボード, サインボード
かんびょうする **看病する** kanbyousuru	chăm sóc bệnh nhân, nuôi bệnh チャム ソークプ ベン ニョン, ヌオィ ベン	nurse, look after ナース, ルク アフタ
かんぶ **幹部** kanbu	người đóng vai trò nòng cốt, cán bộ ングオイ ドーンム ヴァーイ チォー ノーンム コーッ, カーン ボー	leader, management リーダ, マニヂメント
かんぺきな **完璧な** kanpekina	hoàn hảo, toàn bích フアーン ハーウ, トゥアーン ビク	flawless, perfect フローレス, パーフェクト
がんぼう **願望** ganbou	nguyện vọng, ước vọng ングイエン ヴォーンム, ウオク ヴォーンム	wish, desire ウィシュ, ディザイア
かんぼじあ **カンボジア** kanbojia	Cam pu chia カーム プー チア	Cambodia キャンボウディア
かんゆうする **勧誘する** kan-yuusuru	khuyến dụ, mời mọc クフイエン ズー, モーィ モークプ	solicit, canvass ソリスィト, キャンヴァス
かんようく **慣用句** kan-youku	quán ngữ クアーン ングー	idiom イディオム

日	越	英
かんような **寛容な** kan-youna	khoan dung, rộng lượng クアーン ズーム, ゾーム ルオング	tolerant, generous **タ**ララント, **チ**ェネラス
かんよする **関与する** kan-yosuru	can dự, liên can カーン ズ, リエン カーン	participate パー**ティ**スィペイト
かんりする **管理する** (運営する) kanrisuru	quản lý クアーン リー	manage **マ**ニヂ
(統制する)	điều khiển, kiểm soát ディエウ キヒエン, キエム スアーッ	control コント**ロ**ウル
(保管する)	bảo quản, cất giữ バーウ クアーン, コッ ズー	take charge of **テ**イク **チャ**ーデ オヴ
かんりゅう **寒流** kanryuu	dòng nước lạnh ゾーム ヌオク ライン	cold current **コ**ウルド **カ**ーレント
かんりょう **完了** kanryou	sự hoàn thành, hoàn tất スー フアーン タハイン, フアーン トッ	completion コンプ**リ**ーション
(文法上の)	thể hoàn thành, thời hoàn thành テヘー フアーン タハイン, トホーイ フアーン タハイン	perfect form **パ**ーフェクト **フォ**ーム
～する	hoàn thành, hoàn tất フアーン タハイン, フアーン トッ	finish, complete **フィ**ニシュ, コンプ**リ**ート
かんりょうしゅぎ **官僚主義** kanryoushugi	bệnh quan liêu, bệnh giấy tờ ベン クアーン リエウ, ベン ゾイトー	bureaucratism ビュアロク**ラ**ティズム
かんれい **慣例** kanrei	lề lối, lề thói レー ローイ, レー トホーイ	custom, convention **カ**スタム, コン**ヴェ**ンション
かんれん **関連** kanren	sự liên quan, liên hệ スー リエン クアーン, リエン ヘー	relation, connection リ**レ**イション, コ**ネ**クション
～する	liên quan, liên hệ リエン クアーン, リエン ヘー	(be) related to (ビ) リ**レ**イテド トゥ
かんろく **貫禄** kanroku	vẻ trang nghiêm, thái độ đàng hoàng ヴェー チャーング ンギエム, タハーイ ドー ダーング フアーング	dignity **ディ**グニティ

日	越	英
かんわする **緩和する** kanwasuru	nới lỏng, làm dịu ノーイ ローンム，ラーム ジーウ	ease, relieve **イー**ズ，リ**リー**ヴ

き, キ

日	越	英
き **木** ki	cây, cây cối コィ，コィ コーィ	tree ト**リー**
（木材）	gỗ, gỗ ván ゴー，ゴー ヴァーン	wood **ウ**ド
ぎあ **ギア** gia	bánh răng, hộp số バイン ザング，ホープ ソー	gear **ギ**ア
きあつ **気圧** kiatsu	khí áp, áp suất không khí キヒー アープ，アープ スオッ コホーンム キヒー	atmospheric pressure アトモス**フェ**リク プ**レ**シャ
きー **キー** kii	chìa khoá チア クフアー	key **キー**
きーぼーど **キーボード** kiiboodo	bàn phím, keyboard バーン フィーム，キーボーッ	keyboard **キー**ボード
きーほるだー **キーホルダー** kiihorudaa	móc chìa khoá モーク チア クフアー	key ring **キー** リング
きいろ **黄色** kiiro	màu vàng マウ ヴァーング	yellow イェ**ロ**ウ
きーわーど **キーワード** kiiwaado	từ khoá トゥー クフアー	key word **キー** ワード
ぎいん **議員** giin	nghị sĩ, nghị viên ンギー シー，ンギー ヴィエン	member of an assembly **メ**ンバ オヴ アン ア**セ**ンブリ
きえる **消える**　（消滅する） kieru	biến mất, tiêu tan ビエン モッ，ティエウ ターン	vanish, disappear **ヴァ**ニシュ，ディサ**ピ**ア
（火や明かりが）	bị tắt ビー タッ	go out ゴウ **ア**ウト

日	越	英
ぎえんきん **義援金** gienkin	tiền quyên góp, tiền đóng góp ティエン クイエン ゴープ, ティエン ドーンム ゴープ	donation, contribution ドウネイション, カントリビューション
きおく **記憶** kioku	ký ức, trí nhớ キー ウーク, チー ニォー	memory メモリ
〜する	nhớ, ghi nhớ ニォー, ギー ニォー	memorize, remember メモライズ, リメンバ
きおん **気温** kion	nhiệt độ không khí ニエッ ドー コホーンム キヒー	temperature テンパラチャ
きか **幾何** kika	kỷ hà học, hình học キー ハー ホークプ, ヒン ホークプ	geometry デーアメトリ
きかい **機会** kikai	cơ hội, dịp tốt コー ホーィ, ジープ トーッ	opportunity, chance アポテューニティ, チャンス
きかい **機械** kikai	máy móc, cơ giới マィ モークプ, コー ゾーィ	machine, apparatus マシーン, アパラタス
〜工学	công nghệ cơ khí コーンム ンゲー コー キヒー	mechanical engineering ミキャニカル エンヂニアリング
ぎかい **議会** gikai	nghị viện ンギー ヴィエン	Congress, ⒷParliament カングレス, パーラメント
きがえ **着替え** kigae	thay đồ, thay quần áo タハィ ドー, タハィ クオン アーウ	change of clothes チェインヂ オヴ クロウズ
きかく **企画** kikaku	quy hoạch, kế hoạch クイー フアィク, ケー フアィク	plan, project プラン, プラヂェクト
〜する	quy hoạch, lập kế hoạch クイー フアィク, ロプ ケー フアィク	make a plan メイク ア プラン
きざざる **着飾る** kikazaru	ăn mặc diện, ăn mặc khoa trương アン マク ジエン, アン マク クフアー チュオング	dress up ドレス アプ

日	越	英
きがつく **気が付く** （わかる） kigatsuku	nhận biết, nhận ra ニョン ビエッ, ニョン ザー	notice, become aware ノウティス, ビカム アウェア
（意識が戻る）	tỉnh lại ティン ラーイ	come to oneself, regain consciousness カム トゥ, リゲイン カンシャスネス
（注意が行き届く）	chu đáo, cẩn thận チュー ダーウ, コン トホン	(be) attentive (ビ) アテンティヴ
きがるな **気軽な** kigaruna	vô tư, không e ngại ヴォー トゥー, コホーンム エー ンガーイ	lighthearted ライトハーテド
きかん **期間** kikan	thời gian トホーイ ザーン	period, term ピアリオド, ターム
きかん **機関** （機械・装置） kikan	động cơ, đầu máy ドーンム コー, ドゥ マイ	engine, machine エンヂン, マシーン
（組織・機構）	cơ quan, cơ sở コー クアーン, コー ソー	organ, institution オーガン, インスティテューション
きかんし **気管支** kikanshi	cuống phổi, phế quản クオング フォーイ, フェー クアーン	bronchus ブランカス
～炎	viêm phế quản ヴィエム フェー クアーン	bronchitis ブランカイティス
きかんしゃ **機関車** kikansha	đầu tàu, đầu máy xe lửa ドゥ タウ, ドゥ マイ セー ルア	locomotive ロウコモウティヴ
きかんじゅう **機関銃** kikanjuu	súng liên thanh スーンム リエン タハイン	machine gun マシーン ガン
きき **危機** kiki	nguy cơ ングイー コー	crisis クライスィス
ききめ **効き目** kikime	công hiệu, hiệu quả コーンム ヒエウ, ヒエウ クアー	effect, efficacy イフェクト, エフィカスィ
ききゅう **気球** kikyuu	khí cầu, khinh khí cầu キヒー コウ, キヒン キヒー コウ	balloon バルーン

日	越	英
きぎょう **企業** kigyou	doanh nghiệp, cơ sở kinh doanh ズアィン ンギエプ, コー ソー キン ズアィン	enterprise エンタプライズ
きぎょうか **起業家** kigyouka	người lập nghiệp, người khởi nghiệp ングォイ ロプ ンギエプ, ングォイ コホーイ ンギエプ	entrepreneur アーントレプレナー
ぎきょく **戯曲** gikyoku	vở kịch, kịch bản ヴォー キク, キク バーン	drama, play ドラーマ, プレイ
ききん **基金** kikin	quỹ クイー	fund ファンド
ききん **飢饉** kikin	nạn đói, nạn đói kém ナーン ドーイ, ナーン ドーイ ケーム	famine ファミン
ききんぞく **貴金属** kikinzoku	kim loại quý, vàng bạc キム ルアーイ クイー, ヴァーング バク	precious metals プレシャス メトルズ
きく **効く** kiku	có công hiệu, có hiệu quả コー コーンム ヒエゥ, コー ヒエゥ クアー	have an effect on ハヴ アン イフェクト オン
きく **聞く** kiku	nghe ンゲー	hear ヒア
(尋ねる)	hỏi, hỏi han ホーイ, ホーイ ハーン	ask, inquire アスク, インクワイア
きく **聴く** kiku	lắng nghe, lắng tai ラング ンゲー, ラング タ―イ	listen to リスントゥ
きくばり **気配り** kikubari	để tâm, để ý デー トム, デー イー	care, consideration ケア, コンスィダレイション
きげき **喜劇** kigeki	hài kịch ハーイ キク	comedy カメディ
きけん **危険** kiken	nguy hiểm ングイー ヒエム	danger, risk デインヂャ, リスク
〜な	nguy, nguy hiểm ングイー, ングイー ヒエム	dangerous, risky デインヂャラス, リスキ

日	越	英
きげん **期限** kigen	thời hạn, kỳ hạn トホーイ ハーン, キー ハーン	term, deadline ターム, デドライン
きげん **機嫌** kigen	tâm trạng, tâm cảnh トム チャーング, トム カイン	humor, mood, ⓑhumour ヒューマ, ムード, ヒューマ
きげん **紀元** kigen	công nguyên コーンム ングイエン	era イアラ
きげん **起源** kigen	nguồn gốc, cội nguồn ングオン ゴークブ, コーイ ングオン	origin オーリヂン
きこう **気候** kikou	khí hậu キヒー ホウ	climate, weather クライメト, ウェザ
きごう **記号** kigou	dấu, dấu hiệu ゾウ, ゾウ ヒエウ	mark, sign マーク, サイン
きこえる **聞こえる** kikoeru	nghe thấy ンゲート トホイ	hear ヒア
きこく **帰国** kikoku	sự về nước スー ヴェー ヌオク	homecoming ホウムカミング
～する	về nước ヴェー ヌオク	return home リターン ホウム
ぎこちない **ぎこちない** gikochinai	vụng về, lớ quớ ヴーンム ヴェー, ロー クオー	awkward, clumsy オークワド, クラムズィ
きこんの **既婚の** kikonno	đã kết hôn, đã lập gia đình ダー ケーッ ホーン, ダー ロブ ザー ディン	married マリド
ぎざぎざの **ぎざぎざの** gizagizano	có hình răng cưa コー ヒン ザング クア	serrated サレイテド
きさくな **気さくな** kisakuna	cởi mở, gần gũi コーィ モー, ゴン グーィ	frank フランク
きざし **兆し** kizashi	triệu chứng, dấu hiệu チエウ チューング, ゾウ ヒエウ	sign, indication サイン, インディケイション

日	越	英
きざな **きざな** kizana	điệu bộ, màu mè ディエゥ ボー, マゥ メー	affected ア**フェ**クテド
きざむ **刻む** kizamu	khắc, chạm カハク, チャーム	cut **カ**ト
（肉や野菜を）	thái, xắt タハーイ, サッ	grind, mince グラインド, **ミ**ンス
きし **岸** kishi	bờ ボー	bank, shore **バ**ンク, **ショ**ー
きじ **雉** kiji	chim trĩ, con trĩ チーム チー, コーン チー	pheasant **フェ**ザント
きじ **記事** kiji	ký sự, bài báo キー スー, バーイ バーゥ	article **アー**ティクル
ぎし **技師** gishi	kỹ sư, kỹ thuật viên キー スー, キー トゥフオッ ヴィエン	engineer エンヂ**ニ**ア
ぎじ **議事** giji	điều nghị sự ディエゥ ンギー スー	proceedings プロス**ィ**ーディングズ
ぎしき **儀式** gishiki	nghi thức, nghi lễ ンギー トゥフーク, ンギー レー	ceremony, rites **セ**レモウニ, **ラ**イツ
きじつ **期日** kijitsu	ngày đến hạn ンガイ デーン ハーン	date, time limit **デ**イト, **タ**イム **リ**ミト
きしゃ **汽車** kisha	tàu hoả, xe lửa タゥ フアー, セー ルア	train ト**レ**イン
きしゅ **騎手** kishu	người cưỡi ngựa ングオイ クオイ ングア	rider, jockey **ラ**イダ, **チャ**キ
きじゅつ **記述** kijutsu	sự tường thuật, sự trần thuật スー トゥオング トゥフオッ, スー チョン トゥフオッ	description ディスク**リ**プション
〜する	tường thuật, trần thuật トゥオング トゥフオッ, チョン トゥフオッ	describe ディスク**ラ**イブ

日	越	英
ぎじゅつ **技術** gijutsu	kỹ thuật	technique, technology
～提携	hợp tác về kỹ thuật	technical cooperation
きじゅん **基準** kijun	tiêu chuẩn, chuẩn mực	standard, basis
きじゅん **規準** kijun	quy chế, quy tắc	standard
きしょう **気象** kishou	khí tượng	weather, meteorology
キス kisu	hôn, thơm	kiss
きず **傷** kizu	vết thương, thương tích	wound, injury
(心の)	tổn thương	trauma
(品物の)	vết xước, vết trầy	flaw
きすう **奇数** kisuu	số lẻ	odd number
きずく **築く** kizuku	xây, xây dựng	build, construct
きずつく **傷付く** kizutsuku	bị thương	(be) wounded
きずつける **傷付ける** kizutsukeru	làm bị thương, làm tổn thương	wound, injure
(心を)	làm tổn thương	hurt

日	越	英
きずな **絆** kizuna	sự liên kết, mối gắn kết スー リエン ケッt, モーイ ガン ケッt	bond, tie バンド, タイ
ぎせい **犠牲** gisei	hy sinh ヒー シン	sacrifice サクリファイス
～者	nạn nhân ナーン ニォン	victim ヴィクティム
きせいちゅう **寄生虫** kiseichuu	ký sinh trùng キー シン チューンム	parasite パラサイト
きせいの **既成の** kiseino	đã có, có sẵn ダー コー, コー サン	accomplished アカンプリシュト
きせき **奇跡** kiseki	điều thần diệu, kỳ tích ディエウ トホン ジエウ, キー ティク	miracle ミラクル
～的な	thần diệu, thần kỳ トホン ジエウ, トホン キー	miraculous ミラキュラス
きせつ **季節** kisetsu	mùa, bốn mùa ムア, ボーン ムア	season スィーズン
きぜつする **気絶する** kizetsusuru	ngất xỉu, bất tỉnh ンゴッt シーウ, バッt ティン	faint, swoon フェイント, スウーン
きせる **着せる** kiseru	mặc, mặc cho マク, マク チョー	dress ドレス
（罪を）	đổ tội oan, buộc tội oan ドー トーイ ゥアーン, ブオク トーイ ゥアーン	lay on, accuse レイ オン, アキューズ
ぎぜん **偽善** gizen	đạo đức giả ダーウ ドゥーク ザー	hypocrisy ヒパクリスィ
～的な	đạo đức giả ダーウ ドゥーク ザー	hypocritical ヒポクリティカル
きそ **基礎** kiso	cơ sở, nền tảng コー ソー, ネーン ターング	base, foundation ベイス, ファウンデイション
～的な	cơ sở, cơ bản コー ソー, コー バーン	fundamental, basic ファンダメントル, ベイスィク

日	越	英
きそ **起訴** kiso	sự kiện tụng, khởi tố スー キエン トゥーンム, コホーイ トー	prosecution プラスィ**キュ**ーション
〜する	kiện, kiện cáo キエン, キエン カーゥ	prosecute プラスィキュート
きそう **競う** kisou	đua, ganh ドゥア, ガイン	compete コンピート
きぞう **寄贈** kizou	biểu, tặng ビエゥ, タンg	donation ドウ**ネ**イション
ぎそう **偽装** gisou	mạo, giả mạo マーゥ, ザー マーゥ	camouflage **キャ**モフラージュ
ぎぞうする **偽造する** gizousuru	làm giả, giả mạo ラーム ザー, ザー マーゥ	forge **フォ**ーヂ
きそく **規則** kisoku	quy tắc, luật lệ クイー タク, ルオッ レー	rule, regulations **ル**ール, レギュ**レ**イションズ
〜的な	theo quy tắc, đều đặn テヘーゥ クイー タク, デーゥ ダン	regular, orderly **レ**ギュラ, **オ**ーダリ
きぞく **貴族** kizoku	quý tộc クイー トークプ	noble, aristocrat **ノ**ウブル, ア**リ**ストクラト
ぎそく **義足** gisoku	chân giả チョン ザー	artificial leg アーティ**フィ**シャル **レ**グ
きた **北** kita	bắc バク	north **ノ**ース
〜側	phía bắc, hướng bắc フィア バク, フオンg バク	north side **ノ**ース **サ**イド
ぎたー **ギター** gitaa	đàn ghi ta, guitar ダーン ギー ター, ギーター	guitar ギ**タ**ー
きたい **期待** kitai	kỳ vọng, mong mỏi キー ヴォーンム, モーンム モーイ	expectation エクスペク**テ**イション
〜する	mong ước, hy vọng モーンム ウオク, ヒー ヴォーンム	expect イクス**ペ**クト

日	越	英
きたい **気体** kitai	chất khí, hơi チャッ キヒー、ホーイ	gas, vapor **ギャ**ス、**ヴェ**イパ
ぎだい **議題** gidai	đề tài nghị sự, chương trình nghị sự デー ターイ ンギー スー、チュオング チンンギー スー	agenda ア**ヂェ**ンダ
きたえる **鍛える** kitaeru	rèn luyện ゼーン ルイエン	train (oneself) ト**レ**イン
きたくする **帰宅する** kitakusuru	về nhà ヴェー ニャー	return home, get home リ**ター**ン **ホ**ウム、ゲト **ホ**ウム
きたちょうせん **北朝鮮** kitachousen	Bắc Triều Tiên バク チエウ ティエン	North Korea **ノー**ス コ**リー**ア
きたない **汚い** kitanai	bẩn thỉu, dơ dáy ボン ティヒーウ、ゾー ザイ	dirty, soiled **ダー**ティ、**ソ**イルド
（金銭に）	keo kiệt, bủn xỉn ケーウ キエッ、ブーン シーン	stingy ス**ティ**ンヂ
きたはんきゅう **北半球** kitahankyuu	bắc bán cầu バク バーン コウ	Northern Hemisphere **ノー**ザン **ヘ**ミスフィア
きち **基地** kichi	căn cứ, căn cứ địa カン クー、カン クー ディア	base **ベ**イス
きちょう **機長** kichou	cơ trưởng, trưởng tổ lái コー チュオング、チュオング トー ラーイ	chairperson **チェ**アパースン
ぎちょう **議長** gichou	chủ tọa, chủ tịch チュー トゥアー、チュー ティク	chairperson **チェ**アパースン
きちょうな **貴重な** kichouna	quý báu, quý hiếm クイー バウ、クイー ヒエム	precious, valuable プ**レ**シャス、**ヴァ**リュアブル
きちょうひん **貴重品** kichouhin	đồ quý giá, vật quý giá ドー クイー ザー、ヴォック クイー ザー	valuables **ヴァ**リュアブルズ
きちょうめんな **几帳面な** kichoumenna	kỹ tính, cẩn thận キー ティン、コン トホン	exact, methodical イグ**ザ**クト、メ**サ**ディカル

日	越	英
きちんと きちんと kichinto	ngăn nắp, đâu ra đấy ンガン ナプ, ドゥ ザー ドィ	exactly, accurately イグ**ザ**クトリ, **ア**キュレトリ
きつい きつい　（窮屈な） kitsui	chật hẹp, chật chội チョッ ヘープ, チョッ チォーイ	tight **タ**イト
（厳しい・激しい）	khắt khe, nghiêm khắc カハッ ケヘー, ンギエム カハク	strong, hard スト**ロ**ング, **ハ**ード
きつえん 喫煙 kitsuen	hút thuốc フーット トゥフオク	smoking ス**モ**ウキング
きづかう 気遣う kizukau	bận tâm, để ý ボン トム, デー イー	mind, worry **マ**インド, **ワ**ーリ
きっかけ　（機会） kikkake	dịp, cơ hội ジープ, コー ホーイ	chance, opportunity **チャ**ンス, アパ**テュ**ーニティ
（手がかり）	đầu mối, manh mối ドゥ モーイ, マィン モーイ	clue, trail ク**ル**ー, ト**レ**イル
きづく 気付く kizuku	nhận biết, nhận ra ニォン ビエッ, ニォン ザー	notice **ノ**ウティス
きっさてん 喫茶店 kissaten	quán cà phê, tiệm giải khát クアーン カー フェー, ティエム ザーィ カハーッ	coffee shop, tea-room **コ**ーフィ **シャ**プ, **ティ**ール**ー**ム
きっちん キッチン kicchin	nhà bếp ニャー ベープ	kitchen **キ**チン
きって 切手 kitte	tem, tem thư テーム, テーム トゥフー	(postage) stamp, Ⓑ(postal) stamp (**ポ**ウスティヂ)　ス**タ**ンプ, (**ポ**ウストル) ス**タ**ンプ
きっと きっと kitto	chắc chắn, ắt hẳn チャク チャン, アッ ハン	surely, certainly **シュ**アリ, **サ**ートンリ
きつね 狐 kitsune	con cáo コーン カーウ	fox **ファ**クス
きっぷ 切符 kippu	vé ヴェー	ticket **ティ**ケト

日	越	英
きてい **規定** kitei	quy định, điều lệ クイーディン, ディエゥレー	regulations レギュレイションズ
きどう **軌道** kidou	quỹ đạo, nền nếp クイーダーゥ, ネーンネープ	orbit オービト
きとくの **危篤の** kitokuno	nguy kịch, nguy ngập ングイーキク, ングイーンゴプ	critical クリティクル
きどる **気取る** kidoru	điệu bộ, màu mè ディエゥボー, マゥメー	(be) affected (ビ) アフェクテド
きにいる **気に入る** kiniiru	thích, thích thú ティヒク, ティヒクトゥフー	(be) pleased with (ビ) プリーズドウィズ
きにする **気にする** kinisuru	lo ngại, bận tâm ローンガーイ, ボントム	worry about ワーリアバウト
きにゅうする **記入する** kinyuusuru	điền vào, ghi vào ディエンヴァーゥ, ギーヴァーゥ	fill out, write in フィルアウト, ライトイン
きぬ **絹** kinu	lụa ルア	silk スィルク
きねん **記念** kinen	kỷ niệm, lưu niệm キーニエム, ルーゥニエム	commemoration コメモレイション
〜碑	bia kỷ niệm ビアキーニエム	monument マニュメント
〜日	ngày kỷ niệm ンガィキーニエム	memorial day, anniversary メモーリアルデイ, アニヴァーサリ
きのう **機能** kinou	chức năng, công dụng チュークナング, コーンムズーンム	function ファンクション
きのう **昨日** kinou	hôm qua, bữa qua ホームクアー, ブアクアー	yesterday イェスタディ
ぎのう **技能** ginou	kỹ năng, kỹ xảo キーナング, キーサーゥ	skill スキル

日	越	英
きのこ **茸** kinoko	nấm ノム	mushroom マシュルーム
きのどくな **気の毒な** kinodokuna	tội nghiệp トーイ ンギエブ	pitiable, poor ピティアブル, プア
きばつな **奇抜な** kibatsuna	cầu kỳ, độc đáo コウ キー, ドークブ ダーウ	novel, original ナヴェル, オリヂナル
きばらし **気晴らし** kibarashi	giải trí, tiêu khiển ザーイ チー, ティエウ キヒエン	pastime, diversion パスタイム, ディヴァージョン
きばん **基盤** kiban	cơ sở, nền tảng コー ソー, ネーン ターング	base, foundation ベイス, ファウンデイション
きびしい **厳しい** kibishii	nghiêm khắc, nghiêm ngặt ンギエム カハク, ンギエム ンガッ	severe, strict スィヴィア, ストリクト
きひん **気品** kihin	vẻ phong nhã, thanh tao ヴェー フォーンム ニャー, タハイン ターウ	grace, dignity グレイス, ディグニティ
きびんな **機敏な** kibinna	nhanh nhẹn, lanh lợi ニャイン ニエーン, ライン ローイ	smart, quick スマート, クウィク
きふ **寄付** kifu	sự quyên tiền, sự quyên góp スー クイエン ティエン, スー クイエン ゴーブ	donation ドウネイション
～する	quyên tiền, quyên góp クイエン ティエン, クイエン ゴーブ	donate, contribute ドウネイト, コントリビュート
ぎふ **義父** gifu	bố vợ (chồng) ボー ヴォー (チオーンム)	father-in-law ファーザリンロー
きぶん **気分** kibun	tâm trạng, nỗi lòng トム チャーング, ノーイ ローンム	mood, feeling ムード, フィーリング
きぼ **規模** kibo	quy mô クイー モー	scale, size スケイル, サイズ
ぎぼ **義母** gibo	mẹ vợ (chồng) メー ヴォー (チオーンム)	mother-in-law マザリンロー

日	越	英
きぼう **希望** kibou	hi vọng, ước vọng	hope, wish
～する	mong, mong muốn	hope, wish
きぼりの **木彫りの** kiborino	chạm khắc gỗ	wood carved
きほん **基本** kihon	cơ bản, căn bản	basis, standard
～的な	cơ bản, căn cơ	basic, fundamental
きまえのよい **気前のよい** kimaenoyoi	hào phóng, phóng khoáng	generous
きまぐれな **気まぐれな** kimagurena	đồng bóng, thất thường	capricious
きままな **気ままな** kimamana	thảnh thơi, vô tư lự	carefree
きまり **決まり** kimari	quy định, kỷ luật	rule, regulation
きまる **決まる** kimaru	quyết định, được quyết định	(be) decided
きみつ **機密** kimitsu	cơ mật, bí mật	secrecy, secret
きみどりいろ **黄緑色** kimidoriiro	màu vàng xanh, màu lục hạt đậu	pea green
きみょうな **奇妙な** kimyouna	kỳ lạ, kỳ dị	strange
ぎむ **義務** gimu	nghĩa vụ, bổn phận	duty, obligation

日	越	英
～教育	giáo dục bắt buộc	compulsory education
きむずかしい 気難しい kimuzukashii	khó tính, khó tính khó nết	hard to please
ぎめい 偽名 gimei	tên giả	pseudonym
きめる 決める kimeru	quy định, quyết định	fix, decide on
きもち 気持ち kimochi	cảm giác, nỗi niềm	feeling
ぎもん 疑問 gimon	nghi vấn, nghi ngờ	question, doubt
きゃく 客　　（顧客） kyaku	khách, khách khứa	customer
（招待客）	khách mời	guest
（訪問者）	khách đến thăm	caller, visitor
きやく 規約 kiyaku	quy ước, hiệp định	agreement, contract
ぎゃく 逆 gyaku	ngược, trái	(the) contrary
～の	ngược lại, trái lại	reverse, contrary
ぎゃぐ ギャグ gyagu	nói giỡn, nói đùa	gag, joke
ぎゃくさつ 虐殺 gyakusatsu	giết hại, tàn sát	massacre

日	越	英
きゃくしつじょうむいん **客室乗務員** kyakushitsujoumuin	tiếp viên hàng không ティエプ ヴィエン ハーング コホーンム	flight attendant フライト アテンダント
ぎゃくしゅう **逆襲** gyakushuu	phản công ファーン コーンム	counterattack カウンタラタク
きゃくせん **客船** kyakusen	tàu khách, tàu chở khách タウ カハイク, タウ チョー カハイク	passenger boat パセンヂャ ボウト
ぎゃくたい **虐待** gyakutai	ngược đãi, đày đoạ ングオク ダーイ, ダイ ドウアー	abuse アビュース
ぎゃくてんする **逆転する** gyakutensuru	đảo ngược, lật ngược ダーウングオク, ロッングオク	(be) reversed (ビ) リヴァースト
きゃくほん **脚本** kyakuhon	kịch bản キク バーン	play, drama, scenario プレイ, ドラーマ, スィネアリオウ
きゃしゃな **華奢な** kyashana	mảnh mai, mảnh dẻ マイン マーイ, マイン ゼー	delicate デリケト
きゃすと **キャスト** kyasuto	phân vai フォン ヴァーイ	cast キャスト
きゃっかんてきな **客観的な** kyakkantekina	khách quan カハイク クアーン	objective オブチェクティヴ
きゃっしゅかーど **キャッシュカード** kyasshukaado	thẻ ngân hàng テヘー ンゴン ハーング	bank card バンク カード
きゃっちふれーず **キャッチフレーズ** kyacchifureezu	khẩu hiệu quảng cáo コホウ ヒエウ クアーング カーウ	catchphrase キャチフレイズ
ぎゃっぷ **ギャップ** gyappu	khoảng cách, chênh lệch クフアーング カイク, チェンレク	gap ギャプ
きゃばれー **キャバレー** kyabaree	quán rượu với trò múa hát vui クアン ズオウ ヴォーイ チョー ムア ハーッ ヴーイ	cabaret キャパレイ
きゃびあ **キャビア** kyabia	trứng cá muối Cavia チューング カム ムオイ カヴィア	caviar キャヴィア

日	越	英
きゃべつ **キャベツ** kyabetsu	bắp cải, cải bắp バプ カーイ, カーイ バプ	cabbage **キャ**ビヂ
ぎゃら **ギャラ** gyara	tiền hợp đồng, tiền trình diễn ティエン ホープ ドーム, ティエン チン ジエン	guarantee ギャラン**ティー**
きゃらくたー **キャラクター** kyarakutaa	nhân vật, tính cách ニョン ヴォッ, ティン カイク	character **キャ**ラクタ
ぎゃらりー **ギャラリー** gyararii	gallery, phòng trưng bày tranh tượng ガレリ, フォーンム チューング バイ チャイン トゥオング	gallery **ギャ**ラリ
きゃりあ **キャリア**　（経歴） kyaria	kinh nghiệm, chuyên gia キン ンギエム, チュイエン ザー	career カ**リ**ア
ぎゃんぐ **ギャング** gyangu	bọn côn đồ, lưu manh ボーン コーン ドー, ルーウ マイン	gang, gangster **ギャ**ング, **ギャ**ングスタ
きゃんせるする **キャンセルする** kyanserusuru	huỷ, huỷ bỏ フイー, フイー ボー	cancel **キャ**ンセル
きゃんせるまち **キャンセル待ち** kyanserumachi	chờ vé huỷ チョー ヴェー フイー	standby ス**タ**ンドバイ
きゃんぷ **キャンプ** kyanpu	cắm trại カム チャーイ	camp **キャ**ンプ
ぎゃんぶる **ギャンブル** gyanburu	cờ bạc, đánh bạc コー バーク, ダイン バーク	gambling **ギャ**ンブリング
きゃんぺーん **キャンペーン** kyanpeen	vận động, huy động ヴォン ドーンム, フイー ドーンム	campaign キャン**ペ**イン
きゅう **九** kyuu	chín チーン	nine **ナ**イン
きゅう **級** kyuu	lớp, cấp ロープ, コプ	class, grade **ク**ラス, グ**レ**イド
きゅうえん **救援** kyuuen	giải cứu, cứu hộ ザーイ クーウ, クーウ ホー	rescue, relief **レ**スキュー, **リ**リーフ

日	越	英
きゅうか **休暇** kyuuka	kỳ nghỉ キー ンギー	holiday ハリデイ
きゅうかん **急患** kyuukan	bệnh nhân cấp cứu ベン ニョン コプ クーウ	emergency case イ**マー**ヂェンスィ **ケ**イス
きゅうぎ **球技** kyuugi	các môn thể thao dùng bóng カーク モーン テヘー タハーウ ズーンム ボーンム	ball game ボール **ゲ**イム
きゅうきゅうしゃ **救急車** kyuukyuusha	xe cấp cứu, xe cứu thương セー コプ クーウ, セー クーウ トゥフオング	ambulance **ア**ンビュランス
きゅうぎょう **休業** kyuugyou	nghỉ việc, đóng cửa ンギー ヴィエク, ドーンム クア	closure ク**ロ**ウジャ
きゅうくつな **窮屈な** kyuukutsuna	chật hẹp, chật chội チョッ ヘープ, チョッ チョーイ	narrow, tight **ナ**ロウ, **タ**イト
（気詰まりな）	gò bó, bị ép buộc ゴー ボー, ビー エープ ブオク	uncomfortable, constrained アンカンフォタブル, コンストレインド
きゅうけい **休憩** kyuukei	sự nghỉ ngơi スー ンギー ンゴーイ	break ブレイク
～する	nghỉ ngơi, giải lao ンギー ンゴーイ, ザーイ ラーウ	take a break **テ**イク ア ブ**レ**イク
きゅうげきな **急激な** kyuugekina	đột ngột, thình lình ドーッ ンゴーッ, ティヒン リン	sudden, abrupt **サ**ドン, アブ**ラ**プト
きゅうこうれっしゃ **急行列車** kyuukouressha	tàu hoả tốc hành, xe lửa tốc hành タウ ファー トークプ ハイン, セー ルア トークプ ハイン	express train エクス**プ**レス ト**レ**イン
きゅうさい **救済** kyuusai	cứu tế, trợ giúp クーウ テー, チョー ズープ	relief, aid リリーフ, **エ**イド
きゅうしきの **旧式の** kyuushikino	kiểu cũ, lỗi thời キエゥ クー, ローイ トホーイ	old-fashioned **オ**ウルド**ファ**ションド

日	越	英
きゅうじつ **休日** kyuujitsu	ngày nghỉ ンガイ ンギー	holiday, day off ハリデイ, デイ オーフ
きゅうじゅう **九十** kyuujuu	chín mươi, chín chục チーン ムオイ, チーン チュークプ	ninety **ナ**インティ
きゅうしゅうする **吸収する** kyuushuusuru	hấp thu, tiếp thu ホプ トゥフー, ティエプ トゥフー	absorb アブ**ソ**ーブ
きゅうじょ **救助** kyuujo	cứu hộ, cứu nạn クーウ ホー, クーウ ナーン	rescue, help **レ**スキュー, **ヘ**ルプ
きゅうじん **求人** kyuujin	tuyển dụng lao động トゥイエン ズーンム ラーウ ドーンム	job offer **チャ**ブ **オ**ーファ
きゅうしんてきな **急進的な** kyuushintekina	cấp tiến, chủ nghĩa cấp tiến コプ ティエン, チュー ンギア コプ ティエン	radical **ラ**ディカル
きゅうすい **給水** kyuusui	cấp nước コプ ヌオク	water supply **ウォ**ータ サプ**ラ**イ
きゅうせい **旧姓**（既婚女性の） kyuusei	họ cũ, họ trước khi kết hôn ホー クー, ホー チュオク キヒー ケーッ ホーン	maiden name **メ**イドン **ネ**イム
きゅうせいの **急性の** kyuuseino	cấp tính コプ ティン	acute ア**キュ**ート
きゅうせん **休戦** kyuusen	sự đình chiến, tạm ngừng chiến スー ディン チエン, ターム ングーング チエン	armistice **ア**ーミスティス
きゅうそくな **急速な** kyuusokuna	cấp tốc, nhanh chóng コプ トークプ, ニャイン チオーンム	rapid, prompt **ラ**ピド, プ**ラ**ンプト
きゅうち **窮地** kyuuchi	đường cùng, ngõ cụt ドゥオング クーンム, ンゴー クーッ	difficult situation **ディ**フィカルト スィチュ**エ**イション
きゅうてい **宮廷** kyuutei	cung đình クーンム ディン	court **コ**ート
きゅうでん **宮殿** kyuuden	cung điện クーンム ディエン	palace **パ**レス

日	越	英
きゅうとうする **急騰する** kyuutousuru	tăng giá nhanh, đột ngột tăng giá タング ザー ニャイン, ドーッ ンゴーッ タング ザー	sharply rise **シャープリ ライ**ズ
ぎゅうにく **牛肉** gyuuniku	thịt bò ティヒーッ ボー	beef **ビー**フ
ぎゅうにゅう **牛乳** gyuunyuu	sữa, sữa bò スア, スア ボー	milk **ミ**ルク
きゅうびょう **急病** kyuubyou	bệnh cấp tính ベン コプ ティン	sudden illness **サ**ドン **イ**ルネス
きゅうふ **給付** kyuufu	cấp, cung cấp コプ, クーンム コプ	benefit **ベ**ネフィト
きゅうめい **救命** kyuumei	cứu sinh, cứu hộ クーウ シン, クーウ ホー	lifesaving **ラ**イフセイヴィング
～胴衣	áo phao, áo phao cứu hộ アーウ ファーウ, アーウ ファーウ クーウ ホー	life jacket **ラ**イフ **ヂャ**ケト
きゅうやくせいしょ **旧約聖書** kyuuyakuseisho	Cựu Ước, Kinh Cựu Ước クーウ ウオク, キン クーウ ウオク	Old Testament **オ**ウルド **テ**スタメント
きゅうゆ **給油** kyuuyu	bơm xăng, đổ xăng ボーム サング, ドー サング	refueling リー**フュー**アリング
きゅうゆう **旧友** kyuuyuu	bạn cũ バーン クー	old friend **オ**ウルド **フ**レンド
きゅうよう **急用** kyuuyou	việc gấp, việc cần kíp ヴィエク ゴプ, ヴィエク コン キープ	urgent business **ア**ーデント **ビ**ズネス
きゅうようする **休養する** kyuuyousuru	an dưỡng, nghỉ dưỡng アーン ズオング, ンギー ズオング	take a rest **テ**イク ア **レ**スト
きゅうり **胡瓜** kyuuri	dưa chuột, dưa leo ズア チュオッ, ズア レーウ	cucumber **キュー**カンバ
きゅうりょう **給料** kyuuryou	tiền lương, lương bổng ティエン ルオング, ルオング ボーンム	pay, salary **ペ**イ, **サ**ラリ

日	越	英
きよい **清い** kiyoi	trong trẻo, trong sạch チョーンム チェーウ, チョーンム サイク	clean, pure ク**リー**ン, **ピュ**ア
きょう **今日** kyou	hôm nay, bữa nay ホーム ナイ, ブア ナイ	today トゥ**デイ**
きょうい **驚異** kyoui	ngạc nhiên, kinh ngạc ンガーク ニエン, キン ンガーク	wonder **ワ**ンダ
きょういく **教育** kyouiku	sự giáo dục, nền giáo dục スー ザーウ ズークプ, ネーン ザーウ ズークプ	education エヂュ**ケ**イション
～する	dạy bảo, giáo dục ザイ バーウ, ザーウ ズークプ	educate **エ**ヂュケイト
きょういん **教員** kyouin	giáo viên ザーウ ヴィエン	teacher **ティー**チャ
きょうか **強化** kyouka	gia cố, tăng cường ザー コー, タング クオング	strengthening スト**レ**グスニイング
～する	tăng cường, đẩy mạnh タング クオング, ドイ マイン	strengthen スト**レ**グスン
きょうか **教科** kyouka	môn, môn học モーン, モーン ホークプ	subject **サ**ブヂェクト
きょうかい **協会** kyoukai	hiệp hội, đoàn thể ヒエプ ホーイ, ドゥアーン テヘー	association, society アソウスィ**エ**イション, ソ**サ**イエティ
きょうかい **教会** kyoukai	giáo hội, nhà thờ ザーウ ホーイ, ニャート ホー	church **チャー**チ
ぎょうかい **業界** gyoukai	giới, ngành ゾーイ, ンガイン	industry **イ**ンダストリ
きょうがく **共学** kyougaku	dạy học chung cho con trai và con gái, nam nữ học chung ザイ ホークプ チューンム チョー コーン チャーイ ヴァー コーン ガーイ, ナーム ヌー ホークプ チューンム	coeducation コウエヂュ**ケ**イション

日	越	英
きょうかしょ **教科書** kyoukasho	sách giáo khoa サイク ザーウ クファー	textbook **テ**クストブク
きょうかつ **恐喝** kyoukatsu	hăm doạ, tống tiền ハム ズアー, トーンム ティエン	threat, blackmail スレト, **ブラ**クメイル
きょうかん **共感** kyoukan	thông cảm, đồng tình トホーンム カーム, ドーンム ティン	sympathy **ス**ィンパスィ
きょうき **凶器** kyouki	vũ khí, hung khí ヴー キヒー, フーンム キヒー	weapon **ウェ**ポン
きょうぎ **競技** kyougi	thi đấu, thi đua ティヒー ドゥ, ティヒー ドゥア	competition カンペ**ティ**ション
ぎょうぎ **行儀** gyougi	cử chỉ, điệu bộ クー チー, ディエゥ ボー	behavior, manners ビ**ヘ**イヴァ, **マ**ナズ
きょうきゅう **供給** kyoukyuu	sự cấp, cung cấp スー コプ, クーンム コプ	supply サ**プ**ライ
～する	cấp, cung cấp コプ, クーンム コプ	supply サ**プ**ライ
きょうぐう **境遇** kyouguu	cảnh ngộ, tình cảnh カインㇺ ンゴー, ティン カインㇺ	circumstances **サ**ーカムスタンセズ
きょうくん **教訓** kyoukun	bài học, giáo huấn バーイ ホークプ, ザーウ フオン	lesson **レ**スン
きょうこう **恐慌** kyoukou	khủng hoảng クフーンム フアーング	panic **パ**ニク
きょうこう **教皇** kyoukou	giáo hoàng ザーウ フアーング	Pope **ポ**ウプ
きょうごうする **競合する** kyougousuru	ganh đua, đua tranh ガインㇺ ドゥア, ドゥア チャインㇺ	compete with コン**ピ**ート ウィズ
きょうこく **峡谷** kyoukoku	hẻm núi, khe núi ヘーム ヌーイ, ケヘー ヌーイ	canyon **キャ**ニョン
きょうこな **強固な** kyoukona	kiên cố, vững chắc キエン コー, ヴーング チャク	firm, solid **ファ**ーム, **サ**リド

171

日	越	英
きょうざい **教材** kyouzai	tài liệu giảng dạy, giáo trình ターイ リエゥ ザーング ザィ, ザーゥ チン	teaching material **ティ**ーチング マ**ティ**アリアル
きょうさんしゅぎ **共産主義** kyousanshugi	chủ nghĩa cộng sản チュー ンギア コーンム サーン	communism **カ**ミュニズム
きょうし **教師** kyoushi	thầy cô, giáo viên トホィ コー, ザーゥ ヴィエン	teacher, professor **ティ**ーチャ, プロ**フェ**サ
ぎょうじ **行事** gyouji	chương trình, sự kiện チュオング チン, スー キエン	event, function イ**ヴェ**ント, **ファ**ンクション
きょうしつ **教室** kyoushitsu	lớp học, phòng học ロープ ホークプ, フォーンム ホークプ	classroom ク**ラ**スルーム
ぎょうしゃ **業者** gyousha	thương nhân, thương gia トゥフオング ニォン, トゥフオング ザー	vendor, trader **ヴェ**ンダ, ト**レ**イダ
きょうじゅ **教授** kyouju	giáo sư ザーゥ スー	professor プロ**フェ**サ
きょうしゅう **郷愁** kyoushuu	nỗi nhớ nhà, nỗi nhớ quê hương ノーイ ニォー ニャー, ノーイ ニォー クエー フオング	nostalgia ナス**タ**ルヂャ
きょうせい **強制** kyousei	sự ép buộc, sự cưỡng bức スー エープ ブオク, スー クオング ブーク	compulsion コン**パ**ルション
～する	bắt, ép バッ, エープ	compel, force コン**ペ**ル, **フォ**ース
ぎょうせい **行政** gyousei	hành chính ハィン チン	administration アドミニスト**レ**イション
～機関	cơ quan hành chính コー クアーン ハィン チン	administrative organ アド**ミ**ニストレイティヴ **オ**ーガン
ぎょうせき **業績** gyouseki	thành quả, thành tích タハィン クアー, タハィン テイク	achievement, results ア**チ**ーヴメント, リ**ザ**ルツ

日	越	英
きょうそう **競争** kyousou	sự cạnh tranh, ganh đua スー カイン チャイン, ガイン ドゥア	competition, contest カンペ**ティ**ション, **カ**ンテスト
~する	cạnh tranh, ganh đua カイン チャイン, ガイン ドゥア	compete コン**ピ**ート
~力	khả năng cạnh tranh, sức đua tranh カハー ナング カイン チャイン, スーク ドゥア チャイン	competitiveness コン**ペ**ティティヴネス
きょうそう **競走** kyousou	chạy đua, thi chạy チャイ ドゥア, ティヒー チャイ	race **レ**イス
きょうそうきょく **協奏曲** kyousoukyoku	concerto, bản hợp tấu コンセルトー, バーン ホープ トゥ	concerto コン**チェ**アトウ
きょうぞん **共存** kyouzon	sự cùng chung sống, cộng tồn スー クーンム チューンム ソーンム, コーンム トーン	coexistence コウイグ**ズィ**ステンス
~する	cùng chung sống, cùng tồn tại クーンム チューンム ソーンム, クーンム トーン ターイ	coexist コウイグ**ズィ**スト
きょうだい **兄弟** kyoudai	anh em, huynh đệ アイン エーム, フイン デー	siblings **スィ**ブリングズ
きょうちょうする **強調する** kyouchousuru	nhấn mạnh ニオン マイン	emphasize, stress **エ**ンファサイズ, スト**レ**ス
きょうつうの **共通の** kyoutsuuno	chung チューンム	common **カ**モン
きょうてい **協定** kyoutei	hiệp định, thoả thuận ヒエプ デイン, トゥファアート トゥフオン	agreement, convention アグ**リ**ーメント, コン**ヴェ**ンション
きょうど **郷土** kyoudo	quê hương クエー フオング	native district **ネ**イティヴ **ディ**ストリクト

日	越	英
きょうとう **教頭** kyoutou	hiệu phó trường tiểu trung học ヒエゥ フォー チュオング ティエゥ チューンム ホークプ	vice-principal, ⑧deputy-head-teacher **ヴァ**イスプ**リ**ンスィパル, デ**ピュ**ティへッドティーチャ
きょうどうくみあい **協同組合** kyoudoukumiai	công đoàn, hợp tác コーンム ドゥアーン, ホープ タ-ク	cooperative コウア**ペ**ラティヴ
きょうどうの **共同の** kyoudouno	chung, công cộng チューンム, コーンム コーンム	common, joint **カ**モン, **チョ**イント
きような **器用な** kiyouna	khéo tay, khéo léo ケヘーゥ タイ, ケヘーゥ レーゥ	skillful ス**キ**ルフル
きょうばい **競売** kyoubai	đấu giá, bán đấu giá ドゥ ザー, バーン ドゥ ザー	auction **オ**ークション
きょうはくする **脅迫する** kyouhakusuru	đe doạ, hăm hoạ デー ズアー, ハム フアー	threaten, menace ス**レ**トン, **メ**ナス
きょうはん **共犯** kyouhan	đồng loã, đồng mưu ドーンム ルアー, ドーンム ムーゥ	complicity コンプ**リ**スィティ
〜者	đồng phạm, tòng phạm ドーンム ファーム, トーンム ファーム	accomplice ア**カ**ンプリス
きょうふ **恐怖** kyoufu	khiếp sợ, khiếp đảm キヒエプ ソー, キヒエプ ダーム	fear, fright, terror **フィ**ア, フ**ラ**イト, **テ**ラ
きょうみ **興味** kyoumi	thích thú ティヒク トゥフー	interest **イ**ンタレスト
ぎょうむ **業務** gyoumu	nghiệp vụ, công việc ンギエプ ヴー, コーンム ヴィエク	business matter, task **ビ**ズネス **マ**タ, **タ**スク
きょうゆう **共有** kyouyuu	cùng có chung, chia sẻ クーンム コー チューンム, チア セー	joint-ownership **チョ**イント**オ**ウナシプ
きょうよう **教養** kyouyou	văn hoá ヴァン フアー	culture, education **カ**ルチャ, エデュ**ケ**イション
きょうりゅう **恐竜** kyouryuu	khủng long クフーンム ローンム	dinosaur **ダ**イナソー

日	越	英
きょうりょく **協力** kyouryoku	hợp tác, cộng tác ホープ タック, コーンム タック	cooperation コウアペレイション
～する	chung sức, hợp tác チューンム スック, ホープ タック	cooperate with コウア**ペ**レイト ウィズ
きょうりょくな **強力な** kyouryokuna	mạnh mẽ, vững chắc マイン メー, ヴーング チャク	strong, powerful ストロング, **パ**ウアフル
ぎょうれつ **行列** gyouretsu	hàng, xếp hàng ハーング, セーブ ハーング	line, ®queue ライン, **キ**ュー
（行進）	diễu hành, tuần hành ジエゥ ハイン, トゥオン ハイン	procession, parade プロ**セ**ション, パレイド
きょうれつな **強烈な** kyouretsuna	mãnh liệt, dữ dội マイン リエッ, ズー ゾーイ	intense イン**テ**ンス
きょえいしん **虚栄心** kyoeishin	lòng tự cao tự đại ローンム トゥー カーゥ トゥー ダーイ	vanity **ヴァ**ニティ
きょか **許可** kyoka	sự cho phép スー チォー フェープ	permission パ**ミ**ション
～する	cho phép チォー フェープ	permit パ**ミ**ト
ぎょぎょう **漁業** gyogyou	ngư nghiệp ングー ンギエプ	fishery **フィ**シャリ
きょく **曲** kyoku	bài nhạc, khúc nhạc バーイ ニャック, クフークプ ニャック	tune, piece **テュ**ーン, ピース
きょくげん **極限** kyokugen	tột cùng, tận cùng トーッ クーンム, トン クーンム	limit **リ**ミト
きょくせん **曲線** kyokusen	đường cong ドゥオング コーンム	curve **カ**ーヴ
きょくたんな **極端な** kyokutanna	cực đoan クーク ドゥアーン	extreme, excessive イクスト**リ**ーム, イク**セ**スィヴ
きょくとう **極東** kyokutou	Viễn Đông ヴィエン ドーンム	Far East **ファ**ー **イ**ースト

日	越	英
きょこう **虚構** kyokou	hư cấu, không tưởng フー コウ, コホーンム トゥオング	fiction **フィ**クション
ぎょこう **漁港** gyokou	ngư cảng, cảng cá ングー カーング, カーング カー	fishing port **フィ**シング **ポ**ート
きょじゃくな **虚弱な** kyojakuna	yếu đuối イエウ ドゥオィ	weak, delicate **ウィ**ーク, **デ**リケト
きょじゅうしゃ **居住者** kyojuusha	cư dân クー ゾン	resident, inhabitant **レ**ズィデント, イン**ハ**ビタント
きょしょう **巨匠** kyoshou	nghệ sĩ ưu tú ングー シー ウーウ トゥー	great master, maestro グ**レ**イト **マ**スタ, **マ**イストロウ
きょしょくしょう **拒食症** kyoshokushou	chứng biếng ăn, chán ăn チューング ビエング アン, チャーン アン	anorexia アノ**レ**クスィア
きょぜつする **拒絶する** kyozetsusuru	cự tuyệt, từ chối thẳng thừng クー トゥイエッ, トゥー チォーイ タハング トゥフーング	refuse, reject リ**フュ**ーズ, リ**チェ**クト
ぎょせん **漁船** gyosen	tàu đánh cá タウ ダィン カー	fishing boat **フィ**シング **ボ**ウト
ぎょそん **漁村** gyoson	làng chài ラーング チャーイ	fishing village **フィ**シング **ヴィ**リヂ
きょだいな **巨大な** kyodaina	đồ sộ, khổng lồ ドー ソー, コホーンム ロー	huge, gigantic **ヒュ**ーヂ, ヂャイ**ギャ**ンティク
きょっかいする **曲解する** kyokkaisuru	bóp méo, xuyên tạc ボープ メウ, スイエン タァーク	distort, misconstrue ディス**ト**ート, ミスコンスト**ル**ー
きょてん **拠点** kyoten	cứ điểm, điểm tựa クー ディエム, ディエム トゥア	base, stronghold **ベ**イス, スト**ロ**ーングホウルド
きょねん **去年** kyonen	năm ngoái, năm vừa qua ナム ングアーィ, ナム ヴア クアー	last year **ラ**スト **イ**ア

日	越	英
きょひ **拒否** kyohi	sự từ chối, khước từ	denial, rejection
～する	từ chối, khước từ	deny, reject
ぎょみん **漁民** gyomin	ngư dân, dân chài	fisherman
ぎょらい **魚雷** gyorai	ngư lôi	torpedo
きょり **距離** kyori	khoảng cách, cự ly	distance
きらいな **嫌いな** kiraina	ghét, đáng ghét	disliked
きらきらする **きらきらする** kirakirasuru	lấp lánh, lóng lánh	glitter
きらくな **気楽な** kirakuna	thư thái, thoải mái	optimistic, easy
きらめく **きらめく** kirameku	lộng lẫy, lung linh	glitter, sparkle
きり **錐** kiri	dùi, cái dùi	drill, gimlet
きり **霧** kiri	sương mù	fog, mist
ぎり **義理** giri	tình nghĩa, đạo lý	duty, obligation
きりあげる **切り上げる** kiriageru	làm tròn lên	round up
きりかえる **切り替える** kirikaeru	thay, đổi	change
きりさめ **霧雨** kirisame	mưa phùn, mưa bụi	drizzle

日	越	英
<small>ぎりしゃ</small> **ギリシャ** girisha	Hy Lạp <small>ヒー ラープ</small>	Greece <small>グリース</small>
～語	tiếng Hy Lạp <small>ティエング ヒー ラープ</small>	Greek <small>グリーク</small>
<small>きりすてる</small> **切り捨てる**（端数を） kirisuteru	làm tròn xuống <small>ラーム チョーン スオング</small>	round down <small>ラウンド ダウン</small>
（不要な物を）	cắt bỏ, chặt bỏ <small>カッ ボー, チャッ ボー</small>	cut away <small>カト アウェイ</small>
<small>きりすと</small> **キリスト** kirisuto	Chúa Giê Su <small>チュア ジエ スー</small>	Christ <small>クライスト</small>
～教	đạo Cơ Đốc, đạo Thiên Chúa <small>ダーウ コー ドークプ, ダーウ ティヒエン チュア</small>	Christianity <small>クリスチアニティ</small>
<small>きりつ</small> **規律** kiritsu	kỷ luật <small>キー ルオッ</small>	discipline <small>ディスィプリン</small>
<small>きりつめる</small> **切り詰める** kiritsumeru	giảm bớt, cắt bớt <small>ザーム ボッ, カッ ボッ</small>	reduce, cut down <small>リデュース, カト ダウン</small>
<small>きりぬき</small> **切り抜き** kirinuki	sự cắt ra, bài báo cắt ra <small>スー カッ ザー, バーイ バーウ カッ ザー</small>	clipping <small>クリピング</small>
<small>きりぬける</small> **切り抜ける** kirinukeru	thoát ra, gỡ ra <small>トゥファーッ ザー, ゴー ザー</small>	get through <small>ゲト スルー</small>
<small>きりはなす</small> **切り離す** kirihanasu	làm rời ra, tách rời ra <small>ラーム ゾーイ ザー, タイク ゾーイ ザー</small>	cut off, separate <small>カト オーフ, セパレイト</small>
<small>きりひらく</small> **切り開く** kirihiraku	khai phá, khai khẩn <small>カハーイ ファー, カハーイ コホン</small>	cut open, cut out <small>カト オウプン, カト アウト</small>
<small>きりふだ</small> **切り札** kirifuda	át chủ bài <small>アーッ チュー バーイ</small>	trump <small>トランプ</small>
<small>きりみ</small> **切り身** kirimi	miếng thịt cá <small>ミエング ティヒーッ カー</small>	slice, fillet <small>スライス, フィレト</small>

日	越	英
きりゅう **気流** kiryuu	luồng không khí	air current
きりょく **気力** kiryoku	nghị lực, khí lực	energy, vigor
きりん **麒麟** kirin	kỳ lân, hươu cao cổ	giraffe
きる **切る** kiru	cắt, chặt	cut
(薄く)	thái, lạng	slice
(鋸で)	cưa	saw
(スイッチを)	tắt, tắt đi	turn off
(電話を)	tắt máy, cúp điện thoại	hang up
きる **着る** kiru	mặc, bận	put on
きれ **切れ** kire (布)	vải, tấm vải	cloth
(個・枚・片)	miếng, mảnh	piece, cut
きれいな kireina	đẹp, xinh	pretty, beautiful
(清潔な)	sạch sẽ	clean
きれいに kireini (完全に)	hẳn, hoàn toàn	completely
(美しく)	đẹp, đẹp đẽ	beautifully

日	越	英
きれつ **亀裂** kiretsu	vết nứt, vết rạn ヴェーッ ヌーッ, ヴェーッ ザーン	crack, fissure クラク, **フィシャ**
きれる **切れる** （物が） kireru	sắc, bén サク, ベーン	cut well **カト** ウェル
（電話が）	bị tắt máy, bị cúp máy ビー タッ マイ, ビー クープ マイ	(be) cut off (ビ) **カト** **オーフ**
（なくなる）	hết, mất ヘーッ, モッ	(be) out of (ビ) **アウト** オヴ
（頭が）	sắc sảo, thông minh サク サーウ, トホーンム ミン	brilliant, sharp ブリリアント, **シャープ**
きろく **記録** kiroku	kỷ lục, sự ghi chép キー ルークプ, スー ギー チェープ	record **レ**コド
〜する	ghi chép, biên chép ギー チェープ, ビエン チェープ	record リ**コ**ード
きろぐらむ **キログラム** kiroguramu	ki lô gam, cân キー ロー ガーム, コン	kilogram **キ**ログラム
きろめーとる **キロメートル** kiromeetoru	ki lô mét, cây số キー ロー メーッ, コイ ソー	kilometer キ**ラ**ミタ
きろりっとる **キロリットル** kirorittoru	ki lô lít キー ロー リーッ	kiloliter **キ**ロリータ
きろわっと **キロワット** kirowatto	ki lô oát, kilowatt キー ロー ゥアーッ, キロワーッ	kilowatt **キ**ロワト
ぎろん **議論** giron	tranh luận, bàn bạc チャイン ルオン, バーン バーク	argument **アー**ギュメント
ぎわく **疑惑** giwaku	nghi hoặc, ngờ vực ンギー フアク, ンゴー ヴーク	doubt, suspicion **ダ**ウト, サス**ピ**ション
きわだつ **際立つ** kiwadatsu	nổi bật, nổi trội ノーイ バッ, ノーイ チォーイ	stand out ス**タ**ンド **アウト**
きわどい **際どい** kiwadoi	nguy hiểm, mạo hiểm ングイー ヒエム, マーウ ヒエム	dangerous, risky デインヂャラス, **リ**スキ

日	越	英
きわめて **極めて** kiwamete	vô cùng, cực kỳ	very, extremely
きん **金** kin	vàng, hoàng kim	gold
～色の	màu vàng	gold
ぎん **銀** gin	bạc	silver
～色の	màu bạc	silver
きんいつの **均一の** kin-itsuno	đồng đều, đồng nhất	uniform
きんえん **禁煙** kin-en	cấm hút thuốc	No Smoking.
きんか **金貨** kinka	đồng tiền vàng	gold coin
ぎんか **銀貨** ginka	đồng tiền bạc	silver coin
ぎんが **銀河** ginga	ngân hà	Galaxy
きんかい **近海** kinkai	vùng biển lân cận, vùng biển gần	coastal waters
きんがく **金額** kingaku	khoản tiền, số tiền	sum, amount of money
きんがん **近眼** kingan	cận thị	near-sightedness
きんかんがっき **金管楽器** kinkangakki	nhạc cụ làm bằng đồng thau	brass instrument

日	越	英
きんきゅうの **緊急の** kinkyuuno	khẩn cấp, cấp bách コホン コプ, コプ バイク	urgent **ア**ーヂェント
きんこ **金庫** kinko	két sắt, két bạc ケーツ サッ, ケーツ バーク	safe, vault **セ**イフ, **ヴォ**ールト
きんこう **均衡** kinkou	cân bằng, thăng bằng コン バング, ダハング バング	balance **バ**ランス
ぎんこう **銀行** ginkou	ngân hàng, nhà băng ンゴン ハーング, ニャー バング	bank **バ**ンク
～員	nhân viên ngân hàng ニョン ヴィエン ンゴン ハーング	bank clerk **バ**ンク ク**ラ**ーク
きんし **禁止** kinshi	cấm, cấm đoán コム, コム ドゥアーン	prohibition, ban プロウヒ**ビ**ション, **バ**ン
～する	cấm, cấm đoán コム, コム ドゥアーン	forbid, prohibit フォ**ビ**ド, プロ**ヒ**ビト
きんしゅ **禁酒** kinshu	kiêng rượu キエング ズゥ	abstinence from alcohol **ア**プスティネンス フラム **ア**ルコホール
きんしゅく **緊縮** kinshuku	siết chặt, cắt bớt シエッ チャッ, カッ ボーッ	retrenchment リト**レ**ンチメント
きんじょ **近所** kinjo	hàng xóm, láng giềng ハーング ソーム, ラーング ジエング	neighborhood **ネ**イバフド
きんじる **禁じる** kinjiru	cấm, cấm đoán コム, コム ドゥアーン	forbid, prohibit フォ**ビ**ド, プロ**ヒ**ビト
きんせい **近世** kinsei	cận đại コン ダーイ	early modern ages **ア**ーリ **マ**ダン **エ**イヂズ
きんせい **金星** kinsei	Kim Tinh, sao Kim キーム ティン, サーウ キーム	Venus **ヴィ**ーナス
きんぞく **金属** kinzoku	kim loại, kim khí キーム ルアーイ, キーム キヒー	metal **メ**トル

日	越	英
きんだい **近代** kindai	cận đại コン ダーイ	modern ages **マ**ダン **エ**イヂズ
きんちょうする **緊張する** kinchousuru	căng thẳng, hồi hộp カング タハング, ホーイ ホープ	(be) tense (ビ) **テ**ンス
きんとう **近東** kintou	Cận Đông コン ドーンム	Near East **ニ**ア **イ**ースト
きんにく **筋肉** kinniku	bắp thịt, cơ bắp バプ ティヒーッ, コー バプ	muscles **マ**スルズ
きんぱつ **金髪** kinpatsu	tóc vàng トークプ ヴァーング	blonde hair, fair hair ブ**ラ**ンド ヘア, **フェ**ア ヘア
きんべんな **勤勉な** kinbenna	cần cù, chăm chỉ コン クー, チャム チー	industrious イン**ダ**ストリアス
ぎんみする **吟味する** ginmisuru	xem xét kỹ lưỡng, nghiên cứu cẩn thận セーム セーッ キー ルオング, ンギエン クーウ コン トホン	scrutinize スク**ルー**ティナイズ
きんむ **勤務** kinmu	làm việc ラーム ヴィエッ	service, duty **サ**ーヴィス, **デュ**ーティ
～する	phục vụ, phục dịch フークプ ヴー, フークプ ジク	serve, work **サ**ーヴ, **ワ**ーク
きんめだる **金メダル** kinmedaru	huy chương vàng フイー チュオング ヴァーング	gold medal **ゴ**ウルド **メ**ダル
ぎんめだる **銀メダル** ginmedaru	huy chương bạc フイー チュオング バーク	silver medal ス**ィ**ルヴァ **メ**ダル
きんゆう **金融** kin-yuu	tài chính ターイ チン	finance フィ**ナ**ンス
きんようび **金曜日** kin-youbi	thứ sáu トゥフー サウ	Friday フ**ラ**イデイ
きんよくてきな **禁欲的な** kin-yokutekina	khổ hạnh, khắc khổ コホー ハイン, カハク コホー	ascetic, austere ア**セ**ティク, オース**ティ**ア

日	越	英
きんり **金利** kinri	tiền lãi, lợi tức ティエン ラーイ, ローイ トゥーク	interest rates **イ**ンタレスト **レ**イツ
きんりょく **筋力** kinryoku	sức mạnh cơ bắp スーク マイン コー バプ	muscular power **マ**スキュラ **パ**ウア
きんろう **勤労** kinrou	cần lao, lao động コン ラーウ, ラーウ ドーンム	labor, work, Ⓑlabour **レ**イバ, **ワ**ーク, **レ**イバ

く, ク

日	越	英
く **区** ku	quận クオン	ward, district **ウォ**ード, **ディ**ストリクト
ぐあい **具合** guai	tiến triển của sự việc, tình hình sức khỏe ティエン チエン クア スー ヴィエク, ティン ヒン スーク クフエー	condition, state コン**ディ**ション, ス**テ**イト
ぐあむ **グアム** guamu	Lãnh thổ Guam ラインㇵ トホー グアム	Guam グ**ワ**ーム
くい **悔い** kui	ăn năn, hối hận アン ナン, ホーイ ホン	regret, remorse リグ**レ**ト, リ**モ**ース
くい **杭** kui	cọc コークプ	stake, pile ス**テ**イク, **パ**イル
くいき **区域** kuiki	khu vực, địa vực クフー ヴーク, ディア ヴーク	area, zone **エ**アリア, **ゾ**ウン
くいず **クイズ** kuizu	câu đố, đố em コウドー, ドー エーム	quiz ク**ウィ**ズ
くいちがう **食い違う** kuichigau	mâu thuẫn, xung đột モウ トゥフオン, スーンム ドーッ	conflict with **カ**ンフリクト **ウィ**ズ
くいんてっと **クインテット** kuintetto	ngũ tấu, bộ năm ングー トゥ, ボー ナム	quintet クウィン**テ**ト
くうぇーと **クウェート** kuweeto	Cô oét, Kuwait コー ウェーッ, クエイッ	Kuwait ク**ウェ**イト

日	越	英
くうかん **空間** kuukan	không gian コホーンム ザーン	space, room スペイス, ルーム
くうき **空気** kuuki	không khí, khí trời コホーンム キヒー, キヒー チォーイ	air エア
くうきょ **空虚** kuukyo	trống rỗng, hư vô チョーンム ゾーンム, フー ヴォー	emptiness エンプティネス
くうぐん **空軍** kuugun	không quân コホーンム クオン	air force エア フォース
くうこう **空港** kuukou	sân bay, phi trường ソン バイ, フィー チュオング	airport エアポート
くうしゅう **空襲** kuushuu	không kích コホーンム キク	air raid エア レイド
ぐうすう **偶数** guusuu	số chẵn ソー チャン	even number イーヴン ナンバ
くうせき **空席** kuuseki	chỗ trống チョー チョーンム	vacant seat ヴェイカント スィート
(ポストの空席)	chức vụ còn khuyết チュック ヴー コーン クフイエッ	vacant position ヴェイカント ポズィション
ぐうぜん **偶然** guuzen	tình cờ, ngẫu nhiên ティン コー, ンゴウ ニエン	chance, accident チャンス, アクスィデント
～に	tình cờ, ngẫu nhiên ティン コー, ンゴウ ニエン	by chance バイ チャンス
くうぜんの **空前の** kuuzenno	chưa từng, chưa có tiền lệ チュア トゥーング, チュア コー ティエン レー	unprecedented アンプレセデンテド
くうそう **空想** kuusou	sự không tưởng スー コホーンム トゥオング	fantasy, daydream ファンタスィ, デイドリーム
～する	không tưởng, huyễn tưởng コホーンム トゥオング, フイエン トゥオング	imagine, fantasize イマヂン, ファンタサイズ

日	越	英
ぐうぞう **偶像** guuzou	thần tượng, tượng thần トホン トゥオング, トゥオング トホン	idol **ア**イドル
くーでたー **クーデター** kuudetaa	đảo chính, cuộc đảo chính ダーウ チン, クオク ダーウ チン	coup (d'état) **ク**ー (デイ**タ**ー)
くうはく **空白** kuuhaku	khoảng trống, chỗ trống クフアーング チョーンム, チョー チョーンム	blank ブ**ラ**ンク
くうふくである **空腹である** kuufukudearu	đói bụng, bụng rỗng ドーイ ブーンム, ブーンム ゾーンム	(be) hungry (ビ) **ハ**ングリ
くうゆ **空輸** kuuyu	không vận, vận chuyển bằng đường hàng không コホーンム ヴォン, ヴォン チュイエン バング ドゥオング ハーング コホーンム	air transport **エ**ア トラン**ス**ポート
くーらー **クーラー** kuuraa	máy điều hòa nhiệt độ, máy lạnh マィ ディエゥ フアー ニエッ ドー, マィ ラィン	air conditioner **エ**ア コン**デ**ィショナ
くおーつ **クオーツ** kuootsu	thạch anh, đồng hồ quạt (quartz) タハィク アィン, ドーンム ホー クアーッ (クアーッ)	quartz ク**ウォ**ーツ
くかく **区画** kukaku	vùng đất, khu đất ヴーンム ドッ, クフー ドッ	division ディ**ヴィ**ジョン
くがつ **九月** kugatsu	tháng chín タハーング チーン	September セプ**テ**ンバ
くかん **区間** kukan	quãng, khoảng cách クアーング, クフアーング カィク	section **セ**クション
くき **茎** kuki	cong コーンム	stalk, stem ス**ト**ーク, ス**テ**ム
くぎ **釘** kugi	đinh, cái đinh ディン, カーイ ディン	nail **ネ**イル
くきょう **苦境** kukyou	nghịch cảnh, tình thế khó khăn ンギク カィン, ティン テヘー コホー カハン	difficult situation **デ**ィフィカルト スィチュ**エ**イション

日	越	英
区切り (くぎり) kugiri	chỗ tạm ngừng, chỗ ngắt	pause ポーズ
(終わり)	kết thúc, chấm dứt	end エンド
区切る (くぎる) kugiru	chia cắt, phân chia	divide ディヴァイド
草 (くさ) kusa	cỏ	grass グラス
臭い (くさい) kusai	hôi, thối	smelly, stinking スメリ, スティンキング
鎖 (くさり) kusari	xích, dây xích	chain チェイン
腐る (くさる) kusaru	thối, thiu	rot, go bad ラト, ゴウ バド
櫛 (くし) kushi	lược, lược chải tóc	comb コウム
くじ (くじ) kuji	xổ số, rút thăm	lot, lottery ラト, ラタリ
挫く (くじく) kujiku	bong gân, trật	sprain, wrench スプレイン, レンチ
(落胆させる)	làm nản lòng, nản chí	discourage ディスカーリヂ
挫ける (くじける) kujikeru	chán nản, nản lòng	(be) discouraged (ビ) ディスカーリヂド
孔雀 (くじゃく) kujaku	công, con công	peacock ピーカク
くしゃみ (くしゃみ) kushami	hắt hơi	sneeze スニーズ

187

日	越	英
くじょう **苦情** kujou	phàn nàn, mắng vốn ファーン ナーン, マング ヴォーン	complaint コンプレイント
くしょうする **苦笑する** kushousuru	cười cay đắng クオイ カイ ダング	force a smile フォース ア スマイル
くじら **鯨** kujira	cá voi カー ヴォーイ	whale (ホ)ウェイル
くしんする **苦心する** kushinsuru	lao tâm khổ tứ, chăm lo ラーウ トム コホー トゥー, チャム ロー	take pains テイク ペインズ
くず **屑** kuzu	vụn rác, mẩu vụn ヴーン ザーク, モゥ ヴーン	waste, rubbish ウェイスト, ラビシュ
ぐずぐずする **ぐずぐずする** guzuguzusuru	lưỡng lự, nấn ná ルオング ルー, ノン ナー	(be) slow, hesitate (ビ) スロウ, ヘズィテイト
くすぐったい **くすぐったい** kusuguttai	buồn, nhột ブオン, ニオーッ	ticklish ティクリシュ
くずす **崩す** kuzusu	kéo đổ, đánh sập ケーウ ドー, ダイン ソプ	pull down, break プル ダウン, ブレイク
（お金を）	đổi ra tiền lẻ ドーイ ザー ティエン レー	change チェインヂ
くすり **薬** kusuri	thuốc, thuốc thang トゥフオク, トゥフオク タハーング	medicine, drug メディスィン, ドラグ
～屋	hiệu thuốc, quầy thuốc ヒエウ トゥフオク, クオイ トゥフオク	pharmacy, drugstore ファーマスィ, ドラグストー
くすりゆび **薬指** kusuriyubi	ngón đeo nhẫn, ngón áp út ンゴーン デーウ ニオン, ンゴーン アープ ウーッ	ring finger リング フィンガ
くずれる **崩れる**（形が崩れる） kuzureru	lở, sụt lở ロー, スーッ ロー	get out of shape ゲト アウト オヴ シェイプ
（崩れ落ちる）	sụp đổ, đổ nhào スープ ドー, ドー ニャーゥ	crumble, collapse クランブル, コラプス

日	越	英
くすんだ **くすんだ** kusunda	ảm đạm, tối tăm アーム ダーム、トーイ タム	somber サンバ
くせ **癖** kuse	thói hư, tật xấu トホーイ フー、トッ ソウ	habit ハビト
ぐたいてきな **具体的な** gutaitekina	cụ thể, rõ ràng クー テヘー、ゾー ザーング	concrete カンクリート
くだく **砕く** kudaku	đập vỡ, đánh tan ドプ ヴォー、ダイン ターン	break, smash ブレイク、スマシュ
くだける **砕ける** kudakeru	bị vỡ, tan vỡ ビー ヴォー、ターン ヴォー	break, (be) broken ブレイク、(ビ) ブロウクン
くだもの **果物** kudamono	hoa quả, trái cây フアー クアー、チャーイ コイ	fruit フルート
～屋	hàng hoa quả, cửa hàng trái cây ハーング フアー クアー、クア ハーング チャーイ コイ	fruit store フルート ストー
くだらない **下らない** kudaranai	vô tích sự, vô vị ヴォー ティク スー、ヴォー ヴィー	trifling, trivial トライフリング、トリヴィアル
くだり **下り** kudari	sự đi xuống スー ディー スオング	descent ディセント
（下り列車）	tàu ra khỏi thủ đô đi các vùng khác タウ ザー コホーイ トゥフー ドー ディー カーク ヴーング カハーク	down train ダウン トレイン
くだる **下る** kudaru	đi xuống, xuống ディー スオング、スオング	go down, descend ゴウ ダウン、ディセンド
くち **口** kuchi	miệng, mồm ミエング、モーム	mouth マウス
ぐち **愚痴** guchi	cằn nhằn, than vãn カン ニャン、タハーン ヴァーン	gripe, idle complaint グライプ、アイドル コンプレイント
くちげんか **口喧嘩** kuchigenka	khẩu chiến, đấu khẩu コホウ チエン、ドウ コホウ	quarrel クウォレル

日	越	英
くちばし **嘴** kuchibashi	mỏ モー	beak, bill ビーク, ビル
くちびる **唇** kuchibiru	môi モーイ	lip リプ
くちぶえ **口笛** kuchibue	huýt sáo, huýt gió フイーッ サーウ, フイーッ ゾー	whistle (ホ)**ウィ**スル
くちべに **口紅** kuchibeni	son, son môi ソーン, ソーン モーイ	rouge, lipstick **ルー**ジュ, **リ**プスティク
くちょう **口調** kuchou	giọng nói, giọng điệu ゾーンム ノーイ, ゾーンム ディエゥ	tone ト**ウ**ン
くつ **靴** kutsu	giày ザイ	shoes, boots シューズ, ブーツ
〜ひも	dây giày ゾイ ザイ	shoestring シューストリング
くつう **苦痛** kutsuu	đau đớn, đau khổ ダウ ドーン, ダウ コホー	pain, agony ペイン, **ア**ゴニ
くつがえす **覆す** kutsugaesu	lật ngược, lật đổ ロッングオク, ロッ ドー	upset, overthrow アプ**セ**ト, オウヴァス**ロ**ウ
くっきー **クッキー** kukkii	bánh quy, bánh bích quy バイン クイー, バイン ビク クイー	cookie, Ⓑbiscuit **ク**キ, **ビ**スキト
くつした **靴下** kutsushita	bít tất, vớ ビーットッ, ヴォー	socks, stockings **サ**クス, ス**タ**キングズ
くっしょん **クッション** kusshon	cái đệm カーイ デーム	cushion **ク**ション
くっせつ **屈折** kussetsu	khúc xạ, gấp khúc クフークプ サー, ゴプ クフークプ	refraction リーフ**ラ**クション
くっつく **くっつく** kuttsuku	bám sát, dính バーム サーッ, ジン	cling to, stick to ク**リ**ング トゥ, ス**ティ**ク トゥ
くっつける **くっつける** kuttsukeru	dán vào, vun vào ザーン ヴァーウ, ヴーン ヴァーウ	join, stick ヂョイン, ス**ティ**ク

日	越	英
<ruby>寛<rt>くつろ</rt></ruby>ぐ kutsurogu	nghỉ ngơi, thư giãn ンギー ンゴーイ, トゥフー ザーン	relax, make oneself at home リラクス, メイク アト ホウム
くどい （味が） kudoi	vị quá đậm ヴィー クアードム	heavy, oily ヘヴィ, オイリ
（話が）	dài dòng, dai dẳng ザーイ ゾーンム, ザーイ ザング	verbose ヴァーボウス
<ruby>句読点<rt>くとうてん</rt></ruby> kutouten	dấu câu ゾウ コウ	punctuation marks パンクチュエイション マークス
<ruby>口説<rt>くど</rt></ruby>く （言い寄る） kudoku	tán tỉnh, ve vãn ターン ティン, ヴェー ヴァーン	chat up チャト アプ
（説得する）	thuyết phục, đả thông トゥフイエッ フークプ, ダー トホーンム	persuade パスウェイド
<ruby>国<rt>くに</rt></ruby> kuni	nước, xứ ヌオク, スー	country カントリ
（祖国）	tổ quốc, đất nước トー クオク, ドッ ヌオク	home country, homeland, ⑬fatherland ホウム カントリ, ホウムランド, ファーザランド
（政治機構としての）	quốc gia, nhà nước クオク ザー, ニャー ヌオク	state ステイト
<ruby>配<rt>くば</rt></ruby>る （配達する） kubaru	phân phát, phân phối フォン ファーッ, フォン フォーイ	deliver ディリヴァ
（配布する）	phân phát フォン ファーッ	distribute ディストリビュート
<ruby>首<rt>くび</rt></ruby> kubi	cổ コー	neck ネク
（頭部）	đầu ドゥ	head ヘド
（免職）	cách chức, sa thải カイク チューク, サー タハーイ	dismissal ディスミサル

日	越	英
くふう **工夫** kufuu	công phu, công sức コーンム フー, コーンム スーク	device, idea ディ**ヴァ**イス, アイ**ディ**ーア
～する	ra sức, gia công ザー スーク, ザー コーンム	devise, contrive ディ**ヴァ**イズ, コント**ラ**イヴ
くぶん **区分** (分割) kubun	phân chia, chia cắt フォン チア, チア カッ	division ディ**ヴィ**ジョン
(分類)	phân loại フォン ルアーイ	classification クラスィフィ**ケ**イション
くべつ **区別** kubetsu	phân biệt, khu biệt フォン ビエッ, クフー ビエッ	distinction ディス**ティ**ンクション
くぼみ **窪み** kubomi	chỗ lõm, hốc チォー ローム, ホークプ	dent, hollow **デ**ント, **ハ**ロウ
くま **熊** kuma	gấu ゴゥ	bear **ベ**ア
くみ **組** (一対) kumi	cặp, đôi カプ, ドーイ	pair **ペ**ア
(一揃い)	bộ ボー	set **セ**ト
(グループ)	nhóm, tổ ニオーム, トー	group, team グ**ル**ープ, **ティ**ーム
(学級)	lớp học ロープ ホークプ	class ク**ラ**ス
くみあい **組合** kumiai	công đoàn, hiệp hội コーンム ドゥアーン, ヒエプ ホーイ	association, union アソウスィ**エ**イション **ユ**ーニョン
くみあわせ **組み合わせ** kumiawase	tổ hợp, phối hợp トー ホープ, フォーイ ホープ	combination カンビ**ネ**イション
くみたてる **組み立てる** kumitateru	lắp ráp, lắp ghép ラプ ザープ, ラプ ゲープ	put together, assemble **プ**ト ト**ゲ**ザ, ア**セ**ンブル

日	越	英
くむ **汲む** kumu	múc ムークプ	draw ドロー
くむ **組む** kumu	liên kết, kết hợp リエン ケッ, ケッ ホープ	unite with ユーナイト ウィズ
くも **雲** kumo	mây, đám mây モイ, ダーム モイ	cloud クラウド
くも **蜘蛛** kumo	nhện ニェーン	spider スパイダ
くもり **曇り** kumori	trời âm u, trời nhiều mây チョーイ オム ウー, チョーイ ニエゥ モイ	cloudy weather クラウディ **ウェザ**
〜の	âm u, u ám オム ウー, ウー アーム	cloudy クラウディ
くもる **曇る** kumoru	nhiều mây, trời kéo mây ニエゥ モイ, チョーイ ケーゥ モイ	(become) cloudy (ビカム) クラウディ
くやしい **悔しい** kuyashii	đáng tiếc, đáng ân hận ダーング ティエク, ダーング オン ホン	mortifying, frustrating モーティファイング, フラストレイティング
くやむ **悔やむ** kuyamu	ăn năn, hối hận アン ナン, ホーイ ホン	repent, regret リペント, リグレト
くらい **暗い** kurai	tối mịt, âm u トーイ ミーッ, オム ウー	dark, gloomy ダーク, グルーミ
ぐらいだー **グライダー** guraidaa	tàu lượn タゥ ルオン	glider グライダ
くらいまっくす **クライマックス** kuraimakkusu	đỉnh điểm, đỉnh cao ディン ディエム, ディン カーゥ	climax クライマクス
ぐらうんど **グラウンド** guraundo	sân vận động, sân bóng ソン ヴォン ドーンム, ソン ボーンム	ground, field グラウンド, **フィールド**
くらし **暮らし** kurashi	cuộc sống クオク ソーンム	life, living ライフ, **リヴィング**

日	越	英
くらしっく **クラシック** kurashikku	cổ điển, nhạc cổ điển コー ディエン, ニャック コー ディエン	classic クラスィク
くらす **暮らす** kurasu	sống, mưu sinh ソーンム, ムーウ シン	live, make a living リヴ, メイク ア リヴィング
ぐらす **グラス** gurasu	ly, cốc リー, コークプ	glass グラス
ぐらすふぁいばー **グラスファイバー** gurasufaibaa	sợi thuỷ tinh ソーイ トゥフイー ティン	glass fiber グラス **ファイバ**
くらっち **クラッチ** kuracchi	khớp ly hợp コホープ リー ホープ	clutch クラチ
ぐらびあ **グラビア** gurabia	ảnh bản kẽm アイン バーン ケーム	photogravure **フォウト**グラヴュア
くらぶ **クラブ** (ゴルフクラブ) kurabu	câu lạc bộ chơi gôn コゥ ラーク ボー チォーイ ゴーン	club ク**ラ**ブ
(同好会・集会所)	câu lạc bộ, nơi hội họp コゥ ラーク ボー, ノーイ ホーイ ホープ	club ク**ラ**ブ
ぐらふ **グラフ** gurafu	biểu đồ, sơ đồ ビエゥ ドー, ソー ドー	graph グラフ
くらべる **比べる** kuraberu	so sánh ソー サイン	compare コンペア
ぐらむ **グラム** guramu	gram, gam ゴラム, ガーム	gram, ⒝gramme グラム, グ**ラ**ム
くらやみ **暗闇** kurayami	bóng tối, chỗ tối ボーンム トーイ, チォー トーイ	darkness, (the) dark ダークネス, (ザ) ダーク
くらりねっと **クラリネット** kurarinetto	kèn clarinet, cla ri nét ケーン クラリネッ, クラ リー ネーツ	clarinet クラリ**ネ**ト
ぐらんどぴあの **グランドピアノ** gurandopiano	đại dương cầm, đàn pianô cánh ダーイ ズオング コム, ダーン ピアノー カイン	grand piano グランド ピ**ア**ーノウ

193

日	越	英
くり **栗** kuri	hạt dẻ ハーッ ゼー	chestnut **チェ**スナト
くりーにんぐ **クリーニング** kuriiningu	giặt giũ ザッ ズー	cleaning クリーニング
～店	hiệu giặt là ヒエゥ ザッ ラー	dry cleaner, laundry service ドライ クリーナ, ローンドリ サーヴィス
くりーむ **クリーム** kuriimu	kem, cà rem ケーム, カー レーム	cream クリーム
くりかえし **繰り返し** kurikaeshi	sự lặp lại, nhắc lại スー ラプ ラーイ, ニャク ラーイ	repetition, refrain レペ**ティ**ション, リフ**レ**イン
くりかえす **繰り返す** kurikaesu	lặp lại, nhắc lại ラプ ラーイ, ニャク ラーイ	repeat リ**ピ**ート
くりこす **繰り越す** kurikosu	chuyển số dư sang đầu năm sau チュイエン ソー ズー サーング ドゥ ナム サウ	carry forward **キャ**リ **フォ**ーワド
くりすたる **クリスタル** kurisutaru	pha lê ファー レー	crystal ク**リ**スタル
くりすちゃん **クリスチャン** kurisuchan	tín đồ Thiên Chúa giáo, người Công giáo ティーン ドー ティヒエン チュア ザーゥ, ングォイ コーンム ザーゥ	Christian ク**リ**スチャン
くりすます **クリスマス** kurisumasu	lễ chúa giáng sinh, Nô en レー チュア ザーング シン, ノー エーン	Christmas ク**リ**スマス
～イブ	vọng giáng sinh ヴォーンム ザーング シン	Christmas Eve クリスマス **イ**ーヴ
くりっくする **クリックする** kurikkusuru	nhấp chuột vào, kích vào ニャプ チュオッ ヴァーゥ, キク ヴァーゥ	click ク**リ**ク
くりっぷ **クリップ** kurippu	cặp, kẹp giấy カプ, ケープ ゾイ	clip ク**リ**プ

日	越	英
_{くりにっく} **クリニック** kurinikku	phòng mạch, phòng khám bệnh _{フォーンム マイク, フォーンム カハーム ベン}	clinic _{クリニク}
_{くる} **来る** kuru	đến, tới _{デーン, トーイ}	come, arrive _{カム, アライヴ}
_{くるう} **狂う** kuruu	điên loạn, điên khùng _{ディエン ルアーン, ディエン クフーンム}	go insane _{ゴウ インセイン}
（調子が）	trục trặc, trắc trở _{チュークプ チャク, チャク チョー}	go wrong, go out of order _{ゴウ ローング, ゴウ アウト オヴ オーダ}
（計画などが）	hỏng, không suôn sẻ _{ホーンム, コホーンム スオン セー}	(be) upset _{(ビ) アプセト}
_{ぐるーぷ} **グループ** guruupu	nhóm, tổ _{ニョームム, トー}	group _{グループ}
_{くるしい} **苦しい**（苦痛である） kurushii	cực khổ, đắng cay _{クーク コホー, ダング カイ}	painful, hard _{ペインフル, ハード}
（困難な）	khó khăn, gian khổ _{コホー カハン, ザーン コホー}	hard, difficult _{ハード, ディフィカルト}
_{くるしみ} **苦しみ** kurushimi	nỗi đau, đau khổ _{ノーイ ダウ, ダウ コホー}	pain, suffering _{ペイン, サファリング}
_{くるしむ} **苦しむ**（困る） kurushimu	bế tắc, gặp khó khăn _{ベー タク, ガプ コホー カハン}	(be) troubled with _{(ビ) トラブルド ウィズ}
（悩む）	khổ sở, lo phiền _{コホー ソー, ロー フィエン}	suffer from _{サファ フラム}
_{くるしめる} **苦しめる** kurushimeru	giày vò, dằn vặt _{ヅィ ヴォー, ザン ヴァッ}	torment _{トーメント}
_{くるぶし} **くるぶし** kurubushi	mắt cá chân _{マッ カー チオン}	ankle _{アンクル}
_{くるま} **車** kuruma	xe hơi, ô tô _{セー ホーイ, オー トー}	car _{カー}

日	越	英
（車輪）	bánh xe バインセー	wheel (ホ)ウィール
くるまえび **車海老** kurumaebi	tôm sú トームスー	tiger prawn **タイガ**プローン
くるみ **胡桃** kurumi	hạt óc chó, hạt hồ đào ハーツ オークプ チォー, ハーツ ホーダーウ	walnut **ウォール**ナト
くるむ **くるむ** kurumu	bọc, gói ボークプ, ゴーイ	wrap up ラプ**アプ**
くれ **暮れ** kure	xế chiều, cuối năm セー チエゥ, クォイ ナム	year-end **イア**レンド
（夕暮れ）	hoàng hôn フアーング ホーン	nightfall **ナイト**フォール
ぐれーぷふるーつ **グレープフルーツ** gureepufuruutsu	bưởi chùm ブォイ チューム	grapefruit グレイプフルート
くれーむ **クレーム** kureemu	than phiền, kêu ca タハーン フィエン, ケーゥ カー	claim, complaint クレイム, コンプレイント
くれーん **クレーン** kureen	cần cẩu, cần trục コン コウ, コン チュークプ	crane クレイン
くれじっと **クレジット** kurejitto	tín dụng, cho vay ティーン ズーンム, チォー ヴァイ	credit クレディト
～カード	thẻ tín dụng テヘー ティーン ズーンム	credit card クレディト **カード**
くれそん **クレソン** kureson	cải soong, cải xoong カーイ ソーング, カーイ ソーング	watercress **ウォータ**クレス
くれよん **クレヨン** kureyon	bút vẽ màu, phấn vẽ màu ブーッ ヴェー マゥ, フォン ヴェー マゥ	crayon クレイアン
くれる **くれる** kureru	cho チォー	give, present **ギヴ**, プリゼント

日	越	英
くれんざー **クレンザー** kurenzaa	bột tẩy, bột rửa ボートイ, ボーッズア	cleanser クレンザ
くろ **黒** kuro	đen, màu đen デーン, マウ デーン	black ブラク
くろい **黒い** kuroi	đen, màu đen デーン, マウ デーン	black ブラク
（日焼けして）	sạm, sạm nắng サーム, サーム ナング	suntanned サンタンド
くろうする **苦労する** kurousuru	vất vả, khó nhọc ヴォッ ヴァー, コホー ニョークブ	suffer, work hard サファ, ワーク ハード
くろうと **玄人** kurouto	thợ lành nghề, tay thợ トホー ラインングゲー, タイ トホー	expert, professional エクスパート, プロフェショナル
くろーく **クローク** kurooku	phòng giữ đồ フォーンム ズードー	cloakroom クロウクルーム
くろーぜっと **クローゼット** kuroozetto	phòng để đồ, tủ âm tường フォーンム デー ドー, トゥー オム トゥオング	closet, wardrobe クラーゼト, ウォードロウブ
くろーる **クロール** kurooru	bơi sải ボーイ サーイ	crawl クロール
くろじ **黒字** kuroji	số thừa, số lãi ソー トゥフア, ソー ラーイ	surplus, (the) black サープラス, (ザ) ブラク
くろすわーど **クロスワード** kurosuwaado	ô chữ đố オー チュー ドー	crossword クロースワード
ぐろてすくな **グロテスクな** gurotesukuna	kỳ dị, lố bịch キー ジー, ロー ビク	grotesque グロウテスク
くろの **黒の** kurono	đen, màu đen デーン, マウ デーン	black ブラク
くろまく **黒幕** kuromaku	người giật dây ングオィ ゾッ ゾィ	wirepuller ワイアプラ

日	越	英
加える くわえる kuwaeru	thêm vào, cộng vào テヘーム ヴァーウ, コーンム ヴァーウ	add アド
詳しい くわしい kuwashii	tường tận, chi tiết トゥオング トン, チー ティエッ	detailed ディテイルド
(よく知っている)	thành thạo, thông thuộc タハイン タハーウ, トホーンム トゥフオク	(become) acquainted with (ビカム) アクウェインテド ウィズ
企てる くわだてる kuwadateru	lên kế hoạch, toan tính レーン ケー フアイク, トゥアーン ティン	plan, plot プラン, プラト
加わる くわわる kuwawaru	gia nhập, tham gia ザー ニョプ, タハーム ザー	join, enter チョイン, エンタ
軍 ぐん gun	quân, quân đội クオン, クオン ドーイ	army, forces アーミ, フォーセズ
郡 ぐん gun	huyện フイエン	county カウンティ
軍艦 ぐんかん gunkan	quân hạm, tàu chiến クオン ハーム, タウ チエン	warship ウォーシプ
軍事 ぐんじ gunji	quân sự クオン スー	military affairs ミリテリ アフェアズ
群衆 ぐんしゅう gunshuu	quần chúng, dân chúng クオン チューンム, ゾン チューンム	crowd クラウド
軍縮 ぐんしゅく gunshuku	cắt giảm vũ trang, giảm trừ lực lượng vũ trang カッ ザーム ヴー チャーング, ザーム チュー ルーク ルオング ヴー チャーング	armaments reduction アーマメンツ リダクション
勲章 くんしょう kunshou	huân chương, huy chương フオン チュオング, フイー チュオング	decoration デコレイション
軍人 ぐんじん gunjin	bộ đội, binh lính ボー ドーイ, ビン リン	soldier, serviceman ソウルヂャ, サーヴィスマン
燻製の くんせいの kunseino	thức ăn hun khói トゥフーク アン フーン コホーイ	smoked スモウクト

日	越	英
ぐんたい **軍隊** guntai	quân đội クオン ドーイ	army, troops アーミ, トループス
ぐんび **軍備** gunbi	vũ trang, trang bị vũ khí ヴー チャーング, チャーング ビー ヴー キヒー	armaments アーマメンツ
くんれん **訓練** kunren	huấn luyện, tập luyện フオン ルイエン, トプ ルイエン	training トレイニング
～する	tập, luyện tập トプ, ルイエン トプ	train, drill トレイン, ドリル

け, ケ

日	越	英
け **毛** ke	lông ローンム	hair ヘア
（獣毛）	lông mao, lông thú ローンム マーウ, ローンム トゥフー	fur ファー
（羊毛）	lông cừu, len ローンム クーウ, レーン	wool ウル
けい **刑** kei	hình phạt, án phạt ヒン ファーツ, アーン ファーツ	penalty, sentence ペナルティ, センテンス
げい **芸** gei	kỹ năng, tài nghệ キー ナング, ターィ ンゲー	art, accomplishments アート, アカンプリシュメンツ
けいえい **経営** keiei	kinh doanh キン ズアイン	management マニヂメント
～者	nhà kinh doanh ニャー キン ズアイン	manager マニヂャ
～する	kinh doanh キン ズアイン	manage, run マニヂ, ラン
けいか **経過** keika	trải qua, tiến triển チャーイ クアー, ティエン チエン	progress プラグレス

日	越	英
けいかい **警戒** keikai	sự báo động, cảnh giác スー バーゥ ドーンム, カィン ザーク	caution, precaution コーション, プリコーション
～する	báo động, đề phòng バーゥ ドーンム, デー フォーンム	guard against ガード アゲンスト
けいかいな **軽快な** keikaina	nhẹ nhàng, nhanh nhẹn ニェー ニャーング, ニャィン ニェーン	light, nimble ライト, ニンプル
けいかく **計画** keikaku	kế hoạch ケー フアイク	plan, project プラン, プラチェクト
～する	lập kế hoạch, lên dự án ロプ ケー フアイク, レーン ズー アーン	plan, project プラン, プロチェクト
けいかん **警官** keikan	cảnh sát, công an カィン サーッ, コーンム アーン	police officer ポリース オーフィサ
けいき　（業績） **景気** keiki	tình hình kinh tế ティン ヒン キン テー	economic state イーコナミク ステイト
（市況）	tình hình thị trường ティン ヒン ティヒー チュオング	market マーケット
けいけん **経験** keiken	kinh nghiệm キン ンギエム	experience イクスピアリアンス
～する	có kinh nghiệm, trải nghiệm コー キン ンギエム, チャーィ ンギエム	experience イクスピアリアンス
けいこ　（リハーサル） **稽古** keiko	dàn tập, diễn tập ザーン トプ, ジエン トプ	rehearsal リハーサル
（練習・訓練）	luyện tập, tập luyện ルイエン トプ, トプ ルイエン	practice, exercise プラクティス, エクササイズ
けいご **敬語** keigo	kính ngữ キン ングー	honorific アナリフィク
けいこう **傾向** keikou	khuynh hướng, xu hướng クフィン フオング, スー フオング	tendency テンデンスィ

日	越	英
けいこうぎょう **軽工業** keikougyou	công nghiệp nhẹ	light industries
けいこうとう **蛍光灯** keikoutou	đèn nê ông, đèn huỳnh quang	fluorescent lamp
けいこく **警告** keikoku	sự cảnh cáo, báo trước	warning, caution
～する	cảnh cáo, lưu ý	warn
けいざい **経済** keizai	kinh tế	economy, finance
～学	kinh tế học	economics
～的な	tiết kiệm, kinh tế	economical
けいさいする **掲載する** keisaisuru	đăng, đăng tải	publish
けいさつ **警察** keisatsu	công an	police
～官	cảnh sát	police officer
～署	đồn công an, bốt công an	police station
けいさん **計算** keisan	sự tính, tính toán	calculation
～機	máy tính	calculator
～する	tính toán, đếm số lượng	calculate, count

日	越	英
けいじ **刑事** keiji	hình sự, công an	detective
けいじ **掲示** keiji	thông báo, yết thị	notice, bulletin
〜板	bảng thông báo, bảng yết thị	bulletin board
けいしき **形式** keishiki	hình thức	form, formality
〜的な	có tính hình thức	formal
げいじゅつ **芸術** geijutsu	nghệ thuật	art
〜家	nghệ sĩ	artist
けいしょうする **継承する** keishousuru	kế thừa	succeed to
けいしょく **軽食** keishoku	điểm tâm	light meal
けいず **系図** keizu	phổ hệ, phả hệ	genealogy
けいせい **形成** keisei	hình thành	formation
けいぞくする **継続する** keizokusuru	tiếp diễn, kế tục	continue
けいそつな **軽率な** keisotsuna	khinh suất, thiếu thận trọng	careless, rash
けいたい **形態** keitai	hình thái	form, shape

日	越	英
けいたいでんわ **携帯電話** keitaidenwa	điện thoại di động, điện thoại cầm tay ディエン トゥファーイ ジー ドーンム, ディエン トゥファーイ コム タイ	cellphone, ⓑmobile phone セルフォウン, モウバイル フォウン
けいと **毛糸** keito	len, sợi len レーン, ソーイ レーン	(woolen) yarn (ウルン) ヤーン
けいとう **系統** keitou	hệ thống ヘー トホーンム	system スィステム
げいにん **芸人** geinin	nghệ sĩ sân khấu ンゲー シー ソン コホウ	variety entertainer ヴァライエティ エンタテイナ
げいのう **芸能** geinou	nghệ thuật giải trí ンゲー トゥフオッ ザーイ チー	arts and entertainment アーツ アンド エンタテインメント
～人	nghệ sĩ ンゲー シー	entertainer エンタテイナ
けいば **競馬** keiba	đua ngựa ドゥア ングア	horse racing ホース レイスィング
～場	trường đua ngựa チュオング ドゥア ングア	race track レイス トラク
けいはくな **軽薄な** keihakuna	nông cạn, thiếu chín chắn ノーンム カーン, ティヒエウ チーン チャン	frivolous フリヴォラス
けいはつ **啓発** keihatsu	sự soi sáng, mở mắt cho スー ソーイ サーング, モー マッ チョー	enlightenment インライトンメント
～する	soi sáng, rọi đèn ソーイ サーング, ゾーイ デーン	enlighten インライトン
けいばつ **刑罰** keibatsu	hình phạt ヒン ファーツ	punishment パニシュメント
けいはんざい **軽犯罪** keihanzai	phạm tội nhẹ ファーム トーイ ニェー	minor offense マイナ オフェンス
けいひ **経費** keihi	kinh phí, chi phí キン フィー, チー フィー	expenses イクスペンセズ

日	越	英
けいび **警備** keibi	sự canh gác, canh giữ	defense, guard
～する	canh gác, canh giữ	defend, guard
けいひん **景品** keihin	phần thưởng, quà tặng làm giải thưởng	premium
けいべつする **軽蔑する** keibetsusuru	khinh miệt, coi thường	despise, scorn
けいほう **警報** keihou	báo động, cảnh báo	warning, alarm
けいむしょ **刑務所** keimusho	nhà giam, nhà tù	prison
けいやく **契約** keiyaku	hợp đồng, giao kèo	contract
～書	bản hợp đồng	contract
～する	ký hợp đồng, ký kết hợp đồng	contract, sign a contract (with)
けいゆ **経由** keiyu	quá cảnh, thông qua	by way of, via
けいようし **形容詞** keiyoushi	tính từ	adjective
けいり **経理** keiri	kế toán, tài chính	accounting
けいりゃく **計略** keiryaku	mẹo, mưu kế	stratagem
けいりゅう **渓流** keiryuu	khe suối	mountain stream

日	越	英
けいりょう **計量** keiryou	đo, đo lường ドー, ドー ルオング	measurement メジャメント
けいれき **経歴** keireki	lý lịch リー リク	one's career カリア
けいれん **痙攣** keiren	co giật, chuột rút コー ゾッ, チュオッ ズーッ	spasm, cramp スパズム, クランプ
けいろ **経路** keiro	lộ trình, lịch trình ロー チン, リク チン	course, route コース, ルート
けーき **ケーキ** keeki	bánh ngọt, bánh ga tô バイン ンゴーッ, バイン ガー トー	cake ケイク
けーす **ケース** (場合) keesu	trường hợp, ca チュオング ホープ, カー	case ケイス
(箱)	hộp ホープ	case ケイス
げーと **ゲート** geeto	cổng コーンム	gate ゲイト
げーむ **ゲーム** geemu	trò chơi チョー チォーイ	game ゲイム
けおりもの **毛織物** keorimono	hàng len dạ ハーング レーン ザー	woolen goods ウルン グッズ
けが **怪我** kega	vết thương, thương tích ヴェーッ トゥフオング, トゥフオング ティク	wound, injury ウーンド, インヂャリ
～する	bị thương ビー トゥフオング	(get) hurt (ゲト) ハート
～人	người bị thương ングォイ ビー トゥフオング	injured person インヂャド パースン
げか **外科** geka	khoa ngoại, ngoại khoa クフアーン ングアーイ, ングアーイ クフアー	surgery サーヂャリ

日	越	英
〜医	bác sĩ khoa ngoại, bác sĩ ngoại khoa パーク シー クフアー ングアーイ, パーク シー ングアーイ クフアー	surgeon サーデオン
けがす 汚す kegasu	làm ô nhục, làm cho nhục nhã ラーム オー ニュークプ, ラーム チョー ニュークプ ニャー	disgrace ディスグレイス
けがれ 汚れ kegare	vết nhơ bẩn, sự ô uế ヴェーツ ニョー ボン, スー オー ゥエー	impurity インピュアリティ
けがわ 毛皮 kegawa	da, lông thú ザー, ローンム トゥフー	fur ファー
げき 劇 geki	kịch, vở kịch キク, ヴォー キク	play プレイ
げきじょう 劇場 gekijou	nhà hát, rạp hát ニャー ハーツ, ザープ ハーツ	theater, ⓑtheatre スィアタ, スィアタ
げきだん 劇団 gekidan	đoàn kịch ドゥアーン キク	theatrical company スィアトリカル カンパニ
げきれいする 激励する gekireisuru	khích lệ, động viên キヒク レー, ドームン ヴィエン	encourage インカーリデ
けさ 今朝 kesa	sáng nay サーング ナイ	this morning ズィス モーニング
げざい 下剤 gezai	thuốc xổ トゥフオク ソー	laxative, purgative ラクサティヴ, パーガティヴ
げし 夏至 geshi	hạ chí ハー チー	summer solstice サマ サルスティス
けしいん 消印 keshiin	dấu bưu điện ゾゥ ブーゥ ディエン	postmark ポウストマーク
けしき 景色 keshiki	phong cảnh, cảnh quan フォーンム カイン, カイン クアーン	scenery, view スィーナリ, ヴュー
けしごむ 消しゴム keshigomu	cục tẩy, cục gôm クークプ トイ, クークプ ゴーム	eraser, ⓑrubber イレイサ, ラバ

日	越	英
けじめ kejime	sự phân biệt, chừng mực スー フォン ビエッ, チューング ムーク	distinction ディス**ティ**ンクション
～をつける	phân biệt, có chừng mực フォン ビエッ, コー チューング ムーク	distinguish between ディス**ティ**ングウィシュ ビトウィーン
下車する geshasuru	xuống xe スオング セー	get off **ゲ**ト **オ**ーフ
下旬 gejun	cuối tháng, hạ tuần クオイ ターング, ハー トゥオン	end of the month **エ**ンド オヴ ザ **マ**ンス
化粧 keshou	sự trang điểm, đánh phấn スー チャーング ディエム, ダイン フォン	makeup **メ**イカプ
～室	phòng trang điểm フォーンム チャーング ディエム	dressing room, bathroom ドレスィング **ル**ーム, バスルーム
～水	nước hoa hồng ヌオク フアー ホーンム	skin lotion ス**キ**ン **ロ**ウション
～する	trang điểm, đánh phấn チャーング ディエム, ダイン フォン	put on makeup **プ**ト オン **メ**イカプ
～品	mỹ phẩm, son phấn ミー フォム, ソーン フォン	cosmetics カズ**メ**ティクス
消す (文字などを) kesu	xoá, tẩy スアー, トイ	erase イ**レ**イス
(明かりや火を)	tắt lửa, tắt đèn タッ ルア, タッ デーン	put out **プ**ト **ア**ウト
(スイッチを)	tắt công tắc タッ コーンム タク	turn off, switch off **タ**ーン **オ**ーフ, ス**ウィ**チ **オ**ーフ
下水 gesui	nước thải ヌオク ターハイ	sewage water ス**ー**イデ **ウォ**ータ

日	越	英
～道	cống rãnh, đường nước thải	drainage ドレイニヂ
けずる 削る kezuru	gọt, bào	shave, whittle シェイヴ, (ホ)ウィトル
（削減する）	cắt bớt, cắt giảm	curtail カーテイル
けた 桁 （数の） keta	dãy số trong một con số	figure, digit フィギャ, ディヂト
けちな けちな kechina	keo kiệt, bủn xỉn	stingy スティンヂ
けちゃっぷ ケチャップ kechappu	xốt cà chua	catsup, ketchup ケチャプ, ケチャプ
けつあつ 血圧 ketsuatsu	huyết áp, áp huyết	blood pressure ブラド プレシャ
けつい 決意 ketsui	sự quyết định	resolution レゾルーション
～する	quyết định	make up one's mind メイク アプ マインド
けつえき 血液 ketsueki	máu, máu huyết	blood ブラド
けつえん 血縁 ketsuen	huyết thống, huyết hệ	blood relation ブラド リレイション
けっか 結果 kekka	kết quả	result リザルト
けっかく 結核 kekkaku	bệnh lao, bệnh lao phổi	tuberculosis テュバーキュロウスィス
けっかん 欠陥 kekkan	thiếu sót, khiếm khuyết	defect, fault ディフェクト, フォールト

日	越	英
けっかん **血管** kekkan	huyết quản, huyết mạch フイエッ クアーン, フイエッ マイク	blood vessel ブラド ヴェスル
げっかんし **月刊誌** gekkanshi	nguyệt san, tạp chí tháng ングイエッ サーン, ターブ チー タハーング	monthly (magazine) **マ**ンスリ (**マ**ガズィーン)
げっきゅう **月給** gekkyuu	lương tháng, lương tính theo tháng ルオング タハーング, ルオング ティン テヘーウ タハーング	(monthly) salary (**マ**ンスリ) **サ**ラリ
けっきょく **結局** kekkyoku	kết cục, rốt cuộc ケーッ クークブ, ゾーッ クオク	after all, in the end アフタ **オ**ール, イン ズィ **エ**ンド
けっきん **欠勤** kekkin	nghỉ làm, vắng mặt ở chỗ làm việc ンギー ラーム, ヴァング マッ オー チョーラーム ヴィエク	absence **ア**ブセンス
けつごう **結合** ketsugou	sự ghép nối, kết hợp スー ゲーブ ノーイ, ケーッ ホーブ	union, combination **ユ**ーニョン, カンビ**ネ**イション
～する	ghép, kết hợp ゲーブ, ケーッ ホーブ	unite, combine ユー**ナ**イト, コン**バ**イン
けっこうな **結構な** kekkouna	tuyệt vời, hài lòng トゥイエッ ヴォーイ, ハーイ ローンム	excellent, nice **エ**クセレント, **ナ**イス
けっこん **結婚** kekkon	sự kết hôn, thành hôn スー ケーッ ホーン, タハイン ホーン	marriage **マ**リヂ
～式	đám cưới, lễ cưới ダーム クオイ, レー クオイ	wedding **ウェ**ディング
～する	kết hôn, cưới ケーッ ホーン, クオイ	(get) married (ゲト) **マ**リド
けっさく **傑作** kessaku	kiệt tác, tuyệt tác キエッ ターク, トゥイエッ ターク	masterpiece **マ**スタピース
けっさん **決算** kessan	quyết toán クイエッ トゥアーン	settlement of accounts **セ**トルメント オヴ ア**カ**ウンツ

日	越	英
けっして **決して** kesshite	không bao giờ, hoàn toàn không コホーンム バーウ ゾー, フアーン トゥアーン コホーンム	never ネヴァ
げっしゃ **月謝** gessha	học phí hàng tháng ホークプ フィー ハーング タハーング	monthly fee マンスリ フィー
げっしゅう **月収** gesshuu	thu nhập tháng トゥフー ニオプ タハーング	monthly income マンスリ インカム
けっしょう **決勝** kesshou	chung kết チューンム ケーツ	final ファイナル
けっしょう **結晶** kesshou	kết tinh ケーツ ティン	crystal クリスタル
げっしょく **月食** gesshoku	nguyệt thực ングイエッ トゥフーク	eclipse of the moon イクリプス オヴ ザ ムーン
けっしん **決心** kesshin	sự quyết tâm, quyết định スー クイエットム, クイエッ ディン	determination ディターミネイション
〜する	quyết tâm, quyết định クイエットム, クイエッ ディン	make up one's mind メイク アプ マインド
けっせい **血清** kessei	huyết thanh フイエッ タハイン	serum スィアラム
けっせき **欠席** kesseki	sự vắng mặt スー ヴァング マッ	absence アブセンス
〜する	vắng mặt ヴァング マッ	(be) absent from (ビ) アブセント フラム
けつだん **決断** ketsudan	sự quyết đoán, quyết định スー クイエッ ドゥアーン, クイエッ ディン	decision ディスィジョン
〜する	quyết đoán, quyết định クイエッ ドゥアーン, クイエッ ディン	decide ディサイド
けってい **決定** kettei	sự quyết định, ấn định スー クイエッ ディン, オン ディン	decision ディスィジョン

日	越	英
～する	quyết định, ấn định	decide
けってん **欠点** ketten	khuyết điểm, điểm thiếu sót	fault, weak point
けっとう **血統** kettou	huyết thống, dòng họ	blood, lineage
(動物の)	nòi giống động vật	pedigree
けっぱく **潔白** keppaku	tâm hồn trong trắng	innocence
げっぷ **げっぷ** geppu	ợ hơi, ợ chua	burp
けっぺきな **潔癖な** keppekina	sạch sẽ, trong sạch	fastidious, clean
けつぼう **欠乏** ketsubou	sự thiếu thốn, túng thiếu	lack, shortage
～する	thiếu thốn, túng thiếu	lack
けつまつ **結末** ketsumatsu	lời bạt, lời kết	end, result
げつまつ **月末** getsumatsu	cuối tháng	end of the month
げつようび **月曜日** getsuyoubi	thứ hai	Monday
けつれつ **決裂** ketsuretsu	thất bại, không thành	rupture
けつろん **結論** ketsuron	kết luận	conclusion

日	越	英
けなす **けなす** kenasu	chê bai, chê bôi チェー バーイ, チェー ボーイ	speak ill of スピーク イル オヴ
けにあ **ケニア** kenia	Kê ni a, Kenya ケーニー アー, ケニャー	Kenya ケニャ
げねつざい **解熱剤** genetsuzai	thuốc giải nhiệt, thuốc hạ sốt トゥオク ザーイ ニエッ, トゥオク ハーソーッ	antipyretic アンティパイレティク
けはい **気配** kehai	dấu hiệu, bóng dáng ゾウ ヒエウ, ボーンム ザーング	sign, indication サイン, インディケイション
けびょう **仮病** kebyou	ốm giả vờ, giả vờ ốm オーム ザー ヴォー, ザー ヴォー オーム	feigned illness フェインド イルネス
げひんな **下品な** gehinna	thấp kém, hạ đẳng トァプ ケーム, ハー ダング	vulgar, coarse ヴァルガ, コース
けむい **煙い** kemui	khói, cay mắt コホーイ, カイ マッ	smoky スモウキ
けむし **毛虫** kemushi	sâu róm ソウ ゾーム	caterpillar キャタピラ
けむり **煙** kemuri	khói, làn khói コホーイ, ラーン コホーイ	smoke スモウク
げり **下痢** geri	tiêu chảy, bị ỉa chảy ティエウ チャイ, ビー イア チャイ	diarrhea ダイアリア
げりら **ゲリラ** gerira	du kích ズー キク	guerrilla ゲリラ
ける **蹴る** keru	đá ダー	kick キク
げるまにうむ **ゲルマニウム** gerumaniumu	germanium, ge ma ni ゲルマニウム, ゲー マー ニー	germanium チャーメイニアム
げれつな **下劣な** geretsuna	hèn hạ, ty tiện ヘーン ハー, ティー ティエン	mean, base ミーン, ベイス

日	越	英
げれんで **ゲレンデ** gerende	bāi trượt tuyết バーイ チュオット トゥイエッ	(ski) slope (スキー) スロウプ
けわしい **険しい** kewashii	hiểm trở, dốc ヒエム チォー, ゾークプ	steep スティープ
（顔つきが）	khắt khe, gay gắt カハッ ケヘー, ガイ ガッ	severe スィヴィア
けん **券** ken	vé, phiếu ヴェー, フィエゥ	ticket, coupon ティケト, クーパン
けん **県**　（日本の） ken	tỉnh ティン	prefecture プリーフェクチャ
げん **弦**　（楽器の） gen	dây đàn ゾィ ダーン	string ストリング
（弓の）	dây cung ゾィ クーンム	bowstring ボウストリング
けんあくな **険悪な** ken-akuna	ác hiểm, gay gắt アーク ヒエム, ガイ ガッ	threatening スレトニング
げんあん **原案** gen-an	bản dự thảo, phác thảo バーン ズー タハーゥ, ファーク タハーゥ	first draft ファースト ドラフト
けんい **権威** ken-i	uy quyền, quyền uy ゥイー クイエン, クイエン ゥイー	authority, prestige オサリティ, プレスティージ
げんいん **原因** gen-in	nguyên nhân, nguyên do ングイエン ニォン, ングイエン ゾー	cause, origin コーズ, オーリデン
げんえい **幻影** gen-ei	ảo ảnh, ảo tượng アーゥ アイン, アーゥ トゥオング	illusion イルージョン
けんえき **検疫** ken-eki	kiểm dịch キエム ジク	quarantine クウォランティーン
げんえき **現役** gen-eki	đương chức, đương nhiệm ドゥオング チューク, ドゥオング ニエム	active service アクティヴ サーヴィス

213

け

日	越	英
けんえつ **検閲** ken-etsu	kiểm duyệt キエム ズイエッ	inspection, censorship インスペクション, **セ**ンサシプ
けんか **喧嘩** (殴り合い) kenka	đánh nhau ダイン ニャウ	fight **ファ**イト
(口論)	cãi cọ, tranh cãi カーイ コー, チャイン カーイ	quarrel, dispute ク**ウォ**レル, ディス**ピュ**ート
～する	cãi nhau, đánh nhau カーイ ニャウ, ダイン ニャウ	quarrel with ク**ウォ**レル ウィズ
げんか **原価** genka	giá thành, giá gốc ザー タハイン, ザー ゴークプ	cost price **コ**ースト プ**ラ**イス
けんかい **見解** kenkai	kiến giải, ý kiến キエン ザーイ, イー キエン	opinion, view オ**ピ**ニオン, **ヴュ**ー
げんかい **限界** genkai	giới hạn, hạn chế ゾーイ ハーン, ハーン チェー	limit, bounds **リ**ミト, **バ**ウンヅ
けんがくする **見学する** kengakusuru	tham quan, kiến tập タハーム クアーン, キエン トプ	inspect, visit インス**ペ**クト, **ヴィ**ズィト
げんかくな **厳格な** genkakuna	nghiêm túc, nghiêm chỉnh ンギエム トゥークプ, ンギエム チン	strict, rigorous スト**リ**クト, **リ**ガラス
げんかしょうきゃく **減価償却** genkashoukyaku	khấu hao コホウ ハーウ	depreciation ディプリーシ**エ**イション
げんがっき **弦楽器** gengakki	nhạc cụ có dây, đàn ニャークプ クー コー ゾイ, ダーン	stringed instruments スト**リ**ングド **イ**ンストルメンツ
げんかん **玄関** genkan	lối vào, cửa vào ローイ ヴァーウ, クア ヴァーウ	entrance **エ**ントランス
げんきな **元気な** genkina	khoẻ mạnh クフエー マイン	spirited, lively ス**ピ**リテド, **ラ**イヴリ
けんきゅう **研究** kenkyuu	sự nghiên cứu スー ンギエン クーウ	study, research ス**タ**ディ, リ**サ**ーチ

日	越	英
～者	nhà nghiên cứu ニャー ンギエン クーウ	student, scholar ステューデント, スカラ
～所	sở nghiên cứu ソー ンギエン クーウ	laboratory ラボラトーリ
～する	nghiên cứu, tìm kiếm ンギエン クーウ, ティーム キエム	research, study リサーチ, スタディ
けんきょな 謙虚な kenkyona	khiêm tốn, khiêm nhường キヒエム トーン, キヒエム ニュオング	modest マデスト
けんきん 献金 kenkin	góp tiền, quyên tiền ゴープ ティエン, クイエン ティエン	donation ドウネイション
げんきん 現金 genkin	tiền mặt ティエン マッ	cash キャシュ
げんきんする 厳禁する genkinsuru	nghiêm cấm, cấm ngặt ンギエム コム, コム ンガッ	forbid strictly フォビド ストリクトリ
げんけい 原型 genkei	nguyên mẫu, mẫu gốc ングイエン モウ, モウ ゴークプ	prototype プロウトタイプ
げんけい 原形 genkei	hình dạng ban đầu, nguyên dạng ヒン ザーング バーン ドウ, ングイエン ザーング	original form オリヂナル フォーム
けんけつ 献血 kenketsu	hiến máu, hiến máu nhân đạo ヒエン マウ, ヒエン マウ ニョン ダーウ	blood donation ブラド ドウネイション
けんげん 権限 kengen	quyền hạn クイエン ハーン	competence カンピテンス
げんご 言語 gengo	ngôn ngữ ンゴーン ングー	language ラングウィヂ
～学	ngôn ngữ học ンゴーン ングー ホークプ	linguistics リングウィスティクス
けんこう 健康 kenkou	sức khỏe スーク クフエー	health ヘルス

日	越	英
～な	khoẻ, khoẻ mạnh クフエー, クフエー マイン	healthy, sound ヘルスィ, サウンド
げんこう **原稿** genkou	bản thảo, sơ thảo バーン タハーウ, ソー タハーウ	manuscript, draft マニュスクリプト, ドラフト
げんこうはん **現行犯** genkouhan	bắt quả tang バック アー ターング	red-handed レドハンデド
げんこく **原告** genkoku	bên nguyên, nguyên đơn ベーン ングイエン, ングイエン ドーン	plaintiff プレインティフ
けんさ **検査** kensa	sự kiểm tra, xét nghiệm スー キエム チャー, セーッ ングイエム	inspection インスペクション
～する	xét nghiệm セーッ ングイエム	inspect, examine インスペクト, イグザミン
げんざいの **現在の** genzaino	hiện tại, hiện giờ ヒエン ターイ, ヒエン ゾー	present プレゼント
げんざいりょう **原材料** genzairyou	nguyên liệu, vật liệu ングイエン リエウ, ヴォッ リエウ	raw material ロー マティアリアル
けんさく **検索** kensaku	sự tra cứu, tìm kiếm スー チャー クーウ, ティーム キエム	search, retrieval サーチ, リトリーヴァル
～する	tra cứu, tìm kiếm チャー クーウ, ティーム キエム	search, retrieve サーチ, リトリーヴ
げんさく **原作** gensaku	nguyên tác, tác phẩm gốc ングイエン ターク, ターク フォム ゴークプ	original オリヂナル
げんさんち **原産地** gensanchi	nước xuất xứ, nơi sản xuất ヌオク スオッ スー, ノーイ サーン スオッ	place of origin プレイス オヴ オリヂン
けんじ **検事** kenji	công tố viên コーンム トー ヴィエン	public prosecutor パブリク プラスィキュータ
げんし **原子** genshi	nguyên tử ングイエン トゥー	atom アトム

日	越	英
～爆弾	bom nguyên tử ボーム ングイエン トゥー	atomic bomb ア**タ**ミク **バ**ム
～力	năng lượng nguyên tử ナング ルオング ングイエン トゥー	nuclear power **ニュ**ークリア **パ**ウア
～炉	lò phản ứng hạt nhân ロー ファーン ウーング ハーッ ニャン	nuclear reactor **ニュ**ークリア リ**ア**クタ
げんじつ 現実 genjitsu	hiện thực ヒエン トゥフーク	reality, actuality リ**ア**リティ, アクチュ**ア**リティ
～の	hiện thực ヒエン トゥフーク	real, actual **リ**ーアル, **ア**クチュアル
けんじつな 堅実な kenjitsuna	kiên định, vững vàng キエン ディン, ヴーング ヴァーング	steady ス**テ**ディ
げんしの 原始の genshino	nguyên thủy, thô sơ ングイエン トゥフイー, トホー ソー	primitive プ**リ**ミティヴ
げんしゅ 元首 genshu	nguyên thủ ングイエン トゥフー	sovereign **サ**ヴレン
けんしゅう 研修 kenshuu	thực tập, tập sự トゥフーク トプ, トプ スー	study ス**タ**ディ
～生	thực tập sinh トゥフーク トプ シン	trainee トレイ**ニ**ー
けんじゅう 拳銃 kenjuu	súng ngắn, súng lục スーンム ンガン, スーンム ルークプ	handgun, pistol **ハ**ンドガン, **ピ**ストル
げんじゅうしょ 現住所 genjuusho	địa chỉ thường trú ディア チー トゥフオング チュー	present address プ**レ**ゼント ア**ド**レス
げんじゅうな 厳重な genjuuna	nghiêm chỉnh, nghiêm ngặt ンギエム チン, ンギエム ンガッ	strict, severe スト**リ**クト, スィ**ヴィ**ア
げんしゅくな 厳粛な genshukuna	nghiêm trang, trang trọng ンギエム チャーング, チャーング チォーンム	grave, solemn グ**レ**イヴ, **サ**レム

217

け

日	越	英
けんしょう **懸賞** kenshou	giải thưởng ザーイ トゥフオング	prize プライズ
げんしょう **現象** genshou	hiện tượng ヒエン トゥオング	phenomenon フィナメノン
げんじょう **現状** genjou	hiện trạng, tình hình hiện tại ヒエン チャーング, ティン ヒン ヒエン ターイ	present condition プレズント コンディション
げんしょうする **減少する** genshousuru	giảm, giảm xuống ザーム, ザーム スオング	decrease, decline ディークリース, ディクライン
げんしょく **原色** genshoku	màu chính, màu cơ bản マウ チン, マウ コー バーン	primary color プライメリ カラ
けんしん **検診** kenshin	khám, khám bệnh カハーム, カハーム ベン	medical examination メディカル イグザミネイション
けんしんてきに **献身的に** kenshintekini	một cách dâng hiến, mang tính cống hiến モーッ カイク ゾング ヒエン, マーング ティン コーンム ヒエン	devotedly ディヴォウテドリ
げんぜい **減税** genzei	giảm thuế ザーム トゥフエー	tax reduction タクス リダクション
げんせいりん **原生林** genseirin	rừng nguyên sinh ズーング ングイエン シン	primeval forest プライミーヴァル フォーレスト
けんせつ **建設** kensetsu	sự xây dựng, xây cất スー ソイ ズーング, ソイ コッ	construction コンストラクション
～**する**	xây dựng, thiết lập ソイ ズーング, ティヒエッ ロプ	construct コンストラクト
けんぜんな **健全な** kenzenna	lành mạnh, khoẻ mạnh ライン マイン, クフエー マイン	sound サウンド
げんそ **元素** genso	nguyên tố ングイエン トー	element エレメント
げんそう **幻想** gensou	ảo tưởng, mộng tưởng アーウ トゥオング, モーンム トゥオング	illusion, vision イルージョン, ヴィジョン

日	越	英
げんそく **原則** gensoku	nguyên tắc	principle
げんそくする **減速する** gensokusuru	giảm tốc	slow down
けんそん **謙遜** kenson	sự khiêm tốn	modesty, humility
～する	khiêm tốn, khiêm nhường	(be) modest
げんだいの **現代の** gendaino	hiện đại, đương đại	modern
げんち **現地** genchi	hiện trường, nơi đang ở	spot
けんちく **建築** (建物) kenchiku	công trình kiến trúc	building
(建築術)	kỹ thuật kiến trúc, kỹ thuật xây dựng	architecture
～家	nhà kiến trúc, kiến trúc sư	architect
けんちょな **顕著な** kenchona	nổi bật, nổi trội	remarkable
げんてい **限定** gentei	sự hạn định, giới hạn	limitation
～する	giới hạn, hạn định	limit to
げんてん **原典** genten	điển cố, nguyên bản	original text

日	越	英
げんてん **原点** genten	khởi điểm, xuất phát điểm コホーイ ディエム, スオッ ファーッ ディエム	starting point スターティング ポイント
げんてん **減点** genten	giảm điểm, trừ điểm ザーム ディエム, チュー ディエム	demerit mark ディーメリト マーク
げんど **限度** gendo	hạn chế, giới hạn ハーン チェー, ゾーイ ハーン	limit リミト
けんとう **検討** kentou	sự tìm hiểu, xem xét スー ティーム ヒエゥ, セーム セーッ	examination, discussion イグザミネイション, ディスカション
〜する	tìm hiểu, xem xét ティーム ヒエゥ, セーム セーッ	examine イグザミン
けんとう **見当** (推測) kentou	suy đoán, nhận định スイー ドゥアーン, ニオン デイン	guess ゲス
(目標)	nhằm mục tiêu ニャム ムークプ ティエウ	aim エイム
げんどうりょく **原動力** gendouryoku	động lực, động cơ ドーンム ルーク, ドーンム コー	motive power モウティヴ パウア
げんば **現場** genba	hiện trường ヒエン チュオング	site, scene サイト, スィーン
けんびきょう **顕微鏡** kenbikyou	kính hiển vi キン ヒエン ヴィー	microscope マイクロスコウプ
けんぶつ **見物** kenbutsu	sự tham quan, ngắm cảnh スー タハーム クアーン, ンガム カイン	sightseeing サイトスィーイング
〜する	tham quan, ngắm cảnh タハーム クアーン, ンガム カイン	see, visit スィー, ヴィズィト
げんぶん **原文** genbun	nguyên văn ングイエン ヴァン	original text オリヂナル テクスト
けんぽう **憲法** kenpou	hiến pháp ヒエン ファープ	constitution カンスティテューション

日	越	英
げんぽん **原本** genpon	bản gốc バーン ゴークプ	original オリヂナル
げんみつな **厳密な** genmitsuna	nghiêm ngặt, chặt chẽ ンギエム ンガッ, チャッ チェー	strict, close ストリクト, クロウス
けんめいな **賢明な** kenmeina	thông minh, sáng láng トホーンム ミン, サーング ラーング	wise, prudent ワイズ, プルーデント
けんめいに **懸命に** kenmeini	một cách chuyên tâm, chú tâm モーツ カイク チュイエン トム, チュー トム	eagerly, hard イーガリ, ハード
けんもん **検問** kenmon	chặn xe kiểm tra チャン セー キエム チャー	inspection, examination インスペクション, イグザミネイション
けんやくする **倹約する** ken-yakusuru	tiết kiệm, kiệm ước ティエッ キエム, キエム ウオク	economize イカノマイズ
げんゆ **原油** gen-yu	dầu thô ゾウ トホー	crude oil クルード オイル
けんり **権利** kenri	quyền, quyền lợi クイエン, クイエン ローイ	right ライト
げんり **原理** genri	nguyên lý ングイエン リー	principle, theory プリンスィプル, スィオリ
げんりょう **原料** genryou	nguyên liệu, vật liệu ングイエン リエウ, ヴォッ リエウ	raw materials ロー マテァリアルズ
けんりょく **権力** kenryoku	quyền lực クイエン ルーク	power, authority パウア, オサリティ

こ, コ

こ **子** ko	con, con cái コーン, コーン カーイ	child, infant チャイルド, インファント
ご **五** go	năm ナム	five ファイヴ

日	越	英
ご **語** go	từ, chữ トゥー, チュー	word, term ワード, ターム
こい **濃い**　　（色が） koi	thẫm, sẫm トホム, ソム	dark, deep ダーク, ディープ
（味が）	đậm, đậm đà ドム, ドム ダー	strong ストロング
（密度が）	đặc ダク	dense デンス
こい **恋** koi	sự yêu đương, luyến ái スー イエゥ ドゥオング, ルイエン アーイ	love ラヴ
～する	yêu đương, luyến ái イエゥ ドゥオング, ルイエン アーイ	fall in love (with) フォール イン ラヴ (ウィズ)
ごい **語彙** goi	từ vựng, từ ngữ トゥー ヴーング, トゥー ングー	vocabulary ヴォウキャビュレリ
こいしい **恋しい** koishii	thương nhớ, tha thiết トゥフオング ニォー, ターハー ティヒエッ	miss, long for ミス, ローング フォ
こいぬ **子犬** koinu	chó con, cún チョー コーン, クーン	puppy パピ
こいびと **恋人** koibito	người yêu, bạn lòng ングォイ イエゥ, バーン ローンム	sweetheart, lover スウィートハート, ラヴァ
こいん **コイン** koin	đồng tiền, tiền đúc ドーンム ティエン, ティエン ドゥークプ	coin コイン
～ロッカー	tủ sắt, tủ chứa đồ トゥー サッ, トゥー チュア ドー	coin locker コイン ラカ
こうい **好意** koui	thiện cảm, thiện ý ティヒエン カーム, ティヒエン イー	goodwill グドウィル
こうい **行為** koui	hành động, hành vi ハイン ドーンム, ハイン ヴィー	act, action, deed アクト, アクション, ディード
ごうい **合意** goui	thoả thuận, đồng ý トゥファアー トゥフオン, ドーンム イー	agreement アグリーメント

日	越	英
こういしつ **更衣室** kouishitsu	phòng thay đồ フォーンム タハイ ドー	changing room **チェ**インデング **ル**ーム
こういしょう **後遺症** kouishou	di chứng, hậu quả ジー チューング, ホウ クアー	aftereffect **ア**フタリフェクト
ごうう **豪雨** gouu	trận mưa to, mưa rào チョンム ムア トー, ムア ザーウ	heavy rain ヘヴィ **レ**イン
こううん **幸運** kouun	may mắn, vận đỏ マイ マン, ヴォン ドー	fortune, luck **フォ**ーチュン, **ラ**ク
こうえい **光栄** kouei	vinh dự, vinh hạnh ヴィン ズー, ヴィン ハイン	honor, glory **ア**ナ, グ**ロ**ーリ
こうえん **公園** kouen	công viên, vườn hoa コーンム ヴィエン, ヴォン フアー	park **パ**ーク
こうえん **講演** kouen	sự diễn thuyết, thuyết trình スー ジエン トゥフイエッ, トゥフイエッ チン	lecture **レ**クチャ
～する	diễn thuyết, thuyết trình ジエン トゥフイエッ, トゥフイエッ チン	lecture on **レ**クチャ オン
こうおん **高音** kouon	âm cao, giọng cao オム カーウ, ゾーンム カーウ	high tone **ハ**イ **ト**ウン
ごうおん **轟音** gouon	tiếng nổ đùng đùng ティエング ノー ドゥーンム ドゥーンム	roar **ロ**ー
こうか **効果** kouka	hiệu quả, hiệu lực ヒエウ クアー, ヒエウ ルーク	effect, efficacy イ**フェ**クト, **エ**フィカスィ
こうかい **後悔** koukai	sự hối hận, ăn năn スー ホーイ ホン, アン ナン	regret, remorse リグ**レ**ト, リ**モ**ース
～する	hối hận, ăn năn ホーイ ホン, アン ナン	regret リグ**レ**ト
こうかい **航海** koukai	hàng hải, đi biển ハーング ハーイ, ディー ビエン	navigation ナヴィ**ゲ**イション

日	越	英
こうがい **公害** kougai	phá hoại môi trường, ô nhiễm môi trường ファー ファーイ モーイ チュオング, オーニエム モーイ チュオング	pollution ポリューション
こうがい **郊外** kougai	ngoại ô ングアーイ オー	suburbs サバーブス
こうかいする **公開する** koukaisuru	công khai コーンヶ カハーイ	open to the public **オ**ウプン トゥ ザ **パ**ブリク
こうがく **光学** kougaku	quang học クアーング ホークプ	optics **ア**プティクス
ごうかく **合格** goukaku	sự thi đỗ, sự thi đậu スー ティヒー ドー, スー ティヒー ドゥ	pass, success パス, サク**セ**ス
〜する	thi đỗ, thi đậu ティヒー ドー, ティヒー ドゥ	pass パス
こうかな **高価な** koukana	đắt đỏ, đắt tiền ダッ ドー, ダッ ティエン	expensive, costly イクス**ペ**ンスィヴ, **コ**ストリ
ごうかな **豪華な** goukana	sang trọng, lộng lẫy サーング チオーンム, ローンム ロイ	gorgeous, deluxe **ゴ**ーヂャス, デ**ル**クス
こうかん **交換** koukan	sự thay đổi, trao đổi スー タハイ ドーイ, チャーウ ドーイ	exchange イクス**チェ**インヂ
〜する	thay đổi, trao đổi タハイ ドーイ, チャーウ ドーイ	exchange イクス**チェ**インヂ
こうがんざい **抗癌剤** kouganzai	thuốc chống ung thư トゥオク チオーンム ウーンム トゥフー	anticancer agent アンティ**キャ**ンサ **エ**イヂェント
こうき (2学期制の) **後期** kouki	học kỳ sau, học kỳ Hai ホークプ キー サウ, ホークプ キー ハーイ	second semester **セ**カンド セ**メ**スタ
こうぎ **抗議** kougi	sự kháng nghị, phản kháng スー カハーング ンギー, ファーン カハーング	protest プロ**テ**スト
〜する	kháng nghị, phản kháng カハーング ンギー, ファーン カハーング	protest against プロ**テ**スト ア**ゲ**ンスト

日	越	英
こうぎ **講義** kougi	sự giảng bài, giảng dạy	lecture
～する	giảng bài, giảng dạy	lecture
こうきあつ **高気圧** koukiatsu	áp cao, khí áp cao	high atmospheric pressure
こうきしん **好奇心** koukishin	tính hiếu kỳ, tính tò mò	curiosity
こうきな **高貴な** koukina	cao quý, cao cả	noble
こうきゅうな **高級な** koukyuuna	cao cấp, đắt giá	high-end, luxury
こうきょ **皇居** koukyo	hoàng cung, cung điện	Imperial Palace
こうぎょう **工業** kougyou	công nghiệp, công nghệ	industry
～地帯	khu công nghiệp	industrial area
こうぎょう **鉱業** kougyou	công nghiệp khai thác mỏ, ngành khai thác mỏ	mining
こうきょうきょく **交響曲** koukyoukyoku	khúc giao hưởng, bản nhạc giao hưởng	symphony
こうきょうの **公共の** koukyouno	công cộng	public, common
ごうきん **合金** goukin	hợp kim	alloy
こうぐ **工具** kougu	công cụ	tool, implement

日	越	英
こうくうがいしゃ **航空会社** koukuugaisha	công ty hàng không, hãng hàng không コーンム ティー ハーング コホーンム, ハーング ハーング コホーンム	airline エアライン
こうくうき **航空機** koukuuki	máy bay, phi cơ マイ バイ, フィー コー	aircraft エアクラフト
こうくうけん **航空券** koukuuken	vé máy bay ヴェー マイ バイ	airline ticket エアライン ティケト
こうくうびん **航空便** koukuubin	đường bay, đường hàng không ドゥオング バイ, ドゥオング ハーング コホーンム	airmail エアメイル
こうけい **光景** koukei	cảnh, quang cảnh カイン, クアーング カイン	spectacle, scene スペクタクル, スィーン
こうげい **工芸** kougei	công nghệ, thủ công mỹ nghệ コーンム ンゲー, トゥフー コーンム ミー ンゲー	craft クラフト
ごうけい **合計** goukei	tổng số, số cộng chung tất cả トーンム ソー, ソー コーンム チューンム トッ カー	sum, total サム, トウトル
〜する	tổng cộng, tính tổng トーンム コーンム, ティン トーンム	total, sum up トウトル, サム アプ
こうけいき **好景気** koukeiki	nền kinh tế thịnh vượng, tình hình kinh tế tốt đẹp ネーン キン テー ティヒン ヴオング, ティン ヒン キン テー トーッ デープ	prosperity, boom プラスペリティ, ブーム
こうけいしゃ **後継者** koukeisha	người nối nghiệp, người thừa tự ングオイ ノーイ ンギエプ, ングオイ トゥフア トゥー	successor サクセサ
こうげき **攻撃** kougeki	sự công kích, tiến công スー コーンム キク, ティエン コーンム	attack, assault アタク, アソールト
〜する	công kích, tiến công コーンム キク, ティエン コーンム	attack, charge アタク, チャーヂ

日	越	英
こうけつあつ **高血圧** kouketsuatsu	huyết áp cao, áp huyết cao <small>フイエッ アープ カーウ, アープ フイエッ カーウ</small>	high blood pressure <small>ハイ ブラド プレシャ</small>
こうげん **高原** kougen	cao nguyên <small>カーウ ングイエン</small>	plateau <small>プラトウ</small>
こうけんする **貢献する** koukensuru	đóng góp, cống hiến <small>ドーンム ゴープ, コーンム ヒエン</small>	contribute to <small>コントリビュト トゥ</small>
こうこう **高校** koukou	trường trung học phổ thông, trường cấp ba <small>チュオング チューンム ホークプ フォート ホーンム, チュオング コプ バー</small>	high school <small>ハイ スクール</small>
～生	học sinh trung học phổ thông, học sinh cấp ba <small>ホークプ シン チューンム ホークプ フォートホーンム, ホークプ シン コプ バー</small>	high school student <small>ハイ スクール スデューデント</small>
こうごう **皇后** kougou	hoàng hậu <small>フアーング ホウ</small>	empress <small>エンプレス</small>
こうこうする **孝行する** koukousuru	báo hiếu <small>バーウ ヒエウ</small>	(be) good to one's parents <small>(ビ) グド トゥ ペアレンツ</small>
こうこがく **考古学** koukogaku	khảo cổ học <small>カハーウ コー ホークプ</small>	archaeology <small>アーキアロヂ</small>
こうこく **広告** koukoku	quảng cáo, áp phích <small>クアーング カーウ, アープ フィク</small>	advertisement <small>アドヴァタイズメント</small>
こうごに **交互に** kougoni	thay nhau, luân phiên <small>タハイ ニャウ, ルオン フィエン</small>	alternately <small>オールタネトリ</small>
こうさ **交差** kousa	sự giao nhau, cắt nhau <small>スー ザーウ ニャウ, カッ ニャウ</small>	crossing <small>クロースィング</small>
～する	giao nhau, cắt nhau <small>ザーウ ニャウ, カッ ニャウ</small>	cross, intersect <small>クロース, インタセクト</small>
～点	ngã tư <small>ンガー トゥー</small>	crossing, crossroads <small>クロースィング, クロースロウヅ</small>

日	越	英
こうざ **講座** kouza	khoá trình クファーアチン	course コース
こうざ **口座** kouza	tài khoản ターイクフアーン, チュオングムークプ	account アカウント
こうさい **交際** kousai	sự giao thiệp, giao du スーザーウティヒエプ, ザーウズー	company, association カンパニ, アソウスィエイション
〜する	giao thiệp, giao du ザーウティヒエプ, ザーウズー	associate with アソウシエイトウィズ
こうさく **工作** kousaku	thủ công トゥフーコーンム	handicraft ハンディクラフト
〜機械	máy công cụ マイコーンムクー	machine tool マシーントゥール
〜する	làm thủ công ラームトゥフーコーンム	engineer, make エンヂニア, メイク
こうざん **鉱山** kouzan	mỏ, mỏ quặng モー, モークアング	mine マイン
こうさんする **降参する** kousansuru	đầu hàng, hàng phục ドゥハーング, ハーングフークプ	surrender to サレンダトゥ
こうし **講師** koushi	giảng viên ザーングヴィエン	lecturer レクチャラ
こうじ **工事** kouji	công trình thi công コーンムチンティヒーコーンム	work, construction ワーク, コンストラクション
こうしきの **公式の** koushikino	chính thức チントゥフーク	official, formal オフィシャル, フォーマル
こうじつ **口実** koujitsu	cớ biện bạch, cớ thoái thác コービエンバイク, コートゥファーイタハーク	pretext, excuse プリーテクスト, イクスキュース
こうしゃ **後者** kousha	cái sau, người sau カーイサウ, ングオイサウ	latter ラタ

日	越	英
こうしゃ **校舎** kousha	nhà trường, khuôn viên trường ニャー チュオング, クフオン ヴィエン チュオング	schoolhouse ス**クー**ルハウス
こうしゅう **講習** koushuu	giảng dạy, giảng bài ザーング ザィ, ザーング バーィ	course **コー**ス
こうしゅうの **公衆の** koushuuno	công chúng, công cộng コーンム チューンム, コーンム コーンム	public **パ**ブリク
こうじゅつ **口述** koujutsu	sự trình bày bằng lời, sự trình bày miệng スー チン バィ バング ローィ, スー チン バィ ミエング	dictation ディク**テ**イション
～する	trình bày bằng lời, trình bày miệng チン バィ バング ローィ, チン バィ ミエング	dictate ディ**ク**テイト
こうじょ **控除** koujo	sự khấu trừ スー コホゥ チュー	deduction ディ**ダ**クション
～する	khấu trừ コホゥ チュー	deduct ディ**ダ**クト
こうしょう **交渉** koushou	sự thương lượng, đàm phán スー トゥフオング ルオング, ダーム ファーン	negotiations ニゴウシ**エ**イションズ
～する	thương lượng, đàm phán トゥフオング ルオング, ダーム ファーン	negotiate with ニ**ゴ**ウシエイト ウィズ
こうじょう **工場** koujou	nhà máy ニャー マィ	factory, plant **ファ**クトリ, **プラ**ント
こうしょうな **高尚な** koushouna	cao thượng, cao cả カーウ トゥフオング, カーウ カー	noble, refined **ノ**ウブル, リ**ファ**インド
ごうじょうな **強情な** goujouna	bướng bỉnh, ngang bướng ブオング ビン, ンガーング ブオング	obstinate **ア**ブスティネト
こうしょうにん **公証人** koushounin	công chứng viên コーンム チューング ヴィエン	notary **ノ**ウタリ

日	越	英
こうしょきょうふしょう **高所恐怖症** koushokyoufushou	bệnh sợ độ cao ベン ソー ドー カーウ	acrophobia, fear of heights アクロフォウビア, フィア オヴ ハイツ
こうしん **行進** koushin	sự diễu hành, tuần hành スー ジエゥ ハイン, トゥオン ハイン	march, parade マーチ, パレイド
~する	diễu hành, tuần hành ジエゥ ハイン, トゥオン ハイン	march マーチ
こうしんりょう **香辛料** koushinryou	đồ gia vị, hương liệu ドー ザー ヴィー, フオング リエゥ	spices スパイセズ
こうすい **香水** kousui	nước hoa, nước thơm ヌオク フアー, ヌオク トホーム	perfume パーフューム
こうずい **洪水** kouzui	lụt, lũ lụt ルーッ, ルー ルーッ	flood, inundation フラド, イナンデイション
こうせい **恒星** kousei	hằng tinh, định tinh ハング テイン, デイン テイン	fixed star フィクスト スター
こうせい **構成** kousei	cấu trúc, kết cấu コウ チュークプ, ケーッ コウ	composition カンポズィション
~する	cấu tạo, cấu thành コウ ターウ, コウ タハイン	compose コンポウズ
ごうせい **合成** gousei	sự tổng hợp スー トーンム ホープ	synthesis スィンセスィス
~樹脂	nhựa tổng hợp, chất dẻo tổng hợp ニュア トーンム ホープ, チョッ ゼーゥ トーンム ホープ	synthetic resin スィンセティク レズィン
~する	tổng hợp トーンム ホープ	synthesize スィンセサイズ
こうせいな **公正な** kouseina	chính trực, đúng đắn チン チュークッ, ドゥーンム ダン	just, fair ヂャスト, フェア
こうせいぶっしつ **抗生物質** kouseibusshitsu	thuốc kháng sinh, chất kháng sinh トゥフオク カハーング シン, チョッ カハーング シン	antibiotic アンティバイアティク

日	越	英
こうちゃ **紅茶** koucha	trà đen, trà lipton チャー デーン, チャー リプトン	(black) tea (ブラク) ティー
こうちょう **校長** kouchou	hiệu trưởng ヒエウ チュオング	principal, ⒷHead-master プリンスィパル, ヘドマスタ
こうちょうな **好調な** kouchouna	tình hình tiến triển tốt, diễn tiến tốt ティン ヒン ティエン チエン トーッ, ジエン ティエン トーッ	in good condition イン グド コンディション
こうつう **交通** (往来) koutsuu	giao thông, qua lại ザーウ トホーング, クアー ラーイ	traffic トラフィク
(輸送)	vận chuyển, vận tải ヴォン チュイエン, ヴォン ターイ	transport トランスポート
～事故	tai nạn giao thông ターイ ナーン ザーウ トホーンム	traffic accident トラフィク アクスィデント
こうてい **皇帝** koutei	vua, hoàng đế ヴア, フアーング デー	emperor エンペラ
こうていする **肯定する** kouteisuru	khẳng định カハング ディン	affirm アファーム
こうていぶあい **公定歩合** kouteibuai	lãi suất ngân hàng, tỷ lệ chiết khấu ngân hàng trung ương ラーイ スオッ ンゴン ハーング, ティー レー チエッ コホウ ンゴン ハーング チューンム ウオング	bank rate バンク レイト
こうてきな **公的な** koutekina	công, thuộc chính quyền コーンム, トゥオク チン クイエン	official, public オフィシャル, パブリク
こうてつ **鋼鉄** koutetsu	thép テヘープ	steel スティール
こうてんする **好転する** koutensuru	chuyển biến tốt, cải thiện チュイエン ビエン トーッ, カーイ ティヒエン	turn for the better ターン フォ ザ ベタ
こうど **高度** koudo	cao độ, độ cao カーウ ドー, ドー カーウ	altitude アルティテュード

日	越	英
こうせき **鉱石** kouseki	quặng クアング	ore オー
こうせん **光線** kousen	tia sáng ティア サーング	ray, beam レイ, ビーム
こうぜんと **公然と** kouzento	công khai, ra mặt コーンム カハーイ, ザー マッ	openly, publicly オウプンリ, パブリクリ
こうそ **控訴** kouso	kháng cáo, kháng án カハーング カーウ, カハーング アーン	appeal アピール
こうそう **構想** kousou	ý tưởng, dàn ý イー トゥオング, ザーン イー	plan, conception プラン, コンセプション
こうそう **香草** kousou	rau thơm ザウ トホーム	herb アーブ
こうぞう **構造** kouzou	kết cấu, cấu trúc ケーッ コウ, コウ チュークプ	structure ストラクチャ
こうそうけんちく **高層建築** kousoukenchiku	tòa nhà cao tầng, công trình kiến trúc cao tầng トゥアー ニャー カーウ タング, コーンム チン キエン チュークプ カーウ タング	high-rise ハイライズ
こうそく **高速** kousoku	cao tốc カーウ トークプ	high speed ハイ スピード
～道路	đường cao tốc, xa lộ ドゥオング カーウ トークプ, サー ロー	expressway, freeway, Ⓑmotorway イクスプレスウェイ, フリーウェイ, モウタウェイ
こうたいし **皇太子** koutaishi	hoàng thái tử, thái tử フアーング タハーイ トゥー, タハーイ トゥー	Crown Prince クラウン プリンス
こうたいする **交替[代]する** koutaisuru	thay nhau, thay phiên nhau タハイ ニャウ, タハイ フィエン ニャウ	take turns テイク ターンズ
こうだいな **広大な** koudaina	rộng mênh mông, bao la ゾーンム メン モーンム, バーウ ラー	vast, immense ヴァスト, イメンス
こうたく **光沢** koutaku	dầu bóng ゾウ ボーンム	luster, gloss ラスタ, グロス

231

日	越	英
こうにゅうする **購入する** kounyuusuru	mua, tậu ムア, トゥ	purchase, buy パーチェス, バイ
こうにん **後任** kounin	người nối nghiệp, người kế nhiệm ングオィ ノーイ ンギエプ, ングオィ ケーニエム	successor サクセサ
こうにんの **公認の** kouninno	chứng nhận, xác nhận チューング ニョン, サーク ニョン	official, approved オフィシャル, アプルーヴド
こうねん **光年** kounen	năm ánh sáng ナム アイン サーング	light-year ライトイヤ
こうはい **後輩** kouhai	đàn em, lớp đàn em ダーン エーム, ローブ ダーン エーム	junior チューニア
こうばしい **香ばしい** koubashii	bùi, thơm ブーイ, トホーム	fragrant フレイグラント
こうはん **後半** kouhan	nửa sau, hiệp sau ヌア サウ, ヒエプ サウ	latter half ラタ ハフ
こうばん **交番** kouban	đồn công an, bốt cảnh sát ドーン コーンム アーン, ボーッ カインサーッ	(small) police station, Ⓑpolice box (スモール) ポリース ステイション, ポリース ボクス
こうひょうの **好評の** kouhyouno	đánh giá cao ダィン ザー カーゥ	popular パピュラ
こうふく **幸福** koufuku	hạnh phúc, hồng phúc ハイン フークプ, ホーンム フークプ	happiness ハピネス
〜な	hạnh phúc, hồng phúc ハイン フークプ, ホーンム フークプ	happy ハピ
こうぶつ **好物** koubutsu	món ăn ưa thích, thức ăn ưa thích モーン アン ウア ティヒク, トゥフーク アン ウア ティヒク	favorite food フェイヴァリト フード
こうぶつ **鉱物** koubutsu	quặng クアング	mineral ミネラル

日	越	英
こうとう **高騰** koutou	sự tăng giá đột biến スー タング ザー ドーッ ビエン	sudden rise **サ**ドン **ラ**イズ
〜する	tăng giá cao, tăng giá đột biến タング ザー カーゥ, タング ザー ドーッ ビエン	rise sharply **ラ**イズ **シャー**プリ
こうどう **行動** koudou	hành động ハイン ドーンム	action, conduct **ア**クション, **カ**ンダクト
〜する	hành động ハイン ドーンム	act **ア**クト
こうどう **講堂** koudou	hội trường, giảng đường ホーイ チュオング, ザーング ドゥオング	hall, auditorium **ホ**ール, オーディ**ト**ーリアム
ごうとう **強盗** goutou	ăn cướp, đạo tặc アン クオプ, ダーゥ タク	robber, burglar **ラ**バ, **バ**ーグラ
ごうどう **合同** goudou	kết hợp, hợp nhất ケーッ ホープ, ホープ ニォッ	union **ユ**ーニョン
こうとうな **高等な** koutouna	cao cấp, cao đẳng カーゥ コプ, カーゥ ダング	advanced, high-grade アド**ヴァ**ンスト, **ハ**イグレイド
こうとうがっこう **高等学校** koutougakkou	trường trung học phổ thông, trường cấp ba チュオング チューンム ホークブ フォート ホーンム, チュオング コプ バー	high school **ハ**イ ス**ク**ール
こうとうさいばんしょ **高等裁判所** koutousaibansho	toà thượng thẩm, toà phúc thẩm トゥアー トゥフオング トホム, トゥアー フークプ トホム	high court **ハ**イ **コ**ート
こうとうの **口頭の** koutouno	bằng lời nói, nói miệng バング ローイ ノーイ, ノーイ ミエング	oral, verbal **オ**ーラル, **ヴァ**ーバル
こうどくりょう **購読料** koudokuryou	tiền mua dài hạn ティエン ムア ザーイ ハーン	subscription charge サブス**ク**リプション **チャ**ージ
こうないえん **口内炎** kounaien	bệnh tưa lưỡi, viêm niêm mạc miệng ベン トゥア ルオイ, ヴィエム ニエム マークミエング	mouth ulcer, stomatitis **マ**ウス **ア**ルサ, ストウマ**タ**イティス

日	越	英
こうふん **興奮** koufun	sự hưng phấn, hào hứng スー フーング フォン, ハーウ フーング	excitement イク**サ**イトメント
～する	hưng phấn, hào hứng フーング フォン, ハーウ フーング	(be) excited (ビ) イク**サ**イテド
こうぶん **構文** koubun	cấu trúc câu, kết cấu câu コゥ チュークプ コゥ, ケーッ コゥ コゥ	construction コンスト**ラ**クション
こうぶんしょ **公文書** koubunsho	công văn コーンム ヴァン	official document オ**フィ**シャル **ダ**キュメント
こうへいな **公平な** kouheina	công bằng, công bình コーンム バング, コーンム ビン	fair, impartial **フェ**ア, イン**パー**シャル
ごうべんじぎょう **合弁事業** goubenjigyou	công ty liên doanh コーンム ティー リエン ズアィン	joint venture **ヂョ**イント **ヴェ**ンチャ
こうほ **候補** kouho	sự ứng cử, ứng cử viên スー ウーング クー, ウーング クー ヴィエン	candidate **キャ**ンディデイト
～者	người ứng cử, ứng cử viên ングオィ ウーング クー, ウーング クー ヴィエン	candidate **キャ**ンディデイト
こうぼ **酵母** koubo	men, men rượu メーン, メーン ズオゥ	yeast, leaven **イ**ースト, **レ**ヴン
こうほう **広報** kouhou	quảng bá, công bố クアーング バー, コーンム ボー	public information **パ**ブリク インフォ**メ**イション
ごうほうてきな **合法的な** gouhoutekina	hợp pháp ホープ ファープ	legal **リ**ーガル
ごうまんな **傲慢な** goumanna	kiêu căng, ngạo mạn キエゥ カング, ンガーウ マーン	haughty **ホ**ーティ
こうみゃく **鉱脈** koumyaku	mạch quặng, vỉa quặng マィク クアング, ヴィア クアング	vein of ore **ヴェ**イン オヴ **オ**ー
こうみょうな **巧妙な** koumyouna	khéo, khéo léo ケヘーゥ, ケヘーゥ レーゥ	skillful, dexterous ス**キ**ルフル, **デ**クストラス

日	越	英
こうむ **公務** koumu	công vụ, việc công コーンム ヴー, ヴィエク コーンム	official duties オフィシャル デューティズ
～員	viên chức, công chức ヴィエン チューク, コーンム チューク	public official パブリク オフィシャル
こうむる **被る** koumuru	bị, chịu ビー, チーゥ	receive, incur リスィーヴ, インカー
こうもく **項目** koumoku	khoản, mục クフアーン, ムークブ	item, clause アイテム, クローズ
こうもん **校門** koumon	cổng trường コーンム チュオング	school gate スクール ゲイト
ごうもん **拷問** goumon	tra tấn, tra khảo チャー トン, チャー カハーゥ	torture トーチャ
こうや **荒野** kouya	vùng đất hoang, vùng hoang vu ヴーンム ドッ フアーング, ヴーンム フアーング ヴー	wilds ワイルヅ
こうらく **行楽** kouraku	cuộc đi nghỉ, đi giải trí クオク ディー ンギー, ディー ザーィ チー	outing アウティング
～客	người đi nghỉ, khách vui chơi ングオィ ディー ンギー, カハイク ヴーィ チョーィ	vacationer, Ⓑholidaymaker ヴェイケイショナ, ホリデイメイカ
こうり **小売り** kouri	sự bán lẻ スー バーン レー	retail リーテイル
～する	bán lẻ バーン レー	retail リーテイル
ごうりか **合理化** gourika	hợp lý hoá ホープ リー フアー	rationalization ラショナリゼイション
こうりつ **効率** kouritsu	hiệu suất ヒエゥ スオッ	efficiency イフィシェンスィ
～的な	năng suất cao, hiệu suất cao ナング スオッ カーゥ, ヒエゥ スオッ カーゥ	efficient イフィシェント

日	越	英
ごうりてきな **合理的な** gouriteki na	hợp lý, có lý	rational
こうりゅう **交流** kouryuu	sự giao lưu, trao đổi	exchange
（電流の）	dòng điện xoay chiều	alternating current
～する	giao lưu, trao đổi	exchange
ごうりゅう **合流** gouryuu	hợp lưu, hợp dòng	confluence
～点	điểm hợp lưu, chỗ hợp dòng	point of confluence, meeting point
こうりょうとした **荒涼とした** kouryoutoshita	hoang vắng, hoang tàn	desolate
こうりょく **効力**（効果・効能） kouryoku	hiệu lực, hiệu quả	effect, efficacy
こうりょする **考慮する** kouryosuru	kể đến	consider
こうれい **高齢** kourei	cao tuổi, cao niên	advanced age
～化社会	xã hội già hoá	aging society
こえ **声** koe	tiếng, tiếng nói	voice
こえる **越える** koeru	vượt, vượt qua	go over, cross
こえる **超える** koeru	vượt quá, vượt trội	exceed, pass

日	越	英
_{ご-ぐる}**ゴーグル** googuru	kính bảo hộ, kính bơi キン バーゥ ホー, キン ボーイ	goggles **ガ**グルズ
_{こ-ち}**コーチ** koochi	huấn luyện viên フオン ルイエン ヴィエン	coach, trainer **コ**ウチ, ト**レ**イナ
_{こ-と}**コート** (球技の) kooto	sân tập, sân chơi ソン タプ, ソン チョーイ	court **コ**ート
(洋服の)	áo khoác アーゥ クファーク	coat **コ**ウト
_{こ-ど}**コード** (暗号) koodo	mật mã, mật hiệu モッ マー, モッ ヒエゥ	code **コ**ウド
(電線)	dây điện ゾィ ディエン	cord **コ**ード
_{こ-なー}**コーナー** koonaa	góc, quầy ゴークプ, クオィ	corner **コ**ーナ
_{こ-ひー}**コーヒー** koohii	cà phê カー フェー	coffee **コ**ーフィ
～ショップ	quán cà phê クアーン カー フェー	coffee shop **コ**ーフィ **シャ**プ
_{こ-ら}**コーラ** koora	cô ca コー カー	Coke, cola **コ**ウク, **コ**ウラ
_{こ-らす}**コーラス** koorasu	hợp xướng, đội hợp xướng ホープ スオング, ドーイ ホープ スオング	chorus **コ**ーラス
_{こおり}**氷** koori	nước đá, băng ヌオク ダー, バング	ice **ア**イス
_{こおる}**凍る** kooru	đóng băng, đông lại ドーンム バング, ドーンム ラーイ	freeze フ**リ**ーズ
_{ご-る}**ゴール** gooru	khung thành, cầu môn クフーンム タハイン, コゥ モーン	goal **ゴ**ウル

日	越	英
～キーパー	thủ môn, thủ thành	goalkeeper
～キック	phát bóng từ cầu môn	goal kick
ごかい **誤解** gokai	sự hiểu sai, hiểu nhầm	misunderstanding
～する	hiểu sai, hiểu nhầm	misunderstand
こがいしゃ **子会社** kogaisha	công ty con	subsidiary
コカイン kokain	cocain, cô ca in	cocaine
ごがく **語学** gogaku	học ngôn ngữ, học ngoại ngữ	language study
ごかくけい **五角形** gokakukei	hình ngũ giác	pentagon
こがす **焦がす** kogasu	làm cháy, làm khê	burn, scorch
こがたの **小型の** kogatano	dạng nhỏ, cỡ nhỏ	small, compact
ごがつ **五月** gogatsu	tháng năm	May
ごかん **五感** gokan	năm giác quan	(the) five senses
ごかんせいのある **互換性のある** gokanseinoaru	tương thích, tương hợp	compatible
こぎって **小切手** kogitte	séc, cheque	check, ⒷCheque

日	越	英
ごきぶり **ゴキブリ** gokiburi	gián, con gián ザーン, コーン ザーン	cockroach **カ**クロウチ
こきゃく **顧客** kokyaku	khách hàng, đối tác kinh doanh カハイク ハーング, ドーイ タァク キン ズアイン	customer, client **カ**スタマ, ク**ラ**イエント
こきゅう **呼吸** kokyuu	hô hấp, thở ホー ホプ, トホー	respiration レスピ**レ**イション
～する	thở トホー	breathe ブ**リ**ーズ
こきょう **故郷** kokyou	quê, quê hương クエー, クエー フオング	home town, home **ホ**ウム **タ**ウン, **ホ**ウム
こぐ **漕ぐ** kogu	chèo, bơi チェーウ, ボーイ	row **ラ**ウ
ごく **語句** goku	từ ngữ, cụm từ トゥー ングー, クーム トゥー	words and phrases **ワ**ーヅ アンド フ**レ**イゼズ
こくえいの **国営の** kokueino	quốc doanh クオク ズアイン	state-run, ⒷGovernment-run ス**テ**イトラン, **ガ**ヴァメントラン
こくおう **国王** kokuou	vua, quốc vương ヴア, クオク ヴオング	king, monarch **キ**ング, **マ**ナク
こくがいに **国外に** kokugaini	ra nước ngoài, ở nước ngoài ザー ヌオク ングアーイ, オー ヌオク ングアーイ	abroad アブ**ロ**ード
こくぎ **国技** kokugi	môn thể thao được nhân dân ưa thích nhất, môn thể thao dân tộc モーン テヘーウ タハーウ ドゥオク ニオン ゾン ウア テイヒク ニオッ, モーン テヘーウ タハーウ ゾン トークプ	national sport **ナ**ショナル ス**ポ**ート
こくさいけっこん **国際結婚** kokusaikekkon	kết hôn quốc tế, kết hôn với người nước ngoài ケーツ ホーン クオク テー, ケーツ ホーン ヴォーイ ングオイ ヌオク ングアーイ	international marriage インタ**ナ**ショナル **マ**リヂ

日	越	英
こくさいせん **国際線** kokusaisen	đường bay quốc tế, chuyến bay quốc tế ドゥオング バイ クオク テー, チュイエン バイ クオク テー	international airline インタ**ナ**ショナル **エ**アライン
こくさいてきな **国際的な** kokusaitekina	quốc tế クオク テー	international インタ**ナ**ショナル
こくさいでんわ **国際電話** kokusaidenwa	điện thoại quốc tế ディエン トゥアーイ クオク テー	international telephone call インタ**ナ**ショナル **テ**レフォウン **コ**ール
こくさいほう **国際法** kokusaihou	luật quốc tế ルオッ クオク テー	international law インタ**ナ**ショナル **ロ**ー
こくさんの **国産の** kokusanno	hàng sản xuất trong nước, hàng nội địa ハーング サーン スオッ チョーンム ヌオク, ハーング ノーイ ディア	domestically produced ドメスティカリ プロ**デュ**ースト
こくせき **国籍** kokuseki	quốc tịch クオク ティク	nationality ナショ**ナ**リティ
こくそする **告訴する** kokusosuru	tố cáo, tố giác トー カーウ, トー ザーク	accuse ア**キュ**ーズ
こくちする **告知する** kokuchisuru	thông báo, thông tin トホーンム バーウ, トホーンム ティーン	notify **ノ**ウティファイ
こくどう **国道** kokudou	quốc lộ, đường quốc lộ クオク ロー, ドゥオング クオク ロー	national highway **ナ**ショナル **ハ**イウェイ
こくないせん **国内線** kokunaisen	chuyến bay nội địa, đường bay trong nước チュイエン バイ ノーイ ディア, ドゥオング バイ チョーンム ヌオク	domestic ド**メ**スティク
こくないの **国内の** kokunaino	trong nước, nội địa チョーンム ヌオク, ノーイ ディア	domestic ド**メ**スティク
こくはくする **告白する** kokuhakusuru	thú nhận, bày tỏ トゥフー ニォン, バイ トー	confess コン**フェ**ス
こくはつする **告発する** kokuhatsusuru	tố cáo, tố giác トー カーウ, トー ザーク	accuse ア**キュ**ーズ

日	越	英
こくふくする **克服する** kokufukusuru	khắc phục カハク フークプ	conquer, overcome カンカ, オウヴァカム
こくべつしき **告別式** kokubetsushiki	tang lễ, đám tang ターング レー, ダーム ターング	farewell service フェアウェル サーヴィス
こくほう **国宝** kokuhou	báu vật quốc gia, quốc bảo バウ ヴォック クオク ザー, クオク バーウ	national treasure ナショナル トレジャ
こくぼう **国防** kokubou	quốc phòng クオク フォーンム	national defense ナショナル ディフェンス
こくみん **国民** kokumin	công dân, quốc dân コーンム ゾン, クオク ゾン	nation, people ネイション, ピープル
～の	dân tộc, quốc gia ゾン トークプ, クオク ザー	national ナショナル
こくもつ **穀物** kokumotsu	thóc lúa, ngũ cốc トホークプ ルア, ングー コークプ	grain, corn グレイン, コーン
こくゆうの **国有の** kokuyuuno	của nhà nước, thuộc về nhà nước クア ニャー ヌオク, トゥフオク ヴェー ニャー ヌオク	national ナショナル
こくりつの **国立の** kokuritsuno	quốc lập, do nhà nước thành lập クオク ロプ, ゾー ニャー ヌオク タハイン ロプ	national, state ナショナル, ステイト
こくれん **国連** kokuren	Liên hiệp quốc リエン ヒエプ クオク	UN, United Nations ユーエン, ユーナイテド ネイションズ
こけ **苔** koke	rêu ゼーウ	moss モス
こげる **焦げる** kogeru	cháy, khê チャイ, ケヘー	burn バーン
ここ **ここ** koko	đây, nơi này ドィ, ノーイ ナイ	here, this place ヒア, ズィス プレイス
こご **古語** kogo	từ cổ, cổ ngữ トゥー コー, コー ングー	archaic words アーケイク ワーヅ

日	越	英
ごご **午後** gogo	chiều, buổi chiều チエゥ, ブオィ チエゥ	afternoon アフタ**ヌ**ーン
ここあ **ココア** kokoa	ca cao カー カーゥ	cocoa **コ**ウコウ
こごえる **凍える** kogoeru	rét cóng, rét buốt ゼーッ コーンム, ゼーッ ブオッ	freeze フリーズ
ここちよい **心地よい** kokochiyoi	dễ chịu, thoải mái ゼー チーゥ, トゥフアーイ マーイ	comfortable **カ**ンフォタブル
こごと **小言** kogoto	quở mắng, quở trách クオー マング, クオー チャィク	scolding ス**コ**ウルディング
ここなつ **ココナツ** kokonatsu	dừa ズア	coconut **コ**ウコナト
こころ **心** kokoro　(意向)	ý tứ, ý định イー トゥー, イー ディン	intention, will イン**テ**ンション, **ウィ**ル
(感情)	tình cảm, cảm tình ティン カーム, カーム ティン	feeling **フィ**ーリング
(心情)	lòng, tấm lòng ローンム, トム ローンム	mind, heart **マ**インド, **ハ**ート
(精神)	tâm hồn, tinh thần トム ホーン, ティント トホン	spirit ス**ピ**リト
こころえる **心得る** kokoeru	am hiểu, thừa nhận アーム ヒエゥ, トゥフア ニオン	know, understand **ノ**ウ, アンダス**タ**ンド
こころがける **心がける** kokorogakeru	để tâm, lưu ý デー トム, ルーゥ イー	bear in mind **ベ**ア イン **マ**インド
こころがまえ **心構え** kokorogamae	sẵn sàng サン サーング	preparation プレパ**レ**イション
こころざし **志** kokorozashi	ý chí, ý định イー チー, イー ディン	will, intention **ウィ**ル, イン**テ**ンション
こころざす **志す** kokorozasu	quyết chí, quyết tâm クイエッチ チー, クイエットム	intend, aim イン**テ**ンド, **エ**イム

日	越	英
こころぼそい **心細い** kokorobosoi	bơ vơ, lẻ loi ボー ヴォー, レー ローイ	forlorn, disheartening フォローン, ディスハートニング
こころみる **試みる** kokoromiru	làm thử, thử nghiệm ラーム トゥフー, トゥフー ンギエム	try, attempt トライ, アテンプト
こころよい **快い** kokoroyoi	dễ chịu, thoải mái ゼー チーウ, トゥファーイ マーイ	pleasant, agreeable プレザント, アグリーアブル
こころよく **快く** kokoroyoku	vui lòng, sẵn lòng ヴーイ ローンム, サン ローンム	with pleasure ウィズ プレジャ
こさめ **小雨** kosame	mưa lấm tấm, mưa nhỏ ムア ロム トム, ムア ニョー	light rain ライト レイン
こざら **小皿** kozara	đĩa nhỏ, đĩa con ディア ニョー, ディア コーン	small plate スモール プレイト
ごさん **誤算** gosan	tính nhầm, tính sai ティン ニョム, ティン サーイ	misjudgment ミスヂャデメント
こし **腰** koshi	lưng, thắt lưng ルーング, タハツ ルーング	waist ウェイスト
こじ **孤児** koji	mồ côi, côi cút モー コーイ, コーイ クーッ	orphan オーファン
こしかける **腰掛ける** koshikakeru	ngồi, ngồi xuống ghế ンゴーイ, ンゴーイ スオング ゲー	sit, sit down スィト, スィト ダウン
こしつ **個室** koshitsu	phòng riêng, phòng cá nhân フォーンム ジエング, フォーンム カー ニョン	private room プライヴェト ルーム
ごしっくようしき **ゴシック様式** goshikkuyoushiki	kiểu gothic, kiểu gotic キエウ ゴティク, キエウ ゴティク	Gothic ガスィク
こしつする **固執する** koshitsusuru	cố chấp, chấp nệ コー チョプ, チョプ ネー	persist パスィスト
ごじゅう **五十** gojuu	năm mươi, năm chục ナム ムオイ, ナム チュークプ	fifty フィフティ

日	越	英
こしょう **胡椒** koshou	tiêu, hạt tiêu ティエウ, ハーッ ティエウ	pepper ペパ
こしょうする **故障する** koshousuru	hỏng, trục trặc ホーンム, チュークプ チャク	break down ブレイク **ダ**ウン
こじん **個人** kojin	cá nhân カー ニオン	individual インディ**ヴィ**デュアル
～主義	chủ nghĩa cá nhân チュー ンギア カー ニオン	individualism インディ**ヴィ**デュアリズム
～的な	riêng, có tính cá nhân ジエング, コー ティン カー ニオン	individual, personal インディ**ヴィ**デュアル, **パ**ーソナル
こす **越[超]す** kosu	qua, vượt qua クアー, ヴォッ クアー	exceed, pass イクス**ィ**ード, **パ**ス
こすと **コスト** kosuto	chi phí, phí tổn チー フィー, フィー トーン	cost **コ**ースト
こする **擦る** kosuru	cọ xát, dụi コー サーッ, ズーィ	rub **ラ**ブ
こせい **個性** kosei	cá tính カー ティン	individuality, characteristics インディヴィデュ**ア**リティ, キャラクタ**リ**スティック
～的な	có cá tính コー カー ティン	unique, distinctive ユー**ニ**ーク, ディス**ティ**ンクティヴ
こせき **戸籍** koseki	hộ tịch, hộ khẩu ホー ティク, ホー コホウ	family register **ファ**ミリ **レ**ヂスタ
こぜに **小銭** kozeni	tiền lẻ, tiền xu ティエン レー, ティエン スー	change, coins **チェ**インヂ, **コ**インズ
～入れ	túi đựng tiền lẻ, ví tiền lẻ トゥーイ ドゥーング ティエン レー, ヴィー ティエン レー	coin purse, ⓑpurse **コ**イン **パ**ース, **パ**ース
ごぜん **午前** gozen	buổi sáng, ban sáng ブオィ サーング, バーン サーング	morning **モ**ーニング

日	越	英
～中	cả buổi sáng, vào buổi sáng	during the morning
こたい 固体 kotai	thể rắn, chất rắn	solid
こだい 古代 kodai	thời cổ đại	antiquity
～の	cổ đại	ancient
こたえ 答え （解答） kotae	lời giải, đáp án	solution
（回答・返事）	câu trả lời, lời giải đáp	answer, reply
こたえる 応える （応じる） kotaeru	đáp lại, đáp ứng	respond to, meet
（反応する）	phản ứng, đối phó	respond
こたえる 答える kotaeru	trả lời, giải đáp	answer, reply
こだわる こだわる kodawaru	câu nệ, chấp nệ	(be) particular about
こちょう 誇張 kochou	sự cường điệu, sự phóng đại	exaggeration
～する	cường điệu, phóng đại	exaggerate
こつ こつ （要領） kotsu	bí quyết, sở trường	knack
こっか 国家 kokka	quốc gia, nhà nước	state

日	越	英
こっか **国歌** kokka	quốc ca クオク カー	national anthem **ナ**ショナル **ア**ンセム
こっかい **国会** kokkai	quốc hội クオク ホーイ	Parliament, Diet **パ**ーラメント, **ダ**イエット
こづかい **小遣い** kozukai	tiền tiêu vặt, tiền bỏ túi ティエン ティエウ ヴァッ, ティエン ボー トゥーイ	pocket money **パ**ケト **マ**ニ
こっかく **骨格** kokkaku	cốt cách, dáng vóc コーッ カイク, ザーング ヴォークプ	frame, build フ**レ**イム, **ビ**ルド
こっき **国旗** kokki	quốc kỳ クオク キー	national flag **ナ**ショナル フ**ラ**グ
こっきょう **国境** kokkyou	biên giới, biên cương ビエン ゾーイ, ビエン クオング	frontier フラン**ティ**ア
こっく **コック** kokku	đầu bếp, người làm bếp ドゥ ベープ, ングオイ ラーム ベープ	cook **ク**ク
こっこう **国交** kokkou	bang giao バーング ザーウ	diplomatic relations ディプロ**マ**ティク リ**レ**イションズ
ごつごつした **ごつごつした** gotsugotsushita	gồ ghề, lởm chởm ゴー ゲー, ローム チオーム	rugged, rough **ラ**ゲド, **ラ**フ
こつずい **骨髄** kotsuzui	cốt tủy, tủy xương コーッ トゥーイ, トゥイー スオング	bone marrow **ボ**ウン **マ**ロウ
こっせつ **骨折** kossetsu	sự gẫy xương スー ゴイ スオング	fracture フ**ラ**クチャ
～する	bị gẫy xương ビー ゴイ スオング	break a bone, fracture a bone ブ**レ**イク ア **ボ**ウン, フ**ラ**クチャ ア **ボ**ウン
こっそり **こっそり** kossori	lén lút, dấm dúi レーン ルーッ, ゾム ズーイ	quietly, in secret ク**ワ**イエトリ, イン **ス**ィークレト
こづつみ **小包** kozutsumi	bưu kiện ブーウ キエン	parcel **パ**ースル

日	越	英
こっとうひん **骨とう品** kottouhin	đồ cổ ドー コー	curio, antique キュアリオウ, アンティーク
こっぷ **コップ** koppu	cốc, ly コークプ, リー	glass グラス
こていする **固定する** koteisuru	cố định, giữ nguyên vị trí コー ディン, ズー ングイエン ヴィー チー	fix フィクス
こてん **古典** koten	cổ điển コー ディエン	classic クラスィク
〜的な	cổ điển コー ディエン	classic クラスィク
こと **事** koto	sự, điều スー, ディエウ	matter, thing, affair マタ, スィング, アフェア
こどく **孤独** kodoku	nỗi cô đơn, lẻ loi ノーイ コー ドーン, レー ローイ	solitude サリテュード
〜な	cô đơn, đơn chiếc コー ドーン, ドーン チエク	solitary サリテリ
ことし **今年** kotoshi	năm nay ナム ナイ	this year ズィス イア
ことづけ **言付け** kotozuke	lời dặn, lời nhắn ローイ ザン, ローイ ニャン	message メスィヂ
ことなる **異なる** kotonaru	khác biệt, dị biệt カハーク ビエッ, ジー ビエッ	differ from ディファ フラム
ことば **言葉** kotoba	lời, lời nói ローイ, ローイ ノーイ	speech スピーチ
（言語）	tiếng nói, ngôn ngữ ティエング ノーイ, ンゴーン ングー	language ラングウィヂ
（単語）	từ, từ vựng トゥー, トゥー ヴーング	word ワード

日	越	英
こども **子供** kodomo	trẻ con チェー コーン	child **チャ**イルド
ことわざ **ことわざ** kotowaza	thành ngữ, tục ngữ タハイン ングー, トゥークブ ングー	proverb プラ**ヴァ**ブ
ことわる **断る** kotowaru	từ chối, khước từ トゥー チョーイ, クフオク トゥー	refuse レ**フュー**ズ
こな **粉** kona	bột, phấn ボーッ, フォン	powder **パ**ウダ
（穀類の）	bột ngũ cốc ボーッ ングー コークブ	flour フ**ラ**ウア
こなごなに **粉々に** konagonani	nát vụn, vỡ vụn ナーッ ヴーン, ヴォー ヴーン	to pieces トゥ **ピー**セズ
こにゃっく **コニャック** konyakku	rượu cô nhắc ズォゥ コー ニャク	cognac **コ**ウニャク
こね **コネ** kone	mối quen biết, tay trong モーイ クエーン ビエッ, タイ チォーンム	connections コ**ネ**クションズ
こねこ **子猫** koneko	mèo con メーゥ コーン	kitten **キ**トン
こねる **こねる** koneru	nhào, nhào trộn ニャーゥ, ニャーゥ チォーン	knead **ニー**ド
この **この** kono	này ナイ	this **ズィ**ス
このあいだ **この間** konoaida	hôm nọ ホーム ノー	(the) other day (ズィ) **ア**ザ **デ**イ
このごろ **この頃** konogoro	dạo này, gần đây ザーゥ ナィ, ゴン ディ	now, these days **ナ**ゥ, **ズィー**ズ **デ**イズ
このましい **好ましい** (よりよい) konomashii	tốt hơn トーッ ホーン	preferable プ**レ**ファラブル
（感じのよい）	vừa ý ヴァ イー	agreeable アグ**リー**アブル

日	越	英
(望ましい)	ao ước, mong ước	desirable
このみ 好み konomi	thị hiếu, sở thích	preference, taste
こはく 琥珀 kohaku	hổ phách	amber
こばむ 拒む kobamu	cự tuyệt, từ chối	refuse
こはん 湖畔 kohan	bờ hồ	lakeside
ごはん 御飯 gohan	cơm	meal
(米飯)	cơm	rice
コピー kopii	photocopy, phô tô	photocopy, copy
～機	máy photocopy, máy phô tô	copier
～する	phô tô	copy
こひつじ 子羊 kohitsuji	cừu con	lamb
こぶ kobu	bướu, bứơu	lump, bump
(木の)	mắt gỗ, mấu gỗ	(tree) knot
こぶし 拳 kobushi	quả đấm, nắm đấm	fist

日	越	英
こふん **古墳** kofun	mộ cổ モー コー	tumulus **テュー**ミュラス
こぶん **子分** kobun	tay sai, lâu la タイ サーイ, ロゥ ラー	follower, hench-man **ファ**ロウア, **ヘ**ンチマン
ごぼう **牛蒡** gobou	cây ngưu bàng, củ ngưu bàng コイ ングーゥ バーング, クー ングーゥ バーング	burdock **バ**ーダク
こぼす **こぼす** kobosu	làm tràn, làm đổ ラーム チャーン, ラーム ドー	spill ス**ピ**ル
こぼれる **こぼれる** koboreru	bị tràn, bị đổ ビー チャーン, ビー ドー	fall, drop, spill **フォ**ール, ド**ラ**プ, ス**ピ**ル
こま **独楽** koma	con quay, con cù コーン クアイ, コーン クー	top **タ**プ
ごま **胡麻** goma	vừng, mè ヴーング, メー	sesame **セ**サミ
こまーしゃる **コマーシャル** komaasharu	quảng cáo, thương mại クアーング カーゥ, トゥフオング マーイ	commercial コ**マ**ーシャル
こまかい **細かい** (小さい) komakai	nhỏ nhặt, vụn vặt ニョー ニャッ, ヴーン ヴァッ	small, fine ス**モ**ール, **ファ**イン
(詳細だ)	chi tiết, tỉ mỉ チー ティエッ, ティー ミー	detailed ディ**テ**イルド
ごまかす **ごまかす** gomakasu	ăn gian, lấp liếm アン ザーン, ロプ リエム	cheat, swindle **チ**ート, ス**ウィ**ンドル
こまく **鼓膜** komaku	màng nhĩ, màng tai マーング ニー, マーング ターイ	eardrum **イ**アドラム
こまらせる **困らせる** komaraseru	quấy rầy, làm cho khó xử クオイ ゾイ, ラーム チョー コホー スー	embarrass, annoy イン**パ**ラス, ア**ノ**イ
こまる **困る** komaru	khổ tâm, bối rối コホー トム, ボーイ ゾーイ	(be) embarrassed (ビ) イン**パ**ラスト

日	越	英
(悩む)	lo phiền, lo nghĩ ロー フィエン, ロー ンギー	have trouble ハヴ トラブル
ごみ ごみ gomi	rác, rác rưởi ザーク, ザーク ズオイ	garbage, trash, ⒷRubbish ガービヂ, トラシュ, ラビシュ
～箱	thùng rác トゥフーンム ザーク	garbage can, trash can, Ⓑdustbin ガービヂ キャン, トラシュ キャン, ダストビン
こみゅにけーしょん コミュニケーション komyunikeeshon	truyền thông, giao tiếp チュイエン トホーンム, ザーウ ティエプ	communication コミューニケイション
こむ 込む komu	đông đúc ドーンム ドゥークプ	(be) jammed, (be) crowded (ビ) ヂャムド, (ビ) クラウデド
ごむ ゴム gomu	cao su カーウ スー	rubber ラバ
こむぎ 小麦 komugi	lúa mì, mì ルア ミー, ミー	wheat (ホ)ウィート
～粉	bột mì ボーッ ミー	flour フラウア
こめ 米 kome	gạo ガーウ	rice ライス
こめでぃ コメディ komedi	hài kịch ハーイ キク	comedy カメディ
こめる 込める komeru	bao gồm, chứa đựng バーウ ゴーム, チュア ドゥーング	charge, load チャーヂ, ロウド
こめんと コメント komento	lời bình luận, lời bình phẩm ローイ ビン ルオン, ローイ ビン フォム	comment カメント
こもじ 小文字 komoji	chữ nhỏ, chữ in thường チュー ニョー, チュー イーン トゥフオング	lowercase letter ロウアケイス レタ

日	越	英
こもり **子守** komori	người giữ trẻ, người trông trẻ ングオイ ズー チェー, ングオイ チョーンム チェー	babysitter ベイビスィタ
こもん **顧問** komon	cố vấn コー ヴォン	adviser, consultant アド**ヴァイ**ザ, コンサル**タン**ト
こや **小屋** koya	lều, túp lều レーゥ, トゥープ レーゥ	hut, shed ハト, シード
ごやく **誤訳** goyaku	dịch sai ジク サーイ	mistranslation ミストランス**レ**イション
こゆうの **固有の** koyuuno	cố hữu, riêng biệt コー フーゥ, ジエング ビエッ	peculiar to ピ**キュー**リア トゥ
こゆうめいし **固有名詞** koyuumeishi	danh từ riêng ザイン トゥー ジエング	proper noun プラパ **ナ**ウン
こゆび **小指** (手の) koyubi	ngón tay út ンゴーン タイ ウーッ	little finger リトル **フィ**ンガ
(足の)	ngón chân út ンゴーン チョン ウーッ	little toe リトル **ト**ゥ
こよう **雇用** koyou	sự tuyển dụng, thuê mướn nhân công スー トゥイエン ズーンム, トゥフエー ムオン ニオン コーンム	employment インプ**ロ**イメント
〜する	tuyển người, mướn người トゥイエン ングオイ, ムオン ングオイ	employ インプ**ロ**イ
こらえる **こらえる** (耐える) koraeru	nhịn, chịu đựng ニーン, チーウ ドゥーング	bear, endure **ベ**ア, イン**デュ**ア
(抑える)	đè nén, kìm nén デー ネーン, キーム ネーン	control, suppress コント**ロ**ウル, サプ**レ**ス
ごらく **娯楽** goraku	giải trí, tiêu khiển ザーイ チー, ティエウ キヒエン	amusement ア**ミュー**ズメント
こらむ **コラム** koramu	cột, cột báo コーッ, コーッ バーゥ	column **カ**ラム

日	越	英
こりつする **孤立する** koritsusuru	cô lập, lẻ loi	(be) isolated
ごりら **ゴリラ** gorira	khỉ đột, gorila	gorilla
こりる **懲りる** koriru	tỉnh ngộ, mở mắt ra	have had enough of
こる **凝る** (硬直する) koru	bị cứng lại	grow stiff
(熱中する)	say đắm, say mê	(be) absorbed in
こるく **コルク** koruku	bần	cork
〜抜き	cái mở nút chai	corkscrew
ごるふ **ゴルフ** gorufu	gôn, golf	golf
〜場	sân gôn	golf links
これ **これ** kore	cái này, đây	this
これから **これから** korekara	sau đây, sau này	after this, hereafter
これくしょん **コレクション** korekushon	sưu tập, sưu tầm	collection
これくとこーる **コレクトコール** korekutokooru	cuộc gọi người nhận điện thoại trả cước	collect call
これすてろーる **コレステロール** koresuterooru	cholesterol	cholesterol

日	越	英
<ruby>コレラ<rt>これら</rt></ruby> korera	dịch tả, thổ tả	cholera
<ruby>これらの<rt>これらの</rt></ruby> korerano	những cái này	these
<ruby>転がる<rt>ころがる</rt></ruby> (回転する) korogaru	lăn lộn, lăn lóc	roll
(倒れる)	đổ	fall over
<ruby>殺す<rt>ころす</rt></ruby> korosu	giết, giết chết	kill, murder
<ruby>転ぶ<rt>ころぶ</rt></ruby> korobu	ngã, bị ngã	tumble down
<ruby>怖い<rt>こわい</rt></ruby> kowai	sợ hãi, sợ sệt	terrible, fearful
<ruby>怖がる<rt>こわがる</rt></ruby> kowagaru	e sợ, e ngại	fear, (be) afraid
<ruby>壊す<rt>こわす</rt></ruby> kowasu	đập vỡ, phá hoại	break, destroy
<ruby>壊れる<rt>こわれる</rt></ruby> kowareru	hỏng, bị hỏng	break, (be) broken
<ruby>紺色<rt>こんいろ</rt></ruby> kon-iro	màu xanh sẫm, xanh thẫm	dark blue
<ruby>根気<rt>こんき</rt></ruby> konki	tính kiên nhẫn, tính kiên trì	perseverance, patience
<ruby>根拠<rt>こんきょ</rt></ruby> konkyo	căn cứ	ground
<ruby>コンクール<rt>こんくーる</rt></ruby> konkuuru	cuộc thi, cuộc thi đua	contest

日	越	英
こんくりーと **コンクリート** konkuriito	bê tông ベートーンム	concrete **カ**ンクリート
こんげつ **今月** kongetsu	tháng này タハーング ナイ	this month ズィス **マ**ンス
こんご **今後** kongo	sau này, từ nay サウ ナイ, トゥー ナイ	from now on フラム **ナ**ウ **オ**ン
こんごうする **混合する** kongousuru	pha trộn ファー チョーン	mix, blend ミクス, ブレンド
こんご **コンゴ** kongo	Công gô コーンム ゴー	Congo **カ**ンゴウ
こんさーと **コンサート** konsaato	buổi hoà nhạc ブオィ フアー ニャーク	concert **カ**ンサト
こんざつする **混雑する** konzatsusuru	đông nghịt, tắc nghẽn ドームン ギーッ, タク ンゲーン	(be) congested with (ビ) コン**チェ**ステド ウィズ
こんさるたんと **コンサルタント** konsarutanto	chuyên gia tư vấn, tham vấn チュイエン ザー トゥー ヴォン, タハーム ヴォン	consultant コン**サ**ルタント
こんしゅう **今週** konshuu	tuần này トゥオン ナイ	this week ズィス **ウィ**ーク
こんじょう　（気概） **根性** konjou	khí phách, sự gan dạ キヒー ファイク, スー ガーン ザー	spirit, grit **ス**ピリト, **グ**リト
（性質）	bản tính, bản chất バーン ティン, バーン チョッ	nature **ネ**イチャ
こんぜつする **根絶する** konzetsusuru	tiêu diệt, huỷ diệt ティエゥ ジエッ, フイー ジエッ	eradicate イ**ラ**ディケイト
こんせぷと **コンセプト** konseputo	khái niệm, ý niệm カハーィ ニエム, イー ニエム	concept **カ**ンセプト
こんせんさす **コンセンサス** konsensasu	đồng lòng, đồng tâm ドームン ローンム, ドームン トム	consensus コン**セ**ンサス

日	越	英
こんせんと **コンセント** konsento	ổ cắm オー カム	outlet, socket **ア**ウトレト, **サ**ケト
こんそめ **コンソメ** konsome	bột nêm, hạt nêm ボーッ ネーム, ハーッ ネーム	consommé コンソ**メ**イ
こんたくとれんず **コンタクトレンズ** kontakutorenzu	kính áp tròng キン アープ チョーンム	contact lenses **カ**ンタクト **レ**ンゼズ
こんだんかい **懇談会** kondankai	buổi họp mặt thân mật ブオイ ホープ マットホン モッ	round-table conference ラウンド**テ**ーブル **カ**ンファレンス
こんちゅう **昆虫** konchuu	côn trùng, sâu bọ コーン チューンム, ソウ ボー	insect **イ**ンセクト
こんでぃしょん **コンディション** kondishon	điều kiện, hoàn cảnh ディエゥ キエン, フアーン カイン	condition コン**ディ**ション
こんてすと **コンテスト** kontesuto	cuộc thi tài, cuộc tranh đua クオック ティヒー ターイ, クオック チャイン ドゥア	contest **コ**ンテスト
こんてな **コンテナ** kontena	thùng đựng hàng, công te nơ トゥフーンム ドゥーング ハーング, コーンム テーノー	container コン**テ**イナ
こんでんさー **コンデンサー** kondensaa	cái tụ điện, tụ sáng カーイ トゥー ディエン, トゥー サーング	condenser コン**デ**ンサ
こんど **今度** kondo	lần này ロン ナイ	this time **ズ**ィス **タ**イム
こんどうする **混同する** kondousuru	lẫn lộn, nhầm lẫn ロン ローン, ニオム ロン	confuse コン**フュ**ーズ
こんどーむ **コンドーム** kondoomu	bao cao su バーウ カーウ スー	condom **カ**ンドム
こんどみにあむ **コンドミニアム** kondominiamu	căn hộ cao cấp カン ホー カーウ コプ	condominium コンド**ミ**ニアム
ごんどら **ゴンドラ** gondora	thuyền đáy bằng, giỏ khí cầu トゥフイエン ダイ バング, ゾー キヒー コウ	gondola **ガ**ンドラ

日	越	英
こんとらすと **コントラスト** kontorasuto	tương phản, đối chiếu トゥオング ファーン, ドーイ チエウ	contrast カントラスト
こんとろーる **コントロール** kontorooru	sự điều khiển, kiểm soát スー ディエウ キヒエン, キエム スアーッ	control コントロウル
～する	điều khiển, kiểm soát ディエウ キヒエン, キエム スアーッ	control コントロウル
こんとん **混沌** konton	hỗn độn, hỗn loạn ホーン ドーン, ホーン ルアーン	chaos ケイアス
こんな **こんな** konna	thế này, như thế này テヘー ナイ, ニュー テヘー ナイ	such サチ
こんなん **困難** konnan	nỗi gian khổ, nỗi vất vả ノーイ ザーン コホー, ノーイ ヴォッ ヴァー	difficulty ディフィカルティ
～な	khó khăn, vất vả コホー カハン, ヴォッ ヴァー	difficult, hard ディフィカルト, ハード
こんにち **今日** konnichi	ngày nay ンガイ ナイ	today トゥデイ
こんぱーとめんと **コンパートメント** konpaatomento	gian, ngăn ザーン, ンガン	compartment コンパートメント
こんぱくとな **コンパクトな** konpakutona	nhỏ gọn, gọn tiện ニョー ゴーン, ゴーン ティエン	compact コンパクト
こんばん **今晩** konban	tối nay トーイ ナイ	this evening ズィス イーヴニング
こんび **コンビ** konbi	kết hợp, phối hợp ケーッ ホープ, フォーイ ホープ	combination コンビネイション
こんびーふ **コンビーフ** konbiifu	thịt bò muối ティヒーッ ボー ムオイ	corned beef コーンド ビーフ
こんびなーと **コンビナート** konbinaato	khu công nghiệp クフー コーンム ンギエプ	industrial complex インダストリアル カンプレクス
こんびに **コンビニ** konbini	cửa hàng tiện lợi クア ハーング ティエン ローイ	convenience store カンヴィーニエンス ストー

日	越	英
こんびねーしょん **コンビネーション** konbineeshon	tổ hợp, phối hợp トー ホープ, フォーイ ホープ	combination コンビネイション
こんぴゅーたー **コンピューター** konpyuutaa	máy vi tính マイ ヴィー ティン	computer コンピュータ
こんぶ **昆布** konbu	tảo bẹ ターゥ ベー	kelp, seaweed ケルプ, スィーウィード
こんぷれっくす **コンプレックス** konpurekkusu	phức cảm tự ty フーク カーム トゥー ティー	complex カンプレクス
こんぽう **梱包** konpou	sự đóng gói, đóng bao スー ドーンム ゴーイ, ドーンム バーゥ	packing パキング
～する	đóng gói, đóng bao ドーンム ゴーイ, ドーンム バーゥ	pack up パク アプ
こんぽん **根本** konpon	căn bản カン バーン	foundation ファウンデイション
こんま **コンマ** konma	dấu phẩy ゾゥ フォイ	comma カマ
こんや **今夜** kon-ya	tối nay, đêm nay トーイ ナイ, デーム ナイ	tonight トゥナイト
こんやく **婚約** kon-yaku	sự đính hôn, đính ước スー ディン ホーン, ディン ウオク	engagement インゲイヂメント
～者	hôn thê, hôn phu ホーン テヘー, ホーン フー	fiancé, fiancée フィーアーンセイ, フィーアーンセイ
～する	đính hôn, đính ước ディン ホーン, ディン ウオク	(be) engaged to (ビ) インゲイヂド トゥ
こんらん **混乱** konran	sự lộn xộn, hỗn loạn スー ローン ソーン, ホーン ルアーン	confusion コンフュージョン
～する	lộn xộn, hỗn loạn ローン ソーン, ホーン ルアーン	(be) confused (ビ) コンフューズド
こんわく **困惑** konwaku	lúng túng, bối rối ルーンム トゥーンム, ボーイ ゾーイ	embarrassment インバラスメント

日	越	英

さ, サ

さ **差** sa	sự khác biệt, chênh lệch スー カハーク ビエッ, チェン レク	difference **ディ**ファレンス
さーかす **サーカス** saakasu	xiếc, rạp xiếc シエク, ザープ シエク	circus **サ**ーカス
さーきっと **サーキット** saakitto	mạch điện, vòng đua マイク ディエン, ヴォーンム ドゥア	circuit **サ**ーキト
さーちえんじん **サーチエンジン** saachienjin	công cụ tìm kiếm, công cụ truy vấn dữ liệu コーンム ク― ティーム キエム, コーンム クー チュイー ヴォン ズー リエウ	search engine **サ**ーチ **エ**ンデン
さーちらいと **サーチライト** saachiraito	đèn pha, ảo đăng デーン ファー, アーウ ダング	searchlight **サ**ーチライト
さーばー **サーバー** saabaa	máy chủ マイ チュー	server **サ**ーヴァ
さーびす **サービス** saabisu	dịch vụ, phục vụ ジク ヴー, フークプ ヴー	service **サ**ーヴィス
～料	phí dịch vụ フィー ジク ヴー	service charge **サ**ーヴィス **チャ**ーデ
さーぶ **サーブ** saabu	cú giao bóng, lượt giao bóng クー ザーウ ボーンム, ルオッ ザーウ ボーンム	serve, service **サ**ーヴ, **サ**ーヴィス
さーふぁー **サーファー** saafaa	người lướt sóng, vận động viên lướt sóng ングオイ ルオッ ソーンム, ヴォン ドーンム ヴィエン ルオッ ソーンム	surfer **サ**ーファ
さーふぃん **サーフィン** saafin	lướt sóng, môn lướt sóng ルオッ ソーンム, モーン ルオッ ソーンム	surfing **サ**ーフィング
さーもん **サーモン** saamon	cá hồi カー ホーイ	salmon **サ**モン

日	越	英
さいあくの **最悪の** saiakuno	xấu nhất, tồi tệ ソウ ニオッ, トーイ テー	worst ワースト
さいがい **災害** saigai	tai hoạ, thảm hoạ ターイ フアー, タハーム フアー	calamity, disaster カラミティ, ディザスタ
ざいかい **財界** zaikai	giới tài chính, giới tư sản ゾーイ ターイ チン, ゾーイ トゥー サーン	financial world フィナンシャル ワールド
さいかいする **再開する** saikaisuru	bắt đầu trở lại バッ ドゥ チョー ラーイ	reopen リーオウプン
さいきん **最近** saikin	gần đây, độ này ゴン ドィ, ドー ナイ	recently リーセントリ
さいきん **細菌** saikin	vi khuẩn, vi trùng ヴィー クフォン, ヴィー チューンム	bacteria, germs バクティアリア, チャームズ
さいく **細工** saiku	chế tác, chế tạo チェー ターク, チェー ターゥ	work, workmanship ワーク, ワークマンシプ
さいくつする **採掘する** saikutsusuru	khai thác mỏ, khai khoáng カハーイ タハーク モー, カハーイ クフアーング	mine マイン
さいくりんぐ **サイクリング** saikuringu	đi xe đạp, đi chơi xa bằng xe đạp ディー セー ダープ, ディー チョーイ サー バング セー ダープ	cycling サイクリング
さいくる **サイクル** saikuru	chu kì, chu trình チュー キー, チュー チン	cycle サイクル
さいけつ **採決** saiketsu	bỏ phiếu, bốc thăm ボー フィエゥ, ボークプ タハム	vote ヴォウト
さいけつ **採血** saiketsu	lấy máu xét nghiệm hay truyền máu ロイ マゥ セーッ ンギエム ハイ チュイエン マゥ	drawing blood ドローイング ブラド
さいけん **債券** saiken	trái phiếu, trái khoán チャーイ フィエゥ, チャーイ クフアーン	bond バンド

日	越	英
ざいげん **財源** zaigen	nguồn tài nguyên, ngân quỹ	funds ファンヅ
さいけんとうする **再検討する** saikentousuru	xem xét lại, bàn thảo lại	reexamine リーイグザミン
さいご **最期** saigo	phút hấp hối, phút lâm chung	death, last moment デス, ラスト モウメント
さいご **最後** saigo	cuối cùng, tận cùng	last, end ラスト, エンド
～の	cuối, cuối cùng	last, final ラスト, ファイナル
ざいこ **在庫** zaiko	tồn kho, lưu kho	stocks スタクス
さいこうの **最高の** saikouno	cao nhất, tốt nhất	best ベスト
さいころ **さいころ** saikoro	súc sắc, con súc sắc	dice ダイス
さいさん **採算** saisan	cân đối thu chi	profit, gain プラフィト, ゲイン
ざいさん **財産** zaisan	tài sản, của cải	estate, fortune イステイト, フォーチュン
さいじつ **祭日** saijitsu	ngày lễ, ngày hội	festival day フェスティヴァル デイ
ざいしつ **材質** zaishitsu	tính chất vật liệu	quality of materials クワリティ オヴ マティアリアルズ
さいしゅうする **採集する** saishuusuru	sưu tập, thu thập	collect, gather コレクト, ギャザ
さいしゅうの **最終の** saishuuno	sau cùng, cuối cùng	last ラスト

日	越	英
さいしゅつ **歳出** saishutsu	tổng chi tiêu của nhà nước trong một năm	annual expenditure
さいしょ **最初** saisho	ban đầu, thời gian đầu	beginning
～の	đầu tiên, lúc đầu	first, initial
さいしょうげん **最小限** saishougen	mức tối thiểu, giới hạn nhỏ nhất	minimum
さいじょうの **最上の** saijouno	hạng nhất, tối thượng	best
さいしょくしゅぎしゃ **菜食主義者** saishokushugisha	người ăn chay	vegetarian
さいしんの **最新の** saishinno	mới nhất, tối tân	latest, up-to-date
さいしんの **細心の** saishinno	chu đáo, cẩn thận	careful, prudent
さいず **サイズ** saizu	cỡ, kích thước	size
ざいせい **財政** zaisei	tài chính	finances
さいせいき **最盛期** saiseiki	thời kỳ hưng thịnh nhất	prime
さいせいする **再生する** saiseisuru	tái sinh, sống lại	regenerate
（録音したものを）	phát lại nội dung ghi âm	play back
さいぜんせん **最前線** saizensen	tiền tuyến, tiền phương	cutting edge, forefront

日	越	英
さいそくする 催促する saisokusuru	thúc giục, hối thúc トゥフークプ ズークプ, ホーイ トゥフークプ	press, urge プレス, **ア**ーヂ
さいだいげん 最大限 saidaigen	mức tối đa, giới hạn cao nhất ムーク トーイ ダー, ゾーイ ハーン カーゥ ニオッ	maximum **マ**クスィマム
さいだいの 最大の saidaino	lớn nhất, to nhất ローン ニオッ, トー ニオッ	maximum **マ**クスィマム
さいたく 採択 saitaku	lựa chọn, chọn lọc ルア チョーン, チョーン ロークプ	adoption, choice ア**ダ**プション, **チョ**イス
ざいだん 財団 zaidan	quỹ tài trợ, tổ chức tài chính クイー ターイ チョー, トー チューク ターイ チン	foundation ファウン**デ**イション
さいていの 最低の saiteino	thấp nhất, tệ nhất トホプ ニオッ, テー ニオッ	minimum **ミ**ニマム
さいてきな 最適な saitekina	thích hợp nhất ティヒク ホープ ニオッ	most suitable **モ**ウスト **ス**ータブル
さいてんする 採点する saitensuru	chấm điểm チョム ディエム	mark, grade **マ**ーク, グ**レ**イド
さいと サイト saito	website, trang mạng ウェプサイッ, チャーング マーング	site **サ**イト
さいど サイド saido	bên cạnh, một bên ベーン カイン, モーッ ベーン	side **サ**イド
さいなん 災難 sainan	tai hoạ, tai ách ターイ フアー, ターイ アイク	misfortune, calamity ミス**フォ**ーチュン, カラミティ
さいのう 才能 sainou	tài năng, năng khiếu ターイ ナング, ナング キヒエゥ	talent, ability **タ**レント, ア**ビ**リティ
さいばい 栽培 saibai	trồng trọt, trồng tỉa チョーンム チョーッ, チョーンム ティア	cultivation, culture カルティ**ヴェ**イション, **カ**ルチャ
〜する	trồng, trồng trọt チョーンム, チョーンム チョーッ	cultivate, grow **カ**ルティヴェイト, グ**ロ**ウ

日	越	英
さいはつする **再発する** saihatsusuru	tái phát ターイ ファーツ	relapse リラプス
さいばん **裁判** saiban	xét xử, xử án セーツ スー、スー アーン	justice, trial ヂャスティス, トライアル
～官	thẩm phán, quan toà トホム ファーン、クアーン トゥアー	judge ヂャヂ
～所	toà, toà án トゥアー、トゥアー アーン	court of justice コート オヴ ヂャスティス
さいふ **財布** saifu	ví tiền, túi tiền ヴィー ティエン、トゥーイ ティエン	purse, wallet パース, ワレト
さいほう **裁縫** saihou	khâu vá, may mặc コホウ ヴァー、マイ マク	needlework ニードルワーク
さいぼう **細胞** saibou	tế bào, đơn vị テー バーウ、ドーン ヴィー	cell セル
さいみんじゅつ **催眠術** saiminjutsu	thôi miên, thuật thôi miên トホーイ ミエン、トゥフオット トホーイ ミエン	hypnotism ヒプノティズム
さいむ **債務** saimu	nợ nần, món nợ ノーノン、モーン ノー	debt デト
ざいむ **財務** zaimu	tài vụ, tài chính ターイ ヴー、ターイ チン	financial affairs フィナンシャル アフェアズ
ざいもく **材木** zaimoku	gỗ ゴー	wood, lumber ウド, ランバ
さいようする **採用する** (案を) saiyousuru	lấy, chọn ロイ、チョーン	adopt アダプト
(従業員を)	tuyển dụng, thuê トゥイエン ズーンム、トゥフエー	employ インプロイ
ざいりゅうほうじん **在留邦人** zairyuuhoujin	người Nhật cư trú ở nước ngoài ングオイ ニョック クー チュー オー ヌオク ンヌグアーイ	Japanese residents ヂャパニーズ レズィデンツ

日	越	英
さいりょう **裁量** sairyou	tự suy xét và xử lý	judgment ヂャヂメント
さいりよう **再利用** sairiyou	tái sử dụng, dùng lại	recycling リ**サ**イクリング
ざいりょう **材料** zairyou	vật liệu	materials マ**ティ**アリアルズ
さいりょうの **最良の** sairyouno	tốt nhất	best ベスト
ざいりょく **財力** zairyoku	tài lực, khả năng tài chính	financial power フィ**ナ**ンシャル **パ**ウア
さいれん **サイレン** sairen	còi tầm, còi báo động	siren **サ**イアレン
さいわい **幸い** saiwai	hạnh phúc, may mắn	happiness **ハ**ピネス
～な	may mắn, sung sướng	happy, fortunate **ハ**ピ, **フォ**ーチュネト
さいん **サイン** sain	chữ kí, kí tên	signature **ス**イグナチャ
さうじあらびあ **サウジアラビア** saujiarabia	Ả rập Xê út	Saudi Arabia **サ**ウディ アレイビア
さうな **サウナ** sauna	tắm hơi, phòng tắm hơi	sauna **サ**ウナ
さえぎる **遮る** saegiru	chắn, ngăn lại	interrupt, obstruct インタ**ラ**プト, オブスト**ラ**クト
さえる **冴える** saeru	sáng sủa, minh mẫn	(be) bright (ビ) ブ**ラ**イト
さか **坂** saka	dốc, sườn dốc	slope, hill スロウプ, **ヒ**ル

日	越	英
さかい **境** sakai	ranh giới, biên giới ザイン ゾーイ, ビエン ゾーイ	boundary, border バウンダリ, ボーダ
さかえる **栄える** sakaeru	phồn vinh, thịnh vượng フォーン ヴィン, ティヒン ヴオング	prosper プラスパ
さがす **探[捜]す** (求めるものを) sagasu	tìm kiếm, lục lọi ティーム キエム, ルークプ ローイ	seek for, look for スィーク フォ, ルク フォ
(辞書などで)	tra, tra cứu チャー, チャー クーウ	look up ルク アプ
(捜し出す)	lục, sục sạo ルークプ, スークプ サーウ	look out ルク アウト
さかずき **杯** sakazuki	chén nhỏ để uống rượu Nhật チェーン ニョー デー ウオング ズオウ ニョツ	cup, glass カプ, グラス
さかだちする **逆立ちする** sakadachisuru	đứng ở tư thế trồng cây chuối, đứng lộn đầu ドゥーング オー トゥー テヘー チョーンム コイ チュオイ, ドゥーング ローン ドゥ	do a handstand ドゥー ア ハンドスタンド
さかな **魚** sakana	cá カー	fish フィシュ
〜屋	hàng cá, tiệm bán cá ハーング カー, ティエム バーン カー	fish shop フィシュ シャプ
さかのぼる **さかのぼる** (戻る) sakanoboru	quay ngược lại, trở ngược về quá khứ クアイ ングオク ラーイ, チョー ングオク ヴェー クアー クフー	go back ゴウ バク
さかや **酒屋** sakaya	quán rượu, tiệm rượu クアーン ズオウ, ティエム ズオウ	liquor store, Ⓑoff-licence リカ ストー, オーフライセンス
さからう **逆らう** sakarau	làm trái lại, chống lại ラーム チャーイ ラーイ, チョーンム ラーイ	oppose, go against オポウズ, ゴウ アゲンスト
さかり **盛り** (全盛期) sakari	thời phát triển cực thịnh トーイ ファーツ チエン クーク ティヒン	prime プライム

日	越	英
(頂点)	điểm cao nhất, đỉnh điểm ディエム カーウ ニョット, ディン ディエム	height ハイト
さがる **下がる** (下へ動く) sagaru	xuống, hạ xuống スオング, ハー スオング	fall, drop フォール, ドラプ
(垂れ下がる)	thòng xuống, lơ lửng トホーンム スオング, ロー ルーング	hang down ハング ダウン
さかんな **盛んな** (活発な) sakanna	sôi nổi, hoạt bát ソーイ ノーイ, フアーット バーット	active アクティヴ
(繁栄している)	phát triển, phồn thịnh ファーット チエン, フォーン ティヒン	prosperous プラスペラス
さき **先** (先端) saki	ngọn, đầu ンゴーン, ドゥ	point, tip ポイント, ティプ
(先頭)	hàng đầu, đầu tiên ハーング ドゥ, ドゥ ティエン	head, top ヘド, タプ
(続き)	phần tiếp theo フォン ティエプ テヘーウ	sequel スィークウェル
(未来)	tương lai, đời sau トゥオング ラーイ, ドーイ サウ	future フューチャ
さぎ **詐欺** sagi	lừa đảo, gian trá ルア ダーウ, ザーン チャー	fraud フロード
～師	kẻ lừa đảo, kẻ bịp bợm ケー ルア ダーウ, ケー ビープ ボーム	swindler スウィンドラ
さきおととい **一昨々日** sakiototoi	hôm kìa ホーム キア	three days ago スリー デイズ アゴウ
さきそふぉん **サキソフォン** sakisofon	kèn sắc xô phôn ケーン サク ソー フォーン	saxophone サクソフォウン
さきものとりひき **先物取引** sakimonotorihiki	giao dịch giao sau ザーウ ジク ザーウ サウ	futures trading フューチャズ トレイディング

日	越	英
さぎょう **作業** sagyou	việc, công việc ヴィエク, コーンム ヴィエク	work, operations ワーク, アペレイションズ
〜する	làm việc ラーム ヴィエク	work, operate ワーク, アペレイト
さく **柵** saku	rào, hàng rào ザーウ, ハーング ザーウ	fence フェンス
さく **割く** saku	dành ザイン	spare スペア
さく **咲く** saku	nở ノー	bloom, come out ブルーム, カム アウト
さく **裂く** saku	xé, xé rách セー, セー ザイク	rend, tear, sever レンド, テア, セヴァ
さくいん **索引** sakuin	mục lục ムークプ ルークプ	index インデクス
さくげん **削減** sakugen	cắt giảm, giảm bớt カッ ザーム, ザーム ボーッ	reduction, cut リダクション, カト
さくしする **作詞する** sakushisuru	sáng tác bài hát, viết lời bài hát サーング ターク バーイ ハーッ, ヴィエッ ローイ バーイ ハーッ	write the lyrics ライト ザ リリクス
さくじつ **昨日** sakujitsu	hôm qua, bữa qua ホーム クアー, ブア クアー	yesterday イェスタディ
さくしゃ **作者** sakusha	tác giả, người viết ターク ザー, ングオイ ヴィエッ	writer, author ライタ, オーサ
さくしゅする **搾取する** sakushusuru	bóc lột ボークプ ローッ	squeeze スクウィーズ
さくじょする **削除する** sakujosuru	loại bỏ, xoá bỏ ルアーイ ボー, スアー ボー	delete ディリート
さくせいする **作成する** sakuseisuru	làm ra, tạo ra ラーム ザー, ターゥ ザー	draw up, make out ドロー アプ, メイク アウト

日	越	英
さくせん **作戦** sakusen	kế hoạch tác chiến, sách lược ケー フアイク タークチエン, サイク ルオク	operations アペレイションズ
さくねん **昨年** sakunen	năm ngoái, năm vừa qua ナム ングアーイ, ナム ヴア クアー	last year ラスト イア
さくひん **作品** sakuhin	tác phẩm タークフォム	work, piece ワーク, ピース
さくぶん **作文** sakubun	đặt câu, tập làm văn ダッ コウ, トプ ラーム ヴァン	essay エセイ
さくもつ **作物** sakumotsu	hoa màu, cây trồng フアー マウ, コイ チオーンム	crops クラプス
さくや **昨夜** sakuya	đêm qua, tối qua デーム クアー, トーイ クアー	last night ラスト ナイト
さくら **桜** sakura	anh đào, hoa anh đào アイン ダーウ, フアー アイン ダーウ	cherry blossoms チェリ ブラソムズ
（の木）	cây anh đào コイ アイン ダーウ	cherry tree チェリ トリー
さくらそう **桜草** sakurasou	cây anh thảo, hoa anh thảo コイ アイン タハーウ, フアー アイン タハーウ	primrose プリムロウズ
さくらんぼ **桜桃** sakuranbo	quả anh đào クアー アイン ダーウ	cherry チェリ
さぐりだす **探り出す** saguridasu	tìm tòi, mò mẫm ティーム トーイ, モー モム	find out ファインド アウト
さくりゃく **策略** sakuryaku	sách lược, thủ đoạn サイク ルオク, トゥフー ドゥアーン	plan, plot プラン, プラト
さぐる **探る** （手探りで） saguru	sờ, mò ソー, モー	feel for フィール フォ
（物や場所などを）	tìm kiếm ティーム キエム	search, look for サーチ, ルク フォ

日	越	英
(動向を)	thăm dò, do thám タハム ゾー, ゾー タハーム	spy スパイ
ざくろ **石榴** zakuro	cây lựu, quả lựu コィ ルーゥ, クアー ルーゥ	pomegranate パムグラネト
さけ **鮭** sake	cá hồi カー ホーィ	salmon サモン
さけ **酒** sake	rượu, rượu bia ズォゥ, ズォゥ ビア	alcohol アルコホール
(日本酒)	rượu Nhật ズォゥ ニョッ	sake, rice wine サキー, ライス ワイン
さけぶ **叫ぶ** sakebu	gào thét, la hét ガーゥ テヘーッ, ラー ヘーッ	shout, cry シャウト, クライ
さける **避ける** sakeru	trốn tránh, lẩn tránh チォーン チャイン, ロン チャイン	avoid アヴォイド
さける **裂ける** sakeru	bị rách, rách nát ビー ザィク, ザィク ナーッ	split スプリト
さげる **下げる** sageru	hạ xuống, giảm xuống ハー スオング, ザーム スオング	lower, drop ロウア, ドラプ
さこつ **鎖骨** sakotsu	xương đòn, xương quai xanh スオング ドーン, スオング クアーィ サイン	collarbone, clavicle カラボウン, クラヴィクル
ささいな **些細な** sasaina	vặt vãnh, không đáng kể ヴァッ ヴァイン, コホーンム ダーング ケー	trifling, trivial トライフリング, トリヴィアル
ささえる **支える** sasaeru	đỡ, nâng đỡ ドー, ノング ドー	support, maintain サポート, メインテイン
ささげる **捧げる** sasageru	dâng hiến, hiến dâng ゾング ヒエン, ヒエン ゾング	devote oneself to ディヴォウト トゥ
さざなみ **さざ波** sazanami	gợn sóng ゴーン ソーンム	ripples リプルズ

日	越	英
ささやく sasayaku	thì thầm, thì thào ティヒー トホム, ティヒー タハーウ	whisper (ホ)ウィスパ
刺さる sasaru	mắc, đâm マク, ドム	stick スティク
挿絵 sashie	minh hoạ, tranh minh hoạ ミン フアー, チャイン ミン フアー	illustration イラストレイション
差し込む (プラグを) sashikomu	cắm vào カム ヴァーウ	plug in プラグ イン
(光が)	toả sáng トゥアー サーング	shine in シャイン イン
(挿入する)	cài vào, chèn vào カーイ ヴァーウ, チェーン ヴァーウ	insert インサート
指図する sashizusuru	dặn dò, chỉ thị ザン ゾー, チー ティヒー	direct, instruct ディレクト, インストラクト
差出人 sashidashinin	người gửi ングォイ グーイ	sender, remitter センダ, リミタ
差し引く sashihiku	khấu trừ, cấn trừ コホウ チュー, コン チュー	deduct from ディダクト フラム
査証 sashou	thị thực ティヒー トゥフーク	visa ヴィーザ
座礁する zashousuru	mắc cạn マク カーン	go aground ゴウ アグラウンド
さす (光が) sasu	chiếu, chiếu rọi チエウ, チエウ ゾーイ	shine シャイン
(水を)	rót vào, châm vào ゾーッ ヴァーウ, チォム ヴァーウ	pour ポー
刺す (蚊や蜂が) sasu	đốt, cắn ドーッ, カン	bite, sting バイト, スティング

日	越	英
(尖ったもので)	đâm	pierce, stab
さす **差す** sasu	chèn vào, cắm vào	insert
(傘を)	giương, giơ	put up an umbrella
さす **指す** sasu	chỉ, nhằm hướng	point to
(指名する)	bổ nhiệm, tiến cử	nominate, name
さすぺんす **サスペンス** sasupensu	tình trạng chờ đợi, tâm trạng hồi hộp	suspense
さすらう **さすらう** sasurau	đi lang thang, đi thơ thẩn	wander
さする **擦る** sasuru	xoa nhẹ	rub
ざせき **座席** zaseki	chỗ ngồi	seat
ざせつする **挫折する** zasetsusuru	nản lòng, nản chí	(be) frustrated
させる (してもらう) saseru	bắt làm, nhờ làm	have a person do
(やらせておく)	để cho, cho phép	let a person do
(やらせる)	ép, bắt	make a person do
さそい **誘い** (招待) sasoi	mời mọc, chiêu đãi	invitation

日	越	英
(誘惑)	sự dụ dỗ, mời mọc スー ズー ゾー, モーイ モークプ	temptation テンプテイション
さそう 誘う (招く) sasou	rủ, mời ズー, モーイ	invite インヴァイト
(誘惑する)	dụ dỗ, mời mọc ズー ゾー, モーイ モークプ	tempt テンプト
さそり 蠍 sasori	bọ cạp, bò cạp ボー カープ, ボー カープ	scorpion スコーピアン
～座	cung Bọ cạp クーンム ボー カープ	Scorpion, Scorpio スコーピアン, スコーピオウ
さだめる 定める sadameru	xác định, quy định サーク ディン, クイー ディン	decide on, fix ディサイド オン, フィクス
さつ 冊 satsu	quyển, cuốn クイエン, クオン	volume, copy ヴァリュム, カピ
さつ 札 satsu	tiền giấy ティエン ゾイ	label, tag レイベル, タグ
～入れ	ví tiền, túi tiền ヴィー ティエン, トゥーイ ティエン	wallet ワレト
さつえい 撮影 satsuei	sự quay phim, chụp ảnh スー クアイ フィーム, チューブ アイン	photographing フォウトグラフィング
～する	quay phim, chụp ảnh クアイ フィーム, チューブ アイン	photograph, film フォウトグラフ, フィルム
ざつおん 雑音 zatsuon	tạp âm, tiếng ồn タープ オム, ティエング オーン	noise ノイズ
さっか 作家 sakka	nhà văn, văn sĩ ニャー ヴァン, ヴァン シー	writer, author ライタ, オーサ
さっかー サッカー sakkaa	bóng đá, túc cầu ボーンム ダー, トゥークプ コウ	soccer, Ⓑfootball サカ, フトボール
さっかく 錯覚 sakkaku	ảo giác アーウ ザーク	illusion イルージョン

日	越	英
さっき **さっき** sakki	lúc nãy, vừa nãy ルークブ ナイ, ヴア ナイ	now, just now **ナ**ウ, **チャ**スト **ナ**ウ
さっきょく **作曲** sakkyoku	sự sáng tác nhạc スー サーング タークニャーク	composition カンポ**ズィ**ション
～する	sáng tác nhạc サーング タークニャーク	compose コン**ポ**ウズ
さっきん **殺菌** sakkin	sát khuẩn, tiệt khuẩn サーッ クフォン, ティエッ クフォン	sterilization ステリリ**ゼ**イション
ざっし **雑誌** zasshi	báo chí, tập san バーウ チー, トプ サーン	magazine マガ**ズィ**ーン
ざっしゅ **雑種** zasshu	tạp chủng, giống đã được lai tạo タープ チューンム, ゾーンム ダー ドゥオク ラーイ ターウ	crossbreed, hybrid ク**ロ**ースブリード, **ハ**イブリド
さつじん **殺人** satsujin	sát nhân, giết người サーッ ニオン, ジエッング オイ	homicide, murder **ハ**ミサイド, **マ**ーダ
～犯	kẻ sát nhân, tên giết người ケー サーッ ニオン, テーン ジエッング オイ	murderer, killer **マ**ーダラ, **キ**ラ
さっする **察する** sassuru	suy đoán, ước chừng スイー ドゥアーン, ウオック チューング	guess, imagine **ゲ**ス, イ**マ**ヂン
ざっそう **雑草** zassou	cỏ dại コー ザーイ	weeds **ウィ**ーヅ
さっそく **早速** sassoku	tức thì, lập tức トゥック ティヒー, ロプ トゥック	immediately イ**ミ**ーディエトリ
ざつだん **雑談** zatsudan	nói chuyện phiếm, phiếm đàm ノーイ チュイエン フィエム, フィエム ダーム	gossip, chat **ガ**スィプ, **チャ**ト
さっちゅうざい **殺虫剤** sacchuuzai	thuốc trừ sâu, thuốc diệt côn trùng トゥフオク チュー ソウ, トゥフオク ジエッ コーン チューンム	insecticide イン**セ**クティサイド

日	越	英
さっとうする **殺到する** sattousuru	đổ xô, ào ạt	rush
ざつな **雑な** zatsuna	tạp nham, thô bạo	rough, rude
ざっぴ **雑費** zappi	chi phí linh tinh, chi phí vặt vãnh	miscellaneous expenses
さつまいも **さつま芋** satsumaimo	khoai lang	sweet potato
ざつむ **雑務** zatsumu	tạp vụ, việc lặt vặt	small jobs
さてい **査定** satei	thẩm định, giám định	assessment
さとう **砂糖** satou	đường, đường ăn	sugar
さどう **茶道** sadou	trà đạo, nghệ thuật pha và thưởng thức trà	tea ceremony
さとる **悟る** satoru	lĩnh hội, giác ngộ	realize, notice
さは **左派** saha	cánh tả, phe tả	left wing
さば **鯖** saba	cá bạc má	mackerel
さばいばる **サバイバル** sabaibaru	sống sót	survival
さばく **砂漠** sabaku	sa mạc	desert
さび **錆** sabi	gỉ, gỉ sét	rust

日	越	英
さびしい **寂しい** sabishii	buồn tẻ, cô đơn	lonely, desolate
さびる **錆びる** sabiru	bị gỉ, han gỉ	rust
さふぁいあ **サファイア** safaia	ngọc sa phia, đá sa phia	sapphire
さべつ **差別** sabetsu	sự kỳ thị, phân biệt	discrimination
～する	kỳ thị, phân biệt	discriminate
さほう **作法** sahou	cách cư xử, phép tắc	manners
さぽーたー **サポーター** (サッカーなどの) sapootaa	cổ động viên, người hâm mộ	supporter
さまざまな **様々な** samazamana	nhiều loại, đa dạng	various, diverse
さます **冷ます** samasu	làm nguội, làm lạnh	cool
(気持ちを)	làm nguôi, làm khuây	spoil one's pleasure
さます **覚ます** samasu	đánh thức, làm cho tỉnh táo	awaken
さまたげる **妨げる** samatageru	gây trở ngại, cản trở	disturb, interfere with
さまよう **さまよう** samayou	lang thang, lãng du	wander around

日	越	英
さみっと **サミット** samitto	cuộc gặp thượng đỉnh, cuộc gặp cấp cao クオク ガプ トゥフオング ディン, クオク ガプ コプ カーウ	summit サミト
さむい **寒い** samui	rét, lạnh ゼーッ, ライン	cold, chilly コウルド, **チ**リ
さめ **鮫** same	cá mập カー モプ	shark **シャ**ーク
さめる **冷める** sameru	nguội lạnh, lạnh đi ングオイ ライン, ライン ディー	cool down **ク**ール **ダ**ウン
（気持ちが）	nguôi đi, nguội lạnh đi ングオイ ディー, ングオイ ライン ディー	cool down **ク**ール **ダ**ウン
ざやく **座薬** zayaku	thuốc đạn, thuốc nhét トゥフオク ダーン, トゥフオク ニエーツ	suppository サ**パ**ズィトーリ
さよう **作用** sayou	tác động, tác dụng タ―ク ド―ンム, タ―ク ズ―ンム	action, function **ア**クション, **ファ**ンクション
～する	ảnh hưởng, tác động アイン フオング, タ―ク ド―ンム	act upon, affect **ア**クト ア**ポ**ン, ア**フェ**クト
さら **皿** sara	đĩa, dĩa ディア, ジア	plate, dish プレイト, **ディ**シュ
さらいしゅう **再来週** saraishuu	tuần sau nữa, hai tuần sau トゥオン サウ ヌア, ハーイ トゥオン サウ	week after next **ウィ**ーク アフタ **ネ**クスト
さらいねん **再来年** sarainen	năm sau nữa, hai năm sau ナム サウ ヌア, ハーイ ナム サウ	year after next **イ**ヤ アフタ **ネ**クスト
さらう **さらう** sarau	bắt cóc バッ コープ	kidnap **キ**ドナプ
ざらざらの **ざらざらの** zarazarano	thô ráp, xù xì トホー ザープ, スー シー	rough, coarse ラフ, **コ**ース
さらす **さらす** sarasu	phô ra, bóc trần フォー ザー, ボークプ チョン	expose イクス**ポ**ウズ

日	越	英
さらだ **サラダ** sarada	sa lát, nộm サー ラーッ, ノーム	salad **サ**ラド
さらに **更に** sarani	càng, lại càng カーング, ラーィ カーング	still more, further ス**ティ**ル **モー**, **ファー**ザ
さらりーまん **サラリーマン** sarariiman	nhân viên, nhân viên công ty ニョン ヴィエン, ニョン ヴィエン コーンム ティー	office worker **オー**フィス **ワー**カ
さりげない **さりげない** sarigenai	tự nhiên, như không có gì トゥー ニエン, ニュー コホーンム コー ジー	natural, casual **ナ**チュラル, **キャ**ジュアル
さる **猿** saru	khỉ キヒー	monkey, ape **マ**ンキ, **エ**イプ
さる **去る** saru	rời đi, bỏ đi ゾーィ ディー, ボー ディー	quit, leave ク**ウィ**ト, **リー**ヴ
さるもねらきん **サルモネラ菌** sarumonerakin	khuẩn salmonella クフォン サルモネラ	salmonella サルモ**ネ**ラ
さわ **沢** sawa	khe nước ケヘー ヌオク	swamp, marsh ス**ワ**ンプ, **マー**シュ
さわがしい **騒がしい** sawagashii	ồn ào, ầm ĩ オーン アーゥ, オム イー	noisy **ノ**イズィ
さわぎ **騒ぎ** sawagi	náo động, xôn xao ナーゥ ドーンム, ソーン サーゥ	clamor ク**ラ**マ
（騒動）	quấy phá, quấy đảo クォィ ファー, クォィ ダーゥ	disturbance ディス**タ**ーバンス
さわぐ **騒ぐ** sawagu	gây ồn ào, gây náo động ゴィ オーン アーゥ, ゴィ ナーゥ ドーンム	make noise **メ**イク **ノ**イズ
（騒動を起こす）	làm ồn, quậy phá ラーム オーン, クォィ ファー	make a disturbance **メ**イク ア ディス**タ**ーバンス
さわやかな **爽やかな** sawayakana	sảng khoái, dễ chịu サーング クファーィ, ゼー チーゥ	refreshing リフ**レ**シング

日	越	英
さわる **触る** sawaru	sờ vào, chạm vào ソー ヴァーウ, チャーム ヴァーウ	touch, feel **タ**チ, **フィ**ール
さん **三** san	ba バー	three ス**リ**ー
さん **酸** san	acid, a xít アシッ, アー シーッ	acid **ア**スィド
さんおいる **サンオイル** san-oiru	dầu tắm nắng ゾウ タム ナング	suntan oil **サ**ンタン **オ**イル
ざんがい **残骸** zangai	di hài, mảnh vỡ còn sót lại ジー ハーイ, マイン ヴォー コーン ソーッ ラーイ	remains, wreckage リ**メ**インズ, **レ**キヂ
さんかく **三角** sankaku	tam giác, hình tam giác ターム ザーク, ヒン ターム ザーク	triangle ト**ラ**イアングル
さんかする **参加する** sankasuru	tham gia, tham dự タハーム ザー, タハーム ズー	participate, join パー**ティ**スィペイト, **ヂョ**イン
さんがつ **三月** sangatsu	tháng ba タハーング バー	March **マ**ーチ
さんかんする **参観する** sankansuru	thăm, tham quan タハム, タハーム クアーン	visit, inspect **ヴィ**ズィト, インス**ペ**クト
さんきゃく **三脚** sankyaku	ba chân, giá ba chân バー チョン, ザー バー チョン	tripod ト**ラ**イパド
ざんぎゃくな **残虐な** zangyakuna	tàn bạo, độc ác ターン バーウ, ドークプ アーク	atrocious, brutal アト**ロ**ウシャス, ブ**ル**ートル
さんぎょう **産業** sangyou	sản nghiệp, công nghiệp サーン ンギエプ, コーンム ンギエプ	industry **イ**ンダストリ
ざんぎょう **残業** zangyou	việc làm ngoài giờ ヴィエク ラーム ングアーイ ゾー	overtime work **オ**ウヴァタイム **ワ**ーク
さんぐらす **サングラス** sangurasu	kính râm, kính mát キン ゾム, キン マーッ	sunglasses **サ**ングラセズ

日	越	英
ざんげ **懺悔** zange	sám hối, hối cải サーム ホーイ, ホーイ カーイ	confession, repentance コン**フェ**ション, リ**ペ**ンタンス
さんご **珊瑚** sango	san hô サーン ホー	coral **カ**ラル
～礁	bãi san hô, dải san hô バーイ サーン ホー, ザーイ サーン ホー	coral reef **カ**ラル **リ**ーフ
さんこう **参考** sankou	tham khảo タハーム カハーウ	reference **レ**ファレンス
ざんこくな **残酷な** zankokuna	dã man, nhẫn tâm ザー マーン, ニォン トム	cruel, merciless ク**ル**エル, **マ**ースィレス
さんじゅう **三十** sanjuu	ba mươi, ba chục バー ムオィ, バー チューゥクプ	thirty **サ**ーティ
さんしょう **参照** sanshou	sự xem thêm, tham khảo スー セーム テヘーム, タハーム カハーウ	reference **レ**ファレンス
～する	xem thêm, tham khảo セーム テヘーム, タハーム カハーウ	refer to リ**ファ**ー トゥ
ざんしんな **斬新な** zanshinna	mới mẻ, mới lạ モーイ メー, モーイ ラー	new, novel **ニ**ュー, **ナ**ヴェル
さんすう **算数** sansuu	toán, môn làm toán トゥアーン, モーン ラーム トゥアーン	arithmetic ア**リ**スメティク
さんする **産する** sansuru	sản xuất, chế tạo サーン スオッ, チェー ターウ	produce プロ**デュ**ース
さんせい **賛成** sansei	đồng tình, tán thành ドーンム ティン, ターン タハイン	approval アプ**ル**ーヴァル
～する	đồng ý, tán đồng ドーンム イー, ターン ドーンム	approve of アプ**ル**ーヴ オヴ
さんせい **酸性** sansei	tính a xít, tính acid ティン アー シーッ, ティン アシッ	acidity ア**ス**ィディティ

日	越	英
～雨	mưa a xít, mưa acid ムア アー シーッ, ムア アシッ	acid rain **ア**スィド **レ**イン
さんそ **酸素** sanso	khí ô xy, khí oxygen キヒー オー シー, キヒー オシゼン	oxygen **ア**クスィヂェン
～マスク	mặt nạ ô xy, mặt nạ dưỡng khí マッナー オー シー, マッナー ズオング キヒー	oxygen mask **ア**クスィヂェン **マ**スク
ざんだか **残高** zandaka	số dư, số còn lại ソー ズー, ソー コーン ラーイ	balance **バ**ランス
さんたくろーす **サンタクロース** santakuroosu	ông già Nô en オーンム ザー ノー エーン	Santa Claus, ⓑFather Christmas **サ**ンタ ク**ロ**ーズ, **ファ**ーザ ク**リ**スマス
さんだる **サンダル** sandaru	dép, xăng đan ゼープ, サング ダーン	sandals **サ**ンダルズ
さんだんとび **三段跳び** sandantobi	môn nhảy ba bước モーン ニャイ バー ブオク	triple jump ト**リ**プル **ヂャ**ンプ
さんち **産地** sanchi	nơi sản xuất ノーイ サーン スオッ	place of production プ**レ**イス オヴ プロ**ダ**クション
さんちょう **山頂** sanchou	đỉnh núi, chóp núi ディン ヌーイ, チョープ ヌーイ	summit **サ**ミト
ざんねんな **残念な** zannenna	đáng tiếc, thương tiếc ダーング ティエク, トゥフオング ティエク	regrettable リグ**レ**タブル
さんばい **三倍** sanbai	ba lần, gấp ba lần バー ロン, ゴナ バー ロン	triple ト**リ**プル
さんばし **桟橋** sanbashi	bến tàu, cầu tàu ベーン タウ, コウ タウ	pier **ピ**ア
さんぱつ **散髪** sanpatsu	cắt tóc カッ トークプ	haircut **ヘ**アカト
さんびか **賛美歌** sanbika	bài thánh ca, bài hát ca tụng バーイ タハイン カー, バーイ ハーッ カートゥーンム	hymn **ヒ**ム

日	越	英
さんふじんか **産婦人科** sanfujinka	khoa phụ sản クフアー フー サーン	obstetrics and gynecology オブス**テ**トリクス アンド ガイニ**カ**ロデ
さんぶつ **産物** sanbutsu	sản phẩm, sản vật サーン フォム, サーン ヴォッ	product, produce プラダクト, プラデュース
さんぷる **サンプル** sanpuru	mẫu, hàng mẫu モウ, ハーング モウ	sample **サ**ンプル
さんぶん **散文** sanbun	văn xuôi ヴァン スオィ	prose プロウズ
さんぽ **散歩** sanpo	tản bộ, bách bộ ターン ボー, バイク ボー	walk **ウォ**ーク
~する	đi dạo, đi tản bộ ディー ザーゥ, ディー ターン ボー	take a walk テイク ア **ウォ**ーク
さんまんな **散漫な** sanmanna	tản mạn, lan man ターン マーン, ラーン マーン	loose, slipshod **ル**ース, ス**リ**プシャド
さんみ **酸味** sanmi	vị chua ヴィー チュア	acidity アス**ィ**ディティ
さんみゃく **山脈** sanmyaku	dãy núi, rặng núi ザィ ヌーィ, ザング ヌーィ	mountain range **マ**ウンテン **レ**インヂ
さんらんする **散乱する** sanransuru	rải rác, phân tán ザーィ ザーク, フォン ターン	(be) dispersed (ビ) ディス**パ**ースト
さんらんする **産卵する** sanransuru	đẻ trứng デー チューング	lay eggs **レ**イ **エ**グズ
さんれつする **参列する** sanretsusuru	tham dự, có mặt タハーム ズー, コー マッ	attend ア**テ**ンド

し, シ

日	越	英
し **四** shi	bốn ボーン	four **フォ**ー

日	越	英
し **市** shi	thành phố タハイン フォー	city, town **ス**ィティ, **タ**ウン
し **死** shi	cái chết, tử vong カーイ チェーッ, トゥー ヴォーンム	death **デ**ス
し **詩** shi	thơ, bài thơ トホー, バーイ トホー	poetry, poem **ポ**ウイトリ, **ポ**ウイム
じ **字** ji	chữ, con chữ チュー, コーン チュー	letter, character **レ**タ, **キャ**ラクタ
じ **時** ji	giờ ゾー	time, hour **タ**イム, **ア**ウア
じ **痔** ji	trĩ, bệnh trĩ チー, ベン チー	hemorrhoids, piles **ヘ**モロイヅ, **パ**イルズ
しあい **試合** shiai	trận đấu, trận giao đấu チョン ドゥ, チョン ザーウ ドゥ	game, match **ゲ**イム, **マ**チ
しあがる **仕上がる** shiagaru	được hoàn thành, hoàn tất ドゥオク フアーン タハイン, フアーン トッ	(be) completed (ビ) コンプ**リ**ーテド
しあげる **仕上げる** shiageru	hoàn chỉnh, hoàn tất フアーン チン, フアーン トッ	finish, complete **フィ**ニシュ, コンプ**リ**ート
しあさって **しあさって** shiasatte	ngày kìa ンガイ キア	two days after to-morrow **トゥ**ー デイズ アフタ トモーロウ
しあわせ **幸せ** shiawase	hạnh phúc, sung sướng ハイン フークプ, スーンム スオンブ	happiness **ハ**ピネス
～な	hạnh phúc, sung sướng ハイン フークプ, スーンム スオンブ	happy, fortunate **ハ**ピ, **フォ**ーチュネト
しいく **飼育** shiiku	nuôi ヌォイ	breeding ブ**リ**ーディング
じいしき **自意識** jiishiki	ý thức về bản thân mình, ý thức về bản ngã イー トゥフークプ ヴェー バーン トホン ミン, イー トゥフークプ ヴェー バーン ンガー	self-consciousness セルフ**カ**ンシャスネス

日	越	英
シーズン shiizun	mùa ムア	season スィーズン
シーツ shiitsu	khăn trải giường カハン チャーイ ズオング	sheet, bedsheet シート, ベドシート
CD shiidii	CD, đĩa compact シーディー, ディア コムパク	compact disk カンパクト ディスク
CTスキャン shiitiisukyan	chụp CT チューブ シーティー	CT scanning スィーティー スキャニング
GDP jiidiipii	GDP, tổng sản phẩm quốc nội ジーディーピー, トーンム サーン フォム クオク ノーイ	gross domestic product グロウス ドメスティク プラダクト
シート shiito	ghế, chỗ ngồi ゲー, チョーン ンゴーイ	seat スィート
〜ベルト	dây an toàn ゾイ アーン トゥアーン	seatbelt スィートベルト
シーフード shiifuudo	hải sản ハーイ サーン	seafood スィーフード
強いる shiiru	ép, bắt エープ, バッ	force, compel フォース, コンペル
シール shiiru	dấu, con dấu ゾウ, コーン ゾウ	seal, sticker スィール, スティカ
仕入れ shiire	mua hàng vào để bán ムア ハーング ヴァーウ デー バーン	stocking スタキング
子音 shiin	phụ âm フー オム	consonant カンソナント
シーン shiin	cảnh, quang cảnh カイン, クアーング カイン	scene スィーン
寺院 jiin	chùa chiền チュア チエン	Buddhist temple ブディスト テンプル

日	越	英
じーんず **ジーンズ** jiinzu	quần bò, quần jean クオン ボー，クオン ジン	jeans **チ**ーンズ
しぇあ **シェア** shea	chia sẻ, sử dụng chung チア セー，スー ズーンム チューンム	share **シェ**ア
じえい **自衛** jiei	tự vệ, tự bảo vệ トゥー ヴェー，トゥー バーウ ヴェー	self-defense セルフディ**フェ**ンス
しえいの **市営の** shieino	do thành phố xây dựng ゾー タハイン フォー ソイ ズーング	municipal ミュー**ニ**スィパル
しぇーびんぐくりーむ **シェービング クリーム** sheebingukuriimu	kem cạo râu ケーム カーウ ゾウ	shaving cream **シェ**イヴィング ク**リ**ーム
じぇすちゃー **ジェスチャー** jesuchaa	điệu bộ, cử chỉ ディエウ ボー，クー チー	gesture **ヂェ**スチャ
じぇっとき **ジェット機** jettoki	máy bay phản lực マイ バイ ファーン ルーク	jet plane **ヂェ**ト プ**レ**イン
しぇふ **シェフ** shefu	bếp trưởng, đầu bếp ベープ チュオング，ドゥ ベープ	chef **シェ**フ
しぇるたー **シェルター** sherutaa	chỗ ẩn náu, chỗ nương náu チォー オン ナウ，チォー ヌオング ナウ	shelter **シェ**ルタ
しえん **支援** shien	trợ giúp, viện trợ チォー ズープ，ヴィエン チォー	support サ**ポ**ート
しお **塩** shio	muối, muối ăn ムオィ，ムオィ アン	salt **ソ**ールト
しお **潮** shio	hải triều, thuỷ triều ハーィ チエゥ，トゥフイー チエゥ	tide **タ**イド
〜風	gió biển ゾー ビエン	sea breeze **スィ**ー ブ**リ**ーズ
しおからい **塩辛い** shiokarai	mặn マン	salty **ソ**ールティ

日	越	英
しおづけ **塩漬け** shiozuke	dưa muối, rau củ ướp muối ズア ムオィ, ザゥ クー ウオプ ムオィ	salt pickling ソールト ピクリング
しおどき **潮時** shiodoki	đúng lúc, đúng thời cơ ドゥーンム ルークプ, ドゥーンム トホーイ コー	right time, opportune time ライト **タ**イム, アパ**テュー**ン **タ**イム
しおみず **塩水** shiomizu	nước muối, nước mặn ヌオク ムオィ, ヌオク マン	saltwater ソールトウォータ
しおり **しおり** shiori	miếng đánh dấu trang ミエング ダイン ゾウ チャーング	bookmark **ブ**クマーク
しおれる **萎れる** shioreru	héo, khô héo ヘーゥ, コホー ヘーゥ	droop, wither ドル**ー**プ, **ウィ**ザ
しか **歯科** shika	khoa răng miệng, nha khoa クファアー ザング ミエング, ニャー クファアー	dentistry デンティストリ
〜医	bác sĩ nha khoa, nha sĩ バーク シー ニャー クファアー, ニャー シー	dentist デンティスト
しか **鹿** shika	nai, hươu ナーィ, フオゥ	deer **ディ**ア
じか **時価** jika	giá hiện thời, thời giá ザー ヒエン トホーイ, トホーイ ザー	current price **カ**ーレント プ**ラ**イス
じが **自我** jiga	cái tôi, bản ngã カーィ トーィ, バーン ンガー	self, ego **セ**ルフ, **エ**ゴゥ
しかい **視界** shikai	tầm nhìn, tầm mắt トム ニーン, トム マッ	sight, field of vision **サ**イト, **フィ**ールド オヴ **ヴィ**ジョン
しがい **市外** shigai	ngoại thành ンガーィ タハイン	suburbs **サ**バーブズ
しかいしゃ **司会者** shikaisha	người dẫn chương trình ングオィ ゾン チュオング チン	chairperson **チェ**アパースン
（テレビやイベントの）	MC, người dẫn chương trình エムシー, ングオィ ゾン チュオング チン	MC エム**ス**ィー

日	越	英
しかいする **司会する** shikaisuru	dẫn chương trình ゾン チュオング チン	preside at プリ**ザ**イド アト
しがいせん **紫外線** shigaisen	tia tử ngoại, tia cực tím ティア トゥー ングアーイ, ティア クーク ティーム	ultraviolet rays アルトラ**ヴァ**イオレト **レ**イズ
しかえしする **仕返しする** shikaeshisuru	trả thù, phục thù チャー トゥフー, フークプ トゥフー	avenge oneself ア**ヴェ**ンヂ
しかく **四角** shikaku	vuông, hình vuông ヴオング, ヒン ヴオング	square ス**ク**ウェア
しかく **資格** shikaku	bằng cấp, chứng chỉ バング コプ, チューング チー	qualification クワリフィ**ケ**イション
じかく **自覚** jikaku	sự tự giác, tinh thần tự giác スー トゥー ザーク, ティン トホン トゥー ザーク	consciousness **カ**ンシャスネス
～する	tự giác トゥー ザーク	(be) conscious of (ビ) **カ**ンシャス オヴ
しかけ **仕掛け** shikake	bố trí, sắp đặt ボー チー, サプ ダッ	device, mechanism ディ**ヴァ**イス, メカ**ニ**ズム
しかし **しかし** shikashi	nhưng, nhưng mà ニューング, ニューング マー	but, however バト, ハウ**エ**ヴァ
じかせいの **自家製の** jikaseino	tự gia đình sản xuất, nhà làm トゥー ザー デイン サーン スオッ, ニャー ラーム	homemade **ホ**ウムメイド
じがぞう **自画像** jigazou	tranh chân dung チャイン チョン ズーンム	self-portrait **セ**ルフ**ポ**ートレト
しかたがない **仕方がない** shikataganai	đành phải, không còn cách nào khác ダイン ファーイ, コホーンム コーン カイク ナーウ カハーク	it can't be helped イト **キャ**ント ビ **ヘ**ルプト
しがつ **四月** shigatsu	tháng tư タハーング トゥー	April **エ**イプリル

日	越	英
じかつする **自活する** jikatsusuru	sống tự túc, tự nuôi thân	support oneself
しがみつく **しがみつく** shigamitsuku	bám vào, quấn lấy	cling to
しかも **しかも** shikamo	vả chăng, hơn nữa	moreover, besides
しかる **叱る** shikaru	mắng, gắt	scold, reprove
じかん **時間** jikan	thời gian, thì giờ	time, hour
しがんする **志願する** (願い出る) shigansuru	tự nguyện, tình nguyện	desire, aspire to
(申し込む)	nộp đơn xin, đăng ký	apply for
しき **指揮** shiki	chỉ huy, điều khiển	command
～者	nhạc trưởng, người chỉ huy	conductor
しき **式** (儀式・式典) shiki	nghi thức, nghi lễ	ceremony
(形式)	hình thức	style, form
(数式)	công thức toán	formula, expression
(方式)	phương thức, cách thức	method, system
じき **時期** jiki	thời kỳ, giai đoạn	time, season

日	越	英
磁気 じき jiki	từ tính トゥー ティン	magnetism マグネティズム
敷石 しきいし shikiishi	đá lát ダー ラーッ	pavement ペイヴメント
敷金 しききん shikikin	đặt cọc, trả tiền cọc ダッ コークプ, チャー ティエン コークプ	deposit ディパズィト
色彩 しきさい shikisai	màu sắc マウ サク	color, tint, ⒷColour カラ, ティント, カラ
式場 しきじょう shikijou	phòng tiến hành nghi thức, hội trường フォーンム ティエン ハイン ンギー トゥフーク, ホーイ チュオング	ceremonial hall セレモウニアル ホール
色素 しきそ shikiso	sắc tố, chất màu サクトー, チャッ マウ	pigment ピグメント
色調 しきちょう shikichou	phối màu フォーイ マウ	tone, hue トウン, ヒュー
直筆 じきひつ jikihitsu	tự viết tay, bản thảo viết tay トゥー ヴィエッ タイ, バーン タハーウ ヴィエッ タイ	autograph オートグラフ
識別する しきべつする shikibetsusuru	phân biệt フォン ビエッ	discern, distinguish ディサーン, ディスティングウィシュ
敷物 しきもの shikimono	tấm thảm トム タハーム	carpet, rug カーペト, ラグ
子宮 しきゅう shikyuu	tử cung, dạ con トゥー クーンム, ザー コーン	uterus, womb ユーテラス, ウーム
時給 じきゅう jikyuu	lương tính theo giờ, lương trả theo giờ ルオング ティン テヘーウ ゾー, ルオング チャー テヘーウ ゾー	hourly wage アウアリ ウェイヂ
自給自足 じきゅうじそく jikyuujisoku	tự cung tự cấp トゥー クーンム トゥー コプ	self-sufficiency セルフサフィシェンスィ

日	越	英
しきょう **司教** shikyou	giáo chủ, giám mục ザーゥ チュー, ザーム ムークプ	bishop ビショプ
しきょう **市況** shikyou	tình hình thị trường ティン ヒン ティヒー チュオングー	market マーケト
じきょう **自供** jikyou	thú tội, tự thú トゥーフー トーイ, トゥー トゥフー	confession コンフェション
じぎょう **事業** jigyou	công cuộc, sự nghiệp コーンム クオク, スー ンギエプ	enterprise, under-taking エンタプライズ, アンダテイキング
しきり **仕切り** shikiri	liếp ngăn, vách ngăn リエプ ンガン, ヴァイク ンガン	partition パーティション
しきん **資金** shikin	vốn liếng ヴォーン リエング	capital, funds キャピトル, ファンヅ
しく **敷く** shiku	lót, trải ローッ, チャーイ	lay, spread レイ, スプレド
じく **軸** jiku	trục, lõi チュークプ, ローイ	axis, shaft アクスィス, シャフト
じぐざぐ **ジグザグ** jiguzagu	dường dích dắc chữ chi ズオング ジク ザク チュー チー	zigzag ズィグザグ
しくみ **仕組み** shikumi	cơ cấu, cơ chế コー コウ, コー チェー	mechanism メカニズム
しけ **時化** shike	bão biển, dông biển バーゥ ビエン, ゾーンム ビエン	stormy weather ストーミ ウェザ
しけい **死刑** shikei	tử hình, án tử hình トゥー ヒン, アーン トゥー ヒン	capital punishment キャピトル パニシュメント
しげき **刺激** shigeki	kích thích キク ティヒク	stimulus, impulse スティミュラス, インパルス
～する	kích thích, kích động キク ティヒク, キク ドーンム	stimulate, excite スティミュレイト, イクサイト

日	越	英
茂る shigeru	rậm rạp, rậm rì	grow thick
試験 shiken	cuộc thi, kiểm tra	examination, test
資源 shigen	tài nguyên	resources
事件 jiken	sự kiện, sự việc	event, incident, case
次元 jigen	thứ nguyên, chiều	dimension
事故 jiko	sự cố, tai nạn	accident
自己 jiko	tự mình, bản thân	self, ego
時効 jikou	thời hiệu	prescription
時刻 jikoku	thời khắc, thời điểm	time, hour
～表	thời gian biểu, thời khắc biểu	timetable
地獄 jigoku	địa ngục	hell, inferno
仕事 shigoto	công việc, nghề nghiệp	work, business, task
仕込む (教え込む) shikomu	dạy dỗ, huấn luyện	train, teach
(仕入れておく)	dự trữ, tích trữ	stock, prepare

日	越	英
示唆 shisa	sự gợi ý, ám thị	suggestion サグ**チェ**スチョン
～する	gợi ý, ám thị	suggest サグ**チェ**スト
時差 jisa	chênh lệch thời gian, chênh lệch múi giờ	difference in time **ディ**ファレンス イン **タ**イム
～ぼけ	sự mệt mỏi sau một chuyến bay dài, sự mệt mỏi do lệch múi giờ	jet lag **チェ**ト ラグ
司祭 shisai	linh mục, tư tế	priest プ**リ**ースト
視察 shisatsu	sự xem xét, thanh tra	inspection インス**ペ**クション
～する	xem xét, tìm hiểu	inspect, visit インス**ペ**クト, **ヴィ**ズィット
自殺する jisatsusuru	tự tử, tự sát	commit suicide コ**ミ**ット **ス**ーイサイド
資産 shisan	vốn, tài sản	property, fortune プ**ラ**パティ, **フォ**ーチュン
持参する jisansuru	mang đến, cầm theo	take with oneself **テ**イク ウィズ
指示 shiji	sự chỉ thị, chỉ điểm	indication インディ**ケ**イション
～する	chỉ thị, ra lệnh	indicate **イ**ンディケイト
支持 shiji	sự ủng hộ, nâng đỡ	support, backing サ**ポ**ート, **バ**キング

日	越	英
～する	ủng hộ, nâng đỡ ウーンム ホー, ノング ドー	support, back up サポート, バク アプ
じじ **時事** jiji	thời sự トホーイ スー	current events カーレント イヴェンツ
ししざ **獅子座** shishiza	Cung Sư tử, chòm sao Sư tử クーンム スートゥー, チョーム サーウ スートゥー	Lion, Leo ライオン, レオ
ししつ **資質** shishitsu	tư chất, thiên tính トゥー チョッ, ティヒエン ティン	nature, temperament ネイチャ, テンペラメント
じじつ **事実** jijitsu	sự thật, sự thực スー トホッ, スー トゥフーク	fact ファクト
ししゃ **支社** shisha	chi nhánh チー ニャイン	branch ブランチ
ししゃ **死者** shisha	người đã chết, người đã khuất ングォイ ダー チェーッ, ングォイ ダー クフオッ	dead person, (the) dead デド パースン, (ザ) デド
じしゃく **磁石** jishaku	nam châm, từ thạch ナーム チォム, トゥー タハイク	magnet マグネト
ししゃごにゅうする **四捨五入する** shishagonyuusuru	làm tròn số ラーム チョーン ソー	round up ラウンド アプ
ししゅう **刺繍** shishuu	thêu, thêu thùa テヘーウ, テヘーウ トゥフア	embroidery インブロイダリ
しじゅう **四十** shijuu	bốn mươi, bốn chục ボーン ムオイ, ボーン チュークプ	forty フォーティ
じしゅする **自首する** jishusuru	tự thú, đầu thú トゥー トゥフー, ドゥ トゥフー	turn oneself in to the police ターン イン トゥ ザ ポリース
ししゅつ **支出** shishutsu	số tiền chi ra ソー ティエン チー ザー	expenses, expenditure イクスペンセズ, イクスペンディチャ

日	越	英
自主的な じしゅてきな (自発的な) jishutekina	tự chủ, tự phát トゥー チュー, トゥー ファーッ	voluntary ヴァランテリ
思春期 ししゅんき shishunki	tuổi dậy thì トゥオイ ゾイ ティヒー	adolescence, puberty アドレセンス, ピューバティ
司書 ししょ shisho	quản thư クアーン トゥフー	librarian ライブレアリアン
辞書 じしょ jisho	từ điển, tự điển トゥー ディエン, トゥー ディエン	dictionary ディクショネリ
次女 じじょ jijo	con gái thứ hai コーン ガーイ トゥフー ハーイ	second daughter セコンド ドータ
市場 しじょう shijou	thị trường ティヒー チュオン	market マーケト
事情 じじょう jijou (状況)	nội tình, tình huống ノーイ ティン, ティン フオン	circumstances サーカムスタンセズ
(理由・背景)	lý do, bối cảnh リー ゾー, ボーイ カイン	reasons リーズンズ
試食 ししょく shishoku	nếm thử, ăn thử ネーム トゥフー, アン トゥフー	tasting, sampling テイスティング, サンプリング
辞職する じしょくする jishokusuru	từ chức, từ nhiệm トゥー チューク, トゥー ニエム	resign リザイン
自叙伝 じじょでん jijoden	tự truyện トゥー チュイエン	autobiography オートバイアグラフィ
私書箱 ししょばこ shishobako	hòm thư riêng ホーム トゥフー ジエン	post-office box, PO box ポウストオーフィス バクス, ピーオウ バクス
詩人 しじん shijin	nhà thơ, thi sĩ ニャー トホー, ティヒー シー	poet, poetess ポウイト, ポウイテス
自信 じしん jishin	tự tin トゥー ティーン	confidence カンフィデンス

日	越	英
自身 jishin	bản thân, chính mình バーン トホン, チン ミン	self, oneself セルフ, ワンセルフ
地震 jishin	động đất, địa chấn ドーン ドッ, ディア チョン	earthquake アースクウェイク
自炊する jisuisuru	tự nấu cơm lấy, tự nấu ăn トゥー ノゥ コーム ロイ, トゥー ノゥ アン	cook for oneself クク フォ
指数 shisuu	chỉ số チー ソー	index number インデクス ナンバ
静かな shizukana	yên tĩnh, im lặng イエン ティン, イーム ラング	silent, still, calm サイレント, スティル, カーム
滴 shizuku	giọt nước ゾーッ ヌオク	drop ドラプ
静けさ shizukesa	sự yên lặng, yên tĩnh スー イエン ラング, イエン ティン	silence, stillness サイレンス, スティルネス
システム shisutemu	hệ thống, bộ máy ヘー トホーンム, ボー マイ	system スィステム
地滑り jisuberi	lở đất, sạt lở ロー ドッ, サーッ ロー	landslide ランドスライド
静まる shizumaru	yên lại, lắng xuống イエン ラーイ, ラング スオング	(become) quiet, calm down (ビカム) クワイエト, カーム ダウン
沈む shizumu	chìm, chìm xuống チーム, チーム スオング	sink, go down スィンク, ゴウ ダウン
(太陽などが)	lặn xuống ラン スオング	set セト
鎮める shizumeru	trấn an, trấn tĩnh チョン アーン, チョン ティン	quell クウェル
姿勢 shisei	tư thế, tác phong トゥー テヘー, タク フォーンム	posture, pose パスチャ, ポウズ

日	越	英
じせいする **自制する** jiseisuru	kiềm chế キエム チェー	control oneself コント**ロ**ウル
しせき **史跡** shiseki	di tích lịch sử ジー ティク リク スー	historic site ヒス**ト**リク **サ**イト
しせつ **施設** shisetsu	thiết bị, cơ sở ティヒエッ ビー, コー ソー	facility, institution ファス**ィ**リティ, インスティ**テュ**ーション
しせん **視線** shisen	hướng mắt nhìn フオング マッ ニーン	glance, gaze グ**ラ**ンス, **ゲ**イズ
しぜん **自然** shizen	tự nhiên, thiên nhiên トゥー ニエン, ティヒエン ニエン	nature **ネ**イチャ
〜科学	khoa học tự nhiên クフアー ホークプ トゥー ニエン	natural science **ナ**チュラル **サ**イエンス
〜に	tự nhiên, một cách tự nhiên トゥー ニエン, モーッ カイク トゥー ニエン	naturally **ナ**チュラリ
じぜん **慈善** jizen	từ thiện トゥー ティヒエン	charity, benevolence **チャ**リティ, ベ**ネ**ヴォレンス
しそう **思想** shisou	tư tưởng, ý tưởng トゥー トゥオング, イー トゥオング	thought, idea **ソ**ート, アイ**ディ**ーア
じそく **時速** jisoku	tốc độ tính theo giờ トークプ ドー ティン テヘーウ ゾー	miles per hour, speed per hour **マ**イルズ パー **ア**ウア, ス**ピ**ード パー **ア**ウア
じぞくする **持続する** jizokusuru	tiếp tục, duy trì ティエプ トゥークプ, ズイー チー	continue コン**ティ**ニュー
しそん **子孫** shison	con cháu コーン チャウ	descendant, posterity ディ**セ**ンダント, パス**テ**リティ
じそんしん **自尊心** jisonshin	tự tôn, tự trọng トゥー トーン, トゥー チオンム	pride, self-respect プ**ラ**イド, **セ**ルフリスペクト
した **下** shita	dưới, bên dưới ズオイ, ベーン ズオイ	lower part **ロ**ウア **パ**ート

297

し

日	越	英
(低い所)	dưới, chỗ thấp	below
した 舌 shita	lưỡi	tongue
じたい 事態 jitai	tình thế, tình trạng	situation
じだい 時代 jidai	thời đại, đời	time, period, era
じたいする 辞退する jitaisuru	từ chối, khước từ	decline, refuse
しだいに 次第に shidaini	từ từ, dần dần	gradually
したう 慕う shitau	gắn bó, yêu mến	yearn after, long for
したうけ 下請け shitauke	nhận thầu	subcontract
したがう 従う (ついて行く) shitagau	theo, đi theo	follow, accompany
(逆らわない)	tuân theo, vâng lời	obey
したがき 下書き shitagaki	thảo, viết nháp	draft
したぎ 下着 shitagi	áo lót	underwear
したくする 支度する shitakusuru	chuẩn bị, sửa soạn	prepare for
したじ 下地 shitaji	nền	groundwork

日	越	英
したしい **親しい** shitashii	thân mật, thân thiết トホン モッ, トホン ティヒエッ	close, familiar クロウス, ファミリア
したしらべ **下調べ** shitashirabe	kiểm tra trước, chuẩn bị sẵn キエム チャー チュオク, チュオン ビー サ	preliminary inquiry プリリミネリ インクワイアリ
したたる **滴る** shitataru	chảy nhỏ giọt, rơi nhỏ giọt チャイ ニョー ゾーッ, ゾーイ ニョー ゾーッ	drop, drip ドラプ, ドリプ
したっぱ **下っ端** shitappa	bộ hạ, tay chân ボー ハー, タイ チョン	underling アンダリング
したどり **下取り** shitadori	đổi hàng cũ lấy hàng mới có các thêm tiền ドーイ ハーング クー ロイ ハーング モーイ コー カーク テヘーム ティエン	trade-in トレイディン
したぬり **下塗り** shitanuri	sơn lớp lót ソーン ローブ ローッ	undercoating アンダコウティング
したびらめ **舌平目** shitabirame	thờn bơn, cá thờn bơn トホーン ボーン, カー トホーン ボーン	sole ソウル
したみ **下見** shitami	tiền trạm, đi tiền trạm ティエン チャーム, ディー ティエン チャーム	preliminary inspection プリリミネリ インスペクション
じだん **示談** jidan	tự thoả thuận, tự hoà giải トゥー トフアー トゥフォン, トゥー ファー ザーイ	private settlement プライヴェト セトルメント
しち **七** shichi	bảy バイ	seven セヴン
じち **自治** jichi	tự trị トゥー チー	autonomy オータノミ
しちがつ **七月** shichigatsu	tháng bảy タハーング バイ	July デュライ
しちじゅう **七十** shichijuu	bảy mươi, bảy chục バイ ムオィ, バイ チュークプ	seventy セヴンティ

日	越	英
しちめんちょう **七面鳥** shichimenchou	gà tây ガー トィ	turkey **タ**ーキ
しちや **質屋** shichiya	hiệu cầm đồ ヒエゥ コム ドー	pawnshop **ポ**ーンシャプ
しちゃくする **試着する** shichakusuru	mặc thử マク トゥフー	try on ト**ラ**イ オン
しちゅー **シチュー** shichuu	bò kho, món bò kho ボー コホー, モーン ボー コホー	stew ス**テュ**ー
しちょう **市長** shichou	chủ tịch thành phố, thị trưởng チュー テイク タハイン フォー, テイヒー チュオング	mayor **メ**イア
しちょうしゃ **視聴者** shichousha	khán thính giả カハーン テイヒン ザー	TV audience **ティーヴィ**ー オー**ディ**エンス
しつ **質** shitsu	chất lượng, phẩm chất チョッ ルオング, フォム チョッ	quality ク**ワ**リティ
しつう **歯痛** shitsuu	đau răng, nhức răng ダゥ ザング, ニューク ザング	toothache ト**ゥ**ーセイク
じっか **実家** jikka	nhà bố mẹ ニャー ボー メー	parents' home **ペ**アレンツ **ホ**ウム
しっかくする **失格する** shikkakusuru	mất tư cách モッ トゥー カイク	(be) disqualified (ビ) ディスク**ワ**リファイド
しっかりする （頑丈になる） shikkarisuru	mạnh lên, khỏe lên マイン レーン, クフエー レーン	(become) strong (ビカム) スト**ロ**ーング
（元気を出す）	gắng sức, gắng công ガング スーク, ガング コーンム	take courage テイク **カ**ーリヂ
しつぎおうとう **質疑応答** shitsugioutou	vấn đáp, hỏi đáp ヴォン ダープ, ホーィ ダープ	questions and answers ク**ウェ**スチョンズ アンド **ア**ンサズ
しつぎょう **失業** shitsugyou	sự thất nghiệp スー トホッ ンギエプ	unemployment アニンプ**ロ**イメント

日	越	英
~者	người thất nghiệp ングオイ トホッツ ンギエプ	unemployed アニンプロイド
~する	thất nghiệp トホッツ ンギエプ	lose one's job ルーズ チャブ
じつぎょうか 実業家 jitsugyouka	nhà kinh doanh, nhà doanh nghiệp ニャー キン ズアイン, ニャー ズアイン ンギエプ	business person ビズネス パースン
じっきょうちゅうけい 実況中継 jikkyouchuukei	truyền hình trực tiếp チュイエン ヒン チューク ティエプ	live broadcast ライヴ ブロードキャスト
しっけ 湿気 shikke	độ ẩm ドー オム	moisture モイスチャ
しつけ 躾 shitsuke	nền nếp, dạy dỗ ネーン ネープ, ザイ ゾー	training, discipline トレイニング, ディスィプリン
じっけん 実験 jikken	thí nghiệm, thử nghiệm ティヒー ンギエム, トゥフー ンギエム	experiment イクスペリメント
じつげんする 実現する jitsugensuru	thực hiện, thực hành トゥフック ヒエン, トゥフック ハイン	realize, come true リーアライズ, カム トルー
しつこい しつこい（執念深い） shitsukoi	câu nệ, cố chấp コウ ネー, コー チョプ	obstinate, persistent アブスティネト, パスィステント
（味などがきつい）	vị gắt, vị khé cổ ヴィー ガッ, ヴィー ケヘー コー	heavy ヘヴィ
しっこう 失効 shikkou	mất hiệu lực, hết hiệu lực モッ ヒエゥ ルーク, ヘーッ ヒエゥ ルーク	lapse, expiry ラプス, イクスパイアリ
じっこうする 実行する jikkousuru	thực hành, thực hiện トゥフック ハイン, トゥフック ヒエン	carry out, practice キャリ アウト, プラクティス
じつざい 実在 jitsuzai	thực tại, thực tế トゥフック ターイ, トゥフック テー	actual existence アクチュアル イグズィステンス
じっさいに 実際に jissaini	thực tế トゥフック テー	actually, really アクチュアリ, リーアリ

日	越	英
じっしする **実施する** jisshisuru	thi hành ティヒー ハイン	enforce インフォース
じっしつ **実質** jisshitsu	thực chất, bản chất トゥフーク チョッ, バーン チョッ	substance **サ**ブスタンス
じっしゅう **実習** jisshuu	thực tập, tập sự トゥフーク トプ, トプ スー	practice, training プラクティス, トレイニング
〜生	thực tập sinh トゥフーク トプ シン	trainee トレイニー
じつじょう **実情** jitsujou	hiện trạng, thực trạng ヒエン チャーング, トゥフーク チャーング	actual circumstance, state of affairs **ア**クチュアル **サ**ーカムスタンス, ステイト オヴ アフェアズ
しっしん **湿疹** shisshin	nổi chàm, phát chàm ノーイ チャーム, ファーッ チャーム	eczema **エ**クセマ
しっしんする **失神する** shisshinsuru	ngất xỉu, bất tỉnh ンゴッ シーウ, ボッ ティン	faint, swoon **フェ**イント, ス**ウ**ーン
じっせき **実績** jisseki	thành quả, thành tựu タハイン クアー, タハイン トゥーウ	results, achievements リザルツ, アチーヴメンツ
しっそうする **失踪する** shissousuru	biệt tích, biệt tăm ビエッ ティク, ビエッ タム	disappear ディサ**ピ**ア
しっそな **質素な** shissona	giản dị ザーン ジー	plain, simple プレイン, **ス**ィンプル
じったい **実態** jittai	thực trạng トゥフーク チャーング	actual condition, (the) realities **ア**クチュアル コン**ディ**ション, (ザ) リ**ア**リティーズ
しっと **嫉妬** shitto	sự ghen tị, ganh ghét スー ゲーン ティー, ガイン ゲーッ	jealousy **ヂェ**ラスィ
〜する	ghen tị, ganh tị ゲーン ティー, ガイン ティー	(be) jealous of, envy (ビ) **ヂェ**ラス オヴ, **エ**ンヴィ
しつど **湿度** shitsudo	độ ẩm ドー アム	humidity ヒュー**ミ**ディティ

日	越	英
しつないで **室内で** shitsunaide	trong phòng, trong nhà チョーンム フォーンム, チョーンム ニャー	indoors インドーズ
しっぱい **失敗** shippai	sự thất bại スー トゥッ バーイ	failure フェイリュア
〜する	thất bại トゥッ バーイ	fail in フェイル イン
しっぷ **湿布** shippu	chườm, chườm nóng, chườm đá チュオム, チュオム ノーンム, チュオム ダー	compress カンプレス
じつぶつ **実物** jitsubutsu	vật thật ヴォッ トゥッ	real thing リーアル スィング
しっぽ **尻尾** shippo	đuôi ドゥオイ	tail テイル
しつぼうする **失望する** shitsubousuru	thất vọng トゥッ ヴォーンム	(be) disappointed (ビ) ディサポインテド
じつむ **実務** jitsumu	nghiệp vụ thực tế, công việc thực tế ンギエプ ヴー トゥフーク テー, コーンム ヴィエク トゥフーク テー	practical business プラクティカル ビズネス
しつもん **質問** shitsumon	câu hỏi コウ ホーイ	question クウェスチョン
〜する	hỏi, chất vấn ホーイ, チョッ ヴォン	ask a question アースク ア クウェスチョン
じつりょく **実力** jitsuryoku	thực lực, năng lực トゥフーク ルーク, ナング ルーク	ability アビリティ
じつれい **実例** jitsurei	tiền lệ có thật ティエン レー コー トゥッ	example イグザンプル
しつれいな **失礼な** shitsureina	mất lịch sự, thất lễ モッ リク スー, トゥッ レー	rude, impolite ルード, インポライト
しつれんする **失恋する** shitsurensuru	thất tình トゥッ ティン	(be) disappointed in love (ビ) ディサポインテド イン ラヴ

日	越	英
じつわ **実話** jitsuwa	chuyện có thật, câu chuyện thực tế チュイエン コー トホッ, コウ チュイエン トゥフーク テー	true story トルー ストーリ
してい **指定** shitei	sự chỉ định スー チー ディン	designation デズィグネイション
～する	chỉ định チー ディン	appoint, designate アポイント, デズィグネイト
～席	ghế đặt trước, ghế ấn định trước ゲー ダッ チュオッ, ゲー オン ディン チュオッ	reserved seat リザーヴド スィート
してきする **指摘する** shitekisuru	chỉ ra, cho biết チー ザー, チョー ビエッ	point out, indicate ポイント アウト, インディケイト
してきな **私的な** shitekina	riêng tư ジエング トゥー	private, personal プライヴェト, パーソナル
してつ **私鉄** shitetsu	công ty đường sắt tư nhân コーンム ティー ドゥオング サッ トゥーニオン	private railroad プライヴェト レイルロウド
してん **支店** shiten	chi nhánh チー ニャイン	branch ブランチ
じてん **辞典** jiten	từ điển, tự điển トゥー ディエン, トゥー ディエン	dictionary ディクショネリ
じてんしゃ **自転車** jitensha	xe đạp セー ダープ	bicycle バイスィクル
しどう **指導** shidou	sự hướng dẫn, chỉ dẫn スー フオング ゾン, チー ゾン	guidance, direction ガイダンス, ディレクション
～する	hướng dẫn, chỉ dẫn フオング ゾン, チー ゾン	guide, lead, coach ガイド, リード, コウチ
じどう **児童** jidou	nhi đồng, trẻ em ニー ドーンム, チェー エーム	child チャイルド
じどうし **自動詞** jidoushi	nội động từ ノーイ ドーンム トゥー	intransitive verb イントランスィティヴ ヴァーブ

日	越	英
じどうしゃ **自動車** jidousha	xe ô tô, xe hơi セー オー トー, セー ホーイ	car, automobile **カ**ー, オート**モ**ビール
〜事故	tai nạn ô tô, tai nạn giao thông ターイ ナーン オー トー, ターイ ナーン ザーウ トホーム	car accident **カ**ー ア**ク**スィデント
じどうてきに **自動的に** jidoutekini	tự động, một cách tự động トゥー ドーンム, モッツ カィク トゥー ドーンム	automatically オート**マ**ティカリ
じどうドア **自動ドア** jidoudoa	cửa tự động クア トゥー ドーンム	automatic door オート**マ**ティク **ド**ー
じどうはんばいき **自動販売機** jidouhanbaiki	máy bán hàng tự động マィ バーン ハーング トゥー ドーンム	vending machine **ヴェ**ンディング マ**シ**ーン
しなぎれ **品切れ** shinagire	hết hàng ヘーッ ハーング	sold out **ソ**ウルド **ア**ウト
しなびる **しなびる** shinabiru	héo, khô héo ヘーウ, コホー ヘーウ	wither **ウィ**ザ
しなもの **品物** shinamono	hàng hoá ハーング フアー	article, goods **ア**ーティクル, **グ**ヅ
しなやかな **しなやかな** shinayakana	mềm dẻo, dễ uốn メーム ゼーゥ, ゼー ウオン	flexible フ**レ**クスィブル
しなりお **シナリオ** shinario	kịch bản キク バーン	scenario, script スィ**ネ**アリオウ, スク**リ**プト
じなん **次男** jinan	con trai thứ hai コーン チャーィ トゥフー ハーィ	second son **セ**カンド **サ**ン
じにんする **辞任する** jininsuru	từ chức, từ nhiệm トゥー チューク, トゥー ニエム	resign リ**ザ**イン
しぬ **死ぬ** shinu	chết, mất チェーッ, モッ	die **ダ**イ
じぬし **地主** jinushi	chủ đất, địa chủ チュー ドッ, ディア チュー	landowner **ラ**ンドオウナ

日	越	英
しのぐ (勝る) shinogu	hơn, thắng ホーン, タハング	exceed, surpass イクスイード, サーパス
(切り抜ける)	vượt qua, khắc phục ヴオッ クアー, カハク フークプ	tide over タイド オウヴァ
(耐える)	chịu đựng チーウ ドゥーング	endure, bear インデュア, ベア
支配 shihai	sự chi phối, cai trị スー チー フォーイ, カーイ チー	management, control マニヂメント, コントロウル
～する	cai trị, thống trị カーイ チー, トホーンム チー	manage, control マニヂ, コントロウル
～人	người quản lý ングォイ クアーン リー	manager マニヂャ
芝居 shibai	kịch, vở kịch キク, ヴォー キク	play, drama プレイ, ドラーマ
自白 jihaku	thú nhận, tự bạch トゥフー ニオン, トゥー バイク	self confession セルフ コンフェション
地場産業 jibasangyou	công ty địa phương コーンム ティー ディア フオング	local industry ロウカル インダストリ
しばしば shibashiba	hay, thường xuyên ハイ, トゥフオング スイエン	often オーフン
自発的な jihatsutekina	tự phát, tự nguyện トゥー ファーッ, トゥー ングイエン	spontaneous, voluntary スパンテイニアス, ヴァランテリ
始発電車 shihatsudensha	chuyến tàu đầu tiên チュイエン タウ ドゥ ティエン	first train ファースト トレイン
芝生 shibafu	bãi cỏ バーイ コー	lawn ローン
支払い shiharai	sự trả tiền, thanh toán スー チャー ティエン, タハイント トゥアーン	payment ペイメント

日	越	英
しはらう **支払う** shiharau	trả tiền, thanh toán チャー ティエン, タハイント ゥアーン	pay ペイ
しばらく **しばらく** (ある程度長く) shibaraku	lâu, tạm thời ロウ, タームトホーイ	for a long time フォア ローング タイム
(長くない)	một hồi lâu モーツ ホーイ ロウ	for a while フォア (ホ)ワイル
しばる **縛る** shibaru	buộc, trói ブオク, チョーイ	bind バインド
じばん **地盤** (地面) jiban	mặt đất, nền đất マッ ドッ, ネーン ドッ	ground グラウンド
(土台・基礎)	nền, nền tảng ネーン, ネーン ターング	foundation, base ファウンデイション, ベイス
しはんの **市販の** shihanno	bán ở chợ, bán ở thị trường バーン オー チョー, バーン オー ティヒー チュオング	on the market オン ザ マーケト
じびいんこうか **耳鼻咽喉科** jibiinkouka	khoa tai mũi họng クフアー ターイ ムーイ ホーンム	otorhinolaryngology オウトウライノウラリンガロヂ
しひで **私費で** shihide	tự túc, tự trả tiền トゥー トゥークプ, トゥー チャー ティエン	at one's own expense アト オウン イクスペンス
しひょう **指標** shihyou	chỉ tiêu, định mức チー ティエウ, ディン ムーク	index インデクス
じひょう **辞表** jihyou	đơn xin từ chức, đơn từ nhiệm ドーン シーン トゥー チューク, ドーン トゥー ニエム	resignation レズィグネイション
じびょう **持病** jibyou	bệnh mãn tính ベン マーン ティン	chronic disease クラニク ディズィーズ
しびれる **痺れる** shibireru	tê, ê テー, エー	(become) numb (ビカム) ナム
しぶい **渋い** (好みが) shibui	tao nhã, trang nhã タウ ニャー, チャーング ニャー	tasteful, sober テイストフル, ソウバ

307

日	越	英
(味が)	chát, vị chát チャーッ, ヴィー チャーッ	astringent, bitter アストリンジェント, ビタ
しぶき **しぶき** shibuki	bụi nước ブーイ ヌオク	spray, splash スプレイ, スプラシュ
しぶしぶ **しぶしぶ** shibushibu	bất đắc dĩ, miễn cưỡng ボッ ダク ジー, ミエン クオング	reluctantly リラクタントリ
しぶとい **しぶとい** shibutoi	kiên trì, bền chí キエン チー, ベーン チー	tenacious, obstinate ティネイシャス, アブスティネト
しぶる **渋る** shiburu	chần chừ, đắn đo チョン チュー, ダン ドー	hesitate, show reluctance ヘズィテイト, ショウ リラクタンス
じぶん **自分** jibun	tự mình, tự thân トゥー ミン, トゥー トホン	self セルフ
しへい **紙幣** shihei	tiền giấy ティエン ゾイ	bill, note ビル, ノウト
しほう **四方** shihou	bốn phía, bốn bề ボーン フィア, ボーン ベー	every direction エヴリ ディレクション
しぼう **脂肪** shibou	mỡ, chất béo モー, チョッ ベーウ	fat, grease ファト, グリース
じほう **時報** jihou	thời báo トホーイ バーウ	time signal タイム スィグナル
しほうけん **司法権** shihouken	quyền xét xử, quyền tài phán クイエン セーッ スー, クイエン ターイ ファーン	jurisdiction デュアリスディクション
しぼうする **志望する** shibousuru	mong muốn, hy vọng モーンム ムオン, ヒー ヴォーンム	wish, desire ウィシュ, ディザイア
しぼむ **しぼむ** shibomu	héo, khô héo ヘーウ, コホー ヘーウ	wither, fade ウィザ, フェイド

日	越	英
しぼる **搾る** shiboru	vắt ヴァッ	press, wring, squeeze プレス, リング, スクウィーズ
しほん **資本** shihon	vốn, vốn liếng ヴォーン, ヴォーン リエング	capital キャピトル
~家	tư bản, nhà tư bản トゥー バーン, ニャー トゥー バーン	capitalist キャピタリスト
~金	tiền vốn, vốn đầu tư ティエン ヴォーン, ヴォーン ドゥ トゥー	capital キャピトル
~主義	chủ nghĩa tư bản チュー ンギア トゥー バーン	capitalism キャピタリズム
しま **縞** shima	vằn, sọc ヴァン, ソークプ	stripes ストライプス
しま **島** shima	đảo, hòn đảo ダーゥ, ホーン ダーゥ	island アイランド
しまい **姉妹** shimai	chị em チー エーム	sisters スィスタズ
しまう **しまう** shimau	cất, cất đi コッ, コッ ディー	put away プト アウェイ
じまく **字幕** jimaku	phụ đề フー デー	subtitles サブタイトルズ
しまつ **始末** (結果) shimatsu	đầu đuôi, hậu quả ドゥ ドゥオイ, ホゥ クアー	result リザルト
(処分)	xử lý, chấm dứt スー リー, チョム ズーッ	disposal ディスポウザル
しまる **閉まる** shimaru	đóng, đóng lại ドーンム, ドーンム ラーィ	shut, (be) closed シャト, (ビ) クロウズド
じまん **自慢** jiman	sự khoe khoang, tự mãn スー クフエー クフアーング, トゥー マーン	boast, vanity ボウスト, ヴァニティ

日	越	英
〜する	khoe khoang, tự mãn	boast of, (be) proud of
地味な jimina	nhã nhặn, giản dị	plain, quiet
シミュレーション shimyureeshon	mô phỏng	simulation
染みる shimiru	thấm vào, ngấm vào	penetrate, soak
市民 shimin	người dân thành phố, công dân	citizen
事務 jimu	công việc bàn giấy	business, affairs
〜員	nhân viên văn phòng	clerk, office worker
〜的な	mang tính chất công việc bàn giấy	businesslike
氏名 shimei	họ tên	name
使命 shimei	sứ mệnh, nhiệm vụ	mission
指名する shimeisuru	chỉ đích danh, chỉ định	name, nominate
締め切り shimekiri	hạn cuối, hạn chót	deadline
締め切る shimekiru	ngưng nhận hồ sơ	close

日	越	英
じめじめした **じめじめした**（湿った） jimejimeshita	ẩm, ẩm ướt オム, オム ウオッ	damp, moist **ダ**ンプ, **モ**イスト
しめす **示す** shimesu	chỉ, nêu チー, ネーゥ	show, indicate **ショ**ウ, **イ**ンディケイト
しめだす **締め出す** shimedasu	đuổi ra, không cho vào ドゥオイ ザー, コホーンム チォー ヴァーゥ	shut out **シャ**ト **ア**ウト
じめつする **自滅する** jimetsusuru	tự diệt トゥー ジエッ	ruin oneself **ル**ーイン
しめる **絞める** shimeru	thắt, thắt lại タハッ, タハッ ラーイ	tighten **タ**イトン
しめる **湿る** shimeru	ẩm, bị ẩm オム, ビー オム	dampen **ダ**ンプン
しめる **占める** shimeru	chiếm, choán チエム, チュアーン	occupy **ア**キュパイ
しめる **閉める** shimeru	đóng, khép ドーンム, ケヘープ	shut, close **シャ**ト, ク**ロ**ウズ
じめん **地面** jimen	mặt đất マッ ドッ	earth, ground **ア**ース, グ**ラ**ウンド
しも **霜** shimo	sương, sương muối スオング, スオング ムオイ	frost フ**ロ**ースト
じもとの **地元の** jimotono	của địa phương, thổ địa クア ディア フォング, トホー ディア	local **ロ**ウカル
しもん **指紋** shimon	vân tay ヴォン タイ	fingerprint **フィ**ンガプリント
しや **視野** shiya	tầm mắt トム マッ	field of vision **フィ**ールド オヴ **ヴィ**ジョン
じゃーじー **ジャージー** jaajii	áo đan len rộng, áo thể thao アーゥ ダーン レーン ゾーンム, アーゥ テヘー タハーゥ	tracksuit ト**ラ**クスート

日	越	英
じゃーなりすと **ジャーナリスト** jaanarisuto	nhà báo ニャー バーゥ	journalist **ヂャ**ーナリスト
じゃーなりずむ **ジャーナリズム** jaanarizumu	giới báo chí ゾーイ バーゥ チー	journalism **ヂャ**ーナリズム
しゃーぷぺんしる **シャープペンシル** shaapupenshiru	bút chì kim, bút chì bấm ブーッ チー キム, ブーッ チー ボム	mechanical pencil メ**キャ**ニカル **ペ**ンスル
しゃーべっと **シャーベット** shaabetto	kem sorbet (kem trái cây pha sữa dạng đá bào) ケーム ソルベ (ケーム チャーイ コィ ファー スア ザーング ダー バーゥ)	sherbet **シャ**ーベト
しゃいん **社員** shain	nhân viên công ty ニャン ヴィエン コーンム ティー	employee, staff インプ**ロ**イイー, ス**タ**フ
しゃかい **社会** shakai	xã hội サー ホーイ	society ソ**サ**イエティ
～学	xã hội học サー ホーイ ホークプ	sociology ソウスィ**ア**ロヂ
～主義	chủ nghĩa xã hội チュー ンギア サー ホーイ	socialism **ソ**ウシャリズム
じゃがいも **じゃが芋** jagaimo	khoai tây クファーイ トイ	potato ポ**テ**イトウ
しゃがむ **しゃがむ** shagamu	ngồi xổm, ngồi chồm hổm ンゴーイ ソーム, ンゴーイ チョーム ホーム	squat down スク**ワ**ト **ダ**ウン
しやくしょ **市役所** shiyakusho	ủy ban nhân dân thành phố ウイー バーン ニャン ゾン タハイン フォー	city hall ス**ィ**ティ **ホ**ール
じゃぐち **蛇口** jaguchi	vòi nước ヴォーイ ヌオク	faucet, ®tap **フォ**ーセト, **タ**プ
じゃくてん **弱点** jakuten	nhược điểm ニュオク ディエム	weak point **ウィ**ーク **ポ**イント
しゃくど **尺度** shakudo	thước, thước đo độ トゥフオク, トゥフオク ドー ドー	measure, scale **メ**ジャ, ス**ケ**イル

日	越	英
しゃくほうする **釈放する** shakuhousuru	tha, tha thứ タハー, タハー トゥフー	set free **セ**ト フリー
しゃくめいする **釈明する** shakumeisuru	biện hộ, biện minh ビエン ホー, ビエン ミン	explain, vindicate イクスプ**レ**イン, **ヴィ**ンディケイト
しゃくや **借家** shakuya	nhà cho thuê, nhà thuê ニャー チョー トゥフエー, ニャー トゥフエー	rented house **レ**ンテド **ハ**ウス
しゃげき **射撃** shageki	bắn súng バン スーンム	shooting, firing **シュ**ーティング, **ファ**イアリング
じゃけっと **ジャケット** jaketto	áo vét, áo jacket アーウ ヴェーッ, アーウ ジャケッ	jacket **ヂャ**ケト
しゃこ **車庫** shako	ga ra, nhà để xe ガー ザー, ニャー デー セー	garage ガ**ラ**ージ
しゃこうかい **社交界** shakoukai	giới thượng lưu, xã hội thượng lưu ゾーイ トゥフオング ルーウ, サー ホーイ トゥフオング ルーウ	high society **ハ**イ ソ**サ**イエティ
しゃこうだんす **社交ダンス** shakoudansu	khiêu vũ giao tiếp, nhảy đầm キヒエウ ヴー ザーウ ティエプ, ニャィ ダム	social dance **ソ**ウシャル **ダ**ンス
しゃざい **謝罪** shazai	xin lỗi, tạ tội シーン ローイ, ター トーイ	apology ア**パ**ロヂ
～する	xin thứ lỗi, tạ lỗi シーン トゥフー ローイ, ター ローイ	apologize ア**パ**ロヂャイズ
しゃじつしゅぎ **写実主義** shajitsushugi	chủ nghĩa hiện thực チュー ンギア ヒエン トゥフーク	realism **リ**ーアリズム
しゃしょう **車掌** shashou	nhân viên soát vé ニョン ヴィエン スアーッ ヴェー	conductor コン**ダ**クタ
しゃしん **写真** shashin	ảnh, bức ảnh アイン, ブーク アイン	photograph **フォ**ウトグラフ
～家	nhà nhiếp ảnh ニャー ニエプ アイン	photographer フォ**タ**グラファ

313

日	越	英
ジャズ jazu	nhạc jazz ニャーク ジャス	jazz **チャ**ズ
写生 shasei	vẽ phác, vẽ phác hoạ ヴェー ファーク, ヴェー ファーク フアー	sketch ス**ケ**チ
社説 shasetsu	xã luận, bài xã luận サー ルオン, バーイ サー ルオン	editorial エディ**ト**ーリアル
車線 shasen	làn dành riêng cho xe ô tô ラーン ザイン ジエング チョー セー オートー	lane **レ**イン
社宅 shataku	nhà ở của công ty ニャー オー クア コーンム ティー	company house **カ**ンパニ **ハ**ウス
遮断する shadansuru	ngăn lại, chặn lại ンガン ラーイ, チャン ラーイ	block, intercept ブ**ラ**ク, インタ**セ**プト
社長 shachou	giám đốc công ty ザーム ドークプ コーンム ティー	president プレ**ジ**デント
シャツ (下着の) shatsu	áo lót アーゥ ローッ	undershirt, ⒷVest **ア**ンダシャート, **ヴェ**スト
(洋服の)	áo sơ mi アーゥ ソー ミー	(dress) shirt (ド**レ**ス) **シャ**ート
借款 shakkan	khoản cho vay, vốn vay ưu đãi クフアーン チョー ヴァイ, ヴォーン ヴァイ ウーゥ ダーイ	loan **ロ**ウン
ジャッキ jakki	cái kích, pa lăng カーイ キク, パー ラング	jack **チャ**ク
借金 shakkin	tiền nợ, công nợ ティエン ノー, コーンム ノー	debt, loan **デ**ト, **ロ**ウン
しゃっくり shakkuri	nấc, nấc cụt ノク, ノク クーッ	hiccup **ヒ**カプ
シャッター (カメラの) shattaa	màn trập, lá chắn sáng マーン チョプ, ラー チャン サーング	shutter **シャ**タ

日	越	英
（玄関や窓の）	cửa chớp, cánh cửa chớp クア チョープ, カイン クア チョープ	shutter シャタ
しゃどう **車道** shadou	xa lộ, lòng đường サー ロー, ローンム ドゥオング	roadway ロウドウェイ
しゃぶる **しゃぶる** shaburu	ngậm, mút ンゴム, ムーッ	suck, suckle **サ**ク, **サ**クル
しゃべる **シャベル** shaberu	cái xẻng, cái thuổng カーイ セーング, カーイ トゥフオング	shovel **シャ**ヴル
しゃほん **写本** shahon	bản sao, bản sao chép バーン サーウ, バーン サーウ チェープ	manuscript **マ**ニュスクリプト
じゃま **邪魔** jama	trở ngại, chướng ngại チョー ンガーイ, チュオング ンガーイ	hindrance, obstacle **ヒ**ンドランス, **ア**ブスタクル
～する	gây cản trở, làm cản trở ゴイ カーン チョー, ラーム カーン チョー	disturb, hinder ディス**タ**ープ, **ハ**インダ
～な	gây trở ngại, cản trở ゴイ チョー ンガーイ, カーン チョー	obstructive オブスト**ラ**クティヴ
じゃむ **ジャム** jamu	mứt ムーッ	jam **チャ**ム
しゃめん **斜面** shamen	dốc, mặt nghiêng ゾープ, マッ ンギエング	slope ス**ロ**ウプ
しゃもじ **杓文字** shamoji	thìa xới cơm, muỗng xới cơm ティヒア ソーイ コーム, ムオング ソーイ コーム	rice paddle **ラ**イス **パ**ドル
じゃり **砂利** jari	sỏi ソーイ	gravel グ**ラ**ヴェル
しゃりょう **車両** sharyou	toa xe, toa tàu トゥアー セー, トゥアー タウ	vehicles, cars **ヴィ**ーイクルズ, **カ**ーズ
しゃりん **車輪** sharin	bánh xe バイン セー	wheel (ホ)**ウィ**ール

日	越	英
しゃれ しゃれ share	đùa giỡn, lời nói đùa ドゥア ゾーン, ローイ ノーイ ドゥア	joke, witticism **チョ**ウク, **ウィ**ティスィズム
しゃれい 謝礼 sharei	lời tạ ơn, tiền thù lao ローイ ター オーン, ティエン トゥフー ラーウ	remuneration リミューナ**レ**イション
しゃれた しゃれた（おしゃれな） shareta	diện ジエン	chic, elegant シーク, **エ**リガント
（気の利いた）	dí dỏm, hóm hỉnh ジー ゾーム, ホーム ヒン	witty, smart **ウィ**ティ, ス**マ**ート
しゃわー シャワー shawaa	vòi hoa sen, hương sen ヴォーイ フアー セーン, フオング セーン	shower **シャ**ウア
じゃんぱー ジャンパー janpaa	áo gió アーゥ ゾー	windbreaker **ウィ**ンドブレイカ
しゃんぱん シャンパン shanpan	rượu sâm banh ズオゥ ソム バイン	champagne シャン**ペ**イン
しゃんぷー シャンプー shanpuu	dầu gội đầu ゾゥ ゴーイ ドゥ	shampoo シャン**プ**ー
じゃんる ジャンル janru	loại, thể loại ルアーイ, テヘー ルアーイ	genre **ジャ**ーンル
しゅい 首位 shui	vị trí đầu, hàng đầu ヴィー チー ドゥ, ハーング ドゥ	leading position **リ**ーディング ポ**ズィ**ション
しゅう 州 shuu	bang, châu バーング, チョウ	state, province ス**テ**イト, プ**ラ**ヴィンス
しゅう 週 shuu	tuần, tuần lễ トゥオン, トゥオン レー	week **ウィ**ーク
じゅう 十 juu	mười, chục ムオイ, チュークプ	ten **テ**ン
じゅう 銃 juu	súng スーンム	gun **ガ**ン

日	越	英
じゆう **自由** jiyuu	tự do トゥー ゾー	freedom, liberty フリーダム, リバティ
しゅうい **周囲** (円周・外周) shuui	chu vi, xung quanh チュー ヴィー, スーンム クアィン	circumference サーカムフェレンス
(環境・状況)	môi trường, tình hình モーイ チュオング, ティン ヒン	surroundings サラウンディングズ
じゅうい **獣医** juui	bác sĩ thú y バーク シー トゥフー イー	veterinarian ヴェテリネアリアン
じゅういち **十一** juuichi	mười một ムオィ モーッ	eleven イレヴン
じゅういちがつ **十一月** juuichigatsu	tháng mười một タハーング ムオィ モーッ	November ノウヴェンバ
しゅうえき **収益** shuueki	thu lợi, lợi lộc トゥフー ローイ, ローイ ロークプ	profits, gains プラフィツ, ゲインズ
じゅうおく **十億** juuoku	một tỷ モーッ ティー	billion ビリョン
しゅうかい **集会** shuukai	hội họp, họp hành ホーイ ホープ, ホープ ハィン	meeting, gathering ミーティング, ギャザリング
しゅうかく **収穫** shuukaku	thu hoạch, mùa màng トゥフー フアィク, ムア マーング	crop, harvest クラプ, ハーヴェスト
～する	gặt, thu hoạch ガッ, トゥフー フアィク	harvest, reap ハーヴェスト, リープ
しゅうがくりょこう **修学旅行** shuugakuryokou	du lịch tham quan ズー リク タハーム クアーン	school trip スクール トリプ
じゆうがた **自由形** jiyuugata	bơi tự do ボーイ トゥー ゾー	freestyle swimming フリースタイル スウィミング
じゅうがつ **十月** juugatsu	tháng mười タハーング ムオィ	October アクトウバ

日	越	英
しゅうかん **習慣** shuukan	tập quán, thói quen トプ クアーン, トホーイ クエーン	habit, custom ハビト, **カ**スタム
しゅうかんし **週刊誌** shuukanshi	tạp chí hàng tuần, tuần san タープ チー ハーング トゥオン, トゥオン サーン	weekly **ウィ**ークリ
しゅうき **周期** shuuki	chu kì チュー キー	cycle, period **サ**イクル, **ピ**アリオド
しゅうきゅう **週休** shuukyuu	ngày nghỉ hàng tuần ンガイ ンギー ハーング トゥオン	weekly holiday **ウィ**ークリ **ハ**リデイ
しゅうきゅう **週給** shuukyuu	lương tính theo tuần, lương tuần ルオング ティン テヘーウ トゥオン, ルオング トゥオン	weekly pay **ウィ**ークリ **ペ**イ
じゅうきゅう **十九** juukyuu	mười chín ムオイ チーン	nineteen ナイン**ティ**ーン
じゅうきょ **住居** juukyo	nhà ở ニャー オー	dwelling ド**ウェ**リング
しゅうきょう **宗教** shuukyou	tôn giáo, đạo トーン ザーウ, ダーウ	religion リ**リ**ヂョン
じゅうぎょういん **従業員** juugyouin	nhân viên ニョン ヴィエン	employee, worker インプロ**イ**ー, **ワ**ーカ
じゅうきんぞく **重金属** juukinzoku	kim loại nặng キーム ルアーイ ナング	heavy metal **ヘ**ヴィ **メ**トル
しゅーくりーむ **シュークリーム** shuukuriimu	bánh su kem バイン スー ケーム	cream puff ク**リ**ーム **パ**フ
しゅうけいする **集計する** shuukeisuru	cộng lại, tính tổng コーンム ラーイ, ティン トーンム	total **ト**ウトル
しゅうげき **襲撃** shuugeki	tập kích, đánh úp トプ キク, ダイン ウープ	attack, assault ア**タ**ク, ア**ソ**ールト
じゅうご **十五** juugo	mười lăm ムオイ ラム	fifteen フィフ**ティ**ーン

日	越	英
じゅうこうぎょう **重工業** juukougyou	công nghiệp nặng コーン ンギエプ ナング	heavy industries ヘヴィ インダストリズ
ジューサー juusaa	máy ép lấy nước, máy vắt hoa quả マィ エープ ロイ ヌオク, マィ ヴァッ フアー クアー	juicer ヂューサ
しゅうさい **秀才** shuusai	anh tài, tuấn kiệt アィン ターィ, トゥオン キエッ	brilliant scholar ブリリャント スカラ
しゆうざいさん **私有財産** shiyuuzaisan	tài sản tư hữu, tài sản riêng ターィ サーン トゥー フーゥ, ターィ サーン ジエング	private property プライヴェト プラパティ
じゅうさつする **銃殺する** juusatsusuru	bắn giết バン ジエッ	shoot dead, gun down シュート デド, ガン ダウン
じゅうさん **十三** juusan	mười ba ムオィ バー	thirteen サーティーン
しゅうし **修士** shuushi	thạc sĩ タハーク シー	master マスタ
～課程	chương trình thạc sĩ チュオング チン タハーク シー	master's course マスタズ コース
～号	bằng thạc sĩ バング タハーク シー	master's degree マスタズ ディグリー
じゅうし **十四** juushi	mười bốn ムオィ ボーン	fourteen フォーティーン
じゅうじ **十字** juuji	chữ thập チュー トホプ	cross クロース
じゅうじか **十字架** juujika	cây thánh giá, thập tự giá コィ タハインㇴ ザー, トホプ トゥー ザー	cross クロース
しゅうじがく **修辞学** shuujigaku	tu từ học トゥー トゥー ホークプ	rhetoric レトリク
じゅうしする **重視する** juushisuru	coi trọng, chú trọng コーィ チォーンム, チュー チォーンム	attach importance to アタチ インポータンス トゥ

日	越	英
じゅうしち **十七** juushichi	mười bảy ムオィ バィ	seventeen セヴン**ティ**ーン
じゅうじつする **充実する** juujitsusuru	đầy đủ, mān nguyện ドィ ドゥー, マーン ングイエン	fulfill, complete フル**フィ**ル, コンプ**リ**ート
しゅうしふ **終止符** shuushifu	dấu chấm ゾゥ チォム	period, ⒷＢfull stop **ピ**アリオド, **フ**ル ス**タ**プ
しゅうしゅう **収集** shuushuu	sưu tập, thu thập スーウ トプ, トゥフー トホプ	collection コ**レ**クション
～する	sưu tầm, thu thập スーウ トム, トゥフー トホプ	collect コ**レ**クト
しゅうしゅく **収縮** shuushuku	thu nhỏ lại, co lại トゥフー ニオー ラーィ, コー ラーィ	contraction コント**ラ**クション
じゅうじゅんな **従順な** juujunna	vâng lời, ngoan ngoān ヴォング ローィ, ングアーン ングアーン	obedient オ**ビ**ーディエント
じゅうしょ **住所** juusho	địa chỉ ディア チー	address ア**ド**レス
じゅうしょう **重傷** juushou	bị thương nặng ビー トゥフオング ナング	serious wound **ス**ィアリアス **ウ**ーンド
しゅうしょくする **就職する** shuushokusuru	xin việc, tìm việc シーン ヴィエク, ティーム ヴィエク	find employment **ファ**インド インプ**ロ**イメント
じゅうじろ **十字路** juujiro	ngã tư ンガー トゥー	crossroads ク**ロ**ースロウヅ
じゅうしん **重心** juushin	trọng tâm チオーンム トム	center of gravity **セ**ンタ オヴ グラ**ヴィ**ティ
しゅうしんけい **終身刑** shuushinkei	tù chung thân トゥー チューンム トホン	life imprisonment **ラ**イフ インプ**リ**ズンメント
じゅーす **ジュース** juusu	nước hoa quả, nước trái cây ヌオク フアー クアー, ヌオク チャーィ コィ	juice **チュ**ース

日	越	英
しゅうせい **習性** shuusei	thói quen, tập tính トーイ クエーン, トプ ティン	habit **ハ**ビト
しゅうせいする **修正する** shuuseisuru	điều chỉnh, sửa đổi ディエウ チン, スア ドーイ	amend, revise ア**メ**ンド, リ**ヴァ**イズ
じゆうせき **自由席** jiyuuseki	ghế ngồi tự do ゲー ンゴーイ トゥー ゾー	nonreserved seat ナンリ**ザ**ーヴド ス**イ**ート
しゅうせん **終戦** shuusen	kết thúc chiến tranh, chấm dứt chiến tranh ケーッ トゥークプ チエン チャイン, チォム ズーッ チエン チャイン	end of war **エ**ンド オヴ **ウォ**ー
しゅうぜんする **修繕する** shuuzensuru	sửa chữa, tu sửa スア チュア, トゥー スア	repair, mend リ**ペ**ア, **メ**ンド
じゅうたい **渋滞** juutai	tắc đường, kẹt xe タクク ドゥオング, ケーッ セー	(traffic) jam (ト**ラ**フィク) **チャ**ム
じゅうたい **重体** juutai	bệnh tình trầm trọng ベン ティン チォム チォーンム	serious condition ス**イ**アリアス コン**ディ**ション
じゅうだい **十代** juudai	lứa tuổi teen ルア トゥオイ ティーン	teens **ティ**ーンズ
しゅうたいせい **集大成** shuutaisei	tổng quát lại, tổng hợp lại トーンム クアーッ ラーイ, トーンム ホープ ラーイ	compilation コン**ピ**レイション
じゅうだいな **重大な** juudaina	nghiêm trọng, trầm trọng ンギエム チォーンム, チォム チォーンム	grave, serious グ**レ**イヴ, ス**イ**アリアス
じゅうたく **住宅** juutaku	căn hộ, nhà ở カン ホー, ニャー オー	house, housing **ハ**ウス, **ハ**ウズィング
しゅうだん **集団** shuudan	tập thể, đoàn thể トプ テヘー, ドゥアーン テヘー	group, body グ**ル**ープ, **バ**ディ
じゅうだんする **縦断する** juudansuru	đi dọc theo ディー ゾークプ テヘーウ	traverse ト**ラ**ヴァース
しゅうちしん **羞恥心** shuuchishin	liêm sỉ リエム シー	sense of shame **セ**ンス オヴ **シェ**イム

日	越	英
しゅうちゃくえき **終着駅** shuuchakueki	ga cuối cùng, ga sau chót ガー クオィ クーンム, ガー サウ チォーツ	terminus, terminal **タ**ーミナス, **タ**ーミナル
しゅうちゃくする **執着する** shuuchakusuru	cố chấp, câu nệ コー チオプ, コゥ ネー	(be) fixated on, adhere to (ビ) フィク**セ**イテド オン, アド**ヒ**ア トゥ
しゅうちゅうする **集中する** shuuchuusuru	tập trung トプ チューンム	concentrate **カ**ンセントレイト
しゅうてん **終点** shuuten	điểm cuối cùng, ga sau chót ディエム クオィ クーンム, ガー サゥ チォーツ	end of a line **エ**ンド オヴ ア **ラ**イン
しゅうでん **終電** shuuden	chuyến tàu cuối cùng チュイエン タウ クオィ クーンム	last train (of the day) **ラ**スト ト**レ**イン (オヴ ザ **デ**イ)
じゅうてん **重点** juuten	điểm quan trọng ディエム クアーン チオーンム	emphasis, importance **エ**ンファスィス, イン**ポ**ータンス
じゅうでんする **充電する** juudensuru	sạc điện, sạc pin サーク ディエン, サーク ピーン	charge **チャ**ーヂ
しゅーと **シュート** shuuto	sút, cú sút スーツ, クー スーツ	shot **シャ**ト
しゅうどういん **修道院** shuudouin	tu viện トゥー ヴィエン	monastery, convent **マ**ナステリ, **カ**ンヴェント
しゅうどうし **修道士** shuudoushi	tu sĩ トゥー シー	monk **マ**ンク
しゅうどうじょ **修道女** shuudoujo	nữ tu sĩ ヌー トゥー シー	nun, sister **ナ**ン, ス**ィ**スタ
じゆうな **自由な** jiyuuna	tự do トゥー ゾー	free, liberal フ**リ**ー, **リ**ベラル
じゅうなんな **柔軟な** juunanna	mềm dẻo, linh hoạt メーム ゼーゥ, リン フアーツ	flexible, supple フレクスィブル, **サ**プル

日	越	英
じゅうに **十二** juuni	mười hai ムォイ ハーイ	twelve トウェルヴ
じゅうにがつ **十二月** juunigatsu	tháng mười hai, tháng chạp タハーング ムォイ ハーイ, タハーング チャープ	December ディセンバ
じゅうにしちょう **十二指腸** juunishichou	tá tràng ター チャーング	duodenum デューアディーナム
しゅうにゅう **収入** shuunyuu	tiền thu vào, thu nhập ティエン トゥフー ヴァーウ, トゥフー ニォプ	income インカム
しゅうにん **就任** shuunin	nhận chức vụ ニォン チューク ヴー	inauguration イノーギュレイション
しゅうのう **収納** shuunou	chứa, trữ チュア, チュー	storage ストーリデ
しゅうは **宗派** shuuha	giáo phái, môn phái ザーウ ファーイ, モーン ファーイ	sect セクト
しゅうはすう **周波数** shuuhasuu	âm tần, tần số âm thanh オム トン, トン ソー オム タハイン	frequency フリークウェンスィ
じゅうはち **十八** juuhachi	mười tám ムォイ タ―ム	eighteen エイティーン
じゅうびょう **重病** juubyou	bệnh nặng ベン ナング	serious illness スィアリアス イルネス
しゅうふくする **修復する** shuufukusuru	tu sửa, phục hồi トゥー スア, フークプ ホーイ	restore リストー
しゅうぶん **秋分** shuubun	thu phân トゥフー フォン	autumnal equinox オータムナル イークウィナクス
じゅうぶんな **十分な** juubunna	đủ, đầy đủ ドゥー, ドイ ドゥー	sufficient, enough サフィシェント, イナフ
しゅうへん **周辺** shuuhen	xung quanh, lân cận スーング クアイン, ロン コン	vicinity (of), area (of) ヴィスィニティ (オヴ), エアリア (オヴ)

日	越	英
～機器	thiết bị ngoại vi, ngoại vi ティヒエッ ビー ングアーィ ヴィー, ングアーィ ヴィー	peripherals プリフェラルズ
じゆうぼうえき **自由貿易** jiyuuboueki	buôn bán tự do, mậu dịch tự do ブオン バーン トゥー ゾー, モゥ ジク トゥー ゾー	free trade フリー トレイド
しゅうまつ **週末** shuumatsu	cuối tuần クオィ トゥオン	weekend ウィーケンド
じゅうまん **十万** juuman	một trăm nghìn, mười vạn モーッ チャム ンギーン, ムオィ ヴァーン	one hundred thousand ワン ハンドレド サウザンド
じゅうみん **住民** juumin	cư dân, người dân cư trú クー ゾン, ングオィ ゾン クー チュー	inhabitants, residents インハビタンツ, レズィデンツ
じゅうやく **重役** juuyaku	thành viên hội đồng quản trị タハイン ヴィエン ホーィ ドーンム クアーン チー	executive, director イグゼキュティヴ, ディレクタ
じゅうゆ **重油** juuyu	dầu nặng ゾウ ナング	heavy oil ヘヴィ オイル
しゅうゆう **周遊** shuuyuu	chu du, ngao du チュー ズー, ンガーゥ ズー	tour, round trip トゥア, ラウンド トリプ
しゅうようする **収容する** shuuyousuru	chứa, đựng チュア, ドゥーング	admit, accommodate アドミト, アカモデイト
じゅうような **重要な** juuyouna	quan trọng, trọng yếu クアーン チョーンム, チョーンム イエゥ	important, principal インポータント, プリンスィパル
しゅうり **修理** shuuri	tu sửa, sửa chữa トゥー スア, スア チュア	repair, mend リペア, メンド
～する	tu sửa, sửa chữa トゥー スア, スア チュア	repair, mend リペア, メンド
じゅうりょう **重量** juuryou	trọng lượng チョーンム ルオング	weight ウェイト

日	越	英
～挙げ	môn cử tạ モーン クー ター	weightlifting ウェイトリフティング
しゅうりょうする 終了する shuuryousuru	kết thúc, chấm dứt ケット トゥフークプ, チョム ズート	finish, end, close フィニシュ, エンド, クロウズ
じゅうりょく 重力 juuryoku	trọng lực チョーンム ルーク	gravity, gravitation グラヴィティ, グラヴィテイション
しゅうろく 収録 shuuroku	thu âm, ghi âm トゥフー オム, ギー オム	recording リコーディング
じゅうろく 十六 juuroku	mười sáu ムオィ サウ	sixteen スィクスティーン
しゅうわい 収賄 shuuwai	ăn hối lộ, nhận hối lộ アン ホーイ ロー, ニオン ホーイ ロー	bribery, corruption ブライバリ, コラプション
しゅえい 守衛 shuei	bảo vệ, lính gác バーウ ヴェー, リン ガーク	guard ガード
しゅえん 主演 shuen	đóng vai chính, người đóng vai chính ドーンム ヴァーイ チン, ングオィ ドーンム ヴァーイ チン	leading role リーディング ロウル
～俳優	diễn viên chính ジエン ヴィエン チン	leading actor リーディング アクタ
しゅかん 主観 shukan	chủ quan チュー クアーン	subjectivity サブヂェクティヴィティ
～主観的な	chủ quan チュー クアーン	subjective サブヂェクティヴ
しゅぎ 主義 shugi	chủ nghĩa チュー ンギア	principle, doctrine プリンスィプル, ダクトリン
しゅぎょう 修行 shugyou	đi tu, đi hành hương ディー トゥー, ディー ハイン フオンヶ	apprenticeship アプレンティスシプ
じゅきょう 儒教 jukyou	Nho giáo, đạo Nho ニョー ザーウ, ダーウ ニョー	Confucianism コンフューシャニズム

日	越	英
じゅぎょう **授業** jugyou	giờ dạy, buổi dạy	class, lesson クラス, レスン
じゅく **塾** juku	trường dạy thêm, trường học thêm	juku, private after-school class ジュク, プライヴェト アフタスクール クラス
しゅくがかい **祝賀会** shukugakai	tiệc mừng	formal celebration フォーマル セレブレイション
じゅくご **熟語** jukugo	từ ghép, quán ngữ	idiom, phrase イディオム, フレイズ
しゅくじつ **祝日** shukujitsu	ngày lễ	public holiday, festival パブリク ハリデイ, フェスティヴァル
しゅくしゃ **宿舎** shukusha	ký túc xá, nhà nghỉ	lodging ラヂング
しゅくしょうする **縮小する** shukushousuru	thu nhỏ lại, làm nhỏ đi	reduce, curtail リデュース, カーテイル
じゅくする **熟する** jukusuru	chín	(become) ripe, mature (ビカム) ライプ, マチュア
しゅくだい **宿題** shukudai	bài tập về nhà	homework ホウムワーク
じゅくねん **熟年** jukunen	tuổi chín muồi	mature aged マチュア エイヂド
しゅくはくする **宿泊する** shukuhakusuru	nghỉ, trọ lại	lodge, stay ラヂ, ステイ
じゅくれん **熟練** jukuren	khéo tay, thuần thục	skill スキル
～する	khéo léo, lành nghề	(become) skilled (ビカム) スキルド
しゅげい **手芸** shugei	thủ công, nghề thủ công	handicraft ハンディクラフト

日	越	英
しゅけん **主権** shuken	chủ quyền チュー クイエン	sovereignty サヴレンティ
じゅけんする **受験する** jukensuru	dự thi, đi thi ズー ティヒー, ディー ティヒー	take an examination テイク アン エグザミネイション
しゅご **主語** shugo	chủ tố, chủ ngữ チュー トー, チュー ングー	subject サブヂェクト
しゅさいする **主催する** shusaisuru	tổ chức, chủ trì トー チュック, チュー チー	host, organize ホウスト, オーガナイズ
しゅざいする **取材する** shuzaisuru	phỏng vấn フォーンム ヴォン	gather information ギャザ インフォメイション
しゅじゅつ **手術** shujutsu	mổ, phẫu thuật モー, フォウ トゥフオッ	operation アペレイション
～する	mổ, phẫu thuật モー, フォウ トゥフオッ	operate, perform surgery アペレイト, パフォーム サーヂャリ
しゅしょう **主将** shushou	đội trưởng, chỉ huy ドーイ チュオング, チー フイー	captain キャプテン
しゅしょう **首相** shushou	thủ tướng トゥフー トゥオング	prime minister プライム ミニスタ
じゅしょうしゃ **受賞者** jushousha	người nhận giải thưởng ングオイ ニョン ザーイ トゥフオング	prize winner プライズ ウィナ
じゅしょうする **受賞する** jushousuru	đoạt giải thưởng ドゥアーッ ザーイ トゥフオング	win a prize ウィン ア プライズ
じゅしょうする **授賞する** jushousuru	trao giải thưởng チャーウ ザーイ トゥフオング	award a prize to アウォード ア プライズ トゥ
しゅしょく **主食** shushoku	bữa chính, thực phẩm chính ブア チン, トゥフーク フォム チン	staple food ステイプル フード
しゅじん (一家のあるじ) **主人** shujin	chủ nhà, người chủ gia đình チュー ニャー, ングオイ チュー ザー ディン	head of a family ヘド オヴ ア ファミリ

日	越	英
(所有者)	chủ nhân チュー ニョン	proprietor プロプ**ラ**イアタ
(夫)	chồng mình チォーンム ミン	husband **ハ**ズバンド
しゅしん **受信** jushin	sự nhận tin スー ニォン ティーン	reception リ**セ**プション
〜する	nhận tin ニォン ティーン	receive リ**スィ**ーヴ
しゅじんこう **主人公** shujinkou	vai chính, nhân vật chính ヴァーイ チン, ニォン ヴォッ チン	protagonist プロウ**タ**ガニスト
しゅせき **首席** shuseki	người đứng đầu, giỏi nhất ングオイ ドゥーング ドゥ, ゾーイ ニォッ	head, top of the class **ヘ**ド, **タ**プ オヴ ザ **クラ**ス
しゅだい **主題** shudai	chủ đề チュー デー	subject, theme **サ**ブヂェクト, **スィ**ーム
しゅだん **手段** shudan	phương tiện, công cụ フオング ティエン, コーンム クー	means, way **ミ**ーンズ, **ウェ**イ
しゅちょう **主張** shuchou	sự khẳng định, chủ trương スー カハング ディン, チュー チュオング	assertion, claim ア**サ**ーション, ク**レ**イム
〜する	cố khẳng định, chủ trương コー カハング ディン, チュー チュオング	assert, claim ア**サ**ート, ク**レ**イム
しゅつえんする **出演する** shutsuensuru	diễn xuất ジエン スオッ	appear on stage ア**ピ**ア オン ス**テ**イヂ
しゅっか **出荷** shukka	gửi hàng đi, xuất hàng グーイ ハーング ディー, スオッ ハーング	shipment, forwarding **シ**プメント, **フォ**ーワディング
しゅっきんする **出勤する** shukkinsuru	đi làm ディー ラーム	go to work **ゴ**ウ トゥ **ワ**ーク
しゅっけつ **出血** shukketsu	sự chảy máu, xuất huyết スー チャイ マウ, スオッ フイエッ	hemorrhage **ヘ**モリヂ

日	越	英
〜する	chảy máu, ra máu	bleed
しゅつげん **出現** shutsugen	sự hiện ra, xuất hiện	appearance
〜する	hiện ra, xuất hiện	appear
じゅつご **述語** jutsugo	vị tố, vị ngữ	predicate
しゅっこくする **出国する** shukkokusuru	ra khỏi nước, xuất cảnh	leave a country
しゅっさん **出産** shussan	sự sinh đẻ, sinh nở	birth, delivery
〜する	sinh con, đẻ con	give birth to
しゅっし **出資** shusshi	đầu tư, bỏ vốn	investment
しゅつじょう **出場** shutsujou	sự tham gia thi đấu	participation
〜する	tham gia thi đấu	participate in
しゅっしんち **出身地** shusshinchi	nơi sinh, quê quán	home town
しゅっせいりつ **出生率** shusseiritsu	tỷ lệ sinh đẻ	birthrate
しゅっせき **出席** shusseki	sự có mặt, hiện diện	attendance, presence
〜者	người có mặt, hiện diện	attendee

日	越	英
～する	có mặt, hiện diện	attend, (be) present at
出世する shussesuru	trở thành nhân vật quan trọng, thăng quan tiến chức	make a career
出張 shucchou	đi công tác xa	business trip
出発 shuppatsu	sự xuất phát, khởi hành	departure
～する	xuất phát, khởi hành	start, depart
出版 shuppan	sự xuất bản	publication
～社	nhà xuất bản	publishing company
～する	xuất bản	publish, issue
～物	ấn phẩm, xuất bản phẩm	publication
出費 shuppi	chi tiêu, chi phí	expenses
出力する shutsuryokusuru	xuất ra, đầu ra	output
首都 shuto	thủ đô	capital city
主導権 shudouken	thế chủ động, quyền dẫn đầu	initiative

331

日	越	英
じゅどうたい **受動態** judoutai	dạng bị động, thụ động ザーング ビー ドーンム, トゥフー ドーンム	passive voice パスィヴ ヴォイス
しゅどうの **手動の** shudouno	thao tác bằng tay タハーゥ タック バンッ タイ	hand-operated, manual ハンドアパレイテド, マニュアル
しゅとくする **取得する** shutokusuru	giành được, đạt được ザイン ドゥオク, ダーッ ドゥオク	acquire, obtain アクワイア, オブテイン
じゅなん **受難** junan	bị nạn, chịu nạn ビー ナーン, チーゥ ナーン	sufferings サファリングズ
じゅにゅうする **授乳する** junyuusuru	cho bú チョー ブー	nurse, feed ナース, フィード
しゅにん **主任** shunin	chủ nhiệm チュー ニエム	chief, head チーフ, ヘド
しゅのう **首脳** shunou	đầu não, cấp cao ドゥ ナーゥ, コプ カーゥ	head, leader ヘド, リーダ
シュノーケル shunookeru	ống thông hơi オーンム トホーンム ホーイ	snorkel スノーケル
しゅび **守備** shubi	phòng thủ, phòng vệ フォーンム トゥフー, フォーンム ヴェー	defense, ⒷＤdefence ディフェンス, ディフェンス
しゅひん **主賓** shuhin	khách chính, khách mời danh dự カハイク チン, カハイク モーイ ザインズー	guest of honor ゲスト オヴ アナ
しゅふ **主婦** shufu	bà vợ, nội trợ バー ヴォー, ノーイ チョー	housewife ハウスワイフ
しゅみ **趣味** shumi	sở thích, thị hiếu ソー ティヒク, ティヒー ヒエゥ	taste, hobby テイスト, ハビ
じゅみょう **寿命** jumyou	tuổi thọ トゥオイ トホー	life span ライフ スパン
しゅもく **種目** （競技の） shumoku	môn thể thao モーン テヘー タハーゥ	event イヴェント

日	越	英
(項目)	khoản, mục	item
主役 shuyaku	vai chính	leading part
腫瘍 shuyou	u, khối u	tumor
需要 juyou	nhu cầu	demand
主要な shuyouna	chính, chủ yếu	principal, main
樹立する juritsusuru	dựng lên, thành lập	establish
手榴弾 shuryuudan	lựu đạn	hand grenade
狩猟 shuryou	săn bắn, săn bắt	hunting
受領証 juryoushou	hoá đơn, biên lai	receipt
主力 shuryoku	chủ lực, lực lượng chính	main force
種類 shurui	loại, thứ	kind, sort
手話 shuwa	giao tiếp bằng tay, ngôn ngữ dấu hiệu	sign language
受話器 juwaki	ống nghe	receiver
順 jun	thứ tự, trật tự	order, turn

日	越	英
じゅんい **順位** jun-i	hạng, cấp bậc ハーング, コプ ボク	grade, ranking グレイド, **ラ**ンキング
じゅんえき **純益** jun-eki	lãi ròng ラーィ ゾーンム	net profit **ネ**ト プ**ラ**フィト
しゅんかん **瞬間** shunkan	lát, chốc ラーッ, チョークプ	moment **モ**ウメント
じゅんかんする **循環する** junkansuru	tuần hoàn トゥオン フアーン	circulate, rotate **サ**ーキュレイト, **ロ**ウテイト
じゅんきょうしゃ **殉教者** junkyousha	người tử vì đạo ングォイ トゥー ヴィー ダーゥ	martyr **マ**ータ
じゅんきょうじゅ **准教授** junkyouju	phó giáo sư フォー ザーゥ スー	associate professor ア**ソ**ウシエイト プロ**フェ**サ
じゅんきん **純金** junkin	vàng ròng, vàng nguyên chất ヴァーング ゾーンム, ヴァーング ングイエン チォッ	pure gold **ピュ**ア **ゴ**ウルド
じゅんけつ **純潔** junketsu	trong trắng, thanh khiết チョーンム チャング, タハイン キヒエッ	purity, chastity **ピュ**アリティ, **チャ**スティティ
じゅんけっしょう **準決勝** junkesshou	trận bán kết チョン バーン ケーッ	semifinals セミ**ファ**イナルズ
じゅんじゅんけっしょう **準々決勝** junjunkesshou	trận tứ kết チョン トゥー ケーッ	quarterfinals クウォータ**ファ**イナルズ
じゅんしんな **純真な** junshinna	ngây thơ, hồn nhiên ンゴイ トホー, ホーン ニエン	naive, innocent ナー**イ**ーヴ, **イ**ノセント
じゅんすいな **純粋な** junsuina	thuần tuý, đơn thuần トゥフォン トゥイー, ドーン トゥフォン	pure, genuine **ピュ**ア, **チェ**ニュイン
じゅんちょうな **順調な** junchouna	trôi chảy, suôn sẻ チォーイ チャイ, スオン セー	smooth, favorable, ⒝favourable ス**ム**ーズ, **フェ**イヴァラブル, **フェ**イヴァラブル
じゅんのうする **順応する** junnousuru	thích ứng, thích nghi ティヒク ウーング, ティヒク ンギー	adapt oneself ア**ダ**プト

日	越	英
順番 (じゅんばん) junban	thứ tự, trình tự	order, turn オーダ, ターン
準備 (じゅんび) junbi	sự chuẩn bị, sửa soạn	preparation プレパレイション
～する	chuẩn bị, sửa soạn	prepare プリペア
春分 (しゅんぶん) shunbun	xuân phân	spring equinox スプリング イークウィナクス
巡礼 (じゅんれい) junrei	hành hương	pilgrimage ピルグリミヂ
～者	người đi hành hương	pilgrim ピルグリム
順路 (じゅんろ) junro	lối đi, lối vào	route ルート
省 (しょう) shou	bộ	ministry ミニストリ
章 (しょう) shou	chương	chapter チャプタ
賞 (しょう) shou	giải thưởng	prize, award プライズ, アウォード
使用 (しよう) shiyou	sự sử dụng, dùng	use ユース
～料	tiền sử dụng	fee フィー
私用 (しよう) shiyou	sử dụng vào việc riêng	private business プライヴェト ビズネス
上院 (じょういん) jouin	thượng viện	upper house, Senate アパ ハウス, セナト

日	越	英
じょうえいする **上映する** joueisuru	chiếu phim チエウ フィーム	put on, show プト オン, ショウ
しょうエネ **省エネ** shouene	tiết kiệm năng lượng ティエッ キエム ナング ルオング	energy conservation エナヂ コンサヴェイション
じょうえんする **上演する** jouensuru	biểu diễn, trình diễn ビエゥ ジエン, チン ジエン	perform パフォーム
しょうか **消化** shouka	sự tiêu hoá スー ティエゥ フアー	digestion ディチェスチョン
〜する	tiêu hoá ティエゥ フアー	digest ダイヂェスト
しょうか **消火** shouka	chữa cháy, cứu hoả チュア チャイ, クーゥ フアー	fire fighting ファイア ファイティング
〜器	bình cứu hoả, bình chữa cháy ビン クーゥ フアー, ビン チュア チャイ	extinguisher イクスティングウィシャ
しょうが **生姜** shouga	gừng, củ gừng グーング, クー グーング	ginger ヂンヂャ
しょうがい **傷害** shougai	làm bị thương ラーム ビー トゥフオング	injury インヂャリ
しょうがい **障害** shougai	trở ngại, chướng ngại vật チォー ンガーイ, チュオング ンガーイ ヴォッ	obstacle アブスタクル
〜物競走	chạy đua vượt chướng ngại vật チャイ ドゥア ヴォッ チュオング ンガーイ ヴォッ	obstacle race アブスタクル レイス
しょうがい **生涯** shougai	cuộc đời クオク ドーイ	lifetime ライフタイム
しょうかいする **紹介する** shoukaisuru	giới thiệu ゾーイ ティヒエゥ	introduce イントロデュース
しょうがくきん **奨学金** shougakukin	học bổng ホークブ ボーンム	scholarship スカラシプ

日	越	英
しょうがくせい **奨学生** shougakusei	học sinh được cấp học bổng ホークプ シン ドゥオック コプ ホークプ ボーンム	scholarship student, scholar ス**カ**ラシプ ス**テュー**デント, ス**カ**ラ
しょうがくせい **小学生** shougakusei	học sinh tiểu học ホークプ シン ティエウ ホークプ	schoolchild ス**クー**ルチャイルド
しょうがつ **正月** shougatsu	Tết, ngày Tết テーッ, ンガイ テーッ	New Year ニュー **イ**ア
しょうがっこう **小学校** shougakkou	trường tiểu học チュオング ティエウ ホークプ	elementary school エレ**メ**ンタリ ス**クー**ル
じょうき **蒸気** jouki	hơi, hơi nước ホーイ, ホーイ ヌオック	vapor, steam **ヴェ**イパ, ス**ティー**ム
じょうぎ **定規** jougi	thước, thước kẻ トゥフオック, トゥフオック ケー	ruler **ルー**ラ
じょうきゃく **乗客** joukyaku	hành khách ハイン カハイク	passenger **パ**センヂャ
じょうきゅうの **上級の** joukyuuno	cao cấp, thượng cấp カーウ コプ, トゥフオング コプ	higher, advanced **ハ**イヤ, アド**ヴァ**ンスト
しょうぎょう **商業** shougyou	thương mại, thương nghiệp トゥフオング マーイ, トゥフオング ンギエプ	commerce **カ**マス
じょうきょう **状況** joukyou	tình huống, tình hình ティン フオング, ティン ヒン	situation スィチュ**エ**イション
しょうきょくてきな **消極的な** shoukyokutekina	tiêu cực, thụ động ティエウ クーク, トゥフー ドームン	negative, passive **ネ**ガティヴ, **パ**スィヴ
しょうぐん **将軍** shougun	tướng, tướng quân トゥオング, トゥオング クオン	general **ヂェ**ネラル
じょうけい **情景** joukei	quang cảnh, khung cảnh クアーング カイン, クフーンム カイン	spectacle, sight ス**ペ**クタクル, **サ**イト
しょうげき **衝撃** shougeki	chấn thương, choáng チォン トゥフオング, チュアーング	shock, impact **シャ**ク, **イ**ンパクト

日	越	英
じょうげする **上下する** jougesuru	lên xuống レーン スオング	rise and fall **ライズ** アンド **フォール**
しょうけん **証券** shouken	cổ phiếu, chứng khoán コー フィエウ, チューング クフアーン	bond, securities **バ**ンド, スィ**キュ**アリティズ
しょうげん **証言** shougen	lời chứng, lời khai ローイ チューング, ローイ カハーイ	testimony **テ**スティモウニ
～する	làm chứng ラーム チューング	testify **テ**スティファイ
じょうけん **条件** jouken	điều kiện, hoàn cảnh ディエウ キエン, フアーン カイン	condition, terms コン**ディ**ション, **タ**ームズ
しょうこ **証拠** shouko	chứng cứ, bằng chứng チューング クー, バング チューング	proof, evidence **プ**ルーフ, **エ**ヴィデンス
しょうご **正午** shougo	trưa チュア	noon **ヌ**ーン
じょうこく **上告** joukoku	kháng án, chống án カハーング アーン, チォーンム アーン	(final) appeal (**ファ**イナル) ア**ピ**ール
しょうさい **詳細** shousai	chi tiết チー ティエッ	details **ディ**ーテイルズ
じょうざい **錠剤** jouzai	thuốc viên トゥフオク ヴィエン	pill, tablet **ピ**ル, **タ**ブレト
しょうさいな **詳細な** shousaina	tỉ mỉ, kĩ càng ティー ミー, キー カーング	detailed ディ**テ**イルド
じょうし **上司** joushi	cấp trên コプ チェーン	superior, boss ス**ピ**アリア, **バ**ス
じょうしき **常識** joushiki	lẽ thường, lương tri レー トゥフオング, ルオング チー	common sense **カ**モン **セ**ンス
しょうじきな **正直な** shoujikina	thật thà, ngay thẳng トホッツ タハー, ンガイ タハング	honest **ア**ネスト

日	越	英
じょうしつの **上質の** joushitsuno	chất lượng tốt, hảo hạng チオッルオング トーッ, ハーゥ ハーング	of fine quality オヴ **ファイン** ク**ワ**リティ
しょうしゃ **商社** shousha	công ty thương mại, công ty xuất nhập khẩu コーンム ティー トゥフオング マーイ, コーンム ティー スオッ ニオプ コホゥ	trading company ト**レ**イディング **カ**ンパニ
じょうしゃけん **乗車券** joushaken	vé lên tàu, vé lên xe ヴェー レーン タゥ, ヴェー レーン セー	ticket **テ**ィケト
じょうしゃする **乗車する** joushasuru	lên xe, lên tàu レーン セー, レーン タゥ	board, take, get in **ボ**ード, **テ**イク, **ゲ**ト **イ**ン
しょうしゅうする **召集する** （会議などを） shoushuusuru	triệu tập チエゥ トプ	convene, call コン**ヴィ**ーン, **コ**ール
（兵隊を）	chiêu mộ, chiêu tập チエゥ モー, チエゥ トプ	muster, call out **マ**スタ, **コ**ール **ア**ウト
じょうじゅん **上旬** joujun	đầu tháng ドゥ タハーング	first ten days of a month **ファ**ースト **テ**ン **デ**イズ オヴ ア **マ**ンス
しょうしょ **証書** shousho	giấy tờ để làm bằng chứng, chứng thư ゾィ トー デー ラーム バング チューング, チューング トゥフー	bond, deed **バ**ンド, **ディ**ード
しょうじょ **少女** shoujo	thiếu nữ ティヒエゥ ヌー	girl **ガ**ール
しょうじょう **症状** shoujou	bệnh trạng, tình hình bệnh ベン チャーング, ティン ヒン ベン	symptom ス**ィ**ンプトム
しょうじょう **賞状** shoujou	bằng khen, giấy khen バング ケヘーン, ゾィ ケヘーン	certificate of merit サ**テ**ィフィケト オヴ **メ**リト
じょうしょうする **上昇する** joushousuru	đi lên, tăng lên ディー レーン, タング レーン	rise, go up **ラ**イズ, **ゴ**ゥ **ア**プ
しょうじる **生じる** shoujiru	mọc lên, sinh ra モークプ レーン, シン ザー	happen, take place **ハ**プン, **テ**イク プ**レ**イス

日	越	英
しょうしんする **昇進する** shoushinsuru	thăng chức, thăng tiến	(be) promoted
しょうすう **小数** shousuu	số thập phân	decimal
しょうすう **少数** shousuu	số ít, thiểu số	minority
じょうずな **上手な** jouzuna	giỏi giang, khéo léo	skillful
しようする **使用する** shiyousuru	dùng, sử dụng	use
じょうせい **情勢** jousei	tình thế, tình cảnh	situation
しょうせつ **小説** shousetsu	truyện, tiểu thuyết	novel
～家	tiểu thuyết gia, nhà văn	novelist
じょうせつの **常設の** jousetsuno	luôn có, thường trực	standing, permanent
しょうぞう **肖像** shouzou	chân dung	portrait
じょうぞう **醸造** jouzou	ủ, chế biến rượu	brewing
しょうそく **消息** shousoku	tin, tin tức	news
しょうたい **招待** shoutai	mời, chiêu đãi	invitation
～する	mời	invite

日	越	英
じょうたい **状態** joutai	thể, trạng thái テヘー, チャーング タハーイ	state, situation ステイト, スィチュエイション
しょうだくする **承諾する** shoudakusuru	nhận lời, chấp thuận ニォン ローイ, チォプ トゥフォン	consent, accept コンセント, アクセプト
じょうたつする **上達する** joutatsusuru	tiến bộ, phát triển ティエン ボー, ファーッ チエン	make progress, improve メイク プラグレス, インプルーヴ
しょうだん **商談** shoudan	đàm phán, thương lượng ダーム ファーン, トゥフオング ルオング	business talk ビズネス トーク
じょうだん **冗談** joudan	đùa cợt, đùa bỡn ドゥア コーッ, ドゥア ボーン	joke, jest ヂョウク, ヂェスト
しょうちする **承知する** shouchisuru	đồng ý, tán thành ドーンム イー, ターン タハイン	agree, consent アグリー, コンセント
しょうちゅう **焼酎** shouchuu	rượu trắng, rượu quốc lủi ズオゥ チャング, ズオゥ クオク ルーイ	shochu, spirits ショウチュウ, スピリツ
しょうちょう **小腸** shouchou	ruột non, tiểu tràng ズオッ ノーン, ティエゥ チャーング	small intestine スモール インテスティン
しょうちょう **象徴** shouchou	sự tượng trưng, biểu trưng スー トゥオング チューング, ビエゥ チューング	symbol スィンボル
～する	tượng trưng, biểu trưng トゥオング チューング, ビエゥ チューング	symbolize スィンボライズ
しょうてん **焦点** shouten	tiêu điểm ティエウ ディエム	focus フォウカス
しょうどうてきな **衝動的な** shoudoutekina	bốc đồng, có tính chất bột phát ボークプ ドーンム, コー ティン チォッ ボーッ ファーッ	impulsive インパルスィヴ
じょうとうの **上等の** joutouno	hảo hạng, thượng hạng ハーゥ ハーング, トゥフオング ハーング	good, superior グド, スーピアリア

日	越	英
しょうどく **消毒** shoudoku	sự diệt trùng, khử trùng	disinfection
～する	diệt trùng, sát trùng	disinfect
～薬	thuốc sát trùng, thuốc diệt trùng	disinfectant
じょうとする **譲渡する** joutosuru	chuyển nhượng, sang nhượng	transfer
しょうとつする **衝突する** shoutotsusuru	va chạm, đụng chạm	collide with
しょうにか **小児科** shounika	nhi khoa, khoa nhi	pediatrics
～医	bác sĩ nhi khoa	pediatrician
しょうにん **商人** shounin	nhà buôn, thương gia	merchant
しょうにん **証人** shounin	nhân chứng, chứng nhân	witness
しょうにん **使用人** shiyounin	người làm, người làm công	employee
しょうにんする **承認する** shouninsuru	chấp thuận, thông qua	approve
じょうにんの **常任の** jouninno	thường vụ, thường trực	standing, regular
じょうねつ **情熱** jounetsu	tình cảm nồng nhiệt, xúc cảm mạnh mẽ	passion

日	越	英
しょうねん **少年** shounen	thiếu niên ティヒエウ ニエン	boy **ボ**イ
じょうば **乗馬** jouba	cưỡi ngựa, cõi ngựa クオイング**ア**, コーイ ング**ア**	(horse) riding (**ホ**ース) **ラ**イディング
しょうはい **勝敗** shouhai	thắng bại, thắng thua タハング バーイ, タハング トゥファ	victory or defeat **ヴィ**クトリ オ ディ**フィ**ート
しょうばい **商売** shoubai	buôn bán, mua bán ブオン バーン, ムア バーン	trade, business ト**レ**イド, **ビ**ズネス
じょうはつする **蒸発する** jouhatsusuru	bay hơi, mất dạng バイ ホーイ, モッ ザーング	evaporate イ**ヴァ**ポレイト
じょうはんしん **上半身** jouhanshin	bán thân trên, nửa người trên バーン トホン チェーン, ヌア ングオイ チェーン	upper half of body **ア**パ **ハ**フ オヴ **バ**ディ
しょうひ **消費** shouhi	sự tiêu dùng スー ティエウ ズーンム	consumption コン**サ**ンプション
～者	người tiêu dùng ングオイ ティエウ ズーンム	consumer コン**シュ**ーマ
～する	tiêu dùng ティエウ ズーンム	consume, spend コン**シュ**ーム, ス**ペ**ンド
～税	thuế gián thu トゥフエー ザーン トゥフー	consumption tax コン**サ**ンプション **タ**クス
しょうひょう **商標** shouhyou	nhãn hiệu, thương hiệu ニャーン ヒエウ, トゥフオング ヒエウ	trademark, brand ト**レ**イドマーク, ブ**ラ**ンド
しょうひん **商品** shouhin	mặt hàng, sản phẩm マッ ハーング, サーン フォム	commodity, goods コ**マ**ディティ, **グ**ツ
しょうひん **賞品** shouhin	giải thưởng ザーイ トゥフオング	prize プ**ラ**イズ
じょうひんな **上品な** jouhinna	duyên dáng, tao nhã ズイエン ザーング, ターウ ニャー	elegant, refined **エ**リガント, リ**ファ**インド

日	越	英
しょうぶ **勝負** shoubu	sự ăn thua, thắng bại スー アン トゥフア, タハング バーイ	game, match **ゲ**イム, **マ**チ
～する	ăn thua, phân thắng bại アン トゥフア, フォン タハング バーイ	contest, fight コン**テ**スト, **ファ**イト
じょうぶな **丈夫な** joubuna	mạnh, bền マイン, ベーン	strong, robust スト**ロ**ング, ロウ**バ**スト
しょうほう **商法** shouhou	luật thương mại ルオット トゥフオング マーイ	commercial law, ⒷCommercial code コ**マ**ーシャル **ロ**ー, コ**マ**ーシャル **コ**ウド
しょうぼう **消防** shoubou	cứu hoả, chữa cháy クーゥ フアー, チュア チャイ	fire fighting **ファ**イア **ファ**イティング
～士	lính cứu hoả リン クーゥ フアー	fire fighter **ファ**イア **ファ**イタ
～車	xe cứu hoả, xe chữa cháy セー クーゥ フアー, セー チュア チャイ	fire engine **ファ**イア **エ**ンヂン
～署	trạm cứu hoả, trạm chữa cháy チャーム クーゥ フアー, チャーム チュア チャイ	fire station **ファ**イア ス**テ**イション
じょうほう **情報** jouhou	thông tin トホーンム ティーン	information インフォ**メ**イション
じょうほする **譲歩する** jouhosuru	nhượng bộ ニュオング ボー	concede コンス**ィ**ード
しょうみの **正味の** shoumino	nguyên chất, tịnh ングイエン チオッ, ティン	net **ネ**ト
じょうみゃく **静脈** joumyaku	tĩnh mạch ティン マイク	vein **ヴェ**イン
じょうむいん **乗務員** joumuin	nhân viên trên tàu, nhân viên trên máy bay ニオン ヴィエン チェーン タウ, ニオン ヴィエン チェーン マイ バイ	crew member ク**ル**ー **メ**ンバ
しょうめい **照明** shoumei	chiếu sáng, rọi sáng チエゥ サーング, ゾーイ サーング	illumination イルー**ミ**ネイション

日	越	英
しょうめい **証明** shoumei	sự chứng minh, sự chứng tỏ	proof, evidence
～書	giấy chứng minh, giấy xác nhận	certificate
～する	chứng minh, chứng tỏ	prove, verify
しょうめん **正面** shoumen	chính diện, phía trước mặt	front
じょうやく **条約** jouyaku	điều ước, thoả ước	treaty, pact
しょうゆ **醤油** shouyu	nước tương, xì dầu	soy sauce
しょうよ **賞与** shouyo	tiền thưởng	bonus
じょうようする **常用する** jouyousuru	quen dùng, thường dùng	use habitually
しょうらい **将来** shourai	tương lai, mai sau	future
しょうり **勝利** shouri	thắng lợi	victory
じょうりく **上陸** jouriku	đặt chân lên, đổ bộ vào	landing
しょうりつ **勝率** shouritsu	tỷ lệ thắng cuộc	winning percentage
しょうりゃくする **省略する** shouryakusuru	lược bỏ, tỉnh lược	omit, abridge
じょうりゅう **上流** jouryuu	thượng lưu, tầng lớp trên	upstream, ⑧upper stream

日	越	英
じょうりゅう **蒸留** jouryuu	cất, chưng cất コッ, チューング コッ	distillation ディスティレイション
〜酒	rượu cất ズォウ コッ	distilled liquor ディス**ティ**ルド **リ**カ
しょうりょうの **少量の** shouryouno	lượng ít ルオング イーッ	(a) little (ア) **リ**トル
じょうれい **条例** jourei	điều lệ ディエゥ レー	regulations, rules レギュ**レ**イションズ, **ルー**ルズ
しょうれいする **奨励する** shoureisuru	khích lệ, động viên キヒック レー, ドーンム ヴィエン	encourage イン**カー**リヂ
じょうれん **常連** jouren	khách hàng quen, khách ruột カハイク ハーング クエーン, カハイク ズオッ	regular レ**ギュ**ラ
しょー **ショー** shoo	biểu diễn, trình diễn ビエゥ ジエン, チン ジエン	show **ショ**ウ
じょおう **女王** joou	nữ vương, nữ hoàng ヌー ヴオング, ヌー フアーング	queen ク**ウィ**ーン
しょーういんどー **ショーウインドー** shoouindoo	tủ bày hàng, kệ triển lãm トゥー バイ ハーング, ケー チエン ラーム	display window ディスプレイ **ウィ**ンドウ
しょーつ **ショーツ** shootsu	quần soóc, quần lót của phụ nữ クオン ソオック, クオン ローック クア フーヌー	shorts **ショ**ーツ
しょーとぱんつ **ショートパンツ** shootopantsu	quần ngắn, quần soóc クオン ンガン, クオン ソオック	short pants, shorts **ショー**ト **パ**ンツ, **ショ**ーツ
しょーる **ショール** shooru	khăn choàng カハン チュアーング	shawl **ショ**ール
しょか **初夏** shoka	đầu hè, đầu mùa hạ ドゥ ヘー, ドゥ ムア ハー	early summer **アー**リ **サ**マ
じょがいする **除外する** jogaisuru	loại bỏ, loại trừ ルアーイ ボー, ルアーイ チュー	exclude, except イクスク**ルー**ド, イク**セ**プト

日	越	英
しょがくしゃ **初学者** shogakusha	người mới học, người bắt đầu học ングオイ モーイ ホークプ, ングオイ バッドゥ ホークプ	beginner ビギナ
しょき **初期** shoki	thời kỳ đầu, mới chớm トホーイ キードゥ, モーイ チオーム	initial stage イニシャル ステイヂ
しょき **書記** shoki	thư kí, bí thư トゥフー キー, ビー トゥフー	clerk, secretary クラーク, セクレテリ
しょきゅう **初級** shokyuu	sơ cấp ソー コプ	beginners' class ビギナズ クラス
じょきょ **除去** jokyo	gạt bỏ, loại bỏ ガーツ ボー, ルアーイ ボー	removal リムーヴァル
～する	gạt bỏ, loại bỏ ガーツ ボー, ルアーイ ボー	remove, eliminate リムーヴ, イリミネイト
じょぎんぐ **ジョギング** jogingu	chạy bộ チャイ ボー	jogging ヂャギング
しょく **職** shoku	chức, chức vụ チューク, チューク ヴー	job, work, position ヂャブ, ワーク, ポズィション
しょくいん **職員** shokuin	nhân viên, viên chức ニオン ヴィエン, ヴィエン チューク	staff スタフ
しょくぎょう **職業** shokugyou	nghề, nghề nghiệp ンゲー, ンゲー ンギエプ	occupation アキュペイション
しょくご **食後** shokugo	sau bữa ăn, sau khi ăn サウ ブア アン, サウ キヒー アン	after a meal アフタ ア ミール
しょくじ **食事** shokuji	bữa cơm, bữa ăn ブア コーム, ブア アン	meal ミール
しょくぜん **食前** shokuzen	trước bữa ăn, trước khi ăn チュオク ブア アン, チュオク キヒー アン	before a meal ビフォ ア ミール
しょくちゅうどく **食中毒** shokuchuudoku	ngộ độc, bị ngộ độc ンゴー ドークプ, ビー ンゴー ドークプ	food poisoning フード ポイズニング

日	越	英
しょくつう **食通** shokutsuu	người sành ăn ングオイ サイン アン	gourmet グアメイ
しょくどう **食堂** shokudou	nhà hàng, tiệm ăn ニャー ハーング, ティエム アン	restaurant レストラント
～車	toa ăn トゥアー アン	dining car ダイニング カー
しょくどう **食道** shokudou	thực quản トゥフーク クアーン	esophagus, gullet イサファガス, ガレット
しょくにん **職人** shokunin	thợ トホー	workman, artisan ワークマン, アーティザン
しょくば **職場** shokuba	nơi làm việc ノーイ ラーム ヴィエク	place of work プレイス オヴ ワーク
しょくひ **食費** shokuhi	tiền ăn ティエン アン	food expenses フード イクスペンセズ
しょくひん **食品** shokuhin	thực phẩm トゥフーク フォム	food フード
～添加物	chất phụ gia チョッ フー ザー	food additives フード アディティヴズ
しょくぶつ **植物** shokubutsu	cây cỏ, thực vật コイ コー, トゥフーク ヴォッ	plant, vegetation プラント, ヴェヂテイション
～園	vườn bách thảo, thảo cầm viên ヴオン バイク タハーウ, タハーウ コム ヴィエン	botanical garden ボタニカル ガーデン
しょくみんち **植民地** shokuminchi	thuộc địa, thực dân địa トゥフォク ディア, トゥフーク ゾン ディア	colony カロニ
しょくむ **職務** shokumu	chức vụ, chức phận チューク ヴー, チューク フォン	duty, work デューティ, ワーク
しょくもつ **食物** shokumotsu	thức ăn, lương thực トゥフーク アン, ルオング トゥフーク	food フード

日	越	英
しょくようの **食用の** shokuyouno	ăn được, để ăn アン ドゥオク, デー アン	edible **エ**ディブル
しょくよく **食欲** shokuyoku	sự ngon miệng, sự thèm ăn スー ンゴーン ミエング, スー テヘーム アン	appetite **ア**ペタイト
しょくりょう **食糧** shokuryou	lương thực ルオング トゥフーク	food, provisions **フ**ード, プロ**ヴィ**ジョンズ
しょくりょうひんてん **食料品店** shokuryouhinten	cửa hàng thực phẩm クア ハーング トゥフーク フォム	grocery, ⒷGreen-grocer's グ**ロ**ウサリ, グ**リ**ーングロウサズ
じょげん **助言** jogen	lời khuyên, lời dặn ローイ クフイエン, ローイ ザン	advice, counsel アド**ヴァ**イス, **カ**ウンスル
～する	khuyên nhủ, răn bảo クフイエン ニュー, ザン バーウ	advise, counsel アド**ヴァ**イズ, **カ**ウンスル
じょこうする **徐行する** jokousuru	chạy chậm チャイ チョム	go slow **ゴ**ウ ス**ロ**ウ
しょざいち **所在地** shozaichi	nơi ở, nơi sở tại ノーイ オー, ノーイ ソー ターイ	location ロウ**ケ**イション
しょしき **書式** shoshiki	mẫu hồ sơ, mẫu đơn モゥ ホー ソー, モゥ ドーン	form, format **フォ**ーム, **フォ**ーマト
じょしゅ **助手** joshu	trợ lý, người phụ tá チョー リー, ングオイ フー ター	assistant ア**ス**ィスタント
しょじょ **処女** shojo	gái còn trinh ガーイ コーン チン	virgin, maiden **ヴァ**ーヂン, **メ**イドン
じょじょに **徐々に** jojoni	từ từ, dần dần トゥー トゥー, ゾン ゾン	gradually, slowly グ**ラ**ヂュアリ, ス**ロ**ウリ
しょしんしゃ **初心者** shoshinsha	người mới học, người học vỡ lòng ングオイ モーイ ホークプ, ングオイ ホークプ ヴォー ローンム	beginner ビ**ギ**ナ
じょすう **序数** josuu	số thứ tự ソー トゥフー トゥー	ordinal **オ**ーディナル

日	越	英
じょせい **女性** josei	phụ nữ, đàn bà フー ヌー, ダーン バー	woman, lady **ウ**マン, **レ**イディ
じょそう **助走** josou	chạy lấy đà チャイ ロイ ダー	run up **ラン ア**プ
所属する shozokusuru	trực thuộc, thuộc vào チュークトゥフオク, トゥフオクヴァーウ	belong to ビ**ロー**ング トゥ
しょたい **所帯** shotai	hộ, gia đình ホー, ザー ディン	household, family **ハ**ウスホウルド, **ファ**ミリ
じょたいする **除隊する** jotaisuru	xuất ngũ, giải ngũ スオッングー, ザーイ ングー	(be) discharged from military service (ビ) ディス**チャー**ヂド フラム **ミ**リテリ **サー**ヴィス
しょたいめん **初対面** shotaimen	gặp gỡ đầu tiên ガプ ゴー ドゥ ティエン	first meeting **ファー**スト **ミー**ティング
しょち **処置** (治療) shochi	sự điều trị, chữa trị スー ディエウ チー, チュア チー	treatment ト**リー**トメント
(措置・対策)	đối xử, đối đãi ドーイ スー, ドーイ ダーイ	disposition, measure ディスポ**ズィ**ション, **メ**ジャ
～する(治療する)	điều trị, chữa trị ディエウ チー, チュア チー	treat ト**リー**ト
(処理する)	xử lý スー リー	take measure, administer **テ**イク **メ**ジャ, アドミニスタ
しょちょう **所長** shochou	trưởng sở, giám đốc チュオング ソー, ザーム ドークプ	head, director **ヘ**ド, ディ**レ**クタ
しょちょう **署長** shochou	trưởng trạm, trưởng đội チュオング チャーム, チュオング ドーイ	head **ヘ**ド
しょっかく **触覚** shokkaku	xúc giác スークプ ザーク	sense of touch **セ**ンス オヴ **タ**チ
しょっき **食器** shokki	bát đĩa バーッ ディア	tableware **テ**イブルウェア

日	越	英
〜洗い機	máy rửa bát đĩa	dishwasher ディシュウォシャ
〜棚	chạn, chạn bát đĩa	cupboard カバド
ジョッキ jokki	vại, cốc vại	jug, mug ヂャグ, マグ
ショック shokku	sốc, cú sốc	shock シャク
しょっぱい shoppai	mặn, rất mặn	salty ソールティ
書店 shoten	hiệu sách, nhà sách	bookstore ブクストー
初等教育 shotoukyouiku	giáo dục sơ cấp	elementary education エレメンタリ エデュケイション
所得 shotoku	thu nhập, doanh thu	income インカム
〜税	thuế doanh thu, thuế lợi tức	income tax インカム タクス
処罰する shobatsusuru	phạt	punish パニシュ
序盤 joban	đầu cuộc, giai đoạn đầu	early stage アーリ ステイヂ
書評 shohyou	phê bình, phê bình sách	book review ブク リヴュー
処分 shobun	sự bỏ đi, sự huỷ đi	disposal ディスポウザル
〜する	bỏ đi, vứt đi	dispose of ディスポウズ オヴ

日	越	英
じょぶん **序文** jobun	lời nói đầu, đề tựa ローイ ノーイ ドゥ、デー トゥア	preface プレファス
しょほ **初歩** shoho	cơ sở, bước đầu コー ソー、ブオック ドゥ	rudiments ルーディメンツ
しょほうせん **処方箋** shohousen	đơn thuốc, toa thuốc ドーン トゥオック、トゥアー トゥオック	prescription プリスク**リ**プション
しょみんてきな **庶民的な** shomintekina	bình dân, giản dị ビン ゾン、ザーン ジー	popular **パ**ピュラ
しょめい **署名** shomei	ký, chữ ký キー、チュー キー	signature ス**ィ**グナチャ
〜する	ký, ký tên キー、キー テーン	sign サイン
じょめいする **除名する** jomeisuru	xoá tên スアー テーン	strike off a list スト**ラ**イク **オ**ーフ ア **リ**スト
しょゆう **所有** shoyuu	sự sở hữu スー ソー フーゥ	possession, ownership ポ**ゼ**ション、**オ**ウナシプ
〜権	quyền sở hữu クイエン ソー フーゥ	ownership, title **オ**ウナシプ、**タ**イトル
〜者	người sở hữu, chủ sở hữu ングオイ ソー フーゥ、チュー ソー フーゥ	owner, proprietor **オ**ウナ、プロプ**ラ**イアタ
〜する	sở hữu ソー フーゥ	have, possess, own ハヴ、ポ**ゼ**ス、**オ**ウン
じょゆう **女優** joyuu	nữ diễn viên ヌー ジエン ヴィエン	actress **ア**クトレス
しょり **処理** shori	xử lý スー リー	disposition ディスポ**ズィ**ション
〜する	xử lý スー リー	dispose of, treat ディス**ポ**ウズ オヴ、ト**リ**ート

日	越	英
じょりょく **助力** joryoku	giúp đỡ, trợ giúp ズープドー, チョー ズープ	help, aid **ヘ**ルプ, **エ**イド
しょるい **書類** shorui	giấy tờ, hồ sơ ゾィトー, ホー ソー	documents, papers **ダ**キュメンツ, **ペ**イパズ
しょるだーばっぐ **ショルダーバッグ** shorudaabaggu	xắc, túi đeo vai サク, トゥーイ デーウ ヴァーイ	shoulder bag **ショ**ウルダ **バ**グ
じらい **地雷** jirai	mìn ミーン	(land) mine (**ラ**ンド) **マ**イン
しらが **白髪** shiraga	tóc bạc トークプ バーク	gray hair グ**レ**イ **ヘ**ア
しらけさせる **白けさせる** shirakesaseru	làm mất hứng thú ラーム モッ フーング トゥフー	chill **チ**ル
しらじらしい **白々しい** shirajirashii	bị lộ rõ ra, làm ra vẻ ビー ロー ゾー ザー, ラーム ザー ヴェー	transparent トランス**ペ**アレント
しらせ **知らせ** (告知・案内) shirase	thông báo, thông tin トホーンム バーウ, トホーンム ティーン	notice, information **ノ**ウティス, インフォ**メ**イション
(前兆)	điềm báo, dấu hiệu ディエム バーウ, ゾウ ヒエウ	omen, sign **オ**ウメン, **サ**イン
しらせる **知らせる** shiraseru	cho biết, báo tin チョー ビエッ, バーウ ティーン	inform, tell, report イン**フォ**ーム, **テ**ル, リ**ポ**ート
しらばくれる **しらばくれる** shirabakureru	vờ không biết ヴォー コホーンム ビエッ	feign ignorance **フェ**イン **イ**グノランス
しらふ **しらふ** shirafu	tỉnh táo, không say ティン ターウ, コホーンム サイ	soberness **ソ**ウバネス
しらべる **調べる** shiraberu	điều tra, xét nghiệm ディエウ チャー, セーッ ンギエム	examine, check up イグ**ザ**ミン, **チェ**ク **ア**プ
しらみ **虱** shirami	cháy, chí チョィ, チー	louse **ラ**ウス

日	越	英
しり **尻** shiri	mông, đít モーンム, ディーッ	buttocks, behind バトクス, ビハインド
しりあ **シリア** shiria	Xi ri シー リー	Syria スィリア
しりあい **知り合い** shiriai	người quen ングォイ クエーン	acquaintance アクウェインタンス
しりあう **知り合う** shiriau	làm quen ラーム クエーン	get to know ゲト トゥ ノウ
しりある **シリアル** shiriaru	ngũ cốc ăn liền ングー コークプ アン リエン	cereal スィアリアル
しりーず **シリーズ** shiriizu	xê ri, loạt セー リー, ルアーッ	series スィリーズ
しりこん **シリコン** shirikon	silicone シリコン	silicon スィリコン
しりぞく **退く** shirizoku	rút lui, lùi bước ズーッ ルーイ, ルーイ ブオク	retteat, go back リトリート, ゴウ バク
しりぞける **退ける**（下がらせる） shirizokeru	làm cho rút lui, đẩy lùi ラーム チョー ズーッ ルーイ, ドゥイ ルーイ	drive back ドライヴ バク
（受け入れない）	cự tuyệt, né tránh クー トゥイエッ, ネー チャイン	reject, refuse リヂェクト, レフューズ
じりつ **自立** jiritsu	sự tự lập, độc lập スー トゥー ロプ, ドークプ ロプ	independence インディペンデンス
〜する	tự lập, độc lập トゥー ロプ, ドークプ ロプ	(become) independent (ビカム) インディペンデント
しりつの **市立の** shiritsuno	do thành phố xây dựng ゾー タハイン フォー ソイ ズーング	municipal ミューニスィパル
しりつの **私立の** shiritsuno	do tư nhân xây dựng, dân lập ゾー トゥー ニォン ソイ ズーング, ゾン ロプ	private プライヴェト

日	越	英
しりゅう **支流** shiryuu	nhánh sông, chi nhánh ニャイン ソーンム, チー ニャイン	tributary, branch ト**リ**ビュテリ, ブ**ラ**ンチ
しりょ **思慮** shiryo	suy nghĩ, suy xét スイー ンギー, スイー セーツ	consideration, discretion コンスィ**デ**レイション, ディスク**レ**ション
〜深い	thận trọng, chín chắn トホン チョーンム, チーン チャン	prudent プ**ルー**デント
しりょう **資料** shiryou	tài liệu, tư liệu ターィ リエウ, トゥー リエウ	materials, data マ**ティ**アリアルズ, **デ**イタ
しりょく **視力** shiryoku	thị lực, nhãn lực ティヒー ルーク, ニャーン ルーク	sight, vision **サ**イト, **ヴィ**ジョン
じりょく **磁力** jiryoku	sức hút nam châm スーク フーッ ナーム チョム	magnetism **マ**グネティズム
しる **知る** (学ぶ・覚える) shiru	biết, thuộc ビエッ, トゥォフオク	learn **ラ**ーン
(気づく)	nhận thấy, nhận ra ニォン トホイ, ニォン ザー	(be) aware of (ビ) ア**ウェ**ァ オヴ
(認識する・理解する)	hiểu biết, nhận thức ヒエゥ ビエッ, ニォン トゥフーク	know **ノ**ウ
しるく **シルク** shiruku	tơ tằm, lụa トー タム, ルア	silk ス**ィ**ルク
しるし **印** shirushi	dấu, tín hiệu ゾゥ, ティーン ヒエゥ	mark, sign **マ**ーク, **サ**イン
しるす **記す** shirusu	ghi ギー	write down ライト **ダ**ウン
しれい **司令** shirei	sự chỉ huy, sự ra lệnh スー チー フイー, スー ザー レン	command コ**マ**ンド
〜官	tư lệnh, người chỉ huy トゥー レン, ングォィ チー フイー	commander コ**マ**ンダ

日	越	英
～塔 (チームの中心選手)	chỉ huy trưởng, tổng tư lệnh チー フイー チュオング, トーンム トゥーレン	playmaker プレイメイカ
～部	sở chỉ huy, tổng hành dinh ソー チー フイー, トーンム ハイン ジン	headquarters ヘドクウォータズ
じれい **辞令** jirei	giấy trao nhiệm vụ ゾィ チャーウ ニエム ヴー	written appointment リトン アポイントメント
しれわたる **知れ渡る** shirewataru	lừng lẫy, lừng ルーング ロイ, ルーング	(be) known to all (ビ) ノウン トゥ オール
しれん **試練** shiren	thử thách トゥフー タハイク	trial, ordeal トライアル, オーディール
じれんま **ジレンマ** jirenma	lưỡng lự, phân vân ルオング ルー, フォン ヴォン	dilemma ディレマ
しろ **城** shiro	lâu đài, thành quách ロゥ ダーイ, タハイン クアイク	castle キャスル
しろ **白** shiro	màu trắng マウ チャング	white (ホ)ワイト
しろうと **素人** shirouto	a ma tơ, tay ngang アー マー トー, タィンガーング	amateur アマチャ
しろっぷ **シロップ** shiroppu	si rô, xy rô シー ロー, シー ロー	syrup スィラプ
しろわいん **白ワイン** shirowain	vang trắng ヴァーング チャング	white wine (ホ)ワイト ワイン
しわ **しわ** (皮膚の) shiwa	nếp nhăn trên da ネープ ニャン チェーン ザー	wrinkles リンクルズ
(物の)	nếp nhăn ネープ ニャン	creases クリーセズ
しわける **仕分ける** shiwakeru	phân loại, phân chia フォン ルアーイ, フォン チア	classify, sort クラスィファイ, ソート

日	越	英
しわざ **仕業** shiwaza	hành vi, trò xấu ハイン ヴィー, チォー ソゥ	act, deed **ア**クト, **ディ**ード
しん **芯** （鉛筆の） shin	ruột bút chì ズオッブ ブーッ チー	pencil lead **ペ**ンスル **レ**ド
しんい **真意** shin-i	ý thật, ý định chân thật イー トホッ, イー ディン チォン トホッ	real intention **リー**アル イン**テ**ンション
じんいてきな **人為的な** jin-itekina	nhân tạo ニォン タゥ	artificial アーティ**フィ**シャル
じんいん **人員** jin-in	thành viên, số thành viên タハイン ヴィエン, ソー タハイン ヴィエン	staff ス**タ**フ
しんか **進化** shinka	sự tiến hoá, phát triển スー ティエン フアー, ファーッ チエン	evolution エヴォ**ル**ーション
しんがいする **侵害する** shingaisuru	xâm lấn, lấn chiếm ソム ロン, ロン チエム	infringe インフ**リ**ンヂ
じんかく **人格** jinkaku	nhân cách, nhân phẩm ニォン カイク, ニォン フォム	personality, individuality パーソ**ナ**リティ, インディヴィデュア**ア**リティ
しんがくする **進学する** shingakusuru	học lên, lên lớp ホークプ レーン, レーン ローブ	go on to **ゴ**ゴ **オ**ン トゥ
しんかする **進化する** shinkasuru	tiến hoá, phát triển ティエン フアー, ファーッ チエン	evolve イ**ヴァ**ルヴ
しんがた **新型** shingata	kiểu mới キエゥ モーイ	new model **ニュ**ー **マ**ドル
しんがっき **新学期** shingakki	học kỳ mới ホークプ キー モーイ	new school term **ニュ**ー ス**クー**ル **ター**ム
しんがぽーる **シンガポール** shingapooru	Xinh ga po, Xin ga po シン ガー ポー, シーン ガー ポー	Singapore ス**ィ**ンガポ
しんかん **新刊** shinkan	mới xuất bản, mới phát hành モーイ スオッ バーン, モーイ ファーッ ハイン	new publication **ニュ**ー パプリ**ケ**イション

日	越	英
しんぎ **審議** shingi	sự thẩm xét, giám định スー トホム セーツ, ザーム ディン	discussion, deliberation ディス**カ**ション, ディリバ**レ**イション
～する	thẩm định トホム ディン	discuss ディス**カ**ス
しんきの **新規の** shinkino	mới, khách hàng mới モーイ, カハイク ハーング モーイ	new, fresh **ニュ**ー, フ**レ**シュ
しんきょう **心境** shinkyou	tâm trạng, tâm cảnh トム チャーング, トム カイン	frame of mind フレイム オヴ **マ**インド
しんきろう **蜃気楼** shinkirou	ảo ảnh, ảo tượng アーウ アイン, アーウ トゥオング	mirage ミ**ラ**ージュ
しんきろく **新記録** shinkiroku	kỷ lục mới キー ルークプ モーイ	new record **ニュ**ー **レ**コド
しんきんかん **親近感** shinkinkan	tình cảm gần gũi, thân mật ティン カーム ゴン グーイ, トホン モッ	affinity ア**フィ**ニティ
しんぐ **寝具** shingu	bộ đồ giường, chăn mền ボー ドー ズオング, チャン メーン	bedding **ベ**ディング
しんくう **真空** shinkuu	chân không チョン コホーンム	vacuum **ヴァ**キュアム
じんくす **ジンクス** jinkusu	điều xúi quẩy, đen đủi ディエウ スーイ クオイ, デーン ドゥーイ	jinx **ヂ**ンクス
しんくたんく **シンクタンク** shinkutanku	viện chính sách, viện nghiên cứu ヴィエン チン サイク, ヴィエン ンギエン クーウ	think tank ス**ィ**ンク **タ**ンク
しんぐるす **シングルス** shingurusu	cuộc thi đơn, bài thi đơn クオク ティヒー ドーン, バーイ ティヒー ドーン	singles ス**ィ**ングルズ
しんぐるるーむ **シングルルーム** shingururuumu	phòng đơn フォーンム ドーン	single room ス**ィ**ングル **ル**ーム

日	越	英
シンクロナイズドスイミング shinkuronaizudosuimingu	môn bơi nghệ thuật モーン ボーイ ンゲー トゥフオッ	synchronized swimming ス**ィ**ンクラナイズド ス**ウィ**ミング
しんけい **神経** shinkei	thần kinh, dây thần kinh トホン キン, ゾイ トホン キン	nerve **ナ**ーヴ
～痛	chứng đau dây thần kinh チューング ダゥ ゾイ トホン キン	neuralgia ニュア**ラ**ルヂャ
しんげつ **新月** shingetsu	trăng non チャング ノーン	new moon ニュー **ム**ーン
しんげん **震源** shingen	tâm chấn, tâm động đất トム チョン, トム ドーンム ドッ	seismic center, hypocenter **サ**イズミク **セ**ンタ, **ハ**イポセンタ
じんけん **人権** jinken	nhân quyền ニョン クイエン	human rights **ヒュ**ーマン **ラ**イツ
しんけんな **真剣な** shinkenna	nghiêm túc, nghiêm nghị ンギエム トゥークプ, ンギエム ンギー	serious, earnest ス**ィ**アリアス, **ア**ーネスト
じんけんひ **人件費** jinkenhi	phí nhân công フィー ニョン コーンム	personnel expenses パーソ**ネ**ル イクス**ペ**ンセズ
しんこう **信仰** shinkou	tín ngưỡng ティーン ングオング	faith, belief **フェ**イス, ビ**リ**ーフ
～する	theo đạo テヘーゥ ダーゥ	believe in ビ**リ**ーヴ イン
しんこう **進行** shinkou	sự tiến hành, tiến triển スー ティエン ハイン, ティエン チエン	progress プラ**グ**レス
～する	tiếp diễn, diễn ra ティエプ ジエン, ジエン ザー	progress, advance プラ**グ**レス, アド**ヴァ**ンス
しんごう **信号** shingou	tín hiệu ティーン ヒエゥ	signal ス**ィ**グナル
じんこう **人口** jinkou	dân số, số dân ゾン ソー, ソー ゾン	population パピュ**レ**イション

日	越	英
人工衛星 じんこうえいせい jinkoueisei	vệ tinh nhân tạo	artificial satellite
人工呼吸 じんこうこきゅう jinkoukokyuu	hô hấp nhân tạo	artificial respiration
人工的な じんこうてきな jinkoutekina	nhân tạo	artificial
深呼吸 しんこきゅう shinkokyuu	hít thở sâu	deep breathing
申告 しんこく shinkoku	khai báo	report
〜する	khai báo, làm hồ sơ kê khai thuế	report, declare
深刻な しんこくな shinkokuna	nghiêm trọng	serious, grave
新婚 しんこん shinkon	mới cưới, người mới cưới	newlyweds
〜旅行	đi hưởng tuần trăng mật	honeymoon
審査 しんさ shinsa	thanh tra, kiểm tra	inspection, examination
人材 じんざい jinzai	nhân tài, nhân lực	talented person
診察 しんさつ shinsatsu	chẩn đoán bệnh, chẩn bệnh	medical examination
〜室	phòng khám bệnh, phòng khám	consulting room

日	越	英
～する	khám bệnh, khám	examine
紳士 shinshi	đàn ông lịch lãm	gentleman
人事 jinji	việc nhân sự, nhân sự	personnel matters
シンジケート shinjikeeto	nghiệp đoàn, syndicat	syndicate
寝室 shinshitsu	phòng ngủ	bedroom
真実 shinjitsu	sự thật, sự thực	truth
～の	thật, chân thật	true, real
信者 shinja	tín đồ, tín hữu	believer
神社 jinja	đền, ngôi đền	Shinto shrine
真珠 shinju	ngọc trai, trân châu	pearl
人種 jinshu	nhân chủng, tộc người	race
～差別	phân biệt chủng tộc	racial discrimination
進出 shinshutsu	sự tiến tới, triển khai	advancement, foray
～する	tiến tới, triển khai	advance

日	越	英
しんじょう **信条** shinjou	tín điều ティーン ディエウ	belief, principle ビリーフ, プリンスィプル
しんしょくする **侵食する** shinshokusuru	xói mòn, xâm thực ソーイ モーン, ソム トゥフーク	erode イロウド
しんじる **信じる** shinjiru	tin, tin tưởng ティーン, ティーン トゥオング	believe ビリーヴ
（信頼する）	tin cậy, nương tựa ティーン コイ, ヌオング トゥア	trust トラスト
しんじん **新人** shinjin	người mới, mới xuất hiện ングオイ モーイ, モーイ スオッ ヒエン	new face ニュー フェイス
しんすいする **浸水する** shinsuisuru	ngập nước, chảy tràn ra ンゴプ ヌオク, チャイ チャーン ザー	(be) flooded (ビ) フラデド
じんせい **人生** jinsei	cuộc đời, đời sống クオク ドーイ, ドーイ ソーンム	life ライフ
しんせいじ **新生児** shinseiji	trẻ sơ sinh チェー ソー シン	newborn baby ニューボーン ベイビ
しんせいする **申請する** shinseisuru	gửi đơn, nộp đơn グーイ ドーン, ノープ ドーン	apply for アプライ フォ
しんせいな **神聖な** shinseina	thiêng liêng, linh thiêng ティヒエング リエング, リン ティヒエング	holy, sacred ホウリ, セイクレド
シンセサイザー shinsesaizaa	nhạc cụ điện tử ニャック クー ディエントゥー	synthesizer スィンセサイザ
しんせつな **親切な** shinsetsuna	tử tế, hiền lành トゥー テー, ヒエン ライン	kind カインド
しんぜん **親善** shinzen	mối giao hữu, tình hữu nghị モーイ ザーウ フーウ, ティン フーウ ンギー	friendship フレンドシプ
しんせんな **新鮮な** shinsenna	tươi, tươi tắn トゥオイ, トゥオイ タン	fresh, new フレシュ, ニュー

日	越	英
しんそう **真相** shinsou	chân tướng, sự thật チョン トゥオング, スー トホッ	truth トルース
しんぞう **心臓** shinzou	quả tim, con tim クアー ティーム, コーン ティーム	heart ハート
～病	bệnh tim, bệnh đau tim ベン ティーム, ベン ダウ ティーム	heart disease ハート ディズィーズ
～発作	viêm cơ tim cấp, nhồi máu cơ tim ヴィエム コー ティーム コプ, ニョーイ マウ コー ティーム	heart attack ハート アタク
～麻痺	đột quỵ ドーッ クイー	heart failure ハート フェイリャ
じんぞう **腎臓** jinzou	thận, cật トホン, コッ	kidney キドニ
しんぞく **親族** shinzoku	thân tộc, dòng họ トホン トークプ, ゾーンム ホー	relative レラティヴ
じんそくな **迅速な** jinsokuna	nhanh chóng, mau chóng ニャイン チオーンム, マウ チオーンム	rapid, prompt ラピド, プランプト
じんたい **人体** jintai	cơ thể con người, thân thể コー テヘー コーン ングオイ, トホン テヘー	human body ヒューマン バディ
しんたいそう **新体操** shintaisou	thể dục nghệ thuật テヘー ズークプ ンゲー トゥフオッ	rhythmic gymnastics リズミク ヂムナスティクス
しんたく **信託** shintaku	giao phó, uỷ thác ザーウ フォー, ウイー タハーク	trust トラスト
しんだん **診断** shindan	chẩn đoán チョン ドゥアーン	diagnosis ダイアグノウスィス
～書	giấy chẩn đoán, kết quả chẩn đoán ゾイ チョン ドゥアーン, ケッ クアー チョン ドゥアーン	medical certificate メディカル サティフィケト
じんち **陣地** jinchi	trận địa チョン ディア	(military) position (ミリテリ) ポズィション

日	越	英
しんちゅう **真鍮** shinchuu	đồng thau ドーンム タハウ	brass ブラス
しんちょう **身長** shinchou	chiều cao チエゥ カーゥ	stature ス**タ**チャ
しんちょうな **慎重な** shinchouna	cẩn thận, thận trọng コン トホン, トホン チオーンム	cautious, prudent **コ**ーシャス, プル**ー**デント
しんちんたいしゃ **新陳代謝** shinchintaisha	sự trao đổi chất スー チャーゥ ドーイ チォッ	metabolism メ**タ**ボリズム
しんつう **心痛** shintsuu	đau lòng, nỗi đau khổ ダゥ ローンム, ノーイ ダゥ コホー	anguish **ア**ングゥィシュ
じんつう **陣痛** jintsuu	đau đẻ, cơn đau đẻ ダゥ デー, コーン ダゥ デー	labor (pains) **レ**イバ (**ペ**インズ)
しんてん **進展** shinten	sự tiến triển, diễn tiến スー ティエン チエン, ジエン ティエン	development, progress ディ**ヴェ**ロプメント, プラ**グ**レス
～する	tiến triển, diễn tiến ティエン チエン, ジエン ティエン	develop, progress ディ**ヴェ**ロプ, プラ**グ**レス
しんでん **神殿** shinden	đền thờ thần, đền デーン トホー トホン, デーン	shrine シュ**ラ**イン
しんでんず **心電図** shindenzu	điện tâm đồ ディエン トム ドー	electrocardiogram イレクトロウ**カ**ーディオグラム
しんど **震度** shindo	độ rung ドー ズーンム	seismic intensity **サ**イズミク イン**テ**ンスィティ
しんどう **振動** shindou	sự chấn động, rung chuyển スー チョン ドーンム, ズーンム チュイエン	vibration ヴァイブ**レ**イション
～する	chấn động, rung chuyển チョン ドーンム, ズーンム チュイエン	vibrate **ヴァ**イブレイト
じんどう **人道** jindou	nhân đạo ニォン ダーゥ	humanity ヒュー**マ**ニティ

日	越	英
～主義	chủ nghĩa nhân đạo チュー ンギア ニォン ダーゥ	humanitarianism ヒューマニテアリアニズム
～的な	nhân đạo chủ nghĩa, có tính nhân đạo ニォン ダーゥ チュー ンギア, コー ティン ニォン ダーゥ	humane ヒューメイン
しんどろーむ シンドローム shindoroomu	hội chứng ホーイ チューング	syndrome スィンドロウム
しんなー シンナー shinnaa	chất dung môi để pha loãng チョッ ズーンム モーイ デー ファー ルアーング	(paint) thinner (ペイント) スィナ
しんにゅう 侵入 shinnyuu	sự xâm nhập, xâm lấn スー ソム ニォプ, ソム ロン	invasion インヴェイジョン
～する	xâm nhập, xâm lấn ソム ニォプ, ソム ロン	invade インヴェイド
しんにゅうせい 新入生 shinnyuusei	học sinh mới, sinh viên mới ホークプ シン モーイ, シン ヴィエン モーイ	new student ニュー ステューデント
しんにん 信任 shinnin	tín nhiệm, uỷ nhiệm ティーン ニエム, ウイー ニエム	confidence カンフィデンス
～投票	cuộc bỏ phiếu tín nhiệm クオクッ ボー フィエゥ ティーン ニエム	vote of confidence ヴォウト オヴ カンフィデンス
しんねん 新年 shinnen	năm mới ナム モーイ	new year ニュー イヤ
しんぱい 心配 shinpai	sự lo lắng, lo âu スー ロー ラング, ロー オゥ	anxiety, worry アングザイエティ, ワーリ
～する	lo lắng, e ngại ロー ラング, エー ンガーイ	(be) anxious about (ビ) アンクシャス アバウト
しんばる シンバル shinbaru	chũm choẹ, não bạt チューム チュエー, ナーゥ バーッ	cymbals スィンバルズ
しんぱん 審判 (判断・判定) shinpan	phán quyết ファーン クイエッ	judgment ヂャヂメント

日	越	英
(人)	trọng tài	umpire, referee
しんぴてきな **神秘的な** shinpitekina	huyền bí, thần bí	mysterious
しんぴょうせい **信憑性** shinpyousei	tính xác thực	authenticity
しんぴん **新品** shinpin	hàng mới	new article
しんぷ **新婦** shinpu	cô dâu	bride
しんぷ **神父** shinpu	linh mục, cha cố	father
じんぶつ **人物** jinbutsu	nhân vật	person
(性格・人柄)	nhân cách, tính cách con người	character, personality
しんぶん **新聞** shinbun	báo, tờ báo	newspaper, (the) press
～記者	nhà báo	reporter, ⒷPressman
～社	công ty báo, công ty báo chí	newspaper publishing company
じんぶんかがく **人文科学** jinbunkagaku	khoa học nhân văn	humanities
しんぽ **進歩** shinpo	sự tiến bộ	progress, advance
～する	tiến bộ	make progress, advance

日	越	英
～的な	tiên tiến, cấp tiến ティエン ティエン, コプ ティエン	advanced, progressive アド**ヴァ**ンスト, プログレ**スィ**ヴ
じんぼう **人望** jinbou	sự tin tưởng từ nhiều người, sự kính trọng của nhiều người スー ティーン トゥオング トゥー ニエウ ン グオイ, スー キン チョーンム クア ニエウ ングオイ	popularity パピュ**ラ**リティ
しんぽうしゃ **信奉者** shinpousha	tín đồ ティーン ドー	believer, follower ビ**リー**ヴァ, **ファ**ロウア
しんぼうする **辛抱する** shinbousuru	chịu đựng, chịu khó チーウ ドゥーング, チーウ コホー	endure, bear イン**デュ**ア, ベア
しんぼく **親睦** shinboku	hữu nghị, hữu hảo フーウ ンギー, フーウ ハーウ	friendship フレンドシプ
しんぽじうむ **シンポジウム** shinpojiumu	hội thảo ホーイ タハーウ	symposium スィン**ポ**ウズィアム
しんぼる **シンボル** shinboru	tượng trưng, biểu trưng トゥオング チューング, ビエウ チューング	symbol **ス**ィンボル
しんまい **新米** shinmai	gạo mới ガーウ モーイ	new rice ニュー **ラ**イス
（初心者）	người học vỡ lòng, người mới học ングオイ ホークプ ヴォー ローンム, ングオイ モーイ ホークプ	novice, newcomer **ナ**ヴィス, **ニュー**カマ
じんましん **じんましん** jinmashin	chứng mày đay チューング マイ ダイ	nettle rash, hives **ネ**トル **ラ**シュ, **ハ**イヴズ
しんみつな **親密な** shinmitsuna	thân mật, thân thiết トホン モッ, トホン ティヒエッ	close, intimate ク**ロ**ウス, **イ**ンティメト
じんみゃく **人脈** jinmyaku	mối quan hệ, giao thiệp モーイ クアーン ヘー, ザーウ ティヒエプ	connections コ**ネ**クションズ
じんめい **人名** jinmei	tên người テーン ングオイ	name of a person **ネ**イム オヴ ア **パ**ースン

日	越	英
じんもん **尋問** jinmon	tra hỏi, lục vấn チャー ホーイ, ルークプ ヴォン	interrogation インテロ**ゲイ**ション
しんや **深夜** shin-ya	khuya, nửa đêm クフイア, ヌア デーム	midnight **ミ**ドナイト
しんやくせいしょ **新約聖書** shin-yakuseisho	Tân Ước トン ウオク	New Testament ニュー **テ**スタメント
しんゆう **親友** shin-yuu	bạn thân バーン トホン	close friend ク**ロウ**ス フ**レ**ンド
しんよう **信用** shin-you	sự tin cậy, tín nhiệm スー ティーン コイ, ティーン ニエム	reliance, trust リ**ライ**アンス, ト**ラ**スト
～する	tin cậy, tín nhiệm ティーン コイ, ティーン ニエム	trust, believe in ト**ラ**スト, ビ**リー**ヴ イン
しんようじゅ **針葉樹** shin-youju	cây lá kim コイ ラー キーム	conifer **カ**ニファ
しんらいする **信頼する** shinraisuru	tin cậy, nương tựa ティーン コイ, ヌオング トゥア	trust, rely ト**ラ**スト, リ**ラ**イ
しんらつな **辛辣な** shinratsuna	đay nghiến, chua ngoa ダィ ンギエン, チュア ングアー	biting **バ**イティング
しんり **心理** shinri	tâm lý トム リー	mental state **メ**ンタル ス**テ**イト
～学	tâm lý học トム リー ホークプ	psychology サイ**カ**ロヂ
～学者	nhà tâm lý học ニャー トム リー ホークプ	psychologist サイ**カ**ロヂスト
しんりゃく **侵略** shinryaku	sự xâm lược, xâm lăng スー ソム ルオク, ソム ラング	invasion イン**ヴェイ**ジョン
～する	xâm lược, xâm lăng ソム ルオク, ソム ラング	invade, raid イン**ヴェ**イド, **レ**イド
しんりょうじょ **診療所** shinryoujo	trạm y tế, phòng mạch チャーム イー テー, フォーンム マィク	clinic ク**リ**ニク

日	越	英
しんりん **森林** shinrin	rừng, rừng rậm ズーング, ズーング ゾム	forest, woods フォーレスト, ウヅ
しんるい **親類** shinrui	bà con, họ hàng バー コーン, ホー ハーング	relative レラティヴ
じんるい **人類** jinrui	nhân loại, loài người ニョン ルアーイ, ルアーイ ングオィ	mankind マンカインド
～学	nhân loại học, nhân học ニョン ルアーイ ホークプ, ニョン ホークプ	anthropology アンスロパロヂ
しんろ **進路** shinro	chiều hướng, hướng đi trong tương lai チエウ フオング, フオング ディー チオーンム トゥオング ライ	course, way コース, ウェイ
しんろう **新郎** shinrou	chú rể, tân lang チュー ゼー, トン ラーング	bridegroom ブライドグルーム
しんわ **神話** shinwa	thần thoại トホン トゥフアーイ	myth, mythology ミス, ミサロヂ

す，ス

日	越	英
す **巣**　（蜘蛛の） su	mạng nhện, màng nhện マーング ニェーン, マーング ニェーン	cobweb カブウェブ
（鳥・昆虫の）	tổ chim, tổ sâu トー チーム, トー ソウ	nest ネスト
（蜂の）	tổ ong, tổ tò vò トー オーンム, トー トー ヴォー	beehive ビーハイヴ
す **酢** su	giấm ゾム	vinegar ヴィニガ
ず **図** zu	bản vẽ, sơ đồ バーン ヴェー, ソー ドー	picture, figure ピクチャ, フィギャ
ずあん **図案** zuan	đồ án, bản phác hoạ ドー アーン, バーン ファーク フアー	design, sketch ディザイン, スケチ

日	越	英
すいい **推移** suii	diễn biến, phát triển ジエン ビエン, ファーッ チエン	change チェインヂ
すいい **水位** suii	mức nước, mực nước ムーク ヌオク, ムーク ヌオク	water level ウォータ レヴル
すいーとぴー **スイートピー** suiitopii	cây đậu hoa, cây đậu biếc コイ ドゥ フアー, コイ ドゥ ビエク	sweet pea スウィート ピー
すいえい **水泳** suiei	bơi, bơi lội ボーイ, ボーイ ローイ	swimming スウィミング
すいおん **水温** suion	nhiệt độ nước ニエッ ドー ヌオク	water temperature ウォータ テンパラチャ
すいか **西瓜** suika	dưa hấu ズア ホウ	watermelon ウォータメロン
すいがい **水害** suigai	nạn lụt, lũ lụt ナーン ルーッ, ルー ルーッ	flood, flood disaster フラド, フラド ディザスタ
すいぎん **水銀** suigin	thuỷ ngân トゥフイー ンゴン	mercury マーキュリ
すいさいが **水彩画** suisaiga	tranh màu nước チャイン マウ ヌオク	watercolor ウォータカラ
すいさんぎょう **水産業** suisangyou	ngành thuỷ sản, công nghiệp thuỷ sản ンガイン トゥフイー サーン, コーンム ンギエプ トゥフイー サーン	fisheries フィシャリズ
すいさんぶつ **水産物** suisanbutsu	thuỷ sản トゥフイー サーン	marine products マリーン プラダクツ
すいしつ **水質** suishitsu	chất lượng nước チャッ ルオング ヌオク	water quality ウォータ クワリティ
すいしゃ **水車** suisha	cối xay nước コーイ サイ ヌオク	water mill ウォータ ミル
すいじゃくする **衰弱する** suijakusuru	suy nhược, hư nhược スイー ニュオク, フー ニュオク	grow weak グロウ ウィーク

日	越	英
すいじゅん **水準** suijun	chuẩn, chuẩn mực チュオン, チュオン ムーク	level, standard **レ**ヴル, ス**タ**ンダド
すいしょう **水晶** suishou	thạch anh タハイク アイン	crystal ク**リ**スタル
すいじょうき **水蒸気** suijouki	hơi, hơi nước ホーイ, ホーイ ヌオク	steam ス**ティ**ーム
すいしんする **推進する** suishinsuru	thúc đẩy, đẩy mạnh トゥフークプ ドイ, ドイ マイン	drive forward ド**ラ**イヴ **フォ**ーワド
すいす **スイス** suisu	Thuỵ Sĩ トゥフイー シー	Switzerland ス**ウィ**ツァランド
すいせい **水星** suisei	Sao Thuỷ, Thuỷ tinh サーウ トゥフイー, トゥフイー ティン	Mercury **マ**ーキュリ
すいせん **推薦** suisen	sự tiến cử, đề cử スー ティエン クー, デー クー	recommendation レコメン**デ**イション
～する	đề cử, tiến cử デー クー, ティエン クー	recommend レコ**メ**ンド
すいせん **水仙** suisen	thuỷ tiên トゥフイー ティエン	narcissus, daffodil ナー**スィ**サス, **ダ**フォディル
すいそ **水素** suiso	hi đrô, hydrogen ヒー ドゥロー, ヒドゥロゼン	hydrogen **ハ**イドロヂェン
すいそう **水槽** suisou	thùng chứa nước トゥフーンム チュア ヌオク	water tank, cistern **ウォ**ータ **タ**ンク, **スィ**スタン
（熱帯魚などの）	bể cá ベー カー	aquarium アク**ウェ**アリアム
すいぞう **膵臓** suizou	tuy, lá tuy トゥイー, ラー トゥイー	pancreas **パ**ンクリアス
すいそうがく **吹奏楽** suisougaku	khí nhạc キヒー ニャーク	wind music **ウィ**ンド **ミュ**ーズィク

日	越	英
すいそく **推測** suisoku	sự suy đoán, sự phán đoán スー スイー ドゥアーン, スー ファーン ドゥアーン	guess, conjecture ゲス, コン**チェ**クチャ
～する	đoán, suy đoán ドゥアーン, スイー ドゥアーン	guess, conjecture ゲス, コン**チェ**クチャ
すいぞくかん **水族館** suizokukan	viện hải dương học ヴィエン ハーイ ズオング ホークプ	aquarium アク**ウェ**アリアム
すいたいする **衰退する** suitaisuru	suy thoái, suy vi スイー トゥファーイ, スイー ヴィー	decline ディク**ラ**イン
すいちょくな **垂直な** suichokuna	thẳng đứng, đứng タハング ドゥーング, ドゥーング	vertical **ヴァ**ーティカル
すいっち **スイッチ** suicchi	công tắc, ngắt điện コーンム タク, ンガッ ディエン	switch ス**ウィ**チ
すいていする **推定する** suiteisuru	đoán, đoán chừng ドゥアーン, ドゥアーン チューング	presume プリ**ジュ**ーム
すいでん **水田** suiden	ruộng nước, ruộng lúa ズオング ヌオク, ズオング ルア	rice paddy **ラ**イス **パ**ディ
すいとう **水筒** suitou	bi đông, bình toong ビー ドーンム, ビン トーング	water bottle, canteen **ウォ**ータ **バ**トル, キャン**ティ**ーン
すいどう **水道** suidou	nước máy, nước thuỷ cục ヌオク マイ, ヌオク トゥフイー クークプ	water service **ウォ**ータ **サ**ーヴィス
ずいひつ **随筆** zuihitsu	tuỳ bút トゥイー ブーッ	essay **エ**セイ
～家	nhà văn tuỳ bút ニャー ヴァン トゥイー ブーッ	essayist **エ**セイイスト
すいぶん **水分** suibun	hơi nước ホーイ ヌオク	water, moisture **ウォ**ータ, **モ**イスチャ
ずいぶん **随分** zuibun	khá, kha khá カハー, カハー カハー	fairly, extremely **フェ**アリ, イクスト**リ**ームリ

日	越	英
すいへいせん **水平線** suiheisen	chân trời, chân mây チョン チョーイ, チョン モイ	horizon ホライズン
すいへいの **水平の** suiheino	ngang, bằng ンガーング, バング	level, horizontal レヴル, ホーリザントル
すいみん **睡眠** suimin	giấc ngủ ゾク ングー	sleep スリープ
〜薬	thuốc ngủ トゥフォク ングー	sleeping drug スリーピング ドラグ
すいめん **水面** suimen	mặt nước マッ ヌオク	surface of the water サーフェス オヴ ザ ウォータ
すいようび **水曜日** suiyoubi	thứ tư トゥフー トゥー	Wednesday ウェンズデイ
すいり **推理** suiri	sự suy luận, suy lý スー スイー ルオン, スイー リー	reasoning, inference リーズニング, インファレンス
〜小説	truyện trinh thám チュイエン チン タハーム	detective story ディテクティヴ ストーリ
〜する	suy luận, suy lý スイー ルオン, スイー リー	reason, infer リーズン, インファー
すいれん **睡蓮** suiren	súng, hoa súng スーンム, フアー スーンム	water lily ウォタ リリ
すう **吸う** suu	(液体を) húp フープ	sip, suck スィプ, サク
	(煙草を) hút フーッ	smoke スモウク
	(息を) hít ヒーッ	breathe in, inhale ブリーズ イン, インヘイル
すうぇーでん **スウェーデン** suweeden	Thuỵ Điển トゥフイー ディエン	Sweden スウィードン

日	越	英
すうがく **数学** suugaku	toán học トゥアーン ホークプ	mathematics マセ**マ**ティクス
すうこうな **崇高な** suukouna	cao thượng, cao cả カーウ トゥフオング, カーウ カー	sublime サブ**ラ**イム
すうじ **数字** suuji	con số, chữ số コーン ソー, チュー ソー	figure, numeral **フィ**ギャ, **ニュー**メラル
すうしき **数式** suushiki	công thức, biểu thức コーンム トゥフーク, ビエゥ トゥフーク	formula, expression **フォー**ミュラ, イクスプ**レ**ション
ずうずうしい **図々しい** zuuzuushii	trơ tráo, mặt dày チョー チャーウ, マッ ザィ	impudent, audacious イン**ピュ**デント, オー**デイ**シャス
すーつ **スーツ** suutsu	com lê, bộ com lê コーム レー, ボー コーム レー	suit **スー**ト
すーつけーす **スーツケース** suutsukeesu	va li ヴァー リー	suitcase **スー**トケイス
すうにん **数人** suunin	vài người, dăm người ヴァーイ ングオィ, ザム ングオィ	several people **セ**ヴラル **ピー**プル
すうねん **数年** suunen	vài năm, mấy năm ヴァーイ ナム, モィ ナム	several years **セ**ヴラル **イ**アズ
すーぱーまーけっと **スーパーマーケット** suupaamaaketto	siêu thị シエゥ ティヒー	supermarket **スー**パマーケト
すうはいする **崇拝する** suuhaisuru	sùng bái, tôn sùng スーンム バーイ, トーン スーンム	worship, adore **ワー**シプ, ア**ドー**
すーぷ **スープ** suupu	xúp, canh スープ, カィン	soup **スー**プ
すえーど **スエード** sueedo	da lộn ザー ローン	suede ス**ウェ**イド
すえっこ **末っ子** suekko	con út コーン ウーッ	youngest child **ヤ**ンゲスト **チャ**イルド

日	越	英
すえる **据える** sueru	để, đặt デー, ダッ	place, lay, set プ**レ**イス, **レ**イ, **セ**ト
すかーと **スカート** sukaato	duýp, váy ズイープ, ヴァイ	skirt ス**カ**ート
すかーふ **スカーフ** sukaafu	khăn quàng, khăn quàng cổ カハン クアーング, カハン クアーング コー	scarf ス**カ**ーフ
ずがいこつ **頭蓋骨** zugaikotsu	sọ, xương sọ ソー, スオング ソー	skull ス**カ**ル
すかいだいびんぐ **スカイダイビング** sukaidaibingu	nhảy dù ニャイ ズー	skydiving ス**カ**イダイヴィング
すかうと **スカウト** sukauto	săn đầu người, tìm người tài サン ドゥ ングオイ, ティーム ングオイ ターイ	scout ス**カ**ウト
すがお **素顔** sugao	mặt không trang điểm, bộ mặt mộc マッ コホーンム チャーング ディエム, ボー マッ モークプ	face without makeup **フェ**イス ウィ**ザ**ウト **メ**イカプ
すがすがしい **清々しい** sugasugashii	sảng khoái, tươi tỉnh サーング クフアーイ, トゥオイ ティン	refreshing, fresh リフ**レ**シング, フ**レ**シュ
すがた **姿** sugata	dáng vóc, bóng dáng ザーング ヴォークプ, ボーンム ザーング	figure, shape **フィ**ギャ, **シェ**イプ
ずかん **図鑑** zukan	sách minh hoạ サイク ミン フアー	illustrated book **イ**ラストレイテド **ブ**ク
すぎ **杉** sugi	tùng, cây tùng トゥーンム, コイ トゥーンム	Japanese cedar **チャ**パニーズ ス**ィ**ーダ
すきー **スキー** sukii	trượt tuyết チュオッ トゥイエッ	skiing, ski ス**キ**ーイング, ス**キ**ー
すききらい **好き嫌い** sukikirai	thích và ghét ティヒク ヴァー ゲーッ	likes and dislikes **ラ**イクス アンド **ディ**スライクス
すきとおった **透き通った** sukitootta	trong suốt, trong sáng チョーンム スオッ, チョーンム サーング	transparent, clear トランスペ**ア**レント, ク**リ**ア

日	越	英
すきな **好きな** sukina	yêu thích, ưa thích イエゥ ティヒク, ウア ティヒク	favorite, ⑧favourite **フェ**イヴァリト, フェイ**ヴァ**リト
すきま **透き間** sukima	khe hở ケヘー ホー	opening, gap **オ**ウプニング, **ギャ**プ
すきむみるく **スキムミルク** sukimumiruku	sữa tách kem スア タィク ケーム	skim milk ス**キ**ム ミルク
すきゃなー **スキャナー** sukyanaa	máy quét, scanner マィ クエーッ, スカノ	scanner ス**キャ**ナ
すきゃんだる **スキャンダル** sukyandaru	tai tiếng, điều tiếng ターィ ティエング, ディエゥ ティエング	scandal ス**キャ**ンダル
すきゅーばだいびんぐ **スキューバダイビング** sukyuubadaibingu	lặn bằng bình khí nén, lặn dùng bình dưỡng khí ラン バング ビン キヒー ネーン, ラン ズーンム ビン ズオング キヒー	scuba diving ス**キュー**バ **ダ**イヴィング
すぎる **過ぎる**　　（期限が） sugiru	quá hạn クアー ハーン	(be) out, expire (ビ) **ア**ウト, イクス**パ**イア
（更に先へ）	đi qua ディー クアー	pass, go past **パ**ス, **ゴ**ゥ **パ**スト
（時が）	trôi qua, trôi đi チョーィ クアー, チョーィ ディー	pass, elapse **パ**ス, イ**ラ**プス
（数量などが）	quá, hơn クアー, ホーン	(be) over, exceed (ビ) **オ**ウヴァ, イク**スィー**ド
（程度を）	quá chừng, quá mức クアー チューング, クアー ムーク	go too far **ゴ**ゥ **トゥ**ー **ファ**ー
すきんしっぷ **スキンシップ** sukinshippu	tiếp xúc thân thể, tiếp xúc trực tiếp cơ thể ティエプ スークプ トホン テヘー, ティエプ スークプ チューク ティエプ コー テヘー	physical contact **フィ**ズィカル **カ**ンタクト
すきんだいびんぐ **スキンダイビング** sukindaibingu	lặn trần ラン チョン	skin diving ス**キ**ン **ダ**イヴィング

日	越	英
すく **空く** (人が) suku	vắng, thưa ヴァング, トゥフア	(become) less crowded (ビカム) レス クラウデド
(手が)	rỗi, rảnh ゾーイ, ザイン	(be) free (ビ) フリー
(腹が)	đói, đói bụng ドーイ, ドーイ ブーンム	feel hungry フィール ハングリ
すくう **掬う** sukuu	xúc, múc スークプ, ムークプ	scoop, ladle スクープ, レイドル
すくう **救う** sukuu	cứu, cứu vớt クーウ, クーウ ヴォーッ	rescue, save レスキュー, セイヴ
すくーたー **スクーター** sukuutaa	xe tay ga, xe xcutơ セー タイ ガー, セー スクトー	scooter スクータ
すくない **少ない** sukunai	ít, ít ỏi イーッ, イーッ オーイ	few, little フュー, リトル
すくなくとも **少なくとも** sukunakutomo	ít nhất, ít ra イーッ ニョッ, イーッ ザー	at least アト リースト
すぐに **直ぐに** suguni	ngay, lập tức ンガイ, ロプ トゥーク	at once, immediately アト ワンス, イミーディエトリ
すくむ **すくむ** sukumu	chùn, chùn bước チューン, チューン ブオク	cower, cringe カウア, クリンヂ
すくらんぶるえっぐ **スクランブルエッグ** sukuranburueggu	trứng bác チューング バーク	scrambled eggs スクランブルド エグズ
すくりーん **スクリーン** sukuriin	màn ảnh, màn bạc マーン アイン, マーン バーク	screen スクリーン
すくりゅー **スクリュー** sukuryuu	chân vịt, cánh quạt チョン ヴィーッ, カイン クアーッ	screw スクルー
すぐれた **優れた** sugureta	xuất sắc, ưu tú スオッ サク, ウーウ トゥー	excellent, fine エクセレント, ファイン

日	越	英
すぐれる **優れる** sugureru	ưu tú, ưu việt ウーゥ トゥー, ウーゥ ヴィエッ	(be) better, (be) superior to (ビ) **ベ**タ, (ビ) スピ**アリア**トゥ
すくろーる **スクロール** sukurooru	cuộn tròn クオン チョーン	scroll スク**ロ**ウル
ずけい **図形** zukei	hình, sơ đồ ヒン, ソードー	figure, diagram **フィ**ギャ, **ダ**イアグラム
すけーと **スケート** sukeeto	trượt băng チュオッ バング	skating ス**ケ**イティング
～靴	giày trượt băng ザィ チュオッ バング	skates ス**ケ**イツ
すけーる **スケール** (規模・大きさ) sukeeru	quy mô, kích thước クイー モー, キク トゥフオク	scale ス**ケ**イル
(尺度)	tỉ lệ, thước đo ティー レー, トゥフオク ドー	scale ス**ケ**イル
すけじゅーる **スケジュール** sukejuuru	chương trình, lịch trình チュオング チン, リク チン	schedule ス**ケ**デュル
すけっち **スケッチ** sukecchi	vẽ phác, phác hoạ ヴェー ファーク, ファーク フアー	sketch ス**ケ**チ
すける **透ける** sukeru	trong suốt チョーンム スオッ	(be) transparent (ビ) トランス**ペ**アレント
すこあ **スコア** sukoa	số điểm, số bàn thắng ソー ディエム, ソー バーン タハング	score ス**コ**ー
～ボード	bảng ghi điểm, bảng tính điểm バーング ギー ディエム, バーング ティン ディエム	scoreboard ス**コ**ーボード
すごい **すごい** sugoi	tuyệt vời, đáng gờm トゥイエッ ヴォーィ, ダーング ゴーム	wonderful, great **ワ**ンダフル, グ**レ**イト
すこし **少し** sukoshi	ít, chút イーッ, チューッ	a few, a little ア **フュ**ー, ア **リ**トル

日	越	英
すごす **過ごす** sugosu	qua, trải qua クアー, チャーイ クアー	pass, spend パス, スペンド
すこっぷ **スコップ** sukoppu	xẻng, thuổng セーング, トゥフオング	scoop, shovel スクープ, **シャ**ヴル
すこやかな **健やかな** sukoyakana	khoẻ mạnh, lành mạnh クフエー マイン, ライン マイン	healthy **ヘ**ルスィ
すさまじい **すさまじい** susamajii	khủng khiếp, ghê gớm クフーンム キヒエプ, ゲー ゴーム	dreadful, terrible ドレドフル, **テ**リブル
ずさんな **杜撰な** zusanna	cẩu thả コウ ターハ	careless, slipshod **ケ**アレス, ス**リ**プシャド
すじ **筋** suji	gân, mạch ゴン, マイク	line **ラ**イン
（物事の道理）	lẽ phải, đạo lý レー ファーイ, ダーウ リー	reason, logic **リ**ーズン, **ラ**ヂク
（話のあらすじ）	cốt, cốt truyện コーッ, コーッ チュイエン	plot プ**ラ**ッ
すじょう **素性** sujou	xuất thân, lai lịch スオッ トホン, ラーイ リク	birth, origin **バ**ース, **オ**ーリヂン
すず **錫** suzu	thiếc ティヒエク	tin **テ**ィン
すず **鈴** suzu	chuông, quả chuông チュオング, クアー チュオング	bell **ベ**ル
すすぐ **すすぐ** susugu	giũ, xả ズー, サー	rinse **リ**ンス
すずしい **涼しい** suzushii	mát, mát mẻ マーッ, マーッ メー	cool **ク**ール
すすむ **進む** susumu	tiến lên ティエン レーン	go forward **ゴ**ウ **フォ**ーワド
（物事が）	tiến triển, phát triển ティエン チエン, ファーッ チエン	progress プ**ラ**グレス

日	越	英
すずむ **涼む** suzumu	nghỉ mát ンギー マーツ	enjoy the cool air インチョイ ザ クール エア
すずめ **雀** suzume	chim sẻ, sẻ チーム セー, セー	sparrow スパロウ
すすめる **勧める** susumeru	khuyên nhủ, khuyên răn クフイエン ニュー, クフイエン ザン	advise アドヴァイズ
すすめる **進める** susumeru	xúc tiến, thúc đẩy スークプ ティエン, トゥフークプ ドイ	advance, push on アドヴァンス, プシュ オン
すすめる **薦める** susumeru	cử, tiến cử クー, ティエン クー	recommend レコメンド
すずらん **鈴蘭** suzuran	hoa huệ chuông, huệ chuông フアー フエー チュオング, フエー チュオング	lily of the valley リリ オヴ ザ ヴァリ
すする **啜る** susuru	húp, nhấp フープ, ニャプ	sip, slurp スィプ, スラープ
（鼻水を）	khịt mũi, khụt khịt キヒーッ ムーイ, クフーッ キヒーッ	sniff スニフ
すそ **裾** suso	gấu, lai ゴウ, ラーイ	skirt, train スカート, トレイン
すたー **スター** sutaa	ngôi sao, minh tinh màn bạc ンゴーイ サーウ, ミン ティン マーン バーク	star スター
すたーと **スタート** sutaato	xuất phát, khởi hành スオッ ファーッ, コホーイ ハイン	start スタート
～ライン	vị trí xuất phát, vạch xuất phát ヴィー チー スオッ ファーッ, ヴァイク スオッ ファーッ	starting line スターティング ライン
すたいる **スタイル** sutairu	vóc dáng, hình dáng ヴォークプ ザーング, ヒン ザーング	figure フィギャ
（様式・やり方）	phong cách, kiểu cách フォーンム カイク, キエウ カイク	style スタイル

日	越	英
すたじあむ **スタジアム** sutajiamu	sân vận động, trung tâm thể thao ソン ヴォン ドーンム, チューンム トム テヘー タハーウ	stadium ス**テ**ィディアム
すたじお **スタジオ** sutajio	xưởng phim, phòng chụp スオング フィーム, フォーンム チューブ	studio ス**テュ**ーディオウ
すたっふ **スタッフ** sutaffu	nhân viên, bộ phận ニョン ヴィエン, ボー フォン	staff ス**タ**フ
すたれる **廃れる** sutareru	tàn lụi, mai một ターン ルーイ, マーイ モーッ	go out of use **ゴ**ウ **ア**ウト オヴ **ユ**ース
すたんど **スタンド**（観覧席） sutando	khán đài カハーン ダーイ	grandstand グ**ラ**ンドスタンド
（照明器具）	đèn bàn デーン バーン	desk lamp デスク **ラ**ンプ
すたんぷ **スタンプ** sutanpu	dấu, dấu bưu điện ゾウ, ゾウ ブーウ ディエン	stamp, postmark ス**タ**ンプ, **ポ**ウストマーク
すちーむ **スチーム** suchiimu	hơi nước ホーイ ヌオク	steam ス**テ**ィーム
ずつう **頭痛** zutsuu	đau đầu, nhức đầu ダウ ドウ, ニューク ドウ	headache **ヘ**デイク
すっかり **すっかり** sukkari	dứt khoát, hoàn toàn ズーッ クファーッ, フアーン トゥアーン	all, entirely **オ**ール, イン**タ**イアリ
すづけ **酢漬け** suzuke	dưa chua, đồ chua ズア チュア, ドー チュア	pickling **ピ**クリング
すっぱい **酸っぱい** suppai	chua チュア	sour, acid **サ**ウア, **ア**スィド
すてーじ **ステージ** suteeji	sân khấu, sàn diễn ソン コホウ, サーン ジエン	stage ス**テ**イヂ
すてきな **素敵な** sutekina	tuyệt vời, tuyệt trần トゥイエッ ヴォーイ, トゥイエッ チョン	great, fine グ**レ**イト, **ファ**イン

日	越	英
すてっぷ **ステップ** suteppu	bước ブオク	step ス**テ**プ
すでに **既に** sudeni	đã, đã từng ダー，ダー トゥーング	already オール**レ**ディ
すてる **捨てる** suteru	vứt, bỏ ヴーッ，ボー	throw away, dump スロウ ア**ウェ**イ，**ダ**ンプ
すてれお **ステレオ** sutereo	âm thanh nổi, dàn âm thanh nổi オム タハイン ノーイ，ザーン オム タハイン ノーイ	stereo ス**ティ**アリオウ
すてんどぐらす **ステンドグラス** sutendogurasu	kính màu キン マウ	stained glass ス**テ**インド グ**ラ**ス
すとーかー **ストーカー** sutookaa	kẻ bám đuôi, kẻ quấy rối ケー バム ドゥオイ，ケー クオイ ゾーイ	stalker ス**ト**ーカ
すとーぶ **ストーブ** sutoobu	lò sưởi ロー スオイ	heater, stove **ヒ**ータ，ス**ト**ウヴ
すとーりー **ストーリー** sutoorii	cốt truyện, tình tiết truyện コーッ チュイエン，ティン ティエッ チュイエン	story ス**ト**ーリ
すとーる **ストール** sutooru	khăn quàng, khăn choàng カハン クアーング，カハン チュアーング	stole ス**ト**ウル
すとっきんぐ **ストッキング** sutokkingu	bít tất dài, vớ dài ビーット ッ ザーイ，ヴォー ザーイ	stockings ス**タ**キングズ
すとっく **ストック** (スキーの杖) sutokku	gậy trượt tuyết ゴイ チュオット トゥイエッ	ski pole ス**キ**ー **ポ**ウル
すとっぷうぉっち **ストップウォッチ** sutoppuwocchi	đồng hồ bấm giây, đồng hồ bấm giờ ドーンム ホー ボム ゾイ，ドーンム ホー ボム ゾー	stopwatch ス**タ**プウチ
すとらいき **ストライキ** sutoraiki	đình công, bãi công ディン コーンム，バーイ コーンム	strike スト**ラ**イク

日	越	英
すとらいぷ **ストライプ** sutoraipu	sọc, vằn ソークプ, ヴァン	stripes ストライプス
すとれす **ストレス** sutoresu	strét, xì trét ストゥレッ, シー トゥレッ	stress ストレス
すとれっち **ストレッチ** sutorecchi	bài tập duỗi cơ バーイ トプ ズォイ コー	stretch ストレチ
すとろー **ストロー** sutoroo	ống hút, cần hút オーンム フーッ, コン フーッ	straw ストロー
すとろーく **ストローク** sutorooku	quạt nước bằng tay, quạt nước bằng mái クアーッ ヌオク バング タィ, クアーッ ヌオク バング マーィ	stroke ストロウク
すな **砂** suna	cát カーッ	sand サンド
すなおな **素直な** sunaona	dễ bảo, ngoan ngoãn ゼー バーウ, ングアーン ングアーン	docile, obedient ダスィル, オビーディエント
すなっぷ **スナップ** sunappu	khuy bấm, cúc bấm クフイー ボム, クークプ ボム	snap スナプ
すなわち **すなわち** sunawachi	tức là, nghĩa là トゥーク ラー, ンギア ラー	namely, that is ネイムリ, ザト イズ
すにーかー **スニーカー** suniikaa	giày thể thao ザィ テヘー タハーウ	sneakers, Ⓑtrainers スニーカズ, トレイナズ
すね **脛** sune	ống chân, cẳng chân オーンム チョン, カング チョン	shin シン
すねる **すねる** suneru	hờn, hờn dỗi ホーン, ホーン ゾーィ	sulk サルク
ずのう **頭脳** zunou	bộ não, đầu óc ボー ナーウ, ドゥ オークプ	brains, head ブレインズ, ヘド
すのーぼーど **スノーボード** sunooboodo	trượt ván trên tuyết チュオッ ヴァーン チェーン トゥイエッ	snowboard スノウボード

日	越	英
すぱーくりんぐわいん **スパークリングワイン** supaakuringuwain	rượu sủi tăm, vang sủi tăm ズオゥ スーイ タム, ヴァーング スーイ タム	sparkling wine スパークリング **ワ**イン
すぱい **スパイ** supai	gián điệp, điệp báo ザーン ディエプ, ディエプ バーウ	spy, secret agent スパイ, ス**イ**ークレト **エ**イデェント
すぱいす **スパイス** supaisu	gia vị, đồ gia vị ザー ヴィー, ドー ザー ヴィー	spice ス**パ**イス
すぱげってぃ **スパゲッティ** supagetti	mì Ý ミー イー	spaghetti スパ**ゲ**ティ
すばしこい **すばしこい** subashikoi	nhanh nhẹn, lanh lợi ニャイン ニェーン, ライン ローイ	nimble, agile **ニ**ンブル, **ア**デル
すはだ **素肌** suhada	da trần, da mộc ザー チョン, ザー モークプ	bare skin **ベ**ア ス**キ**ン
すぱな **スパナ** supana	chìa vặn đai ốc, cờ lê チア ヴァン ダーイ オークプ, コー レー	wrench, spanner **レ**ンチ, ス**パ**ナ
ずぬけて **ずば抜けて** zubanukete	nổi bật, vượt bậc ノーイ ボッ, ヴォッ ボク	by far, exceptionally バイ **ファ**ー, イク**セ**プショナリ
すばやい **素早い** subayai	nhanh nhẹn, lanh lẹ ニャイン ニェーン, ライン レー	nimble, quick **ニ**ンブル, ク**ウィ**ク
すばらしい **素晴らしい** subarashii	tuyệt vời, kỳ diệu トゥイエッ ヴォーイ, キー ジエゥ	wonderful, splendid **ワ**ンダフル, スプレンディド
すぴーかー **スピーカー** supiikaa	cái loa, loa カーイ ルアー, ルアー	speaker ス**ピ**ーカ
すぴーち **スピーチ** supiichi	diễn thuyết, diễn văn ジエン トゥフイエッ, ジエン ヴァン	speech ス**ピ**ーチ
すぴーど **スピード** supiido	tốc độ, vận tốc トークプ ドー, ヴォン トークプ	speed ス**ピ**ード
ずひょう **図表** zuhyou	sơ đồ, biểu đồ ソー ドー, ビエゥ ドー	chart, diagram **チャ**ート, **ダ**イアグラム

日	越	英
すぷーん **スプーン** supuun	thìa, muỗng ティヒア, ムオング	spoon スプーン
すぷりんくらー **スプリンクラー** supurinkuraa	bình tưới nước, vòi tự động phun nước cứu hoả ビン トゥオイ ヌオク, ヴォーイ トゥー ドーンム フーン ヌオク クーウ フアー	sprinkler スプリンクラ
すぷれー **スプレー** supuree	bình bơm, bình xịt ビン ボーム, ビン シーッ	spray スプレイ
すぺいん **スペイン** supein	Tây Ban Nha トイ バーン ニャー	Spain スペイン
～語	tiếng Tây Ban Nha ティエング トイ バーン ニャー	Spanish スパニシュ
すぺーす **スペース** supeesu	không gian, khoảng không コホーンム ザーン, クフアーング コホーンム	space スペイス
すべすべした **すべすべした** subesubeshita	mịn, mịn màng ミーン, ミーン マーング	smooth, slippery スムーズ, スリパリ
すべての **すべての** subeteno	mọi, tất cả モーィ, トッ カー	all, every, whole オール, エヴリ, ホウル
すべる **滑る** suberu	trượt, trọt チュオッ, チオーッ	slip, slide スリプ, スライド
(床が)	trơn, láng チョーン, ラーング	(be) slippery (ビ) スリパリ
(スケートで)	trượt băng チュオッ バング	skate スケイト
すぺる **スペル** superu	chính tả, viết theo chính tả チン ター, ヴィエッ テヘーウ チン ター	spelling スペリング
すぽーくすまん **スポークスマン** supookusuman	phát ngôn viên, người phát ngôn ファーッ ンゴーン ヴィエン, ングォイ ファーッ ンゴーン	spokesman スポウクスマン

日	越	英
すぽーつ **スポーツ** supootsu	thể thao, môn thể thao テヘー タハーウ, モーン テヘー タハーウ	sports スポーツ
ずぼん **ズボン** zubon	cái quần, quần カーイ クオン, クオン	trousers トラウザズ
すぽんさー **スポンサー** suponsaa	người tài trợ, người thuê quảng cáo ングオイ ターイ チョー, ングオイ トゥフエー クアーング カーウ	sponsor スパンサ
すぽんじ **スポンジ** suponji	bọt biển, miếng bọt biển ボーッ ビエン, ミエング ボーッ ビエン	sponge スパンヂ
すまい **住まい** sumai	nhà, nhà cửa ニャー, ニャー クア	house ハウス
すます **済ます** (終わらせる) sumasu	hoàn thành, kết thúc フアーン タハイン, ケッ トゥフークプ	finish フィニシュ
(代用する)	thay cho, thay thế タハイ チョー, タハイ テヘー	substitute for サブスティテュート フォ
すみ **隅** sumi	góc, xó ゴークプ, ソー	nook, corner ヌク, コーナ
すみ **炭** sumi	than タハーン	charcoal チャーコウル
すみ **墨** sumi	mực, mực tàu ムーク, ムーク タウ	China ink チャイナ インク
すみれ **菫** sumire	violet, hoa violet ヴィオレー, フアー ヴィオレー	violet ヴァイオレト
すむ **済む** sumu	xong, kết thúc ソーンム, ケッ トゥフークプ	(be) finished (ビ) フィニシュト
すむ **住む** sumu	sống, ở ソーンム, オー	live リヴ
すむ **澄む** sumu	trong veo, trong suốt チョーンム ヴェーウ, チョーンム スオッ	(become) clear (ビカム) クリア

日	越	英
すもーくさーもん **スモークサーモン** sumookusaamon	cá hồi hun khói カー ホーイ フーン コホーイ	smoked salmon スモウクト サモン
すもっぐ **スモッグ** sumoggu	khói lẫn sương コホーイ ロン スオング	smog スマグ
ずらす **ずらす** （物を） zurasu	xê dịch, di dịch セー ジク, ジー ジク	shift, move シフト, ムーヴ
（時間を）	dời ngày, lui ngày ゾーイ ンガイ, ルーイ ンガイ	stagger スタガ
すらんぐ **スラング** surangu	tiếng lóng ティエング ローング	slang スラング
すらんぷ **スランプ** suranpu	giảm sút, đình trệ ザーム スーツ, ディン チェー	slump スランプ
すり **すり** suri	móc túi, kẻ móc túi モークプ トゥーイ, ケー モークプ トゥーイ	pickpocket ピクパケト
すりおろす **擦り下ろす** suriorosu	mài, nghiền マーイ, ンギエン	grind, grate グラインド, グレイト
すりきず **擦り傷** surikizu	trầy da, xước da チョイ ザー, スオク ザー	abrasion アブレイジョン
すりきれる **擦り切れる** surikireru	mòn vẹt モーン ヴェーッ	wear out ウェア アウト
すりっと **スリット** suritto	khe hở, kẽ hở ケヘー ホー, ケー ホー	slit スリト
すりっぱ **スリッパ** surippa	dép đi trong nhà, dép lê ゼープ ディー チォーンム ニャー, ゼープ レー	slippers スリパズ
すりっぷ **スリップ** （女性用下着） surippu	coóc xê, xu chiêng コーックセー, スー チエング	slip スリプ
すりっぷする **スリップする** surippusuru	trượt, tuột チュオッ, トゥオッ	slip, skid スリプ, スキド

日	越	英
すりむな **スリムな** surimuna	mảnh, mảnh mai マイン，マイン マーイ	slim スリム
すりらんか **スリランカ** suriranka	Xri lan ca スリー ラーン カー	Sri Lanka スリー ラーンカ
すりる **スリル** suriru	run sợ, rùng mình khiếp sợ ズーン ソー，ズーンム ミン キヒエブ ソー	thrill スリル
する **する** suru	làm, thử ラーム，トゥフー	do, try, play ドゥー，トライ，プレイ
する **擦る**　(こする) suru	chà, cọ xát チャー，コー サーッ	rub, chafe ラブ，チェイフ
ずるい **ずるい** zurui	xảo quyệt, ranh mãnh サーウ クイエッ，ザイン マイン	sly スライ
ずるがしこい **ずる賢い** zurugashikoi	láu cá, khôn lỏi ラウ カー，コホーン ローイ	cunning カニング
するどい **鋭い** surudoi	sắc, bén サク，ベーン	sharp, pointed シャープ，ポインテド
ずるやすみ **ずる休み** zuruyasumi	trốn học チョーン ホークブ	truancy トルーアンスィ
すれちがう **擦れ違う** surechigau	đi lướt qua nhau, đi ngược hướng nhau ディー ルオッ クアー ニャウ，ディー ングオク フオング ニャウ	pass each other パス イーチ アザ
ずれる **ずれる**　(逸脱する) zureru	lệch, trệch hướng レク，チェク フオング	deviate ディーヴィエイト
(移動する)	chuyển dịch, chuyển dời チュイエン ジク，チュイエン ゾーイ	shift, deviate シフト，ディーヴィエイト
すろーがん **スローガン** suroogan	khẩu hiệu コホウ ヒエウ	slogan, motto スロウガン，マトウ
すろーぷ **スロープ** suroopu	dốc, đường dốc ゾークブ，ドゥオング ゾークブ	slope スロウプ

日	越	英
_{すろーもーしょん} **スローモーション** suroomooshon	quay chậm, chuyển động chậm _{クアイ チョム, チュイエン ドーンム チョム}	slow motion _{ス**ロ**ウ **モ**ウション}
_{すろっとましん} **スロットマシン** surottomashin	máy đánh bạc, máy chơi ăn tiền _{マイ ダイン バーク, マイ チォーイ アン ティエン}	slot machine _{ス**ラ**ト マ**シ**ーン}
_{すろべにあ} **スロベニア** surobenia	Xlô ven ni a _{スロー ヴェーン ニー アー}	Slovenia _{スロウ**ヴィ**ーニア}
_{すわる} **座る** suwaru	ngồi, ngồi xuống _{ンゴーイ, ンゴーイ スオング}	sit down, take a seat _{ス**ィ**ト **ダ**ウン, **テ**イク ア ス**ィ**ート}

せ, セ

日	越	英
_せ **背** se	lưng, chiều cao _{ルーング, チエゥ カーゥ}	height _{**ハ**イト}
_{せい} **姓** sei	họ _{ホー}	family name, surname _{**ファ**ミリ **ネ**イム, **サ**ーネイム}
_{せい} **性** sei	giới tính _{ゾーイ ティン}	sex _{**セ**クス}
_{せい} **生** sei	sinh mạng, tính mạng _{シン マーング, ティン マーング}	life, living _{**ラ**イフ, **リ**ヴィング}
_{ぜい} **税** zei	thuế, thuế khoá _{トゥフエー, トゥフエー クフアー}	tax _{**タ**クス}
_{せいい} **誠意** seii	lòng thành, tấm lòng chân thành _{ローンム ダハイン, トム ローンム チオン ダ ハイン}	sincerity _{スィン**セ**リティ}
_{せいいっぱい} **精一杯** seiippai	hết sức cố gắng, cố công _{ヘーッ スーク コー ガング, コー コーンム}	as hard as possible _{アズ **ハ**ード アズ **パ**スィブル}
_{せいえん} **声援** seien	sự ủng hộ, cổ vũ _{スー ウーンム ホー, コー ヴー}	cheering _{**チ**アリング}

日	越	英
〜する	ủng hộ, cổ vũ ウーンム ホー, コー ヴー	cheer チア
せいおう **西欧** seiou	Châu Âu チョウ オウ	West Europe ウェスト ユアロプ
せいか **成果** seika	thành tích, thành tựu タハイン ティク, タハイン トゥーウ	result, (the) fruits リザルト, (ザ) フルーツ
せいかい **政界** seikai	giới chính trị, chính giới ゾーイ チン チー, チン ゾーイ	political world ポリティカル ワールド
せいかい **正解** seikai	trả lời đúng, đáp án đúng チャー ローイ ドゥーンム, ダープ アーン ドゥーンム	correct answer コレクト アンサ
せいかく **性格** seikaku	tính cách, phẩm chất ティン カイク, フォム チャット	personality, nature パーソナリティ, ネイチャ
せいがく **声楽** seigaku	thanh nhạc タハイン ニャーク	vocal music ヴォウカル ミューズィク
せいかくな **正確な** seikakuna	chính xác, chuẩn xác チン サーク, チュオン サーク	exact, correct イグザクト, コレクト
せいかつ **生活** seikatsu	cuộc sống, đời sống クオク ソーンム, ドーイ ソーンム	life, livelihood ライフ, ライヴリフド
〜する	sống, sinh sống ソーンム, シン ソーンム	live リヴ
ぜいかん **税関** zeikan	hải quan ハーイ クアーン	customs, customs office カスタムズ, カスタムズ オーフィス
せいかんする **静観する** seikansuru	lặng lẽ dõi theo ラングレー ゾーイ テヘーウ	wait and see ウェイト アンド スィー
せいき **世紀** seiki	thế kỷ テヘー キー	century センチュリ
せいぎ **正義** seigi	chính nghĩa チン ンギア	justice ヂャスティス

日	越	英
せいきゅう **請求** seikyuu	sự yêu cầu, sự đòi hỏi スー イエウ コウ, スー ドーイ ホーイ	demand, claim ディマンド, クレイム
～書	hoá đơn フアー ドーン	bill, invoice ビル, インヴォイス
～する	yêu cầu, đòi hỏi イエウ コウ, ドーイ ホーイ	claim, demand クレイム, ディマンド
せいぎょ **制御** seigyo	sự điều khiển, kiểm soát スー ディエウ キヒエン, キエム スアーッ	control コントロウル
～する	điều khiển, kiểm soát ディエウ キヒエン, キエム スアーッ	control コントロウル
せいきょく **政局** seikyoku	tình thế chính trị ティン テヘー チン チー	political situation ポリティカル スィチュエイション
ぜいきん **税金** zeikin	tiền thuế ティエン トゥフエー	tax タクス
せいくうけん **制空権** seikuuken	quyền kiểm soát không phận クイエン キエム スアーッ コホーンム フォン	air superiority エア スピアリオーリティ
せいけい **生計** seikei	sinh kế, kế sinh nhai シン ケー, ケー シン ニャーイ	living リヴィング
せいけいげか **整形外科** seikeigeka	khoa chỉnh hình, phẫu thuật chỉnh hình クフアー チン ヒン, フォウ トゥフオッ チン ヒン	orthopedic surgery オーソピーディク サーヂャリ
せいけつな **清潔な** seiketsuna	sạch sẽ, vệ sinh サイク セー, ヴェー シン	clean, neat クリーン, ニート
せいけん **政権** seiken	chính quyền チン クイエン	political power ポリティカル パウア
せいげん **制限** seigen	sự hạn chế, giới hạn スー ハーン チェー, ゾーイ ハーン	restriction, limit リストリクション, リミト
～する	hạn chế, giới hạn ハーン チェー, ゾーイ ハーン	limit, restrict リミト, リストリクト

日	越	英
せいこう **成功** seikou	thành công タハイン コーンム	success サク**セス**
～する	thành công タハイン コーンム	succeed, succeed in サク**スィ**ード, サク**スィ**ードイン
せいざ **星座** seiza	chòm sao チョーム サーゥ	constellation カンステ**レ**イション
せいさい **制裁** seisai	trừng phạt, chế tài チューング ファーッ, チェー ターイ	sanctions, punishment **サ**ンクションズ, **パ**ニシュメント
せいさく **制[製]作** seisaku	sự chế tạo, chế tác スー チェー ターゥ, チェー タァーク	production, manufacture プロ**ダ**クション, マニュ**ファ**クチャ
～する	chế tạo, tạo ra チェー ターゥ, ターゥ ザー	make, produce **メ**イク, プロ**デュ**ース
せいさく **政策** seisaku	chính sách チン サイク	policy **パ**リスィ
せいさん **生産** seisan	sự sản xuất, sinh sản スー サーン スオッ, シン サーン	production, manufacture プロ**ダ**クション, マニュ**ファ**クチャ
～する	sản xuất, sinh sản サーン スオッ, シン サーン	produce, manufacture プロ**デュ**ース, マニュ**ファ**クチャ
せいし **生死** seishi	cái sống và cái chết, sự chết và sự sống カーイ ソーンム ヴァー カーイ チェーッ, スー チェーッ ヴァー スー ソーンム	life and death **ラ**イフ アンド **デ**ス
せいし **静止** seishi	sự ngừng lại, dừng lại スー ングーング ラーイ, ズーング ラーイ	standstill, motionlessness ス**タ**ンドスティル, **モ**ウションレスネス
～する	ngừng lại, dừng lại ングーング ラーイ, ズーング ラーイ	rest, stand still **レ**スト, ス**タ**ンド ス**ティ**ル
せいじ **政治** seiji	chính trị チン チー	politics **パ**リティクス

日	越	英
～家	chính trị gia, nhà chính trị チン チー ザー，ニャー チン チー	statesman, politician ステイツマン，ポリティシャン
せいしきな **正式な** seishikina	chính thức チン トゥフーク	formal, official フォーマル，オフィシャル
せいしつ **性質** seishitsu	đặc tính, tính chất ダク ティン，ティン チョッ	nature, disposition ネイチャ，ディスポズィション
せいじつな **誠実な** seijitsuna	thật thà, ngay thẳng トホッ タハー，ンガイ タハング	sincere, honest スィンスィア，アネスト
せいじゃく **静寂** seijaku	yên tĩnh, tĩnh mịch イエン ティン，ティン ミク	silence, stillness サイレンス，スティルネス
せいしゅく **静粛** seishuku	lặng thinh, im lặng ラング ティヒン，イーム ラング	silence サイレンス
せいじゅくする **成熟する** seijukusuru	chín muồi, trưởng thành チーン ムオイ，チュオング タハイン	ripen, mature ライプン，マチュア
せいしゅん **青春** seishun	thanh xuân, tuổi xanh タハイン スオン，トゥオイ サイン	youth ユース
せいしょ **聖書** seisho	Kinh Thánh, Thánh Kinh キン タハイン，タハイン キン	Bible バイブル
せいじょうな **正常な** seijouna	bình thường, thông thường ビン トゥフオング，トホーンム トゥフオング	normal ノーマル
せいしょうねん **青少年** seishounen	thanh thiếu niên タハイン テイヒエゥ ニエン	younger generation ヤンガ デェネレイション
せいしょくしゃ **聖職者** seishokusha	linh mục, cha cố リン ムークプ，チャー コー	clergy クラーヂ
せいしん **精神** seishin	tinh thần ティン トホン	spirit, mind スピリト，マインド
せいじん **成人** seijin	người đến tuổi trưởng thành ングオィ デーン トゥオイ チュオング タハイン	adult, grown-up アダルト，グロウナプ

日	越	英
～する	đến tuổi trưởng thành デーン トゥオイ チュオング タハイン	grow up グロウ アプ
せいじん **聖人** seijin	vị thánh, thánh nhân ヴィー タハイン, タハイン ニオン	saint セイント
せいしんか **精神科** seishinka	khoa thần kinh クフアート トホン キン	psychiatry サカイアトリ
～医	bác sĩ khoa thần kinh バーク シー クフアート トホン キン	psychiatrist サカイアトリスト
せいず **製図** seizu	bản vẽ, bản vẽ kĩ thuật バーン ヴェー, バーン ヴェー キー トゥフ オッ	drafting, drawing ドラフティング, ドローイング
せいすう **整数** seisuu	số nguyên ソー ングイエン	integer インティヂャ
せいせき **成績** seiseki	thành tích, kết quả タハイン テイク, ケーッ クアー	result, record リザルト, レコード
せいせんしょくりょうひん **生鮮食料品** seisenshokuryouhin	thực phẩm tươi sống トゥフーク フォム トゥオイ ソーンム	orderly, regularly オーダリ, レギュラリ
せいぜんと **整然と** seizento	có thứ tự, chỉn chu コー トゥフー トゥー, チーン チュー	orderly, regularly オーダリ, レギュラリ
せいぞう **製造** seizou	chế biến, chế tạo チェー ビエン, チェー ターゥ	manufacture, production マニュファクチャ, プロダクション
～業	công nghiệp chế tạo, công nghiệp chế biến コーンム ンギエプ チェー ターゥ, コーンム ンギエプ チェー ビエン	manufacturing industry マニュファクチャリング インダストリ
せいそうけん **成層圏** seisouken	tầng bình lưu, tầng tĩnh khí トング ビン ルーゥ, トング テイン キヒー	stratosphere ストラトスフィア
せいそな **清楚な** seisona	trang nhã, tao nhã チャーング ニャー, ターゥ ニャー	neat ニート
せいぞん **生存** seizon	sự sinh sống, sinh tồn スー シン ソーンム, シン トーン	existence, life イグズィステンス, ライフ

日	越	英
～する	sinh sống, sinh tồn	exist, survive
せいたいがく 生態学 seitaigaku	sinh thái học	ecology
せいだいな 盛大な seidaina	linh đình, sang trọng	prosperous, grand
ぜいたく 贅沢 zeitaku	sự xa xỉ, xa hoa	luxury
～な	xa xỉ, xoa hoa	luxurious
せいち 聖地 seichi	đất thánh, thánh địa	sacred ground
せいちょう 成長 seichou	sự trưởng thành, lớn lên	growth
～する	trưởng thành, lớn lên	grow
せいてきな 静的な seitekina	tĩnh, yên tĩnh	static
せいてつ 製鉄 seitetsu	chế tạo sắt	iron manufacturing
せいてん 晴天 seiten	trời đẹp, đẹp trời	fine weather
せいでんき 静電気 seidenki	tĩnh điện	static electricity
せいと 生徒 seito	học trò, học sinh	student, pupil
せいど 制度 seido	chế độ	system, institution

日	越	英
せいとう **政党** seitou	chính đảng, đảng chính trị チン ダーング, ダーング チン チー	political party ポリティカル パーティ
せいとうな **正当な** seitouna	chính đáng, đúng đắn チン ダーング, ドゥーンム ダン	just, proper, legal **チャ**スト, プ**ラ**パ, **リ**ーガル
せいとうぼうえい **正当防衛** seitoubouei	phòng vệ chính đáng フォーンム ヴェー チン ダーング	self-defense **セ**ルフディ**フェ**ンス
せいとんする **整頓する** seitonsuru	dọn dẹp, sắp xếp ゾーン ゼープ, サプ セーブ	put in order **プ**ト イン **オ**ーダ
せいなん **西南** seinan	tây nam, phía tây nam トイ ナーム, フィア トイ ナーム	southwest サウス**ウェ**スト
せいねん **成年** seinen	tuổi thành niên, tuổi trưởng thành トゥオイ タハイン ニエン, トゥオイ チュオング タハイン	adult age ア**ダ**ルト **エ**イヂ
せいねん **青年** seinen	thanh niên タハイン ニエン	young man, youth **ヤ**ング マン, **ユ**ース
せいねんがっぴ **生年月日** seinengappi	ngày sinh ンガイ シン	date of birth **デ**イト オヴ **バ**ース
せいのう **性能** seinou	tính năng, công suất ティン ナング, コーンム スオッ	performance, capability パ**フォ**ーマンス, ケイパ**ビ**リティ
せいはんたい **正反対** seihantai	hoàn toàn khác nhau, trái ngược nhau フアーン トゥアーン カハーク ニャウ, チャーイ ングオク ニャウ	exact opposite イグ**ザ**クト **ア**ポズィト
せいびする **整備する** seibisuru	hoàn chỉnh フアーン チン	maintain, adjust メイン**テ**イン, ア**チャ**スト
せいびょう **性病** seibyou	bệnh hoa liễu, bệnh lây lan qua đường tình dục ベン フアー リエウ, ベン ロイ ラーン クアー ドゥオング ティン ズークプ	venereal disease ヴィ**ニ**アリアル ディ**ズィ**ーズ
せいひん **製品** seihin	sản phẩm サーン フォム	product プ**ラ**ダクト

日	越	英
政府 せいふ / seifu	chính phủ チン フー	government ガヴァンメント
西部 せいぶ / seibu	miền tây ミエン トイ	western part ウェスタン パート
制服 せいふく / seifuku	đồng phục, quần áo đồng phục ドーンム フークプ, クオン アーウ ドーンム フークプ	uniform ユーニフォーム
征服する せいふくする / seifukusuru	chinh phục チン フークプ	conquer カンカ
生物 せいぶつ / seibutsu	sinh vật シン ヴォッ	living thing, life リヴィング スィング, ライフ
～学	sinh vật học シン ヴォッ ホークプ	biology バイアロヂ
静物画 せいぶつが / seibutsuga	tranh tĩnh vật チャイン ティン ヴォッ	still life スティル ライフ
成分 せいぶん / seibun	thành phần タハイン フォン	ingredient イングリーディエント
性別 せいべつ / seibetsu	giới tính ゾーイ ティン	gender distinction ヂェンダ ディスティンクション
正方形 せいほうけい / seihoukei	hình vuông ヒン ヴオング	square スクウェア
西北 せいほく / seihoku	tây bắc, phía tây bắc トイ バク, フィア トイ バク	northwest ノースウェスト
精密な せいみつな / seimitsuna	tỉ mỉ, kĩ càng ティー ミー, キー カーング	precise, minute プリサイス, マイニュート
税務署 ぜいむしょ / zeimusho	phòng thuế, cục thuế フォーンム トゥフエー, クークプ トゥフエー	tax office タクス オーフィス
姓名 せいめい / seimei	danh tính, họ tên ザイン ティン, ホー テーン	(full) name (フル) ネイム

日	越	英
せいめい **生命** seimei	sinh mệnh, tính mạng シン メン, ティン マーング	life **ラ**イフ
～保険	bảo hiểm nhân thọ バーウ ヒエム ニョン トホー	life insurance **ラ**イフ イン**シュ**アランス
せいめい **声明** seimei	tuyên bố, công bố トゥイエン ボー, コーンム ボー	declaration デクラ**レ**イション
せいもん **正門** seimon	cổng chính コーンム チン	front gate フ**ラ**ント **ゲ**イト
せいやく **制約** seiyaku	hạn chế ハーン チェー	restriction, limitation リスト**リ**クション, リミ**テ**イション
せいやく **誓約** seiyaku	thề, tuyên thệ テヘー, トゥイエン テヘー	oath, pledge **オ**ウス, プ**レ**ヂ
せいよう **西洋** seiyou	phương Tây フオング トイ	(the) West, (the) Occident (ザ) **ウェ**スト, (ズィ) **ア**クスィデント
せいようする **静養する** seiyousuru	an dưỡng, tĩnh dưỡng アーン ズオング, ティン ズオング	take a rest **テ**イク ア **レ**スト
せいり **整理** seiri	sự chỉnh đốn, sắp xếp スー チン ドーン, サプ セープ	arrangement ア**レ**インヂメント
～する	chỉnh đốn, sắp xếp チン ドーン, サプ セープ	put in order, arrange **プ**ト イン **オ**ーダ, ア**レ**インヂ
せいり **生理** (月経) seiri	kinh nguyệt, kinh キン ングイエッ, キン	menstruation, period メンストル**エ**イション, **ピ**アリオド
(生命現象)	hiện tượng sinh lý ヒエン トゥオング シン リー	physiology フィズィ**ア**ロヂ
～痛	đau kinh ダウ キン	menstrual pain **メ**ンストルアル **ペ**イン
～用品	băng vệ sinh バング ヴェー シン	sanitary napkin **サ**ニテリ **ナ**プキン

日	越	英
～学	sinh lý học	physiology
税理士 zeirishi	tư vấn thuế, chuyên viên kế toán thuế vụ	licensed tax accountant
成立 seiritsu	sự hình thành, tạo thành	formation
～する	hình thành, tạo thành	(be) formed
税率 zeiritsu	thuế suất	tax rates
清涼飲料 seiryouinryou	nước giải khát	soft drink, beverage
勢力 seiryoku	thế lực, uy thế	influence, power
精力 seiryoku	nghị lực, sinh lực	energy, vitality
～的な	đầy nghị lực, đầy sinh lực	energetic, vigorous
西暦 seireki	dương lịch, tây lịch	Christian Era, AD
整列する seiretsusuru	xếp hàng	form a line
セーター seetaa	áo len	sweater, pullover, Ⓑjumper
セール seeru	bán giảm giá	sale
セールスマン seerusuman	người đi chào hàng	salesman

日	越	英
せおう **背負う** seou	cõng, đèo コーンム, デーウ	carry on one's back キャリ オン バク
せおよぎ **背泳ぎ** seoyogi	bơi ngửa ボーイ ングア	backstroke バクストロウク
せかい **世界** sekai	thế giới テヘー ゾーイ	world ワールド
～遺産	di sản thế giới ジー サーン テヘー ゾーイ	World Heritage ワールド ヘリテヂ
～史	lịch sử thế giới リク スー テヘー ゾーイ	world history ワールド ヒストリ
～的な	với quy mô toàn cầu, khắp thế giới ヴォーイ クイー モー トゥアーン コウ, カハプ テヘー ゾーイ	worldwide ワールドワイド
せかす **急かす** sekasu	giục, thúc giục ズークプ, トゥフークプ ズークプ	expedite, hurry エクスペダイト, ハーリ
せき **咳** seki	ho, cơn ho ホー, コーン ホー	cough コーフ
～止め	thuốc ho トゥフオク ホー	cough remedy コーフ レメディ
せき **席** seki	chỗ ngồi, ghế ngồi チォー ンゴーイ, ゲー ンゴーイ	seat スィート
せきがいせん **赤外線** sekigaisen	tia hồng ngoại ティア ホーンム ングアーイ	infrared rays インフラレド レイズ
せきじゅうじ **赤十字** sekijuuji	chữ thập đỏ, hồng thập tự チュー トホプ ドー, ホーンム トホプ トゥー	Red Cross レド クロース
せきずい **脊髄** sekizui	tuỷ sống トゥイー ソーンム	spinal cord スパイナル コード
せきたん **石炭** sekitan	than, than đá タハーン, タハーン ダー	coal コウル

日	越	英
せきどう **赤道** sekidou	xích đạo, đường xích đạo シク ダーウ, ドゥオング シク ダーウ	equator イク**ウェ**イタ
せきにん **責任** sekinin	trách nhiệm, nghĩa vụ チャイク ニエム, ンギア ヴー	responsibility リスパンスィ**ビ**リティ
せきぶん **積分** sekibun	tích phân, phép tích phân ティク フォン, フェープ ティク フォン	integral calculus, integration **イ**ンテグラル **キャ**ルキュラス, インテグ**レ**イション
せきゆ **石油** sekiyu	dầu hoả, dầu lửa ゾウ フアー, ゾウ ルア	oil, petroleum **オ**イル, ペト**ロ**ウリアム
せきり **赤痢** sekiri	bệnh ly, kiết ly ベン リー, キエッ リー	dysentery **ディ**センテアリ
セクシーな sekushiina	khiêu dâm, gợi tình キヒエウ ゾム, ゴーイ ティン	sexy **セ**クスィ
せくはら **セクハラ** sekuhara	quấy rối tình dục クオイ ゾーイ ティン ズークプ	sexual harassment **セ**クシュアル ハ**ラ**スメント
せけん **世間** seken	thế gian, nhân gian テヘー ザーン, ニォン ザーン	society ソ**サ**イエティ
せしゅう **世襲** seshuu	cha truyền con nối チャー チュイエン コーン ノーイ	heredity ヘ**レ**ディティ
ぜせいする **是正する** zeseisuru	sửa chữa, sửa sai スア チュア, スア サーイ	correct コ**レ**クト
せそう **世相** sesou	tình tình xã hội ティン ティン サー ホーイ	social conditions **ソ**ウシャル コン**ディ**ションズ
せだい **世代** sedai	thế hệ, đời テヘー ヘー, ドーイ	generation チェネ**レ**イション
せつ **説** (意見・見解) setsu	thuyết, kiến giải トゥフイエッ, キエン ザーイ	opinion オ**ピ**ニョン
(学説)	học thuyết, lý thuyết ホークプ トゥフイエッ, リー トゥフイエッ	theory **ス**ィオリ

日	越	英
ぜつえんする **絶縁する** zetsuensuru	tuyệt giao, tuyệt tình トゥイエッ ザーウ, トゥイエッ ティン	break off relations ブレイク オフ リレイションズ
（電気を）	cách điện カイク ディエン	insulate インシュレイト
せっかい **石灰** sekkai	vôi, đá vôi ヴォーィ, ダー ヴォーィ	lime ライム
せっかく **折角** sekkaku	cất công ... nhưng コッ コーンム ニューング	in spite of all one's trouble イン スパイト オヴ オール トラブル
せっかちな **せっかちな** sekkachina	vội vàng, hấp tấp ヴォーィ ヴァーング, ホプ トプ	hasty, impetuous ヘイスティ, インペチュアス
せっきょうする **説教する** sekkyousuru	thuyết giáo, dạy dỗ トゥフイエッ ザーウ, ザィ ゾー	preach プリーチ
せっきょくせい **積極性** sekkyokusei	tính tích cực ティン ティク クーク	positiveness, proactiveness パズィティヴネス, プロアクティヴネス
せっきょくてきな **積極的な** sekkyokutekina	tích cực, hăng hái ティク クーク, ハング ハーィ	positive, active パズィティヴ, アクティヴ
せっきん **接近** sekkin	sự tiếp cận, đến gần スー ティエプ コン, デーン ゴン	approach アプロウチ
～する	tiếp cận, đến gần ティエプ コン, デーン ゴン	approach, draw near アプロウチ, ドロー ニア
セックス sekkusu	giao hợp, giao cấu ザーウ ホープ, ザーウ コゥ	sex セクス
せっけい **設計** sekkei	sự thiết kế スー ティヒエッ ケー	plan, design プラン, ディザイン
～図	bản vẽ thiết kế バーン ヴェー ティヒエッ ケー	plan, blueprint プラン, ブループリント
～する	thiết kế ティヒエッ ケー	plan, design プラン, ディザイン

日	越	英
せっけん **石鹸** sekken	xà phòng, xà bông サー フォーンム, サー ボーンム	soap **ソ**ウプ
せっこう **石膏** sekkou	thạch cao タハイク カーウ	gypsum, plaster **ヂ**プサム, プ**ラ**スタ
ぜっこうする **絶交する** zekkousuru	tuyệt giao トゥイエッ ザーウ	cut contact with **カ**ト **カ**ンタクト ウィズ
ぜっこうの **絶好の** zekkouno	tuyệt vời, hay nhất トゥイエッ ヴォーイ, ハイ ニョッ	best, ideal ベスト, アイ**ディ**ーアル
ぜっさんする **絶賛する** zessansuru	ca ngợi, khen tặng カー ンゴーイ, ケヘーン タング	extol イクス**ト**ウル
せっしゅする **摂取する** sesshusuru	tiếp thu, tiếp nhận ティエプ トゥフー, ティエプ ニョン	take in **テ**イク イン
せっしょう **折衝** sesshou	sự thương lượng, đàm phán スー トゥフオング ルオング, ダーム ファーン	negotiation ニ**ゴ**ウシ**エ**イション
～する	thương lượng, đàm phán トゥフオング ルオング, ダーム ファーン	negotiate ニ**ゴ**ウシエイト
せっしょく **接触** sesshoku	sự tiếp xúc, sờ vào スー ティエプ スークプ, ソー ヴァーウ	contact, touch **カ**ンタクト, **タ**チ
～する	tiếp xúc, sờ vào ティエプ スークプ, ソー ヴァーウ	touch, make contact with **タ**チ, **メ**イク **カ**ンタクト ウィズ
せつじょく **雪辱** setsujoku	trả thù, báo thù チャー トゥフー, バーウ トゥフー	revenge リ**ヴェ**ンヂ
ぜっしょく **絶食** zesshoku	tuyệt thực トゥイエット トゥフーク	fasting, fast **ファ**スティング, **ファ**スト
せっする **接する** sessuru	tiếp xúc, chạm ティエプ スークプ, チャーム	touch, come into contact with **タ**チ, **カ**ム イントゥ **カ**ンタクト ウィズ
（隣接する）	kề sát, sát ngay ケー サーッ, サーッ ンガイ	adjoin ア**ヂョ**イン

日	越	英
せっせい **節制** sessei	tính điều độ ティン ディエウ ドー	temperance **テ**ンペランス
〜する	điều độ, có chừng mực ディエウ ドー, コー チューング ムーク	(be) moderate in (ビ) **マ**ダレト イン
せっせん **接戦** sessen	cận chiến, đánh giáp lá cà コン チエン, ダイン ザープ ラー カー	close game ク**ロ**ウス **ゲ**イム
せつぞく **接続** setsuzoku	sự tiếp nối, nối lại スー ティエプ ノーイ, ノーイ ラーイ	connection コ**ネ**クション
〜詞	liên từ, từ nối リエン トゥー, トゥー ノーイ	conjunction コン**チ**ャンクション
〜する	nối, nối lại ノーイ, ノーイ ラーイ	join, connect with **チ**ョイン, コ**ネ**クト ウィズ
せったい **接待** settai	sự thết đãi, thiết đãi スー テヘーッ ダーイ, ティヒエッ ダーイ	reception, welcome リ**セ**プション, **ウェ**ルカム
〜する	thết đãi, thiết đãi テヘーッ ダーイ, ティヒエッ ダーイ	entertain, host エンタ**テ**イン, **ホ**ウスト
ぜつだいな **絶大な** zetsudaina	khổng lồ, đồ sộ コホーンム ロー, ドー ソー	immeasurable イ**メ**ジャラブル
ぜったいの **絶対の** zettaino	tuyệt đối トゥイエッ ドーイ	absolute **ア**プソリュート
せつだんする **切断する** setsudansuru	cắt đứt カッ ドゥーッ	cut off **カ**ト **オ**ーフ
せっちゃくざい **接着剤** secchakuzai	keo dán ケーウ ザーン	adhesive アド**ヒ**ースィヴ
せっちゅうあん **折衷案** secchuuan	đề án thoả hiệp デー アーン トゥファー ヒエプ	compromise **カ**ンプロマイズ
ぜっちょう **絶頂** zecchou	tột đỉnh, tuyệt đỉnh トーッ ディン, トゥイエッ ディン	summit, height **サ**ミト, **ハ**イト

日	越	英
設定 (せってい) settei	sự cài đặt, xếp đặt lại	setting up
～する	cài đặt, xếp đặt lại	establish, set up
接点 (せってん) setten	tiếp điểm, điểm tiếp xúc	point of contact
セット setto	bộ, dàn	set
節度 (せつど) setsudo	điều độ, chừng mực	moderation
説得する (せっとくする) settokusuru	thuyết phục	persuade
切迫 (せっぱく) seppaku	cấp bách, gấp rút	urgency
設備 (せつび) setsubi	thiết bị, trang thiết bị	equipment
～投資	đầu tư trang thiết bị	plant and equipment investment
絶望 (ぜつぼう) zetsubou	sự tuyệt vọng, nỗi tuyệt vọng	despair
～する	tuyệt vọng	despair of
～的な	vô vọng, tuyệt vọng	desperate
説明 (せつめい) setsumei	sự giải thích, giảng giải	explanation
～書	giấy giải thích, bản hướng dẫn	explanatory note, instructions

日	越	英
～する	giải thích, giảng giải ザーイ ティヒク, ザーング ザーイ	explain イクスプレイン
ぜつめつ **絶滅** zetsumetsu	sự diệt vong, diệt chủng スー ジエッ ヴォーンム, ジエッ チューンム	extinction イクスティンクション
～する	diệt vong, tiêu vong ジエッ ヴォーンム, ティエゥ ヴォーンム	(become) extinct (ビカム) イクスティンクト
せつやく **節約** setsuyaku	sự tiết kiệm, dành dụm スー ティエッ キエム, ザィン ズーム	economy, saving イカノミ, セイヴィング
～する	tiết kiệm ティエッ キエム	economize in, save イカノマイズ イン, セイヴ
せつりつする **設立する** setsuritsusuru	thiết lập, thành lập ティヒエッ ロプ, タハィン ロプ	establish, found イスタブリシュ, ファウンド
せなか **背中** senaka	lưng ルーング	back バク
せねがる **セネガル** senegaru	Xê nê gan セー ネー ガーン	Senegal セニゴール
せのびする **背伸びする** senobisuru	nhón chân lên ニオーン チオン レーン	stand on tiptoe スタンド オン ティプトウ
せぴあいろ **セピア色** sepiairo	màu xêpia, màu nâu đen マウ セピア, マウ ノゥ デーン	sepia スィーピア
ぜひとも **是非とも** zehitomo	dù sao cũng, thế nào cũng ズー サーゥ クーンム, テヘー ナーゥ クーンム	by all means バイ オール ミーンズ
せびる **せびる** sebiru	xin, vòi シーン, ヴォーイ	scrounge, mooch スクラウンヂ, ムーチ
せぼね **背骨** sebone	xương sống スオング ソーンム	backbone バクボウン
せまい **狭い** semai	chật, hẹp チオッ, ヘープ	narrow, small ナロウ, スモール

日	越	英
せまる **迫る** (強いる) semaru	ép, buộc エープ, ブオック	press, urge プレス, アーヂ
(近づく)	đến sát, đến gần デーン サーッ, デーン ゴン	approach アプロウチ
(切迫する)	cấp bách, cấp thiết コプ バイク, コプ ティヒエッ	(be) on the verge of (ビ) オン ザ ヴァーヂ オヴ
せめる **攻める** semeru	tấn công, công kích トン コーンム, コーンム キク	attack, assault アタク, アソールト
せめる **責める** semeru	trách, trách móc チャイク, チャイク モークプ	blame, reproach ブレイム, リプロウチ
せめんと **セメント** semento	xi măng シー マング	cement セメント
ぜらちん **ゼラチン** zerachin	gelatin ゼラティン	gelatin ヂェラティン
せらぴすと **セラピスト** serapisuto	nhà trị liệu ニャー チー リエウ	therapist セラピスト
せらみっく **セラミック** seramikku	đồ sứ chống nhiệt, đồ gốm sứ ドー スー チォーンム ニエッ, ドー ゴーム スー	ceramics セラミクス
ぜりー **ゼリー** zerii	thạch タハイク	jelly ヂェリ
せりふ **せりふ** serifu	lời kịch, lời thoại ローイ キク, ローイ トゥオアーイ	speech, dialogue スピーチ, ダイアローグ
せるふさーびす **セルフサービス** serufusaabisu	tự phục vụ トゥー フークプ ヴー	self-service セルフサーヴィス
ぜろ **ゼロ** (0) zero	không, zero コホーンム, ゼロ	zero ズィアロウ
せろり **セロリ** serori	cần tây コン トイ	celery セラリ

日	越	英
せろん **世論** seron	dư luận ズー ルオン	public opinion **パ**ブリック オ**ピ**ニョン
せわ **世話** sewa	sự chăm sóc, trông nom スー チャム ソークプ, チョーンム ノーム	care, aid **ケ**ア, **エ**イド
～する	chăm sóc, trông nom チャム ソークプ, チョーンム ノーム	take care of **テ**イク **ケ**ア オヴ
せん **千** sen	nghìn, ngàn ンギーン, ンガーン	(a) thousand (ア) **サ**ウザンド
せん **栓** sen	nút, nút chai ヌーッ, ヌーッ チャーイ	stopper, plug ス**タ**パ, プ**ラ**グ
せん **線** sen	đường, tuyến ドゥオング, トゥイエン	line **ラ**イン
ぜん **善** zen	việc thiện, cái thiện ヴィエク ティヒエン, カーイ ティヒエン	good, goodness **グ**ド, **グ**ドネス
ぜんあく **善悪** zen-aku	thiện ác, dữ lành ティヒエン アーク, ズー ライン	good and evil **グ**ド アンド **イ**ーヴィル
せんい **繊維** sen-i	sợi, sợi chỉ ソーイ, ソーイ チー	fiber **ファ**イバ
ぜんい **善意** zen-i	thiện chí, thiện ý ティヒエン チー, ティヒエン イー	goodwill **グ**ドウィル
ぜんいん **全員** zen-in	mọi người, tất cả thành viên モーイ ングオイ, トッ カー タハイン ヴィエン	all members **オ**ール **メ**ンバズ
ぜんえい **前衛** zen-ei	tiền vệ ティエン ヴェー	vanguard, advance guard **ヴァ**ンガード, アド**ヴァ**ンス ガード
ぜんかい **前回** zenkai	lần trước ロン チュオク	last time **ラ**スト **タ**イム
せんかん **戦艦** senkan	chiến hạm, tàu chiến lớn チエン ハーム, タウ チエン ローン	battleship バ**ト**ルシプ

日	越	英
ぜんき **前期** zenki	học kỳ Một, học kỳ trước ホークプ キー モーツ, ホークプ キー チュオク	first term ファースト **ターム**
せんきょ **選挙** senkyo	sự bầu cử, tuyển cử スー ボウ クー, トゥイエン クー	election イ**レ**クション
～する	bầu cử, bỏ phiếu ボウ クー, ボー フィエウ	elect イ**レ**クト
せんきょうし **宣教師** senkyoushi	nhà truyền giáo, nhà truyền đạo ニャー チュイエン ザーウ, ニャー チュイエン ダーウ	missionary **ミ**ショネリ
せんくしゃ **先駆者** senkusha	người đi đầu, người mở đường ングオイ ディー ドゥ, ングオイ モー ドゥオング	pioneer パイオ**ニ**ア
せんげつ **先月** sengetsu	tháng trước タハーング チュオク	last month **ラ**スト **マ**ンス
せんげん **宣言** sengen	tuyên ngôn, bản tuyên ngôn トゥイエン ンゴーン, バーン トゥイエン ンゴーン	declaration デクラ**レ**イション
～する	tuyên bố, công bố トゥイエン ボー, コーンム ボー	declare, proclaim ディク**レ**ア, プロク**レ**イム
せんご **戦後** sengo	sau chiến tranh, hậu chiến サウ チエン チャイン, ホウ チエン	after the war アフタ ザ **ウォ**ー
ぜんご **前後** (位置の) zengo	trước sau, đằng trước và đằng sau チュオク サウ, ダング チュオク ヴァー ダング サウ	front and rear フ**ラ**ント アンド **リ**ア
(時間の)	trong khoảng thời gian チョーンム クフアーング トホーイ ザーン	before and after ビ**フォ**ー アンド **ア**フタ
(およそ)	khoảng chừng, độ chừng クフアーング チューング, ドー チューング	about, or so ア**バ**ウト, オー **ソ**ウ
(順序)	thứ tự, trật tự トゥフー トゥー, チョット トゥー	order, sequence **オ**ーダ, ス**ィ**ークウェンス

日	越	英
せんこう **専攻** senkou	ngành, chuyên ngành ンガイン, チュイエン ンガイン	speciality スペシアリティ
〜する	học ngành, học chuyên ngành ホークプ ンガイン, ホークプ チュイエン ンガイン	major in メイヂャ イン
ぜんこく **全国** zenkoku	toàn quốc, cả nước トゥアーン クオク, カー ヌオク	whole country ホウル カントリ
〜的な	khắp cả nước カハプ カー ヌオク	national ナショナル
せんこくする **宣告する** senkokusuru	tuyên cáo, tuyên bố トゥイエン カーウ, トゥイエン ボー	sentence センテンス
センさー **センサー** sensaa	thiết bị cảm biến, thiết bị cảm ứng ティヒエッ ビー カーム ビエン, ティヒエッ ビー カーム ウーング	sensor センサ
せんさい **戦災** sensai	thiệt hại do chiến tranh gây ra ティヒエッ ハーイ ゾー チエン チャイン ゴイ ザー	war damage ウォー ダミヂ
せんざい **洗剤** senzai	bột giặt, chất tẩy rửa ボーッ ザッ, チョッ トィ ズア	detergent, cleanser ディターヂェント, クレンザ
ぜんさい **前菜** zensai	món khai vị, món đồ nguội khai vị モーン カハーイ ヴィー, モーン ドーング オイ カハーイ ヴィー	hors d'oeuvre オーダーヴル
せんさいな **繊細な** sensaina	tế nhị, tinh tế テー ニー, ティン テー	delicate デリケト
せんし **先史** senshi	tiền sử ティエン スー	prehistory プリヒストリ
せんし **戦死** senshi	cái chết vì chiến tranh カーイ チェーッ ヴィー チエン チャイン	death in battle デス イン バトル
せんじつ **先日** senjitsu	hôm nọ, hôm trước ホーム ノー, ホーム チュオク	(the) other day (ズィ) アザ デイ

日	越	英
ぜんじつ **前日** zenjitsu	ngày hôm trước ンガイ ホーム チュオク	(the) day before (ザ) **デイ** ビ**フォー**
せんしゃ **戦車** sensha	xe tăng, tàu bò セー タング, タウ ボー	tank **タ**ンク
ぜんしゃ **前者** zensha	cái trước, người trước カーイ チュオク, ングオイ チュオク	former **フォー**マ
せんしゅ **選手** senshu	vận động viên, tuyển thủ ヴォン ドーンム ヴィエン, トゥイエン トゥフー	athlete, player **ア**スリート, **プレ**イア
〜権	trận tranh chức vô địch チョン チャイン チューク ヴォー ディク	championship **チャ**ンピオンシプ
せんしゅう **先週** senshuu	tuần trước トゥオン チュオク	last week **ラ**スト **ウィー**ク
せんじゅうみん **先住民** senjuumin	dân bản địa ゾン バーン ディア	indigenous peoples, aborigines イン**ディ**チェナス **ピー**プルズ, ア**ボ**リヂニーズ
せんしゅつ **選出** senshutsu	sự tuyển chọn, bầu cử スー トゥイエン チョーン, ボゥ クー	election イ**レ**クション
せんじゅつ **戦術** senjutsu	chiến thuật, sách lược チエン トゥフオッ, サイク ルオク	tactics **タ**クティクス
せんしゅつする **選出する** senshutsusuru	tuyển chọn, bầu cử トゥイエン チョーン, ボゥ クー	elect イ**レ**クト
ぜんじゅつの **前述の** zenjutsuno	như đã nói, nói trên ニュー ダー ノーイ, ノーイ チェーン	above-mentioned ア**バ**ヴメンションド
せんじょう **戦場** senjou	chiến trường, mặt trận チエン チュオング, マッ チョン	battlefield **バ**トルフィールド
せんしょく **染色** senshoku	nhuộm, nhuộm màu ニュオム, ニュオム マウ	dyeing **ダ**イング
〜体	nhiễm sắc thể, thể nhiễm sắc ニエム サク テヘー, テヘー ニエム サク	chromosome ク**ロ**ウモソウム

日	越	英
ぜんしん **前進** zenshin	sự đi lên, tiến lên スー ディー レーン, ティエン レーン	progress, advance プラグレス, アドヴァンス
ぜんしん **全身** zenshin	toàn thân, cả người トゥアーン トホン, カー ングォイ	whole body ホウル バディ
せんしんこく **先進国** senshinkoku	nước tiên tiến ヌオク ティエン ティエン	developed countries ディヴェロプト カントリズ
ぜんしんする **前進する** zenshinsuru	đi lên, tiến lên ディー レーン, ティエン レーン	advance アドヴァンス
せんす **扇子** sensu	quạt giấy, quạt xếp クアーツ ゾィ, クアーツ セープ	folding fan フォウルディング ファン
せんすいかん **潜水艦** sensuikan	tàu lặn, tàu ngầm タゥ ラン, タゥ ンゴム	submarine サブマリーン
せんせい **先生** sensei	thầy cô トホイ コー	teacher, instructor ティーチャ, インストラクタ
せんせい **専制** sensei	chuyên chế, ách chuyên chế チュイエン チェー, アイク チュイエン チェー	despotism, autocracy デスポティズム, オータクラスィ
ぜんせい **全盛** zensei	cực thịnh クーク ティヒン	height of prosperity ハイト オヴ プラスペリティ
せんせいじゅつ **占星術** senseijutsu	thuật chiêm tinh トゥフオッッ チエム ティン	astrology アストラロヂ
せんせいする **宣誓する** senseisuru	tuyên thệ トゥイエン テヘー	take an oath, swear テイク アン オウス, スウェア
せんせーしょなるな **センセーショナルな** senseeshonaruna	làm náo động dư luận, giật gân ラーム ナーウ ドームズー ルオン, ゾッゴン	sensational センセイショナル
せんせん **戦線** sensen	chiến tuyến, trận tuyến チエン トゥイエン, チォン トゥイエン	front (line) フラント (ライン)
せんぜん **戦前** senzen	trước chiến tranh チュオク チエン チャイン	prewar プリーウォー

日	越	英
ぜんせん **前線** zensen	mặt trận, tiền tuyến	(weather) front
（軍事）	tiền phương, tiền tuyến	front (line)
ぜんぜん **全然** zenzen	hoàn toàn không	not at all
せんせんしゅう **先々週** sensenshuu	tuần kia, hai tuần trước	week before last
せんぞ **先祖** senzo	tổ tiên, cha ông	ancestor
せんそう **戦争** sensou	chiến tranh, đấu tranh	war, warfare
ぜんそうきょく **前奏曲** zensoukyoku	khúc dạo, khúc dạo đầu	overture, prelude
ぜんそく **喘息** zensoku	bệnh hen, suyễn	asthma
ぜんたい **全体** zentai	cả, toàn bộ	whole, entirety
せんたく **洗濯** sentaku	việc giặt đồ, giặt giũ	wash, laundry
〜機	máy giặt	washing machine
〜する	giặt đồ, giặt giũ	wash
せんたく **選択** sentaku	chọn lọc, lựa chọn	selection, choice
せんたん **先端** sentan	đầu mút, tiên tiến nhất	point, tip

日	越	英
せんちめーとる **センチメートル** senchimeetoru	centimét, phân センティメッ, フォン	centimeter, Ⓑcentimetre センティミータ, センティミータ
せんちめんたるな **センチメンタルな** senchimentaruna	đầy cảm xúc, đầy tình cảm ドイ カーム スークプ, ドイ ティン カーム	sentimental センティメンタル
せんちょう **船長** senchou	thuyền trưởng トゥフイエン チュオング	captain **キャ**プテン
ぜんちょう **前兆** zenchou	điềm, điềm báo hiệu ディエム, ディエム バーウ ヒエゥ	omen, sign, symptom **オ**ウメン, **サ**イン, **ス**ィンプトム
ぜんてい **前提** zentei	tiền đề, tiến trình ティエン デー, ティエン チン	premise **プ**レミス
せんでんする **宣伝する** sendensuru	tuyên truyền トゥイエン チュイエン	advertise **ア**ドヴァタイズ
ぜんと **前途** zento	tiền đồ, tiến trình ティエン ドー, ティエン チン	future, prospects **フュ**ーチャ, プ**ラ**スペクツ
せんとう **先頭** sentou	hàng đầu, đầu tàu ハーング ドゥ, ドゥ タウ	head, top ヘド, **タ**プ
せんとうき **戦闘機** sentouki	máy bay chiến đấu, chiến đấu cơ マイ バイ チエンドゥ, チエンドゥ コー	fighter **ファ**イタ
せんどうする **扇動する** sendousuru	xách động, đầu têu サイク ドーンム, ドゥ テーウ	stir up, agitate ス**タ**ー **ア**プ, **ア**ヂテイト
せんにゅうかん **先入観** sennyuukan	định kiến, thành kiến ディン キエン, タハイン キエン	preconception プリーコン**セ**プション
ぜんにん **善人** zennin	người hiền lành, người lương thiện ングオイ ヒエン ライン, ングオイ ルオング ティヒエン	good man グド **マ**ン
ぜんにんしゃ **前任者** zenninsha	người đảm nhiệm trước, người phụ trách trước ングオイ ダーム ニエム チュオク, ングオイ フー チャイク チュオク	predecessor プレデ**セ**サ

日	越	英
せんぬき **栓抜き** sennuki	cái mở nút chai, dụng cụ mở nút chai カーイ モー ヌーッ チャーイ, ズーンム クー モー ヌーッ チャーイ	corkscrew, bottle opener **コ**ークスクルー, **バ**トル **オ**ウプナ
ぜんねん **前年** zennen	năm trước ナム チュオク	previous year プ**リ**ーヴィアス **イ**ヤ
せんねんする **専念する** sennensuru	tập trung vào, chuyên tâm vào トァプ チューンム ヴァーウ, チュイエン トム ヴァーウ	devote oneself to ディ**ヴォ**ウト トゥ
せんのうする **洗脳する** sennousuru	tẩy não トィ ナーウ	brainwash ブ**レ**インウォーシュ
せんばい **専売** senbai	bán độc quyền バーン ドークブ クイエン	monopoly モ**ナ**ポリ
せんぱい **先輩** senpai	đàn anh, lớp đàn anh ダーン アイン, ローブ ダーン アイン	senior, elder ス**ィ**ーニア, **エ**ルダ
ぜんはん **前半** zenhan	nửa đầu, nửa trước ヌア ドゥ, ヌア チュオク	first half **ファ**ースト **ハ**フ
ぜんぱんの **全般の** zenpanno	toàn bộ, toàn thể トゥアーン ボー, トゥアーン テヘー	general **チェ**ネラル
ぜんぶ **全部** zenbu	tất cả, hết thảy トッ カー, ヘーッ タハイ	all, (the) whole **オ**ール, (ザ) **ホ**ウル
せんぷうき **扇風機** senpuuki	quạt máy クアーッ マイ	electric fan イ**レ**クトリク **ファ**ン
せんぷくする **潜伏する** senpukusuru	ẩn, ủ bệnh オン, ウー ベン	lie hidden **ラ**イ **ヒ**ドン
ぜんぶん **全文** zenbun	cả câu, toàn câu カー コウ, トゥアーン コウ	whole sentence **ホ**ウル **セ**ンテンス
せんぽう **先方** senpou	phía đối tác, bên đối phương フィア ドーイ ターク, ベーン ドーイ フオング	(the) other party (ズィ) **ア**ザ **パ**ーティ
ぜんぽうの **前方の** zenpouno	đằng trước, phía trước mặt ダング チュオク, フィア チュオク マッ	before, in front of ビ**フォ**ー, イン フ**ラ**ント オ ヴ

日	越	英
せんめいな **鮮明な** senmeina	rõ ràng, tươi sáng ゾー ザーング，トゥオイ サーング	clear クリア
ぜんめつする **全滅する** zenmetsusuru	bị hủy diệt, bị diệt chủng ビー フイー ジエッ，ビー ジエッ チューンム	(be) annihilated (ビ) アナイアレイテド
せんめんじょ **洗面所** senmenjo	phòng rửa mặt フォーンム ズア マッ	washroom, bathroom, ⑧lavatory, toilet ワシュルーム，バスルーム，ラヴァトーリ，トイレト
せんめんだい **洗面台** senmendai	chậu rửa mặt, bồn rửa mặt チョウ ズア マッ，ボーン ズア マッ	washbasin, ⑧sink ワシュベイスン，スィンク
せんもん **専門** senmon	chuyên môn, chuyên nghiệp チュイエン モーン，チュイエン ンギエプ	specialty スペシャルティ
〜家	chuyên gia, nhà chuyên môn チュイエン ザー，ニャー チュイエン モーン	specialist スペシャリスト
〜学校	trường dạy nghề チュオング ザィ ンゲー	vocational school, ⑧technical college ヴォケイショナル スクール，テクニカル コレヂ
〜的な	chuyên môn, chuyên nghiệp チュイエン モーン，チュイエン ンギエプ	professional, special プロフェショナル，スペシャル
ぜんや **前夜** zen-ya	đêm trước デーム チュオク	(the) previous night (ザ) プリーヴィアス ナイト
せんやく **先約** sen-yaku	hẹn trước ヘーン チュオク	previous engagement プリーヴィアス インゲイヂメント
せんゆう **占有** sen-yuu	sự chiếm hữu スー チエム フーゥ	possession, occupancy ポゼション，アキュパンスィ
〜する	chiếm hữu チエム フーゥ	possess, occupy ポゼス，アキュパイ
せんようの **専用の** sen-youno	chuyên dùng, dùng riêng チュイエン ズーンム，ズーンム ジエング	exclusive イクスクルースィヴ

日	越	英
ぜんりつせん **前立腺** zenritsusen	tuyến tiền liệt, tiền liệt tuyến トゥイエン ティエン リエッ, ティエン リエッ トゥイエン	prostate プラステイト
せんりゃく **戦略** senryaku	chiến lược, chiến lược quân sự チエン ルオク, チエン ルオク クオン スー	strategy スト**ラ**テヂ
せんりょう **占領** senryou	sự chiếm đóng, chiếm lĩnh スー チエム ドーンム, チエム リン	occupation アキュ**ペ**イション
～する	chiếm đóng, chiếm lĩnh チエム ドーンム, チエム リン	occupy, capture **ア**キュパイ, **キャ**プチャ
ぜんりょうな **善良な** zenryouna	hiền lành, lương thiện ヒエン ライン, ルオング ティヒエン	good, virtuous グド, **ヴァ**ーチュアス
ぜんりょく **全力** zenryoku	toàn lực, toàn bộ sức lực トゥアーン ルーク, トゥアーン ボー スーク ルーク	all one's strength **オ**ール ストレングス
せんれい **洗礼** senrei	rửa tội, lễ rửa tội ズア トーイ, レー ズア トーイ	baptism バプティズム
ぜんれい **前例** zenrei	tiền lệ ティエン レー	precedent プレスィデント
せんれんされた **洗練された** senrensareta	được trau dồi, lão luyện ドゥオク チャウ ゾーイ, ラーウ ルイエン	refined リ**ファ**インド
せんれんする **洗練する** senrensuru	trau chuốt, làm cho tinh tế チャウ チュオッ, ラーム チォー ティン テー	refine リ**ファ**イン
せんろ **線路** senro	đường ray, đường sắt ドゥオング ライ, ドゥオング サッ	railroad line, Ⓑrailway line **レ**イルロウド **ラ**イン, **レ**イルウェイ **ラ**イン

そ, ソ

日	越	英
そあくな **粗悪な** soakuna	chất lượng kém, tệ チャッ ルオング ケーム, テー	crude, poor ク**ルー**ド, **プ**ア

417

日	越	英
そう **添う** sou	kèm theo, đi cùng	accompany
ぞう **象** zou	voi	elephant
ぞう **像** zou	tượng, pho tượng	image, figure, statue
そうい **相違** soui	khác biệt, dị biệt	difference, variation
ぞうお **憎悪** zouo	căm hờn, căm ghét	hatred
そうおん **騒音** souon	tiếng ồn ào, tiếng om sòm	noise
ぞうか **増加** zouka	gia tăng	increase
～する	tăng lên, gia tăng	increase, augment
そうかい **総会** soukai	đại hội, đại hội đồng	general meeting
そうがく **総額** sougaku	tổng số tiền	total (amount)
そうがんきょう **双眼鏡** sougankyou	ống nhòm	binoculars
そうぎ **葬儀** sougi	tang lễ	funeral
そうきん **送金** soukin	sự gửi tiền, sự chuyển tiền	remittance

日	越	英
~する	gửi tiền đi, chuyển tiền đi グーイ ティエン ディー, チュイエン ティエン ディー	send money センド マニ
ぞうきん **雑巾** zoukin	giẻ, giẻ lau ゼー, ゼー ラウ	dustcloth, ⑧duster ダストクロース, ダスタ
ぞうげ **象牙** zouge	ngà voi ンガー ヴォーイ	ivory アイヴォリ
そうけい **総計** soukei	tổng số, tổng cộng トーンム ソー, トーンム コーンム	total amount トウトル アマウント
そうげん **草原** sougen	thảo nguyên, đồng cỏ タハーウ ングイエン, ドーンム コー	plain, prairie プレイン, プレアリ
そうこ **倉庫** souko	kho, kho hàng コホー, コホー ハーンゥ	warehouse ウェアハウス
そうこうきょり **走行距離** soukoukyori	tổng số cây số đã đi được トーンム ソー コイ ソー ダー ディー ドゥオク	mileage マイリヂ
そうごうする **総合する** sougousuru	tổng hợp トーンム ホープ	synthesize スィンセサイズ
そうごうてきな **総合的な** sougoutekina	tổng hợp トーンム ホープ	synthetic, comprehensive スィンセティク, カンプリヘンスィヴ
そうごんな **荘厳な** sougonna	trang nghiêm, uy nghiêm チャーンゥ ンギエム, ウイー ンギエム	solemn サレム
そうさ **捜査** sousa	sự điều tra, tìm kiếm スー ディエウ チャー, ティーム キエム	investigation, search インヴェスティゲイション, サーチ
~する	điều tra, tìm kiếm ディエウ チャー, ティーム キエム	investigate インヴェスティゲイト
そうさ **操作** sousa	sự thao tác, điều khiển スー タハーウ タアク, ディエウ キヒエン	operation アペレイション

日	越	英
〜する	thao tác, điều khiển	operate
そうさいする 相殺する sousaisuru	bù đắp, bù qua đắp lại	offset, cancel out
そうさく 創作 sousaku	sự sáng tác, sáng tạo	creation
〜する	sáng tác, sáng tạo	create, compose
そうさくする 捜索する sousakusuru	sục sạo, lùng sục	search for
そうじ 掃除 souji	sự quét dọn, làm vệ sinh	cleaning
〜機	máy hút bụi	vacuum cleaner
〜する	quét dọn, làm vệ sinh	clean, sweep
そうしゃ 走者 sousha	đấu thủ chạy đua	runner
そうじゅうする 操縦する (乗り物や装置を) soujuusuru	điều khiển, thao tác	handle, operate
(飛行機を)	lái máy bay	pilot
(船を)	lái tàu	steer
そうじゅくな 早熟な soujukuna	phát triển sớm, trưởng thành sớm	precocious
そうしょく 装飾 soushoku	sự trang trí, trang hoàng	decoration

日	越	英
～する	trang trí, trang hoàng チャーング チー，チャーング フアーング	adorn, ornament アドーン，オーナメント
そうしん **送信** soushin	sự truyền tin, gửi tin スー チュイエン ティーン，グーイ ティーン	transmission トランスミション
～する	truyền tin, gửi tin チュイエン ティーン，グーイ ティーン	transmit トランスミト
ぞうぜい **増税** zouzei	tăng thuế タング トゥフエー	tax increase タクス インクリース
そうせつする **創設する** sousetsusuru	sáng lập, thành lập サーング ロプ，タハイン ロプ	found ファウンド
ぞうせん **造船** zousen	đóng tàu, nghề đóng tàu ドーンム タウ，ンゲー ドーンム タウ	shipbuilding シプビルディング
そうぞう **創造** souzou	sự sáng tạo, tạo ra スー サーング ターウ，ターウ ザー	creation クリエイション
～する	sáng tạo, tạo ra サーング ターウ，ターウ ザー	create クリエイト
～的な	có tính sáng tạo, sáng tạo コー ティン サーング ターウ，サーング ターウ	creative, original クリエイティヴ，オリヂナル
そうぞう **想像** souzou	sự tưởng tượng, hình dung スー トゥオング トゥオング，ヒン ズーンム	imagination, fancy イマヂネイション，ファンスィ
～する	tưởng tượng, hình dung トゥオング トゥオング，ヒン ズーンム	imagine, fancy イマヂン，ファンスィ
そうぞうしい **騒々しい** souzoushii	ồn ào, ầm ĩ オーン アーウ，オム イー	noisy, loud ノイズィ，ラウド
そうぞく **相続** souzoku	sự thừa kế, thừa hưởng スー トゥフア ケー，トゥフア フオング	inheritance, succession インヘリタンス，サクセション
～する	thừa kế, thừa hưởng トゥフア ケー，トゥフア フオング	inherit, succeed インヘリト，サクスィード

日	越	英
～税	thuế thừa kế トゥフエー トゥフア ケー	inheritance tax イン**ヘ**リタンス **タ**クス
～人	người thừa kế ングオイ トゥフア ケー	heir, heiress **エ**ア, **エ**アレス
そうそふ **曾祖父** sousofu	cụ, cố クー, コー	great-grandfather グレイト**グ**ランド**ファ**ーザ
そうそぼ **曾祖母** sousobo	cụ, cố クー, コー	great-grandmother グレイト**グ**ランド**マ**ザ
そうたいてきな **相対的な** soutaitekina	tương đối トゥオング ドーイ	relative **レ**ラティヴ
そうだいな **壮大な** soudaina	hùng vĩ, nguy nga フーング ヴィー, ングイー ンガー	magnificent, grand マグ**ニ**フィセント, **グ**ランド
そうだん **相談** soudan	sự hỏi ý kiến, bàn bạc スー ホーイ イー キエン, バーン バーク	consultation カンスル**テ**イション
～する	hỏi ý kiến, trao đổi ý kiến ホーイ イー キエン, チャーウ ドーイ イー キエン	consult with コン**サ**ルト ウィズ
そうち **装置** souchi	trang thiết bị, máy móc チャーング ティヒエッビー, マイ モークプ	device, equipment ディ**ヴァ**イス, イク**ウィ**プメント
そうちょう **早朝** souchou	rạng sáng, ban mai ザーング サーング, バーン マーイ	early in the morning **ア**ーリ イン ザ **モ**ーニング
そうどう **騒動** soudou	náo động, náo loạn ナーウ ドーム, ナーウ ルアーン	disturbance, confusion ディス**タ**ーバンス, コン**フュ**ージョン
そうとうする **相当する** soutousuru	tương đương, tương đồng トゥオング ドゥオング, トゥオング ドーング	correspond to, (be) fit for コーレス**パ**ンド トゥ, (ビ) **フ**ィト フォ
そうとうな **相当な** soutouna	tương đối, khá トゥオング ドーイ, カハー	considerable, fair コン**スィ**ダラブル, **フェ**ア
そうなん **遭難** sounan	bị nạn, gặp nạn ビー ナーン, ガプ ナーン	accident, disaster **ア**クスィデント, ディ**ザ**スタ

422

日	越	英
～者	nạn nhân, người bị nạn ナーン ニョン, ングォイ ビ ナーン	victim, sufferer **ヴィ**クティム, **サ**ファラ
そうにゅうする 挿入する sounyuusuru	chèn vào, lồng vào チェーン ヴァーウ, ローンム ヴァーウ	insert イン**サ**ート
そうば 相場 souba	giá thị trường ザー ティヒー チュオンッ	market price **マ**ーケト プ**ラ**イス
（投機的取引）	đầu cơ, đầu cơ tích trữ ドゥ コー, ドゥ コー ティク チュー	speculation スペキュ**レ**イション
そうび 装備 soubi	trang bị, trang thiết bị チャーング ビー, チャーング ティヒエッ ビー	equipment, outfit イク**ウィ**プメント, **ア**ウトフィト
～する	trang bị, trang bị máy móc チャーング ビー, チャーング ビー マイ モークプ	equip with イク**ウィ**プ ウィズ
そうふする 送付する soufusuru	gửi đến, gửi tới グーイ デーン, グーイ トーイ	send **セ**ンド
そうべつかい 送別会 soubetsukai	tiệc chia tay ティエク チア タイ	farewell party フェア**ウェ**ル **パ**ーティ
そうめいな 聡明な soumeina	thông minh, sáng láng トホーンム ミン, サーング ラーング	bright, intelligent ブ**ラ**イト, イン**テ**リヂェント
ぞうよぜい 贈与税 zouyozei	thuế cho tặng トゥフエー チョー タング	gift tax **ギ**フト **タ**クス
そうりだいじん 総理大臣 souridaijin	thủ tướng トゥフー トゥオング	Prime Minister プ**ラ**イム **ミ**ニスタ
そうりつしゃ 創立者 souritsusha	người sáng lập ングォイ サーング ロプ	founder **ファ**ウンダ
そうりつする 創立する souritsusuru	sáng lập, thành lập サーング ロプ, タハイン ロプ	found, establish **ファ**ウンド, イス**タ**ブリシュ
そうりょ 僧侶 souryo	tăng lữ, nhà sư タング ルー, ニャー スー	monk, priest **マ**ンク, プ**リ**ースト

日	越	英
そうりょう **送料** souryou	cước phí vận chuyển, bưu phí クオク フィー ヴォン チュイエン, ブーウ フィー	postage, carriage ポウスティヂ, キャリヂ
そうりょうじ **総領事** souryouji	tổng lãnh sự トーンム ラインス スー	consul general カンスル ヂェネラル
ぞうわい **贈賄** zouwai	đút lót, đút hối lộ ドゥーッ ローッ, ドゥーッ ホーイ ロー	bribery ブライバリ
そえる **添える** soeru	phụ thêm, thêm vào フー テヘーム, テヘーム ヴァーウ	affix, attach アフィクス, アタチ
そーす **ソース** soosu	xốt, nước xốt ソーッ, ヌオク ソーッ	sauce ソース
そーせーじ **ソーセージ** sooseeji	xúc xích, lạp xưởng スークプ シク, ラープ スオング	sausage ソスィヂ
そーだ **ソーダ** sooda	soda, nước xô đa ソーダー, ヌオク ソーダー	soda ソウダ
ぞくご **俗語** zokugo	tiếng lóng ティエング ローンム	slang スラング
そくしする **即死する** sokushisuru	chết không kịp ngáp, chết bất đắc kỳ tử チェーッ コホーンム キープ ンガープ, チェーッ ボッ ダク キー トゥー	die instantly ダイ インスタントリ
そくしん **促進** sokushin	sự xúc tiến, thúc đẩy スー スークプ ティエン, トゥフークプ ドイ	promotion プロモウション
~する	thúc đẩy, xúc tiến トゥフークプ ドイ, スークプ ティエン	promote プロモウト
ぞくする **属する** zokusuru	thuộc về, cùng nhóm với トゥフオク ヴェー, クーンム ニオーム ヴォーイ	belong to ビローング トゥ
そくたつ **速達** sokutatsu	thư chuyển phát nhanh, thư hoả tốc トゥフー チュイエン ファーッ ニャイン, トゥフー ファー トークプ	express mail, special delivery イクスプレス メイル, スペシャル デリヴァリ

日	越	英
そくてい **測定** sokutei	sự đo đạc, đo lường	measurement メジャメント
～する	đo đạc, đo lường	measure メジャ
そくど **速度** sokudo	tốc độ, vận tốc	speed, velocity スピード, ヴェラスィティ
～計	đồng hồ tốc độ, đồng hồ chỉ tốc độ	speedometer スピダメタ
～制限	tốc độ quy định, tốc độ tối đa	speed limit スピード リミト
そくばい **即売** sokubai	bán tại chỗ	spot sale スパト セイル
そくばく **束縛** sokubaku	sự ràng buộc, gò bó	restraint, restriction リストレイント, リストリクション
～する	gò bó, ràng buộc	restrain, restrict リストレイン, リストリクト
そくほう **速報** sokuhou	tin cấp báo, tin nhanh	newsflash, breaking news ニューズフラシュ, ブレイキング ニューズ
そくめん **側面** sokumen	khía cạnh, góc cạnh	side サイド
そくりょう **測量** sokuryou	sự đo lường, đo đạc	measurement メジャメント
～する	đo lường, đo đạc	measure, survey メジャ, サーヴェイ
そくりょく **速力** sokuryoku	tốc lực, sức chạy nhanh	speed, velocity スピード, ヴェラスィティ

日	越	英
そけっと **ソケット** soketto	đui đèn ドゥーイ デーン	socket **サ**ケト
そこ **底** (容器などの) soko	đáy, phần dưới cùng ダイ, フォン ズオイ クーンム	bottom **バ**トム
(靴の)	đế giày デー ザイ	sole **ソ**ウル
そこく **祖国** sokoku	tổ quốc トー クオッ	motherland, fatherland **マ**ザランド, **ファー**ザランド
そこぢから **底力** sokojikara	tiềm lực, tiềm năng ティエム ルーク, ティエム ナング	reserve strength リ**ザー**ヴ ストレングス
そこなう **損なう** sokonau	làm tổn hại, phương hại ラーム トーン ハーイ, フォング ハーイ	hurt, harm **ハ**ート, **ハ**ーム
そざい **素材** sozai	tài liệu, đề tài ターイ リエゥ, デー ターイ	material マ**ティ**アリアル
そしき **組織** soshiki	tổ chức, cơ cấu トー チューク, コー コウ	organization オーガニ**ゼ**イション
そしする **阻止する** soshisuru	ngăn cản, cản trở ンガン カーン, カーン チョー	hinder, obstruct **ハ**インダ, オブスト**ラ**クト
そしつ **素質** soshitsu	tư chất, năng lực トゥー チャッ, ナング ルーク	aptitude, gift **ア**プティテュード, **ギ**フト
そして **そして** soshite	và, rồi ヴァー, ゾーイ	and, then **ア**ンド, **ゼ**ン
そしょう **訴訟** soshou	kiện cáo, kiện tụng キエン カーウ, キエン トゥーンム	lawsuit, action **ロ**ースート, **ア**クション
そしょく **粗食** soshoku	ăn khổ, bữa cơm đạm bạc アン コホー, ブア コーム ダーム バーク	simple diet ス**ィ**ンプル **ダ**イエト
そせん **祖先** sosen	tổ tiên, cha ông トー ティエン, チャー オーンム	ancestor **ア**ンセスタ

日	越	英
そそぐ 注ぐ sosogu	rót, đổ ゾーッ, ドー	pour ポー
そそっかしい sosokkashii	cẩu thả, sơ ý コゥ タハー, ソー イー	careless ケアレス
そそのかす 唆す sosonokasu	xúi, xúi giục スーイ, スーイ ズークプ	tempt, seduce テンプト, スィデュース
そだつ 育つ sodatsu	trưởng thành, phát triển チュオング タハイン, ファーッ チエン	grow グロウ
そだてる 育てる sodateru	nuôi dưỡng, nuôi nấng ヌオイ ズオング, ヌオイ ノング	bring up ブリング アプ
（動物を）	nuôi, chăn nuôi ヌオイ, チャン ヌオイ	rear, raise リア, レイズ
（植物を）	trồng trọt, chăm bón チョーンム チョーッ, チャム ボーン	cultivate カルティヴェイト
そち 措置 sochi	xử trí, đối phó スー チー, ドーイ フォー	measure, step メジャ, ステプ
そちら sochira	đằng ấy, bên đó ダング オイ, ベーン ドー	that way, there ザト ウェイ, ゼア
そっき 速記 sokki	tốc ký トークプ キー	shorthand ショートハンド
そっきょう 即興 sokkyou	ứng khẩu ウーング コホウ	improvisation インプロヴィゼイション
そつぎょう 卒業 sotsugyou	sự tốt nghiệp スー トーッ ンギエプ	graduation グラデュエイション
～する	tốt nghiệp トーッ ンギエプ	graduate from グラヂュエイト フラム
～生	người tốt nghiệp ングオイ トーッ ンギエプ	graduate グラヂュエト
そっくす ソックス sokkusu	bít tất, vớ ビーットッ, ヴォー	socks サクス

日	越	英
そっくり **そっくり** sokkuri	giống hệt, giống như đúc ゾーンム ヘーッ, ゾーンム ニュー ドゥークプ	just like **ヂャ**スト ライク
(全部)	tất cả, toàn bộ トッ カー, トゥアーン ボー	all, entirely **オ**ール, イン**タ**イアリ
そっけない **そっけない** sokkenai	thờ ơ, hờ hững トホー オー, ホー フーング	blunt, curt ブラント, **カ**ート
そっちょくな **率直な** socchokuna	bộc trực, thẳng thắn ボークブ チュークッ, タハング タハン	frank, outspoken フランク, アウト**ス**ポウクン
そっと **そっと** sotto	khe khẽ, rón rén ケヘー ケヘー, ゾーン ゼーン	quietly, softly ク**ワ**イエトリ, **ソ**ーフトリ
ぞっとする **ぞっとする** zottosuru	rùng mình, ớn lạnh ズーンム ミン, オーン ライン	shudder, shiver **シャ**ダ, **シ**ヴァ
そつろん **卒論** sotsuron	khoá luận tốt nghiệp クフアール ルオン トーッ ンギエブ	graduation thesis グラデュ**エ**イション **ス**ィースィス
そで **袖** sode	tay áo タイ アーウ	sleeve スリーヴ
そと **外** soto	bên ngoài, ngoài trời ベーン ングアーイ, ングアーイ チョーイ	outside アウト**サ**イド
そとの **外の** sotono	ở ngoài, ở ngoài trời オーング アーイ, オー ングアーイ チョーイ	outdoor, external **ア**ウトドー, エクス**タ**ーナル
そなえる **備える** (準備を整える) sonaeru	có sẵn, sẵn sàng コー サン, サン サーング	prepare oneself for プリ**ペ**ア フォ
(用意する)	sửa soạn, chuẩn bị スア スアーン, チュオン ビー	provide, equip プロ**ヴァ**イド, イク**ウィ**プ
そなた **ソナタ** sonata	bản xô nát, bản sonata バーン ソー ナーツ, バーン ソナタ	sonata ソ**ナ**ータ
その **その** sono	ấy, đó オイ, ドー	that ザト

日	越	英
その上 sonoue	vả lại, và chăng ヴァー ラーイ, ヴァー チャング	besides ビサイヅ
その内 sonouchi	một ngày gần đây, nay mai モーッ ンガイ ゴン ドィ, ナイ マーイ	soon スーン
その代わり sonokawari	thay vào đó, để thế vào タハイ ヴァーゥ ドー, デー テヘー ヴァーゥ	instead インステド
その後 sonogo	sau đó, về sau サゥ ドー, ヴェー サゥ	after that アフタ ザト
その頃 sonokoro	lúc ấy, hồi đó ルークプ オイ, ホーィ ドー	about that time アバウト ザト タイム
その他 sonota	ngoài ra, cái khác ンガーィ ザー, カーィ カハーク	et cetera, and so on イト セテラ, アンド ソウ オン
その時 sonotoki	bấy giờ, lúc đó ボィ ゾー, ルークプ ドー	then, at that time ゼン, アト ザト タイム
そば　　(近く) soba	gần, cạnh ゴン, カィン	side サイド
そばに sobani	ở gần, ở cạnh オー ゴン, オー カィン	by, beside バイ, ビサイド
そびえる sobieru	cao chót vót, cao von vót カーゥ チョーッ ヴォーッ, カーゥ ヴォーン ヴォーッ	tower, rise タウア, ライズ
祖父 sofu	ông オーンム	grandfather グランドファーザ
ソファー sofaa	ghế xô pha, ghế sa lông ゲー ソー ファー, ゲー サー ローンム	sofa ソウファ
ソフトウェア sofutowea	phần mềm フォン メーム	software ソーフトウェア
ソプラノ sopurano	giọng nữ cao, giọng soprano ゾーンム ヌー カーゥ, ゾーンム ソプラノ	soprano ソプラーノウ

日	越	英
そぶり **素振り** soburi	cử chỉ, điệu bộ クー チー, ディエゥ ボー	behavior, attitude ビ**ヘ**イヴァ, **ア**ティテュード
そぼ **祖母** sobo	bà バー	grandmother グランドマザ
そぼくな **素朴な** sobokuna	mộc mạc, giản dị モークブ マーク, ザーン ジー	simple, artless ス**ィ**ンプル, **ア**ートレス
そまつな **粗末な** somatsuna	thô sơ, sơ sài トホー ソー, ソー サーイ	coarse, humble **コ**ース, **ハ**ンブル
そむく **背く** somuku	phản bội, chống lại ファーン ボーイ, チョーンム ラーイ	disobey, betray ディスオ**ベ**イ, ビト**レ**イ
そむける **背ける** somukeru	quay, xoay クアイ, スアイ	avert, turn away ア**ヴァ**ート, **タ**ーン ア**ウェ**イ
そむりえ **ソムリエ** somurie	người quản lý rượu, người quản lý việc ăn uống bếp núc ングオイ クアーン リー ズオゥ, ングオイ クアーン リー ヴィエク アン ウオンヴ ベープ ヌークブ	sommelier サムリ**エ**イ
そめる **染める** someru	nhuộm ニュオム	dye, color, Ⓑcolour **ダ**イ, **カ**ラ, **カ**ラ
そよかぜ **そよ風** soyokaze	gió nhẹ, làn gió hiu hiu ゾー ニェー, ラーン ゾー ヒーゥ ヒーゥ	breeze ブ**リ**ーズ
そら **空** sora	trời, bầu trời チョーイ, ボゥ チョーイ	sky ス**カ**イ
そり **そり** sori	xe quệt, cái cộ セー クエーッ, カーイ コー	sled, sledge ス**レ**ド, ス**レ**ヂ
そる **剃る** soru	cạo カーゥ	shave シェ**イ**ヴ
それ **それ** sore	cái ấy, cái đó カーイ オイ, カーイ ドー	it, that **イ**ト, **ザ**ト
それから **それから** sorekara	sau đó, rồi サゥ ドー, ゾーイ	and, since then **ア**ンド, ス**ィ**ンス **ゼ**ン

日	越	英
それぞれ sorezore	mỗi người, mỗi vật	respectively
それぞれの sorezoreno	mỗi, từng	respective, each
それまで soremade	đến lúc đó, đến khi đó	till then
それる soreru	chệch hướng, lạc đề	deviate, veer off
揃う　(等しくなる) sorou	trở nên đều đặn	(be) even
(集まる)	đến đủ, tập hợp đông đủ	gather
(整う)	hoàn chỉnh lại, trở nên hoàn toàn	(become) complete
揃える　(等しくする) soroeru	làm cho đều đặn, hoàn chỉnh	make even
(まとめる)	hoàn tất, tóm tắt	complete, collect
(整える)	dàn xếp, sắp xếp	arrange
算盤 soroban	bàn tính	abacus
そわそわする sowasowasuru	bồn chồn, thấp thỏm	(be) nervous
損 son	tổn thất, thiệt hại	loss, disadvantage
〜をする	bị thiệt, bị thua thiệt	lose, suffer a loss

日	越	英
そんがい **損害** songai	thiệt hại, tổn hại ティヒエッ ハーイ, トーン ハーイ	damage, loss **ダ**ミヂ, **ロ**ース
そんけい **尊敬** sonkei	sự kính trọng, tôn trọng スー キン チョーンム, トーン チョーンム	respect リス**ペ**クト
〜する	kính trọng, tôn kính キン チョーンム, トーン キン	respect, esteem リス**ペ**クト, イス**ティ**ーム
そんげん **尊厳** songen	tôn nghiêm, trang nghiêm トーン ンギエム, チャーング ンギエム	dignity, prestige **ディ**グニティ, プレス**ティ**ージ
そんざい **存在** sonzai	sự tồn tại スー トーン ターイ	existence イグ**ズィ**ステンス
〜する	tồn tại トーン ターイ	exist, (be) existent イグ**ズィ**スト, (ビ) イグ**ズィ**ステント
そんしつ **損失** sonshitsu	thiệt hại, tổn thất ティヒエッ ハーイ, トーン トホッ	loss **ロ**ース
そんぞくする **存続する** sonzokusuru	tiếp tục tồn tại, tiếp tục duy trì ティエプ トゥークプ トーン ターイ, ティエプ トゥークプ ズーイ チー	continue コン**ティ**ニュー
そんだいな **尊大な** sondaina	ngông nghênh, nhâng nháo ンゴーンム ンゲン, ニャング ニャーウ	arrogant **ア**ロガント
そんちょう **尊重** sonchou	sự tôn trọng, coi trọng スー トーン チョーンム, コーイ チョーンム	respect, esteem リス**ペ**クト, イス**ティ**ーム
〜する	tôn trọng, coi trọng トーン チョーンム, コーイ チョーンム	respect, esteem リス**ペ**クト, イス**ティ**ーム
そんな **そんな** sonna	như thế, như vậy ニュー テヘー, ニュー ヴォイ	such **サ**チ

日	越	英

た, タ

た 田 ta	ruộng nước, ruộng lúa ズオング ヌオク, ズオング ルア	rice field **ラ**イス **フ**ィールド
たーとるねっく **タートルネック** taatorunekku	áo cổ lọ, áo cổ cao アーゥ コー ロー, アーゥ コー カーゥ	turtleneck **タ**ートルネク
たーぼ **ターボ** taabo	bộ tăng áp động cơ ボー タング アープ ドーンム コー	turbo **タ**ーボ
たい **タイ** tai	Thái Lan タハーイ ラーン	Thailand **タ**イランド
たい **鯛** tai	cá tráp biển カー チャープ ビエン	sea bream ス**ィ**ー ブリーム
だい **台** dai	bệ, giá ベー, ザー	stand, pedestal ス**タ**ンド, **ペ**デストル
たいあたりする **体当たりする** taiatarisuru	đụng chạm cơ thể, va chạm cơ thể ドゥーンム チャーム コー テヘー, ヴァー チャーム コー テヘー	tackle, ram **タ**クル, **ラ**ム
たいあっぷ **タイアップ** taiappu	liên kết, liên hệ リエン ケッㇳ, リエン ヘー	tie-up **タ**イアプ
たいいく **体育** taiiku	thể dục テヘー ズークプ	physical education **フ**ィズィカル エデュ**ケ**イション
だいいちの **第一の** daiichino	thứ nhất, số một トゥフー ニオッㇳ, ソー モーッㇳ	first **ファ**ースト
たいいんする **退院する** taiinsuru	xuất viện, ra viện スオッㇳ ヴィエン, ザー ヴィエン	(be) discharged from hospital (ビ) ディス**チャ**ーヂド フラム **ハ**スピトル
たいえきする **退役する** taiekisuru	giải ngũ, về hưu ザーィ ングー, ヴェー フーゥ	retire リ**タ**イア
だいえっと **ダイエット** daietto	ăn kiêng, chế độ ăn kiêng アン キエング, チェー ドー アン キエング	diet **ダ**イエト

日	越	英
たいおうする **対応する** taiousuru	đối phó, ứng phó ドーイ フォー，ウーング フォー	correspond to コーレスパンド トゥ
だいおきしん **ダイオキシン** daiokishin	dioxin, chất độc đi ô xin ディオシン，チョッ ドークプ ディー オー シーン	dioxin ダイ**ア**クスィン
たいおん **体温** taion	thân nhiệt トホン ニエッ	temperature **テ**ンペラチャ
〜計	cặp nhiệt, cặp sốt カプ ニエッ，カプ ソーッ	thermometer サ**マ**メタ
たいか **大家** taika	đại gia, danh nhân ダーイ ザー，ザイン ニオン	great master, authority グレイト **マ**スタ，オ**サ**リティ
たいかく **体格** taikaku	vóc, dáng vóc ヴォークプ，ザーング ヴォークプ	physique, build フィ**ズィ**ーク，**ビ**ルド
だいがく **大学** daigaku	đại học, trường đại học ダーイ ホークプ，チュオング ダーイ ホークプ	university, college ユーニ**ヴァ**ースィティ，**カ**レヂ
〜院	trên đại học, sau đại học チェーン ダーイ ホークプ，サウ ダーイ ホークプ	graduate school グ**ラ**ヂュエト ス**ク**ール
〜生	sinh viên シン ヴィエン	university student ユーニ**ヴァ**ースィティ ス**テュ**ーデント
たいがくする **退学する** taigakusuru	thôi học トホーイ ホークプ	leave school **リ**ーヴ ス**ク**ール
たいき **大気** taiki	khí, không khí キヒー，コホーンム キヒー	air, atmosphere **エ**ア，**ア**トモスフィア
〜汚染	ô nhiễm không khí オー ニエム コホーンム キヒー	air pollution **エ**ア ポ**リュ**ーション
〜圏	khí quyển キヒー クイエン	atmosphere **ア**トモスフィア
だいきぼな **大規模な** daikibona	đại quy mô, quy mô lớn ダーイ クイー モー，クイー モー ローン	large-scale **ラ**ーヂス**ケ**イル

日	越	英
たいきゃくする **退却する** taikyakusuru	rút lui, thoái lui ズー ルーイ, トゥファーイ ルーイ	retreat from リトリート フラム
たいきゅうせい **耐久性** taikyuusei	tính bền, tính bền bỉ ティン ベーン, ティン ベーン ビー	durability デュアラビリティ
だいきん **代金** daikin	giá cả, chi phí ザー カー, チー フィー	price プライス
たいぐう **待遇** taiguu	đối đãi, đối xử ドーイ ダーイ, ドーイ スー	treatment トリートメント
たいくつ **退屈** taikutsu	sự chán ngắt, buồn tẻ スー チャーン ンガッ, ブオン テー	boredom ボーダム
～な	chán ngắt, buồn tẻ チャーン ンガッ, ブオン テー	boring, tedious ボーリング, ティーディアス
たいけい **体形** taikei	dáng người ザーング ングオイ	figure フィギャ
たいけい **体系** taikei	hệ thống ヘー トホーンム	system スィステム
たいけつする **対決する** taiketsusuru	đương đầu, đối chọi ドゥオング ドゥ, ドーイ チョーイ	confront コンフラント
たいけん **体験** taiken	sự trải nghiệm, thể nghiệm スー チャーイ ンギエム, テヘー ンギエム	experience イクスピアリアンス
～する	trải nghiệm, thể nghiệm チャーイ ンギエム, テヘー ンギエム	experience, go through イクスピアリアンス, ゴウ スルー
たいこうする **対抗する** taikousuru	đối chọi, đối kháng ドーイ チョーイ, ドーイ カハーング	oppose, confront オポウズ, コンフラント
だいこうする **代行する** daikousuru	đại diện, thay mặt ダーイ ジエン, タハイ マッ	act for アクト フォー
だいごの **第五の** daigono	thứ năm トゥフー ナム	fifth フィフス

日	越	英
たいざいする **滞在する** taizaisuru	lưu trú, lưu lại ルーゥ チュー, ルーゥ ラーイ	stay ステイ
たいさく **対策** taisaku	đối sách, cách đối phó ドーイ サイク, カイク ドーイ フォー	measures メジャズ
だいさんの **第三の** daisanno	thứ ba トゥフー バー	third サード
たいし **大使** taishi	đại sứ ダーイ スー	ambassador アンバサダ
〜館	đại sứ quán, toà đại sứ ダーイ スー クアーン, トゥアー ダーイ スー	embassy エンバスィ
たいしつ **体質** taishitsu	thể chất, cơ địa テヘー チャッ, コー ディア	constitution カンスティテューション
だいじな **大事な** daijina	quan trọng, quan yếu クアーン チョーンム, クアーン イエゥ	important, precious インポータント, プレシャス
だいじにする **大事にする** daijinisuru	quý, yêu quý クイー, イエゥ クイー	take care of テイク ケア オヴ
たいしゅう **大衆** taishuu	đại chúng, quần chúng ダーイ チューンム, クオン チューンム	general public チェネラル パブリク
たいじゅう **体重** taijuu	trọng lượng cơ thể, cân nặng チョーンム ルオング コー テヘー, コン ナング	body weight バディ ウェイト
たいしょう **対照** taishou	sự đối chiếu, so sánh スー ドーイ チエゥ, ソー サイン	contrast, comparison カントラスト, コンパリスン
〜する	đối chiếu, so sánh ドーイ チエゥ, ソー サイン	contrast, compare コントラスト, コンペア
たいしょう **対象** taishou	đối tượng ドーイ トゥオング	object アブヂェクト
だいしょう **代償** daishou	đền bù, bồi thường デーン ブー, ボーイ トゥフオング	compensation カンペンセイション

日	越	英
退場する taijousuru	lùi đi, ra sân ルーィ ディー, ザー ソン	leave, exit リーヴ, エグズィト
退職 taishoku	sự nghỉ việc, thôi việc スー ンギー ヴィエク, トホーィ ヴィエク	retirement リタイアメント
～する	nghỉ việc, thôi việc ンギー ヴィエク, トホーィ ヴィエク	retire from リタイア フラム
大臣 daijin	bộ trưởng ボー チュオング	minister ミニスタ
耐震の taishinno	chống động đất チォーンム ドーンム ドッ	earthquake-proof アースクウェイクプルーフ
大豆 daizu	đậu nành ドゥ ナイン	soybean, Ⓑsoya-bean ソイビーン, ソヤビーン
耐水の taisuino	không thấm nước コホーンム トホム ヌオク	waterproof ウォータプルーフ
対数 taisuu	logarit, logarithm ロガリッ, ロガリッ	logarithm ロガリズム
代数 daisuu	đại số học, đại số ダーィ ソー ホークプ, ダーィ ソー	algebra アルヂブラ
体制 taisei	thể chế, thiết chế テヘー チェー, ティヒエッ チェー	organization オーガニゼイション
大勢 taisei	xu hướng, tình thế スー フオング, ティン テヘー	general trend ヂェネラル トレンド
大西洋 taiseiyou	Đại Tây Dương ダーィ トィ ズオング	Atlantic Ocean アトランティク オーシャン
体積 taiseki	thể tích テヘー ティク	volume ヴァリュム
大切な taisetsuna	quý báu, quý giá クイー バウ, クイー ザー	important, precious インポータント, プレシャス

日	越	英
たいせんする **対戦する** taisensuru	đánh nhau, đấu tranh trực tiếp ダイン ニャウ, ドゥ チャイン チュークティエプ	fight with ファイト ウィズ
たいそう **体操** taisou	thể dục, môn thể dục テヘー ズークプ, モーン テヘー ズークプ	gymnastics ヂム**ナ**スティクス
だいたい **大体** (およそ) daitai	ước chừng, khoảng chừng ウオク チューング, クフアーング チューング	about ア**バ**ウト
(概略)	khái lược, đại lược カハーイ ルオク, ダーイ ルオク	outline, summary **ア**ウトライン, **サ**マリ
(大抵)	đại thể, đại khái ダーイ テヘー, ダーイ カハーイ	generally **ヂェ**ネラリ
だいたすう **大多数** daitasuu	đại đa số ダーイ ダー ソー	large majority **ラ**ーヂ マ**ヂョ**ーリティ
たいだな **怠惰な** taidana	lười, lười biếng ルオイ, ルオイ ビエング	lazy **レ**イズィ
たいだん **対談** taidan	cuộc đối thoại, cuộc hội kiến クオク ドーイ トゥフアーイ, クオク ホーイ キエン	talk ト**ー**ク
～する	hội kiến, đối thoại ホーイ キエン, ドーイ トゥフアーイ	have a talk with ハヴ ア ト**ー**ク ウィズ
だいたんな **大胆な** daitanna	bạo dạn, to gan バーウ ザーン, トー ガーン	bold, daring **ボ**ウルド, **デ**アリング
たいちょう **体調** taichou	thể trạng テヘー チャーング	physical condition **フィ**ズィカル コン**ディ**ション
だいちょう **大腸** daichou	đại tràng, ruột già ダーイ チャーング, ズオッ ザー	large intestine **ラ**ーヂ インテスティン
たいつ **タイツ** taitsu	quần chặt ống, áo nịt クオン チョッ オーンム, アーウ ニーッ	tights **タ**イツ
たいてい **大抵** (大体) taitei	đại thể, ước chừng ダーイ テヘー, ウオク チューング	generally **ヂェ**ネラリ

日	越	英
(大部分)	đại bộ phận, phần lớn	almost
たいど **態度** taido	cử chỉ, thái độ	attitude, manner
たいとうの **対等の** taitouno	bằng nhau, bình đẳng	equal, even
だいどうみゃく **大動脈** daidoumyaku	động mạch chủ	aorta
だいとうりょう **大統領** daitouryou	tổng thống	president
だいどころ **台所** daidokoro	bếp, nhà bếp	kitchen
だいとし **大都市** daitoshi	thành phố lớn, đô thị	big city
たいとる **タイトル** taitoru	đầu đề, nhan đề	title
だいなみっくな **ダイナミックな** dainamikkuna	sôi nổi, năng động	dynamic
だいにの **第二の** dainino	thứ hai, thứ nhì	second
だいにんぐ **ダイニング** dainingu	phòng ăn	dining room
たいねつの **耐熱の** tainetsuno	chịu nóng, chịu nhiệt	heat resistant
だいばー **ダイバー** daibaa	người lặn, thợ lặn	diver
たいばつ **体罰** taibatsu	hình phạt về thể xác, nhục hình	corporal punishment

日	越	英
大半 たいはん taihan	đại bộ phận, phần lớn	(the) greater part of
堆肥 たいひ taihi	phân xanh	compost
代表 だいひょう daihyou	đại diện, đại biểu	representative
～する	thay mặt, đại diện	represent
～的な	tiêu biểu, điển hình	representative
～取締役	người giữ trọng trách, giám đốc điều hành	CEO, company president
ダイビング だいびんぐ daibingu	lặn, ngụp	diving
大分 だいぶ daibu	rất, khá	very, pretty
台風 たいふう taifuu	bão, giông bão	typhoon
太平洋 たいへいよう taiheiyou	Thái Bình Dương	Pacific Ocean
大変 たいへん taihen	rất, lắm	very, extremely
大便 だいべん daiben	đại tiện, ỉa	feces
大変な (すばらしい) たいへんな taihenna	tuyệt vời, cừ khôi	wonderful, splendid
(やっかいな)	phiền phức, rắc rối	troublesome, hard

日	越	英
(重大な・深刻な)	trọng đại, nghiêm trọng チョーンム ダーイ, ンギエム チョーンム	serious, grave スィアリアス, グレイヴ
たいほ **逮捕** taiho	sự bắt giữ スー バッ ズー	arrest, capture アレスト, キャプチャ
～する	bắt giữ バッ ズー	arrest, capture アレスト, キャプチャ
たいほう **大砲** taihou	đại bác, pháo lớn ダーイ バーク, ファーウ ローン	cannon キャノン
たいぼうの **待望の** taibouno	mong đợi, chờ mong モーンム ドーイ, チョー モーンム	long-awaited ロングアウェイテド
だいほん **台本** (映画や劇の) daihon	kịch bản, kịch bản phim キク バーン, キク バーン フィーム	scenario, script スィネアリオウ, スクリプト
(歌劇の)	kịch bản nhạc kịch キク バーン ニャーク キク	libretto リブレトウ
たいま **大麻** taima	cần sa, đay Ấn Độ コン サー, ダイ オン ドー	marijuana マリワーナ
たいまー **タイマー** taimaa	đồng hồ bấm giờ ドーンム ホー ボム ゾー	timer タイマ
たいまんな **怠慢な** taimanna	lười, lười biếng ルオィ, ルオィ ビエング	negligent ネグリヂェント
たいみんぐ **タイミング** taimingu	đúng lúc, đúng thời điểm ドゥーンム ルークプ, ドゥーンム トホーイ ディエム	timing タイミング
だいめい **題名** daimei	đầu đề, nhan đề ドゥ デー, ニャーン デー	title タイトル
だいめいし **代名詞** daimeishi	đại danh từ ダーイ ザィン トゥー	pronoun プロウナウン
たいや **タイヤ** taiya	lốp xe, vỏ xe ローブ セー, ヴォー セー	tire タイア

日	越	英
ダイヤ (列車の) daiya	bảng giờ tàu hoả chạy, lịch tàu chạy	timetable タイムテイブル
ダイヤモンド daiyamondo	kim cương	diamond ダイアモンド
太陽 taiyou	mặt trời, thái dương	sun サン
代用する daiyousuru	dùng thay cho, thay bằng	substitute for サブスティテュート フォ
第四の daiyonno	thứ tư	fourth フォース
平らな tairana	bằng, bằng phẳng	even, level, flat イーヴン, レヴェル, フラト
代理 dairi	đại lý, đại diện	representative, proxy レプリゼンタティヴ, プラクスィ
～店	đại lý, đại diện	agency エイヂェンスィ
大陸 tairiku	đất liền, đại lục	continent カンティネント
大理石 dairiseki	đá hoa, cẩm thạch	marble マーブル
対立 tairitsu	sự đối lập, đối chọi	opposition アポズィション
～する	đối lập, đối chọi	(be) opposed to (ビ) オポウズド トゥ
大量 tairyou	khối lượng lớn, lượng lớn	mass, large quantities マス, ラーヂ クワンティティズ
～生産	sản xuất hàng loạt	mass production マス プロダクション

日	越	英
たいりょく **体力** tairyoku	thể lực, sức lực cơ thể テヘー ルーク, スーク ルーク コー テヘー	physical strength **フィ**ジィカル スト**レ**ングス
たいる **タイル** tairu	gạch hoa, gạch bông ガィク フアー, ガィク ボーンム	tile **タ**イル
たいわする **対話する** taiwasuru	đối thoại, hội thoại ドーイ トゥファアーイ, ホーイ トゥファアーイ	have a dialogue ハヴ ア **ダ**イアローグ
たいわん **台湾** taiwan	Đài Loan ダーイ ルアーン	Taiwan タイ**ワ**ーン
だうんじゃけっと **ダウンジャケット** daunjaketto	áo jacket chần bông アーゥ ジャケッ チョン ボーンム	down jacket **ダ**ウン **チャ**ケト
だうんろーどする **ダウンロードする** daunroodosuru	tải xuống, tải về ターィ スオング, ターィ ヴェー	download ダウン**ロ**ウド
たえず **絶えず** taezu	không ngừng コホーンム ングーング	always, all the time **オ**ールウェイズ, **オ**ール ザ **タ**イム
たえる **絶える** taeru	đứt đoạn, tuyệt chủng ドゥーッ ドゥアーン, トゥイエッ チューンム	cease, die out ス**ィ**ース, **ダ**イ **ア**ウト
たえる **耐える** (我慢する) taeru	chịu đựng, nhịn チーゥ ドゥーング, ニーン	bear, stand ベア, ス**タ**ンド
(持ちこたえる)	chịu đựng, chống chọi チーゥ ドゥーング, チォーンム チォーィ	withstand ウィズス**タ**ンド
だえん **楕円** daen	bầu dục, hình bầu dục ボゥ ズークプ, ヒン ボゥ ズークプ	ellipse, oval イ**リ**プス, **オ**ウヴァル
たおす **倒す** (打ち倒す) taosu	đánh đổ, đánh bại ダィン ドー, ダィン バーィ	knock down **ナ**ク **ダ**ウン
(相手を負かす)	đánh gục, đánh bại ダィン グークプ, ダィン バーィ	defeat, beat ディ**フィ**ート, **ビ**ート
(崩壊させる)	lật đổ, đạp đổ ロッドー, ダープ ドー	overthrow オウヴァス**ロ**ウ

日	越	英
たおる **タオル** taoru	khăn mặt, khăn tắm カハン マッ, カハン タム	towel **タ**ウエル
たおれる **倒れる** taoreru	đổ, ngã ドー, ンガー	fall, collapse フォール, コ**ラ**プス
たか **鷹** taka	diều hâu ジエウ ホウ	hawk **ホ**ーク
たかい **高い** takai	cao カーウ	high, tall **ハ**イ, **ト**ール
（値段が）	đắt, đắt đỏ ダッ, ダッ ドー	expensive イクス**ペ**ンスィヴ
だかいする **打開する** dakaisuru	tháo gỡ, giải quyết タハーウ ゴー, ザーイ クイエッ	break, make a breakthrough ブレイク, **メ**イク ア ブレイクス**ル**ー
たがいに **互いに** tagaini	nhau, với nhau ニャウ, ヴォーイ ニャウ	mutually **ミュ**ーチュアリ
たがいの **互いの** tagaino	lẫn nhau, với nhau ロン ニャウ, ヴォーイ ニャウ	mutual **ミュ**ーチュアル
だがっき **打楽器** dagakki	nhạc cụ gõ, nhạc khí gõ ニャーク クー ゴー, ニャーク キヒー ゴー	percussion instrument パー**カ**ション **イ**ンストルメント
たかまる **高まる**（上昇する） takamaru	tăng lên, lên cao タング レーン, レーン カーウ	rise **ラ**イズ
（高ぶる）	hưng phấn, hào hứng フーング フォン, ハーウ フーング	(get) excited (ゲト) イク**サ**イテド
たかめる **高める** takameru	nâng cao, bồi bổ ノング カーウ, ボーイ ボー	raise, increase **レ**イズ, イン**ク**リース
たがやす **耕す** tagayasu	cày, cuốc カィ, クオク	cultivate, plow **カ**ルティヴェイト, プ**ラ**ウ
たから **宝** takara	châu báu, châu ngọc チョウ バウ, チョウ ゴークプ	treasure ト**レ**ジャ

日	越	英
~くじ	xổ số, vé xổ số ソー ソー, ヴェー ソー ソー	lottery ラタリ
たかる takaru	bòn rút, bóp nặn ボーン ズーッ, ボプ ナン	extort イクストート
滝 taki	thác, thác nước タハーク, タハーク ヌオク	waterfall, falls ウォータフォール, フォールズ
妥協する dakyousuru	thoả hiệp, khoan nhượng トゥアー ヒエプ, クフアーン ニュオング	compromise with カンプロマイズ ウィズ
炊く taku	thổi, nấu トホーイ, ノウ	cook, boil クク, ボイル
抱く daku	ôm, ôm ấp オーム, オーム オプ	embrace インブレイス
沢山の takusanno	nhiều, lắm ニエウ, ラム	many, much メニ, マチ
タクシー takushii	tắc xi, xe tắc xi タク シー, セー タク シー	cab, taxi キャブ, タクスィ
宅配 takuhai	đưa đến nhà, dịch vụ chuyển phát tận nhà ドゥア デーン ニャー, ジク ヴー チュイエン ファーットン ニャー	door-to-door delivery ドータドー ディリヴァリ
たくましい takumashii	cường tráng, cứng cáp クオング チャーング, クーング カープ	sturdy, stout スターディ, スタウト
巧みな takumina	khéo, khéo léo ケヘーウ, ケヘーウ レーウ	skillful スキルフル
企む takuramu	mưu mô, lập mưu ムーウ モー, ロプ ムーウ	scheme, plot スキーム, プラト
蓄え takuwae	sự dự trữ, tích trữ スー ズー チュー, ティク チュー	store, reserve ストー, リザーヴ
(貯金)	tiền tiết kiệm, tiền để dành ティエン ティエッ キエム, ティエン デーザイン	savings セイヴィングズ

日	越	英
たくわえる **蓄える** takuwaeru	dự trữ, tích trữ	store, keep
(貯金する)	tiết kiệm tiền, để dành tiền	save
だげき **打撃** dageki	cú đánh, đòn ra tay	blow, shock
だけつする **妥結する** daketsusuru	thoả thuận, nhất trí	reach an agreement
たこ **凧** tako	diều, con diều	kite
たこ **蛸** tako	bạch tuộc	octopus
たこくせきの **多国籍の** takokusekino	đa quốc gia, đa quốc tịch	multinational
たさいな **多彩な** tasaina	nhiều màu sắc, nhiều thứ	colorful
ださんてきな **打算的な** dasantekina	tính toán hơn thiệt	calculating
たしか **確か** tashika	chắc, chắc chắn	probably
〜な	chắc chắn, xác thật	sure, certain
〜に	chắc chắn, chắc hẳn	certainly
たしかめる **確かめる** tashikameru	xác nhận, kiểm tra	make sure of
たしざん **足し算** tashizan	tính cộng, phép cộng	addition

日	越	英
嗜み (素養・心得) tashinami	văn hoá, giáo dục ヴァン フアー, ザーウ ズークプ	knowledge **ナ**リヂ
(好み・趣味)	sở thích, thị hiếu ソー ティヒク, ティヒー ヒエゥ	taste **テ**イスト
駄洒落 dajare	pha trò, chơi chữ ファー チョー, チョーイ チュー	pun **パ**ン
打診する (意向を) dashinsuru	thăm dò, dò ý タハム ゾー, ゾー イー	sound out **サ**ウンド **ア**ウト
足す tasu	cộng, thêm vào コーンム, テヘーム ヴァーウ	add **ア**ド
出す (中から) dasu	đưa ra, lấy ra ドゥア ザー, ロイ ザー	take out **テ**イク **ア**ウト
(露出する)	phơi bày ra, bóc trần フォーイ バイ ザー, ボークプ チョン	expose イクス**ポ**ウズ
(提出する)	nộp, trình ノープ, チン	hand in **ハ**ンド **イ**ン
(手紙などを)	gửi グーイ	mail, Ⓑpost **メ**イル, **ポ**ウスト
(発行する)	xuất bản, phát hành スオッ バーン, ファーツ ハイン	publish **パ**ブリシュ
多数 tasuu	đa số, phần đông ダー ソー, フォン ドーンム	majority マ**ヂョ**ーリティ
～決	quyết định theo đa số クイエッ ディン テヘーウ ダー ソー	decision by majority ディス**ィ**ジョン バイ マ**ヂョ**ーリティ
～の	nhiều, lắm ニエゥ, ラム	numerous, many **ニュ**ーメラス, **メ**ニ
助かる tasukaru	được cứu, được cứu mạng ドゥオク クーゥ, ドゥオク クーゥ マーング	(be) rescued (ビ) **レ**スキュード

日	越	英
(助けになる)	được giúp đỡ	(be) helped
助ける tasukeru	giúp đỡ, cứu giúp	save
(援助する)	trợ giúp, viện trợ	help
尋ねる tazuneru	hỏi, hỏi han	ask
訪ねる tazuneru	thăm, thăm hỏi	visit
惰性 dasei	quán tính, tính ì	inertia
称える tataeru	khen ngợi, ca ngợi	praise
戦い (戦争・紛争) tatakai	chiến tranh, đấu tranh	war
(戦闘)	chiến đấu, trận đánh	battle
(けんか・抗争)	tranh cãi, cãi cọ	fight
戦う tatakau	chiến đấu, đấu tranh	fight
叩く tataku	tát, đập	strike, hit, knock
但し tadashi	có điều, chỉ có điều	but, however
正しい tadashii	đúng, phải	right, correct
直ちに tadachini	ngay lập tức, tức thì	at once

447

日	越	英
ただの **ただの** (普通の) tadano	thường, bình thường トゥフオング, ビン トゥフオング	ordinary **オ**ーディネリ
(無料の)	miễn phí ミエン フィー	free, gratis フ**リ**ー, グ**ラ**ティス
たたむ **畳む** tatamu	gấp, xếp ゴプ, セープ	fold **フォ**ウルド
ただれる **ただれる** tadareru	loét, sưng tấy ルエーッ, スーング トイ	(be) inflamed (ビ) インフ**レ**イムド
たちあがる **立ち上がる** tachiagaru	đứng, đứng lên ドゥーング, ドゥーング レーン	stand up ス**タ**ンド **ア**プ
たちあげる **立ち上げる** tachiageru	khởi động, thành lập コホーイ ドーム, タハイン ロプ	start up ス**タ**ート **ア**プ
たちいりきんし **立ち入り禁止** tachiirikinshi	cấm vào コム ヴァーウ	No Entry., Keep Out. ノウ **エ**ントリ, **キ**ープ **ア**ウト
たちさる **立ち去る** tachisaru	bỏ đi, rời đi ボー ディー, ゾーイ ディー	leave **リ**ーヴ
たちどまる **立ち止まる** tachidomaru	đứng lại, dừng chân lại ドゥーング ライ, ズーング チョン ライ	stop, halt ス**タ**プ, **ホ**ールト
たちなおる **立ち直る** tachinaoru	khắc phục, vượt qua カハク フークプ, ヴォッ クアー	get over, recover **ゲ**ト **オ**ウヴァ, リ**カ**ヴァ
たちのく **立ち退く** tachinoku	rút lui, thoái lui ズーッ ルーイ, トゥファーイ ルーイ	leave, move out **リ**ーヴ, **ム**ーヴ **ア**ウト
たちば **立場** tachiba	lập trường, vị trí ロプ チュオング, ヴィー チー	standpoint ス**タ**ンドポイント
たつ **立つ** tatsu	đứng, đặt chân lên ドゥーング, ダッ チョン レーン	stand, rise ス**タ**ンド, **ラ**イズ
たつ **経つ** tatsu	trải qua, trôi qua チャーイ クアー, チョーイ クアー	pass, elapse **パ**ス, イ**ラ**プス

日	越	英
たつ **発つ** tatsu	khởi hành, xuất phát コホーイ ハイン, スオッ ファーッ	set out, depart セト アウト, ディパート
たつ **建つ** tatsu	được xây, được dựng lên ドゥオク ソイ, ドゥオク ズーング レーン	(be) built (ビ) ビルト
たっきゅう **卓球** takkyuu	bóng bàn ボーンム バーン	table tennis テイブル テニス
だっこする **抱っこする** dakkosuru	bế, ẵm ベー, アム	carry キャリ
たっしゃな **達者な** （健康な） tasshana	mạnh khoẻ, lành mạnh マイン クフエー, ライン マイン	healthy ヘルスィ
（上手な）	khéo léo, giỏi ケヘーゥ レーゥ, ゾーイ	skilled, proficient スキルド, プロフィシェント
だっしゅする **ダッシュする** dasshusuru	xông tới, lao tới ソーンム トーイ, ラーゥ トーイ	dash ダシュ
だっしゅつする **脱出する** dasshutsusuru	thoát, thoát khỏi トゥフアーッ, トゥフアーッ コホーイ	escape from イスケイプ フラム
たっする **達する** tassuru	đến, đạt đến デーン, ダーッ デーン	reach, arrive at リーチ, アライヴ アト
だつぜい **脱税** datsuzei	trốn thuế チョーン トゥフエー	tax evasion タクス イヴェイジョン
～する	trốn thuế チョーン トゥフエー	evade a tax イヴェイド ア タクス
たっせいする **達成する** tasseisuru	đạt được, đạt đến ダーッ ドゥオク, ダーッ デーン	accomplish, achieve アカンプリシュ, アチーヴ
だっせんする **脱線する** dassensuru	trật bánh チョッ バイン	(be) derailed (ビ) ディレイルド
（話が）	lạc đề, ra ngoài đề tài ラーク デー, ザーングアーイ デー ターイ	digress from ダイグレス フラム

日	越	英
たった **たった** tatta	chỉ, mới chỉ チー、モーイ チー	only, just **オ**ウンリ、**チャ**スト
だったいする **脱退する** dattaisuru	ly khai, rút khỏi đội リー カハーイ、ズーッ コホーイ ドーイ	withdraw from ウィズド**ロー** フラム
たったいま **たった今** tattaima	vừa lúc nãy, ngay hồi nãy ヴア ルークプ ナイ、ンガイ ホーイ ナイ	just now **チャ**スト **ナ**ウ
たつまき **竜巻** tatsumaki	lốc, gió lốc ロークプ、ゾー ロークプ	tornado トー**ネ**イドウ
だつもう **脱毛** (除毛) datsumou	cạo lông, tiệt lông カーウ ローンム、ティエッ ローンム	hair removal, depilation ヘア リ**ムー**ヴァル、デピ**レ**イション
(毛が抜け落ちる)	rụng tóc ズーンム トークプ	hair loss ヘア **ロ**ース
だつらくする **脱落する** datsurakusuru	tuột, tuột dốc トゥオッ、トゥオッ ゾークプ	(be) omitted, fall off (ビ) オ**ミ**テド、**フォ**ール **オ**ーフ
たて **縦** tate	dọc, chiều dọc ゾークプ、チエゥ ゾークプ	length **レ**ングス
たて **盾** tate	mộc, khiên モークプ、キヒエン	shield **シ**ールド
たてまえ **建て前** tatemae	nguyên tắc bề ngoài, phương châm cơ bản ングイエン タクプ ベー ングアーイ、フオング チオム コー バーン	professed intention, official stance プロ**フェ**スト イン**テ**ンション、オ**フィ**シャル ス**タ**ンス
たてもの **建物** tatemono	toà nhà, công trình kiến trúc トゥアー ニャー、コーンム チン キエン チュークプ	building **ビ**ルディング
たてる **立てる** tateru	dựng đứng, dựng ズーング ドゥーング、ズーング	stand, put up ス**タ**ンド、プト **ア**プ
(計画などを)	lập, lập kế hoạch ロプ、ロプ ケー フアィク	form, make **フォ**ーム、**メ**イク

日	越	英
たてる **建てる** (建築する) tateru	xây dựng, xây cất ソィ ズーング, ソィ コッ	build, construct ビルド, コンストラクト
(設立する)	thành lập, thiết lập タハイン ロプ, ティヒエッ ロプ	establish, found イスタブリシュ, ファウンド
たどうし **他動詞** tadoushi	ngoại động từ ングアーイ ドーンム トゥー	transitive verb トランスィティヴ ヴァーブ
だとうする **打倒する** datousuru	đả đảo, lật đổ ダー ダーゥ, ロッ ドー	defeat ディフィート
だとうな **妥当な** datouna	thoả đáng, thích đáng トゥフアー ダーング, ティヒク ダーング	appropriate, proper アプロウプリエト, プラパ
たとえば **例えば** tatoeba	chẳng hạn, ví dụ チャング ハーン, ヴィー ズー	for example フォ イグザンプル
たとえる **例える** tatoeru	ví, ví như ヴィー, ヴィー ニュー	compare to コンペア トゥ
たどる **たどる** tadoru	đi theo, lần theo ディー テヘーゥ, ロン テヘーゥ	follow, trace ファロウ, トレイス
たな **棚** tana	giá, kệ ザー, ケー	shelf, rack シェルフ, ラク
たに **谷** tani	thung lũng, khe núi トゥフーンム ルーンム, ケヘー ヌーイ	valley ヴァリ
だに **ダニ** dani	ve cứng, ve chó ヴェー クーング, ヴェー チォー	tick ティク
たにん **他人** tanin	người khác ングオイ カハーク	other people アザ ピープル
(知らない人)	người lạ ングオイ ラー	stranger ストレインヂャ
たね **種** tane	giống, hạt ゾーンム, ハーッ	seed スィード
たのしい **楽しい** tanoshii	vui, vui vẻ ヴーイ, ヴーイ ヴェー	fun, enjoyable ファン, インヂョイアブル

日	越	英
たのしみ **楽しみ** tanoshimi	niềm vui thích, điều thích thú ニエム ヴーイ テイチク, ディエウ テイチク トゥフー	pleasure, joy プレジャ, **チョ**イ
たのしむ **楽しむ** tanoshimu	thích thú, tận hưởng テイチク トゥフー, トン フオング	enjoy イン**チョ**イ
たのみ **頼み** tanomi	sự nhờ vả, yêu cầu スー ニョー ヴァー, イエウ コウ	request, favor, Ⓑfavour リク**ウェ**スト, **フェ**イヴァ, **フェ**イヴァ
たのむ **頼む** tanomu	nhờ, nhờ cậy ニョー, ニョー コイ	ask, request **ア**スク, リク**ウェ**スト
たのもしい **頼もしい** （信頼できる） tanomoshii	đáng tin cậy, chắc chắn ダーング ティーン コイ, チャク チャン	reliable リラ**イ**アブル
（有望な）	đầy hứa hẹn, đầy triển vọng ドイ フア ヘーン, ドイ チエン ヴォーンム	promising プラ**ミ**スィング
たば **束** taba	bó, mớ ボー, モー	bundle, bunch バンドル, **バ**ンチ
たばこ **煙草** tabako	thuốc lá トゥフオク ラー	tobacco, cigarette ト**バ**コウ, スィ**ガ**レト
たび **旅** tabi	du lịch, du hành ズー リク, ズー ハイン	travel, journey ト**ラ**ヴェル, **チャ**ーニ
たびだつ **旅立つ** tabidatsu	lên đường, khởi hành レーン ドゥオング, コホーイ ハイン	embark on a journey インバーク オン ア **チャ**ーニ
たびたび **度々** tabitabi	hay, nhiều lần ハイ, ニエウ ロン	often **オ**ーフン
たぶー **タブー** tabuu	cấm kỵ, kiêng kỵ コム キー, キエング キー	taboo タ**ブ**ー
だぶだぶの **だぶだぶの** dabudabuno	rộng, rộng thùng thình ゾーンム, ゾーンム トゥフーンム テイヒン	loose-fitting ルース**フィ**ティング
たふな **タフな** tafuna	rắn chắc, mạnh mẽ ザン チャク, マイン メー	tough, hardy **タ**フ, **ハ**ーディ

日	越	英
だぶる **ダブる** daburu	trùng, lặp チューンム, ラプ	overlap オウヴァ**ラ**プ
だぶるくりっくする **ダブルクリックする** daburukurikkusuru	click chuột hai lần, click đúp クリック チュオッ ハーイ ロン, クリック ドゥープ	double-click **ダ**ブル**ク**リク
たぶん **多分** tabun	chắc, có lẽ チャク, コー レー	perhaps, maybe パ**ハ**プス, **メ**イビ
たべもの **食べ物** tabemono	thức ăn, đồ ăn トゥフーク アン, ドー アン	food, provisions フード, プロ**ヴィ**ジョンズ
たべる **食べる** taberu	ăn, dùng アン, ズーンム	eat **イ**ート
たほう **他方** tahou	mặt khác マッ カハーク	on the other hand オン ズィ **ア**ザ **ハ**ンド
たぼうな **多忙な** tabouna	bận, bận rộn ボン, ボン ゾーン	busy **ビ**ズィ
だぼく **打撲** daboku	cú đánh, đòn ra tay クー ダイン, ドーン ザー タイ	blow ブロウ
たま **玉** tama	ngọc, hòn ngọc ンゴークプ, ホーン ンゴークプ	bead, gem ビード, **ヂェ**ム
たま **球** tama	bóng, banh ボーンム, バイン	ball, sphere **ボ**ール, ス**フィ**ア
たま **弾** tama	đạn, viên đạn ダーン, ヴィエン ダーン	bullet, shell ブレト, **シェ**ル
たまご **卵** tamago	trứng, quả trứng チューング, クアー チューング	egg **エ**グ
たましい **魂** tamashii	hồn, tâm hồn ホーン, トム ホーン	soul, spirit **ソ**ウル, ス**ピ**リト
だます **騙す** damasu	lừa đảo, lừa bịp ルア ダーウ, ルア ビープ	deceive, trick ディス**ィー**ヴ, ト**リ**ク

日	越	英
だまって **黙って** (静かに) damatte	lặng lẽ, im lặng ラング レー, イーム ラング	silently **サ**イレントリ
(無断で)	tự tiện, tự ý トゥー ティエン, トゥー イー	without leave ウィザウト **リ**ーヴ
たまに **たまに** tamani	đôi khi, đôi lần ドーイ キヒー, ドーイ ロン	occasionally オ**ケ**イジョナリ
たまねぎ **玉葱** tamanegi	hành tây, hành củ ハイン トイ, ハイン クー	onion **ア**ニョン
たまる **溜まる** tamaru	đọng, tích tụ ドーンム, ティク トゥー	accumulate, gather ア**キュ**ーミュレイト, **ギャ**ザ
だまる **黙る** damaru	im lặng, lặng câm イーム ラング, ラング コム	(become) silent (ビカム) **サ**イレント
だみー **ダミー** damii	hình nộm, con nộm rơm ヒン ノーム, コーン ノーム ゾーム	dummy **ダ**ミ
だむ **ダム** damu	đập ドプ	dam **ダ**ム
だめーじ **ダメージ** dameeji	sự thiệt hại, điều bất lợi スー ティヒエッ ハーイ, ディエウ ボッ ローイ	damage **ダ**ミヂ
ためす **試す** tamesu	thử, thử thách トゥフー, トゥフー タハイク	try, test ト**ラ**イ, **テ**スト
だめな **駄目な** damena	vô ích, vô dụng ヴォー イク, ヴォー ズーンム	useless, no use ユースレス, **ノ**ウ **ユ**ース
ためになる **ためになる** tameninaru	có ích, bổ ích コー イク, ボー イク	good for, profitable **グ**ド フォ, プ**ラ**フィタブル
ためらう **ためらう** tamerau	phân vân, do dự フォン ヴォン, ゾー ズー	hesitate **ヘ**ズィテイト
ためる **貯める** tameru	để dành, tích trữ デー ザイン, ティク チュー	save, store **セ**イヴ, ス**ト**ー
たもつ **保つ** tamotsu	giữ, giữ gìn ズー, ズー ジーン	keep **キ**ープ

日	越	英
たより **便り** （手紙） tayori	thư, thư từ トゥフー, トゥフー トゥー	letter レタ
（知らせ）	tin, tin tức ティーン, ティーン トゥーク	news ニューズ
たより **頼り** tayori	tin cậy, trông cậy ティーン コイ, チョーンム コイ	reliance, confidence リライアンス, カンフィデンス
たよる **頼る** tayoru	nhờ, cậy ニョー, コイ	rely on, depend on リライ オン, ディペンド オン
だらくする **堕落する** darakusuru	thoái hoá, truy lạc トゥアーイ フアー, チュイー ラーク	degenerate into ディチェネレイト イントゥ
だらしない **だらしない** darashinai	xốc xếch, lếch thếch ソークプ セク, レク テヘク	untidy, slovenly アンタイディ, スラヴンリ
たらす **垂らす** （ぶら下げる） tarasu	làm rủ xuống, bỏ thỏng xuống ラーム ズー スオング, ボー トホーンム スオング	hang down ハング ダウン
（こぼす）	để rơi ra, làm tràn デー ゾーイ ザー, ラーム チャーン	drop, spill ドラプ, スピル
たりない **足りない** tarinai	thiếu, thiếu thốn ティヒエウ, ティヒエウ トホーン	(be) short of (ビ) ショート オヴ
たりょうに **多量に** taryouni	với lượng nhiều, tràn lan ヴォーイ ルオング ニエゥ, チャーン ラーン	abundantly アバンダントリ
たりる **足りる** tariru	đủ, đầy đủ ドゥー, ドイ ドゥー	(be) enough (ビ) イナフ
だるい **だるい** darui	uể oải, đừ ra ウエー ウアーイ, ドゥー ザー	feel heavy, (be) dull フィール ヘヴィ, (ビ) ダル
たるむ **弛む** tarumu	chùng, bị chùng チューンム, ビー チューンム	(be) loose, slacken (ビ) ルース, スラクン
だれ **誰** dare	ai, người nào アーイ, ングオィ ナーゥ	who フー

日	越	英
誰か dareka	ai đó, người nào đó アーイ ドー, ングオイ ナーウ ドー	someone, somebody サムワン, サムバディ
垂れる (ぶら下がる) tareru	buông xuống, xoã xuống ブオング スオング, スアー スオング	hang, drop ハング, ドラプ
(こぼれる)	tràn, trào チャーン, チャーウ	drop, drip ドラプ, ドリプ
だれる (だらける) dareru	uể oải, mất sinh khí ウエー ウアーイ, モッ シン キヒー	dull ダル
タレント tarento	nghệ sĩ, tài tử ンゲー シー, ターイ トゥー	personality パーソナリティ
たわむ tawamu	chùng, lỏng チューング, ローング	bend ベンド
戯れる tawamureru	chơi đùa, đùa nghịch チョーイ ドゥア, ドゥア ンギク	play プレイ
痰 tan	đờm, đàm ドーム, ダーム	phlegm, sputum フレム, スピュータム
段 dan	bậc, bậc thang ボク, ボク タハーング	step, stair ステプ, ステア
弾圧する dan-atsusuru	đàn áp, áp bức ダーン アープ, アープ ブーク	suppress サプレス
単位 (基準となる量) tan-i	đơn vị ドーン ヴィー	unit ユーニト
(履修単位)	tín chỉ ティーン チー	credit クレディト
単一の tan-itsuno	đơn chiếc, đơn nhất ドーン チエク, ドーン ニョッ	single, sole スィングル, ソウル
担架 tanka	băng ca, cáng バング カー, カーング	stretcher ストレチャ

日	越	英
タンカー tankaa	tàu chở dầu タゥ チォー ゾゥ	tanker **タン**カ
だんかい **段階** dankai	giai đoạn, thời đoạn ザーィ ドゥアーン, トホーィ ドゥアーン	step, stage ス**テ**プ, ス**テ**イヂ
だんがい **断崖** dangai	vách đá dựng đứng, vách đứng ヴァィク ダー ズーング ドゥーング, ヴァィク ドゥーング	cliff ク**リ**フ
たんき **短期** tanki	ngắn hạn, đoản kỳ ンガン ハーン, ドゥアーン キー	short term **ショ**ート **タ**ーム
たんきな **短気な** tankina	nóng tính, dễ cáu ノーンム ティン, ゼー カゥ	short-tempered, quick-tempered **ショ**ート**テ**ンパド, ク**ウィ**ク**テ**ンパド
たんきゅうする **探究する** tankyuusuru	tìm kiếm, nghiên cứu ティーム キエム, ンギエン クーゥ	study, investigate ス**タ**ディ, イン**ヴェ**スティゲイト
たんきょりきょうそう **短距離競走** tankyorikyousou	chạy cự ly ngắn チャィ クー リー ンガン	short-distance race **ショ**ート**ディ**スタンス **レ**イス
たんく **タンク** tanku	két, thùng ケーッ, トゥフーンム	tank **タ**ンク
だんけつする **団結する** danketsusuru	đoàn kết ドゥアーン ケーッ	unite ユー**ナ**イト
たんけん **探検** tanken	cuộc thám hiểm クオク タハーム ヒエム	exploration エクスプロ**レ**イション
～する	thám hiểm タハーム ヒエム	explore イクスプ**ロ**ー
だんげんする **断言する** dangensuru	nói dứt khoát, quả quyết ノーィ ズーッ クファーッ, クアー クイエッ	assert, affirm ア**サ**ート, ア**ファ**ーム
たんご **単語** tango	từ, từ vựng トゥー, トゥー ヴーング	word **ワ**ード
たんこう **炭坑** tankou	mỏ than モー タハーン	coal mine **コ**ウル **マ**イン

日	越	英
談合する だんごうする dangousuru	lừa đảo, đấu thầu gian lận ルア ダーウ, ドゥトホゥ ザーン ロン	rig a bid リグ ア ビド
ダンサー だんさー dansaa	diễn viên múa, người nhảy múa ジエン ヴィエン ムア, ングオイ ニャイ ムア	dancer ダンサ
炭酸 たんさん tansan	axít cacbonic, acid carbonic アシッ カクボニク, アシッ カクボニク	carbonic acid カーバニク アスィド
〜ガス	khí axít cacbonic, khí acid carbonic キヒー アシッ カクボニク, キヒー アシッ カクボニク	carbonic acid gas カーバニク アスィド ギャス
〜水	nước xô đa, nước soda ヌオク ソー ダー, ヌオク ソーダー	soda water ソウダ ウォータ
短縮する たんしゅくする tanshukusuru	thu ngắn lại, co lại トゥー ンガン ラーイ, コー ラーイ	shorten, reduce ショートン, リデュース
単純な たんじゅんな tanjunna	đơn giản, đơn thuần ドーン ザーン, ドーン トゥフオン	plain, simple プレイン, スィンプル
短所 たんしょ tansho	nhược điểm, sở đoản ニュオク ディエム, ソー ドゥアーン	shortcoming ショートカミング
誕生 たんじょう tanjou	sự sinh ra, chào đời スー シン ザー, チャーウ ドーイ	birth バース
〜する	chào đời, ra đời チャーウ ドーイ, ザー ドーイ	(be) born (ビ) ボーン
〜日	sinh nhật, ngày sinh nhật シン ニャッ, ンガイ シン ニャッ	birthday バースデイ
箪笥 たんす tansu	tủ com mốt, tủ quần áo トゥー コーム モッ, トゥー クオン アーウ	chest of drawers チェスト オヴ ドローズ
ダンス だんす dansu	nhảy múa, khiêu vũ ニャイ ムア, キヒエウ ヴー	dancing, dance ダンスィング, ダンス
淡水 たんすい tansui	nước ngọt ヌオク ンゴーッ	fresh water フレシュ ウォータ

日	越	英
たんすう **単数** tansuu	số ít ソー イーッ	singular **ス**ィンギュラ
だんせい **男性** dansei	đàn ông, giới đàn ông ダーン オーンム, ゾーイ ダーン オーンム	male **メ**イル
たんせき **胆石** tanseki	sỏi mật ソーイ モッ	gallstone **ゴ**ールストウン
たんそ **炭素** tanso	cacbon, carbon カクボーン, カクボーン	carbon **カ**ーボン
だんそう **断層** dansou	phay, cắt lớp ファイ, カッ ロープ	fault **フォ**ルト
たんだい **短大** tandai	trường cao đẳng チュオング カーウ ダング	two-year college **トゥ**ーイヤ **カ**レヂ
だんたい **団体** dantai	đoàn thể, tập thể ドゥアーン テヘー, トプ テヘー	group, organization グ**ル**ープ, オーガ**ニゼ**イション
だんだん **だんだん** dandan	dần dần, từ từ ゾン ゾン, トゥー トゥー	gradually グ**ラ**ヂュアリ
だんち **団地** danchi	chung cư, khu tập thể チューンム クー, クフー トプ テヘー	housing development ハウズィング ディ**ヴェ**ロプメント
たんちょう **短調** tanchou	điệu thứ, âm giai thứ ディエウ トゥフー, オム ザーイ トゥフー	minor key **マ**イナ **キ**ー
たんちょうな **単調な** tanchouna	đơn điệu, chán phè ドーン ディエウ, チャーン フェー	monotonous, dull モ**ナ**トナス, **ダ**ル
たんてい **探偵** tantei	trinh thám チン タハーム	detective ディ**テ**クティヴ
たんとうする **担当する** tantousuru	đảm nhiệm, phụ trách ダーム ニエム, フー チャイク	take charge of **テ**イク **チャ**ーヂ オヴ
たんどくの **単独の** tandokuno	duy nhất, một mình ズイー ニォッ, モーッ ミン	sole, individual **ソ**ウル, インディ**ヴィ**ヂュアル

日	越	英
たんなる **単なる** tannaru	đơn thuần, thuần tuý	mere, simple
たんに **単に** tanni	chỉ là	only, merely
だんねんする **断念する** dannensuru	từ bỏ, bỏ đi	give up, abandon
たんのうする **堪能する** tannousuru	thoả mãn, thoả lòng	(be) satisfied with
たんのうな **堪能な** tannouna	thành thạo, thành thục	proficient, good
たんぱ **短波** tanpa	sóng ngắn	shortwave
たんぱくしつ **たんぱく質** tanpakushitsu	chất đạm, protein	protein
たんぱくな **淡白な** tanpakuna	nhạt, vị nhạt	light, simple
(性格が)	mộc mạc, bộc trực	frank, indifferent
たんぺん **短編** tanpen	truyện ngắn, đoản thiên	short work
だんぺん **断片** danpen	mảnh, mẩu	fragment
たんぼ **田んぼ** tanbo	ruộng nước, ruộng lúa	rice field
たんぽ **担保** tanpo	vật thế chân, vật bảo đảm	security, mortgage
だんぼう **暖房** danbou	lò sưởi	heating

日	越	英
だんぼーる **段ボール** danbooru	thùng các tông, giấy lót làn sóng トゥフーンム カークトーンム, ゾィローッラーン ソーンム	corrugated paper コーラゲイテド **ペ**イパ
たんぽん **タンポン** tanpon	nút gạc ヌーッ ガーク	tampon **タ**ンパン
たんまつ **端末** tanmatsu	thiết bị đầu cuối ティヒエッ ビー ドゥ クオィ	terminal **タ**ーミナル
だんめん **断面** danmen	mặt cắt, tiết diện マッカッ, ティエッ ジエン	cross section ク**ロ**ース **セ**クション
だんらく **段落** danraku	đoạn văn, khổ văn ドゥアーン ヴァン, コホー ヴァン	paragraph **パ**ラグラフ
だんりゅう **暖流** danryuu	dòng nước ấm ゾーンム ヌオクオム	warm current **ウォ**ーム **カ**ーレント
だんりょく **弾力** danryoku	tính đàn hồi, khả năng đàn hồi ティン ダーン ホーィ, カハー ナング ダーン ホーィ	elasticity イラス**ティ**スィティ
だんろ **暖炉** danro	lò sưởi ロー スオィ	fireplace **ファ**イアプレイス
だんわ **談話** danwa	đàm thoại, hội thoại ダーム トゥアーィ, ホーィ トゥアーィ	talk, conversation **ト**ーク, カンヴァ**セ**イション

ち, チ

日	越	英
ち **血** chi	máu, huyết マゥ, フイエッ	blood ブ**ラ**ド
ちあのーぜ **チアノーゼ** chianooze	chứng xanh tím チューング サイン ティーム	cyanosis サイア**ノ**ウスィス
ちあん **治安** chian	an ninh, trị an アーン ニン, チー アーン	(public) peace, (public) order (**パ**ブリク) **ピ**ース, (**パ**ブリク) **オ**ーダ
ちい **地位** (階級・等級) chii	địa vị, vị trí ディア ヴィー, ヴィー チー	rank **ラ**ンク

日	越	英
(役職・立場)	chức vụ, chức phận チュークヴー, チュークフォン	position ポ**ジ**ィション
ちいき **地域** chiiki	vùng, khu vực ヴーンム, クフーヴーク	region, zone **リ**ーヂョン, **ゾ**ウン
ちいさい **小さい** chiisai	nhỏ, bé ニョー, ベー	small, little ス**モ**ール, **リ**トル
(微細な)	tinh vi, tỉ mỉ ティンヴィー, ティーミー	minute, fine マイ**ニ**ュート, **ファ**イン
(幼い)	bé bỏng, thơ ấu ベーボーンム, トホーオウ	little, young **リ**トル, **ヤ**ング
ちーず **チーズ** chiizu	phó mát, phô mai フォーマーッ, フォーマーイ	cheese **チ**ーズ
ちーむ **チーム** chiimu	đội ドーイ	team **ティ**ーム
〜ワーク	làm việc nhóm, làm việc theo nhóm ラームヴィエクニョーム, ラームヴィエクテヘーウニョーム	teamwork **ティ**ームワーク
ちえ **知恵** chie	trí tuệ, trí óc チートゥエー, チーオークプ	wisdom, intelligence **ウィ**ズダム, イン**テ**リヂェンス
ちぇーん **チェーン** cheen	xích, dây xích シク, ゾイシク	chain **チェ**イン
〜店	cửa hàng dây xích クアハーングゾイシク	chain store **チェ**イン ス**ト**ー
ちぇこ **チェコ** cheko	Tiệp Khắc ティエプカハク	Czech Republic **チェ**ク リ**パ**ブリク
ちぇっくする **チェックする** chekkusuru	kiểm tra, kiểm lại キエムチャー, キエムラーイ	check **チェ**ク
ちぇろ **チェロ** chero	đàn viôlông xen, violoncello ダーンヴィオロンムセーン, ヴィオロンセロ	cello **チェ**ロウ

日	越	英
チェンバロ chenbaro	đàn clavico, clavecin ダーン クラヴィコ, クラヴシィン	cembalo **チェ**ンバロウ
ちかい 近い chikai	gần, gần gũi ゴン, ゴン グーイ	near, close to ニア, ク**ロ**ウス トゥ
ちかい 地階 chikai	tầng hầm トゥング ホム	basement **ベ**イスメント
ちがい 違い chigai	khác biệt, dị biệt カハーク ビエッ, ジー ビエッ	difference **ディ**ファレンス
ちがいほうけん 治外法権 chigaihouken	đặc quyền ngoại giao ダク クイエン ングアーイ ザーウ	extraterritorial rights エクストラテリ**ト**ーリアル **ラ**イツ
ちかう 誓う chikau	thề, thề nguyền テヘー, テヘー ングイエン	vow, swear **ヴァ**ウ, ス**ウェ**ア
ちがう 違う chigau	khác, sai カハーク, サーイ	differ from **ディ**ファ フラム
ちかく 知覚 chikaku	tri giác, nhận thức チー ザーク, ニォン トゥフーク	perception パ**セ**プション
ちがく 地学 chigaku	địa lý tự nhiên ディア リー トゥー ニエン	physical geography **フィ**ズィカル ヂ**ア**グラフィ
ちかごろ 近頃 chikagoro	gần đây, dạo này ゴン ドィ, ザーウ ナイ	recently, these days **リ**ーセントリ, **ズ**ィーズ **デ**イズ
ちかしつ 地下室 chikashitsu	hầm, tầng hầm ホム, トゥング ホム	basement, cellar **ベ**イスメント, **セ**ラ
ちかづく 近付く chikazuku	đến gần, lại gần デーン ゴン, ラーイ ゴン	approach ア**プ**ロウチ
ちかてつ 地下鉄 chikatetsu	tàu điện ngầm タウ ディエン ンゴム	subway, ⒷunderSound, Tube **サ**ブウェイ, **ア**ンダグラウンド, **テュ**ーブ
ちかどう 地下道 chikadou	đường hầm ドゥオング ホム	underpass, subway **ア**ンダパス, **サ**ブウェイ

日	越	英
ちかの **地下の** chikano	dưới đất, ngầm ズオィ ドッ, ンゴム	underground, subterranean **ア**ンダグラウンド, サブタレ**イ**ニアン
ちかみち **近道** chikamichi	đường tắt ドゥオング タッ	shortcut **ショ**ートカト
ちかよる **近寄る** chikayoru	đến gần, đến sát デーン ゴン, デーン サーッ	approach アプ**ロ**ウチ
力　（権力・活力） chikara	sức mạnh, quyền lực スーク マィン, クイエン ルーク	power, energy **パ**ウア, **エ**ナヂ
（能力）	khả năng, năng lực カハー ナング, ナング ルーク	ability, power ア**ビ**リティ, **パ**ウア
ちきゅう **地球** chikyuu	trái đất, địa cầu チャーィ ドッ, ディア コゥ	earth **ア**ース
～儀	quả địa cầu, mô hình Trái Đất クアー ディア コゥ, モー ヒン チャーィ ドッ	globe グ**ロ**ウブ
ちぎる **千切る** chigiru	xé nát, xé vụn セー ナーッ, セー ヴーン	tear off **テ**ア **オ**ーフ
ちく **地区** chiku	vùng, khu ヴーンム, クフー	district, section **デ**ィストリクト, **セ**クション
ちくさん **畜産** chikusan	chăn nuôi チャン ヌオィ	stockbreeding ス**タ**クブリーディング
ちくせき **蓄積** chikuseki	tích lũy ティク ルーィ	accumulation アキューミュ**レ**イション
ちくのうしょう **蓄膿症** chikunoushou	viêm xoang, viêm mủ ヴィエム スアーング, ヴィエム ムー	empyema エンピ**イ**ーマ
ちけい **地形** chikei	địa hình ディア ヒン	terrain, topography テ**レ**イン, ト**パ**グラフィ
ちけっと **チケット** chiketto	vé ヴェー	ticket **テ**ィケト

日	越	英
ちこくする **遅刻する** chikokusuru	đến muộn, đến trễ デーン ムオン, デーン チェー	(be) late for (ビ) レイト フォ
ちじ **知事** chiji	chủ tịch tỉnh チュー ティク ティン	governor ガヴァナ
ちしき **知識** chishiki	tri thức, kiến thức チー トゥフーク, キエン トゥフーク	knowledge ナリヂ
ちしつ **地質** chishitsu	địa chất ディア チョッ	nature of the soil ネイチャ オヴ ザ ソイル
ちじょう **地上** chijou	mặt đất, trên mặt đất マッ ドッ, チェーン マッ ドッ	ground グラウンド
ちじん **知人** chijin	người quen, người quen biết ングオイ クエーン, ングオイ クエーン ビエッ	acquaintance アクウェインタンス
ちず **地図** chizu	bản đồ, đồ bản バーン ドー, ドー バーン	map, atlas マプ, アトラス
ちせい **知性** chisei	trí khôn, trí tuệ チー コホーン, チー トゥエー	intellect, intelligence インテレクト, インテリヂェンス
ちそう **地層** chisou	địa tầng ディア トング	stratum, layer ストレイタム, レイア
ちたい **地帯** chitai	khu vực, vùng クフー ヴーク, ヴーンム	zone, region ゾウン, リーヂョン
ちたん **チタン** chitan	titan, titanium ティタン, ティタニウム	titanium タイテイニアム
ちち **乳** (乳房) chichi	vú, bầu vú ヴー, ボゥ ヴー	breasts ブレスツ
(母乳)	sữa, sữa mẹ スア, スア メー	mother's milk マザズ ミルク
ちち **父** chichi	bố, cha ボー, チャー	father ファーザ

日	越	英
～方	bên nội, phía nội ベーン ノーイ, フィア ノーイ	father's side ファーザズ サイド
ちぢまる **縮まる** chijimaru	co, co quắp コー, コー クアプ	(be) shortened (ビ) ショートンド
ちぢむ **縮む** chijimu	co lại, thu nhỏ lại コー ラーイ, トゥフー ニョー ラーイ	shrink シュリンク
ちぢめる **縮める** chijimeru	thu ngắn, thu hẹp トゥフー ンガン, トゥフー ヘープ	shorten, abridge ショートン, アブリヂ
ちちゅうかい **地中海** chichuukai	Địa Trung Hải ディア チューンム ハーイ	Mediterranean メディタレイニアン
ちぢれる **縮れる** chijireru	quăn, xoăn クアン, スアン	(be) curled, wrinkle (ビ) カールド, リンクル
ちつじょ **秩序** chitsujo	trật tự, kỷ luật チョットゥー, キー ルオッ	order オーダ
ちっそ **窒素** chisso	nitơ, ni tơ ニトー, ニー トー	nitrogen ナイトロヂェン
ちっそくする **窒息する** chissokusuru	ngạt, ngạt thở ンガーッ, ンガーッ トホー	(be) suffocated (ビ) サフォケイテド
ちてきな **知的な** chitekina	có tài trí, có tri thức コー ターイ チー, コー チー トゥフーク	intellectual インテレクチュアル
ちのう **知能** chinou	trí năng, trí lực チー ナング, チー ルーク	intellect, intelligence インテレクト, インテリヂェンス
ちぶさ **乳房** chibusa	vú, bầu vú ヴー, ボゥ ヴー	breasts ブレスツ
ちへいせん **地平線** chiheisen	chân trời, chân mây チョン チョーイ, チョン モイ	horizon ホライズン
ちほう **地方** chihou	địa phương, vùng ディア フォング, ヴーンム	locality, (the) country ロウキャリティ, (ザ) カントリ

日	越	英
ちみつな **緻密な** chimitsuna	cặn kẽ, kỹ lưỡng カン ケー, キー ルオング	minute, fine マイ**ニュー**ト, **ファ**イン
ちめい **地名** chimei	địa danh, tên vùng ディア ザイン, テーン ヴーンム	place-name プ**レ**イスネイム
ちめいど **知名度** chimeido	mức độ được biết đến, mức độ được nhận ra ムーク ドー ドゥオク ビエッ デーン, ムーク ドー ドゥオク ニオン ザー	recognizability レカグナイザ**ビ**リティ
ちゃ **茶** cha	trà, chè チャー, チェー	tea **ティ**ー
ちゃーたーする **チャーターする** chaataasuru	thuê bao chuyến, thuê riêng トゥフエー バーウ チュイエン, トゥフエー ジエング	charter **チャ**ータ
ちゃーみんぐな **チャーミングな** chaaminguna	hấp dẫn, có duyên ホプ ゾン, コー ズイエン	charming **チャ**ーミング
ちゃいろ **茶色** chairo	màu nâu マウ ノウ	brown ブ**ラ**ウン
ちゃくじつな **着実な** chakujitsuna	vững chắc, vững vàng ヴーング チャク, ヴーング ヴァーング	steady ス**テ**ディ
ちゃくじつに **着実に** chakujitsuni	một cách chắc chắn, từng bước một モーッ カイク チャク チャン, トゥーング ブオク モーッ	steadily ス**テ**ディリ
ちゃくしょくする **着色する** chakushokusuru	tô màu, sơn màu トー マウ, ソーン マウ	color, paint **カ**ラ, **ペ**イント
ちゃくせきする **着席する** chakusekisuru	ngồi xuống ghế, an toạ ンゴーイ スオング ゲー, アーン トゥアー	sit down ス**イ**ト **ダ**ウン
ちゃくちする **着地する** chakuchisuru	hạ cánh, đặt chân lên đất ハー カイン, ダッ チオン レーン ドッ	land **ラ**ンド
ちゃくちゃくと **着々と** chakuchakuto	một cách chắc chắn, từng bước một モーッ カイク チャク チャン, トゥーング ブオク モーッ	steadily ス**テ**ディリ

日	越	英
ちゃくばらい **着払い** chakubarai	trả tiền mặt khi giao hàng, người nhận trả cước phí vận chuyển チャー ティエン マッ キヒー ザーウ ハーング, ングオイ ニョン チャー クオク フィー ヴォン チュイエン	collect on delivery コレクト オン ディリヴァリ
ちゃくようする **着用する** chakuyousuru	mặc, đội マク, ドーイ	wear ウェア
ちゃくりく **着陸** chakuriku	sự hạ cánh スー ハー カイン	landing ランディング
～する	hạ cánh ハー カイン	land ランド
ちゃりてぃー **チャリティー** charitii	từ thiện トゥー ティヒエン	charity チャリティ
ちゃれんじする **チャレンジする** charenjisuru	thử thách, thách thức トゥー タハイク, タハイク トゥフーク	challenge チャレンヂ
ちゃわん **茶碗** chawan	bát, chén バーッ, チェーン	rice bowl ライス ボウル
ちゃんす **チャンス** chansu	cơ hội, dịp tốt コー ホーイ, ジープ トーッ	chance, opportunity チャンス, アパテューニティ
ちゃんと (きちんと) chanto	đâu ra đấy, ra đầu ra đũa ドゥ ザー ドィ, ザー ドゥ ザー ドゥア	neatly ニートリ
(正しく)	chính xác, đúng チン サーク, ドゥーンム	properly プラパリ
(まちがいなく)	chắc chắn チャク チャン	without fail ウィザウト フェイル
ちゃんねる **チャンネル** channeru	kênh ケン	channel チャネル
ちゃんぴおん **チャンピオン** chanpion	vô địch, quán quân ヴォー ディク, クアーン クオン	champion チャンピオン

日	越	英
ちゅうい **注意** （留意） chuui	sự chú ý, lưu ý スー チュー イー, ルーウ イー	attention アテンション
（警告）	sự cảnh cáo, cảnh giác スー カイン カーウ, カイン ザーク	caution, warning コーション, ウォーニング
（忠告）	sự khuyên răn, khuyên nhủ スー クフイエン ザン, クフイエン ニュー	advice アドヴァイス
〜する（留意する）	chú ý, lưu ý チュー イー, ルーウ イー	pay attention to ペイ アテンション トゥ
（警告する）	cảnh cáo, cảnh giác カイン カーウ, カイン ザーク	warn ウォーン
（忠告する）	khuyên răn, khuyên nhủ クフイエン ザン, クフイエン ニュー	advise アドヴァイズ
ちゅうおう **中央** chuuou	trung ương, trung tâm チューンム ウオング, チューンム トム	center, Ⓑcentre センタ, センタ
ちゅうおうあめりか **中央アメリカ** chuuouamerika	Trung Mỹ チューンム ミー	Central America セントラル アメリカ
ちゅうかい **仲介** chuukai	sự môi giới, sự làm mối スー モーイ ゾーイ, スー ラーム モーイ	mediation ミーディエイション
〜者	người môi giới ングオイ モーイ ゾーイ	mediator ミーディエイタ
〜する	làm mối, môi giới ラーム モーイ, モーイ ゾーイ	mediate between ミーディエイト ビトウィーン
ちゅうがく **中学** chuugaku	trường trung học cơ sở, trường cấp hai チュオング チューンム ホークプ コー ソー, チュオング コプ ハーイ	junior high school チューニア ハイ スクール
〜生	học sinh trung học cơ sở ホークプ シン チューンム ホークプ コー ソー	junior high school student チューニア ハイ スクール ステューデント
ちゅうかりょうり **中華料理** chuukaryouri	món Hoa, cơm Tàu モーン フアー, コーム タウ	Chinese food チャイニーズ フード

日	越	英
ちゅうかん **中間** chuukan	trung gian, khoảng giữa	middle ミドル
ちゅうきゅうの **中級の** chuukyuuno	trung cấp	intermediate インタミーディエト
ちゅうけい **中継** chuukei	sự tiếp âm	relay リーレイ
~する	tiếp âm	relay リーレイ
~放送	truyền thanh chuyển tiếp, truyền thông chuyển tiếp	relay broadcast リーレイ ブロードキャスト
ちゅうこく **忠告** chuukoku	sự khuyên răn, lời khuyên nhủ	advice アドヴァイス
~する	khuyên răn, khuyên nhủ	advise アドヴァイズ
ちゅうごく **中国** chuugoku	Trung Quốc, Trung Hoa	China チャイナ
~語	tiếng Trung Quốc, tiếng Hoa	Chinese チャイニーズ
ちゅうこの **中古の** chuukono	cổ, cũ	used, secondhand ユーズド, セカンドハンド
ちゅうざい **駐在** chuuzai	cư trú, thường trú	residence レズィデンス
ちゅうさいする **仲裁する** chuusaisuru	phân xử, điều đình	arbitrate アービトレイト
ちゅうし **中止** chuushi	sự đình chỉ, ngừng lại	suspension, cancellation サスペンション, キャンセレイション

日	越	英
～する	đình chỉ, ngừng lại ディン チー, ングーング ラーイ	stop, suspend ス**タ**プ, サス**ペ**ンド
ちゅうじえん **中耳炎** chuujien	viêm tai giữa ヴィエム ターイ ズア	otitis media オウ**タ**イティス ミー**ディ**ア
ちゅうじつな **忠実な** chuujitsuna	trung thành, chung thủy チューンム タハイン, チューンム トゥフイー	faithful **フェ**イスフル
ちゅうしゃ **注射** chuusha	tiêm thuốc, chích thuốc ティエム トゥフオク, チク トゥフオク	injection, shot イン**チェ**クション, **シャ**ト
ちゅうしゃ **駐車** chuusha	đậu xe, đỗ xe ドゥ セー, ドー セー	parking **パ**ーキング
～禁止	cấm đậu xe, cấm đỗ xe コム ドゥ セー, コム ドー セー	No Parking. ノウ **パ**ーキング
～場	chỗ đậu xe, bãi đỗ xe チョー ドゥ セー, バーイ ドー セー	parking lot **パ**ーキング **ラ**ト
ちゅうしゃく **注釈** chuushaku	chú thích, chú giải チュー ティヒク, チュー ザーイ	notes, annotation **ノ**ウツ, アノ**テ**イション
ちゅうじゅん **中旬** chuujun	giữa tháng ズア ターング	middle of **ミ**ドル オヴ
ちゅうしょう **抽象** chuushou	trừu tượng チューウ トゥオング	abstraction アブスト**ラ**クション
～画	tranh trừu tượng チャイン チューウ トゥオング	abstract painting **ア**ブストラクト **ペ**インティング
～的な	trừu tượng チューウ トゥオング	abstract **ア**ブストラクト
ちゅうしょうきぎょう **中小企業** chuushoukigyou	doanh nghiệp vừa và nhỏ ズアィン ンギエプ ヴァ ヴァー ニョー	small and medium-sized business ス**モ**ール アンド **ミ**ーディアム**サ**イズド **ビ**ズネス
ちゅうしょうする **中傷する** chuushousuru	vu khống, vu cáo ヴー コホーンム, ヴー カーウ	slander, speak ill of ス**ラ**ンダ, ス**ピ**ーク **イ**ル オヴ

日	越	英
ちゅうしょく **昼食** chuushoku	bữa trưa, cơm trưa ブア チュア, コーム チュア	lunch ランチ
ちゅうしん **中心** chuushin	trung tâm, điểm giữa チューム トム, ディエム ズア	center, core, ⒷCentre センタ, コー, センタ
ちゅうすいえん **虫垂炎** chuusuien	viêm ruột thừa, bệnh ruột dư ヴィエム ズオット トゥフア, ベン ズオッ ズー	appendicitis アペンディサイティス
ちゅうすう **中枢** chuusuu	trung khu, điểm then chốt チューム クフー, ディエム テヘーン チョーツ	center, ⒷCentre センタ, センタ
ちゅうせい **中世** chuusei	thời Trung cổ トホーイ チューム コー	Middle Ages ミドル エイヂズ
〜の	trung cổ チューム コー	medieval メディイーヴァル
ちゅうせいし **中性子** chuuseishi	notron, neutron ノトゥロン, ネウトゥロン	neutron ニュートラン
ちゅうぜつ **中絶** (妊娠の) chuuzetsu	phá thai ファー タハーイ	abortion アボーション
ちゅうせん **抽選** chuusen	bắt thăm, rút thăm バッ タハム, ズーッ タハム	lottery ラタリ
ちゅうたいする **中退する** chuutaisuru	thôi học, bỏ học トホーイ ホークプ, ボー ホークプ	dropout, leave school ドラパウト, リーヴ スクール
ちゅうだんする **中断する** chuudansuru	gián đoạn ザーン ドゥアーン	interrupt インタラプト
ちゅうちょする **躊躇する** chuuchosuru	do dự, chần chừ ゾー ズー, チョン チュー	hesitate ヘズィテイト
ちゅうとう **中東** chuutou	Trung Đông チューム ドーンム	Middle East ミドル イースト
ちゅうとうきょういく **中等教育** chuutoukyouiku	bậc giáo dục trung học ボク ザーウ ズークプ チューム ホークプ	secondary education セカンデリ エヂュケイション

日	越	英
ちゅうどく **中毒** chuudoku	ngộ độc, trúng độc ンゴー ドークプ, チューンム ドークプ	poisoning **ポ**イズニング
ちゅうとで **中途で** chuutode	giữa chừng, nửa chừng ズア チューング, ヌア チューング	halfway ハフ**ウェ**イ
ちゅーにんぐ **チューニング** chuuningu	điều chỉnh, điều chỉnh làn sóng ディエゥ チン, ディエゥ チン ラーン ソーンム	tuning **テュ**ーニング
ちゅうねん **中年** chuunen	đứng tuổi, trung niên ドゥーング トゥオィ, チューンム ニエン	middle age **ミ**ドル **エ**イヂ
ちゅうもくする **注目する** chuumokusuru	chú ý, quan tâm チュー イー, クアーントム	take notice of, pay attention to **テ**イク **ノ**ウティス **オ**ヴ, **ペ**イ ア**テ**ンション トゥ
ちゅうもん **注文** chuumon	sự đặt hàng, gọi món ăn スー ダッツ ハーング, ゴーィ モーン アン	order **オ**ーダ
～する	đặt hàng, gọi món ダッツ ハーング, ゴーィ モーン	order **オ**ーダ
ちゅうりつの **中立の** chuuritsuno	trung lập チューンム ロプ	neutral **ニュ**ートラル
ちゅうりゅうかいきゅう **中流階級** chuuryuukaikyuu	tầng lớp trung lưu トング ロープ チューンム ルーゥ	middle classes **ミ**ドル ク**ラ**セズ
ちゅうわする **中和する** chuuwasuru	trung hoà, điều hoà チューンム フアー, ディエゥ フアー	neutralize **ニュ**ートラライズ
ちゅにじあ **チュニジア** chunijia	Tuy Ni Di トゥイー ニー ジー	Tunisia テュー**ニ**ージャ
ちょう **腸** chou	ruột ズオッ	intestines イン**テ**スティンズ
ちょう **蝶** chou	bướm, bươm bướm ブオム, ブオム ブオム	butterfly **バ**タフライ
ちょういんする **調印する** chouinsuru	ký kết, ký hợp đồng キー ケッツ, キー ホープ ドーンム	sign **サ**イン

日	越	英
ちょうえつする **超越する** chouetsusuru	vượt quá, vượt xa ヴオッ クアー，ヴオッ サー	transcend トランセンド
ちょうおんぱ **超音波** chouonpa	siêu âm シエウ オム	ultrasound アルトラサウンド
ちょうかく **聴覚** choukaku	thính giác ティヒン ザーク	sense of hearing センス オヴ ヒアリング
ちょうかする **超過する** choukasuru	vượt quá, quá mức ヴオッ クアー，クアー ムーク	exceed イクスィード
ちょうかん **朝刊** choukan	báo sáng バーウ サーング	morning paper モーニング ペイパ
ちょうきの **長期の** choukino	lâu dài, trường kỳ ロウ ザーイ，チュオング キー	long term ローング ターム
ちょうきょうする **調教する** choukyousuru	huấn luyện thú, đào tạo thú フオン ルイエン トゥフー，ダーウ ターウ トゥフー	train, break in トレイン，ブレイク イン
ちょうきょり **長距離** choukyori	quãng đường dài, cự ly dài クアーング ドゥオング ザーイ，クー リー ザーイ	long distance ローング ディスタンス
ちょうこう **聴講** choukou	nghe giảng, dự thính ンゲー ザーング，ズー ティヒン	auditing オーディティング
〜生	sinh viên dự thính, người dự thính シン ヴィエン ズー ティヒン，ングオイ ズー ティヒン	auditor オーディタ
ちょうごうする **調合する** chougousuru	điều chế, pha trộn ディエウ チェー，ファー チョーン	prepare, mix プリペア，ミクス
ちょうこうそうびる **超高層ビル** choukousoubiru	toà nhà chọc trời トゥアー ニャー チョークプ チョーイ	skyscraper スカイスクレイパ
ちょうこく **彫刻** choukoku	điêu khắc, chạm khắc ディエウ カハク，チャーム カハク	sculpture スカルプチャ

日	越	英
ちょうさする **調査する** chousasuru	điều tra, dò hỏi ディエゥ チャー, ゾー ホーイ	investigate, examine イン**ヴェ**スティゲイト, イグ**ザ**ミン
ちょうし **調子**（具合・加減） choushi	trạng thái, tình hình チャーング タハーイ, ティン ヒン	condition コン**ディ**ション
（拍子）	nhịp điệu, phách ニープ ディエゥ, ファイク	time, rhythm **タ**イム, **リ**ズム
ちょうしゅう **聴衆** choushuu	thính giả, người nghe ティヒン ザー, ングオイ ンゲー	audience **オ**ーディエンス
ちょうしょ **長所** chousho	sở trường, điểm mạnh ソー チュオング, ディエム マイン	strong point, merit スト**ロ**ーング **ポ**イント, **メ**リト
ちょうじょ **長女** choujo	con gái cả, trưởng nữ コーン ガーイ カー, チュオング ヌー	oldest daughter **オ**ウルデスト **ド**ータ
ちょうじょう **頂上** choujou	đỉnh núi, thượng đỉnh ディン ヌーイ, トゥフオング ディン	summit **サ**ミト
ちょうしょうする **嘲笑する** choushousuru	chê cười, chế nhạo チェー クオイ, チェー ニャーゥ	laugh at, ridicule **ラ**フ アト, **リ**ディキュール
ちょうしょく **朝食** choushoku	bữa sáng, cơm sáng ブア サーング, コーム サーング	breakfast ブレクファスト
ちょうせいする **調整する** chouseisuru	điều chỉnh, điều hoà ディエゥ チン, ディエゥ フアー	adjust ア**ヂャ**スト
ちょうせつ **調節** chousetsu	sự điều tiết, điều chỉnh スー ディエゥ ティエッ, ディエゥ チン	regulation, control レギュ**レ**イション, コント**ロ**ウル
～する	điều tiết, điều chỉnh ディエゥ ティエッ, ディエゥ チン	regulate, control **レ**ギュレイト, コント**ロ**ウル
ちょうせん **挑戦** chousen	sự thử thách, thách thức スー トゥフー タハイク, タハイク トゥフーク	challenge **チャ**レンヂ
～者	người thử thách, người thách đấu ングオイ トゥフー タハイク, ングオイ タハイク ドゥ	challenger **チャ**レンヂャ

日	越	英
～する	thử thách, thách thức	challenge
ちょうたつする 調達する choutatsusuru	điều phối	supply, provide
ちょうちふす 腸チフス chouchifusu	thương hàn, bệnh thương hàn	typhoid
ちょうちょう 町長 chouchou	chủ tịch quận	mayor
ちょうていする 調停する chouteisuru	điều đình, phân xử	arbitrate
ちょうてん 頂点 chouten	đỉnh điểm, điểm cao	peak
ちょうど 丁度 choudo	đúng, vừa đúng	just, exactly
ちょうなん 長男 chounan	con trai cả, trưởng nam	oldest son
ちょうのうりょく 超能力 chounouryoku	sức mạnh siêu nhiên	extrasensory perception, ESP
ちょうふくする 重複する choufukusuru	trùng, trùng lặp	(be) repeated
ちょうへい 徴兵 chouhei	cưỡng bức đi lính, cưỡng bách tòng quân	conscription, draft
ちょうへんしょうせつ 長編小説 chouhenshousetsu	tiểu thuyết, truyện dài	long novel
ちょうほうけい 長方形 chouhoukei	hình chữ nhật	rectangle
ちょうほうな 重宝な chouhouna	quý báu, tiện lợi	handy, convenient

日	越	英
ちょうみりょう **調味料** choumiryou	gia vị, đồ gia vị ザー ヴィ, ドー ザー ヴィー	seasoning **スィ**ーズニング
ちょうやく **跳躍** chouyaku	nhảy ニャィ	jump **ヂャ**ンプ
ちょうり **調理** chouri	sự làm bếp, nấu nướng スー ラーム ベープ, ノゥ ヌオング	cooking **ク**キング
～する	làm bếp, nấu nướng ラーム ベープ, ノゥ ヌオング	cook **ク**ク
ちょうりつ **調律** chouritsu	điều chỉnh âm thanh ディエウ チン オム タハイン	tuning **テュ**ーニング
ちょうりゅう **潮流** chouryuu	dòng nước biển, trào lưu ゾーンム ヌオク ビエン, チャーウ ルーゥ	tide, tidal current **タ**イド, **タ**イダル **カ**ーレント
ちょうりょく **聴力** chouryoku	thính lực, độ nghe rõ ティヒン ルーク, ドー ンゲー ゾー	listening ability **リ**スニング アビリティ
ちょうれい **朝礼** chourei	họp buổi sáng ホープ ブオイ サーング	morning meeting **モ**ーニング **ミ**ーティング
ちょうわする **調和する** chouwasuru	điều hoà, hài hoà ディエウ フアー, ハーィ フアー	(be) in harmony with (ビ) イン **ハ**ーモニ ウィズ
ちょきん **貯金** chokin	sự tiết kiệm tiền, để dành tiền スー ティエッ キエム ティエン, デー ザィン ティエン	savings, deposit **セ**イヴィングズ, ディ**パ**ズィト
～する	tiết kiệm tiền, để dành tiền ティエッ キエム ティエン, デー ザィン ティエン	save **セ**イヴ
ちょくしんする **直進する** chokushinsuru	đi thẳng về phía trước ディー タハング ヴェー フィア チュオク	go straight ahead **ゴ**ウ ストレイト ア**ヘ**ド
ちょくせつぜい **直接税** chokusetsuzei	thuế trực thu トゥフエー チューク トゥフー	direct tax ディ**レ**クト **タ**クス
ちょくせつの **直接の** chokusetsuno	trực tiếp, thẳng チューク ティエプ, タハング	direct ディ**レ**クト

日	越	英
ちょくせん **直線** chokusen	đường thẳng ドゥオング タハング	straight line ストレイト ライン
ちょくちょう **直腸** chokuchou	trực tràng チューク チャーング	rectum レクタム
ちょくつうの **直通の** chokutsuuno	đi thẳng không cần đổi, đi thẳng không dừng ディー タハング コホーンム コン ドーイ, ディー タハング コホーンム ズーング	direct, nonstop ディレクト, ナンスタプ
ちょくばい **直売** chokubai	bán trực tiếp バーン チューク ティエプ	direct sales ディレクト セイルズ
ちょくめんする **直面する** chokumensuru	đương đầu, đối mặt ドゥオング ドゥ, ドーイ マツ	face, confront フェイス, コンフラント
ちょくやく **直訳** chokuyaku	dịch bám sát câu chữ ジク バーム サーッ コウ チュー	literal translation リタラル トランスレイション
ちょくりつの **直立の** chokuritsuno	thẳng đứng タハング ドゥーング	vertical, erect ヴァーティカル, イレクト
ちょくりゅう **直流** chokuryuu	dòng điện một chiều ゾーンム ディエン モーッ チエウ	direct current, DC ディレクト カーレント, ディースィー
ちょこれーと **チョコレート** chokoreeto	sô cô la, chocolate ソー コー ラー, ソーコーラー	chocolate チャコレト
ちょさくけん **著作権** chosakuken	bản quyền, quyền tác giả バーン クイエン, クイエン ターク ザー	copyright カピライト
ちょしゃ **著者** chosha	tác giả ターク ザー	author, writer オーサ, ライタ
ちょすいち **貯水池** chosuichi	bể chứa nước, bể cạn ベー チュア ヌオク, ベー カーン	reservoir レザヴワ
ちょぞうする **貯蔵する** chozousuru	giữ trong kho, cất trong kho ズー チオンム コホー, コッ チオンム コホー	store, keep ストー, キープ
ちょちくする **貯蓄する** chochikusuru	tiết kiệm tiền, để dành tiền ティエッ キエム ティエン, デー ザイン ティエン	save セイヴ

日	越	英
ちょっかく **直角** chokkaku	góc vuông ゴークヌ ヴオング	right angle **ラ**イト **ア**ングル
ちょっかん **直感** chokkan	trực giác, trực quan チューク ザーク, チューク クアーン	intuition インテュ**イ**ション
〜的な	trực giác, linh cảm チューク ザーク, リン カーム	intuitive インテュ**ー**イティヴ
ちょっけい **直径** chokkei	đường kính ドゥオング キン	diameter ダイ**ア**メタ
ちょっこうする **直行する** chokkousuru	đi thẳng, đến thẳng ディー タハング, デーン タハング	go direct **ゴ**ウ ディ**レ**クト
ちょっと　（少し） chotto	một chút, một ít モーッ チューッ, モーッ イーッ	a little ア **リ**トル
（短い時間）	một lát, một lúc モーッ ラーッ, モーッ ルークヌ	for a moment フォ ア **モ**ウメント
ちらかる **散らかる** chirakaru	rải rác, vương vãi ザーィ ザーク, ヴオング ヴァーィ	(be) scattered (ビ) ス**キャ**タド
ちり **地理** chiri	địa lý ディア リー	geography ヂ**ア**グラフィ
ちり **チリ** chiri	Chi Lê チー レー	Chile **チ**リ
ちりょう **治療** chiryou	sự điều trị, chữa trị スー ディエゥ チー, チュア チー	medical treatment **メ**ディカル ト**リ**ートメント
〜する	điều trị, chữa trị ディエゥ チー, チュア チー	treat, cure ト**リ**ート, **キュ**ア
ちんかする **沈下する** chinkasuru	lún, sụt ルーン, スーッ	sink ス**ィ**ンク
ちんぎん **賃金** chingin	tiền lương, tiền công ティエン ルオング, ティエン コーンム	wages, pay **ウェ**イヂェズ, **ペ**イ
ちんじゅつする **陳述する** chinjutsusuru	trình bày, bày tỏ チン バィ, バィ トー	state ス**テ**イト

日	越	英
ちんじょう **陳情** chinjou	kiến nghị, trần tình キエン ンギー, チョン ティン	petition ピ**ティ**ション
ちんせいざい **鎮静剤** chinseizai	thuốc an thần, thuốc làm dịu トゥオク アーン トホン, トゥオク ラーム ジーウ	sedative **セ**ダティヴ
ちんたい **賃貸** chintai	cho thuê, cho mướn チョー トゥフエー, チョー ムオン	rent **レ**ント
ちんつうざい **鎮痛剤** chintsuuzai	thuốc giảm đau, thuốc làm dịu cơn đau トゥオク ザーム ダウ, トゥオク ラーム ジーウ コーン ダウ	analgesic アナル**チ**ーズィク
ちんでんする **沈殿する** chindensuru	lắng xuống, lắng đọng ラング スオング, ラング ドーム	settle **セ**トル
ちんぱんじー **チンパンジー** chinpanjii	tinh tinh, hắc tinh tinh ティン ティン, ハク ティン ティン	chimpanzee チンパン**ズィ**ー
ちんぼつする **沈没する** chinbotsusuru	chìm, chìm xuống チーム, チーム スオング	sink **ス**ィンク
ちんもく **沈黙** chinmoku	im lặng, lặng thinh イーム ラング, ラング ティヒン	silence **サ**イレンス
ちんれつする **陳列する** chinretsusuru	trưng, trưng bày チューング, チューング バイ	exhibit, display イグ**ズィ**ビト, ディスプ**レ**イ

つ, ツ

日	越	英
つい **対** tsui	đôi, cặp ドーイ, カプ	pair, couple **ペ**ア, **カ**プル
ついか **追加** tsuika	sự phụ thêm, thêm vào スー フー テヘーム, テヘーム ヴァーウ	addition ア**ディ**ション
〜する	phụ thêm, thêm vào フー テヘーム, テヘーム ヴァーウ	add **ア**ド
ついきゅうする **追及する** tsuikyuusuru	truy cứu チュイー クーウ	cross-examine クロースイグ**ザ**ミン

日	越	英
ついきゅうする **追求する** tsuikyuusuru	theo đuổi テヘーウ ドゥオイ	pursue, seek after パ**スー**, ス**ィー**ク アフタ
ついきゅうする **追究する** tsuikyuusuru	tìm hiểu, nghiên cứu ティーム ヒエゥ, ンギエン クーゥ	investigate イン**ヴェ**スティゲイト
ついせきする **追跡する** tsuisekisuru	đuổi theo, lần theo ドゥオイ テヘーウ, ロン テヘーウ	pursue, chase パ**スー**, **チェ**イス
ついたち **一日** tsuitachi	ngày mồng một, mồng một ンガイ モーンム モーッ, モーンム モーッ	first day of the month **ファ**ースト **デ**イ オヴ ザ **マ**ンス
ついている **ついている** tsuiteiru	gặp may, may mắn ガプ マイ, マイ マン	(be) lucky (ビ) **ラ**キ
ついとうする **追悼する** tsuitousuru	truy điệu チュイー ディエゥ	mourn **モ**ーン
ついとつする **追突する** tsuitotsusuru	đâm vào đuôi xe, đụng xe ドム ヴァーウ ドゥオイ セー, ドゥーンム セー	crash into the rear of ク**ラ**シュ イントゥ ザ **リ**ア オヴ
ついに **ついに** tsuini	cuối cùng, rốt cuộc クオイ クーンム, ゾーッ クオク	at last アト **ラ**スト
ついほうする **追放する** tsuihousuru	đuổi ra, trục xuất ドゥオイ ザー, チュークプ スオッ	banish, expel **バ**ニシュ, イクス**ペ**ル
ついやす **費やす** tsuiyasu	tiêu xài, tiêu dùng ティエゥ サーイ, ティエゥ ズーンム	spend ス**ペ**ンド
ついらくする **墜落する** tsuirakusuru	bị rơi, rơi xuống ビー ゾーイ, ゾーイ スオング	crash ク**ラ**シュ
ついんるーむ **ツインルーム** tsuinruumu	phòng đôi フォーンム ドーイ	twin room ト**ウィ**ン **ル**ーム
つうがくする **通学する** tsuugakusuru	đi học, đến trường ディー ホークプ, デーン チュオング	go to school **ゴ**ウ トゥ ス**ク**ール
つうかする **通過する** tsuukasuru	đi qua, thông qua ディー クアー, トホーンム クアー	pass by パス **バ**イ

日	越	英
つうきんする **通勤する** tsuukinsuru	đi làm ディー ラーム	commute to work コミュート トゥ ワーク
つうこうにん **通行人** tsuukounin	khách qua đường, người qua đường カハイク クアー ドゥオング, ングオイ クアー ドゥオング	passer-by パサバイ
つうじょうの **通常の** tsuujouno	bình thường, thông thường ビントゥフオング, トホーンム トゥフオング	usual, ordinary ユージュアル, オーディネリ
つうじる （道などが） tsuujiru	thông với, dẫn đến トホーンム ヴォーイ, ゾン デーン	go to, lead to ゴウ トゥ, リード トゥ
（電話が）	gọi điện được, liên lạc được ゴーイ ディエン ドゥオク, リエン ラーク ドゥオク	get through to ゲト スルー トゥ
つうしん **通信** tsuushin	thông tin, truyền tin トホーンム ティーン, チュイエン ティーン	communication コミューニケイション
つうち **通知** tsuuchi	thông tin, thông cáo トホーンム ティーン, トホーンム カーウ	notice, notification ノウティス, ノウティフィケイション
～する	thông báo, thông tin トホーンム バーウ, トホーンム ティーン	inform, notify インフォーム, ノウティファイ
つうちょう **通帳** tsuuchou	sổ tiết kiệm, sổ gửi tiền ngân hàng ソー ティエッ キエム, ソー グーイ ティエン ンゴン ハーング	passbook パスブク
つうやく **通訳** tsuuyaku	phiên dịch, thông dịch フィエン ジク, トホーンム ジク	interpreter インタープリタ
～する	phiên dịch, thông dịch フィエン ジク, トホーンム ジク	interpret インタープリト
つうようする **通用する** tsuuyousuru	thông dụng, lưu hành トホーンム ズーンム, ルーウ ハイン	pass for, (be) valid パス フォ, (ビ) ヴァリド
つうれつな **痛烈な** tsuuretsuna	nghiêm ngặt, dữ dội ンギエム ンガッ, ズー ゾーイ	severe, bitter スィヴィア, ビタ

日	越	英
つうろ **通路** tsuuro	lối đi ローイ ディー	passage, path パスィヂ, パス
つえ **杖** tsue	gậy, gậy ba toong ゴイ, ゴイ バー トーング	stick, cane スティク, ケイン
つかい　　（使者） **使い** tsukai	người đưa tin, sứ giả ングオイ ドゥア ティーン, スー ザー	messenger メスィンヂャ
つかいかた **使い方** tsukaikata	cách sử dụng, cách dùng カイク スー ズーンム, カイク ズーンム	how to use ハウ トゥ ユーズ
つかいこなす **使いこなす** tsukaikonasu	dùng thành thạo, sử dụng thông thạo ズーンム タハイン タハーウ, スー ズーンム トホーンム タハーウ	have a good command of ハヴ ア グド コマンド オヴ
つかう　　（使用する） **使う** tsukau	dùng, sử dụng ズーンム, スー ズーンム	use, employ ユーズ, インプロイ
（費やす）	tiêu dùng, tiêu thụ ティエウ ズーンム, ティエウ トゥフー	spend スペンド
つかえる **仕える** tsukaeru	phục vụ, phục dịch フークプ ヴー, フークプ ジク	serve サーヴ
つかのまの **束の間の** tsukanomano	chốc lát, khoảnh khắc チョークプ ラーツ, クフアイン カハク	momentary モウメンテリ
つかまえる　　（つかむ） **捕まえる** tsukamaeru	bắt, nắm lấy バッ, ナム ロイ	catch キャチ
（逮捕する）	bắt, bắt giữ バッ, バッ ズー	arrest アレスト
（捕獲する）	bắt, bắt giữ バッ, バッ ズー	capture キャプチャ
つかまる **掴まる** tsukamaru	bấu vào, túm chặt ボウ ヴァーウ, トゥーム チャッ	grasp, hold on to グラスプ, ホウルド オン トゥ
つかむ **掴む** tsukamu	cầm, túm コム, トゥーム	seize, catch スィーズ, キャチ

日	越	英
つかれ **疲れ** tsukare	sự mệt mỏi, mệt nhọc	fatigue
つかれる **疲れる** tsukareru	mệt mỏi, mệt nhọc	(be) tired
つき **月** tsuki	trăng, mặt trăng	moon
(暦の)	tháng	month
つきあい **付き合い** tsukiai	sự giao thiệp, giao du	association
つきあう **付き合う** (相手に) tsukiau	giao thiệp, giao du	keep company with
つきあたり **突き当たり** tsukiatari	cuối đường	end
つきそう **付き添う** tsukisou	đi kèm, đi theo	attend on, accompany
つぎたす **継ぎ足す** tsugitasu	bổ sung, thêm vào	add
つきづき **月々** tsukizuki	mỗi tháng, từng tháng	every month
つぎつぎ **次々** tsugitsugi	lần lượt, tuần tự	one after another
つきとめる **突き止める** tsukitomeru	tìm ra, tìm hiểu	find out, trace
つきなみな **月並みな** tsukinamina	tầm thường, rất thường	common
つぎに **次に** tsugini	sau đó, tiếp đó	next, secondly

日	越	英
つぎの **次の** tsugino	tiếp theo, lần sau ティエプ テヘーウ, ロン サウ	next, following **ネ**クスト, **ファ**ロウイング
つきひ **月日** tsukihi	ngày tháng, thời gian ンガイ タハーング, トホーイ ザーン	days, time デイズ, **タ**イム
つきまとう **付きまとう** tsukimatou	bám đuôi, dính chặt バーム ドゥオィ, ジン チャッ	follow about **ファ**ロウ ア**バ**ウト
つぎめ **継ぎ目** tsugime	đầu nối, mối nối ドゥ ノーイ, モーイ ノーイ	joint, juncture **チョ**イント, **チャ**ンクチャ
つきよ **月夜** tsukiyo	đêm trăng デーム チャング	moonlit night **ムー**ンリト **ナ**イト
つきる **尽きる** tsukiru	hết sạch, cạn kiệt ヘーッ サイク, カーン キエッ	(be) exhausted, run out (ビ) イグ**ゾー**ステド, **ラ**ン **ア**ウト
つく **付く** tsuku	dính vào, bám vào ジン ヴァーウ, バーム ヴァーウ	stick to, attach to ス**ティ**ク トゥ, ア**タ**チ トゥ
つく **突く** tsuku	đâm, chọc ドム, チョークプ	thrust, pierce ス**ラ**スト, **ピ**アス
つく **着く** tsuku	đến, tới デーン, トーイ	arrive at ア**ラ**イヴ アト
(席に)	ngồi vào ghế, ngồi xuống ghế ンゴーイ ヴァーウ ゲー, ンゴーイ スオング ゲー	take one's seat **テ**イク ス**ィー**ト
つぐ **注ぐ** tsugu	rót, đổ ゾーッ, ドー	pour **ポー**
つくえ **机** tsukue	bàn viết, bàn giấy バーン ヴィエッ, バーン ゾイ	desk, bureau **デ**スク, **ビュ**アロウ
つくす **尽くす** tsukusu	hết sức, hết lòng ヘーッ スーク, ヘーッ ローンム	devote oneself ディ**ヴォ**ウト
つぐなう **償う** tsugunau	bồi thường, đền bù ボーイ トゥフオング, デーン ブー	compensate for **カ**ンペンセイト フォ

日	越	英
つくりかた **作り方** tsukurikata	cách làm, cách chế biến カイク ラーム, カイク チェー ビエン	how to make ハウ トゥ メイク
つくりばなし **作り話** tsukuribanashi	chuyện thêu dệt, chuyện bịa đặt チュイエン テヘーゥ ゼーッ, チュイエン ビア ダッ	made-up story メイダプ ストーリ
つくる **作る** tsukuru	chế tạo, chế biến チェー ターゥ, チェー ビエン	make メイク
(創作する)	sáng tạo, sáng tác サーング ターゥ, サーング ターク	create クリエイト
(形成する)	hình thành, cấu thành ヒン タハイン, コウ タハイン	form フォーム
つくろう **繕う** tsukurou	vá ヴァー	repair, mend リペア, メンド
(うわべを)	làm giả, giả vờ ラーム ザー, ザー ヴォー	save セイヴ
つけあわせ **付け合わせ** tsukeawase	món hoa lá, món trang trí モーン フアー ラー, モーン チャーング チー	garnish ガーニシュ
つけくわえる **付け加える** tsukekuwaeru	thêm, phụ thêm テヘーム, フー テヘーム	add アド
つけもの **漬物** tsukemono	dưa món, dưa muối ズア モーン, ズア ムオィ	pickles ピクルズ
つける **付ける** tsukeru	gắn, lắp ガン, ラプ	put, attach プト, アタチ
つける **着ける** tsukeru	mặc, đeo マク, デーゥ	put on, wear プト オン, ウェア
つける **点ける** (火や明かりを) tsukeru	thắp, nhóm タハプ, ニオーム	light, set fire ライト, セト ファイア
つげる **告げる** tsugeru	bảo, biểu バーゥ, ビエゥ	tell, inform テル, インフォーム

日	越	英
つごう **都合** tsugou	sự thuận tiện, thuận lợi	convenience
〜のよい	tiện, tiện lợi	convenient
つじつまがあう **辻褄が合う** tsujitsumagaau	phù hợp, ăn nhập	(be) consistent with
つたえる **伝える** tsutaeru	truyền, truyền đạt	tell, report
（伝授する）	truyền, truyền thụ	teach, initiate
（伝承する）	truyền miệng, truyền khẩu	hand down to
つたわる **伝わる** tsutawaru	truyền bá, quảng bá	(be) conveyed
（噂などが）	lan truyền, lan rộng	spread, pass
（代々）	truyền lại đời đời	(be) handed down from
つち **土** tsuchi	đất, đất cát	earth, soil
つづき **続き** tsuzuki	đoạn tiếp, phần tiếp theo	sequel, continuation
つつく **つつく** tsutsuku	chọc, thúc	poke at
つづく **続く** tsuzuku	tiếp diễn, còn tiếp	continue, last
（後に）	đi theo, theo sau	follow, succeed to

日	越	英
つづける **続ける** tsuzukeru	làm tiếp, tiếp tục	continue
つっこむ **突っ込む** tsukkomu	thọc vào, xọc vào	thrust
つつしむ **慎む** tsutsushimu	thận trọng, cẩn thận	refrain from
つつみ **包み** tsutsumi	gói, bao	parcel, package
つつむ **包む** tsutsumu	gói lại, bao bọc	wrap, envelop
つづり **綴り** tsuzuri	chính tả, đánh vần	spelling
つとめ **勤め** tsutome	chức vụ, công việc	business, work
つとめ **務め** tsutome	nhiệm vụ, bổn phận	duty, service
つとめる **勤める** tsutomeru	làm việc, lao động	work
つとめる **努める** tsutomeru	cố gắng, ráng sức	try to do
つとめる **務める** tsutomeru	phụ trách, giữ vai trò	serve
つながる **繋がる** tsunagaru	nối liền, nối tiếp	(be) connected with
つなぐ **繋ぐ** tsunagu	nối, nối kết	tie, connect
つなみ **津波** tsunami	sóng thần	tsunami, tidal wave

日	越	英
つねに **常に** tsuneni	luôn luôn, thường xuyên ルオン ルオン, トゥフオング スイエン	always オールウェイズ
つねる **つねる** tsuneru	bấu, véo ボゥ, ヴェーゥ	pinch, nip ピンチ, ニプ
つの **角** tsuno	sừng スーング	horn ホーン
つば **唾** tsuba	nước bọt, bọt ヌオク ボーッ, ボーッ	spittle, saliva スピトル, サライヴァ
つばき **椿** tsubaki	trà mi チャー ミー	camellia カミーリア
つばさ **翼** tsubasa	cánh, cánh máy bay カイン, カイン マイ バイ	wing ウィング
つばめ **燕** tsubame	chim én, én チーム エーン, エーン	swallow スワロウ
つぶ **粒** tsubu	hạt, hột ハーッ, ホーッ	grain, drop グレイン, ドラプ
つぶす **潰す** tsubusu	giã, nghiền ザー, ンギエン	break, crush ブレイク, クラシュ
（暇・時間を）	giết thời gian, giết thì giờ ジエッ トホーイ ザーン, ジエッ ティヒーゾー	kill キル
つぶやく **つぶやく** tsubuyaku	lầm bầm, lầm rầm ロム ボム, ロム ゾム	murmur マーマ
つぶれる **潰れる** tsubureru	dẹp, xẹp ゼープ, セープ	break, (be) crushed ブレイク, (ビ) クラシュト
（店などが）	phá sản, vỡ nợ ファー サーン, ヴォー ノー	go bankrupt ゴウ バンクラプト
つま **妻** tsuma	vợ ヴォー	wife ワイフ

日	越	英
つまさき **爪先** tsumasaki	đầu ngón chân ドゥ ンゴーン チョン	tiptoe ティプトゥ
つまずく **つまずく** tsumazuku	vấp, vấp ngã ヴォプ, ヴォプ ンガー	stumble スタンブル
つまみ **つまみ** tsumami	quả đấm, nắm đấm クアー ドム, ナム ドム	knob ナブ
（酒の）	đồ nhắm, đồ nhậu ドー ニャム, ドー ニョウ	finger food, snacks フィンガ フード, スナクス
つまむ **つまむ** tsumamu	nhón, nhúm ニォーン, ニューム	pick, pinch ピク, ピンチ
つまらない **つまらない** tsumaranai	dở, buồn tẻ ゾー, ブォン テー	worthless, trivial ワースレス, トリヴィアル
つまり **つまり** tsumari	tức là, nghĩa là トゥーク ラー, ンギア ラー	in short, that is to say イン ショート, ザト イズ トゥ セイ
つまる **詰まる** tsumaru	nghẹt, tắc ンゲーッ, タク	(be) packed (ビ) パクト
つみ **罪** tsumi	tội, tội lỗi トーィ, トーィ ローィ	criminal offense クリミナル オフェンス
つみかさねる **積み重ねる** tsumikasaneru	chất, chồng チョッ, チョーンム	pile up パイル アプ
つみき **積み木** tsumiki	trò chơi xếp hình bằng gỗ チョー チョーィ セープ ヒン バング ゴー	toy blocks トイ ブラクス
つみたてる **積み立てる** tsumitateru	gửi tích luỹ グーィ ティク ルイー	deposit ディパズィト
つむ **積む** tsumu	chất, chất đống チョッ, チョッ ドーンム	pile, lay パイル, レイ
（積載する）	chất, chở チョッ, チョー	load ロウド

日	越	英
つむ **摘む** tsumu	hái, ngắt ハーイ, ンガッ	pick, pluck ピク, プラク
つめ **爪** tsume	móng モーンム	nail ネイル
(動物の)	vuốt ヴオッ	claw クロー
～切り	kéo cắt móng tay, đồ bấm móng ケーウ カッ モーンム タイ, ドー ボム モーンム	nail clipper ネイル クリパ
つめあわせ **詰め合わせ** tsumeawase	xếp lẫn, xếp chung セープ ロン, セープ チューンム	assortment アソートメント
つめこむ **詰め込む** tsumekomu	nhồi, ních ニォーイ, ニク	pack, stuff パク, スタフ
(知識を)	nhồi sọ, học kiểu nhồi nhét kiến thức ニォーイ ソー, ホークプ キエウ ニォーイ ニェーッ キエン トゥフーク	cram クラム
つめたい **冷たい** tsumetai	lạnh, lạnh lẽo ライン, ライン レーウ	cold, chilly コウルド, チリ
つめもの **詰め物** tsumemono	vật để nhồi ヴォッ デー ニォーイ	stuffing スタフィング
つめる **詰める** tsumeru	nhồi, nhét ニォーイ, ニェーッ	stuff, fill スタフ, フィル
(席を)	ngồi xích vào, ngồi sát vào ンゴーイ シク ヴァーウ, ンゴーイ サーッ ヴァーウ	move over, make room ムーヴ オウヴァ, メイク ルーム
つもる **積もる** tsumoru	chất đống, tích tụ チョッ ドーンム, ティク トゥー	accumulate アキューミュレイト
つや **艶** tsuya	bóng, nhẵn ボーンム, ニャン	gloss, luster グロス, ラスタ

日	越	英
つゆ **梅雨** tsuyu	mưa ngâu, mùa mưa phùn ムア ンゴゥ, ムア ムア フーン	rainy season レイニ スィーズン
つゆ **露** tsuyu	sương, giọt sương スオング, ゾッ スオング	dew, dewdrop デュー, デュードラプ
つよい **強い** tsuyoi	mạnh, mạnh mẽ マイン, マイン メー	strong, powerful ストロング, パウアフル
つよきの **強気の** tsuyokino	táo bạo, quả cảm ターウ バーウ, クアー カーム	strong, aggressive ストロング, アグレスィヴ
つよさ **強さ** tsuyosa	sức mạnh, độ mạnh スーク マイン, ドー マイン	strength ストレングス
つよび **強火** tsuyobi	lửa mạnh, lửa lớn ルア マイン, ルア ローン	high flame ハイ フレイム
つらい **辛い** tsurai	khó khăn, vất vả コホー カハン, ヴォッ ヴァー	hard, painful ハード, ペインフル
つらなる **連なる** tsuranaru	nối tiếp, nối liền ノーィ ティエプ, ノーィ リエン	stretch, run ストレチ, ラン
つらぬく **貫く** tsuranuku	xuyên, xoi スイエン, ソーィ	pierce, penetrate ピアス, ペネトレイト
（一貫する）	nhất quán, xuyên suốt ニョックアーン, スイエン スオッ	accomplish, achieve アカンプリシュ, アチーヴ
つらら **氷柱** tsurara	cột băng, trụ băng コーッ バング, チュー バング	icicle アイスィクル
つり **釣り** tsuri	sự câu cá スー コゥ カー	fishing フィシング
つりあう **釣り合う** tsuriau	cân bằng, hợp nhau コン バング, ホープ ニャゥ	balance, match バランス, マチ
つる **釣る** tsuru	câu, câu cá コゥ, コゥ カー	fish フィシュ

日	越	英
つる **鶴** tsuru	con hạc, con sếu コーン ハーク, コーン セーウ	crane クレイン
つるす **吊るす** tsurusu	mắc, treo マク, チェーウ	hang, suspend ハング, サスペンド
つれ **連れ** tsure	bạn đường, bạn đời バーン ドゥオング, バーン ドーイ	companion コンパニョン
つれていく **連れて行く** tsureteiku	đưa, dẫn ドゥア, ゾン	take, bring along テイク, ブリング アロング
つわり **つわり** tsuwari	nghén, ốm nghén ンゲーン, オーム ンゲーン	morning sickness モーニング スィクネス

て, テ

日	越	英
て **手** te	tay, bàn tay タイ, バーン タイ	hand, arm ハンド, アーム
（手段・方法）	phương tiện, biện pháp フオング ティエン, ビエン ファープ	way, means ウェイ, ミーンズ
であう **出会う** deau	gặp, gặp gỡ ガプ, ガプ ゴー	meet, come across ミート, カム アクロス
てあつい **手厚い** teatsui	chu đáo, ân cần チュー ダーウ, オン コン	cordial, warm コーデャル, ウォーム
てあて **手当て** teate	chữa trị, điều trị チュア チー, ディエウ チー	medical treatment メディカル トリートメント
ていあん **提案** teian	dự án, đề án ズー アーン, デー アーン	proposal プロポウザル
〜する	đề xuất, đưa ra ý kiến デー スオッ, ドゥア ザー イー キエン	propose, suggest プロポウズ, サグチェスト
でぃーぶいでぃー **DVD** diivuidii	DVD, đĩa phim kỹ thuật số ディーヴィーディー, ディア フィーム キートゥフオッ ソー	DVD ディーヴィーディー

日	越	英
てぃーしゃつ **ティーシャツ** tiishatsu	áo phông, áo thun không cổ アーウ フォーンム, アーウ トゥフーン コ ホーンム コー	T-shirt **ティー**シャート
ていいん **定員** teiin	số người quy định ソー ングオィ クイー ディン	capacity カ**パ**スィティ
ていか **定価** teika	giá ấn định ザー オン ディン	fixed price **フィ**クスト プ**ラ**イス
ていかん **定款** teikan	điều khoản ディエゥ クフアーン	articles of association **アー**ティクルズ オヴ アソウスィ**エ**イション
ていかんし **定冠詞** teikanshi	mạo từ xác định マーウ トゥー サーク ディン	definite article **デ**フィニト **アー**ティクル
ていぎ **定義** teigi	định nghĩa ディン ンギア	definition デフィ**ニ**ション
ていきあつ **低気圧** teikiatsu	áp thấp アープ トホプ	low pressure, depression **ロ**ウ プ**レ**シャ, ディプ**レ**ション
ていきけん **定期券** teikiken	vé tháng ヴェー タハーング	commutation ticket カミュ**テ**イション **チ**ケト
ていきてきな **定期的な** teikitekina	định kỳ, thường kỳ ディン キー, トゥフオング キー	regular, periodic **レ**ギュラ, ピアリ**ア**ディク
ていきゅうな **低級な** teikyuuna	thấp kém, cấp thấp トホプ ケーム, コプ トホプ	inferior, low イン**フィ**アリア, **ロ**ウ
ていきゅうび **定休日** teikyuubi	ngày nghỉ quy định ンガイ ンギー クイー ディン	regular holiday **レ**ギュラ **ハ**リデイ
ていきょうする **提供する** teikyousuru	đưa ra, cung cấp ドゥア ザー, クーンム コプ	offer, supply **オー**ファ, サプ**ラ**イ
ていきよきん **定期預金** teikiyokin	tiền gửi có kỳ hạn, tiền gửi tiết kiệm định kỳ ティエン グーイ コー キー ハーン, ティエン グーイ ティエッ キエム ディン キー	deposit account ディ**パ**ズィト ア**カ**ウント

日	越	英
ていけいする **提携する** teikeisuru	hợp tác, cộng tác ホープ タック, コーンム タック	cooperate with コウ**ア**ペレイト ウィズ
ていけつあつ **低血圧** teiketsuatsu	huyết áp thấp, áp huyết thấp フイエッ アープ トホプ, アープ フイエッ トホプ	low blood pressure **ロ**ウ ブ**ラ**ド プ**レ**シャ
ていこう **抵抗** teikou	sự chống lại, kháng cự スー チョーンム ラーイ, カハーング クー	resistance レ**ズィ**スタンス
～する	chống lại, kháng cự チョーンム ラーイ, カハーング クー	resist, oppose リ**ズィ**スト, オ**ポ**ウズ
ていさい **体裁** teisai	diện mạo, thể diện ジエン マーウ, テヘー ジエン	appearance ア**ピ**アランス
ていさつする **偵察する** teisatsusuru	trinh sát, thám thính チン サーッ, タハームティヒン	reconnoiter リーコ**ノ**イタ
ていし **停止** teishi	sự ngừng lại, đình chỉ スー ンヴーング ラーイ, ディン チー	stop, suspension ス**タ**プ, サス**ペ**ンション
～する	ngừng lại, đình chỉ ンヴーング ラーイ, ディン チー	stop, suspend ス**タ**プ, サス**ペ**ンド
ていしゃする **停車する** teishasuru	dừng xe, dừng xe lại ズーング セー, ズーング セー ラーイ	stop ス**タ**プ
ていしゅ **亭主** teishu	chủ nhân チュー ニオン	master, host **マ**スタ, **ホ**ウスト
(夫)	chồng, chồng mình チョーンム, チョーンム ミン	husband **ハ**ズバンド
ていしゅつする **提出する** teishutsusuru	nộp, trình ノープ, チン	present, submit プリ**ゼ**ント, サブ**ミ**ト
ていしょうする **提唱する** teishousuru	đề xướng, đề nghị デー スオング, デー ンギー	advocate, propose **ア**ドヴォケイト, プロ**ポ**ウズ
ていしょく **定食** teishoku	cơm suất, cơm phần コーム スオッ, コーム フォン	set meal, table d'hote **セ**ト **ミ**ール, **テ**イブル **ド**ウト

日	越	英
ていすう **定数** teisuu	số quy định ソー クイー ディン	fixed number フィクスト ナンバ
でぃすかうんと **ディスカウント** disukaunto	giảm giá, bớt giá ザーム ザー, ボッ ザー	discount ディスカウント
でぃすく **ディスク** disuku	đĩa ディア	disk ディスク
でぃすぷれい **ディスプレイ** disupurei	trưng bày チューング バイ	display ディスプレイ
ていせいする **訂正する** teiseisuru	đính chính, sửa cho đúng ディン チン, スア チョー ドゥーンム	correct, revise コレクト, リヴァイズ
ていせつ **定説** teisetsu	lý thuyết được nhiều người công nhận, học thuyết リー トゥフイエッ ドゥオク ニエウ ング オイ コーンム ニオン, ホークブ トゥフイエッ	established theory イスタブリシュト スィオリ
ていせん **停戦** teisen	đình chiến, ngừng bắn ディン チエン, ングーング バン	cease-fire, truce スィースファイア, トルース
ていぞくな **低俗な** teizokuna	thô tục, hèn hạ トホー トゥークブ, ヘーン ハー	vulgar, lowbrow ヴァルガ, ロウブラウ
ていそする **提訴する** teisosuru	tố cáo, tố giác トー カーウ, トー ザーク	file a suit ファイル ア スート
ていたいする **停滞する** teitaisuru	đình trệ, đình đốn ディン チェー, ディン ドーン	stagnate スタグネイト
ていちゃくする **定着する** teichakusuru	ổn định, cố định オーン ディン, コー ディン	fix フィクス
ていちょうな **低調な** teichouna	trì trệ, thiếu sức sống チー チェー, ティヒエウ スーク ソーンム	inactive, dull イナクティヴ, ダル
てぃっしゅ **ティッシュ** tisshu	giấy ăn, giấy lau miệng ゾイ アン, ゾイ ラウ ミエング	tissue ティシュー
ていでん **停電** teiden	mất điện, cúp điện モッ ディエン, クープ ディエン	power failure パウア フェイリュア

日	越	英
ていど **程度** teido	mức độ, trình độ ムーク ドー, チン ドー	degree, grade ディグリー, グレイド
ていとう **抵当** teitou	vật cầm cố, vật thế chấp ヴァッ コム コー, ヴァッ テヘー チョプ	mortgage モーギヂ
ていねいな **丁寧な** teineina	lịch sự, cẩn thận リク スー, コン トホン	polite, courteous ポライト, カーティアス
ていねいに **丁寧に** teineini	lịch sự, cẩn thận リク スー, コン トホン	politely, courteously ポライトリ, カーティアスリ
ていねん **定年** teinen	tuổi nghỉ hưu トゥオイ ンギー フーゥ	retirement age リタイアメント エイヂ
ていはくする **停泊する** teihakusuru	neo, thả neo ネーゥ, タハー ネーゥ	anchor アンカ
ていぼう **堤防** teibou	đê, đập デー, ドプ	bank, embankment バンク, インバンクメント
ていめいする **低迷する** teimeisuru	xuống dốc, suy thoái スオング ゾークプ, スイート トゥフアーイ	(be) sluggish (ビ) スラギシュ
ていり **定理** teiri	định lý ディン リー	theorem スィオレム
ていれする **手入れする** teiresuru	bảo trì, chăm sóc バーゥ チー, チャム ソークプ	take care of テイク ケア オヴ
ティんぱにー **ティンパニー** tinpanii	trống lục lạc チォーンム ルークプ ラーク	timpani ティンパニ
でーた **データ** deeta	dữ liệu ズー リエゥ	data デイタ
〜ベース	cơ sở dữ liệu, nguồn dữ liệu コー ソー ズー リエゥ, ングオン ズー リエゥ	database デイタベイス
でーと **デート** deeto	hẹn hò, buổi hẹn hò ヘーン ホー, ブオイ ヘーン ホー	date デイト

日	越	英
てーぷ **テープ** teepu	băng, băng ghi âm バング, バング ギー オム	tape **テ**イプ
てーぶる **テーブル** teeburu	bàn, bàn ăn バーン, バーン アン	table **テ**イブル
てーま **テーマ** teema	đề tài, chủ đề デー ターイ, チュー デー	theme, subject ス**ィ**ーム, **サ**ブヂェクト
てがかり **手掛かり** tegakari	manh mối, đầu mối マィン モーィ, ドゥ モーィ	clue, key ク**ル**ー, **キ**ー
てがきの **手書きの** tegakino	viết tay ヴィエッ タイ	handwritten **ハ**ンドリトン
でかける **出かける** dekakeru	đi ra ngoài, đi chơi phố ディー ザー ングアーィ, ディー チョーィ フォー	go out **ゴ**ウ **ア**ウト
てがみ **手紙** tegami	bức thư, lá thư ブック トゥフー, ラー トゥフー	letter **レ**タ
てがら **手柄** tegara	kỳ công, công lao キー コーンム, コーンム ラーゥ	exploit, achievement イクス**プ**ロイト, ア**チ**ーヴメント
てがるな **手軽な** tegaruna	dễ dàng, đơn giản ゼー ザーング, ドーン ザーン	easy, light **イ**ーズィ, **ラ**イト
てき **敵** teki	địch, kẻ địch ディク, ケー ディク	enemy, opponent **エ**ネミ, オ**ポ**ウネント
できあいする **溺愛する** dekiaisuru	say mê, yêu mê mẩn サィ メー, イエゥ メー モン	dote **ド**ウト
できあがる **出来上がる** dekiagaru	hoàn thành, hoàn tất フアーン タハィン, フアーン トッ	(be) completed (ビ) コンプ**リ**ーテド
てきい **敵意** tekii	thái độ đối địch, thái độ thù địch タハーィ ドー ドーィ ディク, タハーィ ドー トゥフー ディク	hostility ハス**ティ**リティ
てきおうする **適応する** tekiousuru	thích ứng, thích nghi ティヒク ウーング, ティヒク ンギー	adjust oneself to ア**ヂャ**スト トゥ

日	越	英
てきかくな **的確な** tekikakuna	đích xác, chính xác ディク サーク, チン サーク	precise, exact プリ**サイ**ス, イグ**ザ**クト
できごと **出来事** dekigoto	sự kiện, sự việc スー キエン, スー ヴィエク	event, incident イ**ヴェ**ント, **イ**ンスィデント
てきしする **敵視する** tekishisuru	thù địch, cừu địch トゥフー ディク, クーウ ディク	(be) hostile to (ビ) **ハ**ストル トゥ
てきしゅつする **摘出する** tekishutsusuru	trích ra, lấy ra チク ザー, ロィ ザー	remove, extract リ**ムー**ヴ, イクスト**ラ**クト
てきすと **テキスト** tekisuto	giáo trình, tài liệu giảng dạy ザーウ チン, ターイ リエウ ザーング ザィ	text **テ**クスト
てきする **適する** tekisuru	thích hợp, phù hợp ティヒク ホープ, フー ホープ	fit, suit **フィ**ト, **スー**ト
てきせい **適性** tekisei	năng khiếu, năng lực ナング キヒエウ, ナング ルーク	aptitude **ア**プティテュード
てきせつな **適切な** tekisetsuna	thích hợp, thích đáng ティヒク ホープ, ティヒク ダーング	proper, adequate プ**ラ**パ, **ア**ディクワト
できだか **出来高** dekidaka	tổng sản lượng トーンム サーン ルオング	output, yield **ア**ウトプト, **イ**ールド
てきとうな **適当な** tekitouna	thích đáng, thích hợp ティヒク ダーング, ティヒク ホープ	fit for, suitable for **フィ**ト フォ, **スー**タブル フォ
てきどの **適度の** tekidono	vừa phải, mức thoả đáng ヴァ ファーイ, ムーク トゥファアー ダーング	moderate, temperate **マ**ダレト, **テ**ンパレト
てきぱきと **てきぱきと** tekipakito	nhanh nhẹn, mau chóng ニャイン ニエーン, マウ チォーンム	promptly プ**ラ**ンプトリ
てきようする **適用する** tekiyousuru	áp dụng アープ ズーンム	apply アプ**ラ**イ
できる **出来る** (することができる) dekiru	có thể, được コー テヘー, ドゥオク	can **キャ**ン

日	越	英
(可能である)	khả thi, có khả năng カハー ティヒー, コー カハー ナング	(be) possible (ビ) パスィブル
(能力がある)	có thể, có khả năng コー テヘー, コー カハー ナング	(be) able, (be) good (ビ) エイブル, (ビ) グド
(形成される)	hình thành, được hình thành ヒン タハイン, ドゥオク ヒン タハイン	(be) made, (be) formed (ビ) メイド, (ビ) フォームド
(生じる)	sinh ra, nảy sinh ra シン ザー, ナィ シン ザー	(be) born, form (ビ) ボーン, フォーム
(生産する・産出する)	sản xuất, sản sinh サーン スオッ, サーン シン	(be) produced (ビ) プロデュースト
てぎわのよい **手際のよい** tegiwanoyoi	khéo tay, khéo léo ケヘーゥ タィ, ケヘーゥ レーゥ	skillful, deft ス**キ**ルフル, **デ**フト
でぐち **出口** deguchi	lối ra, cửa ra ローィ ザー, クア ザー	exit **エ**グズィト
てくび **手首** tekubi	cổ tay コー タィ	wrist **リ**スト
てこ **てこ** teko	đòn bẩy ドーン ボィ	lever **レ**ヴァ
てごたえがある **手応えがある** tegotaegaaru	có tác dụng, có hiệu quả コー タァク ズーン, コー ヒエゥ クアー	have effect ハヴ イ**フェ**クト
でこぼこな **凸凹な** dekobokona	gồ ghề, lởm chởm ゴー ゲー, ロームチョーム	uneven, bumpy ア**ニ**ーヴン, **バ**ンピ
てごろな **手頃な** tegorona	tiện tay, vừa tầm tay ティエン タィ, ヴア トム タィ	handy, reasonable **ハ**ンディ, **リ**ーズナブル
てごわい **手強い** tegowai	đáng gờm, dữ dội ダーング ゴーム, ズー ゾーィ	tough, formidable **タ**フ, **フォ**ーミダブル
でざーと **デザート** dezaato	món tráng miệng, đồ tráng miệng モーン チャーング ミエング, ドー チャーング ミエング	dessert ディ**ザ**ート

日	越	英
でざいなー **デザイナー** dezainaa	nhà thiết kế, người vẽ kiểu ニャー ティヒエッ ケー, ングオィ ヴェー キエゥ	designer ディ**ザ**イナ
でざいん **デザイン** dezain	thiết kế, phác hoạ ティヒエッ ケー, ファーク フアー	design ディ**ザ**イン
てさぐりする **手探りする** tesagurisuru	lần mò, dò tìm ロン モー, ゾー ティーム	grope グ**ロ**ウプ
てざわり **手触り** tezawari	cảm giác khi sờ vào カーム ザーク キヒー ソー ヴァーゥ	touch, feel **タ**チ, **フィ**ール
でし **弟子** deshi	đệ tử, môn đệ デートゥー, モーン デー	pupil, disciple **ピュ**ーピル, ディ**サ**イプル
てしごと **手仕事** teshigoto	thủ công, việc làm bằng tay トゥフー コーンム, ヴィエク ラーム バング タイ	manual work **マ**ニュアル **ワ**ーク
でじたるの **デジタルの** dejitaruno	kỹ thuật số キー トゥフオッ ソー	digital **ディ**ヂタル
てじな **手品** tejina	ảo thuật, trò ảo thuật アーゥ トゥフオッ, チォー アーゥ トゥフオッ	magic tricks **マ**ヂク ト**リ**クス
でしゃばる **出しゃばる** deshabaru	can thiệp vào, nói xen vào カーン ティヒエプ ヴァーゥ, ノーイ セーン ヴァーゥ	butt in バト **イ**ン
てじゅん **手順** tejun	quy trình, trình tự クイー チン, チン トゥー	order, process **オ**ーダ, プ**ラ**セス
てすう **手数** tesuu	phiền hà, nhiêu khê フィエン ハー, ニエゥ ケヘー	trouble ト**ラ**ブル
～料	lệ phí, hoa hồng レーフィー, フアー ホーンム	commission コ**ミ**ション
ですく **デスク** desuku	toà soạn, toà báo トゥアー スアーン, トゥアー バーゥ	desk **デ**スク
～トップ	máy tính để bàn マィ ティン デー バーン	desktop **デ**スクタプ

日	越	英
～ワーク	công việc văn phòng, công tác văn thư コーンム ヴィエク ヴァン フォーンム, コーンム タック ヴァント トゥフー	desk work デスク ワーク
てすと **テスト** tesuto	kiểm tra, thi キエム チャー, ティヒー	exam, test イグ**ザ**ム, **テ**スト
てすり **手摺り** tesuri	tay vịn タイ ヴィーン	handrail **ハ**ンドレイル
でたらめな **でたらめな** detaramena	bậy bạ, thiếu trách nhiệm ボイ バー, ティヒエウ チャイク ニエム	irresponsible イリス**パ**ンスィブル
てちがい **手違い** techigai	sai lầm, lỗi lầm サーイ ロム, ローイ ロム	mistake ミス**テ**イク
てつ **鉄** tetsu	sắt, thép サッ, テヘープ	iron **ア**イアン
てっかいする **撤回する** tekkaisuru	thu hồi, rút lui トゥフー ホーイ, ズーッ ルーイ	withdraw ウィズド**ロ**ー
てつがく **哲学** tetsugaku	triết học チエッ ホークプ	philosophy フィ**ラ**ソフィ
てづくりの **手作りの** tezukurino	làm bằng tay, sản xuất bằng tay ラーム バング タイ, サーン スオッ バング タイ	handmade **ハ**ンドメイド
てっこつ **鉄骨** tekkotsu	cốt sắt, cốt thép コーッ サッ, コーッ テヘープ	iron frame **ア**イアン フ**レ**イム
でっさん **デッサン** dessan	vẽ phác, phác hoạ ヴェー ファーク, ファーク フアー	sketch ス**ケ**チ
てつだい **手伝い** tetsudai	giúp, giúp đỡ ズープ, ズープ ドー	help **ヘ**ルプ
(人)	người giúp đỡ, trợ lý ングオイ ズープ ドー, チョー リー	helper, assistant **ヘ**ルパ, ア**スィ**スタント
てったいする **撤退する** tettaisuru	rút lui, rút khỏi ズーッ ルーイ, ズーッ コホーイ	withdraw, pull out ウィズド**ロ**ー, **プ**ル **ア**ウト

日	越	英
てつだう **手伝う** tetsudau	giúp, giúp đỡ ズープ, ズープ ドー	help, assist ヘルプ, アスィスト
てつづき **手続き** tetsuzuki	thủ tục トゥフー トゥークプ	procedure プロスィーヂャ
てっていてきな **徹底的な** tetteitekina	triệt để, quán triệt チエッ デー, クアーン チエッ	thorough, complete サロ, コンプリート
てつどう **鉄道** tetsudou	đường sắt ドゥオング サッ	railroad, ⒷRailway レイルロウド, レイルウェイ
てっぱん **鉄板** teppan	tấm sắt, tấm thép トム サッ, トム テーブ	iron plate アイアン プレイト
てつぼう **鉄棒** tetsubou	cây sắt, gậy sắt コイ サッ, ゴイ サッ	iron bar アイアン バー
(体操の)	xà ngang サー ンガーング	horizontal bar ホリザントル バー
てつや **徹夜** tetsuya	sự thức suốt đêm, thức thâu đêm スー トゥフーク スオッ デーム, トゥフーク トホウ デーム	staying up all night ステイング アプ オール ナイト
～する	thức suốt đêm, thức thâu đêm トゥフーク スオッ デーム, トゥフーク トホウ デーム	stay up all night ステイ アプ オール ナイト
てなんと **テナント** tenanto	người thuê nhà, người thuê phòng ングオイ トゥフエー ニャー, ングオイ トゥフエー フォーンム	tenant テナント
てにす **テニス** tenisu	quần vợt, ten nít クオン ヴォーッ, テーン ニーッ	tennis テニス
てにもつ **手荷物** tenimotsu	hành lý xách tay ハイン リー サイク タイ	baggage, hand luggage バギヂ, ハンド ラギヂ
てのーる **テノール** tenooru	giọng nam cao ゾーンム ナーム カーウ	tenor テナ

日	越	英
てのひら **掌[手の平]** tenohira	lòng bàn tay ローンム バーン タイ	palm of the hand パーム オヴ ザ ハンド
でのみねーしょん **デノミネーション** denomineeshon	hạ mệnh giá, đổi mệnh giá ハー メンㇵ ザー, ドーイ メンㇵ ザー	department store ディパートメント ストー
でぱーと **デパート** depaato	cửa hàng tổng hợp, cửa hàng bách hoá クア ハーング トーンㇺ ホープ, クア ハーング バイク フアー	department store ディパートメント ストー
てはいする **手配する** tehaisuru	sắp xếp, bố trí サプ セープ, ボー チー	arrange アレインヂ
てばなす **手放す** tebanasu	buông bỏ, vứt bỏ ブオング ボー, ヴーッ ボー	dispose of ディスポウズ オヴ
でびゅー **デビュー** debyuu	ra mắt ザー マッ	debut デイビュー
てぶくろ **手袋** tebukuro	găng tay, bao tay ガング タイ, バーウ タイ	gloves グラヴズ
でふれ **デフレ** defure	giải lạm phát ザーイ ラーム ファーッ	deflation ディフレイション
てほん **手本** tehon	mẫu, gương mẫu モウ, ヅオング モウ	example, model イグザンプル, マドル
てま **手間** tema	công sức, công lao コーンㇺ スーク, コーンㇺ ラーウ	time and labor タイム アンド レイバ
でま **デマ** dema	tin đồn, tin vịt ティーン ドーン, ティーン ヴィーッ	false rumor フォルス ルーマ
でまえ **出前** demae	dịch vụ chuyển đồ ăn theo yêu cầu ジク ヴー チュイエン ドー アン テヘーウ イエウ コウ	delivery service ディリヴァリ サーヴィス
でむかえる **出迎える** demukaeru	đón, tiếp đón ドーン, ティエプ ドーン	go and welcome ゴウ アンド ウェルカム
でも **デモ** demo	biểu tình, cuộc biểu tình ビエウ ティン, クオク ビエウ ティン	demonstration デモンストレイション

日	越	英
でもくらしー **デモクラシー** demokurashii	chủ nghĩa dân chủ チューンギアゾンチュー	democracy ディ**マ**クラスィ
てもとに **手元に** temotoni	trên tay, ở tay チェーンタイ、オータイ	at hand アト **ハ**ンド
でゅえっと **デュエット** dyuetto	song ca, song tấu ソーンムカー、ソーンムトゥ	duet デュ**エ**ト
てら **寺** tera	chùa, ngôi chùa チュア、ンゴーィチュア	temple **テ**ンプル
てらす **照らす** terasu	chiếu sáng, soi rọi チエゥサーング、ソーィゾーィ	light, illuminate **ラ**イト、イ**リュ**ーミネイト
でらっくすな **デラックスな** derakkusuna	sang trọng, xa sỉ サーングチォーンム、サーシー	deluxe デ**ル**クス
でりけーとな **デリケートな** derikeetona	tinh vi, nhạy cảm ティンヴィー、ニャィカーム	delicate **デ**リケト
てりとりー **テリトリー** teritorii	lãnh địa, lãnh thổ ラインディア、ラインㇳホー	territory **テ**リトーリ
でる **出る** （現れる） deru	hiện ra, xuất hiện ヒエンザー、スオッヒエン	come out, appear **カ**ム **ア**ウト、ア**ピ**ア
（出て行く）	đi ra, bỏ đi ディーザー、ボーディー	go out **ゴ**ウ **ア**ウト
（出席する・参加する）	dự, tham dự ズー、タハームズー	attend, join ア**テ**ンド、**ヂョ**イン
てれび **テレビ** terebi	máy truyền hình, ti vi マィチュイエンヒン、ティーヴィー	television **テ**レヴィジョン
～**ゲーム**	trò chơi, trò chơi điện tử チォーチォーィ、チォーチォーィディエントゥー	video game **ヴィ**ディオウ **ゲ**イム
てれる **照れる** tereru	bẽn lẽn, thẹn thùng ベーンレーン、テヘーントゥフーンム	(be) shy, (be) embarrassed (ビ) **シャ**イ、(ビ) イン**バ**ラスト

日	越	英
テロ tero てろ	khủng bố クフーンム ボー	terrorism **テ**ラリズム
テロリスト terorisuto てろりすと	người khủng bố ングオイ クフーンム ボー	terrorist **テ**ラリスト
手渡す tewatasu てわたす	đưa, trao ドゥア, チャーウ	hand **ハ**ンド
天 （空） ten てん	trời, bầu trời チョーイ, ボウ チョーイ	sky ス**カ**イ
（天国・神）	thiên đường, ông trời ティヒエン ドゥオング, オーンム チョーイ	Heaven, God **ヘ**ヴン, **ガ**ド
点 ten てん	điểm, chấm ディエム, チョム	dot, point **ダ**ト, **ポ**イント
（点数）	số điểm, số bàn thắng ソー ディエム, ソー バーン タハング	score, point ス**コ**ー, **ポ**イント
（品物の数）	chiếc, cái チエク, カーイ	piece, item **ピ**ース, **ア**イテム
電圧 den-atsu でんあつ	điện áp ディエン アープ	voltage **ヴォ**ウルティヂ
転移 （医学） ten-i てんい	sự di căn スー ジー カン	metastasis メ**タ**スタスィス
～する	di căn ジー カン	metastasize メ**タ**スタサイズ
店員 ten-in てんいん	nhân viên bán hàng ニョン ヴィエン バーン ハーング	clerk, salesclerk ク**ラ**ーク, **セ**イルズクラーク
電化 denka でんか	điện khí hoá ディエン キヒー フアー	electrification イレクトリフィ**ケ**イション
展開 tenkai てんかい	sự tiến triển, triển khai スー ティエン チエン, チエン カハーイ	development ディ**ヴェ**ロプメント
～する	tiến triển, diễn ra ティエン チエン, ジエン ザー	develop ディ**ヴェ**ロプ

日	越	英
てんかぶつ **添加物** tenkabutsu	chất phụ gia	additive
てんき **天気** tenki	thời tiết, tiết trời	weather
(晴天)	đẹp trời, trời đẹp	fine weather
～予報	dự báo thời tiết	weather forecast
でんき **伝記** denki	truyện ký, tiểu sử	biography
でんき **電気** denki	điện, điện khí	electricity
(電灯)	đèn điện	electric light
でんきゅう **電球** denkyuu	bóng điện	lightbulb
てんきん **転勤** tenkin	thuyên chuyển	(job) transfer
てんけいてきな **典型的な** tenkeitekina	điển hình, tiêu biểu	typical, ideal
でんげん **電源** dengen	nguồn điện	power supply
てんけんする **点検する** tenkensuru	kiểm tra	inspect, check
てんこう **天候** tenkou	thời tiết, tiết trời	weather
てんこう **転向** tenkou	sự chuyển hướng, thay đổi chính kiến	conversion

日	越	英
～する	chuyển hướng, thay đổi chính kiến チュイエン フオング, タハイ ドーイ チン キエン	(be) converted to (ビ) コンヴァーテド トゥ
でんこう 電光 denkou	tia chớp, ánh sáng điện ティア チョープ, アイン サーング ディエン	flash of lightning フラシュ オヴ ライトニング
てんこうする 転校する tenkousuru	chuyển trường, đổi trường チュイエン チュオング, ドーイ チュオング	change one's school チェインヂ スクール
てんごく 天国 tengoku	thiên đường ティヒエン ドゥオング	heaven, paradise ヘヴン, パラダイス
でんごん 伝言 dengon	nhắn tin ニャン ティーン	message メスィヂ
てんさい 天才 tensai	thiên tài ティヒエン ターイ	genius ヂーニアス
てんさい 天災 tensai	thiên tai ティヒエン ターイ	calamity, disaster カラミティ, ディザスタ
てんさくする 添削する tensakusuru	hiệu đính, hiệu chính ヒエゥ ディン, ヒエゥ チン	correct コレクト
てんし 天使 tenshi	thiên sứ, thiên thần ティヒエン スー, ティヒエン トホン	angel エインヂェル
てんじ 展示 tenji	trưng, trưng bày チューング, チューング バイ	exhibition エクスィビション
てんじ 点字 tenji	chữ nổi, hệ thống chữ Braille チュー ノーイ, ヘー トホーンム チュー ブライ	Braille ブレイル
でんし 電子 denshi	điện tử, electron ディエン トゥー, エレクトゥロン	electron イレクトラン
～工学	điện tử học ディエン トゥー ホークプ	electronics イレクトラニクス
～レンジ	lò vi ba, lò vi sóng ロー ヴィー バー, ロー ヴィー ソーンム	microwave oven マイクロウェイヴ アヴン

日	越	英
でんじしゃく **電磁石** denjishaku	nam châm điện ナーム チオム ディエン	electromagnet イレクトロ**マ**グネト
でんじは **電磁波** denjiha	sóng điện từ ソーンム ディエン トゥー	electromagnetic wave イレクトロマグ**ネ**ティク **ウェ**イヴ
でんしゃ **電車** densha	tàu điện, xe điện タウ ディエン, セー ディエン	electric train イ**レ**クトリク ト**レ**イン
てんじょう **天井** tenjou	trần, trần nhà チョン, チョン ニャー	ceiling ス**ィ**ーリング
でんしょう **伝承** denshou	truyền khẩu, truyền miệng チュイエン コホウ, チュイエン ミエング	tradition トラ**ディ**ション
てんじょういん **添乗員** tenjouin	hướng dẫn viên, người hướng dẫn フオング ゾン ヴィエン, ングオイ フオング ゾン	tour conductor **トゥ**ア コン**ダ**クタ
てんしょくする **転職する** tenshokusuru	thuyên chuyển công tác トゥイエン チュイエン コーンム タク	change one's occupation **チェ**インヂ アキュ**ペ**イション
てんすう **点数** tensuu	điểm, số điểm ディエム, ソー ディエム	marks, score **マ**ークス, ス**コ**ー
てんせいの **天性の** tenseino	thiên tính, thiên bẩm ティヒエン ティン, ティヒエン ボム	natural **ナ**チュラル
でんせつ **伝説** densetsu	truyền thuyết チュイエン トゥフイエッ	legend **レ**ヂェンド
てんせん **点線** tensen	đường chấm ドゥオング チョム	dotted line **ダ**テド **ラ**イン
でんせん **伝染** densen	sự lây, sự nhiễm スー ロイ, スー ニエム	contagion, infection コン**テ**イヂョン, イン**フェ**クション
～する	lây, truyền nhiễm ロイ, チュイエン ニエム	infect イン**フェ**クト

日	越	英
～病	bệnh truyền nhiễm	infectious disease
でんせん **電線** densen	dây điện	electric wire
てんそうする **転送する** tensousuru	luân chuyển, gửi chuyển tiếp	forward
てんたい **天体** tentai	thiên thể	heavenly body
でんたく **電卓** dentaku	máy tính	calculator
でんたつする **伝達する** dentatsusuru	truyền đạt, truyền tín hiệu	communicate
でんち **電池** denchi	pin, pin tiểu	battery, cell
でんちゅう **電柱** denchuu	cột điện, trụ điện	utility pole
てんてき **点滴** tenteki	truyền nước biển, truyền dịch	intravenous drip
てんと **テント** tento	lều, trại	tent
でんとう **伝統** dentou	truyền thống	tradition
～の	truyền thống	traditional
でんどう **伝導** dendou	tính dẫn, độ dẫn nhiệt	conduction
でんどう **伝道** dendou	truyền đạo, truyền giáo	missionary work

日	越	英
てんねんの **天然の** tennenno	thiên nhiên, tự nhiên ティヒエン ニエン, トゥー ニエン	natural **ナ**チュラル
てんのう **天皇** tennou	thiên hoàng, hoàng đế ティヒエン フアーング, フアーング デー	Emperor of Japan **エ**ンペラ オヴ ヂャ**パ**ン
てんのうせい **天王星** tennousei	Sao Thiên Vương, Thiên Vương Tinh サーウ ティヒエン ヴオング, ティヒエン ヴオング ティン	Uranus **ユ**アラナス
でんぱ **電波** denpa	sóng điện ソーンム ディエン	electric wave イレクトリク **ウェ**イヴ
でんぴょう **伝票** denpyou	giấy biên nhận, biên lai ジィ ビエン ニョン, ビエン ラーイ	(sales) slip (**セ**イルズ) ス**リ**プ
てんびんざ **天秤座** tenbinza	cung Thiên Bình クーンム ティヒエン ビン	Scales, Libra ス**ケ**イルズ, **ラ**イブラ
てんぷくする **転覆する** tenpukusuru	lật đổ, lật ngược ロッ ドー, ロッ ングオク	turn over **タ**ーン **オ**ウヴァ
てんぷする **添付する** tenpusuru	đính kèm, kèm theo ディン ケーム, ケーム テヘーウ	attach ア**タ**チ
てんぷふぁいる **添付ファイル** tenpufairu	tệp đính kèm テープ ディン ケーム	attachment ア**タ**チメント
てんぼう **展望** tenbou	triển vọng, viễn cảnh チエン ヴォーンム, ヴィエン カイン	view, prospect **ヴュ**ー, プ**ラ**スペクト
でんぽう **電報** denpou	điện báo, điện tín ディエン バーウ, ディエン ティーン	telegram **テ**レグラム
でんまーく **デンマーク** denmaaku	Đan Mạch ダーン マイク	Denmark **デ**ンマーク
てんまつ **顛末** tenmatsu	đầu đuôi câu chuyện ドゥ ドゥオイ コウ チュイエン	whole story **ホ**ウル ス**ト**ーリ
てんめつする **点滅する** tenmetsusuru	nhấp nháy, chớp tắt ニャプ ニャイ, チョープ タッ	blink, flash ブ**リ**ンク, フ**ラ**シュ

日	越	英
てんもんがく **天文学** tenmongaku	thiên văn học ティヒエン ヴァン ホークプ	astronomy アスト**ラ**ノミ
てんもんだい **天文台** tenmondai	đài thiên văn ダーイ ティヒエン ヴァン	astronomical observatory アストロ**ナ**ミカル オブ**ザ**ーヴァトリ
てんらくする **転落する** tenrakusuru	rơi xuống ゾーイ スオング	fall **フォ**ール
てんらんかい **展覧会** tenrankai	triển lãm, cuộc triển lãm チエン ラーム, クオク チエン ラーム	exhibition エクス**ィ**ビション
でんりゅう **電流** denryuu	dòng điện, luồng điện ゾーンム ディエン, ルオング ディエン	electric current イレクトリク **カ**ーレント
でんりょく **電力** denryoku	điện lực, điện năng ディエン ルーク, ディエン ナング	electric power イレクトリク **パ**ウア
でんわ **電話** denwa	điện thoại, dây nói ディエン トゥファーイ, ゾイ ノーイ	telephone **テ**レフォウン
～する	gọi điện thoại, gọi điện ゴーイ ディエン トゥファーイ, ゴーイ ディエン	call **コ**ール
～番号	số điện thoại ソー ディエン トゥファーイ	telephone number **テ**レフォウン **ナ**ンバ

と, ト

日	越	英
と **戸** to	cửa, cánh cửa クア, カインクア	door **ド**ー
とい **問い** toi	câu hỏi コウ ホーイ	question ク**ウェ**スチョン
といあわせる **問い合わせる** toiawaseru	hỏi, hỏi thăm ホーイ, ホーイ タハム	inquire インク**ワ**イア
どいつ **ドイツ** doitsu	Đức ドゥーク	Germany **チャ**ーマニ

日	越	英
～語	tiếng Đức	German
といれ **トイレ** toire	nhà vệ sinh, toa lét	bathroom, toilet
といれっとぺーぱー **トイレットペーパー** toirettopeepaa	giấy vệ sinh	toilet paper
とう **党** tou	đảng, chính đảng	(political) party
とう **塔** tou	tháp, toà tháp	tower
とう **等** (賞) tou	giải, hạng	prize
(等級)	bậc, cấp	grade, rank
どう **銅** dou	đồng, đồng đỏ	copper
～メダル	huy chương đồng	bronze medal
とうあんようし **答案用紙** touan-youshi	giấy trả lời câu hỏi, đề bài thi	(examination) paper
どうい **同意** doui	sự đồng ý, thoả thuận	agreement
～する	đồng ý, thoả thuận	agree with, consent
とういつ **統一** touitsu	sự thống nhất, hợp nhất	unity, unification
～する	thống nhất, hợp nhất	unite, unify

日	越	英
どういつの **同一の** douitsuno	đồng nhất, giống hệt như nhau ドーンム ニォッ, ゾーンム ヘーッ ニューニャゥ	identical アイ**デン**ティカル
どういんする **動員する** douinsuru	động viên, tập hợp ドーンム ヴィエン, トプ ホープ	mobilize **モウ**ビライズ
とうおう **東欧** touou	Đông Âu ドーンム オゥ	East Europe **イー**スト **ユ**アロプ
どうかく **同格** doukaku	bằng vai, đồng vị ngữ バング ヴァーィ, ドーンム ヴィー ングー	(the) same rank (ザ) **セ**イム **ラ**ンク
どうかする **同化する** doukasuru	đồng hoá ドーンム フアー	assimilate ア**スィ**ミレイト
とうがらし **唐辛子** tougarashi	ớt, quả ớt オーッ, クアー オーッ	red pepper **レ**ド **ペ**パ
どうかんである **同感である** doukandearu	đồng cảm, đồng tình ドーンム カーム, ドーンム ティン	agree with ア**グ**リー **ウィ**ズ
とうき **冬期** touki	mùa đông ムア ドーンム	wintertime **ウィ**ンタタイム
とうき **投機** touki	đầu cơ, đầu cơ tích trữ ドゥ コー, ドゥ コー ティク チュー	speculation スペキュ**レ**イション
とうき **陶器** touki	đồ bằng đất nung, đồ gốm ドー バング ドッ ヌーンム, ドー ゴーム	earthenware, ceramics **アー**スンウェア, スィ**ラ**ミクス
とうぎ **討議** tougi	sự thảo luận, bàn luận スー タハーゥ ルオン, バーン ルオン	discussion ディス**カ**ション
〜する	thảo luận, bàn luận タハーゥ ルオン, バーン ルオン	discuss ディス**カ**ス
どうき **動機** douki	động cơ, cớ ドーンム コー, コー	motive **モウ**ティヴ
どうぎ **動議** dougi	đề nghị デー ンギー	motion **モウ**ション

日	越	英
どうぎご **同義語** dougigo	từ đồng nghĩa トゥ ドーンム ンギア	synonym ス**ィ**ノニム
とうきゅう **等級** toukyuu	cấp bậc, thứ hạng コプ ボク, トゥフー ハーング	class, rank ク**ラ**ス, **ラ**ンク
とうぎゅう **闘牛** tougyuu	đấu bò, trận đấu bò ドゥ ボー, チョン ドゥ ボー	bullfight **ブ**ルファイト
〜士	người đấu bò, hiệp sĩ đấu bò ングオイ ドゥ ボー, ヒエプ シー ドゥ ボー	bullfighter, matador **ブ**ルファイタ, **マ**タド
どうきゅうせい **同級生** doukyuusei	bạn cùng lớp バーン クーンム ロープ	classmate ク**ラ**スメイト
どうきょする **同居する** doukyosuru	sống chung, ăn chung ソーンム チューンム, アン チューンム	live with **リ**ヴ ウィズ
どうぐ **道具** dougu	công cụ, dụng cụ コーンム クー, ズーンム クー	tool ト**ゥ**ール
とうけい **統計** toukei	thống kê トホーンム ケー	statistics スタ**テ**ィスティクス
〜学	thống kê học トホーンム ケー ホークプ	statistics スタ**テ**ィスティクス
とうげい **陶芸** tougei	công nghệ sành sứ コーンム ンゲー サイン スー	ceramics スィ**ラ**ミクス
とうけつする **凍結する** touketsusuru	đóng băng, đông lại ドーンム バング, ドーンム ラーイ	freeze フ**リ**ーズ
(賃金・物価を)	bình ổn giá cả ビン オーン ザー カー	freeze フ**リ**ーズ
とうごう **統合** tougou	sự nhập vào, sáp nhập スー ニオプ ヴァーウ, サープ ニオプ	unity, unification **ユ**ーニティ, ユーニフィ**ケ**イション
〜する	nhập vào, sáp nhập ニオプ ヴァーウ, サープ ニオプ	unite, unify ユー**ナ**イト, **ユ**ーニファイ

日	越	英
どうこう **動向** doukou	xu hướng, khuynh hướng スー フオング, クフインフ フオング	trend, tendency ト**レ**ンド, **テ**ンデンスィ
とうこうする **登校する** toukousuru	đi học, đến trường ディー ホークプ, デーン チュオング	go to school **ゴ**ウ トゥ ス**ク**ール
どうこうする **同行する** doukousuru	đồng hành, cùng đi ドーム ハイン, クーン ディー	go together **ゴ**ウ ト**ゲ**ザ
どうさ **動作** dousa	động tác, cử động ドーム ターク, クー ドーンム	action **ア**クション
どうさつりょく **洞察力** dousatsuryoku	sức hiểu biết sâu sắc, hiểu thấu được bên trong sự việc スーク ヒエウ ビエッ ソウ サク, ヒエウ トホウ ドゥオク ベーン チオーンム スー ヴィエク	insight **イ**ンサイト
とうざよきん **当座預金** touzayokin	tài khoản vãng lai, tiền gửi không kỳ hạn ターイ クフアーン ヴァーング ライ, ティエン グーイ コホーンム キー ハーン	current deposit **カ**ーレント ディ**パ**ズィト
どうさん **動産** dousan	tài sản không cố định, động sản ターイ サーン コホーンム コー ディン, ドーンム サーン	movables **ム**ーヴァブルズ
とうさんする **倒産する** tousansuru	phá sản, vỡ nợ ファー サーン, ヴォー ノー	go bankrupt **ゴ**ウ **バ**ンクラプト
とうし **投資** toushi	sự đầu tư, bỏ vốn スー ドゥ トゥー, ボー ヴォーン	investment イン**ヴェ**ストメント
~家	người đầu tư ングオイ ドゥ トゥー	investor イン**ヴェ**スタ
~する	đầu tư, bỏ vốn ドゥ トゥー, ボー ヴォーン	invest イン**ヴェ**スト
とうし **闘志** toushi	khí thế chiến đấu, tinh thần chiến đấu キヒー テヘー チエン ドゥ, ティン トホン チエン ドゥ	fighting spirit **ファ**イティング ス**ピ**リト
とうじ **冬至** touji	đông chí ドーム チー	winter solstice **ウィ**ンタ **サ**ルスティス

日	越	英
とうじ **当時** touji	đương thời, lúc bấy giờ ドゥオング トホーイ, ルークプ ボイ ゾー	at that time アト ザト タイム
どうし **動詞** doushi	động từ ドーンム トゥー	verb ヴァープ
どうし **同志** doushi	đồng chí ドーンム チー	comrades カムラズ
とうしする **凍死する** toushisuru	chết cóng, chết rét チェーッ コーンム, チェーッ ゼーッ	(be) frozen to death (ビ) フロウズン トゥ デス
どうじだいの **同時代の** doujidaino	cùng thời クーンム トホーイ	contemporary コンテンポレリ
とうじつ **当日** toujitsu	ngày đó, chính ngày đó ンガイ ドー, チンン ンガイ ドー	that day ザト デイ
どうしつの **同質の** doushitsuno	cùng tính chất クーンム ティン チォッ	homogeneous ホウモチーニアス
どうして **どうして** (なぜ) doushite	tại sao, vì sao ターイ サーゥ, ヴィー サーゥ	why (ホ)ワイ
(どのように)	thế nào, làm sao テヘー ナーゥ, ラーム サーゥ	how ハウ
どうしても **どうしても** doushitemo	dù sao cũng, thế nào cũng ズー サーゥ クーンム, テヘー ナーゥ クーンム	by all means バイ オール ミーンズ
どうじに **同時に** doujini	đồng thời, cùng một lúc ドーンム トホーイ, クーンム モーッ ルークプ	at the same time アト ザ セイム タイム
とうじの **当時の** toujino	đương thời, lúc bấy giờ ドゥオング トホーイ, ルークプ ボイ ゾー	of those days オヴ ゾウズ デイズ
とうじょう **搭乗** toujou	sự lên máy bay, lên tàu スー レーン マイ バイ, レーン タゥ	boarding ボーディング
～する	lên máy bay, lên tàu レーン マイ バイ, レーン タゥ	board ボード

日	越	英
どうじょう **同情** doujou	sự đồng tình, thông cảm	sympathy
〜する	đồng tình, thông cảm	sympathize with
とうじょうする **登場する** toujousuru	ra mắt, xuất hiện	enter, appear
とうしょする **投書する** toushosuru	gửi đăng bài	write a letter to
とうすいする **陶酔する** tousuisuru	say sưa, say đắm	(be) intoxicated with
どうせ （どのみち） **どうせ** douse	cách nào cũng, dù sao chăng nữa	anyway
（結局）	cuối cùng, rốt cuộc	after all
とうせい **統制** tousei	sự khống chế, kiểm soát	control, regulation
〜する	khống chế, kiểm soát	control, regulate
どうせい **同性** dousei	cùng giới tính, đồng giới	same sex
どうせいする **同棲する** douseisuru	ăn nằm, ăn ở với nhau	cohabit with
とうぜん **当然** touzen	lẽ đương nhiên, dĩ nhiên	naturally
〜の	đương nhiên, dĩ nhiên	natural, right
とうせんする **当選する** （懸賞に） tousensuru	trúng giải, đoạt giải	win the prize

日	越	英
(選挙で)	trúng cử, đắc cử チューンム クー, ダック クー	(be) elected (ビ) イレクテド
どうぞ douzo	mời, xin mời モーィ, シーン モーィ	please プリーズ
とうそう 闘争 tousou	đấu tranh, tranh đấu ドゥ チャイン, チャイン ドゥ	fight, struggle ファイト, ストラグル
どうぞう 銅像 douzou	tượng đồng, pho tượng đồng トゥオング ドーンム, フォー トゥオング ドーンム	bronze statue ブランズ スタチュー
どうそうかい 同窓会 dousoukai	buổi họp mặt lớp, hội đồng song ブオィ ホープ マッ ロープ, ホーィ ドーンム ソーンム	class reunion クラス リーユーニャン
どうそうせい 同窓生 dousousei	bạn cùng học một trường, bạn đồng song バーン クーンム ホークプ モーッ チュオング, バーン ドーンム ソーンム	alumni アラムナイ
とうだい 灯台 toudai	hải đăng, đèn biển ハーィ ダング, デーン ビエン	lighthouse ライトハウス
どうたい 胴体 doutai	mình, thân mình ミン, トホン ミン	body, trunk バディ, トランク
とうち 統治 touchi	sự cai trị, thống trị スー カーィ チー, トホーンム チー	rule, reign ルール, レイン
〜する	cai trị, thống trị カーィ チー, トホーンム チー	govern ガヴァン
とうちゃく 到着 touchaku	sự đến nơi スー デーン ノーィ	arrival アライヴァル
〜する	đến, đến nơi デーン, デーン ノーィ	arrive at アライヴ アト
とうちょうする 盗聴する touchousuru	nghe trộm, nghe lén ンゲー チォーム, ンゲー レーン	wiretap, bug ワイアタプ, バグ

日	越	英
とうてい **到底** toutei	hoàn toàn không, chẳng chút nào フアーン トゥアーン コホーンム, チャング チューツ ナーウ	not at all **ナ**ト アト **オ**ール
どうてん **同点** douten	ngang điểm, hoà nhau ンガーング ディエム, フアー ニャウ	tie, draw **タ**イ, ド**ロ**ー
とうとい **尊い** toutoi	quý giá, quý báu クイー ザー, クイー バウ	precious プ**レ**シャス
（身分の高い）	cao quý, tao nhã カーウ クイー, ターウ ニャー	noble **ノ**ウブル
とうとう **とうとう** toutou	cuối cùng, chung cuộc クオイ クーンム, チューンム クオク	at last アト **ラ**スト
どうどうと **堂々と** doudouto	đàng hoàng, đường hoàng ダーング フアーング, ドゥオング フアーング	with great dignity ウィズ グレイト **ディグ**ニティ
どうとうの **同等の** doutouno	tương đồng, tương đương トゥオング ドーンム, トゥオング ドゥオング	equal **イ**ークワル
どうとく **道徳** doutoku	đạo đức ダーウ ドゥーク	morality モ**ラ**リティ
～的な	đạo đức, đạo nghĩa ダーウ ドゥーク, ダーウ ンギア	moral **モ**ーラル
とうなん **東南** tounan	Đông Nam ドーンム ナーム	southeast **サ**ウスウェスト
とうなん **盗難** tounan	ăn cắp, ăn trộm アン カプ, アン チオーム	robbery **ラ**バリ
とうなんあじあ **東南アジア** tounan-ajia	Đông Nam Á, Đông Nam châu Á ドーンム ナーム アー, ドーンム ナーム チョウ アー	Southeast Asia サウス**イ**ースト **エ**イジャ
どうにゅうする **導入する** dounyuusuru	đưa vào, đem vào ドゥア ヴァーウ, デーム ヴァーウ	introduce イントロ**デュ**ース
とうにょうびょう **糖尿病** tounyoubyou	tiểu đường, đái đường ティエウ ドゥオング, ダーイ ドゥオング	diabetes ダイア**ビ**ーティーズ

日	越	英
どうねんぱいの **同年輩の** dounenpaino	cùng lứa クーンム ルア	of the same age オヴ ザ **セイ**ム **エイ**ヂ
とうばん **当番** touban	lượt, phiên ルオッ, フィエン	turn **ター**ン
どうはんする **同伴する** douhansuru	đi cùng, đi chung ディー クーンム, ディー チューンム	accompany ア**カ**ンパニ
とうひ **逃避** touhi	lánh né, tránh né ラインネー, チャインネー	escape イス**ケ**イプ
とうひょう **投票** touhyou	sự bỏ phiếu, bỏ phiếu bầu スー ボー フィエゥ, ボー フィエゥ ボゥ	voting **ヴォ**ウティング
～する	bỏ phiếu, bỏ thăm ボー フィエゥ, ボー タハム	vote for **ヴォ**ウト フォ
とうぶ **東部** toubu	miền Đông ミエン ドーンム	eastern part **イー**スタン **パー**ト
どうふうする **同封する** doufuusuru	gửi kèm theo, bỏ kèm theo グーイ ケーム テヘーウ, ボー ケーム テヘーウ	enclose インク**ロ**ウズ
どうぶつ **動物** doubutsu	động vật, loài vật ドーンム ヴォッ, ルアーイ ヴォッ	animal **ア**ニマル
～園	vườn bách thú, thảo cầm viên ヴオン バイク トゥフー, タハーウ コム ヴィエン	zoo **ズー**
とうぶん **当分** toubun	thời gian này, thời gian hiện tại トホーイ ザーン ナイ, トホーイ ザーン ヒエン ターイ	for the time being フォ ザ **タ**イム **ビー**イング
とうぶん **糖分** toubun	thành phần đường タハイン フォン ドゥオング	sugar content **シュ**ガ **カ**ンテント
どうほう **同胞** douhou	đồng bào ドーンム バーウ	countryman, compatriot **カ**ントリマン, コン**ペ**イトリオト
とうぼうする **逃亡する** toubousuru	trốn, trốn chạy チョーン, チョーン チャイ	escape from イス**ケ**イプ フラム

日	越	英
とうほく **東北** touhoku	Đông Bắc ドーム バク	northeast ノース**イ**ースト
どうみゃく **動脈** doumyaku	động mạch ドーム マイク	artery **ア**ータリ
とうみん **冬眠** toumin	ngủ đông ングー ドーム	hibernation ハイバ**ネ**イション
どうめい **同盟** doumei	đồng minh, liên minh ドーム ミン, リエン ミン	alliance ア**ラ**イアンス
とうめいな **透明な** toumeina	trong suốt, trong sáng チョーンム スオッ, チョーンム サーング	transparent トランス**ペ**アレント
とうめん **当面** toumen	hiện giờ, vào lúc này ヒエン ゾー, ヴァーウ ルークプ ナイ	for the present フォ ザ プ**レ**ズント
とうもろこし **玉蜀黍** toumorokoshi	bắp, ngô バプ, ンゴー	corn, maize **コ**ーン, **メ**イズ
とうゆ **灯油** touyu	dầu hoả, dầu lửa ゾゥ フアー, ゾゥ ルア	kerosene, Ⓑparaffin ケロ**シ**ーン, **パ**ラフィン
とうよう **東洋** touyou	Phương Đông フオング ドーム	(the) East, (the) Orient (ズィ) **イ**ースト, (ズィ) **オ**ーリエント
どうようする **動揺する** douyousuru	dao động, nao núng ザーウ ドーム, ナーウ ヌーンム	(be) agitated (ビ) ア**ヂ**テイテド
どうように **同様に** douyouni	giống nhau, như nhau ゾーンム ニャウ, ニュー ニャウ	in the same way イン ザ **セ**イム **ウェ**イ
どうようの **同様の** douyouno	giống nhau, như nhau ゾーンム ニャウ, ニュー ニャウ	similar, like ス**ィ**ミラ, **ラ**イク
どうらく **道楽** douraku	ăn chơi, tiêu khiển アン チョーイ, ティエウ キヒエン	hobby, pastime **ハ**ビ, **パ**スタイム
どうり **道理** douri	đạo lý, đạo nghĩa ダーゥ リー, ダーゥ ンギア	reason **リ**ーズン

日	越	英
どうりょう **同僚** douryou	đồng nghiệp, bạn đồng nghiệp ドーンム ンギエプ, バーン ドーンム ンギエプ	colleague カリーグ
どうりょく **動力** douryoku	động lực ドーンム ルーク	power, motive power パウア, モウティヴ パウア
どうろ **道路** douro	đường xá, đường phố ドゥオング サー, ドゥオング フォー	road ロウド
とうろくする **登録する** tourokusuru	đăng ký, đăng bạ ダング キー, ダング バー	register, enter in レヂスタ, エンタ イン
とうろん **討論** touron	sự thảo luận, bàn luận スー タハーウ ルオン, バーン ルオン	discussion ディスカション
～する	thảo luận, bàn luận タハーウ ルオン, バーン ルオン	discuss ディスカス
どうわ **童話** douwa	đồng thoại, truyện nhi đồng ドーンム トゥフアーイ, チュイエン ニードーンム	fairy tale フェアリ テイル
とうわくする **当惑する** touwakusuru	lúng túng, bối rối ルーンム トゥーンム, ボーイ ゾーイ	(be) embarrassed (ビ) インバラスト
とおい **遠い** tooi	xa, xa xôi サー, サー ソーイ	far, distant ファー, ディスタント
とおくに **遠くに** tookuni	ở xa, nơi xa オー サー, ノーイ サー	far away ファー アウェイ
とおざかる **遠ざかる** toozakaru	tránh xa, rời xa チャイン サー, ゾーイ サー	go away ゴウ アウェイ
とおざける **遠ざける** toozakeru	đẩy ra xa, tránh xa ドィ ザー サー, チャイン サー	keep away キープ アウェイ
とおす **通す**(人や乗り物を) toosu	cho đi qua, để cho đi qua チョー ディー クアー, デー チョー ディー クアー	let [pass] through レト [パス] スルー
(部屋に)	cho vào, mời vào チョー ヴァーウ, モーイ ヴァーウ	show in ショウ イン

日	越	英
とーすと **トースト** toosuto	bánh mì nướng, nướng bánh mì バイン ミー ヌオング, ヌオング バイン ミー	toast トウスト
とーなめんと **トーナメント** toonamento	đấu vòng loại ドゥ ヴォーンム ルアーイ	tournament トゥアナメント
どーぴんぐ **ドーピング** doopingu	dùng chất kích thích, doping ズーンム チョッ キク ティヒク, ドーピン	doping ドゥピング
とおまわしに **遠回しに** toomawashini	vòng quanh, vòng vo ヴォーンム クアイン, ヴォーンム ヴォー	indirectly インディレクトリ
とおまわり **遠回り** toomawari	đường vòng ドゥオング ヴォーンム	detour ディートゥア
～する	đi đường vòng ディー ドゥオング ヴォーンム	make a detour メイク ア ディートゥア
どーむ **ドーム** doomu	mái vòm, vòm マーイ ヴォーム, ヴォーム	dome ドウム
とおり **通り** toori	phố, đường フォー, ドゥオング	road, street ロウド, ストリート
とおりかかる **通り掛かる** toorikakaru	đi ngang qua, tình cờ đi ngang qua ディー ンガーング クアー, ティン コー ディー ンガーング クアー	happen to pass ハプン トゥ パス
とおりすぎる **通り過ぎる** toorisugiru	đi quá, đi vượt quá ディー クアー, ディー ヴォッ クアー	pass by パス バイ
とおりぬける **通り抜ける** toorinukeru	đi xuyên qua ディー スイエン クアー	go through, cut through ゴウ スルー, カト スルー
とおりみち **通り道** toorimichi	đường đi, lối đi ドゥオング ディー, ローイ ディー	way to ウェイ トゥ
とおる **通る** tooru	qua, thông qua クアー, トホーンム クアー	pass パス
とかい **都会** tokai	thành phố, đô thị タハイン フォー, ドー ティヒー	city, town スィティ, タウン

日	越	英
とかげ **蜥蜴** tokage	thằn lằn, tắc kè タハン ラン, タク ケー	lizard リザド
とかす **梳かす** tokasu	chải, chải đầu チャーイ, チャーイ ドゥ	comb コウム
とかす **溶かす** tokasu	làm tan chảy, làm tan ra ラーム ターン チャイ, ラーム ターン ザー	melt, dissolve メルト, ディザルヴ
とがった **尖った** togatta	nhọn, nhọn đầu ニョーン, ニョーン ドゥ	pointed ポインテド
とがめる **とがめる** togameru	khiển trách, trách mắng キヒエン チャイク, チャイク マング	blame ブレイム
とき **時** toki	lúc, buổi ルークプ, ブオイ	time, hour タイム, アウア
どぎつい **どぎつい** dogitsui	loè loẹt, sặc sỡ ルエー ルエーッ, サク ソー	loud, gaudy ラウド, ゴーディ
どきっとする **どきっとする** dokittosuru	ngạc nhiên, kinh ngạc ンガーク ニエン, キン ンガーク	(be) shocked (ビ) シャクト
ときどき **時々** tokidoki	thỉnh thoảng, đôi khi ティヒン トゥファアング, ドーイ キヒー	sometimes サムタイムズ
どきどきする **どきどきする** dokidokisuru	bồn chồn, thấp thỏm ボーン チョーン, トホプ トホーム	beat, throb ビート, スラブ
どきゅめんたりー **ドキュメンタリー** dokyumentarii	bài ký, phim tài liệu バーィ キー, フィーム ターィ リエゥ	documentary ダキュメンタリ
どきょう **度胸** dokyou	gan dạ, can đảm ガーン ザー, カーン ダーム	courage, bravery カーリヂ, ブレイヴァリ
とぎれる **途切れる** togireru	đứt quãng, gián đoạn ドゥック クアーング, ザーン ドゥアーン	break, stop ブレイク, スタプ
とく **解く** (ほどく) toku	gỡ, tháo ゴー, タハーゥ	untie, undo アンタイ, アンドゥー
(解除する)	tháo gỡ, giải trừ タハーゥ ゴー, ザーィ チュー	cancel, release キャンセル, リリース

日	越	英
(解答する)	giải, giải đáp	solve, answer
得 (儲け) toku	lãi, lời	profit, gains
(有利)	có lợi, thuận lợi	advantage, benefit
研ぐ togu	mài, giũa	grind, whet
退く doku	lùi, rút	get out of the way
毒 doku	độc, chất độc	poison
得意 (得手) tokui	tài giỏi, khéo tay	forte, specialty
～先	khách hàng	customer, patron
～である	đắc ý, đắc chí	(be) good at
特異な tokuina	khác thường, khác biệt	peculiar
毒ガス dokugasu	hơi độc, khí độc	poison gas
特技 tokugi	tài năng đặc biệt	specialty
独裁 dokusai	độc tài, chuyên chế	dictatorship
～者	kẻ độc tài	dictator

日	越	英
とくさつ **特撮** tokusatsu	quay phim đặc biệt, quay sử dụng hiệu ứng đặc biệt クアイ フィーム ダク ビエッ, クアイ スーズーンム ヒエゥ ウーング ダク ビエッ	special effects スペシャル イフェクツ
とくさんひん **特産品** tokusanhin	đặc sản, sản vật đặc biệt ダク サーン, サーン ヴォッ ダク ビエッ	special product スペシャル プラダクト
どくじの **独自の** dokujino	độc đáo, độc nhất vô song ドークプ ダーゥ, ドークプ ニオッ ヴォーソーンム	original, unique オリヂナル, ユーニーク
どくしゃ **読者** dokusha	bạn đọc, độc giả バーン ドークプ, ドークプ ザー	reader リーダ
とくしゅう **特集** tokushuu	số đặc biệt ソー ダク ビエッ	feature articles フィーチャ アーティクルズ
とくしゅな **特殊な** tokushuna	đặc thù, đặc trưng ダク トゥフー, ダク チューング	special, unique スペシャル, ユーニーク
どくしょ **読書** dokusho	đọc sách ドークプ サイク	reading リーディング
とくしょく **特色** tokushoku	đặc điểm, nét đặc sắc ダク ディエム, ネーッ ダク サク	characteristic キャラクタリスティク
どくしんの **独身の** dokushinno	độc thân, đơn thân ドークプ トホン, ドーン トホン	unmarried, single アンマリド, スィングル
どくぜつ **毒舌** dokuzetsu	độc mồm độc miệng, mồm miệng cay độc ドークプ モーム ドークプ ミエング, モーム ミエング カイ ドークプ	spiteful tongue スパイトフル タング
どくせんする **独占する** dokusensuru	độc chiếm, chiếm hữu ドークプ チエム, チエム フーゥ	monopolize モナポライズ
どくそうてきな **独創的な** dokusoutekina	độc đáo, đầy tính sáng tạo ドークプ ダーゥ, ドイ ティン サーング ターゥ	original オリヂナル
とくそくする **督促する** tokusokusuru	thúc giục, nài ép トゥフークプ ズークプ, ナーイ エープ	press, urge プレス, アーヂ

日	越	英
どくだんで **独断で** dokudande	độc đoán ドークプ ドゥアーン	on one's own judgment オン **オ**ウン **チャ**ヂメント
とくちょう **特徴** tokuchou	đặc trưng, đặc điểm riêng ダク チューング, ダク ディエム ジエング	characteristic キャラクタ**リ**スティク
とくちょう **特長** (長所) tokuchou	sở trường, điểm mạnh ソー チュオング, ディエム マイン	merit, strong point **メ**リト, スト**ロ**ーング **ポ**イント
とくていの **特定の** tokuteino	đặc biệt, riêng biệt ダク ビエッ, ジエング ビエッ	specific, specified スピス**ィ**フィク, スペス**ィ**ファイド
とくてん **得点** tokuten	số điểm, số bàn thắng ソー ディエム, ソー バーン タハング	score, points ス**コ**ー, **ポ**インツ
どくとくの **独特の** dokutokuno	độc đáo, độc nhất vô nhị ドークプ ダーウ, ドークプ ニォッ ヴォーニー	unique, peculiar ユー**ニ**ーク, ピ**キュ**ーリア
とくに **特に** tokuni	đặc biệt là, nhất là ダク ビエッ ラー, ニォッ ラー	especially イス**ペ**シャリ
とくはいん **特派員** tokuhain	đặc phái viên ダク ファーイ ヴィエン	(special) correspondent (ス**ペ**シャル) コレス**パ**ンデント
とくべつの **特別の** tokubetsuno	đặc biệt ダク ビエッ	special, exceptional ス**ペ**シャル, イク**セ**プショナル
とくめい **匿名** tokumei	nặc danh, giấu tên ナク ザイン, ゾウ テーン	anonymity アノ**ニ**ミティ
とくゆうの **特有の** tokuyuuno	riêng biệt, độc đáo ジエング ビエッ, ドークプ ダーウ	peculiar to ピ**キュ**ーリア トゥ
どくりつ **独立** dokuritsu	độc lập, tự lập ドークプ ロプ, トゥー ロプ	independence インディ**ペ**ンデンス
~の	độc lập, tự lực ドークプ ロプ, トゥー ルーク	independent インディ**ペ**ンデント
どくりょくで **独力で** dokuryokude	tự lực トゥー ルーク	by oneself バイ

日	越	英
とげ **棘** toge	gai, cái gai	thorn, prickle
とけい **時計** tokei	đồng hồ	watch, clock
とける **溶ける** tokeru	chảy, tan	melt, dissolve
とける **解ける** (紐などが) tokeru	lỏng, được gỡ ra	(get) loose
(問題が)	được tháo gỡ, giải quyết	(be) solved
とげる **遂げる** togeru	làm rốt ráo, làm đến nơi đến chốn	accomplish, complete
どける **退ける** dokeru	gạt, loại bỏ	remove
どこ **どこ** doko	đâu, nơi nào	where
どこか **どこか** dokoka	đâu đấy, nơi nào đó	somewhere
とこや **床屋** tokoya	hiệu cắt tóc, tiệm cắt tóc	barbershop
ところ **所** (場所) tokoro	chỗ, nơi chốn	place, spot
(部分)	phần, bộ phận	part
ところどころ **所々** tokorodokoro	đó đây, đây đó	here and there
とざす **閉ざす** tozasu	đóng, khép	shut, close

日	越	英
とざん **登山** tozan	leo núi, trèo núi レーウ ヌーイ, チェーウ ヌーイ	mountain climbing **マウンテン クライミング**
～家	người leo núi ングオィ レーウ ヌーイ	mountaineer **マウティニア**
とし **都市** toshi	thành phố, đô thị タハイン フォー, ドー テイヒー	city **スィティ**
とし **年** toshi	năm ナム	year **イヤ**
（歳・年齢）	tuổi, tuổi tác トゥオィ, トゥオィ ターク	age, years **エイヂ, イヤズ**
～を取る	già đi, có tuổi ザー ディー, コー トゥオィ	grow old **グロウ オウルド**
としうえの **年上の** toshiueno	lớn tuổi hơn, nhiều tuổi hơn ローン トゥオィ ホーン, ニエウ トゥオィ ホーン	older **オウルダ**
とじこめる **閉じ込める** tojikomeru	nhốt, giam ニォーッ, ザーム	shut, confine **シャト, コンファイン**
とじこもる **閉じこもる** tojikomoru	tự nhốt mình trong phòng, giam mình trong nhà トゥー ニォーッ ミン チォーンム フォーンム, ザーム ミン チォーンム ニャー	shut oneself up **シャト アプ**
としⅼたの **年下の** toshishitano	trẻ tuổi hơn, ít tuổi hơn チェー トゥオィ ホーン, イーッ トゥオィ ホーン	younger **ヤンガ**
としつき **年月** toshitsuki	ngày tháng ンガイ ターンング	time, years **タイム, イヤズ**
どしゃ **土砂** dosha	đất cát ドッ カーッ	earth and sand **アース アンド サンド**
～崩れ	sạt đất, lở đất サーッ ドッ, ロー ドッ	landslide **ランドスライド**
としょ **図書** tosho	sách báo サイク バーウ	books **ブクス**

日	越	英
～館	thư viện	library
土壌 (どじょう) dojou	đất đai, thổ nhưỡng	soil
年寄り (としより) toshiyori	người già, người nhiều tuổi	elderly (people)
綴じる (とじる) tojiru	đóng sách, đóng thành file	bind, file
閉じる (とじる) tojiru	đóng, khép	shut, close
都心 (としん) toshin	trung tâm thành phố	city center, downtown
土星 (どせい) dosei	sao Thổ, Thổ Tinh	Saturn
塗装 (とそう) tosou	sơn, quét sơn	painting, coating
土台 (どだい) dodai	nền, nền tảng	foundation, base
途絶える (とだえる) todaeru	ngừng, dứt	stop, cease
戸棚 (とだな) todana	tủ, tủ kính	cabinet, cupboard
土壇場 (どたんば) dotanba	giờ chót, phút cuối	(the) last moment
土地 (とち) tochi	đất, đất đai	land
途中で (とちゅうで) tochuude	trên đường, giữa đường	on one's way

日	越	英
どちら (どこ) dochira	nơi nào, phía nào	where
(どれ)	cái nào	which
とっか 特価 tokka	giá đặc biệt	special price
どっかいりょく 読解力 dokkairyoku	khả năng đọc hiểu	reading ability
とっきゅう 特急 tokkyuu	tốc hành đặc biệt	special express (train)
とっきょ 特許 tokkyo	bằng sáng chế	patent
とっくん 特訓 tokkun	huấn luyện đặc biệt	special training
とっけん 特権 tokken	đặc quyền	privilege
どっしりした dosshirishita	vững chắc, nặng trịch	heavy, dignified
とっしんする 突進する tosshinsuru	xông tới, lao tới	rush at, dash at
とつぜん 突然 totsuzen	bỗng dưng, đột nhiên	suddenly
とって 取っ手 totte	cán, tông	handle, knob
どっと ドット dotto	chấm, điểm	dot
とつにゅうする 突入する totsunyuusuru	lao vào, xộc vào	rush into

日	越	英
とっぱする **突破する** toppasuru	đột phá ドゥッ ファー	break through ブレイク スルー
とっぷ **トップ** toppu	đầu, đầu bảng ドゥ, ドゥ バーング	top **タ**プ
とても **とても** totemo	rất, lắm ゾッ, ラム	very **ヴェ**リ
とどく **届く** (達する) todoku	đến được, giao đến デーン ドゥオク, ザーウ デーン	reach **リ**ーチ
(到着する)	đến nơi, tới nơi デーン ノーイ, トーイ ノーイ	arrive at ア**ラ**イヴ アト
とどけ **届け** todoke	đơn, đơn xin ドーン, ドーン シーン	report, notice リ**ポ**ート, **ノ**ウティス
とどける **届ける** (送る) todokeru	gửi đến, giao đến グーイ デーン, ザーウ デーン	send, deliver **セ**ンド, ディ**リ**ヴァ
(届け出る)	gửi đơn, nộp đơn グーイ ドーン, ノープ ドーン	report to, notify リ**ポ**ート トゥ, **ノ**ウティファイ
とどこおる **滞る** todokooru	trì trệ, chậm trễ チー チェー, チョム チェー	(be) delayed (ビ) ディ**レ**イド
ととのう **整う** (準備される) totonou	sẵn sàng サン サーング	(be) ready (ビ) **レ**ディ
(整理される)	gọn ghẽ, ngăn nắp ゴーン ゲー, ンガン ナプ	(be) in good order (ビ) イン **グ**ド **オ**ーダ
ととのえる **整える** (準備する) totonoeru	sửa soạn, chuẩn bị スア スアーン, チュオン ビー	prepare プリ**ペ**ア
(整理する)	sắp xếp, dọn dẹp サプ セープ, ゾーン ゼープ	put in order **プ**ト イン **オ**ーダ
(調整する)	điều chỉnh, sửa đổi ディエウ チン, スア ドーイ	adjust, fix ア**チャ**スト, **フィ**クス
とどまる **止[留]まる** todomaru	lưu trú, tạm trú ルーウ チュー, タム チュー	stay, remain ス**テ**イ, リ**メ**イン

日	越	英
とどめる **止[留]める** todomeru	giữ, cầm lại ズー, コム ラーイ	retain リ**テ**イン
ドナー donaa	người cho, người quyên cúng ングオイ チョー, ングオイ クイエン クーン ム	donor **ド**ウナ
となえる **唱える** tonaeru	đề xướng, khởi xướng デー スオング, コホーイ スオング	recite, chant リ**サ**イト, **チャ**ント
となり **隣** tonari	cạnh, bên cạnh カイン, ベーン カイン	next door ネクスト **ド**ー
どなる **怒鳴る** donaru	hò hét, quát mắng ホー ヘーッ, クアーッ マング	shout, yell **シャ**ウト, **イェ**ル
とにかく tonikaku	dù sao cũng, thế nào cũng ズー サーウ クーンム, テヘー ナーウ クーンム	anyway エ**ニ**ウェイ
どの dono	nào ナーウ	which (ホ)**ウィ**チ
とばく **賭博** tobaku	bài bạc, cờ bạc バーイ バーク, コー バーク	gambling **ギャ**ンプリング
とばす **飛ばす** tobasu	thả, cho bay ターハー, チョー バイ	fly フ**ラ**イ
(抜かす)	nhảy, nhảy cóc ニャイ, ニャイ コークプ	skip ス**キ**プ
とびあがる **跳び上がる** tobiagaru	nhảy, nhảy lên ニャイ, ニャイ レーン	jump up, leap **チャ**ンプ **ア**プ, **リ**ープ
とびおりる **飛び降りる** tobioriru	nhảy xuống ニャイ スオング	jump down **チャ**ンプ **ダ**ウン
とびこえる **飛び越える** tobikoeru	nhảy qua, nhảy vọt ニャイ クアー, ニャイ ヴォーッ	jump over **チャ**ンプ **オ**ウヴァ
とびこむ **飛び込む** tobikomu	nhảy vào, nhào xuống ニャイ ヴァーウ, ニャーウ スオング	jump into, dive into **チャ**ンプ **イ**ントゥ, **ダ**イヴ **イ**ントゥ

日	越	英
とびだす **飛び出す** tobidasu	nhảy ra, tuôn ra ニャイ ザー, トゥオン ザー	fly out, jump out of フライ アウト, チャンプ アウト オヴ
とびちる **飛び散る** tobichiru	vãi, rải ra ヴァーイ, ザーイ ザー	scatter スキャタ
とびつく **飛びつく** tobitsuku	nắm lấy, chớp lấy ナム ロイ, チョープ ロイ	jump at, fly at チャンプ アト, フライ アト
とぴっく **トピック** topikku	chủ đề, đề mục チュー デー, デー ムークプ	topic タピク
とびのる **飛び乗る** tobinoru	nhảy lên ニャイ レーン	jump onto, hop チャンプ オントゥ, ハプ
とびはねる **跳び跳ねる** tobihaneru	nhảy nhót, nhảy cẫng ニャイ ニョーッ, ニャイ コング	hop, jump ハプ, チャンプ
とびら **扉** tobira	cửa, cánh cửa クア, カイン クア	door ドー
とぶ **跳ぶ** tobu	nhảy ニャイ	jump, leap チャンプ, リープ
とぶ **飛ぶ** tobu	bay バイ	fly, soar フライ, ソー
どぶ **どぶ** dobu	rãnh, mương ザイン, ムオング	ditch ディチ
どぼく **土木** doboku	thổ mộc, việc đào đắp xây dựng トホー モークプ, ヴィエク ダーウ ダプ ソイ ズーング	public works パブリク ワークス
とぼける **とぼける** tobokeru	giả vờ, làm bộ ザー ヴォー, ラーム ボー	feign ignorance フェイン イグノランス
とほで **徒歩で** tohode	đi bộ ディー ボー	on foot オン フト
とまと **トマト** tomato	cà chua, quả cà chua カー チュア, クアー カー チュア	tomato トメイトウ

日	越	英
とまどう **戸惑う** tomadou	lúng túng, bối rối	(be) at a loss
とまる **止まる** tomaru	ngưng, dừng	stop, halt
とまる **泊まる** tomaru	trọ, trú	stay at
とみ **富** tomi	của cải, tài sản	wealth
とむ **富む** tomu	giàu có, phú quý	(become) rich
とめがね **留め金** tomegane	móc, gài	clasp, hook
とめる **止める** (停止させる) tomeru	dừng, ngừng	stop
(スイッチを切る)	tắt	turn off
(禁止する)	ngăn cấm, cấm	forbid, prohibit
(制止する)	ngăn, cản	hold, check
とめる **泊める** tomeru	cho trọ, cho trú	take in
とめる **留める** tomeru	cài, thắt	fasten, fix
ともだち **友達** tomodachi	bạn, bạn bè	friend
ともなう **伴う** tomonau	đi cùng, đi với	accompany, follow
ともに **共に** (どちらも) tomoni	cùng, đều	both

日	越	英
(一緒に)	cùng, cùng với クーンム, クーンム ヴォーイ	with ウィズ
どようび 土曜日 doyoubi	thứ bảy トゥフー バイ	Saturday サタデイ
とら 虎 tora	hổ, cọp ホー, コープ	tiger タイガ
とらいあんぐる トライアングル toraianguru	hình tam giác, kẻng ba góc ヒン ターム ザーク, ケーング バー ゴーク プ	triangle トライアングル
どらいくりーにんぐ ドライクリーニング doraikuriiningu	giặt khô ザッ コホー	dry cleaning ドライ クリーニング
どらいばー ドライバー (ねじ回し) doraibaa	chìa vít, tua vít チア ヴィーッ, トゥア ヴィーッ	screwdriver スクルードライヴァ
(運転手)	lái xe, tài xế ラーイ セー, ターイ セー	driver ドライヴァ
どらいぶ ドライブ doraibu	lái xe, lái xe đi chơi ラーイ セー, ラーイ セー ディー チョーイ	drive ドライヴ
～イン	trạm dừng chân, quán ăn ở trạm dừng chân チャーム ズーング チョン, クアーン アン オー チャーム ズーング チョン	drive-in ドライヴイン
どらいやー ドライヤー doraiyaa	máy sấy, máy sấy tóc マイ ソイ, マイ ソイ トークプ	dryer ドライア
とらっく トラック torakku	xe tải セー ターイ	truck, ⒝lorry トラク, ローリ
(競走路の)	đường đua chạy điền kinh ドゥオング ドゥア チャイ ディエン キン	track トラク
とらぶる トラブル toraburu	trục trặc, vướng mắc チュークプ チャク, ヴオング マク	trouble トラブル
とらべらーずちぇっく トラベラーズ チェック toraberaazuchekku	séc du lịch セーク ズー リク	traveler's check トラヴラズ チェク

日	越	英
ドラマ dorama	kịch, phim kịch キク, フィーム キク	drama ドラーマ
ドラム doramu	trống, cái trống チョーンム, カーイ チョーンム	drum ドラム
トランク toranku	va li ヴァー リー	trunk, suitcase トランク, スートケイス
（車の）	hòm xe, cốp xe ホーム セー, コープ セー	trunk トランク
トランクス torankusu	quần đùi, quần xà lỏn クオン ドゥーイ, クオン サー ローン	trunks トランクス
トランプ toranpu	tú lơ khơ, bài tây トゥー ロー コホー, バーイ トイ	cards カーヅ
トランペット toranpetto	kèn trompet ケーン トゥロムペッ	trumpet トランペト
鳥 tori	chim チーム	bird バード
取りあえず toriaezu	tạm thời, trước mắt ターム トホーイ, チュオク マッ	for the time being フォ ザ タイム ビーイング
取り上げる （奪い取る） toriageru	cướp, cướp giật クオプ, クオプ ザッ	take away テイク アウェイ
（採用する）	chọn, tuyển chọn チョーン, トゥイエン チョーン	adopt アダプト
取り扱う toriatsukau	sử dụng, điều khiển スー ズーンム, ディエウ キヒエン	handle, treat ハンドル, トリート
トリートメント toriitomento	xử lý, nước xả tóc スー リー, ヌオク サー トークプ	treatment トリートメント
取り柄 torie	sở trường, điểm mạnh ソー チュオング, ディエム マイン	merit メリト

日	越	英
とりおこなう **執り行う** toriokonau	thi hành, thực hiện	perform パフォーム
とりかえす **取り返す** torikaesu	lấy lại, thu lại	take back, recover テイク バク, リカヴァ
とりかえる **取り替える** torikaeru	thay, đổi	exchange, replace イクスチェインヂ, リプレイス
とりかわす **取り交わす** torikawasu	giao, trao đổi	exchange イクスチェインヂ
とりきめ **取り決め** torikime	hợp đồng, giao kèo	agreement アグリーメント
とりくむ **取り組む** torikumu	xử trí, tìm cách giải quyết	tackle, take on タクル, テイク オン
とりけす **取り消す** torikesu	huỷ, huỷ bỏ	cancel キャンセル
とりこ **虜** toriko	tù nhân, người bị bắt giữ	captive キャプティヴ
とりしまりやく **取締役** torishimariyaku	chức vụ trọng trách, thành viên hội đồng quản trị	director ディレクタ
とりしまる **取り締まる** torishimaru	giám sát, kiểm soát	control, regulate コントロウル, レギュレイト
とりしらべる **取り調べる** torishiraberu	thẩm tra, điều tra	investigate, inquire インヴェスティゲイト, インクワイア
とりだす **取り出す** toridasu	lấy ra, rút ra	take out テイク アウト
とりたてる **取り立てる** toritateru	đòi, bổ nhiệm	collect コレクト

日	越	英
とりっく **トリック** torikku	mưu mẹo, trò gian trá ムーウ メーウ, チョー ザーン チャー	trick トリク
とりつける **取り付ける** toritsukeru	lắp, lắp đặt ラプ, ラプ ダッ	install インストール
とりとめのない **取り留めのない** toritomenonai	rời rạc, không mạch lạc ゾーイ ザーク, コホーンム マイク ラーク	incoherent インコウヒアレント
とりにく **鶏肉** toriniku	thịt gà ティヒーッ ガー	chicken チキン
とりのぞく **取り除く** torinozoku	loại, trừ ルアーイ, チュー	remove リムーヴ
とりひき **取り引き** torihiki	giao dịch, mậu dịch ザーウ ジク, モウ ジク	transactions トランサクションズ
とりぶん **取り分** toribun	phần chia lãi フォン チア ラーイ	share シェア
とりまく **取り巻く** torimaku	vây quanh, vây vòng ヴォイ クアィン, ヴォイ ヴォーンム	surround サラウンド
とりみだす **取り乱す** torimidasu	bối rối, lúng túng ボーイ ゾーイ, ルーンム トゥーンム	(be) confused (ビ) コンフューズド
とりみんぐ **トリミング** torimingu	tỉa, xén ティア, セーン	trimming トリミング
とりもどす **取り戻す** torimodosu	lấy lại, giành lại ロイ ラーイ, ザィン ラーイ	take back, recover テイク バク, リカヴァ
とりやめる **取り止める** toriyameru	huỷ, huỷ bỏ フイー, フイー ボー	cancel, call off キャンセル, コール オーフ
とりゅふ **トリュフ** toryufu	nấm cục, nấm truffe ノム クークプ, ノム チュイプ	truffle トラフル
とりょう **塗料** toryou	sơn, thuốc màu ソーン, トゥフオク マウ	paint ペイント
どりょく **努力** doryoku	sự nỗ lực, cố gắng スー ノー ルーク, コー ガング	effort エフォト

日	越	英
～する	cố, cố gắng	make an effort
とりよせる **取り寄せる** toriyoseru	đặt mua, đặt hàng	order
どりる **ドリル** （工具の） doriru	khoan, mũi khoan	drill
とりわける **取り分ける** toriwakeru	phân chia, phân phối	distribute, serve
とる **取る** （手にする） toru	lấy, cầm	take, hold
（受け取る）	nhận, nhận được	get, receive
（除去する）	loại, trừ	take off, remove
（盗む）	ăn cắp, trộm	steal, rob
とる **採る** （採集する） toru	hái lượm, thu thập	gather, pick
（採用する）	tuyển dụng, lấy	adopt, take
とる **捕る** toru	bắt	catch, capture
どる **ドル** doru	đô la, dollar	dollar
とるこ **トルコ** toruko	Thổ Nhĩ Kỳ	Turkey
どれ **どれ** dore	cái nào, thứ nào	which
どれい **奴隷** dorei	nô lệ	slave

日	越	英
とれーど **トレード** toreedo	buôn bán, trao đổi mậu dịch ブオン バーン, チャーウ ドーイ モウ ジク	trading トレイディング
とれーなー **トレーナー** (衣服) toreenaa	quần áo thể thao クオン アーウ テヘー タハーウ	sweat shirt スウェト シャート
(運動の指導者)	huấn luyện viên フオン ルイエン ヴィエン	trainer トレイナ
とれーにんぐ **トレーニング** toreeningu	huấn luyện, rèn luyện フオン ルイエン, ゼーン ルイエン	training トレイニング
とれーらー **トレーラー** toreeraa	xe moóc, xe có rơ moóc セー モーック, セー コー ロー モーック	trailer トレイラ
どれす **ドレス** doresu	áo đầm dạ hội, lễ phục nữ アーウ ドム ザー ホーイ, レー フークプ ヌー	dress ドレス
どれっしんぐ **ドレッシング** doresshingu	ăn mặc, nước xốt アン マク, ヌオク ソーツ	dressing ドレスィング
とれる **取れる** toreru	bong, tróc ボーンム, チョークプ	come off カム オーフ
どろ **泥** doro	bùn, bùn lầy ブーン, ブーン ロイ	mud マド
どろどろの **どろどろの** dorodorono	nhão, mềm nhão ニャーウ, メーム ニャーウ	pulpy パルピ
とろふぃー **トロフィー** torofii	giải thưởng, cúp ザーイ トゥフオング, クープ	trophy トロウフィ
どろぼう **泥棒** dorobou	kẻ cắp, kẻ trộm ケー カプ, ケー チォーム	thief, burglar スィーフ, バーグラ
とろりーばす **トロリーバス** tororiibasu	ô tô điện, xe buýt chạy bằng điện オー トー ディエン, セー ブイーツ チャィ バング ディエン	trolley bus トラリ バス
とろんぼーん **トロンボーン** toronboon	kèn trombon ケーン トゥロムボン	trombone トランボウン

日	越	英
どわすれする **度忘れする** dowasuresuru	bất chợt quên, đột nhiên quên ボッ チョッ クエーン, ドッ ニエン クエーン	slip from one's memory スリップ フラム メモリ
とん **トン** ton	tấn トン	ton **タ**ン
どんかんな **鈍感な** donkanna	đần, không nhạy bén ドン, コホーンム ニャイ ベーン	dull, thickheaded, stupid **ダ**ル, ス**ィ**ックヘデド, ス**テュ**ーピド
どんこう **鈍行** donkou	tàu chậm, tàu chợ タウ チョム, タウ チョー	local train **ロ**ウカル ト**レ**イン
どんつう **鈍痛** dontsuu	nhức nhối, đau nhói ニュック ニョーイ, ダウ ニョーイ	dull pain **ダ**ル **ペ**イン
とんでもない **とんでもない** tondemonai	ghê gớm, ghê tởm ゲー ゴーム, ゲー トーム	awful, terrible **オ**ーフル, **テ**リブル
（思いがけない）	bất ngờ, bất thình lình ボッ ンゴー, ボッ ティヒン リン	surprising, shocking サプ**ラ**イズィング, **シャ**キング
どんな **どんな** donna	như thế nào, như sao ニュー テヘー ナーゥ, ニュー サーゥ	what (ホ)**ワ**ト
どんなに **どんなに** donnani	thế nào cũng, bao nhiêu cũng テヘー ナーゥ クーンム, バーゥ ニエゥ クーンム	however ハウ**エ**ヴァ
とんねる **トンネル** tonneru	đường hầm ドゥオング ホム	tunnel **タ**ネル
とんぼ **蜻蛉** tonbo	chuồn chuồn チュオン チュオン	dragonfly ド**ラ**ゴンフライ
とんや **問屋** ton-ya	cửa hàng bán buôn, cửa hàng bán sỉ クア ハーング バーン ブオン, クア ハーング バーン シー	wholesale store **ホ**ウルセイル ス**ト**ー
どんよくな **貪欲な** don-yokuna	tham lam タハーム ラーム	greedy グ**リ**ーディ

543

な, ナ

日	越	英
な **名** na	tên, danh tính テーン, ザイン ティン	name ネイム
ない **無い** (持っていない) nai	không, không có コホーンム, コホーンム コー	have no ハヴ ノウ
(存在しない)	không có, không tồn tại コホーンム コー, コホーンム トーン タイ	There is no ゼア イズ ノウ
ないか **内科** naika	khoa nội, nội khoa クファアー ノーイ, ノーイ クファアー	internal medicine インターナル メディスィン
〜医	bác sĩ khoa nội, bác sĩ nội khoa バーク シー クファアー ノーイ, バーク シー ノーイ クファアー	physician フィズィシャン
ないかく **内閣** naikaku	nội các ノーイ カーク	Cabinet, Ministry キャビネト, ミニストリ
ないこうてきな **内向的な** naikoutekina	hướng nội, thu mình vào trong フオング ノーイ, トゥフー ミン ヴァーウ チョーンム	introverted イントロヴァーテド
ないじぇりあ **ナイジェリア** naijeria	Ni giê ri a ニー ジェ リー アー	Nigeria ナイヂアリア
ないじゅ **内需** naiju	nhu cầu trong nước, nhu cầu nội địa ニュー コウ チョーンム ヌオク, ニュー コウ ノーイ ディア	domestic demand ドメスティク ディマンド
ないしょ **内緒** naisho	bí mật ビー モッ	secret スィークレト
ないしん **内心** naishin	nội tâm, trong lòng ノーイ トム, チョーンム ローンム	one's mind, one's heart マインド, ハート
ないせい **内政** naisei	nội chính, chính trị trong nước ノーイ チン, チン チー チョーンム ヌオク	domestic affairs ドメスティク アフェアズ

日	越	英
ないせん **内戦** naisen	nội chiến, cuộc nội chiến ノーイ チエン, クオク ノーイ チエン	civil war ス**ィ**ヴィル **ウォ**ー
ないぞう **内臓** naizou	nội tạng, lục phủ ngũ tạng ノーイ ターンク, ルークプ フー ングー ターンク	internal organs インターナル **オ**ーガンズ
ないたー **ナイター** naitaa	thi đấu ban đêm ティヒー ドゥ バーン デーム	night game **ナ**イト **ゲ**イム
ないてい **内定** naitei	quyết định nội bộ, quyết định không chính thức クイエッ ディン ノーイ ボー, クイエッ ディン コホーンム チント トゥフーク	unofficial decision アナ**フ**ィシャル ディス**ィ**ジョン
ないてきな **内的な** naitekina	nội bộ, trong lòng ノーイ ボー, チォーンム ローンム	inner, internal **イ**ナ, イン**タ**ーナル
ないふ **ナイフ** naifu	dao, con dao ザーゥ, コーン ザーゥ	knife **ナ**イフ
ないぶ **内部** naibu	bên trong, phía trong ベーン チォーンム, フィア チォーンム	inside, interior イン**サ**イド, イン**テ**ィアリア
ないふん **内紛** naifun	tranh chấp nội bộ チャイン チョプ ノーイ ボー	internal trouble イン**タ**ーナル ト**ラ**ブル
ないめん **内面** naimen	mặt trong, phần trong マッ チォーンム, フォン チォーンム	inside イン**サ**イド
ないよう **内容** naiyou	nội dung ノーイ ズーンム	contents, substance **カ**ンテンツ, **サ**プスタンス
ないらん **内乱** nairan	nội loạn, cuộc nội loạn ノーイ ルアーン, クオク ノーイ ルアーン	civil war ス**ィ**ヴィル **ウォ**ー
ないろん **ナイロン** nairon	ni lông, nylon ニー ローンム, ニロン	nylon **ナ**イラン
なえ **苗** nae	cây con, mạ コイ コーン, マー	seedling ス**ィ**ードリング
なおさら **なおさら** naosara	hơn nữa, lại càng ホーン ヌア, ラーイ カーンク	still more ス**ティ**ル **モ**ー

545

日	越	英
なおざりにする **なおざりにする** naozarinisuru	sao lãng, lơ là サーゥ ラーング, ロー ラー	neglect ニグレクト
なおす **治す** naosu	chữa bệnh, điều trị チュア ベン, ディエゥ チー	cure キュア
なおす **直す** (修正する) naosu	đính chính ディン チン	correct, amend コレクト, アメンド
(修理する)	sửa, sửa chữa スア, スア チュア	mend, repair メンド, リペア
なおる **治る** naoru	khỏi, đỡ コホーイ, ドー	get well ゲト ウェル
なおる **直る** (修正される) naoru	được sửa cho đúng ドゥオク スア チョー ドゥーンム	(be) corrected (ビ) コレクテド
(修理される)	được sửa chữa ドゥオク スア チュア	(be) repaired (ビ) リペアド
なか **中** naka	trong, bên trong チョーンム, ベーン チョーンム	inside インサイド
なか **仲** naka	quan hệ, mối quan hệ クアーン ヘー, モーィ クアーン ヘー	relations, relationship リレイションズ, リレイションシプ
ながい **長い** nagai	dài, lâu ザーィ, ロゥ	long ローング
ながいきする **長生きする** nagaikisuru	sống lâu, sống thọ ソーンム ロゥ, ソーンム トホー	live long リヴ ローング
なかがいにん **仲買人** nakagainin	người mối lái buôn bán ングオィ モーィ ラーィ ブオン バーン	broker ブロウカ
ながぐつ **長靴** nagagutsu	giày ống, ủng ザィ オーンム, ウーンム	boots ブーツ
ながさ **長さ** nagasa	bề dài, chiều dài ベー ザーィ, チエゥ ザーィ	length レングス

日	越	英
ながす **流す** （液体などを） nagasu	đổ ra, xả ra ドーザー, サーザー	pour, drain ポー, ドレイン
（物を）	làm trôi, thả trôi ラーム チョーイ, ターハー チョーイ	float フロウト
ながそで **長袖** nagasode	áo dài tay, áo tay dài アーゥ ザーイ タイ, アーゥ タイ ザーイ	long sleeves ローング スリーヴズ
なかなおりする **仲直りする** nakanaorisuru	làm hoà, hoà giải ラーム フアー, フアー ザーイ	reconcile with レコンサイル ウィズ
なかなか **中々** nakanaka	khá, kha khá カハー, カハー カハー	very, quite ヴェリ, クワイト
なかに **中に** nakani	vào trong, bên trong ヴァーゥ チォーンム, ベーン チォーンム	in, within イン, ウィズィン
なかにわ **中庭** nakaniwa	sân trong, sân ソン チォーンム, ソン	courtyard コートヤード
ながねん **長年** naganen	lâu năm, lâu đời ロウ ナム, ロウ ドーイ	for years フォ イヤズ
なかば **半ば** nakaba	nửa chừng, giữa ヌア チューング, ズア	halfway ハフウェイ
ながびく **長引く** nagabiku	kéo dài ケーゥ ザーイ	(be) prolonged (ビ) プロローングド
なかま **仲間** nakama	bạn bè, bạn hữu バーン ベー, バーン フーゥ	comrade, companion カムラド, コンパニョン
なかみ **中身** nakami	nội dung, ruột ノーイ ズーンム, ズオッ	contents, substance カンテンツ, サブスタンス
ながめ **眺め** nagame	cảnh, quang cảnh カイン, クアーング カイン	view, scene ヴュー, スィーン
ながめる **眺める** nagameru	ngắm, ngó ンガム, ンゴー	see, look at スィー, ルクアト

日	越	英
ながもちする **長持ちする** nagamochisuru	bền, bền lâu ベーン, ベーン ロウ	(be) durable (ビ) デュアラブル
なかゆび **中指** nakayubi	ngón giữa ンゴーン ズア	middle finger ミドル フィンガ
なかよし **仲良し** nakayoshi	hoà thuận, thân mật フアー トゥフオン, トホン モッ	close friend, chum クロウス フレンド, チャム
ながれ **流れ** nagare	dòng, dòng chảy ゾーンム, ゾーンム チャイ	stream, current ストリーム, カーレント
ながれぼし **流れ星** nagareboshi	sao băng, sao sa サーゥ バング, サーゥ サー	shooting star シューティング スター
ながれる **流れる** nagareru	chảy チャイ	flow, run フロウ, ラン
（時が）	trôi, trôi qua チョーイ, チョーイ クアー	pass パス
なきごえ **泣き声** nakigoe	tiếng khóc ティエング コホークプ	cry クライ
なきむし **泣き虫** nakimushi	đứa bé hay khóc, mít ướt ドゥア ベー ハイ コホークプ, ミーッ ウオッ	crybaby クライベイビ
なきわめく **泣きわめく** nakiwameku	khóc thét lên, khóc gào lên コホークプ テヘーッ レーン, コホークプ ガーゥ レーン	bawl, scream ボール, スクリーム
なく **泣く** naku	khóc コホークプ	cry, weep クライ, ウィープ
なく **鳴く** （犬が） naku	sủa スア	bark バーク
（猫が）	kêu ケーゥ	mew, meow, miaow ミュー, ミアゥ, ミアゥ
（小鳥が）	hót ホーッ	sing スィング

548

日	越	英
なぐさめる **慰める** nagusameru	an ủi, làm nguôi ngoai アーン ウーイ, ラーム ングォイ ングアーィ	console, comfort コンソウル, **カム**ファト
なくす **無くす** nakusu	đánh mất ディン モッ	lose ルーズ
なくなる **無くなる** nakunaru	mất, bị mất モッ, ビー モッ	(get) lost (ゲト) **ロ**ースト
(消失する)	biến đi, biến mất ビエン ディー, ビエン モッ	disappear ディサ**ピ**ア
(尽きる)	hết, cạn kiệt ヘーッ, カーン キエッ	run short **ラン** ショート
なぐりあい **殴り合い** naguriai	đánh nhau ディン ニャゥ	fight **ファ**イト
なぐる **殴る** naguru	đánh, đập ディン, ドプ	strike, beat スト**ラ**イク, **ビ**ート
なげかわしい **嘆かわしい** nagekawashii	đáng tiếc, đáng thương ダーング ティエク, ダーング トゥフオング	deplorable ディプ**ロ**ーラブル
なげく **嘆く** nageku	than thở, khóc than タハーン トホー, コホークプ タハーン	lament, grieve ラ**メ**ント, グ**リ**ーヴ
なげすてる **投げ捨てる** nagesuteru	vứt, bỏ ヴーッ, ボー	throw away スロウ ア**ウェ**イ
なげる **投げる** (飛ばす) nageru	ném, quăng ネーム, クアング	throw, cast ス**ロ**ウ, **キャ**スト
(放棄する)	huỷ, bỏ フイー, ボー	give up **ギ**ヴ **ア**プ
なごやかな **和やかな** nagoyakana	yên ổn, thanh bình イエン オーン, タハイン ビン	peaceful, friendly **ピ**ースフル, フ**レ**ンドリ
なごり **名残** nagori	dấu, vết tích ゾウ, ヴエーッ ティク	trace, vestige ト**レ**イス, **ヴェ**スティヂ

な

日	越	英
なさけ **情け** (あわれみ) nasake	lòng từ bi, lòng thương xót ローンム トゥー ビー, ローンム トゥフオング ソーッ	pity **ピ**ティ
(思いやり)	đồng tình, thông cảm ドーンム ティン, トホーンム カーム	sympathy **ス**ィンパスィ
(慈悲)	lòng từ bi, từ bi ローンム トゥー ビー, トゥー ビー	mercy **マ**ースィ
なさけない **情けない** nasakenai	đáng tiếc, đáng thương ダーング ティエク, ダーング トゥフオング	miserable, lamentable **ミ**ザラブル, **ラ**メンタブル
なし **梨** nashi	lê, quả lê レー, クアー レー	pear **ペ**ア
なしとげる **成し遂げる** nashitogeru	đạt tới, làm đến nơi đến chốn ダーット トーイ, ラーム デーン ノーイ デーン チョーン	accomplish ア**カ**ンプリシュ
なじむ **馴染む** najimu	gắn bó, quen thuộc ガン ボー, クエーン トゥフオク	(become) attached to (ビカム) ア**タ**チト トゥ
なしょなりずむ **ナショナリズム** nashonarizumu	chủ nghĩa dân tộc チュー ンギア ゾン トークプ	nationalism **ナ**ショナリズム
なじる **なじる** najiru	quở trách, khiển trách クオー チャイク, キヒエン チャイク	rebuke, blame リ**ビュ**ーク, ブ**レ**イム
なす **茄子** nasu	cà, cà tím カー, カー ティーム	eggplant, ⒷaubergIne **エ**グプラント, **オ**ウバジーン
なぜ **何故** naze	vì sao, tại sao ヴィー サーゥ, ターイ サーゥ	why (ホ)**ワ**イ
なぜなら **何故なら** nazenara	bởi vì, tại vì ボーイ ヴィー, ターイ ヴィー	because, for ビ**コ**ズ, **フォ**ー
なぞ **謎** nazo	bí ẩn, bí hiểm ビー オン, ビー ヒエム	riddle, mystery **リ**ドル, **ミ**スタリ
なぞなぞ **謎々** nazonazo	câu đố コゥ ドー	riddle **リ**ドル

日	越	英
なだめる **なだめる** nadameru	làm dịu đi, làm nguôi ngoai ラーム ジーゥ ディー, ラーム ングオィ ン グアーィ	calm, soothe **カ**ーム, **ス**ーズ
なだらかな **なだらかな** nadarakana	thoải, thoai thoải トゥファアーィ, トゥファアーィ トゥファアーィ	easy, gentle **イ**ーズィ, **チェ**ントル
なだれ **雪崩** nadare	tuyết lở トゥイエッ ロー	avalanche **ア**ヴァランチ
なつ **夏** natsu	mùa hạ, mùa hè ムア ハー, ムア ヘー	summer **サ**マ
なついんする **捺印する** natsuinsuru	đóng dấu, áp triện ドーンム ゾゥ, アープ チエン	seal **スィ**ール
なつかしい **懐かしい** natsukashii	hoài niệm, luyến tiếc フアーィ ニエム, ルイエン ティエク	longed for, nostalgic **ロ**ーングド フォ, ノス**タ**ルヂク
なつかしむ **懐かしむ** natsukashimu	thương nhớ, tưởng nhớ トゥフオング ニオー, トゥオング ニオー	long for **ロ**ーング フォ
なづけおや **名付け親** nazukeoya	cha mẹ đặt tên mình, cha mẹ đỡ đầu チャー メー ダッ テーン ミン, チャー メー ドー ドゥ	godfather, godmother **ガ**ドファーザ, **ガ**ドマザ
なづける **名付ける** nazukeru	đặt tên, mệnh danh ダッ テーン, メン ザイン	name, call **ネ**イム, **コ**ール
なっつ **ナッツ** nattsu	quả hạch クアー ハイク	nut **ナ**ト
なっとくする **納得する** nattokusuru	ưng thuận, tâm phục khẩu phục ウーング トゥフオン, トム フークプ コホゥ フークプ	consent to コン**セ**ント トゥ
なつめぐ **ナツメグ** natsumegu	nhục đậu khấu ニュークプ ドゥ コホゥ	nutmeg **ナ**トメグ
なでる **撫でる** naderu	vuốt, vuốt ve ヴオッ, ヴオッ ヴェー	stroke, pat スト**ロ**ウク, **パ**ト

日	越	英
など など nado	vân vân ヴォン ヴォン	and so on アンド ソウ オン
なとりうむ ナトリウム natoriumu	natri, natrium ナトゥリー, ナトゥリウム	sodium ソウディアム
なな 七 nana	bảy バイ	seven セヴン
ななじゅう 七十 nanajuu	bảy mươi, bảy chục バイ ムオイ, バイ チュークプ	seventy セヴンティ
ななめの 斜めの nanameno	chéo, xiên チェーウ, シエン	slant, oblique スラント, オブリーク
なにか 何か nanika	cái gì đó カーイ ジー ドー	something サムスィング
なにげない 何気ない nanigenai	vô ý ヴォー イー	casual キャジュアル
なのる 名乗る nanoru	tự xưng, tự giới thiệu トゥー スーング, トゥー ゾーイ ティヒエウ	introduce oneself as イントロデュース アズ
なびく なびく　(傾く) nabiku	đu đưa, nghiêng ドゥー ドゥア, ンギエング	flutter フラタ
（屈する）	khuất phục, lép vế クフオッ フークプ, レープ ヴェー	yield to イールド トゥ
なびげーたー ナビゲーター nabigeetaa	nhà hàng hải, thiết bị định vị ニャー ハーング ハーイ, ティヒエッ ビー ディン ヴィー	navigator ナヴィゲイタ
なぷきん ナプキン napukin	khăn ăn, băng vệ sinh カハン アン, バング ヴェー シン	napkin, ®serviette ナプキン, サーヴィエト
なふだ 名札 nafuda	thẻ ghi tên, bảng ghi tên テヘー ギー テーン, バーング ギー テーン	name tag ネイム タグ
なべ 鍋 nabe	nồi, soong ノーイ, ソーング	pan パン

日	越	英
なまあたたかい **生暖かい** namaatatakai	âm ấm, hơi ấm オム オム, ホーイ オム	lukewarm, tepid ルークウォーム, テピド
なまいきな **生意気な** namaikina	hỗn, láo xược ホーン, ラーゥ スオク	insolent, saucy インソレント, ソースィ
なまえ **名前** namae	tên, danh tính テーン, ザィン ティン	name ネイム
なまぐさい **生臭い** namagusai	tanh タィン	fishy フィシ
なまけもの **怠け者** namakemono	lười biếng, biếng nhác ルオィ ビエング, ビエング ニャーク	lazy person レイズィ パースン
なまける **怠ける** namakeru	lười, biếng nhác ルオィ, ビエング ニャーク	(be) idle (ビ) アイドル
なまず **鯰** namazu	cá trê カー チェー	catfish キャトフィシュ
なまなましい **生々しい** namanamashii	sinh động, sống động シン ドーンム, ソーンム ドーンム	fresh, vivid フレシュ, ヴィヴィド
なまぬるい **生ぬるい** namanurui	âm ấm, nhẹ tay オム オム, ニェー タィ	lukewarm ルークウォーム
なまの **生の** namano	sống, tươi ソーンム, トゥオィ	raw ロー
なまびーる **生ビール** namabiiru	bia tươi, bia hơi ビア トゥオィ, ビア ホーィ	draft beer ドラフト ビア
なまほうそう **生放送** namahousou	truyền hình trực tiếp, phát thanh tại chỗ チュイエン ヒン チューク ティエプ, ファーツ タハィン ターィ チョー	live broadcast ライヴ ブロードキャスト
なまもの **生物** namamono	đồ sống, đồ tươi ドー ソーンム, ドー トゥオィ	uncooked food アンククト フード
なまり **鉛** namari	chì チー	lead レド

日	越	英
なみ **波** nami	sóng, làn sóng ソーンム, ラーン ソーンム	wave ウェイヴ
なみき **並木** namiki	hàng cây ハーング コイ	roadside trees ロウドサイド トリーズ
なみだ **涙** namida	nước mắt, lệ ヌオク マッ, レー	tears ティアズ
なみの **並の** namino	tầm thường, bình thường トム トゥフオング, ビン トゥフオング	ordinary, common オーディネリ, カモン
なみはずれた **並外れた** namihazureta	phi thường, lạ thường フィー トゥフオング, ラー トゥフオング	extraordinary イクストローディネリ
なめす **なめす** namesu	thuộc da, thuộc トゥフオク ザー, トゥフオク	tan タン
なめらかな **滑らかな** namerakana	nhẵn, trơn ニャン, チョーン	smooth スムーズ
なめる **舐める** nameru	liếm, mút リエム, ムーッ	lick, lap リク, ラプ
(あなどる)	coi khinh, xem thường コーイ キヒン, セーム トゥフオング	belittle ビリトル
なやます **悩ます** nayamasu	giày vò, day dứt ザイ ヴォー, ザイ ズーッ	torment, worry トーメント, ワーリ
なやみ **悩み** nayami	mối lo âu, mối băn khoăn モーイ ロー オウ, モーイ バン クフアン	anxiety, worry アングザイエティ, ワーリ
なやむ **悩む** nayamu	lo âu, trăn trở ロー オウ, チャン チォー	suffer, (be) troubled サファ, (ビ) トラブルド
ならう **習う** narau	học tập, tập ホークプ トプ, トプ	learn ラーン
ならす **慣らす** narasu	làm cho quen, tập cho quen ラーム チォー クエーン, トプ チォー クエーン	accustom アカスタム

日	越	英
ならす **鳴らす** narasu	làm cho kêu, thổi	make ring, sound
ならぶ **並ぶ** narabu	xếp hàng	line up
ならべる　(配列する) **並べる** naraberu	sắp xếp, bày biện	arrange
(列挙する)	kê ra, liệt kê	enumerate
ならわし **習わし** narawashi	tục lệ, thói quen	custom
なりきん **成金** narikin	kẻ mới phát lên, kẻ mới giàu lên	nouveau riche
なりたち　(起源) **成り立ち** naritachi	nguồn gốc, cội nguồn	origin
(構造)	cấu trúc, cấu tạo	formation
なりゆき **成り行き** nariyuki	tiến trình, quá trình	course of
なる　(結果として) **成る** naru	trở nên, trở thành	become
(変わる)	hoá thành, biến thành	turn into
なる　(実が) **生る** naru	ra quả, kết quả	grow, bear
なる **鳴る** naru	kêu, rít	sound, ring
なるしすと **ナルシスト** narushisuto	người tự yêu mình	narcissist

日	越	英
なるべく **なるべく** narubeku	nếu được thì, nếu có thể ネーゥ ドゥオク ティヒー, ネーゥ コー テヘー	if possible **イフ パ**スィブル
なるほど **なるほど** naruhodo	thảo nào, hoá ra là vậy タハーゥ ナーゥ, フアー ザー ラー ヴォィ	indeed イン**ディ**ード
なれーしょん **ナレーション** nareeshon	dẫn chuyện, thuyết minh ゾン チュイエン, トゥフイエッ ミン	narration ナ**レ**イション
なれーたー **ナレーター** nareetaa	người dẫn chuyện, người kể chuyện ングォイ ゾン チュイエン, ングォイ ケー チュイエン	narrator ナ**レ**イタ
なれなれしい **馴れ馴れしい** narenareshii	suồng sã スオング サー	overly familiar **オ**ウヴァリ ファ**ミ**リア
なれる **慣れる** nareru	quen, làm quen クエーン, ラーム クエーン	get used to **ゲ**ト **ユ**ースト トゥ
なわ **縄** nawa	dây, dây thừng ゾィ, ゾィ トゥフーング	rope **ロ**ウプ
～跳び	nhảy dây ニャィ ゾィ	jump rope **チャ**ンプ **ロ**ウプ
なわばり **縄張** nawabari	địa hạt, lãnh thổ ディア ハーッ, ライン トホー	territory, (one's) turf, Ⓑdomain **テ**リトーリ, **タ**ーフ, ドゥ**メ**イン
なんかいな **難解な** nankaina	khó giải, khó hiểu コホー ザーィ, コホー ヒエゥ	very difficult **ヴェ**リ **ディ**フィカルト
なんきょく **南極** nankyoku	Nam Cực ナーム クーク	South Pole **サ**ウス **ポ**ウル
なんこう **軟膏** nankou	cao, thuốc mỡ カーゥ, トゥフオク モー	ointment **オ**イントメント
なんじ **何時** nanji	mấy giờ モィ ゾー	what time, when (ホ)**ワ**ト **タ**イム, (ホ)**ウェ**ン
なんせい **南西** nansei	Tây Nam トィ ナーム	southwest サウス**ウェ**スト

557

日	越	英
なんせんす **ナンセンス** nansensu	vô lý, ba láp ヴォーリー, バーラープ	nonsense **ナ**ンセンス
なんちょう **難聴** nanchou	nặng tai, nghễnh ngãng ナングターィ, ンゲンンガーング	hearing impairment **ヒ**アリング インペアメント
なんとう **南東** nantou	Đông Nam ドーンム ナーム	southeast **サ**ウスイースト
なんばー **ナンバー** nanbaa	số, con số ソー, コーン ソー	number **ナ**ンバ
なんぱする **難破する** nanpasuru	đắm, bị đánh đắm ダム, ビー ダイン ダム	(be) wrecked (ビ) **レ**クト
なんびょう **難病** nanbyou	bệnh khó chữa, bệnh hiểm nghèo ベン コホー チュア, ベン ヒエム ンゲーゥ	serious disease, incurable disease ス**ィ**アリアス ディ**ズィ**ーズ, イン**キュ**アラブル ディ**ズィ**ーズ
なんぴょうよう **南氷洋** nanpyouyou	Nam Băng Dương, Nam Đại Dương ナーム バング ズオング, ナーム ダーィ ズオング	Antarctic Ocean アン**タ**クティク **オ**ーシャン
なんぶ **南部** nanbu	miền Nam, Nam Bộ ミエン ナーム, ナーム ボー	southern part **サ**ザン **パ**ート
なんぼく **南北** nanboku	bắc nam バク ナーム	north and south **ノ**ース アンド **サ**ウス
なんみん **難民** nanmin	người tỵ nạn, người lánh nạn ングォィ ティー ナーン, ングォィ ラインナーン	refugees レフュ**ヂ**ーズ

に, 二

に **二** ni	hai, nhì ハーィ, ニー	two ト**ゥ**ー
に **荷** ni	hành lí ハィン リー	load **ロ**ウド

日	越	英
にあう 似合う niau	hợp, vừa ホープ, ヴア	look good with, suit ルク グド ウィズ, スート
にあげ 荷揚げ niage	dỡ hàng, xuống hàng ゾー ハーング, スオング ハーング	unload アンロウド
にあみす ニアミス niamisu	suýt đụng nhau, suýt va nhau スイーツ ドゥーンム ニャウ, スイーツ ヴァー ニャウ	near miss ニア ミス
にーず ニーズ niizu	nhu cầu, yêu cầu ニュー コウ, イエウ コウ	necessity, needs ネセスィティ, ニーヅ
にえきらない 煮えきらない （はっきりしない） niekiranai	mơ bồ, mập mờ モー ボー, モプ モー	vague ヴェイグ
（決断しない）	do dự, tần ngần ゾー ズー, トン ンゴン	irresolute イレゾルート
にえる 煮える nieru	chín, nhừ チーン, ニュー	boil ボイル
におい 匂[臭]い nioi	mùi ムーイ	smell, odor スメル, オウダ
におう 臭う niou	thối, bốc mùi トホーイ, ボークプ ムーイ	stink スティンク
におう 匂う niou	dậy mùi, toả mùi ゾイ ムーイ, トゥアー ムーイ	smell スメル
にかい 二階 nikai	tầng hai, lầu hai トング ハーイ, ロウ ハーイ	second floor, ⒝first floor セカンド フロー, ファースト フロー
にがい 苦い nigai	đắng ダング	bitter ビタ
にがす 逃がす nigasu	thả, giải thoát タハー, ザーイ トゥフアーッ	let go, set free レト ゴウ, セト フリー
（取り逃がす）	để thoát, bắt hụt デー トゥフアーッ, バッ フーッ	let escape, miss レト エスケイプ, ミス

日	越	英
にがつ **二月** nigatsu	tháng hai タハーング ハーイ	February フェブルエリ
にがてである **苦手である** nigatedearu	kém, yếu ケーム, イエゥ	(be) weak in (ビ) ウィーク イン
にがにがしい **苦々しい** niganigashii	khó chịu, đáng ghét コホー チーウ, ダーング ゲーッ	unpleasant アンプレザント
にがわらい **苦笑い** nigawarai	cười chua chát, cười cay đắng クオイ チュア チャーッ, クオイ カイ ダング	bitter smile ビタ スマイル
にきび **にきび** nikibi	mụn, nhọt ムーン, ニオーッ	pimple ピンプル
にぎやかな **賑やかな** nigiyakana	náo nhiệt, nhộn nhịp ナーウ ニエッ, ニオーン ニープ	lively ライヴリ
（込み合った）	đông đúc, đông nghịt ドーンム ドゥークプ, ドーンム ンギーッ	crowded クラウデド
にぎる **握る** nigiru	nắm, cầm ナム, コム	grasp グラスプ
にぎわう **賑わう** nigiwau	náo nhiệt, nhộn nhịp ナーウ ニエッ, ニオーン ニープ	(be) crowded, (be) lively (ビ) クラウデド, (ビ) ライヴリ
にく **肉** niku	thịt ティヒーッ	flesh, meat フレシュ, ミート
～屋	hàng thịt, tiệm bán thịt ハーング ティヒーッ, ティエム バーン ティヒーッ	butcher's ブチャズ
にくい **憎い** nikui	đáng ghét, đáng căm hờn ダーング ゲーッ, ダーング カム ホーン	hateful, detestable ヘイトフル, ディテスタブル
にくがん **肉眼** nikugan	mắt thường マット フオング	naked eye ネイキド アイ
にくしみ **憎しみ** nikushimi	căm hờn, căm thù カム ホーン, カム トゥフー	hatred ヘイトレド

日	越	英
にくしん **肉親** nikushin	ruột thịt, huyết tộc ズオッ ティヒーッ, フイエッ トークプ	blood relatives ブラド レラティヴズ
にくたい **肉体** nikutai	nhục thể, thể xác ニュークプ テヘー, テヘー サーク	body, (the) flesh バディ, (ザ) フレシュ
～労働	lao động chân tay, lao động cơ bắp ラーウ ドーンム チョン タイ, ラーウ ドーンム コー バプ	physical labor フィズィカル レイバ
にくむ **憎む** nikumu	ghét, ghét bỏ ゲーッ, ゲーッ ボー	hate ヘイト
にげる **逃げる** nigeru	trốn, lẩn trốn チォーン, ロン チォーン	run away, escape ラン アウェイ, イスケイプ
にごす **濁す** nigosu	làm đục ラーム ドゥークプ	make unclear, make murky メイク アンクリア, メイク マーキ
にこやかな **にこやかな** nikoyakana	hớn hở, tươi cười ホーン ホー, トゥオイ クオイ	cheerful, smiling チアフル, スマイリング
にごる **濁る** nigoru	đục, trọc ドゥークプ, チョークプ	(become) muddy (ビカム) マディ
にさんかたんそ **二酸化炭素** nisankatanso	khí cacbonic, cacbon điôxít キヒー カクボニク, カクボン ディオシッ	carbon dioxide カーボン ダイアクサイド
にし **西** nishi	tây, phía tây トイ, フィア トイ	west ウェスト
にじ **虹** niji	cầu vồng コウ ヴォーンム	rainbow レインボウ
にしがわ **西側** nishigawa	phía tây, hướng tây フィア トイ, フオンプ トイ	west side ウェスト サイド
にしはんきゅう **西半球** nishihankyuu	Tây bán cầu トイ バーン コウ	Western Hemisphere ウェスタン ヘミスフィア
にじます **虹鱒** nijimasu	cá hồi, cá hồi cầu vồng カー ホーイ, カー ホーイ コウ ヴォーンム	rainbow trout レインボウ トラウト

日	越	英
にじむ **にじむ** nijimu	thấm, loang lổ トホム, ルアーング ロー	blot, ooze ブ**ラ**ト, **ウ**ーズ
にじゅう **二十** nijuu	hai mươi, hai chục ハーイ ムオイ, ハーイ チュークプ	twenty トゥ**ェ**ンティ
にじゅうの **二重の** nijuuno	gấp đôi, hai lớp ゴプ ドーイ, ハーイ ローブ	double, dual **ダ**ブル, **デュ**アル
にしん **鰊** nishin	cá trích カー チク	herring **ヘ**リング
にす **ニス** nisu	véc ni, vecni ヴェーク ニー, ヴェク ニー	varnish **ヴァ**ーニシュ
にせい **二世** nisei	đời thứ hai, thế hệ thứ hai ドーイ トゥフー ハーイ, テヘー ヘー トゥフー ハーイ	second generation **セ**カンド ヂェネ**レ**イション
にせの **偽の** niseno	giả, nhái ザー, ニャーイ	imitation イミ**テ**イション
にせもの **偽物** nisemono	đồ giả, hàng nhái ドー ザー, ハーング ニャーイ	imitation, counterfeit イミ**テ**イション, **カ**ウンタフィト
にそう **尼僧** nisou	nữ tu, ni cô ヌー トゥー, ニー コー	nun, sister **ナ**ン, **ス**ィスタ
にちじ **日時** nichiji	ngày giờ ンガイ ゾー	time and date **タ**イム アンド **デ**イト
にちじょうの **日常の** nichijouno	hàng ngày, thường ngày ハーング ンガイ, トゥフォング ンガイ	daily **デ**イリ
にちぼつ **日没** nichibotsu	hoàng hôn, chiều tà フアーング ホーン, チエゥ ター	sunset **サ**ンセト
にちや **日夜** nichiya	ngày đêm, đêm ngày ンガイ デーム, デーム ンガイ	night and day **ナ**イト アンド **デ**イ
にちようだいく **日曜大工** nichiyoudaiku	tự tay làm lấy, DIY トゥー ダイ ラーム ロイ, ディー	do-it-yourself, DIY ドゥーイトユア**セ**ルフ, **デ**ィーアイ**ワ**イ

日	越	英
にちようび **日曜日** nichiyoubi	chủ nhật チュー ニャット	Sunday **サ**ンデイ
にちようひん **日用品** nichiyouhin	đồ dùng hàng ngày, đồ dùng thường ngày ドー ズーン ハーング ンガイ, ドー ズーン ム トゥフオング ンガイ	daily necessities **デ**イリ ネ**セ**スィティズ
にっか **日課** nikka	công việc hàng ngày, chương trình hàng ngày コーンム ヴィエク ハーング ンガイ, チュオング チン ハーング ンガイ	daily work **デ**イリ **ワ**ーク
にっかん **日刊** nikkan	phát hành theo ngày ファーツ ハイン テヘーウ ンガイ	daily **デ**イリ
にっき **日記** nikki	nhật ký ニャッ キー	diary **ダ**イアリ
にっきゅう **日給** nikkyuu	lương ngày, lương tính theo ngày ルオング ンガイ, ルオング ティン テヘーウ ンガイ	day's wage **デ**イズ **ウェ**イヂ
にづくりする **荷造りする** nizukurisuru	đóng gói, chuẩn bị hành lý ドーンム ゴーイ, チュオン ビー ハイン リー	pack **パ**ク
にっける **ニッケル** nikkeru	ni ken, nickel ニー ケーン, ニクケン	nickel **ニ**クル
にっこう **日光** nikkou	ánh nắng, ánh sáng mặt trời アイン ナング, アイン サーング マッ チォーイ	sunlight, sunshine **サ**ンライト, **サ**ンシャイン
にっしゃびょう **日射病** nisshabyou	say nắng, bệnh say nắng サイ ナング, ベン サイ ナング	sunstroke **サ**ンストロウク
にっしょく **日食** nisshoku	nhật thực, hiện tượng nhật thực ニャッ トゥフーク, ヒエン トゥオング ニャット トゥフーク	solar eclipse **ソ**ウライ ク**リ**プス
にっすう **日数** nissuu	số ngày ソー ンガイ	number of days **ナ**ンパ オヴ **デ**イズ
にってい **日程** nittei	chương trình, lịch trình チュオング チン, リク チン	schedule, itinerary ス**ケ**ヂュル, アイ**ティ**ナレリ

日	越	英
にっとう **日当** nittou	phụ cấp công tác tính theo ngày フー コァ コーンム タークティン テヘーウ ンガィ	daily allowance デイリ アラウアンス
にっとうえあ **ニットウエア** nittouea	hàng dệt len, áo quần đan ハーング ゼーッ レーン, アーゥ クオン ダーン	knitwear ニトウェア
につめる **煮詰める** nitsumeru	đun cạn, nấu nhừ ドゥーン カーン, ノゥ ニュー	boil down ボイル ダウン
にとろぐりせりん **ニトログリセリン** nitoroguriserin	nitroglycerine, nitroglycerin ニトゥログリセリン, ニトゥログリセリン	nitroglycerine ナイトロウグリセリン
になう **担う** ninau	gánh, gánh vác ガィン, ガィン ヴァーク	carry, bear キャリ, ベア
にばい **二倍** nibai	gấp đôi, gấp hai lần ゴァ ドーィ, ゴァ ハーィ ロン	double ダブル
にばん **二番** niban	thứ hai, thứ nhì トゥフー ハーィ, トゥフー ニー	second セカンド
にひるな **ニヒルな** nihiruna	hư vô chủ nghĩa, đoạn diệt chủ nghĩa フー ヴォー チュー ンギア, ドゥアーン ジエッ チュー ンギア	nihilistic ナイイリスティク
にぶい **鈍い** nibui	đần độn, không nhạy bén ドン ドーン, コホーンム ニャイ ベーン	slow, thick スロウ, スィク
にぶんのいち **二分の一** nibunnoichi	một phần hai, một nửa モーッ フォン ハーィ, モーッ ヌア	(a) half (ア) ハフ
にほん **日本** nihon	Nhật Bản ニォッ バーン	Japan ヂャパン
〜海	Biển Nhật Bản ビエン ニォッ バーン	Sea of Japan スィー オヴ ヂャパン
〜語	tiếng Nhật Bản, tiếng Nhật ティエング ニォッ バーン, ティエング ニォッ	Japanese ヂャパニーズ

日	越	英
～酒	rượu Nhật	sake, rice wine
～人	người Nhật Bản, người Nhật	Japanese
～料理	món ăn Nhật Bản, món Nhật	Japanese cooking
にもつ 荷物 nimotsu	hành lý	baggage, luggage
にやにやする にやにやする niyaniyasuru	cười mát, cười ruồi	grin
にゅういんする 入院する nyuuinsuru	nhập viện, nằm viện	(be) admitted to hospital
にゅうえき 乳液 nyuueki	sữa dưỡng ẩm	emulsion
にゅうか 入荷 nyuuka	nhập hàng, đưa hàng vào kho	arrival of goods
にゅうかい 入会 nyuukai	sự nhập hội, gia nhập	admission
～する	tham gia, gia nhập	join
にゅうがく 入学 nyuugaku	sự nhập học, vào trường	entrance, enrollment
～金	tiền nhập học	entrance fee
～する	nhập học, vào trường	get into a school

日	越	英
にゅうがん **乳癌** nyuugan	ung thư vú, bệnh ung thư vú ウーンム トゥフー ヴー, ベン ウーンム トゥフー ヴー	breast cancer ブレスト キャンサ
にゅうきん **入金** nyuukin	nộp tiền, nhận tiền ノープ ティエン, ニョン ティエン	money received マニ リスィーヴド
にゅうこく **入国** nyuukoku	nhập cảnh ニョプ カイン	entry into a country エントリ イントゥ ア カントリ
～管理	quản lý nhập cảnh クアーン リー ニョプ カイン	immigration イミグレイション
にゅうさつ **入札** nyuusatsu	đấu giá, bán đấu giá ドゥ ザー, バーン ドゥ ザー	bid, tender ビド, テンダ
にゅうさんきん **乳酸菌** nyuusankin	vi khuẩn axit lactic ヴィー クフォン アシッ ラクテイク	lactic acid bacteria ラクティク アスィド バクティアリア
にゅうし **入試** nyuushi	kỳ thi vào, kỳ thi nhập học キー ティヒー ヴァーウ, キー ティヒー ニョプ ホークプ	entrance examination エントランス イグザミネイション
にゅーじーらんど **ニュージーランド** nyuujiirando	Niu di lân, Tân Tây Lan ニーゥ ジー ロン, トン トイ ラーン	New Zealand ニューズィーランド
にゅうしゃする **入社する** nyuushasuru	vào công ty ヴァーウ コーンム ティー	join a company ヂョイン ア カンパニ
にゅうしゅする **入手する** nyuushusuru	nhận được, thu được ニョン ドゥオク, トゥフー ドゥオク	get, acquire ゲト, アクワイア
にゅうじょう **入場** nyuujou	sự vào hội trường, vào rạp スー ヴァーウ ホーイ チュオング, ヴァーウ ザープ	entrance エントランス
～券	vé vào cửa ヴェー ヴァーウ クア	admission ticket アドミション ティケト
～する	vào hội trường, vào rạp ヴァーウ ホーイ チュオング, ヴァーウ ザープ	enter, get in エンタ, ゲト イン

日	越	英
～料	tiền vào cửa, tiền vé	admission fee
ニュース nyuusu	bản tin, tin tức	news
～キャスター	phát thanh viên	newscaster
乳製品 nyuuseihin	sản phẩm làm từ sữa	dairy products
入門する nyuumonsuru	nhập môn, bắt đầu theo học một môn gì đó	become a pupil of
入浴する nyuuyokusuru	tắm, tắm gội	take a bath
入力 nyuuryoku	sự nhập dữ liệu vào máy tính, đầu vào	input
～する	nhập dữ liệu vào máy tính	input
尿 nyou	nước tiểu, nước giải	urine
睨む niramu	lườm, lườm nguýt	glare at
二流の niryuuno	hạng hai, kém cỏi	second-class
似る niru	giống, tựa	resemble
煮る niru	nấu, nấu nướng	boil, cook
庭 niwa	sân, sân sướng	garden, yard

日	越	英
にわかあめ **にわか雨** niwakaame	mưa bóng mây ムア ボーンム モイ	rain shower **レイン シャ**ウア
にわとり **鶏** niwatori	gà, con gà ガー, コーン ガー	fowl, chicken **ファ**ウル, **チ**キン
にんかする **認可する** ninkasuru	chấp thuận, thông qua チョプ トゥオン, トホーンム クアー	authorize **オ**ーソライズ
にんき **人気** ninki	hâm mộ, ngưỡng mộ ホム モー, ングオング モー	popularity パピュ**ラ**リティ
~のある	phổ biến, được mọi người ưa thích フォー ビエン, ドゥオク モーイ ングオイ ウア ティヒク	popular **パ**ピュラ
にんぎょう **人形** ningyou	búp bê ブープ ベー	doll **ダ**ル
にんげん **人間** ningen	con người コーン ングオイ	human being **ヒュ**ーマン **ビ**ーイング
にんしき **認識** ninshiki	nhận thức ニャン トゥフーク	recognition レコグ**ニ**ション
~する	nhận thức ニャン トゥフーク	recognize **レ**コグナイズ
にんじょう **人情** ninjou	tình người, tình nghĩa ティン ングオイ, ティン ンギア	human nature **ヒュ**ーマン **ネ**イチャ
にんじん **人参** ninjin	cà rốt カー ローツ	carrot **キャ**ロト
にんしんする **妊娠する** ninshinsuru	có thai, có chửa コー タハーイ, コー チュア	conceive コンス**ィ**ーヴ
にんずう **人数** ninzuu	số người ソー ングオイ	(the) number (ザ) **ナ**ンバ
にんそう **人相** ninsou	tướng người, tướng mạo トゥオング ングオイ, トゥオング マーウ	physiognomy フィズィ**ア**グノミ

日	越	英
にんたい **忍耐** nintai	nhẫn nại, kiên nhẫn	patience
にんていする **認定する** ninteisuru	nhận định, chứng thực	certify, recognize
にんにく **にんにく** ninniku	tỏi, củ tỏi	garlic
にんぷ **妊婦** ninpu	người mang thai, thai phụ	pregnant woman
にんむ **任務** ninmu	nhiệm vụ, nghĩa vụ	duty, office
にんめい **任命** ninmei	sự bổ nhiệm, tiến cử	appointment
～する	bổ nhiệm, tiến cử	appoint

ぬ, ヌ

日	越	英
ぬいぐるみ **縫いぐるみ** nuigurumi	thú nhồi bông	stuffed toy
ぬう **縫う** nuu	khâu, may	sew, stitch
ヌード **ヌード** nuudo	khỏa thân, loã thể	nude
ぬかるみ **ぬかるみ** nukarumi	lầy lội	mud
ぬきんでる **抜きんでる** nukinderu	xuất sắc, nổi bật	surpass, excel
ぬく **抜く** (引き抜く) nuku	nhổ, rút	pull out

日	越	英
(取り除く)	loại trừ ルアーイ チュー	remove リムーヴ
(省く)	loại bỏ ルアーイ ボー	omit, skip オウミト, スキプ
(追い抜く)	vượt qua, trội hơn ヴォッ クアー, チョーイ ホーン	outrun アウトラン
ぬぐ **脱ぐ** nugu	cởi, lột コーイ, ローッ	take off テイク オーフ
ぬぐう **拭う** nuguu	lau, chùi ラウ, チューイ	wipe ワイプ
ぬける **抜ける** nukeru	rụng, rơi ズーンム, ゾーイ	fall out フォール アウト
(組織などから)	rút khỏi, rút ra ズーッ コホーイ, ズーッ ザー	leave, withdraw リーヴ, ウィズドロー
ぬし **主** nushi	chủ nhân, người chủ チュー ニョン, ングォイ チュー	master, owner マスタ, オウナ
ぬすむ **盗む** nusumu (物などを)	ăn cắp, trộm cắp アン カプ, チョーム カプ	steal, rob スティール, ラブ
(文章などを)	đạo văn ダーゥ ヴァン	plagiarize プレイヂャライズ
ぬの **布** nuno	vải, vải vóc ヴァーイ, ヴァーイ ヴォークプ	cloth クロス
ぬま **沼** numa	đầm, ao ドム, アーゥ	marsh, bog マーシュ, バグ
ぬらす **濡らす** nurasu	làm ướt, làm ẩm ラーム ウオッ, ラーム オム	wet, moisten ウェト, モイスン
ぬる **塗る** nuru (色を)	quét, sơn クエーッ, ソーン	paint ペイント
(薬などを)	bôi, xoa ボーイ, スアー	apply アプライ

日	越	英
ぬるい **ぬるい** nurui	âm ấm, nguội オム オム, ングオイ	tepid, lukewarm テピド, ルークウォーム
ぬれる **濡れる** nureru	ướt, ướt đầm ウオッ, ウオッドム	(get) wet (ゲト) ウェト

ね, ネ

日	越	英
ね **根** ne	gốc, cội ゴークプ, コーイ	root ルート
ねあげする **値上げする** neagesuru	tăng giá, nâng giá タング ザー, ノング ザー	raise prices レイズ プライセズ
ねうち **値打ち** neuchi	giá trị, đáng giá ザー チー, ダーング ザー	value, merit ヴァリュ, メリト
ねーむばりゅー **ネームバリュー** neemubaryuu	giá trị thương hiệu ザー チー トゥフオング ヒエウ	brand value ブランド ヴァリュ
ねおん **ネオン** neon	đèn nê ông デーン ネー オーンム	neon ニーアン
ねがい **願い** negai	nguyện vọng, mong ước ングイエン ヴォーンム, モーンム ウオク	wish, desire ウィシュ, ディザイア
ねがう **願う** negau	cầu nguyện, cầu mong コウ ングイエン, コウ モーンム	wish ウィシュ
ねかす (横にする) **寝かす** nekasu	đặt nằm, để xuống ダッ ナム, デー スオング	lay down レイ ダウン
(寝かしつける)	đưa vào giường, ru ドゥア ヴアーウ ズオング, ズー	put to bed プト トゥ ベド
(熟成させる)	làm cho chín, ủ ラーム チョー チーン, ウー	mature, age マチュア, エイヂ
ねぎ **葱** negi	hành, hành lá ハイン, ハイン ラー	leek リーク
ねぎる **値切る** negiru	trả giá, mặc cả チャー ザー, マク カー	bargain バーゲン

日	越	英
ねくたい **ネクタイ** nekutai	ca vát, cà vạt カー ヴァーッ, カー ヴァーッ	necktie, tie **ネクタイ**, **タイ**
ねこ **猫** neko	mèo, con mèo メーウ, コーン メーウ	cat **キャ**ト
ねごとをいう **寝言を言う** negotowoiu	nói mê ノーイ メー	talk in one's sleep **ト**ーク イン ス**リ**ープ
ねこむ **寝込む** (寝入る) nekomu	ngủ say, ngủ mê ングー サィ, ングー メー	fall into a deep sleep **フォ**ール イントゥ ア **ディ**ープ ス**リ**ープ
(病気で)	nằm liệt giường, nằm liệt giường liệt chiếu ナム リエッ ズオング, ナム リエッ ズオング リエッ チエウ	(be) bedridden (ビ) **ベ**ドリドン
ねころぶ **寝転ぶ** nekorobu	ngả lưng, nằm lăn ra ンガー ルーング, ナム ラン ザー	lie down **ラ**イ **ダ**ウン
ねさがり **値下がり** nesagari	xuống giá スオング ザー	fall in price **フォ**ール イン プ**ラ**イス
ねさげ **値下げ** nesage	sự hạ giá, giảm giá スー ハー ザー, ザーム ザー	(price) reduction (プ**ラ**イス) リ**ダ**クション
～する	hạ giá, giảm giá ハー ザー, ザーム ザー	reduce prices リ**デュ**ース プ**ラ**イセズ
ねじ **ねじ** neji	đinh ốc, đinh vít ディン オークプ, ディン ヴィーッ	screw スク**ル**ー
ねじる **捻じる** nejiru	vặn, xoắn ヴァン, スアン	twist, turn ト**ウィ**スト, **タ**ーン
ねすごす **寝過ごす** nesugosu	ngủ quá giấc, ngủ quá giờ ングー クアー ゾク, ングー クアー ゾー	oversleep オウヴァス**リ**ープ
ねずみ **鼠** nezumi	chuột, con chuột チュオッ, コーン チュオッ	rat, mouse **ラ**ト, **マ**ウス
ねたむ **妬む** netamu	ghen tị, đố kỵ ゲーン ティー, ドー キー	(be) jealous of, envy (ビ) **ヂェ**ラス オヴ, **エ**ンヴィ

日	越	英
ねだん **値段** nedan	giá, giá cả ザー, ザー カー	price プライス
ねつ **熱** netsu	sốt, hơi nóng ソーッ, ホーィ ノーンム	heat, fever **ヒ**ート, **フィ**ーヴァ
ねつい **熱意** netsui	lòng sốt sắng, nhiệt tâm ローンム ソーッ サング, ニエッ トム	zeal, eagerness **ズィ**ール, **イ**ーガネス
ねつききゅう **熱気球** netsukikyuu	khinh khí cầu, khí cầu キヒン キヒー コウ, キヒー コウ	hot-air balloon **ハ**テア バ**ル**ーン
ねっきょうてきな **熱狂的な** nekkyoutekina	điên cuồng, cuồng nhiệt ディエン クオング, クオング ニエッ	fanatical, enthusiastic ファ**ナ**ティカル, インスュー**ズィ**ア**ス**ティック
ねっくれす **ネックレス** nekkuresu	dây chuyền, vòng đeo cổ ゾィ チュイエン, ヴォーンム デーゥ コー	necklace **ネ**クリス
ねっしんな **熱心な** nesshinna	ân cần, nhiệt tình オン コン, ニエッ ティン	eager, ardent **イ**ーガ, **ア**ーデント
ねっする **熱する** nessuru	tăng nhiệt, đốt nóng タング ニエッ, ドーッ ノーンム	heat **ヒ**ート
ねったい **熱帯** nettai	nhiệt đới, vùng nhiệt đới ニエッ ドーィ, ヴーンム ニエッ ドーィ	tropics, Torrid Zone ト**ラ**ピクス, **ト**ーリド **ゾ**ウン
〜の	nhiệt đới ニエッ ドーィ	tropical ト**ラ**ピカル
ねっちゅうする **熱中する** necchuusuru	miệt mài, say sưa ミエッ マーィ, サィ スア	(be) absorbed in (ビ) アブ**ソ**ープド イン
ねっと **ネット** netto	mạng, mạng lưới マーング, マーング ルオィ	net **ネ**ト
ねっとう **熱湯** nettou	nước sôi ヌオク ソーィ	boiling water **ボ**イリング **ウォ**ータ
ねっとわーく **ネットワーク** nettowaaku	mạng lưới, màng lưới マーング ルオィ, マーング ルオィ	network **ネ**トワーク

日	越	英
ねつびょう **熱病** netsubyou	bệnh sốt, chứng sốt ベン ソーッ, チューング ソーッ	fever フィーヴァ
ねづよい **根強い** nezuyoi	ăn sâu bám rễ, thâm căn cố đế アン ソウ バーム ゼー, トホム カン コーデー	deep-rooted ディープルーテド
ねつれつな **熱烈な** netsuretsuna	nhiệt liệt, nồng nhiệt ニエッ リエッ, ノーンム ニエッ	passionate, ardent パショネト, アーデント
ねぱーる **ネパール** nepaaru	Nê pan ネー パーン	Nepal ネパール
ねばねばの **ねばねばの** nebanebano	dính dính, nhầy nhầy ジン ジン, ニョイ ニョイ	sticky スティキ
ねばり **粘り** nebari	tính bám dính, lòng kiên trì ティン バーム ジン, ローンム キエン チー	stickiness スティキネス
ねばりづよい **粘り強い** nebarizuyoi	dẻo dai, dai sức ゼーウ ザーイ, ザーイ スーク	tenacious, persistent ティネイシャス, パスィステント
ねばる **粘る** （べとつく） nebaru	dính, dẻo ジン, ゼーウ	(be) sticky (ビ) スティキ
（根気よく続ける）	kiên nhẫn, kiên trì キエン ニョン, キエン チー	persevere パースィヴィア
ねびき **値引き** nebiki	sự giảm giá, bớt giá スー ザーム ザー, ボーッ ザー	discount ディスカウント
〜する	giảm giá, bớt giá ザーム ザー, ボーッ ザー	discount ディスカウント
ねぶそく **寝不足** nebusoku	thiếu ngủ ティヒエウ ングー	want of sleep ワント オヴ スリープ
ねふだ **値札** nefuda	bảng giá, thẻ ghi giá tiền バーング ザー, テヘー ギー ザー ティエン	price tag プライス タグ
ねぼうする **寝坊する** nebousuru	ngủ nướng, ngủ dậy muộn ングー ヌオング, ングー ゾイ ムオン	get up late ゲト アプ レイト

日	越	英
ねぼける **寝ぼける** nebokeru	ngái ngủ, nửa tỉnh nửa ngủ ンガーイ ングー, ヌア ティン ヌア ングー	(be) half asleep (ビ) ハフ アスリープ
ねまわしする **根回しする** nemawashisuru	đặt nền móng, dọn đường sẵn ダッ ネーン モーンム, ゾーン ドゥオング サン	lay the groundwork レイ ザ グラウンドワーク
ねむい **眠い** nemui	buồn ngủ ブオン ングー	(be) sleepy (ビ) スリーピ
ねむけ **眠気** nemuke	tình trạng buồn ngủ, tình trạng ngủ gà ngủ gật ティン チャーング ブオン ングー, ティン チャーング ングー ガー ングー ゴッ	drowsiness ドラウズィネス
ねむる **眠る** nemuru	ngủ, ngủ nghê ングー, ングー ンゲー	sleep スリープ
ねらい **狙い** nerai	nhắm vào, nhắm đến ニャム ヴァーウ, ニャム デーン	aim エイム
ねらう **狙う** nerau	nhằm, nhắm ニャム, ニャム	aim at エイム アト
ねる **寝る** (横になる) neru	nằm, ngả lưng ナム, ンガー ルーング	lie down ライ ダウン
(寝床に入る)	đi ngủ ディー ングー	go to bed ゴウ トゥ ベド
(就寝する)	ngủ ングー	sleep スリープ
ねる **練る** (こねる) neru	nhào trộn, nhào ニャーウ チォーン, ニャーウ	knead ニード
(構想などを)	gọt giũa, trau dồi ゴッ ズア, チャウ ゾーイ	polish パリシュ
ねん **年** nen	năm, lớp ナム, ロープ	year イヤ
ねんいりな **念入りな** nen-irina	cẩn thận, kỹ lưỡng コン トホン, キー ルオング	careful, deliberate ケアフル, ディリバレト

日	越	英
ねんがじょう **年賀状** nengajou	thiệp chúc mừng năm mới, thiệp chúc tết ティエプ チュークプ ムーング ナム モーイ, ティエプ チュークプ テーツ	New Year's card ニュー イヤズ カード
ねんがっぴ **年月日** nengappi	ngày tháng năm ンガイ タハーング ナム	date デイト
ねんかん **年鑑** nenkan	niên giám, almanach ニエン ザーム, アルマナイク	almanac, annual オールマナク, アニュアル
ねんかんの **年間の** nenkanno	từng năm, năm một トゥーング ナム, ナム モーッ	annual, yearly アニュアル, イヤリ
ねんきん **年金** nenkin	tiền hưu trí, tiền trợ cấp dưỡng lão ティエン フーウ チー, ティエン チォー コプ ズオング ラーウ	pension, annuity ペンション, アニュイティ
ねんげつ **年月** nengetsu	năm tháng ナム タハーング	time, years タイム, イヤズ
ねんこうじょれつ **年功序列** nenkoujoretsu	thâm niên, phụ cấp thâm niên トホム ニエン, フー コプ トホム ニエン	seniority スィーニョーリティ
ねんざ **捻挫** nenza	trẹo, sái チェーウ, サーイ	sprain スプレイン
ねんしゅう **年収** nenshuu	thu nhập trong một năm トゥフー ニオプ チォーンム モーッ ナム	annual income アニュアル インカム
ねんじゅう **年中** nenjuu	quanh năm, cả năm クアインナム, カーナム	all year オール イヤ
ねんしゅつする **捻出する** nenshutsusuru	cố nghĩ ra, cố đề xuất ra コー ンギー ザー, コー デー スオッ ザー	manage to raise マニデ トゥ レイズ
ねんしょう **燃焼** nenshou	đốt cháy ドーッ チャイ	combustion コンバスチョン
ねんすう **年数** nensuu	số năm ソー ナム	years イヤズ
ねんだい **年代** nendai	niên đại, thập niên ニエン ダーイ, トホプ ニエン	age, era エイヂ, イアラ

日	越	英
ねんちゅうぎょうじ **年中行事** nenchuugyouji	sự kiện hàng năm, các lễ hội trong năm	annual event アニュアル イヴェント
ねんちょうの **年長の** nenchouno	lớn tuổi hơn, có thâm niên hơn	senior スィーニア
ねんど **粘土** nendo	đất sét	clay クレイ
ねんぱいの **年配の** nenpaino	lớn tuổi, cao tuổi	elderly, middle-aged エルダリ, ミドルエイヂド
ねんぴょう **年表** nenpyou	niên biểu	chronological table クラノラヂカル テイブル
ねんぽう **年俸** nenpou	lương bổng hàng năm	annual salary アニュアル サラリ
ねんまつ **年末** nenmatsu	cuối năm	end of the year エンド オヴ ザ イヤ
ねんりょう **燃料** nenryou	chất đốt, nhiên liệu	fuel フュエル
ねんりん **年輪** nenrin	vòng tuổi của cây	annual growth ring アニュアル グロウス リング
ねんれい **年齢** nenrei	tuổi, tuổi tác	age エイヂ

の, ノ

日	越	英
のう **脳** nou	não, óc	brain ブレイン
のうえん **農園** nouen	trại, nông trại	farm, plantation ファーム, プランテイション
のうか **農家** nouka	nông dân, nhà nông	farmhouse ファームハウス

日	越	英
のうがく **農学** nougaku	nông học ノーンム ホークプ	(science of) agriculture (**サ**イエンス オヴ) **ア**グリカルチャ
のうき **納期** （支払いの） nouki	thời điểm thanh toán トホーイ ディエム タハイント トゥアーン	date of payment **デ**イト オヴ **ペ**イメント
（品物の）	ngày giao hàng ンガイ ザーウ ハーング	delivery date デ**リ**ヴァリ **デ**イト
のうぎょう **農業** nougyou	nông nghiệp, nghề nông ノーンム ンギエプ, ンゲー ノーンム	agriculture **ア**グリカルチャ
のうぐ **農具** nougu	nông cụ, dụng cụ làm nông ノーンム クー, ズーンム クー ラーム ノーンム	farming tool **ファ**ーミング **トゥ**ール
のうこうそく **脳梗塞** noukousoku	tắc động mạch não, nhồi máu não タク ドームン マイク ナーウ, ニオーイ マウ ナーウ	cerebral infarction **セ**レブラル イン**ファ**ークション
のうさんぶつ **農産物** nousanbutsu	nông sản, nông phẩm ノーンム サーン, ノーンム フォム	farm products, farm produce **ファ**ーム プ**ラ**ダクツ, **ファ**ーム プラ**デュ**ース
のうしゅくする **濃縮する** noushukusuru	cô, cô đặc コー, コーダク	concentrate **カ**ンセントレイト
のうしゅっけつ **脳出血** noushukketsu	chảy máu não, xuất huyết não チャイ マウ ナーウ, スオッ フイエッ ナーウ	cerebral hemorrhage **セ**レブラル **ヘ**モリヂ
のうじょう **農場** noujou	nông trại, trang trại ノーンム チャーイ, チャーング チャーイ	farm **ファ**ーム
のうしんとう **脳震盪** noushintou	chấn động não, choáng não チョン ドームン ナーウ, チュアーング ナーウ	concussion of brain コン**カ**ション オヴ ブ**レ**イン
のうぜい **納税** nouzei	nộp thuế ノープ トゥフエー	payment of taxes **ペ**イメント オヴ **タ**クセズ
のうそっちゅう **脳卒中** nousocchuu	đột quy ドーッ クイー	stroke, apoplexy スト**ロ**ウク, **ア**ポプレクスィ

日	越	英
のうそん **農村** nouson	nông thôn, miền quê ノーンム トホーン, ミエン クエー	farm village ファーム ヴィリヂ
のうたん **濃淡** noutan	độ đậm nhạt ドー ドム ニャーッ	shading シェイディング
のうち **農地** nouchi	đất nông nghiệp, đất cày cấy ドッ ノーンム ンギエプ, ドッ カイ コイ	farmland, agricultural land ファームランド, アグリカルチュラル ランド
のうど **濃度** noudo	nồng độ, độ đậm đặc ノーンム ドー, ドー ドム ダク	density デンスィティ
のうどうたい **能動態** noudoutai	dạng chủ động, thế chủ động ザーング チュー ドーンム, テヘー チュー ドーンム	active voice アクティヴ ヴォイス
のうどうてきな **能動的な** noudoutekina	năng động ナング ドーンム	active アクティヴ
のうにゅうする **納入する** nounyuusuru	nộp, giao ノープ, ザーウ	pay, supply ペイ, サプライ
のうはう **ノウハウ** nouhau	bí quyết, phương pháp đặc biệt ビー クイエッ, フオング ファーブ ダク ビエッ	know-how ノウハウ
のうひんする **納品する** nouhinsuru	giao hàng ザーウ ハーング	deliver goods ディリヴァ グヅ
のうみん **農民** noumin	nhà nông, nông dân ニャー ノーンム, ノーンム ゾン	farmer, peasant ファーマ, ペザント
のうむ **濃霧** noumu	sương mù dày đặc スオング ムー ザイ ダク	dense fog デンス フォーグ
のうやく **農薬** nouyaku	nông dược, thuốc trừ sâu ノーンム ズオク, トゥフオク チュー ソウ	agricultural chemicals アグリカルチュラル ケミカルズ
のうりつ **能率** nouritsu	năng suất, hiệu suất ナング スオッ, ヒエウ スオッ	efficiency イフィシェンスィ

日	越	英
〜的な	có hiệu quả, có năng suất コー ヒエウ クアー, コー ナング スオッ	efficient イ**フィ**シェント
のうりょく **能力** nouryoku	khả năng, năng lực カハー ナング, ナング ルーク	ability, capacity ア**ビ**リティ, カ**パ**スィティ
のーすりーぶの **ノースリーブの** noosuriibuno	áo không có tay, áo sát nách アーゥ コホーンム コー タイ, アーゥ サーッ ナイク	sleeveless ス**リ**ーヴレス
のーと **ノート** nooto	quyển vở, quyển tập クイエン ヴォー, クイエン トプ	notebook **ノ**ウトブク
〜パソコン	máy vi tính, laptop マィ ヴィー ティン, ラプトプ	laptop, notebook computer **ラ**プタプ, **ノ**ウトブク コン**ピュ**ータ
のがす **逃す**　(逃がす) nogasu	thả タハー	let go, set free レト **ゴ**ウ, **セ**ト フ**リ**ー
(捕らえ損なう)	để tuột mất デー トゥオッ モッ	fail to catch **フェ**イル トゥ **キャ**チ
のがれる **逃れる** (脱出する・離れる) nogareru	trốn chạy, trốn thoát チョーン チャイ, チョーン トゥフアーッ	escape イス**ケ**イプ
(避ける)	né tránh, lảng tránh ネー チャイン, ラーング チャイン	avoid ア**ヴォ**イド
のき **軒** noki	mái hiên, hiên マーィ ヒエン, ヒエン	eaves **イ**ーヴズ
のこぎり **鋸** nokogiri	cái cưa, cưa カーィ クア, クア	saw **ソ**ー
のこす **残す**　(置いてゆく) nokosu	để lại デー ラーィ	leave behind, save リーヴ ビ**ハ**インド, **セ**イヴ
(遺産を)	để lại, truyền lại デー ラーィ, チュイエン ラーィ	bequeath ビク**ウィ**ーズ
のこり **残り** nokori	cái còn lại, phần còn lại カーィ コーン ラーィ, フォン コーン ラーィ	rest, remnants **レ**スト, **レ**ムナンツ

日	越	英
のこる **残る** nokoru	còn lại, sót lại コーン ラーィ, ソーッ ラーィ	stay, remain ステイ, リメイン
のずる **ノズル** nozuru	vòi, ống ヴォーィ, オーンム	nozzle ナズル
のせる **乗せる** noseru	để lên, cho lên デー レーン, チョー レーン	give a lift, pick up ギヴ ア リフト, ピク アプ
のせる **載せる** (置く) noseru	đặt, xếp lên ダッ, セープ レーン	put, set プト, セト
(積む)	chất, chồng チョッ, チョーンム	load on ロウド オン
(記載する)	đăng, đăng tải ダング, ダング ターィ	record, publish リコード, パブリシュ
のぞく **除く** (取り去る) nozoku	lấy ra, bỏ ra ロィ ザー, ボー ザー	remove リムーヴ
(除外する)	loại trừ, loại bỏ ルアーィ チュー, ルアーィ ボー	exclude, omit イクスクルード, オウミト
のぞく **覗く** nozoku	dòm, ngó ゾーム, ンゴー	peep ピープ
のぞみ **望み** (願望) nozomi	nguyện vọng, ước vọng ングイエン ヴォーンム, ウオク ヴォーンム	wish, desire ウィシュ, ディザイア
(期待)	hy vọng, kỳ vọng ヒー ヴォーンム, キー ヴォーンム	hope, expectation ホウプ, エクスペクテイション
(見込み)	triển vọng, viễn vọng チエン ヴォーンム, ヴィエン ヴォーンム	prospect, chance プラスペクト, チャンス
のぞむ **望む** (願う) nozomu	muốn, mong ムオン, モーンム	want, wish ワント, ウィシュ
(期待する)	hy vọng, kỳ vọng ヒー ヴォーンム, キー ヴォーンム	hope, expect ホウプ, イクスペクト
のちに **後に** nochini	về sau, sau đấy ヴェー サウ, サウ ドィ	afterward, later アフタワド, レイタ

日	越	英
のちほど **後ほど** nochihodo	sau, sau này サウ, サウ ナイ	later レイタ
のっくあうと **ノックアウト** nokkuauto	đo ván, nốc ao ドー ヴァーン, ノークプ アーゥ	knockout ナカウト
のっとる **乗っ取る** (会社を) nottoru	chiếm đoạt, giành チエム ドゥアーツ, ザイン	take over テイク オゥヴァ
(飛行機を)	cướp máy bay, không tặc クオプ マイ バイ, コホーンム タク	hijack ハイヂャク
のど **喉** nodo	họng, cổ ホーンム, コー	throat スロウト
のどかな **のどかな** nodokana	thanh bình, yên ổn タハインム ビン, イエン オーン	peaceful, quiet ピースフル, クワイエト
ののしる **罵る** nonoshiru	chửi, la mắng チュイ, ラー マング	insult, curse インサルト, カース
のばす **伸ばす** (長くする) nobasu	kéo dãn ra, kéo căng ra ケーゥ ザーン ザー, ケーゥ カング ザー	lengthen, stretch レングスン, ストレチ
(まっすぐにする)	kéo thẳng ra, làm cho thẳng ケーゥ タハング ザー, ラーム チョー タハング	straighten ストレイトン
(成長させる)	tăng trưởng, phát triển タング チュオング, ファーツ チエン	develop ディヴェロプ
のばす **延ばす** (延長する) nobasu	kéo dài, kéo dài ra ケーゥ ザーイ, ケーゥ ザーイ ザー	lengthen, extend レングスン, イクステンド
(延期する)	hoãn, đình hoãn フアーン, ディン フアーン	put off, delay プト オーフ, ディレイ
のはら **野原** nohara	bãi cỏ, cánh đồng バーイ コー, カインㇺ ドーンㇺ	fields フィールヅ
のびのびと **伸び伸びと** nobinobito	thong dong, thảnh thơi トホーンム ゾーンム, タハイント トホーイ	free and easy フリー アンド イーズィ

日	越	英
のびる **伸びる** (延長する) nobiru	dãn ra, dài ra ザーン ザー, ザーィ ザー	extend, stretch イクス**テ**ンド, スト**レ**チ
(成長する)	tăng trưởng, lớn mạnh タング チュオング, ローン マイン	develop, grow ディ**ヴェ**ロプ, グ**ロ**ウ
のびる **延びる** (延期される) nobiru	hoãn, đình hoãn フアーン, ディン フアーン	(be) put off, (be) postponed (ビ) プト **オ**ーフ, (ビ) **ポ**ウストポウンド
(延長される)	kéo dài, trì hoãn ケーウ ザーィ, チー フアーン	(be) prolonged (ビ) プロ**ロ**ーングド
のべ **延べ** nobe	tổng cộng, cộng tất cả lại トーンム コーンム, コーンム トッ カーラーィ	total **ト**ウタル
のべる **述べる** noberu	trình bày, bày tỏ チン バイ, バイ トー	tell, state **テ**ル, ス**テ**イト
のぼせる **のぼせる** noboseru	chóng mặt, nóng bừng チォーンム マッ, ノーンム ブーング	have a head rush ハヴ ア ヘド **ラ**シュ
(夢中になる)	say đắm, đam mê サィ ダム, ダーム メー	(be) crazy about (ビ) ク**レ**イズィ アバウト
のぼり **上り** nobori	sự tăng, sự gia tăng スー タング, スー ザー タング	rise, ascent **ラ**イズ, ア**セ**ント
のぼる **上る** (人や物が) noboru	lên レーン	go up ゴウ **ア**プ
(ある数量に)	tăng lên タング レーン	amount to, reach ア**マ**ウント トゥ, **リ**ーチ
のぼる **昇る** (太陽や月が) noboru	lên, mọc レーン, モークプ	rise **ラ**イズ
(ある地位に)	thăng cấp タハング コプ	(be) promoted (ビ) プロ**モ**ウテド
のぼる **登る** noboru	leo, trèo レーウ, チェーウ	climb<>ク**ラ**イム

日	越	英
のみ **蚤** nomi	bọ chét, ve chó ボー チェーッ, ヴェー チョー	flea フリー
のみぐすり **飲み薬** nomigusuri	thuốc uống トゥオク ウオング	oral medication **オ**ーラル メディ**ケ**イション
のみこむ **飲み込む** nomikomu	nuốt, nuốt vào ヌオッ, ヌオッ ヴァーウ	swallow ス**ワ**ロウ
のみねーとする **ノミネートする** nomineetosuru	tiến cử, chỉ đích danh ティエン クー, チー ディク ザィン	nominate **ナ**ミネイト
のみほす **飲み干す** nomihosu	uống cạn ウオング カーン	gulp down ガルプ **ダ**ウン
のみもの **飲み物** nomimono	đồ uống, thức uống ドー ウオング, トゥフーク ウオング	drink, beverage ド**リ**ンク, **ベ**ヴァリヂ
のみや **飲み屋** nomiya	quán rượu, quán nhậu クアーン ズォゥ, クアーン ニョゥ	tavern, bar **タ**ヴァン, **バ**ー
のむ **飲む** nomu	uống ウオング	drink, take ド**リ**ンク, **テ**イク
のり **糊** nori	hồ dán, keo dán ホー ザーン, ケーゥ ザーン	paste, starch **ペ**イスト, ス**タ**ーチ
のりおくれる **乗り遅れる** noriokureru	lỡ chuyến, lỡ xe ロー チュイエン, ロー セー	miss **ミ**ス
（時代に）	lạc hậu ラーク ホゥ	(be) behind the times (ビ) ビ**ハ**インド ザ **タ**イムズ
のりかえ **乗り換え** norikae	sự đổi xe, chuyển chuyến スー ドーィ セー, チュイエン チュイエン	change, transfer **チェ**インヂ, ト**ラ**ンスファ
のりかえる **乗り換える** norikaeru	đổi xe, chuyển chuyến ドーィ セー, チュイエン チュイエン	change **チェ**インヂ
のりくみいん **乗組員** norikumiin	phi hành đoàn, tổ lái フィー ハインド ゥアーン, トー ラーィ	crew ク**ル**ー

日	越	英
のりこす **乗り越す** norikosu	đi qua, vượt qua ディークアー, ヴォックアー	pass パス
のりば **乗り場** noriba	bến xe, sân ga ベーンセー, ソンガー	stop, platform スタプ, プラトフォーム
のりもの **乗り物** norimono	phương tiện giao thông, xe cộ フオングティエンザーウトホーンム, セーコー	vehicle ヴィークル
のる **乗る** (上に) noru	lên, cưỡi レーン, クオイ	get on ゲトオン
(乗り物に)	lên xe, lên tàu レーンセー, レーンタウ	ride, take ライド, テイク
のる **載る** noru	được đưa lên, được đăng ドゥオックドゥアレーン, ドゥオックダング	appear アピア
のるうぇー **ノルウェー** noruwee	Na Uy ナーウイー	Norway ノーウェイ
のるま **ノルマ** noruma	hạn ngạch, quota ハーンンガイク, クオター	quota クウォウタ
のろまな **のろまな** noromana	đần độn, ngu đần ドンドーン, ングードン	stupid, dull ステューピド, ダル
のんあるこーるの **ノンアルコールの** non-arukooruno	không cồn コホーンムコーン	non-alcoholic ナンアルコホーリク
のんきな **のんきな** nonkina	vô tư, vô lo ヴォートゥー, ヴォーロー	easy, carefree イーズィ, ケアフリー
のんびりと **のんびりと** nonbirito	ung dung, thong thả ウーンムズーンム, トホーンムタハー	free from care, leisurely フリー フラム ケア, リーデャリ
のんふぃくしょん **ノンフィクション** nonfikushon	phi hư cấu, phi viễn tưởng フィーフーコウ, フィーヴィエントゥオング	nonfiction ナンフィクション

は, ハ

日	越	英
は **歯** ha	răng ザング	tooth **トゥ**ース
は **刃** ha	lưỡi dao, lưỡi cạo ルオィ ザーウ, ルオィ カーウ	edge, blade **エ**ヂ, ブ**レ**イド
は **葉** ha	lá, lá cây ラー, ラー コィ	leaf, blade **リ**ーフ, ブ**レ**イド
ばー **バー** (酒場) baa	bar, quán rượu バー, クアーン ズオゥ	bar, tavern **バ**ー, **タ**ヴァン
ばあい **場合** baai	trường hợp, ca チュオング ホープ, カー	case, occasion **ケ**イス, オ**ケ**イジョン
はあくする **把握する** haakusuru	nắm vững, hiểu rõ ナム ヴーング, ヒエゥ ゾー	grasp, comprehend グ**ラ**スプ, カンプリ**ヘ**ンド
ばーげん **バーゲン** baagen	bán hạ giá バーン ハー ザー	sale, bargain **セ**イル, **バ**ーゲン
ばーじょん **バージョン** baajon	phiên bản, bản dạng フィエン バーン, バーン ザーング	version **ヴァ**ージョン
ばーたーとりひき **バーター取り引き** baataatorihiki	đổi chác ドーィ チャーク	barter **バ**ータ
ばーちゃるな **バーチャルな** baacharuna	ảo, giả tưởng アーゥ, ザー トゥオング	virtual **ヴァ**ーチュアル
はーと **ハート** haato	trái tim, con cơ チャーィ ティーム, コーン コー	heart **ハ**ート
ぱーと **パート** paato	việc làm bán thời gian ヴィエク ラーム バーン トホーィ ザーン	part-time **パ**ート**タ**イム
〜タイマー	người làm việc bán thời gian ングオィ ラーム ヴィエク バーン トホーィ ザーン	part-timer **パ**ート**タ**イマ

日	越	英
はーどうぇあ **ハードウェア** haadowea	phần cứng フォン クーング	hardware ハードウェア
はーどでぃすく **ハードディスク** haadodisuku	đĩa cứng ディア クーング	hard disk ハード ディスク
ぱーとなー **パートナー** paatonaa	bạn hàng, đối tác バーン ハーング, ドーイ タープ	partner パートナ
はーどる **ハードル** haadoru	rào, chắn rào ザーウ, チャン ザーウ	hurdle ハードル
～競走	chạy vượt rào, chạy đua vượt rào チャイ ヴオッ ザーウ, チャイ ドゥア ヴオッ ザーウ	hurdle race ハードル レイス
はーふ **ハーフ** haafu	lai, con lai ラーイ, コーン ラーイ	mixed race ミクスト レイス
はーぶ **ハーブ** haabu	rau thơm ザウ トホーム	herb アーブ
ばーべきゅー **バーベキュー** baabekyuu	nướng thịt ngoài trời, BBQ ヌオング ティヒーッ ングアーイ チョーイ, ベーベークー	barbecue バービキュー
ばーぼん **バーボン** baabon	rượu whisky ngô ズオウ ウィスキー ンゴー	bourbon バーボン
ぱーま **パーマ** paama	uốn tóc, phi dê ウオント トープ, フィー ゼー	permanent パーマネント
はーもにか **ハーモニカ** haamonika	kèn harmonica, acmonica ケーン アクモニカー, アクモニカー	harmonica ハーマニカ
はい **灰** hai	tro, tàn チョー, ターン	ash アシュ
はい **肺** hai	phổi, lá phổi フォーイ, ラー フォーイ	lung ラング
はい **胚** hai	phôi フォーイ	embryo エンブリオウ

日	越	英
ばい **倍** bai	gấp đôi, gấp hai lần ゴプドーイ, ゴプハーイロン	twice, double ト**ワ**イス, **ダ**ブル
ぱい **パイ** pai	bánh pa tê, bánh nướng có nhân バイン パー テー, バイン ヌオング コーニョン	pie, tart **パ**イ, **タ**ート
ばいあすろん **バイアスロン** baiasuron	hai môn phối hợp ハーイ モーン フォーイ ホープ	biathlon バイ**ア**スロン
はいいろ **灰色** haiiro	màu xám, màu tro マウ サーム, マウ チョー	gray, ⒷGrey グ**レ**イ, グ**レ**イ
～の	màu xám, màu tro マウ サーム, マウ チョー	gray, ⒷGrey グ**レ**イ, グ**レ**イ
はいえい **背泳** haiei	môn bơi ngửa, bơi ngửa モーン ボーイング ア, ボーイング ア	backstroke **バ**クストロウク
はいえん **肺炎** haien	viêm phổi, sưng phổi ヴィエム フォーイ, スーング フォーイ	pneumonia ニュ**モ**ウニア
ばいおてくのろじー **バイオテクノロジー** baiotekunorojii	công nghệ sinh học コーンム ンゲー シン ホークプ	biotechnology バイオウテク**ナ**ロヂ
ぱいおにあ **パイオニア** paionia	người đi tiên phong, người đi đầu ングオィ ディー ティエン フォーンム, ングオィ ディー ドゥ	pioneer パイオ**ニ**ア
ばいおりん **バイオリン** baiorin	vi ô lông, violon ヴィー オー ローンム, ヴィオロン	violin ヴァイオ**リ**ン
ばいかいする **媒介する** baikaisuru	chuyển, truyền チュイエン, チュイエン	transmit, carry トランス**ミ**ト, **キャ**リ
はいかつりょう **肺活量** haikatsuryou	dung tích phổi ズーンム ティク フォーイ	lung capacity **ラ**ング カパ**ス**ィティ
はいがん **肺癌** haigan	ung thư phổi ウーンム トゥフー フォーイ	lung cancer **ラ**ング **キャ**ンサ
はいきがす **排気ガス** haikigasu	khí thải キヒー タハーイ	exhaust gas イグ**ゾ**ースト **ギャ**ス

日	越	英
はいきぶつ **廃棄物** haikibutsu	chất thải チャッ タハーイ	waste **ウェ**イスト
はいきょ **廃墟** haikyo	tàn tích, tàn dư ターン ティク, ターン ズー	ruins **ルー**インズ
ばいきん **ばい菌** baikin	vi khuẩn, vi khuẩn có hại ヴィー クフォン, ヴィー クフォン コー ハーイ	bacteria, germ バク**ティ**アリア, **チャ**ーム
ばいく **バイク** baiku	xe máy, xe mô tô セー マイ, セー モー トー	motorbike **モ**ウタバイク
はいぐうしゃ **配偶者** haiguusha	người phối ngẫu, người có quan hệ vợ chồng ングオイ フォーイ ンゴウ, ングオイ コー クアーン ヘー ヴォー チョーンム	spouse ス**パ**ウズ
はいけい **背景** （出来事の） haikei	bối cảnh ボーイ カイン	background **バ**クグラウンド
（物語の）	bối cảnh ボーイ カイン	setting **セ**ティング
はいけっかく **肺結核** haikekkaku	lao, lao phổi ラーウ, ラーウ フォーイ	tuberculosis テュバーキュ**ロ**ウスィス
はいけつしょう **敗血症** haiketsushou	bại huyết, nhiễm khuẩn máu バーイ フイエッ, ニエム クフォン マウ	septicemia セプティ**スィ**ーミア
はいご **背後** haigo	sau lưng, đằng sau サウ ルーング, ダング サウ	back, rear **バ**ク, **リ**ア
はいざら **灰皿** haizara	gạt tàn, gạt tàn thuốc ガーッ ターン, ガーッ ターン トゥフオク	ashtray **ア**シュトレイ
はいしする **廃止する** haishisuru	bãi bỏ, huỷ bỏ バーイ ボー, フイー ボー	abolish, repeal ア**バ**リシュ, リ**ピ**ール
はいしゃ **歯医者** haisha	nha sĩ, bác sĩ nha khoa ニャー シー, バーク シー ニャー クフアー	dentist **デ**ンティスト
はいじゃっく **ハイジャック** haijakku	không tặc, cướp máy bay コホーンム タク, クオプ マイ バイ	hijack **ハ**イヂャク

日	越	英
〜する	không tặc, cướp máy bay コホーンム タク, クオプ マイ バイ	hijack ハイヂャク
ばいしゅうする **買収する** baishuusuru	thâu tóm, mua chuộc トホウ トーム, ムア チュオク	purchase, bribe **パー**チェス, ブ**ラ**イブ
ばいしゅん **売春** baishun	mại dâm マーイ ゾム	prostitution プラスティ**テュー**ション
ばいしょう **賠償** baishou	sự bồi thường, đền bù スー ボーイ トゥフオング, デーン ブー	reparation, compensation レパ**レ**イション, カンペン**セ**イション
〜する	bồi thường, đền bù ボーイ トゥフオング, デーン ブー	compensate **カ**ンペンセイト
はいしょく **配色** haishoku	phối màu フォーイ マウ	color scheme **カ**ラ ス**キー**ム
はいすい **排水** haisui	xả nước, tháo nước サー ヌオク, タハーウ ヌオク	drainage ド**レ**イニヂ
はいせきする **排斥する** haisekisuru	bài xích, loại trừ バーイ シク, ルアーイ チュー	exclude イクスク**ルー**ド
はいせつ **排泄** haisetsu	bài tiết, bài xuất バーイ ティエッ, バーイ スオッ	excretion イクスク**リー**ション
はいせん **敗戦** haisen	thua trận, chiến bại トゥア チョン, チエン バーイ	defeat ディ**フィー**ト
はいた **歯痛** haita	đau răng ダウ ザング	toothache **トゥー**セイク
ばいたい **媒体** baitai	vật môi giới, phương tiện truyền thông ヴォッ モーイ ゾーイ, フオング ティエン チュイエン トホーンム	medium **ミー**ディアム
はいたつ **配達** haitatsu	sự chuyển phát スー チュイエン ファーッ	delivery ディ**リ**ヴァリ
〜する	chuyển phát チュイエン ファーッ	deliver ディ**リ**ヴァ

日	越	英
はいたてきな **排他的な** haitatekina	bài xích, bài trừ バーイ シク, バーイ チュー	exclusive イクスク**ルー**スィヴ
ばいたりてぃー **バイタリティー** baitaritii	sức sống, sinh khí スーク ソーンム, シン キヒー	vitality ヴァイ**タ**リティ
はいち **配置** haichi	sự bố trí, bài trí スー ボー チー, バーイ チー	arrangement ア**レ**インヂメント
〜する	bố trí, bài trí ボー チー, バーイ チー	arrange, dispose ア**レ**インヂ, ディス**ポ**ウズ
はいてく **ハイテク** haiteku	công nghệ cao, khoa học kỹ thuật tiên tiến コーンム ンゲー カーウ, クフアー ホークプ キー トゥフオッツ ティエン ティエン	high tech **ハ**イ テク
ばいてん **売店** baiten	quầy bán hàng, cửa hàng クオィ バーン ハーンム, クア ハーンム	stall, stand ス**トー**ル, ス**タ**ンド
はいとう **配当** haitou	phần chia, tiền lãi cổ tức フォン チア, ティエン ラーイ コー トゥーク	dividend ディ**ヴィ**デンド
ぱいなっぷる **パイナップル** painappuru	dứa, trái thơm ズア, チャーイ トホーム	pineapple **パ**イナプル
ばいばい **売買** baibai	sự mua bán, buôn bán スー ムア バーン, ブオン バーン	dealing **ディ**ーリング
〜する	mua bán, buôn bán ムア バーン, ブオン バーン	deal in **ディ**ール イン
ばいぱす **バイパス** baipasu	đường vòng ドゥオング ヴォーンム	bypass **バ**イパス
はいひーる **ハイヒール** haihiiru	giày cao gót ザィ カーウ ゴーッ	high heels **ハ**イ **ヒ**ールズ
はいふ **配布** haifu	sự phân phối, phân phát スー フォン フォーイ, フォン ファーツ	distribution ディストリ**ビュ**ーション
〜する	phân phối, phân phát フォン フォーイ, フォン ファーツ	distribute ディスト**リ**ビュト

日	越	英
_{ぱいぷ} **パイプ** （管） paipu	ống, ống dẫn オーンム, オーンム ゾン	pipe パイプ
（煙草の）	điếu ディエウ	pipe パイプ
_{ぱいぷおるがん} **パイプオルガン** paipuorugan	đại phong cầm, đàn ống ダーイ フォーンム コム, ダーン オーンム	pipe organ パイプ オーガン
_{はいぶつ} **廃物** haibutsu	phế liệu, đồ phế thải フェー リエウ, ドー フェー タハーイ	waste materials ウェイスト マティアリアルズ
_{はいふん} **ハイフン** haifun	dấu gạch nối ゾウ ガイク ノーイ	hyphen ハイフン
_{はいぼく} **敗北** haiboku	thất bại, thua trận トホッ バーイ, トゥフア チオン	defeat ディフィート
_{はいやく} **配役** haiyaku	phân vai, vai diễn フォン ヴァーイ, ヴァーイ ジエン	cast キャスト
_{はいゆう} **俳優** haiyuu	diễn viên ジエン ヴィエン	actor, actress アクタ, アクトレス
_{はいりょ} **配慮** hairyo	sự lưu ý, để ý スー ルーゥ イー, デー イー	consideration コンスィダレイション
～する	lưu ý, để ý ルーゥ イー, デー イー	take into consideration テイク イントゥ コンスィダレイション
_{はいる} **入る** （中へ行く） hairu	vào, đi vào ヴァーゥ, ディー ヴァーゥ	enter, go in エンタ, ゴウ イン
（加入する）	gia nhập, nhập vào ザー ニオプ, ニオプ ヴァーゥ	join チョイン
（収容できる）	chứa, đựng チュア, ドゥーング	accommodate, hold アカモデイト, ホウルド
_{はいれつ} **配列** hairetsu	sắp đặt, bày biện サプ ダッ, バイ ビエン	arrangement アレインヂメント

日	越	英
ぱいろっと **パイロット** pairotto	phi công, người lái máy bay フィー コーンム, ングオイ ラーイ マイ バイ	pilot **パイ**ロト
はう **這う** hau	bò, trườn ボー, チュオン	crawl, creep ク**ロ**ール, ク**リ**ープ
はえ **蝿** hae	con ruồi, ruồi コーン ズオイ, ズオイ	fly フ**ラ**イ
はえる **生える** haeru	mọc, đâm chồi モークプ, ドム チョーイ	grow, come out グ**ロ**ウ, **カ**ム **ア**ウト
はか **墓** haka	mồ, mả モー, マー	grave, tomb グ**レ**イヴ, ト**ゥ**ーム
ばか **馬鹿** baka	ngốc, đần ンゴークプ, ドン	idiot **イ**ディオト
～な	dốt, dại ゾーッ, ザーイ	foolish **フ**ーリシュ
～馬鹿しい	buồn cười, tức cười ブオン クオイ, トゥーク クオイ	ridiculous, absurd リ**ディ**キュラス, アブ**サ**ード
はかいする **破壊する** hakaisuru	phá, phá hoại ファー, ファー フアーイ	destroy ディスト**ロ**イ
はがき **葉書** hagaki	bưu thiếp ブーゥ ティヒエプ	postcard **ポ**ウストカード
はがす **剥がす** hagasu	bóc, gọt ボークプ, ゴーッ	tear, peel **テ**ア, **ピ**ール
はかせ **博士** hakase	tiến sĩ ティエン シー	doctor **ダ**クタ
はかどる **捗る** hakadoru	tiến triển, phát triển ティエン チエン, ファーッ チエン	make progress メイク プ**ラ**グレス
はかない **はかない** hakanai	chóng tàn, ngắn ngủi チョーンム ターン, ンガン ングーイ	transient, vain ト**ラ**ンシェント, **ヴェ**イン

日	越	英
はがゆい **歯痒い** hagayui	khó chịu, sốt ruột コホー チーウ, ソーッ ズオッ	(be) impatient (ビ) インペイシェント
はからう **計らう** hakarau	xử trí, đối phó スー チー, ドーイ フォー	manage, arrange マニヂ, アレインヂ
はかり **秤** hakari	cái cân, cân カーイ コン, コン	balance, scales バランス, スケイルズ
はかりうり **量り売り** hakariuri	bán theo trọng lượng, bán theo cân nặng バーン テヘーウ チョーンム ルオング, バーン テヘーウ コン ナング	sale by measure セイル バイ メジャ
はかる **計る** hakaru	đo, cân ドー, コン	measure, weigh メジャ, ウェイ
はかる **図る** hakaru	lập mưu, mưu mô ロプ ムーウ, ムーウ モー	plan, attempt プラン, アテンプト
はき **破棄** （判決の） haki	huỷ bỏ, thủ tiêu フイー ボー, トゥフー ティエウ	reversal リヴァーサル
（約束の）	sự huỷ bỏ スー フイー ボー	cancellation, annulment キャンセレイション, アナルメント
～する	bỏ, huỷ bỏ ボー, フイー ボー	cancel キャンセル
はきけ **吐き気** hakike	buồn nôn, muốn mửa ブオン ノーン, ムオン ムア	nausea ノーズィア
ぱきすたん **パキスタン** pakisutan	Pa ki xtan パー キー スタン	Pakistan パキスタン
はきゅうする **波及する** hakyuusuru	truyền, lan チュイエン, ラーン	spread, influence スプレド, インフルエンス
はきょく **破局** hakyoku	kết thúc thê thảm, tan vỡ ケーッ トゥフークプ テヘー タハーム, ターン ヴォー	catastrophe カタストロフィ
はく **吐く** haku	nôn, mửa ノーン, ムア	vomit ヴァミト

日	越	英
(唾を)	nhổ, khạc	spit
はく **掃く** haku	quét	sweep, clean
はく **履く** haku	đi, mang vào chân	put on, wear
はぐ **剥ぐ** hagu	bóc, gọt	peel, skin
バグ bagu	lỗi phần mềm, sai sót về kỹ thuật	bug
ばくが **麦芽** bakuga	mạch nha	malt
はくがいする **迫害する** hakugaisuru	chèn ép, đàn áp	persecute
はぐき **歯茎** haguki	lợi, nướu	gums
ばくげき **爆撃** bakugeki	sự ném bom, oanh tạc	bombing
～機	máy bay ném bom, máy bay oanh tạc	bomber
～する	ném bom, oanh tạc	bomb
はくし **白紙** hakushi	giấy để trắng	blank paper
はくしかてい **博士課程** hakushikatei	chương trình tiến sĩ	doctor's course
はくしごう **博士号** hakushigou	bằng tiến sĩ, học vị tiến sĩ	doctorate, Ph.D.

日	越	英
はくしゃく **伯爵** hakushaku	bá tước バー トゥオク	count **カ**ウント
はくしゅする **拍手する** hakushusuru	vỗ tay ヴォー ダイ	clap one's hands ク**ラ**プ **ハ**ンヅ
はくしょ **白書** hakusho	sách trắng サイク チャング	white book (ホ)**ワ**イト ブク
はくじょうする **白状する** hakujousuru	thú tội, thú nhận トゥフー トーイ, トゥフー ニャン	confess コン**フェ**ス
はくじょうな **薄情な** hakujouna	bạc tình, bạc bẽo バック ティン, バック ベーウ	coldhearted **コ**ウルド**ハ**ーテド
ばくぜんと **漠然と** bakuzento	mơ hồ, lờ mờ モー ホー, ロー モー	vaguely **ヴェ**イグリ
~した	mơ hồ, lờ mờ モー ホー, ロー モー	vague, obscure **ヴェ**イグ, オブス**キュ**ア
ばくだいな **莫大な** bakudaina	khổng lồ, đồ sộ コホーンム ロー, ドー ソー	vast, immense **ヴァ**スト, イ**メ**ンス
ばくだん **爆弾** bakudan	bom, quả bom ボーム, クアー ボーム	bomb **バ**ム
ばくてりあ **バクテリア** bakuteria	vi khuẩn, vi trùng ヴィー クフオン, ヴィー チューンム	bacterium バク**ティ**アリアム
ばくはする **爆破する** bakuhasuru	làm nổ ラーム ノー	blow up, blast ブ**ロ**ウ **ア**プ, ブ**ラ**スト
ばくはつ **爆発** bakuhatsu	sự nổ, nổ tung スー ノー, ノー トゥーンム	explosion イクスプ**ロ**ウジョン
~する	nổ, nổ tung ノー, ノー トゥーンム	explode イクスプ**ロ**ウド
はくぶつかん **博物館** hakubutsukan	viện bảo tàng ヴィエン バーウ ターング	museum ミュー**ズィ**アム

日	越	英
はくらんかい **博覧会** hakurankai	hội triển lãm, triển lãm quốc tế	exposition エクスポジション
はけ **刷毛** hake	bàn chải	brush ブラシ
はげしい **激しい** hageshii	dữ dội, gay gắt	violent, intense ヴァイオレント, インテンス
ばけつ **バケツ** baketsu	thùng, xô	pail, bucket ペイル, バケト
はげます **励ます** hagemasu	động viên, khuyến khích	encourage インカーリヂ
はげむ **励む** hagemu	cố gắng, phấn đấu	strive, work hard ストライヴ, ワーク ハード
はげる **禿げる** hageru	hói, trọc	(become) bald (ビカム) ボールド
はげる **剥げる** (表面が) hageru	bong, tróc	come off カム オーフ
はけんする **派遣する** hakensuru	phái, cử	send, dispatch センド, ディスパチ
はこ **箱** hako	hộp, tráp	box, case バクス, ケイス
はこぶ **運ぶ** hakobu	chở, chuyển	carry キャリ
ばざー **バザー** bazaa	bán hàng từ thiện, chỗ bán hàng từ thiện	charity bazaar チャリティ バザー
はさまる **挟まる** hasamaru	bị kẹp, bị kẹt	(get) put between (ゲト) プト ビトウィーン
はさみ **鋏** hasami	cái kéo, kéo	scissors スィザズ

日	越	英
はさむ **挟む** hasamu	kẹp, gắp ケープ, ガプ	put between **プ**ト ビトゥィーン
はさん **破産** hasan	phá sản, vỡ nợ ファー サーン, ヴォー ノー	bankruptcy **バ**ンクラプツィ
はし **橋** hashi	cái cầu, cầu カーイ コゥ, コゥ	bridge ブリヂ
はし **端** hashi	đầu, cuối ドゥ, クオイ	edge, corner **エ**ヂ, **コ**ーナ
（先端・末端）	mép, chóp メープ, チョープ	end, tip **エ**ンド, **テ**ィプ
はし **箸** hashi	đũa, đôi đũa ドゥア, ドーイ ドゥア	chopsticks **チャ**プスティクス
はじ **恥** haji	nỗi thẹn thùng, sự ngượng ngùng ノーイ テヘーン トゥフーンム, スーングオング ングーンム	shame, humiliation **シェ**イム, ヒューミリ**エ**イション
～をかく	nhục, nhục nhã ニュークプ, ニュークプ ニャー	(be) put to shame (ビ) **プ**ト トゥ **シェ**イム
はしか **はしか** hashika	sởi, lên sởi ソーイ, レーン ソーイ	measles **ミ**ーズルズ
はしご **梯子** hashigo	thang xếp, cái thang タハーング セープ, カーイ タハーング	ladder **ラ**ダ
はじまる **始まる** hajimaru	bắt đầu バッ ドゥ	begin, start ビ**ギ**ン, ス**タ**ート
はじめ **初め** hajime	ban đầu, ban sơ バーン ドゥ, バーン ソー	beginning, start ビ**ギ**ニング, ス**タ**ート
はじめて **初めて** hajimete	đầu tiên, lần đầu tiên ドゥ ティエン, ロン ドゥ ティエン	for the first time フォ ザ **ファ**ースト **タ**イム
はじめての **初めての** hajimeteno	đầu tiên, lần đầu tiên ドゥ ティエン, ロン ドゥ ティエン	first **ファ**ースト

日	越	英
はじめる **始める** hajimeru	bắt đầu, mở đầu バッ ドゥ, モー ドゥ	begin, start, open ビ**ギ**ン, ス**ター**ト, **オ**ウプン
ぱじゃま **パジャマ** pajama	pyjama, quần áo ngủ ピザマー, クオン アーウ ングー	pajamas, ⓑpyjamas パ**チャ**ーマズ, パ**ヂャ**ーマズ
ばしょ **場所** basho	nơi chốn, chỗ ノーイ チョーン, チョー	place, site プ**レ**イス, **サ**イト
はしょうふう **破傷風** hashoufuu	uốn ván, bệnh uốn ván ウオン ヴァーン, ベン ウオン ヴァーン	tetanus **テ**タナス
はしら **柱** hashira	cột, trụ コーッ, チュー	pillar, post **ピ**ラ, **ポ**ウスト
はしりたかとび **走り高跳び** hashiritakatobi	nhảy cao, môn nhảy cao ニャイ カーウ, モーン ニャイ カーウ	high jump ハイ **ヂャ**ンプ
はしりはばとび **走り幅跳び** hashirihabatobi	nhảy xa, môn nhảy xa ニャイ サー, モーン ニャイ サー	long jump, broad jump ロ―ング **ヂャ**ンプ, ブロード **ヂャ**ンプ
はしる **走る** hashiru	chạy チャイ	run, dash ラン, **ダ**シュ
はじる **恥じる** hajiru	xấu hổ, hổ thẹn ソゥ ホー, ホー テヘーン	(be) ashamed (ビ) ア**シェ**イムド
はす **蓮** hasu	sen, cây sen セーン, コイ セーン	lotus **ロ**ウタス
ばす **バス** basu	xe buýt, ô tô buýt セー ブイーッ, オー トー ブイーッ	bus, coach バス, **コ**ウチ
(低い音域)	giọng nam trầm ゾーム ナーム チォム	bass バス
～停	trạm xe buýt, bến ô tô チャーム セー ブイーッ, ベーン オー トー	bus stop バス ス**タ**プ
ぱす **パス** pasu	vé tháng, chuyền bóng ヴェー タハーング, チュイエン ボーング	pass パス

日	越	英
～する	thi đỗ, chuyền bóng ティヒー ドー, チュイエン ボーム	pass パス
はずかしい **恥ずかしい** hazukashii	xấu hổ, e lệ ソウ ホー, エー レー	(be) ashamed (ビ) ア**シェイ**ムド
(不道徳な)	vô liêm sỉ, trơ trẽn ヴォー リエム シー, チョー チェーン	shameful **シェイ**ムフル
はすきーな **ハスキーな** hasukiina	khàn tiếng, giọng khàn カハーン ティエング, ゾーンム カハーン	husky **ハ**スキ
ばすけっとぼーる **バスケットボール** basukettobooru	bóng rổ ボーンム ゾー	basketball **バ**スケトボール
はずす **外す** hazusu	tháo, dỡ タハーウ, ゾー	take off, remove **テイ**ク **オー**フ, リ**ムー**ヴ
(席を)	rời chỗ ngồi ゾーイ チョー ンゴーイ	leave one's seat, (be) away **リー**ヴ **スィー**ト, (ビ) ア**ウェイ**
ぱすた **パスタ** pasuta	mì Ý, mì ống ミー イー, ミー オーンム	pasta **パ**ースタ
ばすと **バスト** basuto	ngực, vòng ngực ングーク, ヴォーンム ングーク	bust **バ**スト
ぱすぽーと **パスポート** pasupooto	hộ chiếu, giấy thông hành ホー チエウ, ゾイ トホーンム ハイン	passport **パ**スポート
はずみ **弾み** hazumi	nảy, nhảy ノイ, ニャイ	bound, momentum **バウ**ンド, モウ**メ**ンタム
はずむ **弾む** hazumu	nảy, dội ノイ, ゾーイ	bounce, bound **バウ**ンス, **バウ**ンド
(話などが)	sôi nổi, sôi động ソーイ ノーイ, ソーイ ドーンム	(become) lively (ビカム) **ラ**イヴリ
ぱずる **パズル** pazuru	trò chơi ráp hình, câu đố チョー チョーイ ザープ ヒン, コゥ ドー	puzzle **パ**ズル

日	越	英
外れ (くじなどの) hazure	không trúng, vé sai số コホーンム チューンム, ヴェー サーイ ソー	losing ticket, losing number ルーズィング ティケト, ルーズィング ナンバ
(町の)	ngoại ô, đầu phố ングアーイ オー, ドゥ フォー	suburbs サバーブズ
外れる (取れる) hazureru	tuột, rời トゥオッ, ゾーイ	come off カム オーフ
(当たらない)	không trúng, trật コホーンム チューンム, チョッ	miss, fail ミス, フェイル
パスワード pasuwaado	mật khẩu モッ コホウ	password パスワード
派生 hasei	sự phái sinh từ, bắt nguồn từ スー ファーイ シン トゥー, バッ ングオン トゥー	derivation デリヴェイション
～する	phái sinh, bắt nguồn ファーイ シン, バッ ングオン	derive from ディライヴ フラム
パセリ paseri	rau mùi tây ザウ ムーイ トイ	parsley パースリ
パソコン pasokon	máy tính cá nhân, máy tính riêng マイ ティン カー ニオン, マイ ティン ジエング	personal computer, PC パーソナル コンピュータ, ピースィー
破損する hasonsuru	làm hỏng, làm hư hại ラーム ホーンム, ラーム フー ハーイ	(be) damaged (ビ) ダミヂド
旗 hata	cờ, lá cờ コー, ラー コー	flag, banner フラグ, バナ
肌 hada	da, làn da ザー, ラーン ザー	skin スキン
バター bataa	bơ ボー	butter バタ
パターン pataan	kiểu, mô hình キエウ, モー ヒン	pattern パタン

日	越	英
はだか **裸** hadaka	loã lồ, trần truồng ルアー ロー, チョン チュオング	nakedness **ネ**イキドネス
〜の	trần, khoả thân チョン, クファー トホン	naked **ネ**イキド
はたけ **畑** hatake	đồng, ruộng ドーム, ズオング	field, farm **フィ**ールド, **ファ**ーム
はだしで **裸足で** hadashide	chân không, chân đất チョン コホーム, チョン ドッ	barefoot ベアフト
はたす （実行する） **果たす** hatasu	thực hiện, thực hành トゥフック ヒエン, トゥフック ハイン	realize, carry out **リ**ーアライズ, **キャ**リ ア**ウ**ト
（達成する）	đạt, giành ダーッ, ザイン	achieve ア**チ**ーヴ
はためく **はためく** hatameku	phấp phới, phơi phới フォプ フォーイ, フォーイ フォーイ	flutter フ**ラ**タ
はたらき **働き** hataraki	công lao, công phu コーンム ラーウ, コーンム フー	work, labor, ⒷIabour **ワ**ーク, **レ**イバ, **レ**イバ
（活動）	hoạt động, hành động フアーッ ドーンム, ハイン ドーンム	action, activity **ア**クション, アク**ティ**ヴィティ
（機能）	chức năng, công năng チューク ナング, コーンム ナング	function **ファ**ンクション
（功績）	công trạng, chiến công コーンム チャーング, チエン コーンム	achievement ア**チ**ーヴメント
はたらく **働く** hataraku	làm, làm việc ラーム, ラーム ヴィエク	work **ワ**ーク
（作用する）	tác động, ảnh hưởng タークドーンム, アイン フオング	act on **ア**クト **オ**ン
はち **八** hachi	tám タームー	eight **エ**イト

日	越	英
はち **鉢** hachi	chậu, bát チォゥ, バーッ	bowl, pot ボウル, パト
はち **蜂** (蜜蜂) hachi	ong, ong mật オーンム, オーンム モッ	bee ビー
～の巣	tổ ong トー オーンム	beehive, honeycomb ビーハイヴ, ハニコウム
ばち **罰** bachi	quả báo xấu, nghiệp báo xấu クアー バーウ ソウ, ンギエァ バーウ ソウ	punishment, penalty パニシュメント, ペナルティ
はちがつ **八月** hachigatsu	tháng tám タハーング ターム	August オーガスト
ばちかん **バチカン** bachikan	Va ti can, toà thánh La Mã ヴァー ティー カーン, トゥアー タハイン ラー マー	Vatican ヴァティカン
はちじゅう **八十** hachijuu	tám mươi, tám chục ターム ムオィ, ターム チュークプ	eighty エイティ
はちみつ **蜂蜜** hachimitsu	mật ong モッ オーンム	honey ハニ
はちゅうるい **爬虫類** hachuurui	bò sát, loài bò sát ボー サーッ, ルアーィ ボー サーッ	reptiles レプティルズ
はちょう **波長** hachou	bước sóng, độ dài của bước sóng ブオク ソーンム, ドー ザーィ クア ブオク ソーンム	wavelength ウェイヴレングス
ばつ **罰** batsu	phạt, hình phạt ファーッ, ヒン ファーッ	punishment, penalty パニシュメント, ペナルティ
はついく **発育** hatsuiku	sự lớn lên, sinh trưởng スー ローン レーン, シン チュオング	growth グロウス
～する	lớn lên, sinh trưởng ローン レーン, シン チュオング	grow グロウ
はつおん **発音** hatsuon	phát âm ファーッ オム	pronunciation プロナンスィエイション

日	越	英
はつが **発芽** hatsuga	đâm chồi, nảy lộc ドム チョーイ, ナイ ロークプ	germination ヂャーミネイション
はっかー **ハッカー** hakkaa	hacker, người xâm nhập máy tính người khác ハッコー, ングオイ ソム ニオプ マイ ティン ングオイ カハーク	hacker ハカ
はっきする **発揮する** hakkisuru	phát huy ファーツ フイー	display, show ディスプレイ, **ショウ**
はっきり **はっきり** hakkiri	rõ ràng, rõ ゾー ザーング, ゾー	clearly クリアリ
〜する	làm sáng tỏ, làm rõ ラーム サーング トー, ラーム ゾー	(become) clear (ビカム) クリア
ばっきん **罰金** bakkin	tiền phạt ティエン ファーツ	fine ファイン
ばっく **バック** （後部） bakku	phần sau, phần cuối フォン サウ, フォン クオイ	back, rear バク, リア
（背景）	bối cảnh, nhạc nền ボーイ カイン, ニャーク ネーン	background バクグラウンド
（後援）	viện trợ, trợ giúp ヴィエン チョー, チョー ズープ	backing, support バキング, サ**ポー**ト
〜アップ	ủng hộ ウーンム ホー	backup バカプ
ばっぐ **バッグ** baggu	xắc, túi サク, トゥーイ	bag バグ
ぱっく **パック** （品物の） pakku	bao, gói バーウ, ゴーイ	packaging パケヂング
（美容法の）	miếng đắp mặt, mặt nạ làm đẹp ミエング ダプ マッ, マッ ナー ラーム デープ	pack パク
（アイスホッケーの）	bóng băng ボーンム バング	puck パク

は

日	越	英
はっくつ **発掘** hakkutsu	sự khai quật スー カハーイ クオッ	excavation エクスカ**ヴェ**イション
～する	khai quật カハーイ クオッ	excavate **エ**クスカヴェイト
ばつぐんの **抜群の** batsugunno	xuất sắc, nổi bật スオッ サク, ノーイ ボッ	outstanding アウト**ス**タンディング
ぱっけーじ **パッケージ** pakkeeji	gói, kiện ゴーイ, キエン	package **パ**ケヂ
はっけっきゅう **白血球** hakkekkyuu	bạch cầu, bạch huyết cầu バイク コウ, バイク フイエッ コウ	white blood cell (ホ)**ワ**イト ブラド **セ**ル
はっけつびょう **白血病** hakketsubyou	bệnh bạch cầu, bệnh máu trắng ベン バイク コウ, ベン マウ チャング	leukemia ルー**キ**ーミア
はっけん **発見** hakken	sự phát hiện, tìm ra スー ファーツ ヒエン, ティーム ザー	discovery ディス**カ**ヴァリ
～する	phát hiện, tìm ra ファーツ ヒエン, ティーム ザー	discover, find out ディス**カ**ヴァ, **ファ**インド **ア**ウト
はつげんする **発言する** hatsugensuru	phát ngôn, phát biểu ファーッ ンゴーン, ファーツ ビエゥ	speak ス**ピ**ーク
はつこい **初恋** hatsukoi	mối tình đầu モーイ ティン ドゥ	first love **ファ**ースト **ラ**ヴ
はっこうする **発行する** hakkousuru	phát hành, ấn hành ファーツ ハイン, オン ハイン	publish, issue **パ**ブリシュ, **イ**シュー
はっさんする **発散する** hassansuru	toả ra, xả ra bên ngoài トゥアー ザー, サー ザー ベーン ングアーイ	emit イ**ミ**ト
ばっじ **バッジ** bajji	huy hiệu, phù hiệu フイー ヒエゥ, フー ヒエゥ	badge **バ**ヂ
はっしゃ **発射** hassha	sự bắn, phóng スー バン, フォーンム	firing **ファ**イアリング

日	越	英
～する	bắn, phóng バン, フォーンム	fire, shoot **ファイ**ア, **シュー**ト
はっしゃ **発車** hassha	xe xuất phát, xe khởi hành セー スオッ ファーッ, セー コホーイ ハイン	departure ディ**パー**チャ
～する	xe xuất phát, xe khởi hành セー スオッ ファーッ, セー コホーイ ハイン	depart ディ**パー**ト
ばっしんぐ **バッシング** basshingu	đập mạnh, đả kích ドナ マイン, ダー キク	bashing **バ**シング
はっしんする **発信する** hasshinsuru	phát tín hiệu, truyền tin ファーッ ティーン ヒエウ, チュイエン ティーン	transmit トランス**ミ**ト
ばっすい **抜粋** bassui	đoạn trích, trích đoạn ドゥアーン チク, チク ドゥアーン	extract, excerpt **エ**クストラクト, **エ**クサープト
～する	trích, rút ra チク, ズーッ ザー	extract イクスト**ラ**クト
はっする **発する**（光や熱を） hassuru	phát ra, toả ra ファーッ ザー, トゥアー ザー	give off, emit **ギ**ヴ **オー**フ, イ**ミ**ト
（声を）	thốt ra, phát ra トホーッ ザー, ファーッ ザー	utter **ア**タ
ばっする **罰する** bassuru	phạt, trừng phạt ファーッ, チューング ファーッ	punish **パ**ニシュ
はっせい **発生** hassei	sự xảy ra, phát sinh スー サイ ザー, ファーッ シン	outbreak, birth **ア**ウトブレイク, **バ**ース
～する	xảy ra, phát sinh サイ ザー, ファーッ シン	occur オ**カー**
はっそう **発送** hassou	sự gửi đi, chuyển phát スー グーイ ディー, チュイエン ファーッ	sending out **セ**ンディング **ア**ウト
～する	gửi đi, chuyển phát グーイ ディー, チュイエン ファーッ	send out **セ**ンド **ア**ウト

日	越	英
ばった **バッタ** batta	cào cào, châu chấu カーウ カーウ, チョウ チョウ	grasshopper グラスハパ
はったつ **発達** hattatsu	sự phát triển, tiến bộ スー ファーッ チエン, ティエン ボー	development ディヴェロプメント
～する	phát triển, tiến bộ ファーッ チエン, ティエン ボー	develop, advance ディヴェロプ, アドヴァンス
はっちゅう **発注** hacchuu	sự đặt hàng スー ダッ ハーング	order オーダ
～する	đặt hàng ダッ ハーング	order オーダ
はってん **発展** hatten	sự phát triển, tiến triển スー ファーッ チエン, ティエン チエン	development ディヴェロプメント
～する	phát triển, tiến triển ファーッ チエン, ティエン チエン	develop, expand ディヴェロプ, イクスパンド
はつでんしょ **発電所** hatsudensho	nhà máy điện ニャー マイ ディエン	power plant パウア プラント
はつでんする **発電する** hatsudensuru	phát điện ファーッ ディエン	generate electricity ヂェナレイト イレクトリスィティ
はっぱ **発破** happa	đánh mìn, cho nổ ダイン ミーン, チョー ノー	explosive blast イクスプロウスィヴ ブラスト
はつばい **発売** hatsubai	sự tung ra thị trường, bán ra スー トゥーンム ザー ティヒー チュオング, バーン ザー	sale セイル
～する	tung ra thị trường, bán ra トゥーンム ザー ティヒー チュオング, バーン ザー	put on sale プト オン セイル
はっぴょう **発表** happyou	sự phát biểu, thông báo スー ファーッ ビエウ, トホーンム バーウ	announcement アナウンスメント
（説明）	sự trình diễn, trình bày スー チン ジエン, チン バイ	presentation プリーゼンテイション

日	越	英
〜する	phát biểu, thông báo ファーツ ビエゥ, トホーンム バーウ	announce アナウンス
（説明する）	trình diễn, trình bày チン ジエン, チン バイ	present プリゼント
はつびょうする **発病する** hatsubyousuru	bị bệnh, phát bệnh ビー ベン, ファーツ ベン	fall ill フォール イル
はっぽうせいの **発泡性の** happouseino	sủi tăm スーイ タム	sparkling スパークリング
はつめい **発明** hatsumei	sự sáng chế, phát minh スー サーング チェー, ファーツ ミン	invention インヴェンション
〜する	sáng chế, phát minh サーング チェー, ファーツ ミン	invent, devise インヴェント, ディヴァイズ
はてしない **果てしない** hateshinai	mênh mông, bát ngát メン モーンム, バーツ ンガーツ	endless エンドレス
はでな **派手な** hadena	loè loẹt, sặc sỡ ルエー ルエーツ, サク ソー	showy, garish ショウイ, ゲアリシュ
はと **鳩** hato	chim bồ câu, bồ câu チーム ボー コゥ, ボー コゥ	pigeon, dove ピヂョン, ダヴ
ばとうする **罵倒する** batousuru	chửi, chửi bới チューイ, チューイ ボーイ	denounce, vilify ディナウンス, ヴィリファイ
パトカー patokaa	xe tuần tra của cảnh sát セー トゥオン チャー クア カイン サーツ	squad car, patrol car スクワド カー, パトロウル カー
ばどみんとん **バドミントン** badominton	cầu lông, môn cầu lông コゥ ローンム, モーン コゥ ローンム	badminton バドミントン
ぱとろーる **パトロール** patorooru	tuần tra, đi tuần トゥオン チャー, ディー トゥオン	patrol パトロウル
はな **花** hana	hoa, bông フアー, ボーンム	flower フラウア

608

日	越	英
はな **鼻** hana	mūi ムーイ	nose ノウズ
はなし **話** hanashi	chuyện, câu chuyện チュイエン, コウ チュイエン	talk, conversation トーク, カンヴァセイション
（物語）	truyện チュイエン	story ストーリ
はなしあい **話し合い** hanashiai	sự bàn bạc, bàn luận スー バーン バーク, バーン ルオン	talk, discussion トーク, ディスカション
はなしあう **話し合う** hanashiau	bàn bạc, bàn luận バーン バーク, バーン ルオン	talk with, discuss with トーク ウィズ, ディスカス ウィズ
はなす **放す** hanasu	thả, buông ターハー, ブオング	free, release フリー, リリース
はなす **離す** hanasu	làm rời ra, tách ra ラーム ゾーイ ザー, タィク ザー	separate, detach セパレイト, ディタチ
はなす **話す** hanasu	nói, nói chuyện ノーイ, ノーイ チュイエン	speak, talk スピーク, トーク
はなぢ **鼻血** hanaji	máu mũi, máu cam マウ ムーイ, マウ カーム	nosebleed ノウズブリード
ばなな **バナナ** banana	quả chuối, chuối クアー チュオィ, チュオィ	banana バナナ
はなばなしい **華々しい** hanabanashii	rực rỡ, chói lọi ズーク ゾー, チョーイ ローイ	brilliant ブリリアント
はなび **花火** hanabi	pháo hoa, pháo bông ファーウ フアー, ファーウ ボーンム	fireworks ファイアワークス
はなみず **鼻水** hanamizu	nước mũi ヌオク ムーイ	snot, mucus スナト, ミューカス
はなむこ **花婿** hanamuko	chú rể, rể チュー ゼー, ゼー	bridegroom ブライドグルーム

日	越	英
はなやかな **華やかな** hanayakana	lộng lẫy, tráng lệ ローンム ロイ, チャーング レー	gorgeous, bright ゴーヂャス, ブライト
はなよめ **花嫁** hanayome	cô dâu, dâu コー ゾゥ, ゾゥ	bride ブライド
はなれる **離れる** hanareru	rời, lìa ゾーィ, リア	leave, go away from リーヴ, ゴウ アウェイ フラム
はにかむ hanikamu	thẹn thùng, ngượng ngùng テヘーン トゥフーンム, ングオング ングーンム	(be) shy, (be) bashful (ビ) シャイ, (ビ) バシュフル
パニック panikku	bấn loạn, hoảng hốt ボン ルアーン, フアーング ホーッ	panic パニク
はね **羽** (羽毛) hane	lông chim, lông vũ ローンム チーム, ローンム ヴー	feather, plume フェザ, プルーム
(翼)	cánh, cánh chim カイン, カイン チーム	wing ウィング
ばね **ばね** bane	lò xo, dây cót ロー ソー, ゾィ コッ	spring スプリング
はねむーん **ハネムーン** hanemuun	tuần trăng mật, trăng mật トゥオン チャング モッ, チャング モッ	honeymoon ハニムーン
はねる **跳ねる** (飛び散る) haneru	văng, bắn tung toé ヴァング, バン トゥーンム トゥエー	splash スプラシュ
(飛び上がる)	nhảy lên, bật lên ニャィ レーン, ボッ レーン	leap, jump リープ, ヂャンプ
はは **母** haha	mẹ, má メー, マー	mother マザ
～方	ngoại, đằng ngoại ングアーィ, ダング ングアーィ	mother's side マザズ サイド
はば **幅** haba	bề ngang, bề rộng ベー ンガーング, ベー ゾーンム	width, breadth ウィドス, ブレドス

日	越	英
はばたく **羽ばたく** habataku	võ cánh, vẫy cánh ヴォー カイン, ヴォイ カイン	flutter, flap フラタ, フラプ
はばつ **派閥** habatsu	phe phái, bè phái フェー ファーイ, ベー ファーイ	faction ファクション
はばとび **幅跳び** habatobi	nhảy xa, môn nhảy xa ニャィ サー, モーン ニャィ サー	broad jump, long jump ブロード チャンプ, ローング チャンプ
はばひろい **幅広い** habahiroi	rộng, rộng rãi ゾーンム, ゾーンム ザーィ	wide, broad ワイド, ブロード
はばむ **阻む** habamu	ngăn cản, ngăn trở ンガン カーン, ンガン チョー	prevent from, block プリヴェント フラム, ブラク
ぱぷあにゅーぎにあ **パプアニューギニア** papuanyuuginia	Pa pua Niu Ghi nê パー プア ニーゥ ギー ネー	Papua New Guinea パピュア ニュー ギニア
ぱふぉーまんす **パフォーマンス** pafoomansu	biểu diễn, trình diễn ビェゥ ジエン, チン ジエン	performance パフォーマンス
はぶく **省く** (省略する) habuku	lược bỏ, lược bớt ルオク ボー, ルオク ボーッ	omit, exclude オウミト, イクスクルード
(削減する)	cắt giảm, giảm bớt カッ ザーム, ザーム ボーッ	save, reduce セイヴ, リデュース
はぷにんぐ **ハプニング** hapuningu	sự việc xảy ra, biến cố スー ヴィエク サィ ザー, ビエン コー	happening, unexpected event ハプニング, アニクスペクテド イヴェント
はぶらし **歯ブラシ** haburashi	bàn chải đánh răng バーン チャーイ ダイン ザング	toothbrush トゥースブラシュ
はまき **葉巻** hamaki	xì gà, điếu xì gà シー ガー, ディエゥ シー ガー	cigar スィガー
はまぐり **蛤** hamaguri	sò, sò đốm ソー, ソー ドーム	clam クラム
はまべ **浜辺** hamabe	ven biển, bãi biển ヴェーン ビェン, バーィ ビェン	beach, seashore ビーチ, スィーショー

日	越	英
はまる **はまる** hamaru	khớp, ăn khớp コホープ, アン コホープ	fit into **フィ**ト イン**トゥ**
はみがき **歯磨き** hamigaki	thuốc đánh răng, kem đánh răng トゥフオク ダイン ザング, ケーム ダイン ザング	toothpaste **トゥ**ースペイスト
はめつする **破滅する** hametsusuru	bị tàn phá, đổ nát ビー ターン ファー, ドー ナーッ	(be) ruined (ビ) **ルー**インド
はめる **はめる** （内側に入れる） hameru	lắp, gắn ラプ, ガン	put in, set プト **イ**ン, **セ**ト
（着用する）	đeo, mang vào デーウ, マーング ヴァーウ	wear, put on **ウェ**ア, **プ**ト **オ**ン
ばめん **場面** bamen	cảnh, tình huống カイン, ティン フオング	scene **スィ**ーン
はもの **刃物** hamono	dụng cụ có lưỡi sắc, dụng cụ cắt ズーンム クー コー ルオイ サク, ズーンム クー カッ	edged tool **エ**ヂド **トゥ**ール
はもん **波紋** hamon	gợn sóng lăn tăn ゴーン ソーンム ラン タン	ripple **リ**プル
はもんする **破門する** hamonsuru	đuổi, trục xuất ドゥオイ, チュークプ スオッ	expel イクス**ペ**ル
はやい **早い** hayai	sớm, sớm sủa ソーム, ソーム スア	early **ア**ーリ
はやい **速い** hayai	nhanh, chóng ニャイン, チオーンム	quick, fast ク**ウィ**ク, **ファ**スト
はやく **早く** hayaku	sớm, sớm sủa ソーム, ソーム スア	early, soon **ア**ーリ, **ス**ーン
はやく **速く** hayaku	nhanh, chóng ニャイン, チオーンム	quickly, fast ク**ウィ**クリ, **ファ**スト
はやし **林** hayashi	rừng ズーング	forest, woods **フォ**リスト, **ウ**ヅ

日	越	英
はやす **生やす** hayasu	để mọc, để mọc dài	grow, cultivate グロウ, **カ**ルティヴェイト
はやめに **早めに** hayameni	sơm sớm, sớm	early, in advance **ア**ーリ, イン アド**ヴァ**ンス
はやめる **早める** hayameru	đẩy mạnh tiến độ, làm tăng nhanh	quicken, hasten ク**ウィ**クン, **ヘ**イスン
はやる (流行する) **流行る** hayaru	phổ biến, lưu hành	(be) in fashion, (be) popular (ビ) イン **ファ**ション, (ビ) **パ**ピュラ
(繁盛する)	phồn vinh, phồn thịnh	(be) prosperous (ビ) **プラ**スペラス
(病気などが)	lan, lan rộng	(be) prevalent (ビ) **プレ**ヴァレント
はら (胃) **腹** hara	dạ dày, bao tử	stomach ス**タ**マク
(腸)	ruột, lòng	bowels **バ**ウエルズ
(腹部)	bụng, dạ	belly **ベ**リ
ばら **バラ** bara	hoa hồng, cây hoa hồng	rose **ロ**ウズ
はらいもどし **払い戻し** haraimodoshi	trả lại, hoàn lại	repayment, refund リ**ペ**イメント, リ**ファ**ンド
はらう **払う** harau	trả, trả tiền	pay **ペ**イ
ぱらぐあい **パラグアイ** paraguai	Pa ra goay	Paraguay **パ**ラグワイ
はらぐろい **腹黒い** haraguroi	xấu bụng	wicked, malicious **ウィ**キド, マ**リ**シャス

日	越	英
はらす **晴らす** (疑いなどを) harasu	xua tan, xoá bỏ スア ターン, スアー ボー	dispel ディスペル
(恨みを)	rửa hận, trả thù ズア ホン, チャー トゥフー	avenge oneself アヴェンヂ
(憂さを)	giải trí, tiêu khiển ザーィ チー, ティエウ キヒエン	forget one's troubles フォゲト トラブルズ
ばらす **ばらす** (分解する) barasu	tháo rời, gỡ ra タハゥ ゾーィ, ゴー ザー	take to pieces テイク トゥ ピーセズ
(暴露する)	vạch trần, bộc lộ ヴァイク チョン, ボークプ ロー	disclose, expose ディスクロウズ, イクスポウズ
ばらばらの **ばらばらの** barabarano	rời rạc, riêng rẽ ゾーィ ザーク, ジエング ゼー	separate, scattered セパレイト, スキャタド
ぱらふぃん **パラフィン** parafin	pa ra phin, paraffin パー ラー フィーン, パラフィン	paraffin パラフィン
ばらまく **ばら撒く** baramaku	vãi, rắc ヴァーィ, ザク	scatter スキャタ
ばらんす **バランス** baransu	thăng bằng, cân bằng タハング バング, コン バング	balance バランス
はり **針** hari	kim, lưỡi câu キーム, ルオィ コゥ	needle ニードル
ばりえーしょん **バリエーション** barieeshon	biến đổi, biến thể ビエン ドーィ, ビエン テヘー	variation ヴェアリエイション
はりがね **針金** harigane	dây thép, dây kẽm ゾィ テヘープ, ゾィ ケーム	wire ワイア
はりがみ **貼り紙** harigami	áp phích, quảng cáo アープ フィク, クアーング カーゥ	bill, poster ビル, ポウスタ
ばりき **馬力** bariki	mã lực, sức ngựa マー ルーク, スーク ングア	horsepower ホースパウア

日	越	英
はりきる **張り切る** harikiru	đầy khí lực, gắng sức ドイ キヒー ルーク, ガング スーク	(be) vigorous (ビ) **ヴィ**ゴラス
ばりとん **バリトン** bariton	giọng nam trung, kèn baritôn ゾーンム ナーム チューンム, ケーン バリトン	baritone **バ**リトウン
はる **春** haru	xuân, mùa xuân スオン, ムア スオン	spring ス**プ**リング
はる **張る** (伸ばす) haru	căng, duỗi カング, ズオイ	stretch, extend ストレチ, イクス**テ**ンド
はる **貼る** haru	dán ザーン	stick, put on ス**テ**ィク, プト **オ**ン
はるかな **遥かな** harukana	xa cách, xa xôi サー カイク, サー ソーイ	distant, far-off **デ**ィスタント, **ファー**ロフ
はるかに **遥かに** (遠くに) harukani	xa, vượt xa サー, ヴオッ サー	far, far away **ファー**, **ファー** ア**ウェ**イ
はるばる **遥々** harubaru	đi tận, đến tận ディー トン, デーン トン	all the way from **オ**ール ザ **ウェ**イ フラム
ばるぶ **バルブ** barubu	cái van, van カーイ ヴァーン, ヴァーン	valve **ヴァ**ルヴ
ぱるぷ **パルプ** parupu	bột giấy ボーッ ゾイ	pulp **パ**ルプ
はれ **晴れ** hare	trời đẹp, đẹp trời チョーイ デープ, デープ チョーイ	fine weather **ファ**イン **ウェ**ザ
ばれえ **バレエ** baree	múa ba lê, ba lê ムア バー レー, バー レー	ballet **バ**レイ
ぱれーど **パレード** pareedo	diễu hành, tuần hành ジエウ ハイン, トゥオン ハイン	parade パ**レ**イド
ばれーぼーる **バレーボール** bareebooru	bóng chuyền ボーンム チュイエン	volleyball **ヴァ**リボール

日	越	英
はれつする **破裂する** haretsusuru	bị nổ, nổ ビー ノー, ノー	explode, burst イクスプロウド, バースト
ぱれっと **パレット** paretto	bảng màu バーング マウ	palette パレト
ばれりーな **バレリーナ** bareriina	nữ diễn viên ba lê, nữ diễn viên kịch múa ヌー ジエン ヴィエン バー レー, ヌー ジエン ヴィエン キク ムア	ballerina バレリーナ
はれる **晴れる** (空が) hareru	tạnh, trời quang mây tạnh タイン, チョーイ クアーング モイ タイン	clear up クリア アプ
(疑いが)	tan, tan biến ターン, ターン ビエン	(be) cleared (ビ) クリアド
はれる **腫れる** hareru	sưng, tấy lên スーング, トイ レーン	(become) swollen (ビカム) スウォウルン
ばれる **ばれる** bareru	lộ, bị lộ ra ロー, ビー ロー ザー	(be) exposed, come to light (ビ) イクスポウズド, カム トゥ ライト
ばろっく **バロック** barokku	barôc, phong cách nghệ thuật Ba Rốc バロック, フォーンム カイク ンゲー トゥフ オッ バー ロークプ	Baroque バロウク
ぱろでぃー **パロディー** parodii	văn nhại, thơ nhại ヴァン ニャーイ, トホー ニャーイ	parody パロディ
ばろめーたー **バロメーター** baromeetaa	khí áp kế, phong vũ biểu キヒー アープ ケー, フォーンム ヴー ビエウ	barometer バラミタ
はわい **ハワイ** hawai	Hawaii ハワイ	Hawaii ハワイイー
はん **判** han	con dấu, triện コーン ゾウ, チエン	(personal) seal, seal, stamp (パーソナル) スィール, スィール, スタンプ
ばん **晩** ban	chiều hôm, chiều tối チエゥ ホーム, チエゥ トーイ	evening, night イーヴニング, ナイト

日	越	英
パン pan	bánh mì バイン ミー	bread ブレド
～屋	hiệu bánh mì, tiệm bánh mì ヒエウ バイン ミー, ティエム バイン ミー	bakery ベイカリ
範囲 han-i	phạm vi, khuôn khổ ファーム ヴィー, クフオン コホー	limit, sphere リミト, スフィア
反意語 han-igo	từ trái nghĩa トゥー チャーイ ンギア	antonym アントニム
繁栄 han-ei	sự phồn vinh, thịnh vượng スー フォーン ヴィン, ティヒン ヴオング	prosperity プラスペリティ
～する	phồn vinh, thịnh vượng フォーン ヴィン, ティヒン ヴオング	(be) prosperous (ビ) プラスペラス
版画 hanga	tranh khắc gỗ チャイン カハク ゴー	print, woodcut プリント, ウドカト
ハンガー hangaa	mắc áo マク アーウ	(coat) hanger (コウト) ハンガ
繁華街 hankagai	phố ăn chơi, phố mua sắm フォー アン チオーイ, フォーム ア サム	busy street ビズィ ストリート
半額 hangaku	nửa giá ヌア ザー	half price ハーフ プライス
ハンカチ hankachi	khăn tay, khăn mùi xoa カハン タイ, カハン ムーイ スアー	handkerchief ハンカチフ
ハンガリー hangarii	Hung ga ri フーンム ガー ジー	Hungary ハンガリ
反感 hankan	phản cảm, ác cảm ファーン カーム, アーク カーム	antipathy アンティパスィ
反逆する hangyakusuru	làm phản, chống lại ラーム ファーン, チオーンム ラーイ	rebel リベル

日	越	英
はんきょう **反響** hankyou	tiếng dội, tiếng vang ティエング ゾーイ, ティエング ヴァーング	echo エコウ
ぱんく **パンク** panku	lỗ thủng, bánh xe bị xì hơi ロー トゥフーンム, バイン セー ビー シーホーイ	puncture, flat tire パンクチャ, フラト タイア
ばんぐみ **番組** bangumi	chương trình, tiết mục チュオング チン, ティエッ ムークプ	program, Ⓑpro-gramme プロウグラム, プロウグラム
ばんぐらでしゅ **バングラデシュ** banguradeshu	Băng la đét バング ラー デーツ	Bangladesh バングラデシュ
はんぐりーな **ハングリーな** hanguriina	đói, đói nghèo ドーイ, ドーイ ンゲーウ	hungry ハングリ
はんけい **半径** hankei	bán kính バーン キン	radius レイディアス
はんげき **反撃** hangeki	sự phản công, phản kích スー ファーン コーンム, ファーン キク	counterattack カウンタラタク
～する	phản công, phản kích ファーン コーンム, ファーン キク	strike back ストライク バク
はんけつ **判決** hanketsu	phán quyết, bản án ファーン クイエッ, バーン アーン	judgment ヂャデメント
はんげつ **半月** hangetsu	bán nguyệt, trăng bán nguyệt バーン ングイエッ, チャング バーン ングイエッ	half-moon ハフムーン
はんご **反語** hango	phản ngữ ファーン ングー	rhetorical question リトリカル クウェスチョン
ばんごう **番号** bangou	số, con số ソー, コーン ソー	number ナンバ
はんこうする **反抗する** hankousuru	kháng cự, chống lại カハーング クー, チョーンム ラーイ	resist, oppose リズィスト, オポウズ
はんざい **犯罪** hanzai	tội phạm, tội ác トーイ ファーム, トーイ アーク	crime クライム

日	越	英
〜者	tội phạm, phạm nhân	criminal
ハンサムな hansamuna	đẹp trai, bảnh trai	handsome
はんさよう 反作用 hansayou	phản tác dụng, phản ứng	reaction
はんじ 判事 hanji	quan toà, thẩm phán	judge
はんしゃ 反射 hansha	phản xạ	reflection, reflex
〜する	phản xạ	reflect
はんじゅくたまご 半熟卵 hanjukutamago	trứng luộc lòng đào	soft-boiled egg
はんしょく 繁殖 hanshoku	sự nhân giống, truyền giống	propagation
〜する	nhân giống, truyền giống	propagate
ハンスト hansuto	đình công tuyệt thực	hunger strike
はんする 反する hansuru	trái lại, trái ngược	(be) contrary to
はんせいする 反省する hanseisuru	tự kiểm điểm, rút kinh nghiệm	reflect on one's actions
ばんそう 伴奏 bansou	đệm nhạc, nhạc đệm	accompaniment
〜する	đệm nhạc	accompany

日	越	英
ばんそうこう **絆創膏** bansoukou	băng thuốc dính, băng cá nhân バング トゥオク ジン, バング カー ニォン	adhesive bandage アドヒースィヴ バンディヂ
はんそく **反則** (スポーツなどの) hansoku	cú đấm trái luật, cú chơi xấu クー ドム チャーイ ルオッ, クー チォーイ ソウ	foul ファウル
はんそで **半袖** hansode	áo cộc tay アーゥ コークプ タイ	short sleeves ショート スリーヴズ
はんたー **ハンター** hantaa	người đi săn, thợ săn ングォイ ディー サン, トホー サン	hunter ハンタ
はんたい **反対** (逆の関係) hantai	trái ngược, đối nghịch チャーイ ングォク, ドーイ ンギク	(the) opposite, (the) contrary (ズィ) アポズィト, (ザ) カントレリ
(抵抗・異議)	kháng cự, chống cự カハーング クー, チォーンム クー	opposition, objection アポズィション, オブチェクション
～側	đối diện, trước mặt ドーィ ジエン, チュオク マツ	opposite side, other side アポズィト サイド, アザ サイド
～する	phản đối, chống đối ファーン ドーィ, チォーンム ドーィ	oppose, object to オポウズ, オブチェクト トゥ
はんだん **判断** handan	sự phán đoán, suy đoán スー ファーン ドゥアーン, スイー ドゥアーン	judgment ヂャヂメント
～する	phán đoán, suy đoán ファーン ドゥアーン, スイー ドゥアーン	judge ヂャヂ
ばんち **番地** banchi	số nhà ソー ニャー	street number ストリート ナンバ
はんちゅう **範疇** hanchuu	phạm trù ファーム チュー	category キャティゴーリ
ぱんつ **パンツ** (下着の) pantsu	quần lót クォン ローツ	briefs, underwear ブリーフス, アンダウェア

日	越	英
(洋服の)	quần	pants, trousers
はんてい **判定** hantei	sự đánh giá, phán xét	judgment, decision
ぱんてぃー **パンティー** pantii	xi líp, quần xi líp	panties
〜ストッキング	quần tất	pantyhose, tights
はんでぃきゃっぷ **ハンディキャップ** handikyappu	điều bất lợi, điều chấp trước	handicap
はんていする **判定する** hanteisuru	đánh giá, phán xét	judge
はんてん **斑点** hanten	đốm	spot, speck
ばんど **バンド** bando	dải, băng	band
はんとう **半島** hantou	bán đảo	peninsula
はんどうたい **半導体** handoutai	chất bán dẫn	semiconductor
はんどばっぐ **ハンドバッグ** handobaggu	xắc, túi xách	handbag, purse
はんどぶっく **ハンドブック** handobukku	sổ tay hướng dẫn, cẩm nang	handbook
はんどる **ハンドル** (自転車の) handoru	tay lái, ghi đông	handlebars
(自動車の)	tay lái, bánh lái	steering wheel

日	越	英
はんにち **半日** hannichi	nửa ngày ヌア ンガイ	half a day ハフ ア デイ
はんにん **犯人** hannin	tội phạm, kẻ phạm tội トーイ ファーム, ケー ファーム トーイ	offender, criminal オ**フェ**ンダ, ク**リ**ミナル
ばんねん **晩年** bannen	cuối đời クオィ ドーイ	last years **ラ**スト **イ**ヤズ
はんのう **反応** hannou	sự phản ứng, phản ứng lại スー ファーン ウーング, ファーン ウーング ラーイ	reaction, response リ**ア**クション, リス**パ**ンス
～する	phản ứng, phản ứng lại ファーン ウーング, ファーン ウーング ラーイ	react to, respond to リ**ア**クト トゥ, リス**パ**ンド トゥ
ばんのうの **万能の** bannouno	vạn năng, toàn năng ヴァーン ナング, トゥアーン ナング	all-around, universally talented **オ**ールア**ラ**ウンド, ユーニ**ヴァ**ーサリ **タ**レンテド
ばんぱー **バンパー** banpaa	bộ giảm chấn, cái hãm xung ボー ザーム チオン, カーイ ハーム スーング	bumper **バ**ンパ
はんばーがー **ハンバーガー** hanbaagaa	bánh mì kẹp thịt băm viên, hăm bơ gơ バイン ミー ケープ ティヒット バム ヴィエン, ハム ボー ゴー	hamburger **ハ**ンバーガ
はんばい **販売** hanbai	sự bán, buôn bán スー バーン, ブオン バーン	sale **セ**イル
～する	bán, buôn bán バーン, ブオン バーン	sell, deal in **セ**ル, **ディ**ール イン
ばんぱく **万博** banpaku	hội triển lãm quốc tế ホーイ チエン ラーム クオクテー	Expo **エ**クスポウ
はんぱつする **反発する** hanpatsusuru	phản lại, chống lại ファーン ラーイ, チオーンム ラーイ	repulse, repel リ**パ**ルス, リ**ペ**ル
はんぱな **半端な** hanpana	dở dang, lửng chừng ゾー ザーング, ルーング チューング	odd, incomplete **ア**ド, インコンプ**リ**ート

日	越	英
はんぷくする **反復する** hanpukusuru	nhắc lại, lặp lại	repeat リピート
ぱんぷす **パンプス** panpusu	giày bít	pumps パンプス
ぱんふれっと **パンフレット** panfuretto	catalogue, cuốn thông tin mỏng	pamphlet, brochure パンフレト, ブロウ**シュア**
はんぶん **半分** hanbun	nửa, phân nửa	half ハフ
はんまー **ハンマー** hanmaa	cái búa, búa	hammer ハマ
～投げ	ném búa, môn ném búa	hammer throw ハマ スロウ
はんもく **反目** hanmoku	đối lập, tương phản	antagonism アン**タ**ゴニズム
はんらん **反乱** hanran	nổi loạn, nổi dậy	revolt リヴォウルト
はんらんする **氾濫する** hanransuru	ngập lụt, tràn ngập	flood, overflow フラド, オウヴァフ**ロ**ウ
はんれい **凡例** hanrei	phàm lệ	explanatory notes イクスプラナトーリ **ノ**ウツ
はんろん **反論** hanron	sự phản bác, phản biện	refutation レフュ**テ**イション
～する	phản bác, phản biện	argue against **ア**ーギュー ア**ゲ**ンスト

ひ, ヒ

日	越	英
ひ **火** hi	lửa, ngọn lửa	fire **フ**ァイア

日	越	英
ひ **日** (太陽・日光) hi	mặt trời, ánh nắng mặt trời マッ チォーイ, アイン ナング マッ チォーイ	sun, sunlight **サ**ン, **サ**ンライト
(日にち)	ngày, hôm ンガイ, ホーム	day, date **デ**イ, **デ**イト
び **美** bi	cái đẹp, vẻ đẹp カーイ デープ, ヴェー デープ	beauty **ビュ**ーティ
ひあい **悲哀** hiai	bi ai, buồn rầu ビー アーイ, ブオン ゾウ	sadness **サ**ドネス
ぴあす **ピアス** piasu	hoa tai, bông tai フアー ターイ, ボーンム ターイ	(pierced) earrings (**ピ**アスト) **イ**アリングズ
ひあたりのよい **日当たりのよい** hiatarinoyoi	hứng nắng tốt, có nhiều ánh nắng フーング ナング トーッ, コー ニエゥ アイン ナング	sunny **サ**ニ
ぴあにすと **ピアニスト** pianisuto	nghệ sĩ pi a nô, người biểu diễn pi a nô ンゲー シー ピー アー ノー, ングォイ ビ エゥ ジエン ピー アー ノー	pianist ピ**ア**ニスト
ぴあの **ピアノ** piano	pi a nô, dương cầm ピー アー ノー, ズオング コム	piano ピ**ア**ーノウ
ひありんぐ **ヒアリング** hiaringu	thi nghe ティヒー ンゲー	listening comprehension **リ**スニング カンプリ**ヘ**ンション
(公聴会)	buổi trưng cầu ý kiến ブォイ チューング コウ イー キエン	public hearing **パ**ブリク **ヒ**アリング
ひいきする **ひいきする** hiikisuru	thiên vị, thiên tư ティヒエン ヴィー, ティヒエン トゥー	favor, patronage **フェ**イヴァ, **パ**トラニヂ
ぴーく **ピーク** piiku	cao điểm, tột đỉnh カーウ ディエム, トーッ ディン	peak **ピ**ーク
びいしき **美意識** biishiki	khả năng thưởng thức cái đẹp, gu thẩm mỹ カハー ナング トゥフオング トゥフーク カーイ デープ, グー トホム ミー	sense of beauty, esthetic sense **セ**ンス オヴ **ビュ**ーティ, エ**ス**テティク **セ**ンス

日	越	英
ビーズ biizu	cườm, hạt cườm クオム, ハーッ クオム	beads ビーヅ
ヒーター hiitaa	lò sưởi ロー スオィ	heater ヒータ
ピーナツ piinatsu	lạc, đậu phộng ラーク, ドウ フォーンム	peanut ピーナト
ビーフ biifu	thịt bò ティヒーッ ボー	beef ビーフ
ピーマン piiman	ớt chuông, ớt ngọt オーッ チュオング, オーッ ンゴーッ	green pepper, bell pepper グリーン ペパ, ベル ペパ
ビール biiru	bia, la ve ビア, ラー ヴェー	beer ビア
ヒーロー hiiroo	anh hùng アイン フーンム	hero ヒアロウ
冷え込む hiekomu	lạnh thấu xương, rét buốt ラィントホゥ スオング, ゼーッ ブオッ	(get) very cold (ゲト) ヴェリ コウルド
冷える hieru	lạnh, nguội ラィン, ングオィ	(get) cold (ゲト) コウルド
鼻炎 bien	viêm mũi ヴィエム ムーイ	nasal inflammation ネイザル インフラメイション
ビオラ biora	đàn viola, viola ダーン ヴィオラー, ヴィオラー	viola ヴァイオラ
被害 higai	thiệt hại, bị hại ティヒエッ ハーィ, ビー ハーィ	damage ダミヂ
〜者	nạn nhân, người bị hại ナーン ニォン, ングオィ ビー ハーィ	sufferer, victim サファラ, ヴィクティム
控え (覚書) hikae	bản ghi nhớ, bị vong lục バーン ギー ニォー, ビー ヴォーンム ルークプ	note ノウト

日	越	英
(写し)	bản sao, bản chép lại	copy, duplicate
(予備)	dự bị, dự trữ	reserve
ひかえめな **控えめな** hikaemena	kín đáo, dịu dàng	moderate, unassuming
ひかえる　(自制する) **控える** hikaeru	kiềm chế, kìm giữ	refrain from
(書き留める)	ghi lại, chép lại	write down
(待機する)	đợi chờ, chờ đợi	wait
ひかく **比較** hikaku	sự so sánh	comparison
～する	so sánh	compare
びがく **美学** bigaku	mỹ học, thẩm mỹ	aesthetics
ひかげ **日陰** hikage	bóng, bóng tối	shade
ひがさ **日傘** higasa	ô che nắng, dù đi nắng	sunshade, parasol
ひがし **東** higashi	Đông, phía Đông	east
ひがしがわ **東側** higashigawa	bên Đông	east side
ひがしはんきゅう **東半球** higashihankyuu	Đông bán cầu	Eastern Hemisphere

日	越	英
ぴかぴかする pikapikasuru	lóng lánh, lấp lánh	sparkly, glittering
光 hikari	ánh sáng	light, ray
光る hikaru	chiếu sáng, toả sáng	shine, flash
引かれる hikareru	bị hấp dẫn, bị lôi cuốn	(be) charmed with
悲観する hikansuru	bi quan	(be) pessimistic about
悲観的な hikantekina	bi quan	pessimistic
引き上げる（高くする） hikiageru	kéo lên, nâng lên	raise
（上げる）	cất, nhấc lên	pull up
引き揚げる hikiageru	rút lui, trở về	return, pull out
率いる hikiiru	dẫn đầu, lãnh đạo	lead, conduct
引き受ける（受け入れる） hikiukeru	nhận, chấp nhận	accept
（担当する）	đảm nhận, đảm nhiệm	undertake
引き起こす（生じさせる） hikiokosu	gây ra, làm phát sinh	cause
引き換え hikikae	đổi chác, trao đổi	exchange

日	越	英
ひきかえす **引き返す** hikikaesu	quay lại, trở lại クアイ ラーイ, チョー ラーイ	return, turn back リターン, ターン バク
ひきがね **引き金** hikigane	cò súng コー スーンム	trigger トリガ
ひきさく **引き裂く** hikisaku	xé tan, xé nát セー ターン, セー ナーッ	tear up テア アプ
ひきさげる **引き下げる**（下げる） hikisageru	kéo xuống, hạ xuống ケーウ スオング, ハー スオング	pull down プル ダウン
（減らす）	giảm, giảm bớt ザーム, ザーム ボーッ	reduce リデュース
ひきざん **引き算** hikizan	tính trừ, phép trừ ティン チュー, フェープ チュー	subtraction サブトラクション
ひきしお **引き潮** hikishio	triều xuống, nước triều xuống チエウ スオング, ヌオク チエウ スオング	ebb tide エブ タイド
ひきしめる **引き締める** hikishimeru	thắt lại, siết chặt タハッ ラーイ, シエッ チャッ	tighten タイトン
ひきずる **引きずる** hikizuru	kéo, kéo lê ケーウ, ケーウ レー	trail, drag トレイル, ドラグ
ひきだし **引き出し**（家具の） hikidashi	ngăn kéo ンガン ケーウ	drawer ドローア
（預金の）	rút tiền ズーッ ティエン	withdrawal ウィズドローアル
ひきだす **引き出す**（中の物を） hikidasu	kéo ra, lấy ra ケーウ ザー, ロイ ザー	draw out ドロー アウト
（預金を）	rút, rút ra ズーッ, ズーッ ザー	withdraw ウィズドロー
ひきつぐ **引き継ぐ**（人から） hikitsugu	kế thừa, nhận bàn giao ケー トゥフア, ニョン バーン ザーウ	succeed, take over サクスィード, テイク オウヴァ

日	越	英
(人に)	trao tay, chuyển giao チャーウ タイ, チュイエン ザーウ	hand over ハンド オウヴァ
ひきとめる **引き止める** hikitomeru	giữ lại, giữ chân ズー ライ, ズー チョン	keep, stop **キープ**, スタプ
ひきとる **引き取る** hikitoru	nhận, tiếp nhận ニョン, ティエプ ニョン	receive, claim リス**ィ**ーヴ, ク**レ**イム
ひきにく **挽き肉** hikiniku	thịt băm, thịt bằm ティヒーッ バム, ティヒーッ バム	ground meat, minced meat グ**ラ**ウンド ミート, **ミ**ンスト ミート
ひきにげ **轢き逃げ** hikinige	cán rồi bỏ chạy, chẹt rồi bỏ chạy カーン ゾーイ ボー チャイ, チェーッ ゾーイ ボー チャイ	hit and run ヒト アンド **ラ**ン
ひきぬく **引き抜く** hikinuku	nhổ, rút ニォー, ズーッ	pull out **プ**ル **ア**ウト
ひきのばす **引き伸ばす** (拡大する) hikinobasu	phóng, phóng lớn フォーンム, フォーンム ローン	enlarge インラーヂ
(長くする)	kéo dài, kéo căng ケーウ ザーイ, ケーウ カング	stretch スト**レ**チ
ひきはらう **引き払う** hikiharau	rời bỏ, rút khỏi ゾーイ ボー, ズーッ コホーイ	vacate, move out **ヴェ**イケイト, **ム**ーヴ **ア**ウト
ひきょうな **卑怯な** hikyouna	hèn hạ, lén lút ヘーン ハー, レーン ルーッ	foul, underhanded **フ**ァウル, アンダ**ハ**ンデド
ひきわけ **引き分け** hikiwake	ngang điểm, đấu hoà ンガーング ディエム, ドゥ フアー	draw, tie ド**ロ**ー, **タ**イ
ひきわたす **引き渡す** hikiwatasu	trao tay, bàn giao チャーウ タイ, バーン ザーウ	hand over, deliver ハンド オウヴァ, ディ**リ**ヴァ
ひく **引く** (引っ張る) hiku	kéo, dẫn ケーウ, ゾン	pull, draw **プ**ル, ド**ロ**ー
(差し引く)	trừ bớt, khấu trừ チュー ボーッ, コホウ チュー	deduct ディ**ダ**クト

日	越	英
(参照する)	tham khảo, tra cứu タハーム カハーゥ, チャー クーゥ	consult コン**サ**ルト
(設置する)	đặt, cài đặt ダッ, カーィ ダッ	install インス**ト**ール
轢く hiku	cán, chẹt カーン, チェーッ	run over, hit **ラ**ン オウヴァ, **ヒ**ト
弾く hiku	đàn, gảy ダーン, ガィ	play プ**レ**イ
低い (位置が) hikui	thấp トホッブ	low **ロ**ウ
(背が)	thấp トホッブ	short **ショ**ート
卑屈な hikutsuna	đê tiện, hèn hạ デー ティエン, ヘーン ハー	servile **サ**ーヴァル
びくびくする bikubikusuru	hoảng sợ, hoảng hốt フアーング ソー, フアーング ホーッ	(be) scared of (ビ) ス**ケ**アド オヴ
ピクルス pikurusu	dưa góp, dưa muối ズア ゴーブ, ズア ムオィ	pickles **ピ**クルズ
日暮れ higure	hoàng hôn, xế chiều フアーング ホーン, セー チエゥ	evening, dusk **イ**ーヴニング, **ダ**スク
ひげ (口の) hige	râu, ria ゾゥ, ジア	mustache **マ**スタシュ
(頬の)	râu, râu ria ゾゥ, ゾゥ ジア	side whiskers **サ**イド (ホ)**ウ**ィスカズ
(顎の)	râu, râu ria ゾゥ, ゾゥ ジア	beard **ビ**アド
(動物の)	râu, ria ゾゥ, ジア	whiskers (ホ)**ウ**ィスカズ
悲劇 higeki	bi kịch, thảm kịch ビー キク, タハーム キク	tragedy ト**ラ**ヂェディ

日	越	英
ひげする **卑下する** higesuru	tự hạ mình, nhún mình トゥー ハー ミン, ニューン ミン	humble oneself ハンブル
ひけつ **秘訣** hiketsu	bí quyết ビー クイエッ	secret ス**ィー**クレト
ひけつする **否決する** hiketsusuru	phủ quyết, bác bỏ フー クイエッ, バーク ボー	reject リ**チェ**クト
ひご **庇護** higo	sự che chở, bênh vực スー チェー チョー, ベン ヴーク	protection プロ**テ**クション
〜する	che chở, bênh vực チェー チョー, ベン ヴーク	protect プロ**テ**クト
ひこう **飛行** hikou	chuyến bay, phi hành チュイエン バイ, フィー ハイン	flight フ**ラ**イト
〜機	máy bay, phi cơ マィ バィ, フィー コー	airplane, plane **エ**アプレイン, プ**レ**イン
ひこうしきの **非公式の** hikoushikino	không chính thức コホーンム チン トゥフーク	unofficial, informal アナ**フィ**シャル, インフォーマル
びこうする **尾行する** bikousuru	theo dõi, bám đuôi テヘーゥ ゾーィ, バーム ドゥオィ	follow **ファ**ロウ
ひごうほうの **非合法の** higouhouno	bất hợp pháp, trái luật ボッ ホープ フォプ, チャーィ ルオッ	illegal イ**リ**ーガル
ひこく **被告** hikoku	bên bị, bị đơn ベーン ビー, ビー ドーン	defendant, (the) accused ディ**フェ**ンダント, (ズィ) ア**キュ**ーズド
ひこようしゃ **被雇用者** hikoyousha	người được thuê, người làm công ングオィ ドゥオク トゥフエー, ングオィ ラーム コーンム	employee インプ**ロ**イイー
ひごろ **日頃** higoro	thường thường, thường ngày トゥフオング トゥフオング, トゥフオング ンガィ	usually, always **ユ**ージュアリ, **オ**ールウェイズ

日	越	英
ひざ **膝** hiza	đầu gối, gối ドゥ ゴーイ, ゴーイ	knee, lap ニー, ラプ
びざ **ビザ** biza	thị thực, visa ティヒー トゥフック, ヴィザ	visa **ヴィ**ーザ
ひさいしゃ **被災者** hisaisha	nạn nhân, người bị nạn ナーン ニョン, ングオイ ビー ナーン	victim, sufferer **ヴィ**クティム, **サ**ファラ
ひさし **庇** (建物の) hisashi	mái hiên, mái chìa マーイ ヒエン, マーイ チア	eaves **イー**ヴズ
(帽子の)	lưỡi trai của mũ, lưỡi trai ルオイ チャーイ クア ムー, ルオイ チャーイ	visor **ヴァ**イザ
ひざし **日差し** hizashi	ánh nắng mặt trời アイン ナング マッ チョーイ	sunlight **サ**ンライト
ひさしぶりに **久し振りに** hisashiburini	lâu rồi, lâu ... mới ロウ ゾーイ, ロウ モーイ	after a long time アフタ ア **ロ**ーング **タ**イム
ひざまずく **ひざまずく** hizamazuku	quỳ, quỳ gối クイー, クイー ゴーイ	kneel down **ニ**ール **ダ**ウン
ひさんな **悲惨な** hisanna	bi thảm, thảm thương ビー タハーム, タハーム トゥフオング	miserable, wretched **ミ**ゼラブル, **レ**チェド
ひじ **肘** hiji	khuỷu tay, cùi chỏ クフイーウ タイ, クーイ チョー	elbow **エ**ルボウ
ひしがた **菱形** hishigata	hình thoi ヒン トホーイ	rhombus, diamond shape, lozenge **ラ**ンバス, **ダ**イアモンド シェイプ, **ラ**ズィンヂ
びじねす **ビジネス** bijinesu	kinh doanh, thương mại キン ズアイン, トゥフオング マーイ	business **ビ**ズネス
〜マン	nhà kinh doanh, nhà doanh nghiệp ニャー キン ズアイン, ニャー ズアイン ンギエプ	businessman **ビ**ズネスマン
ひじゅう **比重** hijuu	tỷ trọng ティー チョーンム	specific gravity スピ**シ**フィク グラ**ヴィ**ティ

日	越	英
びじゅつ **美術** bijutsu	mỹ thuật ミー トゥフオッ	art, fine arts **アー**ト, **ファイン アー**ツ
～館	viện bảo tàng mỹ thuật ヴィエン バーウ ターング ミー トゥフオッ	art museum **アー**ト ミュー**ズィ**アム
ひじゅんする **批准する** hijunsuru	phê chuẩn, phê duyệt フェー チュオン, フェー ズイエッ	ratify **ラ**ティファイ
ひしょ **秘書** hisho	thư ký, bí thư トゥフー キー, ビー トゥフー	secretary **セ**クレテリ
ひじょう **非常** hijou	cấp bách, khẩn cấp コプ バイク, コホン コプ	emergency イ**マー**ヂェンスィ
ひじょうかいだん **非常階段** hijoukaidan	cầu thang thoát hiểm コウ タハーング トゥフアーッ ヒエム	emergency staircase イ**マー**ヂェンスィ ス**テ**アケイス
ひじょうきんの **非常勤の** hijoukinno	làm việc theo hợp đồng, làm việc theo giờ ラーム ヴィエク テヘーウ ホープ ドーンム, ラーム ヴィエク テヘーウ ゾー	part-time パート**タ**イム
ひじょうぐち **非常口** hijouguchi	cửa thoát hiểm クア トゥフアーッ ヒエム	emergency exit イ**マー**ヂェンスィ **エ**グズィット
ひじょうしきな **非常識な** hijoushikina	phi lý, vô lý フィー リー, ヴォー リー	absurd, unreasonable アブ**サー**ド, アンリーズナブル
ひじょうな **非常な** hijouna	bất thường, khác thường ボッ トゥフオング, カハーク トゥフオング	unusual ア**ニュー**ジュアル
ひじょうな **非情な** hijouna	vô tình, bạc tình ヴォー ティン, バーク ティン	heartless **ハー**トレス
ひじょうに **非常に** hijouni	lạ thường, vô cùng ラッ トゥフオング, ヴォー クーンム	very, unusually **ヴェ**リ, ア**ニュー**ジュアリ
ひしょち **避暑地** hishochi	vùng hóng mát, nơi nghỉ mát ヴーンム ホーンム マーッ, ノーイ ンギー マーッ	summer resort **サ**マ リ**ゾー**ト

日	越	英
びじん **美人** bijin	người đẹp, giai nhân ングォイ デープ, ザーイ ニォン	beauty **ビュ**ーティ
ひすてりっくな **ヒステリックな** hisuterikkuna	cuồng loạn, quá kích động クオング ルアーン, クアー キク ドーンム	hysterical ヒス**テ**リカル
ぴすとる **ピストル** pisutoru	súng lục, súng ngắn スーンム ルークプ, スーンム ンガン	pistol **ピ**ストル
ぴすとん **ピストン** pisuton	pít tông, pittông ピーット トーンム, ピットング	piston **ピ**ストン
ひずむ **歪む** hizumu	vênh, oằn ヴェン, ウアン	(be) distorted (ビ) ディス**ト**ーテド
びせいぶつ **微生物** biseibutsu	vi sinh vật ヴィー シン ヴォッ	microbe, microorganism **マ**イクロウブ, マイクロウ**オ**ーガニズム
ひそ **砒素** hiso	thạch tín, asen タハイク ティーン, アセン	arsenic **ア**ースニク
ひぞう **脾臓** hizou	lá lách, tỳ ラー ライク, ティー	spleen スプ**リ**ーン
ひそかな **密かな** hisokana	ngấm ngầm, bí mật ンゴム ンゴム, ビー モッ	secret, private ス**ィ**ークレト, プ**ラ**イヴェト
ひだ **ひだ** hida	nếp, nếp gấp ネープ, ネープ ゴプ	fold **フォ**ウルド
ひたい **額** hitai	trán チャーン	forehead **ファ**リド
ひたす **浸す** hitasu	ngâm, nhúng ンゴム, ニューンム	soak in, dip in **ソ**ウク イン, **ディ**プ イン
びたみん **ビタミン** bitamin	vitamin, sinh tố ヴィタミン, シン トー	vitamin **ヴァ**イタミン
ひだり **左** hidari	trái, bên trái チャーイ, ベーン チャーイ	left **レ**フト

日	越	英
ひだりがわ **左側** hidarigawa	bên trái, bên tay trái	left side
ひつうな **悲痛な** hitsuuna	đau khổ, bi thương	grievous, sorrowful
ひっかかる **引っ掛かる** hikkakaru	mắc vào, vướng vào	get caught in
ひっかく **引っ掻く** hikkaku	cào, làm xước da	scratch
ひっかける **引っ掛ける** hikkakeru	treo, móc	hang
ひっきしけん **筆記試験** hikkishiken	thi viết	written examination
ひっくりかえす **ひっくり返す** hikkurikaesu	lật, lật đổ	knock over, overturn
ひっくりかえる **ひっくり返る** (倒れる) hikkurikaeru	ngã, lăn	fall over
(さかさまになる)	đảo ngược, lộn nhào	flip over, overturn
びっくりする **びっくりする** bikkurisuru	ngạc nhiên, kinh ngạc	(be) surprised
ひづけ **日付** hizuke	ngày tháng	date
ひっこす **引っ越す** hikkosu	dời nhà, chuyển chỗ ở	move, remove
ひっこむ **引っ込む** hikkomu	rút về, lui về	retire
ひっこめる **引っ込める** hikkomeru	rút lui, rút về	take back

日	越	英
ぴっころ **ピッコロ** pikkoro	sáo piccolo サーゥ ピクコローゥ	piccolo **ピ**コロウ
ひつじ **羊** hitsuji	cừu, chiên クーゥ, チエン	sheep **シ**ープ
ひっしの **必死の** hisshino	liều mạng, liều mình リエゥ マーング, リエゥ ミン	desperate **デ**スパレト
ひっしゅうの **必修の** hisshuuno	học bắt buộc ホークブ バッブ ブオク	compulsory コン**パ**ルソリ
ひつじゅひん **必需品** hitsujuhin	nhu yếu phẩm, vật thiết yếu ニュー イエゥ フォム, ヴォッ ティヒエッ イエゥ	necessities ネ**セ**スィティズ
ひっすうの **必須の** hissuuno	rất cần thiết, không thể thiếu ゾッ コン ティヒエッ, コホーンム テヘー ティヒエゥ	indispensable インディス**ペ**ンサブル
ひったくる **ひったくる** hittakuru	cướp giật, giật dọc クオッブ ゾッ, ゾッ ゾークブ	snatch ス**ナ**チ
ひっちはいく **ヒッチハイク** hicchihaiku	đi nhờ xe, vẫy xe xin đi nhờ ディー ニオー セー, ヴォィ セー シーン ディー ニオー	hitchhike **ヒ**チハイク
ぴっちゃー **ピッチャー**　（水差し） picchaa	bình rót ビン ゾーッ	pitcher, Ⓑjug **ピ**チャ, **チャ**ブ
（投手）	cầu thủ ném bóng コゥ トゥフー ネーム ボーンム	pitcher **ピ**チャ
ひってきする **匹敵する** hittekisuru	ngang, bằng ンガーング, バング	(be) equal to (ビ) **イ**ークワル トゥ
ひっと **ヒット** hitto	thành công, gây được tiếng vang タハインッ コーンム, ゴィ ドゥオク ティエン グ ヴァーング	hit, success **ヒ**ト, サク**セ**ス
ひっぱくする **逼迫する** hippakusuru	cấp bách, cấp thiết コブ バイク, コブ ティヒエッ	(be) under financial difficulties (ビ) アンダ フィ**ナ**ンシャル **ディ**フィカルティズ

日	越	英
ひっぱる **引っ張る** hipparu	kéo, duỗi ケーウ, ズオィ	stretch ストレチ
ひつよう **必要** hitsuyou	sự cần thiết, sự cấp thiết スー コン ティヒエッ, スー コプ ティヒエッ	necessity, need ネセスィティ, ニード
～な	cần, cần thiết コン, コン ティヒエッ	necessary ネセセリ
ひていする **否定する** hiteisuru	phủ định フー ディン	deny ディナイ
びでお **ビデオ** bideo	vi đê ô, băng vi đê ô ヴィー デー オー, バング ヴィー デー オー	video ヴィディオウ
びてきな **美的な** bitekina	mỹ học, thẩm mỹ ミー ホークブ, トホム ミー	esthetic エスセティク
ひでり **日照り** hideri	hạn hán, nắng hạn ハーン ハーン, ナング ハーン	drought ドラウト
ひでん **秘伝** hiden	bí truyền, gia truyền ビー チュイエン, ザー チュイエン	secret スィークレト
ひと **人** (1人の人間) hito	người, con người ングオィ, コーン ングオィ	person, one パースン, ワン
(人類)	con người, nhân loại コーン ングオィ, ニオン ルアーィ	mankind マンカインド
(他人)	người khác, người ta ングオィ カハーク, ングオィ ター	others, other people アザズ, アザ ピープル
ひどい **ひどい** hidoi	dữ dội, thậm tệ ズー ゾーィ, トホム テー	cruel, terrible クルエル, テリブル
ひといきで **一息で** hitoikide	một hơi モーッ ホーィ	in one breath イン ワン ブレス
ひとがら **人柄** hitogara	nhân phẩm, nhân cách ニオン フォム, ニオン カイク	character キャラクタ
ひときれ **一切れ** hitokire	miếng, mẩu ミエング, モゥ	(a) piece (of) (ア) ピース (オヴ)

日	越	英
びとく **美徳** bitoku	đức hạnh, phẩm hạnh ドゥーク ハイン, フォム ハイン	virtue **ヴァ**ーチュー
ひとくち **一口** hitokuchi	một miếng, một hớp モーッ ミエング, モーッ ホープ	(a) mouthful (ア) **マ**ウスフル
ひとごみ **人混み** hitogomi	đám đông, chỗ đông người ダーム ドーンム, チョー ドーンム ングオイ	crowd ク**ラ**ウド
ひとさしゆび **人さし指** hitosashiyubi	ngón tay trỏ ンゴーン タイ チョー	index finger, ⑧forefinger **イ**ンデクス **フィ**ンガ, **フォ**ーフィンガ
ひとしい **等しい** hitoshii	bằng, ngang バング, ンガーング	(be) equal to (ビ) **イ**ークワル トゥ
ひとじち **人質** hitojichi	con tin コーン ティーン	hostage **ハ**スティヂ
ひとそろい **一揃い** hitosoroi	bộ, một bộ ボー, モーッ ボー	(a) set (ア) **セ**ト
ひとだかり **人だかり** hitodakari	đám người, đám đông ダーム ングオイ, ダーム ドーンム	crowd ク**ラ**ウド
ひとで **人手** (他人の力) hitode	giúp đỡ, trợ giúp ズープ ドー, チョー ズープ	help, aid **ヘ**ルプ, **エ**イド
(働き手)	người làm việc, một tay ングオイ ラーム ヴィエク, モーッ タイ	hand **ハ**ンド
ひとどおりのおおい **人通りの多い** hitodoorinoooi	đông đúc, náo nhiệt ドーンム ドゥークプ, ナーウ ニエッ	busy, crowded **ビ**ズィ, ク**ラ**ウデド
ひとなつこい **人なつこい** hitonatsukoi	thân mật, gần gũi トホン モッ, ゴン グーイ	friendly, amiable フ**レ**ンドリ, **エ**イミアブル
ひとなみの **人並みの** hitonamino	bình thường, tầm thường ビン トゥフオング, トム トゥフオング	ordinary, average **オ**ーディネリ, **ア**ヴァリヂ
ひとびと **人々** hitobito	người ta, công chúng ングオイ ター, コーンム チューンム	people, men **ピ**ープル, **メ**ン

日	越	英
ひとまえで **人前で** hitomaede	giữa đám đông, công khai ズア ダーム ドーンム, コーンム カハーイ	in public イン **パ**ブリク
ひとみ **瞳** hitomi	con ngươi, ngươi コーング ングオイ, ングオイ	pupil **ピュ**ーピル
ひとみしりする **人見知りする** hitomishirisuru	tính hay thẹn ティン ハイ テヘーン	(be) shy, (be) wary of strangers (ビ) **シャ**イ, (ビ) **ウェ**アリ オヴ スト**レ**インヂャズ
ひとめで **一目で** hitomede	chỉ thoáng nhìn một cái チー トゥファーング ニーン モーッ カーイ	at a glance アト ア グ**ラ**ンス
ひとやすみ **一休み** hitoyasumi	tạm nghỉ, nghỉ tạm ダーム ンギー, ンギー ターム	rest, break **レ**スト, ブ**レ**イク
ひとりごとをいう **独り言を言う** hitorigotowoiu	nói một mình ノーイ モーッ ミン	talk to oneself **ト**ーク トゥ
ひとりっこ **一人っ子** hitorikko	con một コーン モーッ	only child **オ**ウンリ **チャ**イルド
ひとりで **一人で** hitoride	một mình, riêng モーッ ミン, ジエンヅ	alone, by oneself ア**ロ**ウン, バイ
ひとりぼっちで **独りぼっちで** hitoribocchide	trơ trọi, đơn độc チョー チョーイ, ドーン ドークプ	alone ア**ロ**ウン
ひとりよがり **独り善がり** hitoriyogari	tự đắc, tự mãn トゥー ダク, トゥー マーン	self-satisfaction **セ**ルフサティス**ファ**クション
ひな **雛** hina	gà con, chim con ガー コーン, チーム コーン	chick **チ**ク
ひなたで **日向で** hinatade	trong ánh nắng mặt trời, dưới ánh mặt trời チョーンム アイン ナング マッ チョーイ, ズオイ アイン マッ チョーイ	in the sun イン ザ **サ**ン
ひなんする **避難する** hinansuru	lánh nạn, ty nạn ラィン ナーン, ティー ナーン	take refuge **テ**イク レ**フュ**ーヂ
ひなんする **非難する** hinansuru	phê phán, trách móc フェー ファーン, チャイク モークプ	blame, accuse ブ**レ**イム, ア**キュ**ーズ

日	越	英
ひなんをあびる **非難を浴びる** hinanwoabiru	bị phê phán, bị trách móc ビー フェー ファーン, ビー チャイク モークプ	(be) accused of (ビ) ア**キュー**ズド オヴ
びにーる **ビニール** biniiru	vi ni lông, vinylon ヴィー ニー ローンム, ヴィニローン	vinyl **ヴァ**イニル
～ハウス	nhà kính ニャー キン	(PVC) greenhouse (ピーヴィー**スィ**ー) グリーンハウス
ひにく **皮肉** hiniku	lời chế nhạo, mỉa mai ローイ チェー ニャーゥ, ミア マーイ	sarcasm, irony **サー**キャズム, **ア**イアロニ
～な	chế nhạo, mỉa mai チェー ニャーゥ, ミア マーイ	sarcastic, ironic サー**キャ**スティク, アイ**ラ**ニク
ひにょうき **泌尿器** hinyouki	cơ quan tiết niệu コー クアーン ティエッ ニエゥ	urinary organs **ユ**アリネリ **オー**ガンズ
ひにん **避妊** hinin	tránh thai, ngừa thai チャイン ターハイ, ングア ターハイ	contraception カントラ**セ**プション
ひにんする **否認する** hininsuru	phủ nhận, chối bỏ フー ニャン, チョーイ ボー	deny ディ**ナ**イ
びねつ **微熱** binetsu	sốt nhẹ, hơi sốt ソーッ ニェー, ホーイ ソーッ	slight fever スライト **フィ**ーヴァ
ひねる **捻る** hineru	vặn, xoắn ヴァン, スアン	twist, twirl ト**ウィ**スト, ト**ワ**ール
ひのいり **日の入り** hinoiri	hoàng hôn, bóng xế フアーング ホーン, ボーンム セー	sunset **サ**ンセト
ひので **日の出** hinode	bình minh, rạng đông ビン ミン, ザーング ドーンム	sunrise **サ**ンライズ
ひばな **火花** hibana	tàn lửa, tia lửa ターン ルア, ティア ルア	spark ス**パー**ク
ひばり **雲雀** hibari	sơn ca, chiền chiện ソーン カー, チエン チエン	lark **ラ**ーク

日	越	英
ひはん **批判** hihan	sự phê phán, phê bình スー フェー ファーン, フェー ビン	criticism クリティスィズム
～する	phê phán, phê bình フェー ファーン, フェー ビン	criticize クリティサイズ
ひばん **非番** hiban	hết phiên, hết ca ヘーッ フィエン, ヘーッ カー	off duty **オ**ーフ **デュ**ーティ
ひび **ひび**（細かい割れ目） hibi	nứt, nẻ ヌーッ, ネー	crack クラク
（皮膚のひび割れ）	nẻ, chỗ nứt nẻ ネー, チョー ヌーッ ネー	chap, crack **チャ**プ, クラク
ひびき **響き** hibiki	âm hưởng, tiếng vang オム フオング, ティエング ヴァーング	sound **サ**ウンド
ひびく **響く** hibiku	âm vang, vang dội オム ヴァーング, ヴァーング ゾーイ	sound, resound **サ**ウンド, リ**ザ**ウンド
ひひょう **批評** hihyou	sự phê bình, bình phẩm スー フェー ビン, ビン フォム	criticism, review クリティスィズム, リ**ヴュ**ー
～する	phê bình, bình phẩm フェー ビン, ビン フォム	criticise, review クリティサイズ, リ**ヴュ**ー
ひふ **皮膚** hifu	da ザー	skin ス**キ**ン
～科	khoa da liễu クファー ザー リエウ	dermatology デーマ**タ**ロヂ
ひぼうする **誹謗する** hibousuru	phỉ báng, vu khống フィー バーング, ヴー コホーンム	slander ス**ラ**ンダ
ひぼんな **非凡な** hibonna	lạ thường, hiếm có ラー トゥフオング, ヒエム コー	exceptional イク**セ**プショナル
ひま **暇** hima	rảnh rỗi, rỗi rãi ザィン ゾーイ, ゾーイ ザーイ	leisure, spare time **リ**ージャ, ス**ペ**ア **タ**イム
～な	rảnh, rỗi ザィン, ゾーイ	free, not busy フ**リ**ー, ナト **ビ**ズィ

日	越	英
ひまご **曾孫** himago	chắt チャッ	great-grandchild グレイトグランドチャイルド
ひまん **肥満** himan	béo phì, béo phệ ベーウ フィー, ベーウ フェー	obesity オウビースィティ
ひみつ **秘密** himitsu	bí mật, kín ビー モッ, キーン	secret スィークレト
～の	bí mật, kín ビー モッ, キーン	secret スィークレト
びみょうな **微妙な** bimyouna	tế nhị, tinh tế テー ニー, ティン テー	subtle, delicate サトル, デリケト
ひめい **悲鳴** himei	tiếng kêu thất thanh, tiếng kêu rên ティエング ケーウ トホッ タハイン, ティエング ケーウ ゼーン	scream, shriek スクリーム, シュリーク
～を上げる	kêu thất thanh, kêu rên ケーウ トホッ タハイン, ケーウ ゼーン	scream, shriek スクリーム, シュリーク
ひめんする **罷免する** himensuru	bãi chức, cách chức バーイ チューク, カイク チューク	dismiss ディスミス
ひも **紐** himo	dây, thừng ゾイ, トゥフーング	string, cord ストリング, コード
ひもと **火元** himoto	nguồn lửa, nguyên nhân hoả hoạn ングオン ルア, ングイエン ニオン フアーフアーン	origin of a fire オリデン オヴ ア ファイア
ひやかす **冷やかす** hiyakasu	giễu cợt, chế nhạo ジエウ コッ, チェー ニャーウ	banter, tease バンタ, ティーズ
ひゃく **百** hyaku	trăm, một trăm チャム, モーッ チャム	hundred ハンドレド
ひゃくする **飛躍する** hiyakusuru	nhảy lên, nhảy vọt ニャイ レーン, ニャイ ヴォーッ	leap, jump リープ, ヂャンプ
ひゃくまん **百万** hyakuman	triệu, một triệu チエウ, モーッ チエウ	million ミリオン

日	越	英
びゃくや **白夜** byakuya	đêm trắng, bạch dạ デーム チャング, バイク ザー	midnight sun ミドナイト サン
ひやけ **日焼け** hiyake	sự rám nắng, bắt nắng スー ザーム ナング, バッ ナング	suntan **サ**ンタン
～する	ăn nắng, bắt nắng アン ナング, バッ ナング	(get) suntanned, get a suntan (ゲト) **サ**ンタンド, ゲト ア **サ**ンタン
～止め	chống nắng チォーンム ナング	sunscreen **サ**ンスクリーン
ひやす **冷やす** hiyasu	làm lạnh, ướp lạnh ラーム ライン, ウオプ ライン	cool, ice **ク**ール, **ア**イス
ひゃっかじてん **百科事典** hyakkajiten	từ điển bách khoa, bách khoa toàn thư トゥー ディエン バイク クフアー, バイク クフアート トゥアーント トゥフー	encyclopedia インサイクロウ**ピ**ーディア
ひややかな **冷ややかな** hiyayakana	lạnh nhạt, thờ ơ ライン ニャーツ, トホー オー	cold, indifferent **コ**ウルド, インディファレント
ひゆ **比喩** hiyu	thí dụ, tỷ dụ ティヒー ズー, ティー ズー	figure of speech **フィ**ギャ オヴ ス**ピ**ーチ
（暗喩）	ẩn dụ オン ズー	metaphor **メ**タフォー
～的な	bóng bẩy, đầy tính ẩn dụ ボーンム ボイ, ドイ ティン オン ズー	figurative **フィ**ギュラティヴ
ひゅーず **ヒューズ** hyuuzu	cầu chì コゥ チー	fuse **フュ**ーズ
ひゅーまにずむ **ヒューマニズム** hyuumanizumu	chủ nghĩa nhân đạo, chủ nghĩa nhân văn チュー ンギア ニオン ダーウ, チュー ンギア ニオン ヴァン	humanism **ヒュ**ーマニズム
びゅっふぇ **ビュッフェ** byuffe	ăn buffet アン ブッフェ	buffet ブ**フェ**イ
ひょう **票** hyou	phiếu, vé フィエウ, ヴェー	vote **ヴォ**ウト

日	越	英
ひょう **表** hyou	bảng biểu, biểu đồ バーング ビエゥ, ビエゥ ドー	table, diagram **テ**イブル, **ダ**イアグラム
ひょう **雹** hyou	mưa đá ムア ダー	hail **ヘ**イル
ひよう **費用** hiyou	kinh phí, chi phí キン フィー, チー フィー	cost **コ**スト
びょう **秒** byou	giây ゾイ	second **セ**コンド
びよう **美容** biyou	thẩm mỹ, nhan sắc トホム ミー, ニャーン サク	beauty treatment **ビュ**ーティ トリートメント
~院	mỹ viện, thẩm mỹ viện ミー ヴィエン, トホム ミー ヴィエン	beauty salon, hair salon **ビュ**ーティ サ**ラ**ン, **ヘ**ア サ**ラ**ン
~師	thợ làm đẹp, thợ uốn tóc トホー ラーム デープ, トホー ウオン トークプ	beautician ビュー**ティ**シャン
びょういん **病院** byouin	bệnh viện, nhà thương ベン ヴィエン, ニャー トゥフオング	hospital **ハ**スピトル
ひょうか **評価** hyouka	sự đánh giá スー ダィン ザー	assessment, estimation ア**セ**スメント, エスティ**メイ**ション
~する	đánh giá ダィン ザー	estimate, evaluate **エ**スティメイト, イ**ヴァ**リュエイト
ひょうが **氷河** hyouga	băng hà バング ハー	glacier **グ**レイシャ
びょうき **病気** byouki	bệnh, bệnh tật ベン, ベン トッ	illness, disease **イ**ルネス, ディ**ズ**ィーズ
~になる	ốm, bệnh オーム, ベン	get ill, get sick **ゲ**ト **イ**ル, **ゲ**ト ス**ィ**ク
ひょうきんな **ひょうきんな** hyoukinna	tính hay đùa bỡn, hay pha trò ティン ハイ ドゥア ボーン, ハイ ファー チョー	jocular **チャ**キュラ

日	越	英
ひょうけつ **表決** hyouketsu	bầu cử, bỏ phiếu	vote
ひょうげん **表現** hyougen	sự biểu hiện, thể hiện	expression
〜する	biểu hiện, thể hiện	express
びょうげんきん **病原菌** byougenkin	mầm bệnh, vi trùng gây bệnh	disease germ
ひょうご **標語** hyougo	khẩu hiệu, biểu ngữ	slogan
ひょうさつ **表札** hyousatsu	biển đề tên, bảng tên	nameplate, Ⓑdoor-plate
ひょうざん **氷山** hyouzan	băng sơn, núi băng	iceberg
ひょうし **表紙** hyoushi	bìa	cover
ひょうじ **表示** hyouji	chỉ, biểu thị	indication
ひょうしき **標識** hyoushiki	dấu hiệu, ký hiệu	sign, mark
びょうしつ **病室** byoushitsu	phòng bệnh, buồng bệnh	hospital room
びょうしゃ **描写** byousha	sự miêu tả, mô tả	description
〜する	miêu tả, mô tả	describe
びょうじゃくな **病弱な** byoujakuna	ốm yếu, èo uột	sickly

日	越	英
ひょうじゅん **標準** hyoujun	tiêu chuẩn, chuẩn mực ティエウ チュオン, チュオン ムーク	standard スタンダド
～語	tiếng phổ thông, tiếng tiêu chuẩn ティエング フォー トホーンム, ティエング ティエウ チュオン	standard language スタンダド ラングウィヂ
～的な	chuẩn, chuẩn mực チュオン, チュオン ムーク	standard, normal スタンダド, ノーマル
ひょうじょう **表情** hyoujou	vẻ mặt, nét mặt ヴェー マッ, ネーッ マッ	(facial) expression （フェイシャル）イクスプレション
びょうじょう **病状** byoujou	bệnh trạng, bệnh tình ベン チャーング, ベン ティン	condition コンディション
ひょうしょうする **表彰する** hyoushousuru	thưởng, khen thưởng トゥフオング, ケヘーン トゥフオング	commend, honor コメンド, アナ
ひょうてき **標的** hyouteki	đích ディク	target ターゲト
びょうてきな **病的な** byoutekina	bệnh tật, bệnh hoạn ベン トッ, ベン フアーン	morbid, sick モービド, スィク
ひょうてん **氷点** hyouten	điểm đông đặc ディエム ドーンム ダク	freezing point フリーズィング ポイント
びょうどう **平等** byoudou	sự bình đẳng スー ビン ダング	equality イクワリティ
～の	bình đẳng, ngang hàng với nhau ビン ダング, ンガーング ハーング ヴォーイ ニャウ	equal イークワル
びょうにん **病人** byounin	bệnh nhân, người bệnh ベン ニオン, ングオイ ベン	sick person, patient スィク パースン, ペイシェント
ひょうはく **漂白** hyouhaku	sự tẩy trắng スー トイ チャング	bleaching ブリーチング

日	越	英
～剤	chất tẩy, thuốc tẩy	bleach, bleaching agent
～する	tẩy trắng	bleach
ひょうばん **評判** hyouban	tiếng tăm, danh tiếng	reputation
ひょうほん **標本** hyouhon	mẫu, vật mẫu	specimen, sample
ひょうめい **表明** hyoumei	sự biểu lộ, bày tỏ	manifestation
～する	biểu lộ, bày tỏ	manifest
ひょうめん **表面** hyoumen	mặt, bề mặt	surface
～張力	sức căng bề mặt	surface tension
びょうりがく **病理学** byourigaku	bệnh lý học, bệnh lý	pathology
ひょうりゅうする **漂流する** hyouryuusuru	trôi dạt, phiêu bạt	drift
ひょうろん **評論** hyouron	bình luận, phê bình	critique, review
～家	bình luận viên, nhà phê bình	critic, reviewer
ひよくな **肥沃な** hiyokuna	phì nhiêu, màu mỡ	fertile
ひよけ **日除け** hiyoke	mái che nắng, rèm che nắng	sunshade

日	越	英
ひよこ **ひよこ** hiyoko	gà con ガー コーン	chick **チ**ク
ひらおよぎ **平泳ぎ** hiraoyogi	bơi ếch ボーイ エク	breaststroke ブレストストロウク
ひらく **開く** (開ける) hiraku	mở, giở モー, ゾー	open **オ**ウプン
(開始する)	bắt đầu, khởi đầu バッドゥ, コホーイ ドゥ	open, start **オ**ウプン, ス**タ**ート
ひらける **開ける** (開化した) hirakeru	khai hoá, giáo hoá カハーイ フアー, ザーゥ フアー	(be) civilized (ビ) ス**ィ**ヴィライズド
(広がる)	mở rộng, lan toả モー ゾーンム, ラーン トゥアー	spread, open スプレド, **オ**ウプン
(発展する)	phát triển, tiến triển ファーッ チエン, ティエン チエン	develop ディ**ヴェ**ロプ
ひらめ **平目** hirame	thờn bơn, cá bơn トホーン ボーン, カー ボーン	flounder, flatfish フ**ラ**ウンダ, フ**ラ**トフィシュ
ひらめく **閃く** hirameku	loé, nháy ルエー, ニャイ	flash, gleam フ**ラ**シュ, グ**リ**ーム
ひりつ **比率** hiritsu	tỷ suất ティー スオッ	ratio **レ**イショウ
びりやーど **ビリヤード** biriyaado	bi da, bi a ビー ザー, ビー アー	billiards **ビ**リアヅ
ひりょう **肥料** hiryou	phân bón フォン ボーン	fertilizer, manure **ファ**ーティライザ, マ**ニュ**ア
ひる **昼** hiru	trưa, buổi trưa チュア, ブオィ チュア	noon **ヌ**ーン
ぴる **ピル** piru	thuốc tránh thai, thuốc ngừa thai トゥフオク チャイン タハーイ, トゥフオク ングア タハーイ	pill, oral contraceptive ピル, **オ**ーラル カントラ**セ**プティヴ

日	越	英
ひるがえる **翻る** hirugaeru	phấp phới, bay phơi phới フォプ フォーイ, バイ フォーイ フォーイ	flutter フラタ
ひるごはん **昼御飯** hirugohan	bữa trưa, cơm trưa ブア チュア, コーム チュア	lunch ランチ
びるでぃんぐ **ビルディング** birudingu	toà nhà, nhà cao tầng トゥアー ニャー, ニャー カーウ タング	building ビルディング
ひるね **昼寝** hirune	ngủ trưa ングー チュア	afternoon nap アフタヌーン ナプ
ひるま **昼間** hiruma	ban ngày, giữa trưa バーン ンガイ, ズア チュア	daytime デイタイム
ひるやすみ **昼休み** hiruyasumi	nghỉ trưa, giờ nghỉ trưa ンギー チュア, ゾー ンギー チュア	lunch break, noon recess ランチ ブレイク, ヌーン リセス
ひれいする **比例する** hireisuru	cân xứng, tương xứng コン スーング, トゥオング スーング	(be) in proportion to (ビ) イン プロポーション トゥ
ひれつな **卑劣な** hiretsuna	hèn hạ, nhỏ nhen ヘーン ハー, ニョー ニェーン	despicable, sneaky デスピカブル, スニーキ
ひれにく **ヒレ肉** hireniku	thịt phi lê, thịt thăn ティヒッツ フィー レー, ティヒッツ タハン	fillet フィレイ
ひろい **広い** hiroi	rộng, rộng rãi ゾーング, ゾーンム ザーイ	wide, broad ワイド, ブロード
ひろいん **ヒロイン** hiroin	nữ anh hùng, nhân vật nữ chính ヌー アイン フーンム, ニオン ヴォッ ヌー チン	heroine ヘロウイン
ひろう **拾う** hirou	lượm, nhặt ルオム, ニャッ	pick up ピク アプ
ひろうえん **披露宴** hirouen	tiệc cưới, buổi tiệc cưới ティエク クオイ, ブオイ ティエク クオイ	wedding banquet ウェディング バンクウェト
ひろがる **広がる** hirogaru	lan toả, lan rộng ラーン トゥアー, ラーン ゾーンム	extend, expand イクステンド, イクスパンド

日	越	英
ひろげる **広げる** hirogeru	mở rộng, nới rộng	extend, enlarge
ひろさ **広さ** hirosa	bề rộng, bề ngang	width
ひろば **広場** hiroba	quảng trường, không gian mở	open space, plaza
ひろま **広間** hiroma	phòng lớn, hội trường	hall, saloon
ひろまる **広まる** hiromaru	lan truyền, lan toả	spread, (be) propagated
ひろめる **広める** hiromeru	phổ biến, truyền bá	spread, propagate
びわ **枇杷** biwa	sơn tra Nhật Bản	loquat
ひん **品** hin	nhân phẩm, phẩm chất	elegance
びん **便** (飛行機の) bin	chuyến, chuyến bay	flight
びん **瓶** bin	lọ, bình	bottle
ピン **ピン** pin	ghim, kẹp	pin
ひんい **品位** hin-i	phẩm giá, phẩm cách	dignity
びんかんな **敏感な** binkanna	nhạy cảm, mẫn cảm	sensitive, susceptible
ピンク **ピンク** pinku	hồng, màu hồng	pink

日	越	英
〜の	hồng, màu hồng	pink
ひんけつ 貧血 hinketsu	thiếu máu, bần huyết	anemia
ひんこん 貧困 hinkon	nghèo nàn, nghèo túng	poverty
ひんし 品詞 hinshi	từ loại	part of speech
ひんしつ 品質 hinshitsu	phẩm chất, chất lượng	quality
ひんしの 瀕死の hinshino	lâm chung, hấp hối	dying
ひんじゃくな 貧弱な hinjakuna	yếu kém, yếu ớt	poor, meager, feeble
ひんしゅ 品種 hinshu	giống, nòi	variety, breed
びんしょうな 敏捷な binshouna	nhanh nhẹn, nhanh nhảu	agile
ぴんち ピンチ pinchi	nguy cơ, nguy nan	pinch, dire situation
びんてーじ ビンテージ binteeji	rượu vang cao cấp, rượu vang nổi tiếng	vintage
ひんと ヒント hinto	gợi ý	hint
ひんど 頻度 hindo	tần số	frequency
ぴんと ピント pinto	tiêu điểm, trọng điểm	focus

日	越	英
ピんはね **ピンはね** pinhane	ăn chặn アン チャン	kickback, cut キックバク, カト
ひんぱんな **頻繁な** hinpanna	thường xuyên, có luôn トゥフオング スイエン, コー ルオン	frequent フリークウェント
ひんぱんに **頻繁に** hinpanni	luôn luôn, thường hay ルオン ルオン, トゥフオング ハイ	frequently フリークウェントリ
びんぼう **貧乏** binbou	sự nghèo nàn, nghèo túng スー ングェーウ ナーン, ングェーウ トゥーンム	poverty パヴァティ
～な	nghèo nàn, nghèo túng ングェーウ ナーン, ングェーウ トゥーンム	poor プア

ふ, フ

日	越	英
ふ **部** (部数) bu	bản, bộ バーン, ボー	copy カピ
(部署)	bộ phận, phòng ボー フォン, フォーンム	section セクション
ぶあい **歩合** buai	tỷ suất, tỷ lệ ティー スオッ, ティー レー	rate, percentage レイト, パセンティヂ
ぶあいそうな **無愛想な** buaisouna	khó gần, khó có thiện cảm コホー ゴン, コホー コー ティヒエン カーム	unsociable アンソウシャブル
ふぁいる **ファイル** fairu	cặp, tài liệu カプ, ターイ リエゥ	file ファイル
ふぁいんだー **ファインダー** faindaa	kính ngắm, kính nhắm キン ンガム, キン ニャム	viewfinder ヴューファインダ
ふぁいんぷれー **ファインプレー** fainpuree	chơi đẹp, lối chơi đẹp チョーイ デープ, ローイ チョーイ デープ	fine play ファイン プレイ
ふぁうる **ファウル** fauru	chơi trái luật, chơi sai luật チョーイ チャーイ ルオッ, チョーイ サーイ ルオッ	foul ファウル

日	越	英
ふぁしずむ **ファシズム** fashizumu	chủ nghĩa phát xít チューンギア ファーッ シーッ	fascism **ファ**シズム
ふぁすとふーど **ファストフード** fasutofuudo	thực phẩm ăn liền, thực phẩm ăn nhanh トゥフーク フォム アン リエン, トゥフーク フォム アン ニャイン	fast food **ファ**スト **フ**ード
ふぁすなー **ファスナー** fasunaa	khoá kéo, phéc mơ tuya クファアー ケーウ, フェーク モー トゥイア	fastener, zipper **ファ**スナ, **ズィ**パ
ぶあつい **分厚い** buatsui	dày, dày dặn ザイ, ザイ ザン	thick ス**ィ**ク
ふぁっくす **ファックス** fakkusu	fax ファクス	fax **ファ**クス
ふぁっしょん **ファッション** fasshon	thời trang, mốt トホーイ チャーング, モーッ	fashion **ファ**ション
ふぁん **ファン** fan	fan, người ham mộ ファン, ングオィ ハーム モー	fan **ファ**ン
ふあん **不安** fuan	sự lo lắng, bất an スー ロー ラング, バッ アーン	uneasiness ア**ニ**ーズィネス
～な	lo lắng, bất an ロー ラング, バッ アーン	uneasy, anxious ア**ニ**ーズィ, **ア**ンクシャス
ふあんていな **不安定な** fuanteina	không ổn định, không vững chắc コホーンム オーン ディン, コホーンム ヴーング チャク	unstable アンス**テ**ィブル
ふぁんでーしょん **ファンデーション** fandeeshon	nền móng, phấn nền ネーン モーンム, フォン ネーン	foundation ファウン**デ**イション
ふぃーと **フィート** fiito	đơn vị đo chiều dài Anh ドーン ヴィー ドー チエゥ ザーイ アイン	feet **フィ**ート
ふぃーりんぐ **フィーリング** fiiringu	cảm giác, cảm xúc カーム ザーク, カーム スークプ	feeling **フィ**ーリング
ふぃーるど **フィールド** fiirudo	sân, lĩnh vực ソン, リン ヴーク	field **フィ**ールド

日	越	英
〜ワーク	nghiên cứu điền dã ンギエン クーウ ディエン ザー	fieldwork フィールドワーク
ふぃぎゅあすけーと **フィギュアスケート** figyuasukeeto	trượt băng nghệ thuật チュオッ バングンゲー トゥフオッ	figure skating フィギャ ス**ケ**イティング
ふぃくしょん **フィクション** fikushon	hư cấu, tưởng tượng フー コウ, トゥオング トゥオング	fiction フィクション
ふいちょうする **吹聴する** fuichousuru	khoe, khoe khoang クフエー, クフエー クフアーング	announce, trumpet ア**ナ**ウンス, ト**ラ**ンペト
ふいっち **不一致** fuicchi	bất đồng, không khớp ボッ ドーム, コホーンム コホープ	disagreement ディサグ**リ**ーメント
ふぃっとねすくらぶ **フィットネスクラブ** fittonesukurabu	câu lạc bộ thể thao, trung tâm thể thao コウ ラック ボー テヘーウ タハーウ, チューンム トム テヘーウ タハーウ	fitness center フィトネス **セ**ンタ
ふいの **不意の** fuino	bất ngờ, đột ngột ボッ ンゴー, ドーッ ンゴーッ	sudden, unexpected **サ**ドン, アニクス**ペ**クテド
ふぃりぴん **フィリピン** firipin	Phi líp pin, Phi Luật Tân フィー リーブ ピーン, フィー ルオッ トン	Philippines フィリ**ピ**ーンズ
ふぃるたー **フィルター** firutaa	màng lọc, bộ lọc マーング ロークプ, ボー ロークプ	filter フィル**タ**
ふぃるむ **フィルム** firumu	phim, màng フィーム, マーング	film フィルム
ふぃんらんど **フィンランド** finrando	Phần Lan フォン ラーン	Finland フィンランド
ふうあつ **風圧** fuuatsu	áp suất gió, áp lực gió アープ スオッ ゾー, アープ ルーク ゾー	wind pressure **ウィ**ンド プ**レ**シャ
ふうかする **風化する** fuukasuru	mờ nhạt dần, mòn dần đi モー ニャッ ゾン, モーン ゾン ディー	weather, fade with time **ウェ**ザ, **フェ**イド ウィズ **タ**イム
ふうき **風紀** fuuki	kỷ luật, nếp sống キー ルオッ, ネープ ソーンム	discipline ディ**シ**プリン

日	越	英
ぶーケ **ブーケ** buuke	bó hoa ボー フアー	bouquet ブーケイ
ふうけい **風景** fuukei	phong cảnh, cảnh quan フォーンム カイン, カイン クアーン	scenery スィーナリ
～画	tranh phong cảnh チャイン フォーンム カイン	landscape ランドスケイプ
ふうさする **封鎖する** fuusasuru	phong toả, bế quan toả cảng フォンム トゥアー, ベー クアーン トゥアー カーング	blockade ブラケイド
ふうし **風刺** fuushi	châm biếm, trào phúng チョム ビエム, チャーウ フーンム	satire サタイア
ふうしゃ **風車** fuusha	cối xay gió, máy xay gió コーイ サイ ゾー, マイ サイ ゾー	windmill ウィンドミル
ふうしゅう **風習** fuushuu	phong tục, tập tục フォーンム トゥークプ, トプ トゥークプ	customs カスタムズ
ふうしん **風疹** fuushin	sởi ba ngày, sởi Đức ソーイ バー ンガイ, ソーイ ドゥーク	rubella ルーベラ
ふうせん **風船** fuusen	bong bóng ボーンム ボーンム	balloon バルーン
ふうそく **風速** fuusoku	vận tốc gió, tốc độ của gió ヴォン トークプ ゾー, トークプ ドー クア ゾー	wind velocity ウィンド ヴェラスィティ
ふうぞく **風俗** fuuzoku	thói tục, tục lệ トホーイ トゥークプ, トゥークプ レー	manners, customs マナズ, カスタムズ
ふうちょう **風潮** fuuchou	trào lưu, xu hướng チャーウ ルーウ, スー フオンヴ	trend トレンド
ぶーつ **ブーツ** buutsu	giày ống, bốt ザイ オーンム, ボーツ	boots ブーツ
ふうど **風土** fuudo	phong thổ フォーンム トホー	climate クライメト

日	越	英
ふうとう **封筒** fuutou	phong bì, bao thơ _{フォーンム ビー, バーウ トホー}	envelope _{エンヴェロウプ}
ふうふ **夫婦** fuufu	vợ chồng, phu thê _{ヴォー チォーンム, フー テヘー}	married couple, spouses _{マリド カプル, スパウセズ}
ふうみ **風味** fuumi	hương vị, mùi vị thơm ngon _{フオンッ ヴィー, ムーィ ヴィー トホーム ンゴーン}	flavor, taste, ⒷFlavour _{フレイヴァ, テイスト, フレイヴァ}
ぶーむ **ブーム** buumu	bùng nổ, mốt nhất thời _{ブーンム ノー, モーッ ニォッ トホーィ}	boom, fad _{ブーム, ファド}
ふうりょく **風力** fuuryoku	sức gió _{スーク ゾー}	wind power _{ウィンド パウア}
ぷーる **プール** puuru	hồ bơi, bể bơi _{ホー ボーィ, ベー ボーィ}	swimming pool _{スウィミング プール}
ふうんな **不運な** fuunna	bất hạnh, xấu số _{ボッ ハィン, ソゥ ソー}	unlucky _{アンラキ}
ふえ **笛** fue	sáo, còi _{サーゥ, コーィ}	whistle _{(ホ)ウィスル}
ふぇいんと **フェイント** feinto	giả vờ, đòn nhử _{ザー ヴォー, ドーン ニュー}	feint _{フェイント}
ふぇーんげんしょう **フェーン現象** feengenshou	gió phơn, hiện tượng gió phơn _{ゾー フォーン, ヒエン トゥオンッ ゾー フォーン}	foehn phenomenon _{フェイン フィナメノン}
ふぇすてぃばる **フェスティバル** fesutibaru	ngày hội, hội diễn _{ンガィ ホーィ, ホーィ ジエン}	festival _{フェスティヴァル}
ふぇみにすと **フェミニスト** feminisuto	người theo thuyết nam nữ bình quyền, người bênh vực bình quyền cho phụ nữ _{ングオィ テヘーゥ トゥフイエッ ナーム ヌー ビン クイエン, ングオィ ペン ヴーク ビン クイエン チォー フー ヌー}	feminist _{フェミニスト}

日	越	英
ふぇみにずむ **フェミニズム** feminizumu	thuyết nam nữ bình quyền, phong trào đòi bình quyền cho phụ nữ トゥフイエッ ナーム ヌー ビン クイエン, フォーンム チャーウ ドーイ ビン クイエン チョー フー ヌー	feminism フェミニズム
ふぇりー **フェリー** ferii	phà ファー	ferry フェリ
ふえる **増える** fueru	gia tăng, tăng lên ザー タング, タング レーン	increase インクリース
ふぇんしんぐ **フェンシング** fenshingu	đấu kiếm ドゥ キエム	fencing フェンスィング
ふぇんす **フェンス** fensu	rào, hàng rào ザーウ, ハーング ザーウ	fence フェンス
ぶえんりょな **無遠慮な** buenryona	lỗ mãng, vô ý tứ ロー マーング, ヴォー イー トゥー	blunt, impudent ブラント, **イ**ンピュデント
ふぉあぐら **フォアグラ** foagura	gan ngỗng ガーン ンゴーンム	foie gras フワー グ**ラ**ー
ふぉーく **フォーク** fooku	nĩa, dĩa ニア, ジア	fork **フォ**ーク
ふぉーまっと **フォーマット** foomatto	định dạng, format ディン ザーング, フォーマッ	format **フォ**ーマト
ふぉーむ **フォーム** foomu	hình thể, hình dạng ヒン テヘー, ヒン ザーング	form **フォ**ーム
ふぉーらむ **フォーラム** fooramu	diễn đàn ジエン ダーン	forum **フォ**ーラム
ふぉるだ **フォルダ** foruda	dụng cụ gập giấy, thư mục ズーンム クー ゴナ ゾイ, トゥフー ムークプ	folder, directory **フォ**ウルダ, ディ**レ**クタリ
ふおんな **不穏な** fuonna	bất ổn, nguy cơ ボッ オーン, ングイー コー	threatening ス**レ**トニング
ふか **孵化** fuka	ấp trứng, ủ trứng オプ チューング, ウー チューング	incubation インキュ**ペ**イション

日	越	英
ぶか **部下** buka	cấp dưới, bộ hạ コプ ズオィ, ボー ハー	subordinate サブオーディネト
ふかい **深い** fukai	sâu, sâu sắc ソウ, ソウ サク	deep, profound ディープ, プロファウンド
ふかいな **不快な** fukaina	khó ưa, khó chịu コホー ウア, コホー チーウ	unpleasant アンプレザント
ふかかいな **不可解な** fukakaina	khó hiểu, không thể hiểu được コホー ヒエウ, コホーム テヘー ヒエウ ドゥオク	incomprehensible インカンプリヘンスィブル
ふかけつな **不可欠な** fukaketsuna	không thể thiếu được, bất khả khuyết コホーム テヘー ティエウ ドゥオク, ボッ カハー クフイエッ	indispensable インディスペンサブル
ふかさ **深さ** fukasa	bề sâu, chiều sâu ベー ソウ, チエウ ソウ	depth デプス
ふかのうな **不可能な** fukanouna	không có khả năng, bất khả thi コホーム コー カハー ナング, ボッ カハー ティヒー	impossible インパスィブル
ふかんぜんな **不完全な** fukanzenna	không hoàn hảo, dở dang コホーム フアーン ハーウ, ゾー ザーング	imperfect インパーフィクト
ぶき **武器** buki	vũ khí, khí giới ヴー キヒー, キヒー ゾーイ	arms, weapon アームズ, ウェポン
ふきかえ **吹き替え** fukikae	lồng tiếng ローンム ティエング	dubbing, dubbing audio ダビング, ダビング オーディオウ
ふきげんな **不機嫌な** fukigenna	xấu tính, hay cáu ソウ ティン, ハイ カウ	bad-tempered バドテンパド
ふきそくな **不規則な** fukisokuna	bất quy tắc, không đều ボッ クイー タク, コホーム デーウ	irregular イレギュラ
ふきだす **噴き出す** fukidasu	phun ra, tuôn ra フーン ザー, トゥオン ザー	spout スパウト

日	越	英
（笑い出す）	bật cười ボッ クオイ	burst out laughing バースト アウト ラフィング
ふきつな **不吉な** fukitsuna	điềm dữ, điềm gở ディエム ズー, ディエム ゴー	ominous **ア**ミナス
ふきでもの **吹き出物** fukidemono	nhọt, mụn ニョーッ, ムーン	pimple **ピ**ンプル
ぶきみな **不気味な** bukimina	kỳ quặc, kỳ quái キー クアク, キー クアーイ	weird, uncanny **ウィ**アド, アン**キャ**ニ
ふきゅうする **普及する** fukyuusuru	phổ cập, phổ biến フォー コプ, フォー ビエン	spread, diffuse スプレド, ディ**フュー**ズ
ふきょう **不況** fukyou	nền kinh tế trì trệ, tình trạng buôn bán ế ẩm ネーン キン テー チー チェー, ティン チャーング ブオン バーン エー オム	recession, slump リ**セ**ション, ス**ラ**ンプ
ぶきような **不器用な** bukiyouna	vụng về, lóng ngóng ヴーンム ヴェー, ローンム ンゴーンム	clumsy, awkward ク**ラ**ムズィ, **オー**クワド
ふきん **付近** fukin	phụ cận, lân cận フー コン, ロン コン	neighborhood **ネ**イバフド
ふきんこう **不均衡** fukinkou	không cân bằng, thiếu cân bằng コホーンム コン バング, ティヒエウ コン バング	imbalance インバランス
ふく **吹く** fuku	（風が）thổi トホーイ	blow ブロウ
	（ほらを）khoe khoang, khoác lác クフエー クフアーング, クフアーク ラーク	talk big **トー**ク **ビ**グ
ふく **拭く** fuku	lau, chùi ラウ, チューイ	wipe **ワ**イプ
ふく **服** fuku	quần áo, áo quần クオン アーゥ, アーゥ クオン	clothes ク**ロ**ウズ
ふくえきする **服役する** fukuekisuru	đi tù, ngồi tù ディー トゥー, ンゴーイ トゥー	serve one's term **サー**ヴ **タ**ーム

日	越	英
ふくげんする **復元する** fukugensuru	phục hồi lại, xây dựng lại như cũ	restore, reconstruct リストー, リーコンストラクト
ふくごう **複合** fukugou	phức hợp, kết hợp lại	complex カンプレクス
ふくざつな **複雑な** fukuzatsuna	phức tạp, rắc rối	complicated カンプリケイテド
ふくさよう **副作用** fukusayou	tác dụng phụ	side effect サイド イフェクト
ふくさんぶつ **副産物** fukusanbutsu	sản phẩm phụ	by-product バイプラダクト
ふくし **副詞** fukushi	phó từ, trạng từ	adverb アドヴァーブ
ふくし **福祉** fukushi	phúc lợi	welfare ウェルフェア
ふくしゅう **復讐** fukushuu	sự trả thù, báo thù	revenge リヴェンヂ
～する	trả thù, báo thù	revenge on リヴェンヂ オン
ふくしゅう **復習** fukushuu	sự ôn bài, ôn tập	review リヴュー
～する	ôn bài, ôn tập	review リヴュー
ふくじゅうする **服従する** fukujuusuru	phục tùng, tuân theo	obey, submit to オベイ, サブミト トゥ
ふくすう **複数** fukusuu	số nhiều	plural プルアラル
ふくせい **複製** fukusei	phục chế	reproduction リープロダクション

日	越	英
ふくそう **服装** fukusou	trang phục, quần áo	dress, clothes
ふくだい **副題** fukudai	đầu đề phụ, tiêu đề phụ	subtitle
ふくつう **腹痛** fukutsuu	đau bụng, đau dạ dày	stomachache
ふくまく **腹膜** fukumaku	màng bụng, phúc mạc	peritoneum
~炎	viêm màng bụng, viêm phúc mạc	peritonitis
ふくむ **含む** fukumu	bao gồm, chứa đựng	contain, include
ふくめる **含める** fukumeru	bao gồm, kể cả	include
ふくらはぎ **ふくらはぎ** fukurahagi	bắp chân, bắp chuối	calf
ふくらます **膨らます** fukuramasu	thổi phồng, làm phình lên	swell, expand
ふくらむ **膨らむ** fukuramu	phồng lên, phình ra	swell, (get) big
ふくれる **膨れる** fukureru	phồng, phình	swell
ふくろ **袋** fukuro	túi, bao	bag, sack
ふくろう **梟** fukurou	con cú, cú	owl
ふけいき **不景気** fukeiki	nền kinh tế trì trệ, đình trệ	depression

日	越	英
ふけいざいな **不経済な** fukeizaina	không kinh tế, không có lợi コホーンム キン テー, コホーンム コーロイ	uneconomical アニーコ**ナ**ミカル
ふけつな **不潔な** fuketsuna	bẩn thỉu, dơ dáy ボン ティヒーゥ, ゾー ザィ	unclean, dirty アンク**リ**ーン, **ダ**ーティ
ふける **老ける** fukeru	già nua, già lão ザー ヌア, ザー ラーウ	grow old グロウ **オ**ウルド
ふこう **不幸** fukou	sự bất hạnh, xấu số スー ボッ ハィン, ソゥ ソー	unhappiness, misfortune アン**ハ**ピネス, ミス**フォ**ーチュン
～な	bất hạnh, xấu số ボッ ハィン, ソゥ ソー	unhappy アン**ハ**ピ
ふごう **符号** fugou	phù hiệu, dấu hiệu フー ヒエゥ, ゾゥ ヒエゥ	sign **サ**イン
ふごうかく **不合格** fugoukaku	thi trượt, thi hỏng ティヒー チュオッ, ティヒー ホーンム	failure **フェ**イリャ
ふこうへいな **不公平な** fukouheina	bất công, không công bằng ボッ コーンム, コホーンム コーンム バング	unfair, partial アン**フェ**ア, **パ**ーシャル
ふごうりな **不合理な** fugourina	bất hợp lý, không hợp lý ボッ ホープ リー, コホーンム ホープ リー	unreasonable アン**リ**ーズナブル
ぶざー **ブザー** buzaa	còi, máy con ve コーィ, マィ コーン ヴェー	buzzer **バ**ザ
ふざい **不在** fuzai	vắng mặt, đi vắng ヴァング マッ, ディー ヴァング	absence **ア**プセンス
ふさがる **塞がる** fusagaru	tắc, nghẽn タク, ンゲーン	(be) occupied (ビ) **ア**キュパイド
ふさく **不作** fusaku	mất mùa, thất bát モッ ムア, トホッ バーッ	bad harvest **バ**ド **ハ**ーヴェスト
ふさぐ **塞ぐ** (占める) fusagu	bít ビーッ	occupy **ア**キュパイ

日	越	英
(閉める・遮断する)	đóng, chặn ドーン厶, チャン	close, block ク**ロ**ウズ, ブ**ラ**ク
ふざける **ふざける** fuzakeru	nghịch ngợm, đùa cợt ンギックンゴーム, ドゥア コーッ	joke, jest **チョ**ウク, **チェ**スト
ぶさほうな **不作法な** busahouna	hỗn láo, lỗ mãng ホーン ラーゥ, ロー マーング	ill mannered, rude **イ**ル **マ**ナド, **ルー**ド
ふさわしい **ふさわしい** fusawashii	phù hợp, thích hợp フー ホープ, ティヒック ホープ	suitable, becoming **スー**タブル, ビ**カ**ミング
ふし **節** (太くなっている所) fushi	đốt, mắt ドーッ, マッ	knot, gnarl **ナ**ト, **ナ**ール
(関節)	khớp, khớp xương コホープ, コホープ スオング	joint, knuckle **チョ**イント, **ナ**クル
ふじ **藤** fuji	đậu tía, tử đằng ドゥ ティア, トゥー ダング	wisteria ウィス**ティ**アリア
ふしぎな **不思議な** fushigina	kỳ lạ, kỳ bí キー ラー, キー ビー	mysterious, strange ミス**ティ**アリアス, ストレインヂ
ふしぜんな **不自然な** fushizenna	không tự nhiên, gượng gạo コホーンム トゥー ニエン, グオング ガーゥ	unnatural アン**ナ**チュラル
ふしちょう **不死鳥** fushichou	phượng hoàng, chim bất tử フオング フアーング, チーム ボッ トゥー	phoenix **フィー**ニクス
ぶじに **無事に** bujini	vô sự, an toàn ヴォー スー, アーン トゥアーン	safely, without incident **セ**イフリ, ウィザウト **イ**ンスィデント
ふじみの **不死身の** fujimino	bất tử, bất diệt ボッ トゥー, ボッ ジエッ	immortal イ**モー**タル
ふじゆうな **不自由な** fujiyuuna	bất tiện, không thuận tiện ボッ ティエン, コホーンム トゥオン ティエン	inconvenient インコン**ヴィー**ニェント
ふじゅうぶんな **不十分な** fujuubunna	không đủ, thiếu sót コホーンム ドゥー, ティヒエゥ ソーッ	insufficient インサ**フィ**シェント

日	越	英
ぶしょ **部署** busho	cương vị, vị trí công tác クオング ヴィー, ヴィー チー コーンム タック	post **ポ**ウスト
ふしょう **負傷** fushou	sự bị thương スー ビー トゥフオング	wound **ウ**ーンド
～者	người bị thương ングオイ ビー トゥフオング	injured person **イ**ンヂャド **パ**ースン
～する	bị thương ビー トゥフオング	(be) injured (ビ) **イ**ンヂャド
ぶしょうな **不精な** bushouna	lười biếng, biếng nhác ルオイ ビエング, ビエング ニャーク	lazy **レ**イズィ
ふしょく **腐食** fushoku	ăn mòn, gặm mòn アン モーン, ガム モーン	corrosion カ**ロ**ウジョン
ぶじょく **侮辱** bujoku	sỉ nhục, ô nhục シー ニュークプ, オー ニュークプ	insult **イ**ンサルト
～する	lăng nhục, nhục mạ ラング ニュークプ, ニュークプ マー	insult **イ**ンサルト
ふしん **不信** fushin	bất tín, không tin ボッ ティーン, コホーンム ティーン	distrust ディスト**ラ**スト
ふしんせつな **不親切な** fushinsetsuna	không tử tế, lạnh nhạt コホーンム トゥー テー, ライン ニャーッ	unkind アン**カ**インド
ふしんにん **不信任** fushinnin	bất tín nhiệm, không tín nhiệm ボッ ティーン ニエム, コホーンム ティーン ニエム	no-confidence **ノ**ウ**カ**ンフィデンス
ふせい **不正** fusei	sự bất chính, trái lẽ スー ボッ チン, チャーイ レー	injustice イン**ヂャ**スティス
～な	bất chính, trái lẽ ボッ チン, チャーイ レー	unjust, foul アン**ヂャ**スト, **ファ**ウル
ふせいかくな **不正確な** fuseikakuna	không chính xác, không đúng コホーンム チン サーク, コホーンム ドゥーンム	inaccurate イ**ナ**キュレト

日	越	英
ふせぐ **防ぐ**　（食い止める） fusegu	che chở, ngăn ngừa チェー チョー, ンガン ングア	defend, protect ディ**フェ**ンド, プロ**テ**クト
（防止する）	đề phòng, phòng ngừa デー フォーンム, フォーンム ングア	prevent プリ**ヴェ**ント
ふせる **伏せる** （下向きにする） fuseru	úp, lật úp ウープ, ロッ ウープ	turn something over, turn something down **ター**ン オウ**ヴァ**, **ター**ン **ダ**ウン
（隠す）	giấu giếm, che giấu ゾウ ジエム, チェー ゾウ	conceal コン**スィ**ール
ぶそう **武装** busou	vũ trang, trang bị vũ khí ヴー チャーング, チャーング ビー ヴー キヒー	armaments **アー**マメンツ
〜する	vũ trang, trang bị vũ khí ヴー チャーング, チャーング ビー ヴー キヒー	arm **アー**ム
ふそく **不足** fusoku	sự thiếu thốn, bất túc スー ティヒエウ トホーン, ボットゥークプ	want, lack **ワ**ント, **ラ**ク
〜する	thiếu, bất túc ティヒエウ, ボットゥークプ	(be) short of, lack (ビ) **ショ**ート オヴ, **ラ**ク
ふそくの **不測の** fusokuno	không dự kiến trước, bất ngờ コホーンム ズー キエン チュオク, ボッ ンゴー	unforeseen アンフォー**スィ**ーン
ふぞくの **付属の** fuzokuno	phụ thuộc, đính kèm フー トゥフオク, ディン ケーム	attached ア**タ**チト
ふた **蓋** futa	vung, nắp ヴーンム, ナプ	lid **リ**ド
ふだ **札** fuda	thẻ, biển テヘー, ビエン	label, tag **レ**イベル, **タ**グ
ぶた **豚** buta	lợn, heo ローン, ヘーゥ	pig **ピ**グ
ぶたい **舞台** butai	sân khấu, sàn diễn ソン コホウ, サーン ジエン	stage ス**テ**イヂ

日	越	英
ふたご **双子** futago	sinh đôi, song sinh シン ドーイ, ソーンム シン	twins トウィンズ
〜座	Cung Song Sinh, Cung Song tử クーンム ソーンム シン, クーンム ソーンム トゥー	Twins, Gemini トウィンズ, **ヂェ**ミナイ
ふたしかな **不確かな** futashikana	không chắc chắn, còn ngờ コホーンム チャク チャン, コーン ンゴー	uncertain アン**サー**トン
ふたたび **再び** futatabi	lại, lần nữa ラーイ, ロン ヌア	again, once more ア**ゲ**イン, **ワ**ンス **モー**
ぶたにく **豚肉** butaniku	thịt lợn, thịt heo ティヒッツ ローン, ティヒッツ ヘーウ	pork **ポー**ク
ふたん **負担** futan	sự gánh vác, đảm nhận スー ガイン ヴァーク, ダーム ニオン	burden **バー**ドン
〜する	gánh vác, đảm nhận ガイン ヴァーク, ダーム ニオン	bear, share **ベ**ア, **シェ**ア
ふだんぎ **普段着** fudangi	quần áo thường ngày, quần áo thường nhật クオン アーウ トゥフオング ンガイ, クオン アーウ トゥフオング ニオッ	casual wear **キャ**ジュアル **ウェ**ア
ふだんの **普段の** fudanno	thông thường, bình thường トホーンム トゥフオング, ビン トゥフオング	usual **ユー**ジュアル
ふだんは **普段は** fudanwa	thường, thường thì トゥフオング, トゥフオング ティヒー	usually **ユー**ジュアリ
ふち **縁** fuchi	mép, ven メープ, ヴェーン	edge, brink **エ**ヂ, **プ**リンク
ふちゅういな **不注意な** fuchuuina	không để ý, không chú ý コホーンム デー イー, コホーンム チューイー	careless **ケ**アレス
ぶちょう **部長** buchou	trưởng phòng, trưởng ban チュオング フォーンム, チュオング バーン	director ディ**レ**クタ

ふ

日	越	英
ふつうの **普通の** futsuuno	bình thường, chung chung	usual, general
ふつうは **普通は** futsuuwa	thường, thường thì	usually
ふつうよきん **普通預金** futsuuyokin	tài khoản thông thường, tiền gửi thông dụng	ordinary deposit
ぶっか **物価** bukka	giá cả, vật giá	prices
ふっかつ **復活** fukkatsu	hồi sinh, tái sinh	revival, comeback
～祭	lễ phục sinh	Easter
～する	sống lại, hồi sinh	revive
ぶつかる **ぶつかる** butsukaru	va, chạm	hit, collide
ふっきゅうする **復旧する** fukkyuusuru	phục hồi, trùng tu	(be) restored
ぶっきょう **仏教** bukkyou	đạo Phật, Phật giáo	Buddhism
～徒	Phật tử, tín đồ Phật giáo	Buddhist
ぶつける **ぶつける** (衝突する) butsukeru	va vào, đập vào	bump against
(投げて当てる)	ném vào, quăng vào	throw at
ふっこう **復興** fukkou	sự phục hưng, khôi phục	reconstruction, revival

日	越	英
～する	phục hưng, khôi phục	reconstruct, revive
ふつごう **不都合** futsugou	bất tiện, phi lý	inconvenience
ふっこく **復刻** fukkoku	tái bản	reproduction
ぶっしつ **物質** busshitsu	vật chất	matter, substance
ふっそ **弗素** fusso	flo, fluor	fluorine
ぶつぞう **仏像** butsuzou	tượng Phật, pho tượng Phật	Buddhist image
ぶったい **物体** buttai	vật thể, đồ vật	object, thing
ふっとうする **沸騰する** futtousuru	sôi, sôi lên	boil
ふっとわーく **フットワーク** futtowaaku	động tác chân, kỹ thuật chân trong thể thao	footwork
ぶつり **物理** butsuri	vật lý	physics
～学者	nhà vật lý, nhà vật lý học	physicist
ふで **筆** fude	bút, cọ	writing brush
ふていかんし **不定冠詞** futeikanshi	mạo từ bất định, quán từ bất định	indefinite article

日	越	英
ふていし **不定詞** futeishi	từ vô định トゥー ヴォー ディン	infinitive インフィニティヴ
ふていの **不定の** futeino	bất định, vô định ボッ ディン, ヴォー ディン	indefinite インデフィニト
ふてきとうな **不適当な** futekitouna	không phù hợp, không thích hợp コホーンム フー ホープ, コホーンム ティヒク ホープ	unsuitable アンスータブル
ふと **ふと** futo	bất ngờ, đột nhiên ボッ ンゴー, ドーッ ニエン	suddenly, by chance サドンリ, バイ チャンス
ふとい **太い** (直径や幅が) futoi	to, béo トー, ベーウ	big, thick ビグ, スィク
(声が)	trầm, giọng trầm チョム, ゾーンム チョム	deep ディープ
ぶどう **葡萄** budou	nho, cây nho ニョー, コイ ニョー	grapes グレイプス
ふどうさん **不動産** fudousan	bất động sản ボッ ドーンム サーン	real estate, real property, immovables リーアル イステイト, リーアル プラパティ, イムーヴァブルズ
ふとうな **不当な** futouna	vô lý, bất công ヴォー リー, ボッ コーンム	unjust アンチャスト
ふところ **懐** (懐中・財布) futokoro	ngực áo, túi tiền ングック アーウ, トゥーイ ティエン	pocket, purse パケト, パース
(胸)	ngực, bộ ngực ングック, ボー ングック	bosom, breast ブザム, ブレスト
ふとさ **太さ** futosa	bề dày, độ dày ベー ザイ, ドー ザイ	thickness スィクネス
ふとじ **太字** futoji	chữ in đậm チュー イーン ドム	bold type ボウルド タイプ

日	越	英
ふともも **太腿** futomomo	bắp đùi, bắp vế バプ ドゥーイ, バプ ヴェー	thigh **サイ**
ふとる **太る** futoru	béo ra, mập ra ベーウ ザー, モプ ザー	grow fat グロウ **ファ**ト
ふとん **布団** futon	chăn, mền チャン, メーン	bedding, futon **ベ**ディング, **フ**ートーン
ふなよい **船酔い** funayoi	say sóng, chứng say sóng サイ ソーンム, チューング サイ ソーンム	seasickness **ス**ィースィクネス
ぶなんな **無難な** bunanna	không có gì bất trắc, an toàn コホーンム コー ジー ボッ チャク, アーン トゥアーン	safe, acceptable **セ**イフ, アク**セ**プタブル
ふにんしょう **不妊症** funinshou	vô sinh, bệnh vô sinh ヴォー シン, ベン ヴォー シン	sterility ステ**リ**リティ
ふね **船[舟]** fune	thuyền, tàu トゥフイエン, タウ	boat, ship **ボ**ウト, **シ**プ
ふねんせいの **不燃性の** funenseino	không cháy, không bắt lửa コホーンム チャイ, コホーンム バッ ルア	nonflammable, fireproof ナンフ**ラ**マブル, **ファ**イアプルーフ
ふはい **腐敗** fuhai	thối rữa, hủ bại トホーイ ズア, フー バーイ	putrefaction ピュートレ**ファ**クション
ぶひん **部品** buhin	phụ tùng, linh kiện フー トゥーンム, リン キエン	part, component **パ**ート, コン**ポ**ウネント
ふぶき **吹雪** fubuki	bão tuyết バーウ トゥイエッ	snowstorm ス**ノ**ウストーム
ぶぶん **部分** bubun	phần, bộ phận フォン, ボー フォン	part, portion **パ**ート, **ポ**ーション
ふへい **不平** fuhei	bất mãn, bất bình ボッ マーン, ボッ ビン	dissatisfaction ディスサティス**ファ**クション
ぶべつ **侮蔑** bubetsu	khinh miệt, coi khinh キヒン ミエッ, コーイ キヒン	contempt コン**テ**ンプト

日	越	英
ふへんてきな **普遍的な** fuhentekina	phổ biến, phổ quát	universal
ふべんな **不便な** fubenna	bất tiện, không tiện lợi	inconvenient
ふほうな **不法な** fuhouna	phi pháp, bất hợp pháp	unlawful
ふまん **不満** fuman	sự bất mãn, không hài lòng	discontent
～な	bất mãn, không hài lòng	discontented
ふみきり **踏切** fumikiri	chắn đường ray	railroad crossing
ふみだい **踏み台** fumidai	kệ để chân, bệ	footstool
ふみんしょう **不眠症** fuminshou	mất ngủ, chứng mất ngủ	insomnia
ふむ **踏む** fumu	giẫm, đạp	step, tread
（手続きなどを）	thông qua, theo lộ trình	go through
ふめいな **不明な** fumeina	chưa biết được, không rõ ràng	unknown
ふめいよ **不名誉** fumeiyo	ô danh, ô nhục	dishonor
～な	làm mất danh dự, làm ô danh	dishonorable
ふめいりょうな **不明瞭な** fumeiryouna	không rõ ràng, mờ mịt	obscure, unclear

日	越	英
ふもうな **不毛な** fumouna	cằn cỗi, khô cằn カン コーイ，コホー カン	sterile ステリル
ふもと **麓** fumoto	chân núi チョン ヌーイ	foot フト
ぶもん **部門** bumon	bộ môn, bộ phận ボー モーン，ボー フォン	section セクション
ふやす **増やす** fuyasu	làm tăng, gia tăng ラーム タング，ザー タング	increase インクリース
ふゆ **冬** fuyu	mùa đông, đông ムア ドーング，ドーンム	winter ウィンタ
ふゆかいな **不愉快な** fuyukaina	khó chịu, không vừa ý コホー チーウ，コホーンム ヴア イー	disagreeable ディサグリーアブル
ぶよう **舞踊** buyou	nhảy múa, khiêu vũ ニャイ ムア，キヒエウ ヴー	dance ダンス
ふようかぞく **扶養家族** fuyoukazoku	thành viên gia đình được trợ cấp タハイン ヴィエン ザー ディン ドゥオク チョー コプ	dependent ディペンデント
ふようする **扶養する** fuyousuru	nuôi dưỡng, cấp dưỡng ヌオイ ズオング，コプ ズオング	support サポート
ふような **不用な** fuyouna	không cần thiết, thừa コホーンム コン ティヒエッ，トゥファ	unnecessary アンネセセリ
ふらい **フライ** furai	món rán, món chiên モーン ザーン，モーン チエン	fry, fried フライ，フライド
ふらいと **フライト** furaito	chuyến bay チュイエン バイ	flight フライト
ぷらいど **プライド** puraido	niềm tự hào, niềm kiêu hãnh ニエム トゥー ハーウ，ニエム キエウ ハイン	pride プライド
ふらいどぽてと **フライドポテト** furaidopoteto	khoai tây rán, khoai tây chiên クファーイ トイ ザーン，クファーイ トイ チエン	French fries, ⒝chips フレンチ フライズ，チプス

日	越	英
プライバシー puraibashii	riêng tư, mang tính cá nhân ジエング トゥー, マーング ティン カー ニォン	privacy プライヴァスィ
フライパン furaipan	chảo チャーウ	frying pan, skillet フライイング **パン**, ス**キ**レト
プライベートな puraibeetona	riêng tư, cá nhân ジエング トゥー, カー ニォン	private プライヴェト
フライング furaingu	xuất phát sớm スオッ ファーッ ソーム	false start **フォ**ールス ス**タ**ート
ブラインド buraindo	màn che cửa sổ, rèm cửa sổ マーン チェー クア ソー, ゼーム クア ソー	blind ブラインド
ブラウス burausu	áo cánh, áo sơ mi nữ アーウ カイン, アーウ ソー ミー ヌー	blouse ブラウス
プラグ puragu	phích cắm điện, phích cắm フィク カム ディエン, フィク カム	plug プラグ
ぶら下がる burasagaru	rủ xuống, lòng thòng ズー スオング, ローンム トホーンム	hang, dangle ハング, **ダ**ングル
ぶら下げる burasageru	treo, đeo vào チェーウ, デーウ ヴァーウ	hang, suspend ハング, サスペンド
ブラシ burashi	bàn chải バーン チャーイ	brush ブラシュ
ブラジャー burajaa	xu chiêng, nịt vú スー チエング, ニーッ ヴー	brassiere, bra ブラ**ズィ**ア, ブ**ラ**ー
ブラジル burajiru	Bra xin, Ba Tây ブラー シーン, バー トィ	Brazil ブラ**ズィ**ル
プラス purasu	cộng, dương コーンム, ズオング	plus プラス
プラスチック purasuchikku	nhựa, plastic ニュア, プラスティク	plastic プ**ラ**スティク

日	越	英
~モデル	mô hình nhựa	plastic model kit
ふらすとれーしょん **フラストレーション** furasutoreeshon	tâm trạng thất vọng, tâm trạng vỡ mộng	frustration
ぷらずま **プラズマ** purazuma	plasma, trạng thái thứ tự của vật chất	plasma
ぷらちな **プラチナ** purachina	bạch kim, platine	platinum
ぶらっくりすと **ブラックリスト** burakkurisuto	sổ đen, danh sách đen	blacklist
ふらっしゅ **フラッシュ** furasshu	đèn nháy, đèn chớp	(camera) flash
ぷらねたりうむ **プラネタリウム** puranetariumu	mô hình vũ trụ, cung thiên văn	planetarium
ぶらぶらする **ぶらぶらする**（さまよう） buraburasuru	lang thang, đi lòng vòng	wander
（怠ける）	lười biếng, lêu lổng	(be) lazy
（揺れ動く）	lắc lư, bấp bênh	swing, dangle
ふらめんこ **フラメンコ** furamenko	điệu nhảy flamencô, vũ điệu flamenco	flamenco
ぷらん **プラン** puran	kế hoạch, dự kiến	plan
ぶらんく **ブランク** buranku	trống rỗng, khoảng trống	blank

日	越	英
ぶらんこ **ぶらんこ** buranko	xích đu, đu シク ドゥー, ドゥー	swing, trapeze スウィング, トラピーズ
ふらんす **フランス** furansu	Pháp ファープ	France フランス
～語	tiếng Pháp ティエング ファープ	French フレンチ
～の	Pháp, của Pháp ファープ, クア ファープ	French フレンチ
～料理	món ăn Pháp, món Tây モーン アン ファープ, モーン トイ	French food フレンチ フード
ぷらんたー **プランター** purantaa	chậu trồng cây チョウ チョーンム コイ	planter プランタ
ふらんちゃいず **フランチャイズ** furanchaizu	đặc quyền kinh doanh theo chuỗi ダク クイエン キン ズアィン テへーウ チュオィ	franchise フランチャイズ
ぶらんでー **ブランデー** burandee	rượu mạnh, rượu brandi ズォウ マイン, ズォウ ブランディ	brandy ブランディ
ぶらんど **ブランド** burando	nhãn hiệu, thương hiệu ニャーン ヒエウ, トゥフオング ヒエウ	brand ブランド
ぷらんと **プラント** (生産設備) puranto	phương tiện sản xuất, trang thiết bị sản xuất フオング ティエン サーン スオッ, チャーング ティヒエッ ビー サーン スオッ	plant プラント
ふり **不利** furi	bất lợi, không thuận lợi ボッ ローイ, コホーンム トゥフオン ローイ	disadvantage ディサド**ヴァ**ンティヂ
ぷりーつ **プリーツ** puriitsu	đường xếp, nếp gấp ドゥオング セープ, ネープ ゴプ	pleat プリート
ふりーの **フリーの** furiino	tự do, không gò bó トゥー ゾー, コホーンム ゴー ボー	free フリー
ぶりーふ **ブリーフ** buriifu	quần đùi, quần lót クオン ドゥーイ, クオン ローッ	briefs ブリーフス

日	越	英
ふりえき **不利益** furieki	bất lợi, không có lợi ボッ ローイ, コホーンム コー ローイ	disadvantage ディサド**ヴァ**ンティヂ
ふりかえ **振替** furikae	chuyển khoản チュイエン クフアーン	transfer ト**ラ**ンスファ
ふりかえる **振り返る** furikaeru	ngoảnh lại, ngoái lại ングアイン ラーイ, ングアーイ ラーイ	look back **ル**ク **バ**ク
ふりこ **振り子** furiko	quả lắc, con lắc クアー ラク, コーン ラク	pendulum **ペ**ンヂュラム
ふりこむ **振り込む** furikomu	chuyển khoản, chuyển tiền チュイエン クフアーン, チュイエン ティエン	transfer money トランス**ファ**ー **マ**ニ
ぷりずむ **プリズム** purizumu	lăng kính, lăng trụ ラング キン, ラング チュー	prism **プ**リズム
ふりな **不利な** furina	bất lợi, không có lợi ボッ ローイ, コホーンム コー ローイ	disadvantageous ディサドヴァン**テ**イヂャス
ぷりぺいど **プリペイド** puripeido	trả trước チャー チュオク	prepaid プリー**ペ**イド
ふりむく **振り向く** furimuku	ngoảnh, quay ングアイン, クアイ	turn to, look back **タ**ーン トゥ, **ル**ク **バ**ク
ふりょう **不良** furyou	bất hảo, lưu manh ボッ ハーウ, ルーウ マイン	juvenile delinquent **ヂュ**ーヴェナイル ディ**リ**ンクウェント
ぶりょく **武力** buryoku	vũ lực, sức mạnh vũ trang ヴー ルーク, スーク マイン ヴー チャーング	military power **ミ**リテリ **パ**ウア
ふりる **フリル** furiru	diềm xếp nếp ジエム セープ ネープ	frill フ**リ**ル
ふりん **不倫** furin	ngoại tình, có nhân tình ングアーイ ティン, コー ニョン ティン	adultery ア**ダ**ルタリ
ぷりん **プリン** purin	bánh flan, ca ra men バイン フラン, カー ラー メーン	(custard) pudding, ⓑmilk pudding (**カ**スタド) **プ**ディング, **ミ**ルク **プ**ディング

日	越	英
ぷりんす **プリンス** purinsu	hoàng tử, thái tử フアーング トゥー, タハーイ トゥー	prince プリンス
ぷりんせす **プリンセス** purinsesu	công chúa, công nương コーンム チュア, コーンム ヌオング	princess プリンセス
ぷりんたー **プリンター** purintaa	máy in マイ イーン	printer プリンタ
ぷりんと **プリント** purinto	in ấn, rửa ảnh イーン オン, ズア アイン	copy, print カピ, プリント
ふる **降る** furu	rơi, rớt ゾーイ, ゾーッ	fall フォール
ふる **振る** furu	lắc, vẫy ラク, ヴォイ	shake, wave シェイク, ウェイヴ
ふるい **古い** furui	cū, cổ クー, コー	old, ancient オウルド, エインシェント
ぶるー **ブルー** buruu	màu xanh da trời マウ サイン ザー チョーイ	blue ブルー
～の	màu xanh da trời マウ サイン ザー チョーイ	blue ブルー
ぶるーす **ブルース** buruusu	nhạc blues ニャック ブルー	blues ブルーズ
ふるーつ **フルーツ** furuutsu	hoa quả, trái cây フアー クアー, チャーイ コイ	fruit フルート
ふるーと **フルート** furuuto	sáo flute サーウ フルイッ	flute フルート
ぶるーべりー **ブルーベリー** buruuberii	việt quất ヴィエッ クオッ	blueberry ブルーベリ
ふるえる **震える** furueru	run, rung ズーン, ズーンム	tremble, shiver トレンブル, シヴァ
ぶるがりあ **ブルガリア** burugaria	Bun ga ri ブーン ガー ジー	Bulgaria バルゲアリア

日	越	英
ふるくさい **古臭い** furukusai	cũ kỹ, cũ rích クーキー, クージㇰ	old-fashioned, obsolete オウルドファションド, アブソリート
ふるこーす **フルコース** furukoosu	bữa ăn đầy đủ ブア アン ディ ドゥー	full-course meal フルコース ミール
ふるさと **故郷** furusato	quê hương, cố hương クエー フオング, コー フオング	home town, home ホウム タウン, ホウム
ぶるどーざー **ブルドーザー** burudoozaa	xe ủi, xe ủi đất セー ウーイ, セー ウーイ ドッ	bulldozer ブルドウザ
ぷるとにうむ **プルトニウム** purutoniumu	plutoni プルトニ	plutonium プルートウニアム
ふるほん **古本** furuhon	sách cũ サイㇰ クー	used book ユーズド ブㇰ
ふるまう **振る舞う** furumau	cư xử, thết đãi クー スー, テヘーッ ダーイ	behave ビヘイヴ
ふるわせる **震わせる** furuwaseru	lắc, rung ラㇰ, ズーンム	shake, make tremble シェイㇰ, メイㇰ トレンブル
ぶれいな **無礼な** bureina	vô lễ, vô phép ヴォー レー, ヴォー フェープ	impolite, rude インポライト, ルード
ぷれー **プレー** puree	trò chơi, trận đấu チョー チョーイ, チョン ドゥ	play プレイ
～オフ	trận đấu lại, trận đấu quyết định チョン ドゥ ラーイ, チョン ドゥ クイエッ ディン	play-off プレイオフ
ぶれーき **ブレーキ** bureeki	phanh, thắng ファイン, タハング	brake ブレイㇰ
～をかける	phanh lại, thắng lại ファイン ラーイ, タハング ラーイ	put on the brake, hit the brakes プト オン ザ ブレイㇰ, ヒト ザ ブレイクス

日	越	英
ぷれーぼーい **プレーボーイ** pureebooi	kẻ ăn chơi, kẻ ham vui ケー アン チョーイ, ケー ハーム ヴーイ	playboy プレイボイ
ふれーむ **フレーム** fureemu	khung, gọng クフーンム, ゴーンム	frame フレイム
ぷれーやー **プレーヤー** pureeyaa	vận động viên, người trình diễn ヴォン ドーンム ヴィエン, ングォイ チン ジエン	player プレイア
ぷれーん **ブレーン** bureen	đầu não, bộ óc ドゥ ナーウ, ボー オークプ	brains ブレインズ
ぷれす **プレス** (押すこと) puresu	ép, nén エープ, ネーン	press プレス
(報道機関)	cơ quan thông tấn, thông tấn xã コー クアーン トホーンム トン, トホーンム トン サー	(the) press (ザ) プレス
ぷれすれっと **ブレスレット** buresuretto	vòng tay, xuyến ヴォーンム タイ, スイエン	bracelet ブレイスレト
ぷれぜんてーしょん **プレゼンテーション** purezenteeshon	trình diễn, trình bày チン ジエン, チン バイ	presentation プリーゼン**テ**イション
ぷれぜんと **プレゼント** purezento	quà tặng, quà biếu クアー タング, クアー ビエウ	present プレズント
～する	tặng, trao tặng タング, チャーウ タング	present プリ**ゼ**ント
ふれっくすたいむ **フレックスタイム** furekkusutaimu	chế độ làm việc linh hoạt チェー ドー ラーム ヴィエク リン フアーッ	flextime, flexitime フレクスタイム, フレクスィタイム
ぷれっしゃー **プレッシャー** puresshaa	áp lực, sức ép アープ ルーク, スーク エープ	pressure プレシャ
ぷれはぶじゅうたく **プレハブ住宅** purehabujuutaku	nhà xây theo kiểu lắp ráp ニャー ソイ テヘーウ キエウ ラプ ザープ	prefabricated house, prefab home プリー**ファ**プリケイテド ハウス, プリーファブ **ホ**ウム
ぷれみあむ **プレミアム** puremiamu	phần thưởng, ưu đãi フォン トゥフオング, ウーウ ダーイ	premium プリーミアム

日	越	英
ふれる **触れる** （言及する） fureru	nói đến, đề cập ノーィ デーン, デー コプ	mention メンション
（触る）	sờ, chạm ソー, チャーム	touch タチ
ふれんぞく **不連続** furenzoku	gián đoạn, không liên tục ザーン ドゥアーン, コホーンム リエン トゥークプ	discontinuity ディスコンティニューイティ
ぶれんど **ブレンド** burendo	pha trộn, hỗn hợp ファー チョーン, ホーン ホプ	blending ブレンディング
ふろ **風呂** furo	nhà tắm, bồn tắm ニャー タム, ボーン タム	bath バス
ふろあ **フロア** furoa	sàn, tầng サーン, トング	floor フロー
ぶろーかー **ブローカー** burookaa	người môi giới, người mối lái buôn bán ングオィ モーィ ゾーィ, ングオィ モーィ ラーィ ブオン バーン	broker ブロウカ
ぶろーち **ブローチ** buroochi	cài áo, ghim hoa カーィ アーウ, ギーム フアー	brooch ブロウチ
ぶろーどばんど **ブロードバンド** buroodobando	băng thông rộng バング トホーンム ゾーンム	broadband ブロードバンド
ふろく **付録** furoku	phụ lục, phụ trương フー ルークプ, フー チュオング	supplement, appendix サプリメント, アペンディクス
ぷろぐらまー **プログラマー** puroguramaa	lập trình viên, nhân viên lập trình ロプ チン ヴィエン, ニオン ヴィエン ロプ チン	programmer プロウグラマ
ぷろぐらみんぐ **プログラミング** puroguramingu	lập trình, soạn chương trình ロプ チン, スアーン チュオング チン	programming プロウグラミング
ぷろぐらむ **プログラム** puroguramu	chương trình, tiết mục チュオング チン, ティエッ ムークプ	program, Ⓑprogramme プロウグラム, プログラム

日	越	英
ぷろじぇくと **プロジェクト** purojekuto	dự án, đề án ズーアーン, デーアーン	project プラヂェクト
ぷろせす **プロセス** purosesu	quá trình, quy trình クアーチン, クイーチン	process プラセス
ぷろだくしょん **プロダクション** purodakushon	chế tạo, công ty sản xuất phim ảnh チェーターウ, コーンム ティー サーン スオッ フィーム アイン	production プロダクション
ぷろっこりー **ブロッコリー** burokkorii	súp lơ xanh, bông cải xanh スープ ロー サイン, ボーンム カーイ サイン	broccoli ブラコリ
ぷろてくたー **プロテクター** purotekutaa	mộc, khiên モークプ, キヒエン	shield, protector シールド, プロテクタ
ぷろてすたんと **プロテスタント** purotesutanto	đạo Tin Lành, người theo đạo Tin Lành ダーウ ティーン ライン, ングオィ テヘーウ ダーウ ティーン ライン	Protestant プラテスタント
ぷろでゅーさー **プロデューサー** purodyuusaa	nhà sản xuất phim ảnh, nhà sản xuất âm nhạc ニャー サーン スオッ フィーム アイン, ニャー サーン スオッ オム ニャーク	producer プロデューサ
ぷろの **プロの** purono	chuyên nghiệp チュイエン ンギエプ	professional プロフェショナル
ぷろばいだー **プロバイダー** purobaidaa	nhà cung cấp dịch vụ internet, nhà cung cấp dịch vụ nối mạng ニャー クーンム コプ ジク ヴー イントネッ, ニャー クーンム コプ ジク ヴー ノーイ マーング	provider プロヴァイダ
ぷろふぃーる **プロフィール** purofiiru	sơ lược tiểu sử, nét mặt nhìn nghiêng ソー ルオク ティエウ スー, ネーッ マッ ニーン ンギエング	profile プロウファイル
ぷろぽーしょん **プロポーション** puropooshon	sự cân xứng, sự cân đối スー コン スーング, スー コン ドーイ	proportion プロポーション
ぷろぽーずする **プロポーズする** puropoozusuru	cầu hôn コウ ホーン	propose marriage to プロポウズ マリヂ トゥ

日	越	英
ぷろもーしょん **プロモーション** puromooshon	xúc tiến, khuyến khích スークプ ティエン, クフイエン キヒク	promotion プロモウション
ぷろもーたー **プロモーター** puromootaa	người khởi xướng, người đề xướng ングオィ コホーィ スオング, ングオィ デースオング	promoter プロモウタ
ぷろれす **プロレス** puroresu	đấu vật chuyên nghiệp ドゥ ヴォッ チュイエン ンギエプ	professional wrestling プロフェショナル レスリング
ぷろろーぐ **プロローグ** puroroogu	tiết mục mở màn, đoạn mở đầu ティエッ ムークプ モー マーン, ドゥアーン モー ドゥ	prologue プロウログ
ぶろんず **ブロンズ** buronzu	đồng thiếc, đồng thanh ドーンム ティヒエク, ドーンム タハイン	bronze ブランズ
ふろんと **フロント** furonto	tiếp tân, lễ tân ティエプ トン, レー トン	front desk, Ⓑreception desk フラント デスク, リセプション デスク
ぶろんど **ブロンド** burondo	vàng hoe, tóc vàng ヴァーング フエー, トークプ ヴァーング	blonde ブランド
ふろんとがらす **フロントガラス** furontogarasu	kính che gió, kính chắn gió xe ô tô キン チェー ゾー, キン チャン ゾー セー オー トー	windshield, Ⓑwindscreen ウィンドシールド, ウィンドスクリーン
ふわ **不和** fuwa	bất hoà, xích mích ボッ フアー, シク ミク	discord ディスコード
ふわたり **不渡り** fuwatari	bị từ chối thanh toán ビー トゥー チォーィ タハイント トゥアーン	dishonour, non-payment ディサナ, ナンペイメント
ふん **分** fun	phút フーッ	minute ミヌト
ふん **糞** fun	phân, cứt フォン, クーッ	feces, excrement フィースィーズ, エクスクレメント
ぶん **文** bun	câu, văn コウ, ヴァン	sentence センテンス

日	越	英
ふんいき **雰囲気** fun-iki	không khí, bầu không khí コホーンム キヒー, ボウ コホーンム キヒー	atmosphere **ア**トモスフィア
ふんか **噴火** funka	sự phun lửa スー フーン ルア	eruption イ**ラ**プション
〜する	phun lửa フーン ルア	erupt イ**ラ**プト
ぶんか **文化** bunka	văn hoá, nền văn hoá ヴァン フアー, ネーン ヴァン フアー	culture **カ**ルチャ
〜的な	văn hoá, có văn hoá ヴァン フアー, コー ヴァン フアー	cultural **カ**ルチャラル
ぶんかい **分解** bunkai	sự tháo rời, phân giải スー タハーウ ゾーイ, フォン ザーイ	decomposition ディーカンポ**ズィ**ション
〜する	tháo rời, phân giải タハーウ ゾーイ, フォン ザーイ	resolve into, decompose リ**ザ**ルヴ イントゥ, ディーコン**ポ**ウズ
ふんがいする **憤慨する** fungaisuru	căm phẫn, phẫn nộ カム フォン, フォン ノー	(be) indignant at (ビ) イン**ディ**グナント アト
ぶんがく **文学** bungaku	văn học, văn ヴァン ホークプ, ヴァン	literature **リ**テラチャ
〜の	văn chương, văn học ヴァン チュオンブ, ヴァン ホークプ	literary **リ**タレリ
ぶんかつ **分割** bunkatsu	sự chia cắt, phân chia スー チア カッ, フォン チア	division ディ**ヴィ**ジョン
〜する	chia cắt, phân chia チア カッ, フォン チア	divide ディ**ヴァ**イド
〜払い	trả góp, trả nhiều đợt チャー ゴープ, チャー ニエゥ ドーッ	installment plan インス**ト**ールメント プ**ラ**ン
ふんきゅうする **紛糾する** funkyuusuru	rắc rối, rối rắm ザク ゾーイ, ゾーイ ザム	(become) complicated (ビカム) **カ**ンプリケイテド

日	越	英
ぶんぎょう **分業** bungyou	phân công, phân chia lao động	division of labor
ぶんげい **文芸** bungei	văn nghệ	arts and literature
ぶんけん **文献** bunken	văn kiện, văn bản	literature, documents
ぶんご **文語** bungo	văn viết, ngôn ngữ viết	literary language
ぶんこぼん **文庫本** bunkobon	sách bỏ túi	pocket book
ふんさいする **粉砕する** funsaisuru	đập tan, đập nát	smash, crush
ぶんし **分子** (物質の) bunshi	phân tử	molecule
(分数の)	tử số	numerator
ふんしつする **紛失する** funshitsusuru	làm mất, đánh mất	lose
ぶんしょ **文書** bunsho	văn kiện, tài liệu	document
ぶんしょう **文章** bunshou	câu, câu văn	sentence
ふんすい **噴水** funsui	vòi phun, vòi nước	fountain
ぶんすう **分数** bunsuu	phân số	fraction
ぶんせき **分析** bunseki	sự phân tích	analysis

日	越	英
〜する	phân tích	analyze
ふんそう **紛争** funsou	xung đột, va chạm	conflict, dispute
ぶんたい **文体** buntai	thể loại văn học, văn thể	(literary) style
ぶんたんする **分担する** buntansuru	phân chia trách nhiệm, phân chia nhiệm vụ	share
ぶんどき **分度器** bundoki	thước đo góc	protractor
ぶんぱい **分配** bunpai	sự phân phối, phân phát	distribution
〜する	phân phối, phân phát	distribute
ぶんぴつ **分泌** bunpitsu	tiết ra, bài tiết	secretion
ぶんぷする **分布する** bunpusuru	phân bố	(be) distributed
ふんべつ **分別** funbetsu	phân biệt phải trái, khả năng phân biệt phải trái	discretion, good sense
ぶんべん **分娩** bunben	sự sinh đẻ, sinh con	childbirth
〜する	sinh đẻ, sinh con	(be) delivered of
ぶんぼ **分母** bunbo	mẫu số	denominator
ぶんぽう **文法** bunpou	từ pháp, ngữ pháp	grammar

日	越	英
ぶんぼうぐ **文房具** bunbougu	văn phòng phẩm ヴァン フォーンム フォム	stationery ス**テ**イショネリ
ふんまつ **粉末** funmatsu	bột, bột tán nhỏ ボッ, ボッ ターン ニョー	powder **パ**ウダ
ぶんみゃく **文脈** bunmyaku	văn cảnh, ngữ cảnh ヴァン カイン, ングー カイン	context **カ**ンテクスト
ぶんめい **文明** bunmei	văn minh, nền văn minh ヴァン ミン, ネーン ヴァン ミン	civilization スィヴィリ**ゼ**イション
ぶんや **分野** bun-ya	lĩnh vực, ngành リン ヴーク, ンガイン	field, line **フィ**ールド, **ラ**イン
ぶんり **分離** bunri	sự phân ly, chia ly スー フォン リー, チア リー	separation セパ**レ**イション
～する	phân ly, chia ly フォン リー, チア リー	separate **セ**パレイト
ぶんりょう **分量** bunryou	phân lượng, khối lượng フォン ルオング, コホーイ ルオング	quantity ク**ワ**ンティティ
ぶんるい **分類** bunrui	sự phân loại スー フォン ルアーイ	classification クラスィフィ**ケ**イション
～する	chia, phân loại チア, フォン ルアーイ	classify into クラスィファイ イントゥ
ぶんれつ **分裂** bunretsu	sự phân liệt, phân tách スー フォン リエッ, フォン タイク	split, division スプリト, ディ**ヴィ**ジョン
～する	phân liệt, phân tách フォン リエッ, フォン タイク	split into ス**プリ**ト イントゥ

へ, ヘ

日	越	英
へ **屁** he	rắm, xì hơi ザム, シー ホーイ	fart **ファ**ート
へあ **ヘア** hea	tóc, lông トークプ, ローンム	hair **ヘ**ア

日	越	英
～スタイル	kiểu tóc キエゥ トークプ	hairstyle ヘアスタイル
～ブラシ	bàn chải tóc バーン チャーイ トークプ	hairbrush ヘアブラシ
ペア pea	cặp, đôi カプ, ドーイ	pair ペア
塀 hei	rào, hàng rào ザーゥ, ハーング ザーゥ	wall, fence ウォール, フェンス
兵役 heieki	quân dịch, binh dịch クォン ジク, ビン ジク	military service ミリテリ サーヴィス
平穏な heionna	yên ổn, bình yên イエン オーン, ビン イエン	calm カーム
閉会 heikai	sự bế mạc, kết thúc スー ベー マク, ケーッ トゥフークプ	closure クロウジャ
～する	bế mạc, kết thúc ベー マク, ケーッ トゥフークプ	close クロウズ
弊害 heigai	tệ hại, tác dụng xấu テー ハーイ, ターク ズーンム ソウ	bad effect, negative effect バド イフェクト, ネガティヴイフェクト
兵器 heiki	vũ khí, khí giới ヴー キヒー, キヒー ゾーイ	arms, weapons アームズ, ウェポンズ
平気な heikina	bình tĩnh, điềm tĩnh ビン ティン, ディエム ティン	calm, indifferent カーム, インディファレント
平均 heikin	trung bình, bình quân チューンム ビン, ビン クオン	average アヴァリヂ
～する	tính trung bình, đạt trung bình ティン チューンム ビン, ダーッ チューンム ビン	average アヴァリヂ
～台	cầu thăng bằng, đòn thăng bằng コゥ タハング バング, ドーン タハング バング	balance beam バランス ビーム

日	越	英
へいげん **平原** heigen	đồng bằng, bình nguyên ドーム バング, ビン ングイエン	plain プレイン
へいこう **平衡** heikou	thăng bằng, cân bằng タハング バング, コン バング	equilibrium イークウィリプリアム
へいこうしている **平行している** heikoushiteiru	song song, song song với ソーンム　ソーンム, ソーンム　ソーンム ヴォーイ	parallel to パラレル トゥ
へいこうしへんけい **平行四辺形** heikoushihenkei	hình bình hành ヒン ビン ハイン	parallelogram パラレラグラム
へいこうする **閉口する** heikousuru	không biết làm sao, lúng túng コホーンム ビエッ ラーム サーウ, ルーンム トゥーンム	(be) embarrassed at (ビ) インバラスト アト
へいごうする **併合する** heigousuru	thôn tính, sáp nhập トホーン テイン, サープ ニオプ	absorb アブソープ
へいこうせん **平行線** heikousen	đường song song, đường sóng đôi ドゥオング　ソーンム　ソーンム, ドゥオング ソーンム ドーイ	parallel lines パラレル ラインズ
へいこうぼう **平行棒** heikoubou	xà kép, môn xà kép サー ケープ, モーン サー ケープ	parallel bars パラレル バーズ
へいこうゆにゅう **並行輸入** heikouyunyuu	nhập khẩu song song, nhập khẩu xám ニオプ コホウ ソーンム ソーンム, ニオプ コホウ サーム	parallel import パラレル インポート
へいさ **閉鎖** heisa	sự đóng cửa スー ドーンム クア	shutdown, closure シャトダウン, クロウジャ
～する	đóng cửa ドーンム クア	shut down, close シャト ダウン, クロウズ
へいし **兵士** heishi	binh sĩ, binh lính ビン シー, ビン リン	soldier ソウルヂャ
へいじつ **平日** heijitsu	ngày thường ンガイ トゥフオング	weekday ウィークデイ

日	越	英
へいじょうの **平常の** heijouno	thông thường, bình thường トホーンム トゥフオング, ビントゥフオング	normal ノーマル
へいぜんと **平然と** heizento	bình thản, thản nhiên ビン タハーン, タハーン ニエン	calmly カームリ
～した	bình thản, thản nhiên ビン タハーン, タハーン ニエン	calm, cool カーム, クール
へいち **平地** heichi	đất bằng, bình địa ドッ バング, ビン ディア	flat ground フラト グラウンド
へいてん **閉店** heiten	sự đóng cửa, nghỉ bán hàng スー ドーンム クア, ンギー バーン ハーング	closing クロウズィング
～する	đóng cửa, nghỉ bán hàng ドーンム クア, ンギー バーン ハーング	close クロウズ
へいねつ **平熱** heinetsu	độ nhiệt bình thường, thân nhiệt bình thường ドー ニエッ ビン トゥフオング, トホン ニエッ ビン トゥフオング	normal temperature ノーマル テンパラチャ
へいねん **平年** heinen	năm thường, năm bình thường ナム トゥフオング, ナム ビン トゥフオング	ordinary year オーディネリ イヤ
へいふく **平服** heifuku	thường phục, ăn mặc bình thường トゥフオング フークプ, アン マク ビン トゥフオング	plain clothes プレイン クロウズ
へいほう **平方** heihou	vuông, hình vuông ヴオング, ヒン ヴオング	square スクウェア
～キロメートル	kilomét vuông キロメーッ ヴオング	square kilometer スクウェア キラミタ
～メートル	mét vuông メーッ ヴオング	square meter スクウェア ミータ
へいぼんな **平凡な** heibonna	tầm thường, bình thường トム トゥフオング, ビン トゥフオング	common, ordinary カモン, オーディネリ

日	越	英
へいめん **平面** heimen	mặt bằng, mặt phẳng マッ バング, マッ ファング	plane プレイン
へいや **平野** heiya	đồng bằng, bình nguyên ドーンム バング, ビン ングイエン	plain プレイン
へいわ **平和** heiwa	hoà bình, thanh bình フアー ビン, タハイン ビン	peace ピース
～な	hoà bình, thanh bình フアー ビン, タハイン ビン	peaceful ピースフル
べーこん **ベーコン** beekon	thịt xông khói, thịt hông lợn muối xông khói ティヒーッ ソーンム コホーイ, ティヒーッ ホーンム ローン ムオイ ソーンム コホーイ	bacon ベイコン
べーじゅ **ベージュ** beeju	màu be, be マウ ベー, ベー	beige ベイジュ
～の	be, màu be ベー, マウ ベー	beige ベイジュ
べーす **ベース** (基礎・土台) beesu	cơ sở, nền コー ソー, ネーン	base ベイス
(低音)	giọng nam trầm, đàn contrabass ゾーンム ナーム チオム, ダーン コントゥラバス	bass バス
～アップ	tăng lương cơ bản タング ルオング コー バーン	raise in wages レイズ イン **ウェ**イヂェズ
ぺーす **ペース** peesu	nhịp độ, tốc độ ニープ ドー, トークプ ドー	pace ペイス
～メーカー	máy tạo nhịp tim, người dẫn tốc độ マイ ターウ ニープ ティーム, ングオィ ゾン トークプ ドー	pacemaker ペイスメイカ
ぺーすとする **ペーストする** peesutosuru	nhào trộn ニャーウ チオーン	paste ペイスト
へきが **壁画** hekiga	tranh tường, bích hoạ チャイン トゥオング, ビク フアー	mural ミュアラル

日	越	英
へきち **僻地** hekichi	nơi hẻo lánh, vùng heo hút ノーイ ヘーウ ライン, ヴーンム ヘーウ フーツ	remote place リ**モ**ウト プ**レ**イス
へくたーる **ヘクタール** hekutaaru	hecta, công mẫu ヘクター, コーンム モゥ	hectare ヘク**テ**ア
へこむ **へこむ** hekomu	lõm, lõm vào ローム, ローム ヴァーウ	(be) dented, sink (ビ) **デ**ンテド, ス**ィ**ンク
へこんだ **へこんだ** hekonda	lõm, bị lõm ローム, ビー ローム	dented **デ**ンテド
べすと **ベスト** (チョッキ) besuto	áo gi lê, gi lê アーウ ジー レー, ジー レー	vest, Ⓑwaistcoat **ヴェ**スト, **ウェ**イストコウト
(最上)	tốt nhất, hạng nhất トッ ニャッ, ハーング ニャッ	best **ベ**スト
～セラー	cuốn sách bán chạy nhất クオン サイク バーン チャイ ニャッ	best seller **ベ**スト **セ**ラ
へそ **へそ** heso	rốn ゾーン	navel **ネ**イヴェル
へだたり **隔たり** (距離) hedatari	khoảng cách, cách biệt クファーング カイク, カイク ビエッ	distance **ディ**スタンス
(差異)	khác biệt, chênh lệch カハーク ビエッ, チェン レク	difference **ディ**ファレンス
へだたる **隔たる** hedataru	cách, cách xa カイク, カイク サー	(be) away from (ビ) ア**ウェ**イ フラム
へだてる **隔てる** hedateru	ngăn cách, ngăn trở ンガン カイク, ンガン チョー	partition パー**ティ**ション
へたな **下手な** hetana	vụng về, dở ヴーンム ヴェー, ゾー	clumsy, poor クラムズィ, **プ**ア
ぺだる **ペダル** pedaru	bàn đạp, pê đan バーン ダープ, ペー ダーン	pedal **ペ**ダル

日	越	英
べっきょする **別居する** bekkyosuru	sống riêng, ly thân ソーンム ジエング, リー トホン	live separately リヴ **セ**パレトリ
べっそう **別荘** bessou	biệt thự, vi la ビエット トゥーフ, ヴィー ラー	villa **ヴィ**ラ
べっど **ベッド** beddo	giường ズオング	bed ベド
ぺっと **ペット** petto	thú nuôi, thú cưng トゥフー ヌオイ, トゥフー クーング	pet ペト
へっどほん **ヘッドホン** heddohon	tai nghe ターィ ンゲー	headphone **ヘ**ドフォウン
へっどらいと **ヘッドライト** heddoraito	đèn pha, đèn pha ô tô デーン ファー, デーン ファー オー トー	headlight **ヘ**ドライト
べつに (取り立てて) **別に** betsuni	đặc biệt ダク ビエッ	in particular イン パ**ティ**キュラ
(別々に)	riêng biệt, riêng rẻ ジエング ビエッ, ジエング ゼー	apart ア**パ**ート
べつの **別の** betsuno	khác, khác biệt カハーク, カハーク ビエッ	different, another **ディ**ファレント, ア**ナ**ザ
べつべつの **別々の** betsubetsuno	riêng biệt, riêng rẻ ジエング ビエッ, ジエング ゼー	separate, respective **セ**パレイト, リス**ペ**クティヴ
へつらう **へつらう** hetsurau	nịnh nọt, nịnh hót ニン ノーッ, ニン ホーッ	flatter フ**ラ**タ
べてらん **ベテラン** beteran	kỳ cựu, tay kỳ cựu キー クーゥ, タィ キー クーゥ	veteran, expert **ヴェ**テラン, **エ**クスパート
べとなむ **ベトナム** betonamu	Việt Nam ヴィエッ ナーム	Vietnam ヴィエト**ナ**ーム
へどろ **へどろ** hedoro	bùn quánh, bùn đặc ブーン クアィン, ブーン ダク	sludge, colloidal sediment ス**ラ**ヂ, コ**ロ**イダル **セ**ディメント

日	越	英
ペナルティー penarutii	phạt, hình phạt ファーッ, ヒン ファーッ	penalty ペナルティ
〜キック	cú đá phạt đền, đá phạt クー ダー ファーッ デーン, ダー ファーッ	penalty kick ペナルティ キク
ペニス penisu	dương vật, ngọc hành ズオング ヴォッ, ンゴークブ ハイン	penis ピーニス
ペパーミント pepaaminto	bạc hà cay, cây bạc hà cay バーク ハー カイ, コイ バーク ハー カイ	peppermint ペパミント
蛇 hebi	con rắn, rắn コーン ザン, ザン	snake, serpent スネイク, サーペント
部屋 heya	phòng, buồng フォーンム, ブオング	room ルーム
減らす herasu	giảm, bớt ザーム, ボーッ	decrease, reduce ディクリース, リデュース
ベランダ beranda	sân phơi, ban công ソン フォーイ, バーン コーンム	veranda ヴェランダ
へり heri	rìa, lề ジア, レー	edge, border エヂ, ボーダ
ヘリウム heriumu	heli, helium ヘリー, ヘリウム	helium ヒーリアム
へりくだる herikudaru	khiêm tốn, khiêm nhường キヒエム トーン, キヒエム ニュオング	abase oneself, put oneself down アベイス, プト ダウン
ヘリコプター herikoputaa	máy bay lên thẳng, máy bay trực thăng マイ バイ レーン タハング, マイ バイ チューク タハング	helicopter ヘリカプタ
ヘリポート heripooto	sân bay cho máy bay lên thẳng ソン バイ チョー マイ バイ レーン タハング	heliport ヘリポート
経る heru	đi qua, trải qua ディー クアー, チャーイ クアー	pass, go by パス, ゴウ バイ

日	越	英
へる **減る** heru	giảm, giảm sút ザーム, ザーム スーツ	decrease, diminish ディクリース, ディミニシュ
べる **ベル** beru	chuông, quả chuông チュオング, クアー チュオング	bell ベル
ぺるー **ペルー** peruu	Pê ru ペー ルー	Peru ペルー
べるぎー **ベルギー** berugii	Bỉ ビー	Belgium ベルヂャム
へるつ **ヘルツ** herutsu	héc, hertz ヘーク, ヘーク	hertz ハーツ
べると **ベルト** beruto	thắt lưng, dây lưng タハッ ルーング, ゾイ ルーング	belt ベルト
～コンベアー	băng tải, băng chuyền バング ターイ, バング チュイエン	belt conveyor ベルト カンヴェイア
へるにあ **ヘルニア** herunia	thoát vị, chứng thoát vị トゥフアーッ ヴィー, チューング トゥフ アーッ ヴィー	hernia ハーニア
へるめっと **ヘルメット** herumetto	mũ bảo hiểm, nón bảo hiểm ムー バーウ ヒエム, ノーン バーウ ヒエム	helmet ヘルメト
へろいん **ヘロイン** heroin	ma tuý, heroin マー トゥイー, ヘロイン	heroin ヘロウイン
へん **辺** (図形の) hen	cạnh, bề カイン, ベー	side サイド
(辺り)	vùng lân cận, bên cạnh ヴーング ロン コン, ベーン カイン	neighborhood ネイバフド
べん **便** (大便) ben	phân, cứt フォン, クーッ	excrement, feces エクスクレメント, フィー スィーズ
(便利)	tiện lợi, thuận tiện ティエン ローイ, トゥフオン ティエン	convenience コンヴィーニェンス

日	越	英
べん **弁** ben	van, cái van	valve **ヴァ**ルヴ
ペん **ペン** pen	bút, cây viết	pen **ペ**ン
へんあつき **変圧器** hen-atsuki	biến thế, biến áp	transformer トランス**フォ**ーマ
へんか **変化** henka	sự biến hoá, biến đổi	change **チェ**インヂ
べんかい **弁解** benkai	sự biện hộ, bao biện	excuse イクス**キュ**ース
〜する	biện hộ, bao biện	make an excuse, excuse oneself メイク アン イクス**キュ**ース, イクス**キュ**ーズ
へんかく **変革** henkaku	sự cải cách, cải thiện	reform, change リ**フォ**ーム, **チェ**インヂ
〜する	cải cách, cải thiện	reform, change リ**フォ**ーム, **チェ**インヂ
へんかする **変化する** henkasuru	biến hoá, biến đổi	change **チェ**インヂ
へんかんする **返還する** henkansuru	trả lại, hoàn lại	return リ**タ**ーン
ペんき **ペンキ** penki	sơn	paint **ペ**イント
へんきゃく **返却** henkyaku	sự trả lại, hoàn lại	return リ**タ**ーン
〜する	trả lại, hoàn lại	return リ**タ**ーン
べんきょう **勉強** benkyou	sự học, học tập	study, work ス**タ**ディ, **ワ**ーク

日	越	英
～する	học, học tập	study, work
へんきょく **編曲** henkyoku	sự soạn lại bản nhạc	arrangement
～する	soạn lại bản nhạc	arrange
ぺんぎん **ペンギン** pengin	chim cánh cụt	penguin
へんけん **偏見** henken	định kiến, thành kiến	prejudice, bias
べんご **弁護** bengo	sự bào chữa, biện hộ	defense, advocacy
～士	luật sư, trạng sư	lawyer, counsel
～する	bào chữa, biện hộ	plead, defend
へんこう **変更** henkou	sự thay đổi, cải biến	change, alteration
～する	thay đổi, cải biến	change, alter
へんさい **返済** （返金） hensai	trả tiền, trả nợ	repayment
へんさん **編纂** hensan	sự soạn, biên soạn	compilation
～する	soạn, biên soạn	compile, edit
へんじ **返事** henji	sự trả lời, hồi âm	reply, answer
～をする	trả lời, đáp lại	answer, reply

日	越	英
へんしゅう **編集** henshuu	sự biên tập, biên soạn スー ビエン トプ, ビエン スアーン	editing エディティング
～者	biên tập viên, người biên soạn ビエン トプ ヴィエン, ングオイ ビエン スアーン	editor エディタ
～する	biên tập, biên soạn ビエン トプ, ビエン スアーン	edit エディト
へんしゅうきょう **偏執狂** henshuukyou	người độc tưởng ングオイ ドークプ トゥオング	monomaniac, obsessive person マノメイニアク, オブセスィヴ パースン
べんしょうする **弁償する** benshousuru	bồi thường, đền bù ボーイ トゥフオング, デーン ブー	compensate, reimburse カンペンセイト, リーインバース
へんしょくする **変色する** henshokusuru	đổi màu, bạc màu ドーイ マウ, バーク マウ	discolor ディスカラ
へんじん **変人** henjin	người kỳ cục, người lập dị ングオイ キー クークプ, ングオイ ロプ ジー	eccentric person イクセントリク パースン
へんずつう **偏頭痛** henzutsuu	đau nửa đầu, chứng đau nửa đầu ダウ ヌア ドゥ, チューング ダウ ヌア ドゥ	migraine マイグレイン
へんせい **編成** hensei	sự làm thành, tạo thành スー ラーム タハイン, ターウ タハイン	formation フォーメイション
～する	làm thành, tạo thành ラーム タハイン, ターウ タハイン	form, organize, Ⓑorganise フォーム, オーガナイズ, オーガナイズ
へんそうする **変装する** hensousuru	cải trang, giả dạng カーイ チャーング, ザー ザーング	disguise oneself as ディスガイズ アズ
ぺんだんと **ペンダント** pendanto	mặt dây chuyền マッ ゾイ チュイエン	pendant ペンダント
べんち **ベンチ** benchi	ghế dài, ghế băng ゲー ザーイ, ゲー バング	bench ベンチ

日	越	英
ペンチ penchi	kìm, kềm キーム, ケーム	pliers プ**ラ**イアズ
<ruby>変動</ruby> （物価などの） hendou	biến động ビエン ドーンム	fluctuations フラクチュ**エ**イションズ
（物事の）	thay đổi, biến đổi タハイ ドーイ, ビエン ドーイ	change **チェ**インヂ
弁当 bentou	cơm hộp コーム ホープ	lunch, box lunch **ラ**ンチ, **バ**クス **ラ**ンチ
扁桃腺 hentousen	tuyến a mi đan, amygdal トゥイエン アー ミー ダーン, アミダン	tonsils **タ**ンスィルズ
変な henna	kỳ quặc, kỳ dị キー クアク, キー ジー	strange, peculiar スト**レ**インヂ, ピ**キュ**ーリア
ペンネーム penneemu	bút danh, bút hiệu ブーッ ザイン, ブーッ ヒエウ	pen name **ペ**ン **ネ**イム
便秘 benpi	táo, táo bón ターウ, ターウ ボーン	constipation カンスティ**ペ**イション
辺鄙な henpina	hẻo lánh, heo hút ヘーウ ライン, ヘーウ フーッ	remote リ**モ**ウト
返品 henpin	sự trả hàng lại, gửi trả hàng lại スー チャー ハーング ラーイ, グーイ チャー ハーング ラーイ	returned goods リ**タ**ーンド **グ**ヅ
〜する	trả hàng lại, gửi trả hàng lại チャー ハーング ラーイ, グーイ チャー ハーング ラーイ	return リ**タ**ーン
変貌 henbou	sự biến dạng, thay đổi hình dạng スー ビエン ザーング, タハイ ドーイ ヒン ザーング	transfiguration トランスフィギュ**レ**イション
〜する	biến dạng, thay đổi hình dạng ビエン ザーング, タハイ ドーイ ヒン ザーング	undergo a complete change アンダ**ゴ**ウ ア コンプ**リ**ート **チェ**インヂ

日	越	英
べんりな **便利な** benrina	tiện, tiện lợi ティエン, ティエン ローイ	convenient コンヴィーニェント
べんろん **弁論** benron	biện luận, hùng biện ビエン ルオン, フーンム ビエン	discussion, debate ディスカション, ディベイト

ほ, ホ

日	越	英
ほ **帆** ho	buồm, cánh buồm ブオム, カィン ブオム	sail セイル
ほ **穂** ho	bông, bông lúa ボーンム, ボーンム ルア	ear イア
ほあん **保安** hoan	bảo vệ, an ninh バーウ ヴェー, アーン ニン	security スィキュアリティ
ほいくし **保育士** hoikushi	giáo viên nhà trẻ, cô giữ trẻ ザーウ ヴィエン ニャー チェー, コー ズー チェー	child care worker チャイルド ケア ワーカ
ほいくしょ **保育所** hoikusho	nhà trẻ, vườn trẻ ニャー チェー, ヴオン チェー	daycare center, day nursery デイケア センタ, デイ ナーサリ
ぼいこっと **ボイコット** boikotto	sự tẩy chay スー トィ チャイ	boycott ボイカト
～する	tẩy chay トィ チャイ	boycott ボイカト
ほいっする **ホイッスル** hoissuru	còi コーィ	whistle (ホ)ウィスル
ぼいらー **ボイラー** boiraa	nồi hơi, nồi supde ノーィ ホーィ, ノーィ スプデー	boiler ボイラ
ぼいん **母音** boin	nguyên âm ングイエン オム	vowel ヴァウエル
ぼいん **拇印** boin	dấu yểm chỉ ngón cái ゾゥ イエム チー ンゴーン カーィ	thumbprint サムプリント

日	越	英
ぽいんと **ポイント** pointo	điểm, điểm số ディエム, ディエム ソー	point **ポ**イント
ほう **法** (方法) hou	phương pháp, phương thức フオング ファープ, フオング トゥフーク	method, way メソド, **ウェ**イ
(法律・規則)	luật, luật pháp ルオッ, ルオッ ファープ	law, regulation **ロ**ー, レギュ**レ**イション
ぼう **棒** bou	gậy, gậy gộc ゴイ, ゴイ ゴークプ	stick, rod ス**ティ**ク, **ラ**ド
ほうあん **法案** houan	luật dự thảo, dự luật ルオッ ズー タハーウ, ズー ルオッ	bill **ビ**ル
ほうい **方位** houi	phương hướng, chiều フオング フオング, チエウ	direction ディ**レ**クション
ぼうえい **防衛** bouei	sự bảo vệ, che chở スー バーウ ヴェー, チェー チョー	defense, Ⓑdefence ディ**フェ**ンス, ディ**フェ**ンス
～する	bảo vệ, che chở バーウ ヴェー, チェー チョー	defend ディ**フェ**ンド
ほうえいする **放映する** houeisuru	phát hình, phát chương trình truyền hình ファーッ ヒン, ファーッ チュオング チン チュイエン ヒン	telecast **テ**レキャスト
ぼうえき **貿易** boueki	ngoại thương, xuất nhập khẩu ングアーイ トゥフオング, スオッ ニオプ コホウ	trade, commerce ト**レ**イド, **カ**マス
ぼうえんきょう **望遠鏡** bouenkyou	kính viễn vọng, viễn vọng kính キン ヴィエン ヴォーンム, ヴィエン ヴォーンム キン	telescope **テ**レスコウプ
ぼうえんれんず **望遠レンズ** bouenrenzu	ống kính máy ảnh オーンム キン マイ アイン	telephoto lens **テ**レフォウトウ **レ**ンズ
ほうおう **法王** houou	giáo hoàng ザーウ フアーング	Pope **ポ**ウプ

日	越	英
ぼうおんの **防音の** bouonno	cách âm, hệ thống cách âm カイク オム、ヘートホーンム カイク オム	soundproof **サ**ウンドプ**ル**ーフ
ほうか **放火** houka	phóng hoả フォーンム フアー	incendiary fire イン**セ**ンディエリ **ファ**イア
ぼうか **防火** bouka	phòng hoả, đề phòng hoả hoạn フォーンム フアー、デー フォーンム フアー フアーン	fire prevention **ファ**イア プリ**ヴェ**ンション
ぼうがい **妨害** bougai	sự cản trở, gây trở ngại スー カーン チョー、ゴイ チョー ンガーイ	obstruction オブスト**ラ**クション
〜する	cản trở, gây trở ngại カーン チョー、ゴイ チョー ンガーイ	disturb, hinder ディス**タ**ーブ、**ハ**インダ
ほうかいする **崩壊する** houkaisuru	sập, sụp đổ ソプ、スープ ドー	collapse カ**ラ**プス
ほうがく **方角** hougaku	phương hướng, phía フオング フオング、フィア	direction ディ**レ**クション
ほうかご **放課後** houkago	tan học, tan trường ターン ホークプ、ターン チュオング	after school **ア**フタ ス**ク**ール
ぼうかんしゃ **傍観者** boukansha	người xem, người có thái độ bàng quan ングオイ セーム、ングオイ コー タハーイ ドー バーング クアーン	onlooker **ア**ンルカ
ぼうかんする **傍観する** boukansuru	đứng ngoài, đứng nhìn ドゥーング ングアーイ、ドゥーング ニーン	look on **ル**ク **オ**ン
ほうがんなげ **砲丸投げ** hougannage	ném tạ, môn ném tạ ネーム ター、モーン ネーム ター	shot put **シャ**ト **プ**ト
ほうき **箒** houki	chổi, chổi sẻ チョーイ、チョーイ セー	broom ブ**ル**ム
ぼうぎょ **防御** bougyo	sự phòng ngừa, đề phòng スー フォーンム ングア、デー フォーンム	defense, ⒝defence ディ**フェ**ンス、ディ**フェ**ンス
〜する	phòng ngừa, đề phòng フォーンム ングア、デー フォーンム	defend, protect ディ**フェ**ンド、プロ**テ**クト

日	越	英
ぼうくうごう **防空壕** boukuugou	hầm trú ẩn, hầm ẩn nấp ホム チュー オン, ホム オン ナプ	air-raid shelter エアレイド シェルタ
ぼうくん **暴君** boukun	bạo chúa, tên bạo chúa バーウ チュア, テーン バーウ チュア	tyrant **タ**イアラント
ほうげん **放言** hougen	lời nói vô trách nhiệm, lời nói nhảm ローイ ノーイ ヴォー チャイク ニエム, ローイ ノーイ ニャーム	unreserved talk, wild remark アンリ**ザ**ーヴド ト**ー**ク, **ワ**イルド リ**マ**ーク
ほうげん **方言** hougen	phương ngữ, tiếng địa phương フォング ングー, ティエング ディア フォング	dialect **ダ**イアレクト
ぼうけん **冒険** bouken	sự mạo hiểm スー マーウ ヒエム	adventure アド**ヴェ**ンチャ
〜する	mạo hiểm マーウ ヒエム	take a risk, run a risk **テ**イク ア **リ**スク, **ラ**ン ア **リ**スク
ぼうげん **暴言** bougen	lời chửi rủa, lời sỉ nhục ローイ チューイ ズア, ローイ シー ニュークプ	abusive words ア**ピュ**ースィヴ **ワ**ーヅ
ほうけんせい **封建制** houkensei	chế độ phong kiến チェー ドー フォーンム キエン	feudalism **フュ**ーダリズム
ほうけんてきな **封建的な** houkentekina	phong kiến, mang tính phong kiến フォーンム キエン, マーング ティン フォーンム キエン	feudal **フュ**ーダル
ほうこう **方向** houkou	phương hướng, chiều hướng フォング フオング, チエウ フオング	direction ディ**レ**クション
ぼうこう **暴行** boukou	bạo hành バーウ ハイン	violence, outrage **ヴァ**イオレンス, **ア**ウトレイヂ
ほうこく **報告** houkoku	sự báo cáo スー バーウ カーウ	report リ**ポ**ート
〜する	báo cáo バーウ カーウ	report, inform リ**ポ**ート, イン**フォ**ーム

日	越	英
ぼうさい **防災** bousai	phòng ngừa thiên tai, đề phòng thiên tai	prevention of disasters
ほうさく **豊作** housaku	được mùa	good harvest
ぼうし **帽子** boushi	mũ, nón	hat, cap
ほうしき **方式** houshiki	phương thức, cách thức	form, method
ほうしする **奉仕する** houshisuru	phục vụ	serve
ほうしゃせん **放射線** houshasen	tia phóng xạ	radiation
ほうしゃのう **放射能** houshanou	năng lượng phóng xạ	radioactivity
ほうしゅう **報酬** houshuu	tiền thù lao, tiền công	remuneration
ほうしん **方針** houshin	phương châm, đường lối	course, policy
ほうじん **法人** houjin	pháp nhân	juridical person
ぼうすいの **防水の** bousuino	không thấm nước	waterproof
ほうせき **宝石** houseki	đá quý, ngọc quý	jewel
ぼうぜんと **呆然と** bouzento	ngơ ngác, ngẩn ngơ	blankly, in a daze
ほうそう **包装** housou	bao bì	wrapping

日	越	英
ほうそう **放送** housou	phát thanh ファーッ タハイン	broadcast ブロードキャスト
〜局	đài phát thanh ダーイ ファーッ タハイン	broadcasting station ブロードキャスティング ステイション
ぼうそうぞく **暴走族** bousouzoku	nhóm đua xe, bọn đua xe ニョーム ドゥア セー, ボーン ドゥア セー	motorcycle gang モウタサイクル **ギャ**ング
ほうそく **法則** housoku	định luật, quy luật ディン ルオッ, クイー ルオッ	law, rule **ロ**ー, **ル**ール
ほうたい **包帯** houtai	băng, băng gạc バング, バング ガーク	bandage バンディヂ
ぼうだいな **膨大な** boudaina	đồ sộ, khổng lồ ドー ソー, コホーンム ロー	enormous, huge イノーマス, **ヒュ**ーヂ
ぼうたかとび **棒高跳び** boutakatobi	nhảy sào, môn nhảy sào ニャイ サーウ, モーン ニャイ サーウ	pole vault ポウル **ヴォ**ールト
ほうちする **放置する** houchisuru	bỏ dở, làm lưng chừng rồi bỏ ボー ゾー, ラーム ルーング チューング ゾーイ ボー	leave alone, neglect **リ**ーヴ ア**ロ**ウン, ニグ**レ**クト
ぼうちゅうざい **防虫剤** bouchuuzai	thuốc trừ sâu トゥフォク チュー ソウ	mothball **モ**ースボール
ほうちょう **包丁** houchou	dao, con dao ザーウ, コーン ザーウ	kitchen knife **キ**チン **ナ**イフ
ぼうちょうする **膨張する** bouchousuru	dãn nở, phồng ra ザーン ノー, フォーンム ザー	expand, swell イクス**パ**ンド, ス**ウェ**ル
ほうっておく **ほうっておく** houtteoku	bỏ mặc, bỏ bê ボー マク, ボー ベー	leave alone, neglect **リ**ーヴ ア**ロ**ウン, ニグ**レ**クト
ほうてい **法廷** houtei	toà, toà án トゥアー, トゥアー アーン	court **コ**ート

日	越	英
ほうていしき **方程式** houteishiki	phương trình フオング チン	equation イクウェイション
ほうてきな **法的な** houtekina	theo luật pháp, về luật pháp テヘーウ ルオッ ファープ, ヴェー ルオッ ファープ	legal **リ**ーガル
ほうどう **報道** houdou	thông tin, bản tin トホーンム ティーン, バーン ティーン	news, report **ニ**ューズ, リ**ポ**ート
～する	đưa tin, thông tin ドゥア ティーン, トホーンム ティーン	report, inform リ**ポ**ート, イン**フォ**ーム
ぼうどう **暴動** boudou	sự náo động, sự náo loạn スー ナーウ ドームン, スー ナーウ ルアーン	riot **ラ**イオト
ほうにんする **放任する** houninsuru	để mặc, bỏ lại デー マク, ボー ラーイ	leave **リ**ーヴ
ぼうはん **防犯** bouhan	phòng chống tội phạm フォーンム チョーンム トーイ ファーム	crime prevention ク**ラ**イム プリ**ヴェ**ンション
ほうび **褒美** houbi	phần thưởng フォントゥフオング	reward リ**ウォ**ード
ほうふ **抱負** houfu	hoài bão, hoài vọng フアーイ バーウ, フアーイ ヴォーンム	ambition アン**ビ**ション
ぼうふう **暴風** boufuu	bão gió バーウ ゾー	storm, gale ス**ト**ーム, **ゲ**イル
～雨	bão, dông バーウ, ゾーンム	storm, rainstorm ス**ト**ーム, **レ**インストーム
ほうふくする **報復する** houfukusuru	trả thù, phục thù チャー トゥフー, フークプ トゥフー	retaliate リ**タ**リエイト
ぼうふざい **防腐剤** boufuzai	chất bảo quản, chất bảo quản thực phẩm チョッ バーウ クアーン, チョッ バーウ クアーン トゥフック フォム	preservative プリ**ザ**ーヴァティヴ
ほうふな **豊富な** houfuna	phong phú, dồi dào フォーンム フー, ゾーイ ザーウ	rich in, abundant in **リ**チ イン, ア**バ**ンダント イン

日	越	英
ほうほう **方法** houhou	phương pháp, biện pháp フオング ファープ, ビエン ファープ	way, method ウェイ, メソド
ほうまんな **豊満な** houmanna	tròn trịa, tròn trĩnh チォーン チア, チォーン チン	plump プランプ
ぼうめい **亡命** boumei	rời bỏ đất nước, lìa bỏ tổ quốc ゾーイ ボー ドッ ヌオク, リア ボー トークオク	political asylum ポリティカル アサイラム
ほうめん **方面** (方向) houmen	miền, phía ミエン, フィア	direction ディレクション
(局面・側面)	phương diện, mặt フォング ジエン, マッ	aspect アスペクト
ほうもん **訪問** houmon	sự thăm hỏi, thăm viếng スー タハム ホーイ, タハム ヴィエング	visit, call ヴィズィト, コール
～する	thăm hỏi, thăm viếng タハム ホーイ, タハム ヴィエング	visit ヴィズィト
ぼうらく **暴落** bouraku	sự giảm giá nhanh スー ザーム ザー ニャイン	heavy fall, nose-dive ヘヴィ フォール, ノウズダイヴ
～する	giảm giá nhanh ザーム ザー ニャイン	fall heavily, nose-dive フォール ヘヴィリ, ノウズダイヴ
ぼうり **暴利** bouri	cho vay lãi suất cao, cho vay nặng lãi チョー ヴァイ ラーイ スオッ カーウ, チョー ヴァイ ナング ラーイ	excessive profits イクセスィヴ プラフィツ
ほうりつ **法律** houritsu	luật pháp, pháp luật ルオッ ファープ, ファープ ルオッ	law ロー
ほうりなげる **放り投げる** hourinageru	ném, quăng ネーム, クアング	throw, toss スロウ, トス
ぼうりゃく **謀略** bouryaku	âm mưu, mưu đồ オム ムーウ, ムーウ ドー	plot プラト

日	越	英
ぼうりょく **暴力** bouryoku	bạo lực バーウ ルーク	violence **ヴァイオレンス**
〜団	bọn côn đồ, lưu manh ボーン コーン ドー, ルーウ マイン	gang, crime syndicate **ギャング, クライム スィンディカト**
ぼうりんぐ **ボウリング** bouringu	bowling, trò chơi bóng gỗ ボウリング, チョー チョーイ ボーンム ゴー	bowling **ボウリング**
ほうる **放る** houru	buông, bỏ ブオング, ボー	throw, toss **スロウ, トス**
ぼうる **ボウル** bouru	chậu, bát to チョウ, バットー	bowl **ボウル**
ほうれい **法令** hourei	pháp lệnh ファープ レン	law, ordinance **ロー, オーディナンス**
ほうれんそう **ホウレンソウ** hourensou	rau bina, cải bó xôi ザウ ビナー, カーイ ボー ソーイ	spinach **スピニチ**
ほうろう **放浪** hourou	lang thang, lãng du ラーング タハーング, ラーング ズー	wandering **ワンダリング**
ほえる **吠える** hoeru	gầm, sủa ゴム, スア	bark **バーク**
ほお **頬** hoo	má, đôi má マー, ドーィ マー	cheek **チーク**
ぼーいふれんど **ボーイフレンド** booifurendo	bạn trai バーン チャーイ	boyfriend **ボイフレンド**
ぽーかー **ポーカー** pookaa	bài xì, xì pé バーイ シー, シー ペー	poker **ポウカ**
ほーす **ホース** hoosu	vòi phun nước, ống nước ヴォーイ フーン ヌオク, オーンム ヌオク	hose **ホウズ**
ぽーず **ポーズ** poozu	tư thế トゥー テヘー	pose **ポウズ**

日	越	英
～をとる	làm kiểu, làm dáng để chụp ảnh ラーム キエゥ, ラーム ザーング デー チューブ アイン	pose ボウズ
ぼーと **ボート** booto	thuyền, con thuyền トゥフイエン, コーン トゥフイエン	boat ボウト
ぼーなす **ボーナス** boonasu	tiền thưởng ティエン トゥフオング	bonus ボウナス
ほおべに **頬紅** hoobeni	phấn hồng, má phấn フォン ホーンム, マー フォン	rouge ルージュ
ほおぼね **頬骨** hoobone	gò má, xương gò má ゴー マー, スオング ゴー マー	cheekbones チークボウンズ
ほーむ **ホーム** (家) hoomu	nhà, gia đình ニャー, ザー ディン	home ホウム
(プラットホーム)	sân ga ソン ガー	platform プラトフォーム
～シック	nhớ nhà, nỗi nhớ nhà ニョー ニャー, ノーイ ニョー ニャー	homesickness ホウムスィクネス
～ステイ	ở homestay オー ホームステイ	homestay ホウムステイ
～ページ	trang web チャーング ウエプ	home page ホウム ペイヂ
～レス	vô gia cư, không nhà không cửa ヴォー ザー クー, コホーンム ニャー コホーンム クア	homeless ホウムレス
ぽーらんど **ポーランド** poorando	Ba Lan バー ラーン	Poland ポウランド
ぼーりんぐ **ボーリング** (掘削) booringu	khoan, đào クフアーン, ダーウ	boring ボーリング
ほーる **ホール** (広間) hooru	hội trường, sảnh ホーイ チュオング, サイン	hall ホール

日	越	英
ぼーる **ボール** booru	bóng, banh ボーンム, バイン	ball **ボール**
ぼーるがみ **ボール紙** boorugami	các tông, giấy bồi カーク トーンム, ゾィ ボーイ	cardboard **カードボード**
ほかくする **捕獲する** hokakusuru	bắt giữ バッ ズー	capture **キャプチャ**
ぼかす **ぼかす** bokasu	làm mờ đi, làm nhạt đi ラーム モー ディー, ラーム ニャーッ ディー	shade off, obscure シェイド **オー**フ, オブス**キュ**ア
ほかの **他の** hokano	khác カハーク	another, other ア**ナ**ザ, **ア**ザ
ほがらかな **朗らかな** hogarakana	vui tính, vui vẻ ヴーィ ティン, ヴーィ ヴェー	cheerful **チ**アフル
ほかんする **保管する** hokansuru	bảo quản, giữ gìn バーウ クアーン, ズー ジーン	keep, store **キー**プ, ス**トー**
ぼき **簿記** boki	kế toán, công tác kế toán ケー トゥアーン, コーンム タック ケー トゥアーン	bookkeeping **ブ**クキーピング
ほきゅうする **補給する** hokyuusuru	tiếp tế, cung cấp ティエプ テー, クーンム コプ	supply, replenish サプ**ラ**イ, リプ**レ**ニシュ
ぼきん **募金** bokin	quyên tiền, quyên góp クイエン ティエン, クイエン ゴープ	fund-raising **ファ**ンド**レ**イズィング
ほくおう **北欧** hokuou	Bắc Âu バク オウ	Northern Europe **ノ**ーザン **ユ**アロプ
ぼくさー **ボクサー** bokusaa	võ sĩ quyền Anh ヴォー シー クイエン アィン	boxer **バ**クサ
ぼくし **牧師** bokushi	mục sư ムークプ スー	pastor, parson **パ**スタ, **パ**ースン
ぼくじょう **牧場** bokujou	bãi chăn thả gia súc, mục trường バーィ チャン ターハー ザー スークプ, ムークプ チュオング	pasture, ranch **パ**スチャ, **ラ**ンチ

日	越	英
ぼくしんぐ **ボクシング** bokushingu	quyền Anh, môn quyền Anh クイエン アイン, モーン クイエン アイン	boxing バクスィング
ほくせい **北西** hokusei	Tây Bắc, phía Tây Bắc トゥイ バク, フィア トゥイ バク	northwest ノースウェスト
ぼくそう **牧草** bokusou	cỏ đồng コー ドーム	grass グラス
ぼくちく **牧畜** bokuchiku	chăn nuôi チャン ヌオイ	stock farming スタク ファーミング
ほくとう **北東** hokutou	Đông Bắc, phía Đông Bắc ドーム バク, フィア ドーム バク	northeast ノースイースト
ほくとしちせい **北斗七星** hokutoshichisei	sao Bắc Đẩu, Đại Hùng Tinh サーウ バク ドゥ, ダーイ フーム ティン	Big Dipper, ®Plough ビグ ディパ, プラウ
ほくぶ **北部** hokubu	miền Bắc, Bắc bộ ミエン バク, バク ボー	northern part ノーザン パート
ぼくめつする **撲滅する** bokumetsusuru	tiêu diệt, xoá bỏ ティエウ ジエッ, スアー ボー	exterminate イクスターミネイト
ほくろ **ほくろ** hokuro	nốt ruồi ノーッ ズオイ	mole モウル
ぼけい **母系** bokei	mẫu hệ モゥ ヘー	maternal line マターナル ライン
ほけつ **補欠** hoketsu	bổ khuyết, người thay thế ボー クフイエッ, ングオイ タハイ テヘー	substitute サブスティテュート
ぽけっと **ポケット** poketto	túi áo, túi quần トゥーイ アーウ, トゥーイ クオン	pocket パケト
ぼける **ぼける** bokeru	lơ đãng, đãng trí ロー ダーング, ダーング チー	grow senile グロウ スィーナイル
ほけん **保険** hoken	bảo hiểm バーウ ヒエム	insurance インシュアランス

日	越	英
～会社	công ty bảo hiểm コーンム ティー バーゥ ヒエム	insurance company インシュアランス カンパニ
～金	tiền bảo hiểm được hưởng ティエン バーゥ ヒエム ドゥオク フオング	insurance money インシュアランス マニ
ほけん **保健** hoken	vệ sinh và sức khỏe ヴェー シン ヴァー スーク クフエー	health, hygiene ヘルス, ハイヂーン
ぼこう **母校** bokou	trường đã tốt nghiệp, trường mình đã học チュオング ダー トーッ ンギエプ, チュオング ミン ダー ホークプ	alma mater, one's old school アルマ マータ, オウルド スクール
ほこうしゃ **歩行者** hokousha	khách bộ hành, người đi bộ カハイク ボー ハイン, ングオイ ディー ボー	pedestrian, walker ペデストリアン, **ウォ**ーカ
ぼこく **母国** bokoku	tổ quốc, quê hương xứ sở トー クオク, クエー フオング スー ソー	mother country マザ カントリ
ほごする **保護する** hogosuru	bảo hộ, che chở バーゥ ホー, チェー チォー	protect プロ**テ**クト
ほこり **誇り** hokori	lòng tự hào, niềm kiêu hãnh ローンム トゥー ハーゥ, ニエム キエゥ ハイン	pride プライド
ほこる **誇る** hokoru	tự hào, kiêu hãnh トゥー ハーゥ, キエゥ ハイン	(be) proud of (ビ) プラウド オヴ
ほころびる **ほころびる** hokorobiru	rách, tách ra ザィク, タィク ザー	come apart カム アパート
ほし **星** hoshi	sao, ngôi sao サーゥ, ンゴーイ サーゥ	star ス**タ**ー
～占い	phép đoán số tử vi, bói tử vi qua sao フエープ ドゥアーン ソー トゥー ヴィー, ボーイ トゥー ヴィー クアー サーゥ	horoscope **ホ**ロスコウプ
ほしい **欲しい** hoshii	muốn, mong ムオン, モーンム	want, wish for ワント, **ウィ**シュ フォ

日	越	英
ほしがる **欲しがる** hoshigaru	thèm, thèm muốn テヘーム, テヘーム ムオン	want, wish for ワント, ウィシュ フォ
ほじくる **ほじくる** hojikuru	khoét, khêu クフエーッ, ケヘーゥ	pick ピク
ぽじしょん **ポジション** pojishon	vị trí, chỗ ヴィー チー, チォー	position ポズィション
ほしゃく **保釈** hoshaku	bảo lãnh cho ai được tạm tự do ở ngoài バーウ ライン チォー アーイ ドゥオク ターム トゥー ゾー オー ングアーイ	bail ベイル
〜金	tiền bảo lãnh cho ai được tạm tự do ở ngoài ティエン バーウ ライン チォー アーイ ドゥオク ターム トゥー ゾー オー ングアーイ	bail ベイル
ほしゅ **保守** hoshu	bảo thủ バーウ トゥフー	conservatism コンサーヴァティズム
〜的な	bảo thủ, tính bảo thủ バーウ トゥフー, ティン バーウ トゥフー	conservative コンサーヴァティヴ
ほしゅう **補習** hoshuu	học bù, học bù giờ ホークプ ブー, ホークプ ブー ゾー	extra lessons エクストラ レスンズ
ぼしゅう **募集** boshuu	sự chiêu tập, chiêu mộ スー チエゥトプ, チエゥ モー	recruitment リクルートメント
（寄付などの）	sự mở cuộc quyên góp スー モー クオク クイエン ゴープ	collection コレクション
〜する	chiêu tập, chiêu mộ チエゥトプ, チエゥ モー	recruit リクルート
（寄付などを）	mở cuộc quyên góp モー クオク クイエン ゴープ	collect コレクト
ほじゅうする **補充する** hojuusuru	bổ sung, thêm vào ボー スーンム, テヘーム ヴァーゥ	supplement, replenish サプリメント, リプレニシュ
ほじょ **補助** hojo	sự bổ trợ, hỗ trợ スー ボー チォー, ホー チォー	assistance アスィスタンス

日	越	英
～する	bổ trợ, hỗ trợ	assist
ほしょう 保証 hoshou	sự bảo đảm, bảo hành	guarantee
～書	giấy bảo đảm, giấy bảo hành	written guarantee
～する	bảo đảm, bảo hành	guarantee, assure
～人	người bảo lãnh, người bảo đảm	guarantor, surety
ほす 干す hosu	phơi, phơi phóng	dry, air
ぽすたー ポスター posutaa	áp phích, áp phích quảng cáo	poster
ほすてす ホステス hosutesu	bà chủ nhà, bà chủ bữa tiệc	hostess
ほすと ホスト hosuto	chủ nhà, chủ tiệc	host
ぽすと ポスト posuto	hòm thư, hộp thư	mailbox, letter box
ほすぴす ホスピス hosupisu	nhà tế bần, trại tế bần	hospice
ぼせい 母性 bosei	thiên tính làm mẹ, chức năng làm mẹ	motherhood
ほそい 細い hosoi	mảnh, gầy	thin, slim

日	越	英
ほそう **舗装** hosou	sự lát đường, trải nhựa đường スー ラーッ ドゥオング, チャーイ ニュア ドゥオング	pavement ペイヴメント
～する	lát đường, trải nhựa đường ラーッ ドゥオング, チャーイ ニュア ドゥオング	pave ペイヴ
ほそく **補足** hosoku	sự bổ túc, bổ sung スー ボー トゥークプ, ボー スーンム	supplement サプリメント
～する	bổ túc, bổ sung ボー トゥークプ, ボー スーンム	supplement サプリメント
ほそながい **細長い** hosonagai	thon dài, thuôn dài トホーン ザーイ, トゥフオン ザーイ	long and slender ローング アンド スレンダ
ほぞん **保存** hozon	sự bảo tồn, bảo quản スー バーゥ トーン, バーゥ クアーン	preservation プレザヴェイション
（データなどの）	sự lưu giữ, lưu trữ スー ルーゥ ズー, ルーゥ チュー	saving セイヴィング
～する	bảo tồn, bảo quản バーゥ トーン, バーゥ クアーン	preserve, keep プリザーヴ, キープ
（データなどを）	lưu giữ, lưu trữ ルーゥ ズー, ルーゥ チュー	save セイヴ
ぼたい **母胎** botai	thai trong bụng mẹ タハーイ チォーンム ブーンム メー	mother's womb, uterus マザズ ウーム, ユーテラス
ほたてがい **帆立貝** hotategai	sò điệp, con điệp ソー ディエプ, コーン ディエプ	scallop スカロプ
ほたる **蛍** hotaru	đom đóm ドーム ドーム	firefly ファイアフライ
ぼたん **ボタン** botan	khuy, cúc クフイー, クークプ	button バトン
ぼち **墓地** bochi	nghĩa địa, bãi tha ma ンギア ディア, バーイ タハー マー	graveyard グレイヴャード

日	越	英
ほちょう **歩調** hochou	bước chân, nhịp đi ブオク チォン、ニープ ディー	pace, step ペイス、ステプ
ぼっきする **勃起する** bokkisuru	cương lên, cương cứng クオング レーン、クオング クーング	(be) erect, erect (ビ) イレクト、イレクト
ほっきにん **発起人** hokkinin	người khởi xướng, người đề xướng ングオィ コホーイ スオング、ングオィ デー スオング	promoter, proposer プロモウタ、プロポウザ
ほっきょく **北極** hokkyoku	Bắc Cực バク クーク	North Pole ノース ポウル
〜圏	vòng Bắc Cực ヴォーンム バク クーク	Arctic Circle アークティク サークル
〜星	sao Bắc Cực サーウ バク クーク	Pole Star ポウル スター
ほっく **ホック** hokku	móc, móc treo モークプ、モークプ チェーウ	hook フク
ほっけー **ホッケー** hokkee	khúc côn cầu, môn khúc côn cầu クフークプ コーン コウ、モーン クフークプ コーン コウ	hockey ハキ
ほっさ **発作** hossa	cơn, lên cơn コーン、レーン コーン	fit, attack フィト、アタク
〜的な	bất chợt, vô ý thức バッ チォーッ、ヴォー イー トゥフーク	fitful, spasmodic フィトフル、スパズマディク
ぼっしゅうする **没収する** bosshuusuru	tịch thu, tịch ký ティク トゥフー、ティク キー	confiscate カンフィスケイト
ほっそく **発足** hossoku	thành lập, bắt đầu タハイン ロプ、バッ ドゥ	inauguration イノーギュレイション
ぽっと **ポット** potto	ấm, phích nước オム、フィク ヌオク	pot, teapot パト、ティーパト
ぼっとうする **没頭する** bottousuru	miệt mài, mê mải ミエッ マーイ、メー マーイ	(be) absorbed in (ビ) アブソーブド イン

日	越	英
ほっとする **ほっとする** hottosuru	cảm thấy bớt căng thẳng, cảm thấy nhẹ bớt gánh nặng カーム トホイ ボーッ カング タハング, カーム トホイ ニェー ボーッ ガイン ナング	feel relieved フィール リリーヴド
ほっとどっぐ **ホットドッグ** hottodoggu	bánh mì kẹp xúc xích nóng バイン ミー ケープ スークプ シク ノーンム	hot dog ハト ドグ
ほっとらいん **ホットライン** hottorain	đường dây nóng, đường dây nói đặc biệt ドゥオング ゾイ ノーンム, ドゥオング ゾイ ノーイ ダク ビエッ	hotline ハトライン
ぽっぷす **ポップス** poppusu	nhạc pop, pop ニャーク ポープ, ポープ	pop music パプ ミューズィク
ぼつらくする **没落する** botsurakusuru	tan hoang, đổ nát ターン フアーング, ドー ナーッ	(be) ruined (ビ) ルーインド
ぼでぃーがーど **ボディーガード** bodiigaado	vệ sĩ, người bảo vệ ヴェー シー, ングォイ バーウ ヴェー	bodyguard バディガード
ぼでぃーちぇっく **ボディーチェック** bodiichekku	kiểm tra người キエム チャー ングォイ	body search, frisking バディ サーチ, フリスキング
ぽてとちっぷ **ポテトチップ** potetochippu	khoai tây cắt mỏng rán giòn, khoai tây chiên クフアーイ トイ カッ モーンム ザーン ゾーン, クフアーイ トイ チエン	chips, ⒷCrisps チプス, クリスプス
ほてる **ホテル** hoteru	khách sạn, ô ten カハイク サーン, オー テーン	hotel ホウテル
ほてる **火照る** hoteru	cảm thấy nóng カーム トホイ ノーンム	feel hot, flush フィール ハト, フラシュ
ほどう **舗道** hodou	đường lát gạch, đường trải nhựa ドゥオング ラーッ ガイク, ドゥオング チャーイ ニュア	paved road ペイヴド ロウド
ほどう **歩道** hodou	vỉa hè, lề đường ヴィア ヘー, レー ドゥオング	sidewalk, ⒷPavement サイドウォーク, ペイヴメント

日	越	英
～橋	cầu vượt	footbridge
ほどく 解く hodoku	tháo, gỡ	untie, unfasten
ほとけ 仏 hotoke	Phật, Bụt	Buddha
ぼとる ボトル botoru	chai, lọ	bottle
ほとんど ほとんど hotondo	phần lớn, hầu như	almost, nearly
（ほとんどない）	hiếm có, ít có	hardly
ぼにゅう 母乳 bonyuu	sữa mẹ	mother's milk
ほにゅうどうぶつ 哺乳動物 honyuudoubutsu	động vật có vú, loài động vật có vú	mammal
ほね 骨 hone	xương, xương cốt	bone
～折り	công sức khó nhọc, toi công	pains, efforts
～組み	sườn, khung	frame, structure
ほのお 炎 honoo	ngọn lửa	flame
ほのめかす ほのめかす honomekasu	ám chỉ, gợi ý	hint, suggest
ぽぴゅらーな ポピュラーな popyuraana	phổ biến, được mọi người ưa thích	popular

日	越	英
ぼぶすれー **ボブスレー** bobusuree	xe trượt tuyết, trượt tuyết lòng máng セー チュオット トゥイエッ, チュオット トゥイエッ ローンム マーング	bobsleigh バブスレイ
ほほえましい **微笑ましい** hohoemashii	gây cười, thích thú ゴイ クォイ, ティヒク トゥフー	pleasing プリーズィング
ほほえむ **微笑む** hohoemu	mỉm cười, cười mỉm ミーム クォイ, クォイ ミーム	smile at スマイル アト
ほめる **褒める** homeru	khen ngợi, khen tặng ケヘーン ンゴーイ, ケヘーン タング	praise プレイズ
ぼやく **ぼやく** boyaku	phàn nàn, kêu ca ファーン ナーン, ケーゥ カー	complain コンプレイン
ぼやける **ぼやける** boyakeru	phai mờ, che mờ ファーイ モー, チェー モー	blur, grow fuzzy ブラ, グロウ ファズィ
ほよう **保養** hoyou	an dưỡng, tĩnh dưỡng アーン ズオング, ティン ズオング	rest レスト
～地	trại an dưỡng, khu tĩnh dưỡng チャーイ アーン ズオング, クフー ティン ズオング	health resort ヘルス リゾート
ほら **法螺** hora	sự khoe khoang, khoác lác スー クフエー クフアーング, クフアーク ラーク	brag, boast ブラグ, ボウスト
～を吹く	khoe khoang, khoác lác クフエー クフアーング, クフアーク ラーク	talk big トーク ビグ
ほらあな **洞穴** horaana	hang, hang động ハーング, ハーング ドームング	cave ケイヴ
ぼらんてぃあ **ボランティア** borantia	tình nguyện, tự nguyện ティン ングイエン, トゥーン ングイエン	volunteer ヴァランティア
ぽりーぷ **ポリープ** poriipu	u, polip ウー, ポリプ	polyp パリプ
ぽりえすてる **ポリエステル** poriesuteru	polyester ポリエストー	polyester パリエスタ

日	越	英
ぽりえちれん **ポリエチレン** poriechiren	polyethylene, polietylen ポリエティレン, ポリエティレン	polythene, polyethylene パリスィーン, パリ**エ**スィリーン
ぽりお **ポリオ** porio	bại liệt, dịch bại liệt バーィ リエッ, ジク バーィ リエッ	polio **ポ**ウリオウ
ぽりしー **ポリシー** porishii	chính sách, phương châm チン サイク, フオング チオム	policy **パ**リスィ
ほりだしもの **掘り出し物** horidashimono	vật quý ngẫu nhiên có được, vật hiếm ngẫu nhiên có được ヴォッ クイー ングゥ ニエン コー ドゥオク, ヴォッ ヒエム ングゥ ニエン コー ドゥオク	good find, rare find **グ**ド **ファ**インド, **レ**ア **ファ**インド
ぽりぶくろ **ポリ袋** poribukuro	túi nhựa, bao xốp トゥーイ ニュア, バーウ ソープ	plastic bag プ**ラ**スティク **バ**グ
ほりゅうする **保留する** horyuusuru	bảo lưu, chưa kết luận バーウ ルーウ, チュア ケッ ルオン	reserve, put on hold リ**ザ**ーヴ, **プ**ト **オ**ン **ホ**ウルド
ぼりゅーむ **ボリューム** boryuumu	âm lượng, khối lượng オム ルオング, コホーィ ルオング	volume **ヴァ**リュム
ほりょ **捕虜** horyo	tù binh トゥー ビン	prisoner プ**リ**ズナ
ほる **掘る** horu	đào, đào bới ダーウ, ダーウ ボーィ	dig, excavate **ディ**グ, **エ**クスカヴェイト
ほる **彫る** horu	chạm, chạm khắc チャーム, チャーム カハク	carve, engrave **カ**ーヴ, イング**レ**イヴ
ぼると **ボルト** (ねじ) boruto	đinh ốc, bu lông ディン オークプ, ブー ローンム	bolt **ボ**ウルト
(電圧の単位)	vôn, volt ヴォーン, ヴォン	volt **ヴォ**ウルト
ぽるとがる **ポルトガル** porutogaru	Bồ Đào Nha ボー ダーウ ニャー	Portugal **ポ**ーチュガル

日	越	英
～語	tiếng Bồ Đào Nha	Portuguese
ポルノ poruno	khiêu dâm, tranh ảnh khiêu dâm	pornography
ホルモン horumon	kích thích tố, hormon	hormone
ホルン horun	kèn co, kèn cor	horn
惚れる horeru	phải lòng, si mê	fall in love with
ポロシャツ poroshatsu	áo thun có cổ	polo shirt
ほろ苦い horonigai	đăng đắng	slightly bitter
滅びる horobiru	diệt vong, tiêu diệt	fall, perish
滅ぼす horobosu	tiêu diệt, phá huỷ	ruin, destroy
ぼろぼろの boroborono	rách rưới, tả tơi	ragged
本 hon	sách, quyển sách	book
～屋	hiệu sách, tiệm sách	bookstore
盆 bon	mâm, khay	tray
本格的な honkakutekina	chính cống, chính tông	genuine, authentic

日	越	英
ほんかん **本館** honkan	toà chính, nhà chính トゥアー チン, ニャー チン	main building メイン ビルディング
ほんきで **本気で** honkide	thực sự, nghiêm túc トゥフック スー, ンギエム トゥークプ	seriously, earnestly スィアリアスリ, アーネストリ
ほんきの **本気の** honkino	thật sự, nghiêm túc トホッ スー, ンギエム トゥークプ	serious スィアリアス
ほんきょち **本拠地** honkyochi	căn cứ, vùng căn cứ カン クー, ヴーンム カン クー	base ベイス
ほんこん **香港** honkon	Hồng Công, Hương Cảng ホーンム コーンム, フオング カーング	Hong Kong ハング カング
ほんしつ **本質** honshitsu	bản chất, thực chất バーン チョッ, トゥフック チョッ	essence エセンス
～的な	bản chất, thực chất バーン チョッ, トゥフック チョッ	essential イセンシャル
ほんしゃ **本社** honsha	công ty mẹ コーンム ティー メー	head office ヘド オーフィス
ほんしょう **本性** honshou	bản tính, bản chất バーン ティン, バーン チョッ	nature, true character ネイチャ, トルー キャラクタ
ほんしん **本心** honshin	thành tâm, thiện chí タハイントム, ティヒエン チー	real intention リーアル インテンション
ぼんじん **凡人** bonjin	người tầm thường ングオイ トム トゥフオング	mediocre person ミーディオウカ パースン
ほんせき **本籍** honseki	quê quán, bản quán クエー クアーン, バーン クアーン	registered domicile レヂスタド ダミサイル
ほんそうする **奔走する** honsousuru	chạy sô チャイ ソー	make efforts メイク エファツ
ほんたい **本体** hontai	bộ phận chính, hình dạng thật sự ボー フォン チン, ヒン ザーング トホッ スー	main body メイン バディ

日	越	英
ほんだな **本棚** hondana	giá sách, kệ sách ザー サイク, ケー サイク	bookshelf **ブ**クシェル**フ**
ほんてん **本店** honten	trụ sở chính, đơn vị chính チュー ソー チン, ドーン ヴィー チン	main branch メイン **ブラ**ンチ
ほんど **本土** hondo	quê hương bản xứ クエー フォング バーン スー	mainland **メ**インランド
ぽんど **ポンド** pondo	bảng Anh, pound バーング アイン, パウン	pound **パ**ウンド
ほんとう **本当** hontou	thật, thực トホッ, トゥフーク	truth ト**ルー**ス
ほんとうに **本当に** hontouni	thật là, đúng là トホッ ラー, ドゥーンム ラー	truly, really ト**ルー**リ, **リー**アリ
ほんとうの **本当の** hontouno	thật, thực トホッ, トゥフーク	true, real ト**ルー**, **リー**アル
ほんにん **本人** honnin	bản thân người đó バーン トホン ングォイ ドー	person in question **パー**スン イン ク**ウェ**スチョン
ほんね **本音** honne	suy nghĩ thật, cảm nhận thật スイー ンギー トホッ, カーム ニォン トホッ	true mind ト**ルー** **マ**インド
ぼんねっと **ボンネット** bonnetto	mui xe, ca pô ムーイ セー, カー ポー	hood, ⒷBonnet **フ**ド, **ボ**ネット
ほんの **ほんの** honno	chỉ là, một chút チー ラー, モーッ チューッ	just, only **ヂャ**スト, **オ**ウンリ
ほんのう **本能** honnou	bản năng バーン ナング	instinct **イ**ンスティンクト
～的な	bản năng, do bản năng バーン ナング, ゾー バーン ナング	instinctive インス**ティ**ンクティヴ
ほんぶ **本部** honbu	cơ quan chính, đơn vị chính コー クアーン チン, ドーン ヴィー チン	head office, headquarters **ヘ**ド **オ**ーフィス, **ヘ**ドクウォータズ

日	越	英
<ruby>ポンプ</ruby> ponpu	bơm, máy bơm ボーム, マイ ボーム	pump パンプ
ほんぶん **本文** honbun	nguyên văn, nguyên bản ングイエン ヴァン, ングイエン バーン	text テクスト
ボンベ bonbe	bình, bình ôxy ビン, ビン オーシー	cylinder スィリンダ
ほんみょう **本名** honmyou	tên thật, tên thực tế テーン トホッ, テーン トゥフーク テー	real name リーアル ネイム
ほんめい **本命** honmei	ứng cử viên sáng giá nhất ウーング クー ヴィエン サーング ザー ニョッ	favorite フェイヴァリト
ほんものの **本物の** honmonono	chính hiệu, gin チン ヒエウ, ジーン	genuine チェニュイン
ほんやく **翻訳** hon-yaku	sự biên dịch, dịch thuật スー ビエン ジク, ジク トゥフオッ	translation トランスレイション
～家	nhà biên dịch, nhà dịch thuật ニャー ビエン ジク, ニャー ジク トゥフオッ	translator トランスレイタ
～する	dịch, biên dịch ジク, ビエン ジク	translate トランスレイト
ぼんやりした **ぼんやりした** (ぼう然とした) bon-yarishita	lơ đãng, ngẩn ngơ ロー ダーング, ンゴン ンゴー	absent-minded アブセントマインデド
(ぼやけた)	mờ, mờ nhạt モー, モー ニャッ	dim, vague ディム, ヴェイグ
ぼんやりと **ぼんやりと** (ぼう然と) bon-yarito	ngơ ngác, ngờ ngạc ンゴー ンガーク, ンゴー ンガーク	absent-mindedly アブセントマインデドリ
(ぼやけて)	lờ mờ, lù mù ロー モー, ルー ムー	dimly, vaguely ディムリ, ヴェイグリ

ま, マ

日		越	英
間 ma	(空間)	không gian, khoảng không コホーンム ザーン, クフアーング コホーンム	space スペイス
	(時間)	thời gian, khoảng thời gian トホーイ ザーン, クフアーング トホーイ ザーン	time, interval タイム, インタヴァル
マーガリン maagarin		margarin, bơ thực vật マクガリン, ボー トゥフーク ヴォッ	margarine マーヂャリン
マーク maaku		dấu hiệu ゾウ ヒエゥ	mark マーク
マーケット maaketto		thị trường, chợ ティヒー チュオング, チョー	market マーケト
マージン maajin		lợi nhuận, lãi ローイ ニュオン, ラーイ	margin マーヂン
マーマレード maamareedo		mứt cam ムーッ カーム	marmalade マーマレイド
枚 mai		tờ, tấm トー, トム	sheet, piece シート, ピース
毎 mai		mỗi, hằng モーイ, ハング	every, each エヴリ, イーチ
毎朝 maiasa		mỗi sáng, hàng sáng モーイ サーング, ハーング サーング	every morning エヴリ モーニング
マイク maiku		micro, mi crô ミクロー, ミー ミクロー	microphone マイクロフォウン
マイクロバス maikurobasu		xe buýt loại nhỏ セー ブイッ ルアーイ ニョー	minibus ミニバス
迷子 maigo		trẻ bị lạc, đứa trẻ bị lạc チェー ビー ラーク, ドゥア チェー ビー ラーク	stray child ストレイ チャイルド

日	越	英
まいこむ **舞い込む** maikomu	bay vào, đến bất ngờ バイ ヴァーウ, デーン ボッ ンゴー	come unexpectedly カム アニクスペクテドリ
まいしゅう **毎週** maishuu	mỗi tuần, hàng tuần モーイ トゥオン, ハーング トゥオン	every week エヴリ ウィーク
まいそうする **埋葬する** maisousuru	chôn cất, mai táng チョーン コッ, マーイ ターング	bury ベリ
まいつき **毎月** maitsuki	mỗi tháng, hàng tháng モーイ タハーング, ハーング タハーング	every month エヴリ マンス
まいなーな **マイナーな** mainaana	nhỏ hơn, thứ yếu ニョー ホーン, トゥフー イエゥ	minor マイナ
まいなす **マイナス** mainasu	trừ, âm チュー, オム	minus マイナス
まいにち **毎日** mainichi	mỗi ngày, hàng ngày モーイ ンガイ, ハーング ンガイ	every day エヴリ デイ
まいねん **毎年** mainen	mỗi năm, hàng năm モーイ ナム, ハーング ナム	every year エヴリ イア
まいばん **毎晩** maiban	mỗi đêm, hàng đêm モーイ デーム, ハーング デーム	every evening エヴリ イーヴニング
まいぺーすで **マイペースで** maipeesude	theo nhịp độ riêng, theo tốc độ riêng テヘーウ ニープ ドー ジエング, テヘーウ トークプ ドー ジエング	at one's own pace アト オウン ペイス
まいる **マイル** mairu	dặm, hải lý ザム, ハーィ リー	mile マイル
まう **舞う** mau	nhảy múa, khiêu vũ ニャィ ムア, キヒエゥ ヴー	dance ダンス
まうえに **真上に** maueni	ngay trên ンガイ チェーン	directly above ディレクトリ アバヴ
まうす **マウス** mausu	chuột, chuột vi tính チュオッ, チュオッ ヴィー ティン	mouse マウス

日	越	英
～パッド	tấm lót chuột トム ローッ チュオッ	mouse pad マウス パド
まうんてんばいく **マウンテンバイク** mauntenbaiku	xe đạp leo núi, xe đạp địa hình セー ダープ レーゥ ヌーイ, セー ダープ ディア ヒン	mountain bike マウンテン バイク
まえ **前** mae	trước, đằng trước チュオク, ダング チュオク	front フラント
まえあし **前足** maeashi	bàn chân trước, chẳng trước バーン チョン チュオク, チャング チュオク	forefoot フォーフト
まえうりけん **前売券** maeuriken	vé bán trước, vé được đặt mua trước ヴェー バーン チュオク, ヴェー ドゥオク ダッ ムア チュオク	advance ticket アドヴァンス ティケト
まえがき **前書き** maegaki	lời nói đầu, lời tựa ローイ ノーイ ドゥ, ローイ トゥア	preface プレフェス
まえがみ **前髪** maegami	tóc mái トークプ マーイ	bangs, forelock, ⓑfringe バングズ, フォーラク, フリンヂ
まえきん **前金** maekin	tiền đặt trước, tiền trả trước ティエン ダッ チュオク, ティエン チャー チュオク	advance アドヴァンス
まえに (かつて) **前に** maeni	hồi trước, trước đó ホーイ チュオク, チュオク ドー	before, ago ビフォー, アゴウ
まえの **前の** maeno	trước mặt, đằng trước チュオク マッ, ダング チュオク	front, former フラント, フォーマ
まえば **前歯** maeba	răng cửa ザング クア	front teeth フラント ティース
まえばらい **前払い** maebarai	trả trước, thanh toán trước チャー チュオク, タハイント トゥアーン チュオク	advance payment アドヴァンス ペイメント
まえむきの **前向きの** maemukino	tiến thủ, tích cực ティエン トゥフー, ティク クーク	positive パズィティヴ

日	越	英
まえもって **前もって** maemotte	sẵn, trước サン, チュオク	beforehand ビ**フォー**ハンド
まかせる **任せる** makaseru	giao phó, phó thác ザーウ フォー, フォー ターク	leave, entrust **リー**ヴ, イント**ラ**スト
まがりかど **曲がり角** magarikado	góc phố ゴーク フォー	corner **コー**ナ
まがる **曲がる** magaru	cong, uốn コーンム, ウオン	bend, curve ベンド, **カー**ヴ
（道を）	rẽ, quẹo ゼー, クエーウ	turn **ター**ン
まかろに **マカロニ** makaroni	mì ống, nui ミー オーンム, ヌーイ	macaroni マカ**ロ**ウニ
まき **薪** maki	củi, bó củi クーイ, ボー クーイ	firewood **ファ**イアウド
まきじゃく **巻き尺** makijaku	thước cuộn トゥフオク クオン	tape measure **テ**イプ **メ**ジャ
まぎらわしい **紛らわしい** magirawashii	dễ lẫn lộn, khó phân biệt ゼー ロン ローン, コホー フォン ビエッ	misleading, confusing ミス**リー**ディング, コン**フュー**ズィング
まぎれる **紛れる** magireru	lẫn lộn, nhầm lẫn ロン ローン, ニオム ロン	(be) confused with (ビ) コン**フュー**ズド ウィズ
（気が）	phân tâm, sao nhãng フォン トム, サーウ ニャーング	(be) diverted by (ビ) ディ**ヴァー**テド バイ
まく **幕** maku	màn, bức màn マーン, ブーク マーン	curtain **カー**トン
（芝居の一段落）	màn, hồi マーン, ホーイ	act **ア**クト
まく **蒔く** （種を） maku	gieo ゼーウ	sow **ソ**ウ

日	越	英
まく **巻く** maku	cuốn, cuộn クオン, クオン	roll, wrap ロウル, ラプ
まく **撒く** maku	rải, tưới ザーイ, トゥオイ	sprinkle, scatter スプリンクル, スキャタ
まぐにちゅーど **マグニチュード** magunichuudo	cường độ động đất クオング ドー ドーンム ドッ	magnitude マグニテュード
まぐねしうむ **マグネシウム** maguneshiumu	ma giê, magnesium マー ジエ, マクネシウム	magnesium マグニーズィアム
まぐま **マグマ** maguma	đá magma, magma ダー マクマー, マクマー	magma マグマ
まくら **枕** makura	gối, cái gối ゴーイ, カーイ ゴーイ	pillow ピロウ
まくる **まくる** makuru	xắn, xắn lên サン, サン レーン	roll up ロウル アプ
まぐれ **まぐれ** magure	may mà trúng, may mà thắng マイ マー チューンム, マイ マー タハング	fluke フルーク
まぐろ **鮪** maguro	cá ngừ đại dương カー ングー ダーイ ズオング	tuna テューナ
まけ **負け** make	thua, bại トゥフア, バーイ	defeat ディフィート
まけどにあ **マケドニア** makedonia	Ma xê đô ni a マー セー ドー ニー アー	Macedonia マセドウニア
まける **負ける** makeru	thua, chịu thua トゥフア, チーウ トゥフア	(be) defeated, lose (ビ) ディフィーテド, ルーズ
(値段を)	giảm giá, bớt giá ザーム ザー, ボーッ ザー	reduce リデュース
まげる **曲げる** mageru	uốn, uốn cong ウオン, ウオン コーンム	bend ベンド

日	越	英
まご **孫** mago	cháu チャウ	grandchild グランドチャイルド
まごころ **真心** magokoro	chân thành, tấm chân tình チョン タハイン, トム チョン テイン	sincerity スィン**セ**リティ
まごつく **まごつく** magotsuku	lúng túng, bối rối ルーンム トゥーンム, ボーイ ゾーイ	(be) embarrassed (ビ) イン**バ**ラスト
まこと **誠** (真実) makoto	chân thật, thực tâm チョン タホッ, トゥフーク トム	truth ト**ルー**ス
(真心)	chân thành, thành tâm チョン タハイン, タハイント トム	sincerity スィン**セ**リティ
まざこん **マザコン** mazakon	đàn ông bám váy mẹ, anh chàng suốt ngày chỉ biết nghe lời mẹ ダーン オーンム バームム ヴァイ メー, アイン チャーング スオッ ンガイ チー ビエッ ンゲー ローイ メー	mother complex **マ**ザ **カ**ンプレクス
まさつ **摩擦** masatsu	ma sát, chà xát マー サーッ, チャー サーッ	friction フ**リ**クション
まさに **正に** masani	chính là, đúng là チン ラー, ドゥーンム ラー	just, exactly **チャ**スト, イグ**ザ**クトリ
まさる **勝る** masaru	hơn, vượt trội ホーン, ヴオッ チョーイ	(be) superior to (ビ) ス**ピ**アリア トゥ
まじっく **マジック** majikku	ảo thuật, bút dạ アーウ トゥフオッ, ブーッ ザー	magic **マ**ヂク
まじない **まじない** majinai	bùa mê, phép yêu ma ブア メー, フェープ イエウ マー	charm, spell **チャ**ーム, ス**ペ**ル
まじめな **真面目な** majimena	nghiêm túc, đứng đắn ンギエム トゥークプ, ドゥーング ダン	serious ス**ィ**アリアス
まじょ **魔女** majo	mụ phù thuỷ, mụ già xấu xí ムー フー トゥフイー, ムー ザー ソゥ シー	witch **ウィ**チ

日	越	英
まじる **混[交]じる** majiru	pha trộn, trộn lẫn	(be) mixed with
まじわる **交わる** majiwaru	giao nhau, cắt nhau	cross, intersect
ます **増す** masu	tăng, tăng thêm	increase
ます **鱒** masu	cá hồi cầu vồng	trout
ますい **麻酔** masui	gây mê, gây tê	anesthesia
まずい　(おいしくない) **まずい** mazui	dở, không ngon	not good
(よくない)	không tốt, không thích	not good
(出来が悪い)	kém, kém cỏi	poor
(得策でない)	không khôn ngoan, không thận trọng	unwise
ますかっと **マスカット** masukatto	nho xạ, nho muscat	muscat
ますから **マスカラ** masukara	mascara	mascara
ますく **マスク** masuku	khẩu trang, mặt nạ	mask
ますこみ **マスコミ** masukomi	truyền thông đại chúng	mass media
まずしい **貧しい** mazushii	nghèo, túng thiếu	poor

日	越	英
ますたーど **マスタード** masutaado	mù tạt ムー ターッ	mustard **マ**スタド
ますます **ますます** masumasu	càng ngày càng, ngày càng カーング ンガイ カーング, ンガイ カーング	more and more **モー** アンド **モー**
ますめでぃあ **マスメディア** masumedia	phương tiện truyền thông đại chúng フオング ティエン チュイエン トホーンム ダーイ チューンム	mass media **マ**ス **ミー**ディア
ませた **ませた** maseta	sớm phát triển, khôn sớm ソーム ファーッ チエン, コホーン ソーム	precocious プリ**コウ**シャス
まぜる **混[交]ぜる** mazeru	trộn, trộn lẫn チョーン, チョーン ロン	mix, blend **ミ**クス, **ブ**レンド
また **股** mata	háng, chạc cây ハーング, チャーク コイ	crotch ク**ラ**チ
また **又** mata	lại, nữa ラーイ, ヌア	again ア**ゲ**イン
（その上）	hơn nữa, vả lại ホーン ヌア, ヴァー ラーイ	moreover, besides モー**ロ**ウヴァ, ビ**サ**イヅ
まだ **未だ** mada	chưa, vẫn chưa チュア, ヴォン チュア	yet, still **イェ**ト, ス**ティ**ル
またがる **跨がる** matagaru	ngồi hai chân để hai bên, cưỡi ンゴーイ ハーイ チョン デー ハーイ ベーン, クオイ	straddle, mount スト**ラ**ドル, **マ**ウント
またぐ **跨ぐ** matagu	băng qua, vượt qua バング クアー, ヴオッ クアー	step over ス**テ**プ **オ**ウヴァ
またせる **待たせる** mataseru	để ai chờ, bắt ai đợi デー アーイ チョー, バッ アーイ ドーイ	keep waiting **キー**プ **ウェ**イティング
またたく **瞬く** matataku	nhấp nháy mắt, lập loè ニァプ ニャイ マッ, ロプルエー	wink, blink **ウィ**ンク, ブ**リ**ンク
または **又は** matawa	hoặc, hay フアク, ハイ	or **オー**

日	越	英
まだら **斑** madara	đốm, vết đốm ドーム, ヴェーッ ドーム	spots スパッツ
まち **町[街]** machi	phố, thành phố フォー, タハイン フォー	town, city **タ**ウン, ス**ィ**ティ
まちあいしつ **待合室** machiaishitsu	phòng đợi, phòng chờ フォーンム ドーイ, フォーンム チォー	waiting room **ウェ**イティング **ル**ーム
まちあわせる **待ち合わせる** machiawaseru	hẹn gặp, hẹn gặp mặt ヘーン ガプ, ヘーン ガプ マッ	arrange to meet, rendezvous with ア**レ**インヂ トゥ **ミ**ート, **ラ**ーンデイヴ ウィズ
まちがい **間違い** machigai	sai, lỗi サーィ, ローィ	mistake, error ミス**テ**イク, **エ**ラ
(過失)	làm lỗi, sai lầm ロム ローィ, サーィ ロム	fault, slip **フォ**ルト, ス**リ**プ
まちがえる **間違える** (誤る) machigaeru	làm, nhầm lẫn ロム, ニオム ロン	make a mistake **メ**イク ア ミス**テ**イク
(取り違える)	lẫn, lẫn lộn ロン, ロン ローン	mistake for ミス**テ**イク フォ
まちどおしい **待ち遠しい** machidooshii	mong chờ, mong đợi モーンム チォー, モーンム ドーイ	(be) looking forward to (ビ) **ル**キング **フォ**ーワド トゥ
まつ **待つ** matsu	chờ, đợi チォー, ドーイ	wait **ウェ**イト
まっかな **真っ赤な** makkana	đỏ thẫm, đỏ sẫm ドートホム, ドー ソム	bright red ブ**ラ**イト **レ**ド
まっき **末期** makki	cuối kỳ, thời kỳ cuối クオィ キー, トホーィ キー クオィ	end, last stage **エ**ンド, **ラ**スト ス**テ**イヂ
まっくらな **真っ暗な** makkurana	tối tăm, tối đen トーィ タム, トーィ デーン	pitch-dark **ピ**チ**ダ**ーク
まっくろな **真っ黒な** makkurona	đen kịt, đen sì デーン キーッ, デーン シー	deep-black **ディ**ープブ**ラ**ク

日	越	英
まつげ **まつげ** matsuge	lông mi, lông nheo ローンム ミー, ローンム ニェーゥ	eyelashes **ア**イラシェズ
まっさーじ **マッサージ** massaaji	mát xa, xoa bóp マーッ サー, スアー ボープ	massage マ**サー**ジ
〜する	xoa bóp, đấm bóp スアー ボープ, ドム ボープ	massage マ**サー**ジ
まっさおな **真っ青な** massaona	xanh thẫm, xanh sẫm サイン トホム, サイン ソム	deep blue **ディー**プ ブ**ルー**
（顔色が）	xanh tái, tái mét サイン ターィ, ターィ メーッ	pale ペイル
まっさきに **真っ先に** massakini	trước hết, đầu tiên チュオク ヘーッ, ドゥ ティエン	first of all **ファー**スト オヴ **オー**ル
まっしゅるーむ **マッシュルーム** masshuruumu	nấm ノム	mushroom **マ**シュルーム
まっしろな **真っ白な** masshirona	trắng xoá, trắng tinh チャング スアー, チャング ティン	pure white **ピュ**ア (ホ)**ワ**イト
まっすぐな **まっすぐな** massuguna	thẳng, thẳn tuốt タハング, タハント トゥオッ	straight スト**レ**イト
まっすぐに **まっすぐに** massuguni	thẳng, thẳng tuốt タハング, タハング トゥオッ	straight スト**レ**イト
まったく **全く** （完全に） mattaku	hoàn toàn, trọn vẹn フアーント トゥアーン, チョーン ヴェーン	completely, entirely コンプ**リー**トリ, イン**タ**イアリ
（全然）	cả, hết カー, ヘーッ	at all アト **オー**ル
（本当に）	thực sự, thật là トゥフック スー, トホッ ラー	really, truly **リー**アリ, ト**ルー**リ
まったん **末端** mattan	đầu cuối, điểm cuối ドゥ クオィ, ディエム クオィ	end, tip エンド, **ティ**プ

日	越	英
まっち **マッチ** macchi	diêm, diêm quẹt ジエム, ジエム クエーッ	match **マ**チ
(試合)	thi đấu, giao đấu ティヒー ドゥ, ザーウ ドゥ	match, bout **マ**チ, **バ**ウト
まっと **マット** matto	đệm, thảm デーム, タハーム	mat **マ**ト
まつばづえ **松葉杖** matsubazue	nạng, cái nạng ナーング, カーイ ナーング	crutches ク**ラ**チズ
まつり **祭り** matsuri	lễ, hội レー, ホーイ	festival **フェ**スティヴァル
まと **的** mato	đích, mục tiêu ディク, ムークプ ティエウ	mark, target **マ**ーク, **タ**ーゲト
まど **窓** mado	cửa sổ クア ソー	window **ウィ**ンドウ
〜口	bộ phận tiếp nhận, phòng tiếp nhận ボー フォン ティエプ ニョン, フォーンム ティエプ ニョン	window **ウィ**ンドウ
まとまる **まとまる** matomaru	gom lại, tập hợp lại ゴーム ラーィ, トプ ホープ ラーィ	(be) collected (ビ) コ**レ**クテド
まとめ **まとめ** matome	tóm tắt, tổng kết トーム タッ, トーンム ケーッ	summary **サ**マリ
まとめる **まとめる** matomeru	tóm tắt, tập hợp トーム タッ, トプ ホープ	collect, get together コ**レ**クト, ゲト ト**ゲ**ザ
(整える)	sắp xếp, sắp đặt サプ セープ, サプ ダッ	adjust, arrange ア**チャ**スト, ア**レ**インヂ
(解決する)	dàn xếp, giải quyết ザーン セープ, ザーィ クイエッ	settle **セ**トル
まどり **間取り** madori	bố trí các phòng ボー チー カーク フォーンム	layout of a house **レ**イアウト オヴ ア **ハ**ウス

日	越	英
まなー **マナー** manaa	tác phong, cách hành xử タークフォーンム, カイクハインスー	manners **マナ**ズ
まないた **まな板** manaita	thớt, cái thớt トホーッ, カーイトホーッ	cutting board **カ**ティング ボード
まなざし **眼差し** manazashi	ánh mắt, cái nhìn アインマッ, カーイニーン	look **ル**ク
まなつ **真夏** manatsu	giữa mùa hạ, ngay giữa mùa hè ズアムアハー, ンガイズアムアヘー	midsummer **ミ**ドサマ
まなぶ **学ぶ** manabu	học, học tập ホークプ, ホークプトプ	learn, study **ラ**ーン, ス**タ**ディ
まにあ **マニア** mania	người đam mê, người say mê ングオイダームメー, ングオイサイメー	maniac **メ**イニアク
まにあう **間に合う** maniau	kịp, kịp giờ キープ, キープゾー	(be) in time for (ビ) イン **タ**イム フォ
（必要を満たす）	đáp ứng đủ, thoả điều kiện ダープウーングドゥー, トゥフアーディエウキエン	answer, (be) enough **ア**ンサ, (ビ) イ**ナ**フ
まにあわせ **間に合わせ** maniawase	cái dùng tạm thời, cái thay thế tạm thời カーイズームタームトホーイ, カーイタハイテヘータームトホーイ	makeshift **メ**イクシフト
まにあわせる **間に合わせる** maniawaseru	dùng tạm thời, thay thế tạm thời ズームタームトホーイ, タハイテヘータームトホーイ	make do with メイク **ドゥ**ー ウィズ
まにきゅあ **マニキュア** manikyua	sơn móng tay, nước sơn móng tay ソーンモーンムタイ, ヌオクソーンモーンムタイ	manicure **マ**ニキュア
まにゅある **マニュアル** manyuaru	cẩm nang, sổ tay hướng dẫn コムナーング, ソータイフォングゾン	manual **マ**ニュアル
まぬがれる **免れる** manugareru	thoát khỏi, tránh khỏi トゥフアーツコホーイ, チャインコホーイ	avoid, evade ア**ヴォ**イド, イ**ヴェ**イド

日	越	英
まぬけな **間抜けな** manukena	dốt, dại ゾーッ, ザーィ	stupid, silly ス**テュ**ーピド, **ス**ィリ
まねーじゃー **マネージャー** maneejaa	người điều hành, người quản lý ングオィ ディエウ ハイン, ングオィ クアーンリー	manager **マ**ニヂャ
まねく **招く** maneku	mời, chiêu đãi モーィ, チエゥ ダーィ	invite イン**ヴァ**イト
（引き起こす）	gây, gây nên ゴィ, ゴィ ネーン	cause **コ**ーズ
まねする **真似する** manesuru	bắt chước, mô phỏng バッ チュオク, モー フォーンム	imitate, mimic **イ**ミテイト, **ミ**ミク
まばらな **まばらな** mabarana	thưa thớt, lơ thơ トゥファ トホッ, ロー トホー	sparse ス**パ**ース
まひ **麻痺** mahi	liệt, chứng liệt リエッ, チューング リエッ	paralysis パ**ラ**リスィス
〜する	liệt, bại liệt リエッ, バーィ リエッ	(be) paralyzed (ビ) **パ**ララライズド
まひる **真昼** mahiru	giữa trưa, mặt trời đứng bóng ズア チュア, マッ チォーィ ドゥーング ボーンム	midday, noon **ミ**ドデイ, **ヌ**ーン
まふぃあ **マフィア** mafia	mafia マフィアー	Mafia **マ**ーフィア
まぶしい **眩しい** mabushii	chói, chói mắt チォーィ, チォーィ マッ	glaring, dazzling グ**レ**アリング, **ダ**ズリング
まぶた **瞼** mabuta	mi, mi mắt ミー, ミー マッ	eyelid **ア**イリド
まふゆ **真冬** mafuyu	giữa mùa đông, ngay giữa mùa đông ズア ムア ドーンム, ンガィ ズア ムア ドーンム	midwinter **ミ**ドウィンタ

日	越	英
まふらー **マフラー** mafuraa	khăn choàng, khăn quàng cổ dài カハン チュアーング, カハン クアーング コー ザーイ	muffler **マ**フラ
まほう **魔法** mahou	ma thuật, yêu thuật マー トゥフオッ, イエウ トゥフオッ	magic **マ**デク
まぼろし **幻** maboroshi	hão huyền, viển vông ハーウ フイエン, ヴィエン ヴォーンム	phantom **ファ**ントム
まみず **真水** mamizu	nước sạch, nước ngọt ヌオク サイク, ヌオク ンゴーツ	fresh water フレシュ **ウォ**ータ
まめ **豆** mame	đậu, đỗ ドゥ, ドー	bean **ビ**ーン
まめつする **摩滅する** mametsusuru	mòn, bị mòn モーン, ビー モーン	(be) worn down (ビ) **ウォ**ーン **ダ**ウン
まもなく **間もなく** mamonaku	sắp sửa, chẳng bao lâu サプ スア, チャング バーウ ロゥ	soon **ス**ーン
まもり **守り** mamori	sự phòng thủ, sự chống giữ スー フォーンム トゥフー, スー チォーンム ズー	defense, Ⓑdefence ディ**フェ**ンス, ディ**フェ**ンス
まもる **守る** mamoru	che chở, bảo vệ チェー チョー, バーウ ヴェー	defend, protect ディ**フェ**ンド, プロ**テ**クト
まやく **麻薬** mayaku	ma tuý マー トゥイー	narcotic, drug ナー**カ**ティク, ド**ラ**グ
まゆ **眉** mayu	mày, lông mày マイ, ローンム マイ	eyebrow **ア**イブラウ
～**墨**	bút kẻ lông mày ブーッ ケー ローンム マイ	eyebrow pencil **ア**イブラウ **ペ**ンスル
まよう **迷う**（気持ちなどが） mayou	do dự, lưỡng lự ゾー ズー, ルオング ルー	hesitate, dither ヘ**ズ**ィテイト, **ディ**ザ
（道に）	lạc đường, lỡ bước ラーク ドゥオング, ロー ブオク	(be) lost, lose one's way (ビ) **ロ**ースト, **ル**ーズ **ウェ**イ

日	越	英
まよなか **真夜中** mayonaka	giữa khuya, nửa đêm ズア クフイア, ヌア デーム	midnight ミドナイト
まらそん **マラソン** marason	marathon, chạy đua marathon マラトン, チャイ ドゥア マラトン	marathon マラソン
まらりあ **マラリア** mararia	sốt rét, ngã nước ソッ ゼッ, ンガー ヌオク	malaria マレアリア
まりね **マリネ** marine	nước xốt, nước ướp ヌオク ソッ, ヌオク ウオプ	marinade マリネイド
まりふぁな **マリファナ** marifana	cần sa, đay Ấn độ コン サー, ディ オン ドー	marijuana マリワーナ
まる **丸** maru	tròn, hình tròn チョーン, ヒン チョーン	circle サークル
まるい **円[丸]い** marui	tròn, hình tròn チョーン, ヒン チョーン	round, circular ラウンド, サーキュラ
まるで **まるで** marude	hoàn toàn, đúng là フアーン トゥアーン, ドゥーンム ラー	completely, quite コンプリートリ, クワイト
まるまるとした **丸々とした** marumarutoshita	tròn trĩnh, phúng phính チョーン チン, フーンム フィン	plump プランプ
まれーしあ **マレーシア** mareeshia	Ma lai xi a マー ラーイ シー アー	Malaysia マレイジャ
まれな **稀な** marena	hiếm, hiếm có ヒエム, ヒエム コー	rare レア
まれに **稀に** mareni	hiếm khi, ít khi ヒエム キヒー, イーッ キヒー	rarely, seldom レアリ, セルドム
まろにえ **マロニエ** maronie	hạt dẻ ngựa, cây dẻ ngựa ハーッ ゼー ングア, コィ ゼー ングア	horse chestnut ホース チェスナト
まわす **回す** mawasu	quay, xoay クアィ, スアィ	turn, spin ターン, スピン

日	越	英
(順に渡す)	chuyền, giao チュイエン, ザーゥ	pass (around) パス (アラウンド)
まわり **周り** (周囲) mawari	xung quanh, chu vi スーンム クアイン, チュー ヴィー	circumference, perimeter サ**カム**ファレンス, ペリマタ
(付近)	phụ cận, lân cận フー コン, ロン コン	neighborhood ネイバフド
まわりみち **回り道** mawarimichi	đường vòng ドゥオング ヴォーンム	detour ディートゥア
まわる **回る** mawaru	đi quanh, đi vòng quanh ディー クアイン, ディー ヴォーンム クアイン	turn around, spin **ターン** アラウンド, スピン
(循環)	tuần hoàn, xoay vòng トゥオン フアーン, スアイ ヴォーンム	circulate **サー**キュレイト
まん **万** man	vạn, muôn ヴァーン, ムオン	ten thousand テン **サウ**ザンド
まんいち **万一** man-ichi	vạn nhất, hiếm có mà ヴァーン ニョッ, ヒエム コー マー	by any chance バイ エニ **チャ**ンス
まんいんである **満員である** man-indearu	đầy người, đông người ドイ ングオイ, ドーンム ングオイ	(be) full (ビ) **フ**ル
まんえんする **蔓延する** man-ensuru	lan truyền, lan tràn ラーン チュイエン, ラーン チャーン	spread スプレド
まんが **漫画** manga	truyện tranh, tranh trào phúng チュイエン チャイン, チャイン チャーウ フーンム	cartoon, comic カートゥーン, **カ**ミク
まんかいの **満開の** mankaino	nở rộ, mãn khai ノー ゾー, マーン カハーイ	in full bloom イン **フ**ル ブルーム
まんき **満期** manki	sự mãn hạn, hết hạn スー マーン ハーン, ヘーッ ハーン	expiration エクスピレイション
〜になる	mãn hạn, hết hạn マーン ハーン, ヘーッ ハーン	expire イクス**パ**イア

日	越	英
まんきつする **満喫する** mankitsusuru	vui thoả, vui chơi thoả thích ヴーイ トゥフアー，ヴーイ チョーイ トゥフアー ティヒク	enjoy fully インチョイ フリ
まんげきょう **万華鏡** mangekyou	kính vạn hoa キン ヴァーン フアー	kaleidoscope カライドスコウプ
まんげつ **満月** mangetsu	trăng tròn, trăng rằm チャング チョーン，チャング ザム	full moon フル ムーン
まんごー **マンゴー** mangoo	xoài スアーイ	mango マンゴウ
まんじょういっちで **満場一致で** manjouicchide	mọi người đều nhất trí, đồng tâm nhất trí モーイ ングオイ デーウ ニャッ チー，ドーンム タム ニャッ チー	unanimously ユーナニマスリ
まんしょん **マンション** manshon	chung cư, nhà tập thể チューンム クー，ニャー トプ テヘー	condominium カンドミニアム
まんせいの **慢性の** manseino	kinh niên, mãn tính キン ニエン，マーン ティン	chronic クラニク
まんぞく **満足** manzoku	sự thoả mãn, hài lòng スー トゥフアー マーン，ハーイ ローンム	satisfaction サティスファクション
～する	thoả mãn, thoả lòng トゥフアー マーン，トゥフアー ローンム	(be) satisfied with (ビ) サティスファイド ウィズ
～な	vừa lòng, vui lòng ヴア ローンム，ヴーイ ローンム	satisfactory サティスファクトリ
まんちょう **満潮** manchou	thuỷ triều lên cao トゥフイー チエゥ レーン カーウ	high tide ハイ タイド
まんてん **満点** manten	điểm tối đa, điểm tuyệt đối ディエム トーイ ダー，ディエム トゥイエッ ドーイ	perfect mark パーフェクト マーク
まんどりん **マンドリン** mandorin	đàn măng đô lin, mandolin ダーン マング ドー リーン，マンドリン	mandolin マンドリン

日	越	英
まんなか **真ん中** mannaka	trung tâm, chính giữa チューンム トム, チン ズア	center of **セ**ンタ オヴ
まんねり **マンネリ** manneri	đi vào lối mòn ディー ヴァーウ ローイ モーン	rut **ラ**ト
まんねんひつ **万年筆** mannenhitsu	bút máy ブーッ マィ	fountain pen **ファ**ウンティン ペン
まんびきする **万引きする** manbikisuru	ăn cắp, ăn cắp vặt アン カプ, アン カプ ヴァッ	shoplift **シャ**プリフト
まんぷくする **満腹する** manpukusuru	ăn no, no bụng アン ノー, ノー ブーンム	have eaten enough ハヴ **イー**トン イ**ナ**フ
まんべんなく **まんべんなく** （むらなく） manbennaku	đều, đồng đều デーウ, ドーンム デーウ	evenly **イー**ヴンリ
（漏れなく）	hết thảy, tất thảy ヘーッ タハイ, トッ タハイ	without exception ウィザウト イク**セ**プション
まんほーる **マンホール** manhooru	miệng cống, lỗ cống ミエンヶ コーンム, ロー コーンム	manhole **マ**ンホウル
まんもす **マンモス** manmosu	ma mút, voi ma mút マー ムーッ, ヴォーイ マー ムーッ	mammoth **マ**モス

み, ミ

日	越	英
み **実** mi	quả, trái クアー, チャーィ	fruit, nut フ**ルー**ト, **ナ**ト
み **身** mi	mình, thân thể ミン, トホン テヘー	body **バ**ディ
みあきる **見飽きる** miakiru	nhìn chán, xem chán mắt ニーン チャーン, セーム チャーン マッ	(be) sick of seeing (ビ) ス**ィ**ク オヴ ス**ィー**イング
みあげる **見上げる** miageru	ngẩng, ngước ンゴンヶ, ングオク	look up at **ル**ク ア**プ** アト

日	越	英
みあわせる **見合わせる** （延期する） miawaseru	hoãn, lùi lại フアーン，ルーイ ラーイ	postpone ポウストポウン
（互いに見合う）	nhìn nhau, nhìn vào mắt nhau ニーン ニャウ，ニーン ヴァーウ マッ ニャウ	look at each other ルク アト イーチ アザ
みーてぃんぐ **ミーティング** miitingu	họp, cuộc họp ホープ，クオク ホープ	meeting ミーティング
みいら **ミイラ** miira	xác ướp サーク ウオプ	mummy マミ
みうしなう **見失う** miushinau	bỏ sót, nhìn sót ボー ソーッ，ニーン ソーッ	miss, lose sight of ミス，ルーズ サイト オヴ
みうち **身内** miuchi	bà con, họ hàng バー コーン，ホー ハーング	relatives レラティヴズ
みえ **見栄** mie	khoa trương, phô trương クフアー チュオング，フォー チュオング	show, vanity ショウ，ヴァニティ
みえる **見える** mieru	nhìn thấy, trông thấy ニーン トホイ，チオーンム トホイ	see, (be) seen スィー，(ビ) スィーン
（見受けられる）	hình như, dường như ヒン ニュー，ズオング ニュー	look, seem ルク，スィーム
みおくる **見送る** miokuru	tiễn chân, đưa chân ティエン チオン，ドゥア チオン	see off, see スィー オーフ，スィー
みおとす **見落とす** miotosu	bỏ sót, để sót ボー ソーッ，デー ソーッ	overlook, miss オウヴァルク，ミス
みおろす **見下ろす** miorosu	nhìn xuống, coi khinh ニーン スオング，コーイ キヒン	look down ルク ダウン
みかいけつの **未解決の** mikaiketsuno	chưa giải quyết, chưa được giải quyết チュア ザーイ クイエッ，チュア ドゥオク ザーイ クイエッ	unsolved アンサルヴド
みかいの **未開の** mikaino	chưa khai phá, chưa khai hoá チュア カハーイ ファー，チュア カハーイ ファー	primitive, uncivilized プリミティヴ，アンスィヴィライズド

日	越	英
みかえり **見返り** mikaeri	phần thưởng, thưởng công フォン トゥフオング, トゥフオング コーンム	rewards リウォーヅ
みかく **味覚** mikaku	vị giác ヴィー ザーク	palate, sense of taste パレト, センス オヴ テイスト
みがく **磨く** migaku	đánh bóng, kì cọ ダイン ボーンム, キー コー	polish, brush パリシュ, ブラシュ
（技能を）	trau dồi, nâng cao チャウ ゾーイ, ノング カーウ	improve, train インプルーヴ, トレイン
みかけ **見かけ** mikake	vẻ ngoài, dáng vẻ ヴェー ングアーイ, ザーング ヴェー	appearance アピアランス
みかた **味方** mikata	phe mình, người ủng hộ フェー ミン, ングオイ ウーンム ホー	friend, ally フレンド, アライ
みかづき **三日月** mikazuki	trăng lưỡi liềm チャング ルオイ リエム	crescent moon クレセント ムーン
みかん **蜜柑** mikan	quýt, quả quýt クイーッ, クアー クイーッ	mandarin マンダリン
みかんせいの **未完成の** mikanseino	chưa hoàn thành, bỏ dở チュア フアーン タハイン, ボー ゾー	unfinished, incomplete アンフィニシュト, インコンプリート
みき **幹** miki	thân, thân cây トホン, トホン コイ	tree trunk, trunk トリー トランク, トランク
みぎ **右** migi	bên phải, phía tay phải ベーン ファーイ, フィア タイ ファーイ	right ライト
みぎうで **右腕** migiude	tay phải, cánh tay phải タイ ファーイ, カインム タイ ファーイ	right arm ライト アーム
ミキサー **ミキサー** mikisaa	máy trộn, máy xay マイ チョーン, マイ サイ	mixer, blender ミクサ, ブレンダ
みぐるしい **見苦しい**（下品な） migurushii	xấu xí, khiếm nhã ソウ シー, キヒエム ニャー	indecent インディーセント

日	越	英
(目障りな)	khó coi, chướng mắt コホー コーイ, チュオング マッ	unsightly, indecent アンサイトリ, インディーセント
みごとな 見事な migotona	tốt đẹp, tuyệt vời トーッ デプ, トゥイエッ ヴォーイ	beautiful, fine ビューティフル, ファイン
みこみ 見込み (可能性) mikomi	khả năng, sự có thể カハー ナング, スー コー テヘー	possibility パスィビリティ
(期待)	kỳ vọng, mong mỏi キー ヴォーンム, モーンム モーイ	prospect プラスペクト
(有望)	hứa hẹn, triển vọng フア ヘーン, チエン ヴォーンム	promise, hope プラミス, ホウプ
みこんの 未婚の mikonno	chưa kết hôn, chưa lập gia đình チュア ケーッ ホーン, チュア ロプ ザーディン	unmarried, single アンマリド, スィングル
みさ ミサ misa	thánh lễ タハインレー	mass マス
みさいる ミサイル misairu	tên lửa, hoả tiễn テーン ルア, フアー ティエン	missile ミスィル
みさき 岬 misaki	mũi, mũi đất ムーイ, ムーイ ドッ	cape ケイプ
みじかい 短い mijikai	ngắn, vắn ンガン, ヴァン	short, brief ショート, ブリーフ
みじめな 惨めな mijimena	khốn khổ, đáng thương コホーン コホー, ダーング トゥフオング	miserable, wretched ミゼラブル, レチド
みじゅくな 未熟な (熟していない) mijukuna	chưa chín, còn xanh チュア チーン, コーン サイン	unripe アンライプ
(発達していない)	non nớt, chưa chín chắn ノーン ノーッ, チュア チーン チャン	immature イマテュア
みしらぬ 見知らぬ mishiranu	lạ, lạ mặt ラー, ラー マッ	strange, unfamiliar ストレインヂ, アンファミリア

日	越	英
みしん **ミシン** mishin	máy khâu, máy may マイ コホウ，マイ マイ	sewing machine **ソウイング マシーン**
みす **ミス** (誤り) misu	lỗi, làm lẫn ローイ，ロム ロン	mistake **ミステイク**
みず **水** mizu	nước, nước lọc ヌオク，ヌオク ロークプ	water **ウォータ**
(水道の)	nước máy ヌオク マイ	tap water **タプ ウォータ**
(発泡性でない)	nước không ga ヌオク コホーンム ガー	still water **スティル ウォータ**
(発泡性の)	nước có ga ヌオク コー ガー	sparkling water, carbonated water **スパークリング ウォータ，カーボネイテド ウォータ**
みすいの **未遂の** misuino	chưa đạt, chưa thành công チュア ダーッ，チュア タハイン コーンム	attempted **アテンプテド**
みずいろ **水色** mizuiro	xanh nhạt, xanh nước biển サイン ニャーッ，サイン ヌオク ビエン	light blue **ライト ブルー**
みずうみ **湖** mizuumi	hồ, hồ ao ホー，ホー アーウ	lake **レイク**
みずがめざ **水瓶座** mizugameza	Cung Bảo Bình クーンム バーウ ビン	Water Bearer, Aquarius **ウォータ ベアラ，アクウェアリアス**
みずから **自ら** mizukara	tự mình, bản thân mình トゥー ミン，バーン トホン ミン	personally, in person **パーソナリ，イン パースン**
みずぎ **水着** mizugi	áo tắm, áo bơi アーウ タム，アーウ ボーイ	swimsuit **スウィムスート**
みずくさい **水臭い** mizukusai	khách khí, làm khách カハイク キヒー，ラーム カハイク	reserved, cold **リザーヴド，コウルド**

日	越	英
みずさし **水差し** mizusashi	bình nước, bình rót ビン ヌォク, ビン ゾート	pitcher, water jug, ⒷJug **ピ**チャ, **ウォ**ータ **チャ**グ, **チャ**グ
みずしらずの **見ず知らずの** mizushirazuno	lạ mặt, không quen biết ラー マッ, コホーンム クエーン ビエッ	strange ストレインヂ
みずたまもよう **水玉模様** mizutamamoyou	chấm tròn チョム チョーン	polka dots **ポ**ウルカ **ダ**ッツ
みすてりー **ミステリー** misuterii	điều huyền bí, tiểu thuyết trinh thám ディエウ フイエン ビー, ティエウ トゥフイエッ チン タハーム	mystery **ミ**スタリ
みすてる **見捨てる** misuteru	bỏ rơi, ruồng bỏ ボー ゾーイ, ズオング ボー	abandon アバンドン
みずぶくれ **水膨れ** mizubukure	rộp da, phồng da ゾープ ザー, フォーンム ザー	blister **ブ**リスタ
みずべ **水辺** mizube	bờ sông, bờ biển ボー ソーンム, ボー ビエン	waterside **ウォ**ータサイド
みずぼうそう **水ぼうそう** mizubousou	thuỷ đậu, bỏng rạ トゥフイー ドゥ, ボーンム ザー	chicken pox **チ**キン **パ**クス
みすぼらしい **みすぼらしい** misuborashii	xơ xác, tồi tàn ソー サーク, トーイ ターン	shabby **シャ**ビ
みずみずしい **瑞々しい** mizumizushii	tươi tắn, mượt mà トゥオイ タン, ムオッ マー	fresh フレシュ
みずむし **水虫** mizumushi	nước ăn chân, nước ăn tay ヌォク アン チョン, ヌォク アン タイ	store, shop スト-, **シャ**プ
みせ **店** mise	cửa hàng, hiệu クア ハーング, ヒエウ	store, shop スト-, **シャ**プ
みせいねん **未成年** miseinen	vị thành niên ヴィー タハイン ニエン	minor, person under age **マ**イナ, **パ**ースン アンダ **エ**イヂ
みせかけの **見せかけの** misekakeno	giả vờ, bịa đặt ザー ヴォー, ビア ダッ	feigned, pretend **フェ**インド, プリ**テ**ンド

745

み

日	越	英
みせびらかす 見せびらかす misebirakasu	khoe khoang, phô trương クフエー クフアーング, フォー チュオング	show off ショウ オーフ
みせびらき 店開き misebiraki	khai trương, mở hàng カハーイ チュオング, モー ハーング	opening オウプニング
みせもの 見せ物 misemono	biểu diễn, trình diễn ビエゥ ジエン, チン ジエン	show ショウ
みせる 見せる miseru	cho xem, trưng bày チョー セーム, チューング バイ	show, display ショウ, ディスプレイ
みぞ 溝 mizo	rãnh, cống ザイン, コーンム	ditch, gutter ディチ, ガタ
（隔たり）	khoảng cách, chênh lệch クフアーング カイク, チェン レク	gap ギャプ
みぞおち みぞおち mizoochi	mỏ ác モー アーク	pit of the stomach ピト オヴ ザ スタマク
みそこなう 見損なう（見逃す） misokonau	bỏ sót, lỡ xem ボー ソーッ, ロー セーム	fail to see フェイル トゥ スィー
（評価を誤る）	xét sai, đánh giá sai セーッ サーイ, ディン ザー サーイ	misjudge ミスチャヂ
みぞれ 霙 mizore	mưa tuyết ムア トゥイエッ	sleet スリート
みだし 見出し midashi	đầu đề, tiêu đề ドゥ デー, ティエゥ デー	headline, heading ヘドライン, ヘディング
みたす 満たす mitasu	làm đầy, đổ đầy ラーム ドイ, ドー ドイ	fill フィル
みだす 乱す midasu	làm lộn xộn, làm rối loạn ラーム ローン ソーン, ラーム ゾーイ ルアーン	throw into disorder スロウ イントゥ ディスオーダ
みだれる 乱れる midareru	lộn xộn, mất trật tự ローン ソーン, モッ チャッ トゥー	(be) out of order (ビ) アウト オヴ オーダ

日	越	英
みち **道** michi	đường, lối ドゥオング, ローイ	way, road **ウェ**イ, **ロ**ウド
みちがえる **見違える** michigaeru	nhầm lẫn, lẫn lộn ニャム ロン, ロン ローン	take for **テ**イク フォ
みちじゅん **道順** michijun	lộ trình, lịch trình ロー チン, リク チン	route, course **ル**ート, **コ**ース
みちすう **未知数** michisuu	ẩn số, số chưa biết オン ソー, ソー チュア ビエッ	unknown quantity アン**ノ**ウン ク**ワ**ンティティ
みちのり **道のり** michinori	quãng đường, hành trình クアーング ドゥオング, ハイン チン	distance **ディ**スタンス
みちびく **導く** michibiku	chỉ dẫn, hướng dẫn チー ゾン, フオング ゾン	lead, guide **リ**ード, **ガ**イド
みちる **満ちる** (潮が)	triều lên cao, thuỷ triều lên cao チエウ レーン カーウ, トゥフイー チエウ レーン カーウ	rise, flow **ラ**イズ, フロウ
(物が)	đầy đủ, tràn ngập ドイ ドゥー, チャーン ンゴプ	(be) filled with (ビ) **フィ**ルド ウィズ
みつかる **見つかる** mitsukaru	tìm thấy, phát hiện ティーム トホイ, ファーッ ヒエン	(be) found (ビ) **ファ**ウンド
みつける **見つける** mitsukeru	tìm ra, phát hiện ra ティーム ザー, ファーッ ヒエン ザー	find, discover **ファ**インド, ディス**カ**ヴァ
みっこう **密航** mikkou	buôn lậu, bí mật đi qua đường biển ブオン ロウ, ビー モッ ディー クアー ドゥオング ビエン	smuggling ス**マ**グリング
みっこくする **密告する** mikkokusuru	mật báo モッ バーウ	inform, tip off イン**フォ**ーム, **ティ**プ オーフ
みっしつ **密室** misshitsu	phòng bí mật, căn phòng bí mật フォーンム ビー モッ, カン フォーンム ビー モッ	secret room, closed room ス**ィ**ークレト **ル**ーム, ク**ロ**ウズド **ル**ーム

日	越	英
みっせつな **密接な** missetsuna	mật thiết, khăng khít	close, intimate
みつど **密度** mitsudo	mật độ	density
みつにゅうこく **密入国** mitsunyuukoku	nhập cảnh bất hợp pháp, nhập cảnh lậu	illegal entry into a country
みつばい **密売** mitsubai	buôn lậu	illicit sale
みつばち **蜜蜂** mitsubachi	ong mật, con ong mật	bee
みっぺいする **密閉する** mippeisuru	đóng kín, đóng chặt	close up
みつめる **見つめる** mitsumeru	nhìn chằm chằm, nhìn đăm đăm	gaze at
みつもり **見積もり** mitsumori	sự báo giá, ước tính	estimate
みつもる **見積もる** mitsumoru	báo giá, ước tính	estimate
みつやく **密約** mitsuyaku	thoả thuận bí mật, hiệp ước bí mật	secret understanding
みつゆ **密輸** mitsuyu	buôn lậu, nhập lậu	smuggling
みつりょう **密漁[猟]** mitsuryou	đánh bắt trái phép, đánh bắt lậu	poaching
みていの **未定の** miteino	chưa định, chưa quyết định	undecided

日	越	英
みとうの **未踏の** mitouno	chưa có người đặt chân đến, hoang vu チュア コー ングオイ ダッ チョン デーン, フアーング ヴー	unexplored アニクスプロード
みとおし **見通し** mitooshi	viễn cảnh, triển vọng ヴィエン カイン, チエン ヴォーンム	prospect プラスペクト
みとめる **認める** (受け入れる) mitomeru	thừa nhận, chấp nhận トゥフア ニオン, チオプ ニオン	accept, acknowledge アクセプト, アクナリヂ
(認識する)	nhận, công nhận ニオン, コーンム ニオン	recognize レコグナイズ
みどりいろ **緑色** midoriiro	màu xanh lá cây, màu lục マウ サイン ラー コイ, マウ ルークプ	green グリーン
みとりず **見取り図** mitorizu	phác hoạ, bức phác hoạ ファーク フアー, ブーク ファーク フアー	sketch スケチ
みとれる **見とれる** mitoreru	nhìn bằng ánh mắt ngưỡng mộ ニーン バング アイン マッ ングオング モー	look admiringly at ルク アドマイアリングリ アト
みな **皆** mina	tất cả, mọi người トッ カー, モー イ ングオイ	all オール
みなおす **見直す** (再検討する) minaosu	xem lại, kiểm tra lại セーム ライ, キエム チャー ライ	reexamine リーイグザミン
みなす **見なす** minasu	xem như, coi như セーム ニュー, コーイ ニュー	think of as スィンク オヴ アズ
みなと **港** minato	cảng, bến cảng カーング, ベーン カーング	harbor, port ハーバ, ポート
みなみ **南** minami	Nam, phía Nam ナーム, フィア ナーム	south サウス
みなみあふりか **南アフリカ** minamiafurika	Nam Phi, Cộng hoà Nam Phi ナーム フィー, コーンム フアー ナーム フィー	South Africa サウス アフリカ
みなみあめりか **南アメリカ** minamiamerika	Nam Mỹ, Mỹ La Tinh ナーム ミー, ミー ラー ティン	South America サウス アメリカ

日	越	英
みなみがわ **南側** minamigawa	phía Nam, bên phía Nam フィア ナーム, ベーン フィア ナーム	south side サウス サイド
みなみじゅうじせい **南十字星** minamijuujisei	sao Nam Thập Tự, chòm sao Nam Thập Tự サーウ ナーム トホプ トゥー, チョーム サーウ ナーム トホプ トゥー	Southern Cross サザン クロース
みなみはんきゅう **南半球** minamihankyuu	Nam bán cầu ナーム バーン コウ	Southern Hemisphere サザン ヘミスフィア
みなもと **源** minamoto	nguồn gốc, cội nguồn ングオン ゴークプ, コーイングオン	source ソース
みならい **見習い** minarai	học nghề, thực tập ホークプ ンゲー, トゥフークプ トプ	apprenticeship アプレンティスシプ
（の人）	người học nghề, thực tập sinh ングオイ ホークプ ンゲー, トゥフークプ トプ シン	apprentice アプレンティス
〜期間	thời gian học nghề, thời gian thực tập トホーイ ザーン ホークプ ンゲー, トホーイ ザーン トゥフークプ トプ	probationary period プロウベイショナリ ピアリオド
みならう **見習う** minarau	học nghề, học tập ホークプ ンゲー, ホークプ トプ	learn, imitate ラーン, イミテイト
みなり **身なり** minari	ăn mặc, trang phục アン マク, チャーング フークプ	dress, appearance ドレス, アピアランス
みなれた **見慣れた** minareta	quen mắt, quen mặt クエーン マッ, クエーン マッ	familiar, accustomed ファミリア, アカスタムド
みにくい **見にくい** minikui	khó nhìn, khó thấy コホー ニーン, コホー トホイ	hard to see ハード トゥ スィー
みにくい **醜い** minikui	xấu, xấu xí ソウ, ソウ シー	ugly アグリ
みにちゅあ **ミニチュア** minichua	mô hình thu nhỏ, mẫu vật thu nhỏ モー ヒン トゥフー ニオー, モウ ヴォッ トゥフー ニオー	miniature ミニアチャ

日	越	英
みぬく **見抜く** minuku	nhìn thấu, nhìn rõ ニーン トホゥ, ニーン ゾー	see through **スィー** スルー
みねらる **ミネラル** mineraru	khoáng, khoáng vật クフアーング, クフアーング ヴォッ	mineral **ミ**ナラル
～ウォーター	nước khoáng, nước suối ヌオク クフアーング, ヌオク スオイ	mineral water ミナラル **ウォー**タ
みのうの **未納の** minouno	chưa nộp, chưa trả チュア ノープ, チュア チャー	unpaid アン**ペイ**ド
みのがす **見逃す** (見落とす) minogasu	bỏ sót, không nhìn ra ボー ソーッ, コホーンム ニーン ザー	overlook オウヴァ**ル**ク
(黙認する)	bỏ qua, cho qua ボー クアー, チォー クアー	connive at, quietly condone コ**ナイ**ヴ アト, ク**ワイ**エトリ コン**ドウ**ン
みのしろきん **身代金** minoshirokin	tiền chuộc, tiền lo lót ティエン チュオク, ティエン ロー ローッ	ransom **ラ**ンソム
みのる **実る** (実がなる) minoru	có quả, chín muồi コー クアー, チーン ムオイ	ripen **ラ**イプン
(成果が上がる)	đạt kết quả, đạt thành quả ダーッ ケーッ クアー, ダーッ タハイン クアー	bear fruit ベア フ**ルー**ト
みはらし **見晴らし** miharashi	cảnh bao quát, toàn cảnh カイン バーウ クアーッ, トウアーン カイン	unbroken view, panoramic view アンブ**ロウ**クン **ヴュー**, パノ**ラ**ミク **ヴュー**
みはる **見張る** miharu	canh gác, canh chừng カイン ガーク, カイン チューング	keep under observation **キー**プ アンダ アブザ**ヴェイ**ション
みぶり **身振り** miburi	điệu bộ, cử chỉ ディエゥ ボー, クー チー	gesture **チェ**スチャ
みぶん **身分** mibun	địa vị xã hội, cảnh ngộ ディア ヴィー サー ホーイ, カイン ンゴー	social status **ソ**ウシャル ス**テイ**タス

日	越	英
～証明書	giấy chứng minh, thẻ căn cước	identity card アイデンティティ カード
みぼうじん 未亡人 miboujin	goá phụ, quả phụ	widow ウィドウ
みほん 見本 mihon	mẫu, hàng mẫu	sample, specimen サンプル, スペスィメン
みまう 見舞う mimau	thăm viếng, thăm hỏi	visit, inquire after ヴィズィット, インクワイア アフタ
みまもる 見守る mimamoru	trông, trông nom	keep one's eyes on キープ アイズ オン
みまわす 見回す mimawasu	nhìn quanh, xem xung quanh	look about ルク アバウト
みまん 未満 miman	dưới, ít hơn	under, less than アンダ, レス ザン
みみ 耳 mimi	tai, vành tai	ear イア
みみかき 耳掻き mimikaki	cái lấy ráy tai	earpick イアピク
みみず 蚯蚓 mimizu	giun, giun đất	earthworm アースワーム
みめい 未明 mimei	trước bình minh, trước rạng đông	before daybreak ビフォ デイブレイク
みもと 身元 mimoto	lý lịch, lai lịch	identity アイデンティティ
みゃく 脈 myaku	mạch, nhịp đập trái tim	pulse パルス
(見込み・望み)	triển vọng, khả năng	promise, hope プラミス, ホウプ

日	越	英
みやげ **土産** miyage	quà, món quà クアー, モーン クアー	souvenir スーヴ**ニ**ア
みやこ **都** miyako	thủ đô, kinh đô トゥフー ドー, キン ドー	capital (city) **キャ**ピトル (**ス**ィティ)
みゃんまー **ミャンマー** myanmaa	Miến Điện, Mi an ma ミエン ディエン, ミー アーン マー	Myanmar **ミャ**ンマ
みゅーじかる **ミュージカル** myuujikaru	ca vũ kịch, ca kịch カー ヴー キク, カー キク	musical **ミュー**ズィカル
みゅーじしゃん **ミュージシャン** myuujishan	nhạc sĩ ニャーク シー	musician ミュー**ズィ**シャン
みょうじ **名字** myouji	họ ホー	family name, surname **ファ**ミリ **ネ**イム, **サー**ネイム
みょうな **妙な** myouna	kỳ lạ, kỳ dị キー ラー, キー ジー	strange スト**レ**インヂ
みょうれいの **妙齢の** myoureino	trẻ trung, tươi đẹp チェー チューンム, トゥオイ デープ	young, blooming **ヤ**ング, ブ**ルー**ミング
みらい **未来** mirai	tương lai トゥオング ラーイ	future **フュー**チャ
みりぐらむ **ミリグラム** miriguramu	miligram, miligam ミリガーム, ミリガーム	milligram, Ⓑmilligramme **ミ**リグラム, **ミ**リグラム
みりめーとる **ミリメートル** mirimeetoru	milimet, ly ミリメーッ, リー	millimeter, Ⓑmillimetre **ミ**リミータ, **ミ**リミータ
みりょうする **魅了する** miryousuru	cuốn hút, lôi cuốn クオン フーッ, ローイ クオン	fascinate **ファ**スィネイト
みりょく **魅力** miryoku	sức hấp dẫn, sức quyến rũ スーク ホプ ゾン, スーク クイエン ズー	charm **チャ**ーム
〜的な	hấp dẫn, quyến rũ ホプ ゾン, クイエン ズー	charming **チャ**ーミング

日	越	英
みる **見る** miru	xem, nhìn セーム, ニーン	see, look at ス**ィ**ー, **ル**クアト
みるく **ミルク** miruku	sữa, sữa tươi スア, スアトゥオイ	milk **ミ**ルク
みれにあむ **ミレニアム** mireniamu	thiên niên kỷ, thời đại hoàng kim ティヒエン ニエン キー, トホーイ ダーイ フアーング キーム	millennium ミ**レ**ニアム
みれん **未練** miren	quyến luyến, gắn bó クイエン ルイエン, ガン ボー	attachment, regret ア**タ**チメント, リ**グ**レト
みわける **見分ける** miwakeru	phân biệt, khu biệt フォン ビエッ, クフー ビエッ	distinguish from ディス**ティ**ングウィシュ フラム
みわたす **見渡す** miwatasu	nhìn quanh, trông vời ニーン クアイン, チョーンム ヴォーイ	look out over **ル**クア**ウ**ト オウ**ヴァ**
みんえい **民営** min-ei	quản lý tư nhân, doanh nghiệp tư nhân クアーン リー トゥー ニオン, ズアインン ギエァトゥー ニオン	private management プライヴェト, **マ**ニヂメント
みんかんの **民間の** minkanno	tư nhân, cá nhân トゥー ニオン, カー ニオン	private, civil プライヴェト, ス**ィ**ヴィル
みんく **ミンク** minku	chồn, chồn vizon チョーン, チョーン ビゾン	mink **ミ**ンク
みんげいひん **民芸品** mingeihin	hàng thủ công mỹ nghệ, hàng thủ công ハーング トゥフー コーンム ミー ンゲー, ハーング トゥフー コーンム	folk craft article **フォ**ウク ク**ラ**フト **アー**ティクル
みんじそしょう **民事訴訟** minjisoshou	vụ án dân sự, tố tụng dân sự ヴー アーン ゾン スー, トー トゥーンム ゾン スー	civil action (lawsuit) ス**ィ**ヴィル **ア**クション (**ロ**ースート)
みんしゅう **民衆** minshuu	dân chúng, quần chúng nhân dân ゾン チューンム, クオン チューンム ニオン ゾン	people, populace **ピ**ープル, **パ**ピュラス
みんしゅか **民主化** minshuka	dân chủ hoá ゾン チュー フアー	democratization ディマクラティ**ゼ**イション

日	越	英
みんしゅしゅぎ **民主主義** minshushugi	chủ nghĩa dân chủ チュー ンギア ゾン チュー	democracy ディ**マ**クラスィ
みんぞく **民俗** minzoku	phong tục dân gian フォーンム トゥークプ ゾン ザーン	folk customs **フォ**ウク **カ**スタムズ
みんぞく **民族** minzoku	dân tộc ゾン トークプ	race, nation **レ**イス, **ネ**イション
～性	tính dân tộc, dân tộc tính ティン ゾン トークプ, ゾン トークプ ティン	racial characteristics **レ**イシャル キャラクタ**リ**スティクス
みんと **ミント** minto	bạc hà バーク ハー	mint **ミ**ント
みんぽう **民法** minpou	luật dân sự, dân luật ルオッ ゾン スー, ゾン ルオッ	civil law **ス**ィヴィル **ロ**ー
みんよう **民謡** min-you	dân ca ゾン カー	folk song **フォ**ウク **ソ**ーング
みんわ **民話** minwa	truyện dân gian, truyện cổ tích チュイエン ゾン ザーン, チュイエン コーティク	folk tale **フォ**ウク **テ**イル

む, ム

日	越	英
む **無** mu	hư không, hư vô フー コホーンム, フー ヴォー	nothing **ナ**スィング
むいしきに **無意識に** muishikini	vô ý thức, không có ý thức ヴォー イー トゥフーク, コホーンム コー イー トゥフーク	unconsciously アン**カ**ンシャスリ
むいちもんの **無一文の** muichimonno	không một đồng xu dính túi, nghèo xơ xác コホーンム モッ ドーンム スー ジン トゥーイ, ンゲーウ ソー サーク	penniless **ペ**ニレス
むいみな **無意味な** muimina	vô nghĩa, không có ý nghĩa ヴォー ンギア, コホーンム コー イー ンギア	meaningless **ミ**ーニングレス

日	越	英
むーるがい **ムール貝** muurugai	vẹm, con vẹm ヴェーム, コーン ヴェーム	mussel **マ**サル
むえきな **無益な** muekina	vô ích, không ích gì ヴォー イク, コホーンム イク ジー	futile **フュー**トル
むかいあう **向かい合う** mukaiau	đối diện, đối diện nhau ドーイ ジエン, ドーイ ジエン ニャウ	face **フェ**イス
むかいがわ **向かい側** mukaigawa	trước mặt, đối diện チュオク マッ, ドーイ ジエン	opposite side **ア**ポズィット **サ**イド
むがいな **無害な** mugaina	vô hại, không gây tác hại gì ヴォー ハーイ, コホーンム ゴイ ターク ハーイ ジー	harmless **ハー**ムレス
むかう **向かう** (進む) mukau	hướng về, tiến về フオング ヴェー, ティエン ヴェー	go to, leave for **ゴ**ウ トゥ, **リー**ヴ フォ
(面する)	đối diện, đứng trước mặt ドーイ ジエン, ドゥーング チュオク マッ	face, look on **フェ**イス, **ル**ク オン
むかえる **迎える** mukaeru	đón, tiếp ドーン, ティエプ	meet, welcome **ミー**ト, **ウェ**ルカム
むかし **昔** (ずっと前) mukashi	xưa, ngày xưa スア, ンガイ スア	long ago **ロー**ング ア**ゴ**ウ
(古い時代)	thời cổ, cổ xưa トホーイ コー, コー スア	old times **オ**ウルド **タ**イムズ
むかつく **むかつく** (胃が) mukatsuku	buồn nôn, nôn mửa ブオン ノーン, ノーン ムア	feel sick, feel nauseous **フィー**ル ス**ィ**ク, **フィー**ル **ノー**シャス
(腹が立つ)	bực tức, nổi đoá ブック トゥーク, ノーイ ドゥアー	(get) disgusted (ゲト) ディス**ガ**ステド
むかで **百足** mukade	con rết, rết コーン ゼーッ, ゼーッ	centipede **セ**ンティピード
むかんけいな **無関係な** mukankeina	không có quan hệ コホーンム コー クアーン ヘー	irrelevant イ**レ**レヴァント

日	越	英
むかんしん **無関心** mukanshin	không quan tâm, thờ ơ コホーンム クアーン トム, トホー オー	indifference インディファレンス
むき **向き** muki	phía, phương hướng フィア, フオング フオング	direction ディレクション
むぎ **麦** (小麦) mugi	mì, lúa mì ミー, ルア ミー	wheat (ホ)**ウィ**ート
(大麦)	đại mạch, lúa mạch ダーイ マイク, ルア マイク	barley **バ**ーリ
むきげんの **無期限の** mukigenno	không giới hạn, không hạn định コホーンム ゾーイ ハーン, コホーンム ハーン デイン	indefinite イン**デ**フィニト
むきだしの **剥き出しの** mukidashino	trần, trần truồng チョン, チョン チュオング	bare, naked ベア, **ネ**イキド
むきちょうえき **無期懲役** mukichoueki	chung thân, tù chung thân チューンム トホン, トゥー チューンム トホン	life imprisonment **ラ**イフ インプ**リ**ズンメント
むきりょくな **無気力な** mukiryokuna	không có nghị lực, thiếu năng động コホーンム コー ンギー ルーク, ティヒエウ ナング ドーンム	inactive, lazy イ**ナ**クティヴ, **レ**イズィ
むきんの **無菌の** mukinno	vô trùng, vô khuẩn ヴォー チューンム, ヴォー クフオン	germ-free **ヂ**ャームフ**リ**ー
むく **向く** (適する) muku	thích hợp, phù hợp ティヒク ホープ, フー ホープ	suit **ス**ート
(面する)	quay mặt, đứng trước mặt クアイ マッ, ドゥーング チュオク マッ	turn to face **タ**ーン トゥ **フェ**イス
むく **剥く** muku	bóc, gọt ボークプ, ゴーッ	peel, pare **ピ**ール, **ペ**ア
むくいる **報いる** mukuiru	báo đáp, đền đáp バーゥ ダープ, デーン ダープ	repay, reward リ**ペ**イ, リ**ウォ**ード

日	越	英
むくちな **無口な** mukuchina	ít nói, kiệm lời イーッ ノーイ, キエム ローイ	taciturn, silent **タ**スィターン, **サ**イレント
むくむ **むくむ** mukumu	phù, phù nề フー, フー ネー	swell ス**ウェ**ル
むけいの **無形の** mukeino	vô hình, không sờ nắm được ヴォー ヒン, コホーンム ソー ナム ドゥオク	intangible インタンデブル
むける **向ける** mukeru	quay về, hướng về クアィ ヴェー, フオング ヴェー	turn to, direct to **タ**ーン トゥ, ディ**レ**クト トゥ
むげんの **無限の** mugenno	vô hạn, vô biên ヴォー ハーン, ヴォー ビエン	infinite **イ**ンフィニト
むこう **向こう** （先方） mukou	bên kia, đối thủ ベーン キア, ドーイ トゥフー	other party **ア**ザ **パ**ーティ
（反対側）	phía bên kia, phía đối diện フィア ベーン キア, フィア ドーイ ジエン	opposite side **ア**ポズィト **サ**イド
むこう **無効** mukou	sự vô hiệu, không có hiệu lực スー ヴォー ヒエゥ, コホーンム コー ヒエゥ ルーク	invalidity インヴァ**リ**ディティ
～の	vô hiệu, không có hiệu lực ヴォー ヒエゥ, コホーンム コー ヒエゥ ルーク	invalid イン**ヴァ**リド
むこうみずな **向こう見ずな** mukoumizuna	liều lĩnh, cả gan リエゥ リン, カー ガーン	reckless **レ**クレス
むこくせきの **無国籍の** mukokusekino	vô quốc tịch ヴォー クオク ティク	stateless ス**テ**イトレス
むごん **無言** mugon	lăng thinh, nín lặng ラング ティヒン, ニーン ラング	silence, mum **サ**イレンス, **マ**ム
むざい **無罪** muzai	vô tội, không có tội ヴォー トーイ, コホーンム コー トーイ	innocence **イ**ノセンス
むざんな **無残な** muzanna	thảm khốc, bi thảm タハーム コホークプ, ビー タハーム	miserable, cruel **ミ**ゼラブル, ク**ル**エル

日	越	英
むし **虫** mushi	sâu, sâu bọ ソウ, ソウ ボー	insect **イ**ンセクト
（みみずの類）	giun, trùng ズーン, チューンム	worm **ワ**ーム
むしあつい **蒸し暑い** mushiatsui	oi, oi bức オーイ, オーイ ブーク	hot and humid **ハ**ト アンド **ヒュ**ーミド
むしする **無視する** mushisuru	mặc kệ, làm lơ マク ケー, ラーム ロー	ignore イグ**ノ**ー
むした **蒸した** mushita	hấp ホプ	steamed ス**ティ**ームド
むじつ **無実** mujitsu	sự vô tội, không có tội スー ヴォー トーイ, コホーンム コー トーイ	innocence **イ**ノセンス
～の	vô tội, không có tội ヴォー トーイ, コホーンム コー トーイ	innocent **イ**ノセント
むじの **無地の** mujino	trơn, không có hoa văn チォーン, コホーンム コー フアー ヴァン	plain, unpatterned プレイン, アンパタンド
むしば **虫歯** mushiba	răng sâu ザング ソウ	cavity, tooth decay **キャ**ヴィティ, **トゥ**ース ディ**ケ**イ
むしばむ **蝕む** mushibamu	bị sâu, bị sâu ăn ビー ソウ, ビー ソウ アン	spoil, affect ス**ポ**イル, ア**フェ**クト
むしめがね **虫眼鏡** mushimegane	kính lúp キン ループ	magnifying glass **マ**グニファイイング **グ**ラス
むじゃきな **無邪気な** mujakina	ngây thơ, trong trắng ンゴイ トホー, チォーンム チャング	innocent **イ**ノセント
むじゅん **矛盾** mujun	sự mâu thuẫn, xung đột スー モウ トゥフオン, スーンム ドーッ	contradiction カントラ**ディ**クション
～する	mâu thuẫn モウ トゥフオン	(be) inconsistent with (ビ) インコン**スィ**ステント **ウィ**ズ

む

日	越	英
むじょう **無常** mujou	vô thường, biến đổi ヴォー トゥフオング, ビエン ドーイ	mutability ミュータビリティ
むじょうけんの **無条件の** mujoukenno	vô điều kiện, không có điều kiện ヴォー ディエゥ キエン, コホーム コー ディエゥ キエン	unconditional アンコンディショナル
むじょうな **無情な** mujouna	vô tình, không có lòng trắc ẩn ヴォー ティン, コホーム コー ローム チャク オン	heartless, cold ハートレス, コウルド
むしょうの **無償の** mushouno	không lấy tiền, không mất tiền コホーム ロイ ティエン, コホーム モッ ティエン	gratis, voluntary グラティス, ヴァランテリ
むしょくの **無職の** mushokuno	thất nghiệp, không có việc làm トホッ ンギエプ, コホーム コー ヴィエク ラーム	without occupation ウィザウト アキュペイション
むしょくの **無色の** mushokuno	không màu, vô sắc コホーム マウ, ヴォー サク	colorless, Ⓑcolourless カラレス, カラレス
むしる **むしる** mushiru	bứt, vặt ブーッ, ヴァッ	pluck, pick プラク, ピク
むしろ **むしろ** mushiro	thà, thà rằng ターハー, ターハー ザング	rather than ラザ ザン
むしんけいな **無神経な** mushinkeina	không có cảm giác, không nhạy cảm コホーム コー カーム ザック, コホーム ニャイ カーム	insensitive インセンスィティヴ
むじんぞうの **無尽蔵の** mujinzouno	vô tận, bất tận ヴォー トン, ボッ トン	inexhaustible イニグゾースティブル
むじんとう **無人島** mujintou	đảo hoang ダーウ フアーング	uninhabited island, desert island アニンハビテド アイランド, デザト アイランド
むしんに **無心に** mushinni	vô tư, hồn nhiên ヴォートゥー, ホーン ニエン	innocently イノセントリ

日	越	英
むせる **むせる** museru	tắc cổ họng, nghẹt タク コー ホーンム, ングーッ	(be) choked with (ビ) **チョ**ウクト ウィズ
むせん **無線** musen	vô tuyến điện, không dây ヴォー トゥイエン ディエン, コホーンム ゾィ	wireless **ワ**イアレス
むだ **無駄** muda	uổng, uổng phí ウオング, ウオング フィー	waste **ウェ**イスト
～な	vô ích, vô dụng ヴォー イク, ヴォー ズーンム	useless, futile **ユ**ースレス, **フュ**ートル
むだんで **無断で** mudande	không được phép コホーンム ドゥオク フェープ	without notice ウィザウト **ノ**ウティス
むたんぽで **無担保で** mutanpode	không thế chấp, không có vật bảo đảm コホーンム テヘー チョプ, コホーンム コー ヴォッ パーウ ダーム	without security ウィザウト スィ**キュ**アリティ
むちな **無知な** muchina	ngu dốt, dốt nát ングー ゾーッ, ゾーッ ナーッ	ignorant **イ**グノラント
むちゃな **無茶な** muchana	vô lý, bậy bạ ヴォー リー, ボィ バー	unreasonable アン**リ**ーズナブル
むちゅうである **夢中である** muchuudearu	miệt mài, say mê ミエッ マーイ, サィ メー	(be) absorbed in (ビ) アブ**ソ**ーブド イン
むてんかの **無添加の** mutenkano	không có chất phụ gia, không dùng chất phụ gia コホーンム コー チョッ フー ザー, コホーンム ズーンム チョッ フー ザー	additive-free **ア**ディティヴフリー
むとんちゃくな **無頓着な** mutonchakuna	không câu nệ, hờ hững コホーンム コウ ネー, ホー フーング	indifferent イン**ディ**ファレント
むなしい **空しい** munashii	trống rỗng, rỗng không チォーンム ゾーンム, ゾーンム コホーンム	empty, vain **エ**ンプティ, **ヴェ**イン
むね **胸** mune	ngực, ức ングーク, ウーク	breast, chest ブレスト, **チェ**スト

日	越	
むしんろん **無神論** mushinron	thuyết vô thần, vô thần luận トゥフイエッ ヴォー トホン, ヴォー トホン ルオン	atheism エイスィイズム
むす **蒸す** musu	hấp cách thuỷ, chưng ホプ カイク トゥフイー, チューング	steam スティーム
むすうの **無数の** musuuno	vô số, không đếm được ヴォー ソー, コホーンム デーム ドゥオク	innumerable イニューマラブル
むずかしい **難しい** muzukashii	khó, khó khăn コホー, コホー カハン	difficult, hard ディフィカルト, ハード
むすこ **息子** musuko	con trai コーン チャーイ	son サン
むすびつく **結び付く** musubitsuku	gắn chặt, gắn bó ガン チャッ, ガン ボー	(be) tied up with, bond together (ビ) タイド アプ ウィズ, バンド トゲザ
むすびめ **結び目** musubime	mối thắt, nút thắt モーイ タハッ, ヌーッ タハッ	knot ナト
むすぶ **結ぶ** musubu	thắt, kết chặt タハッ, ケーッ チャッ	tie, bind タイ, バインド
(つなぐ)	nối, nối liền ノーイ, ノーイ リエン	link with リンク ウィズ
(締結する)	nối, ký kết ノーイ, キー ケーッ	make, conclude メイク, コンクルード
むすめ **娘** musume	con gái, cô gái コーン ガーイ, コー ガーイ	daughter ドータ
むせいげんの **無制限の** museigenno	không hạn chế, không có giới hạn コホーンム ハーン チェー, コホーンム コー ゾーイ ハーン	free, unrestricted フリー, アンリストリクテド
むせきにんな **無責任な** musekininna	vô trách nhiệm, không có trách nhiệm ヴォー チャイク ニエム, コホーンム コー チャイク ニエム	irresponsible イリスパンスィブル

日	越	英
むねやけ **胸焼け** muneyake	ợ nóng, chứng ợ nóng オー ノーンム, チューング オー ノーンム	heartburn ハートバーン
むのうな **無能な** munouna	thiếu khả năng, bất tài ティヒエウ カハー ナング, ボッ ターィ	incompetent インカンピテント
むのうやくの **無農薬の** munouyakuno	không dùng thuốc trừ sâu コホーンム ズーンム トゥフオク チュー ソウ	pesticide-free ペスティサイドフリー
むふんべつな **無分別な** mufunbetsuna	thiếu thận trọng, không cẩn thận ティヒエウ トホン チォーンム, コホーンム コン トホン	imprudent インプルーデント
むほうな **無法な** muhouna	phi lý, trái lẽ フィー リー, チャーィ レー	unjust, unlawful アンヂャスト, アンローフル
むぼうな **無謀な** mubouna	khinh suất, táo bạo キヒン スオッ, ターゥ バーゥ	reckless レクレス
むほん **謀反** muhon	âm mưu nổi loạn, phiến loạn オム ムーゥ ノーィ ルアーン, フィエン ル アーン	rebellion リベリオン
むめいの **無名の** mumeino	vô danh, không tên tuổi ヴォー ザイン, コホーンム テーン トゥオィ	nameless, unknown ネイムレス, アンノウン
むら **村** mura	làng, xóm ラーング, ソーム	village ヴィリヂ
むらがる **群がる** muragaru	lâu nhâu, xúm xít ロゥ ニオゥ, スーム シーッ	gather, flock ギャザ, フラク
むらさきいろ **紫色** murasakiiro	tím, màu tím ティーム, マゥ ティーム	purple, violet パープル, ヴァイオレト
むりな **無理な** murina	không có khả năng, không khả thi コホーンム コー カハー ナング, コホーンム カハー ティヒー	impossible インパスィブル
むりょうの **無料の** muryouno	miễn phí ミエン フィー	free フリー

日	越	英
むりょくな **無力な** muryokuna	bất lực ボッ ルーク	powerless パウアレス
むれ **群れ** mure	đàn, đám ダーン, ダーム	group, crowd グループ, クラウド

め, メ

日	越	英
め **目** me	mắt, con mắt マッ, コーン マッ	eye アイ
め **芽** me	mầm, chồi モム, チョーイ	sprout, bud スプラウト, バド
めあて **目当て** meate	nhằm, nhắm ニャム, ニャム	aim, objective エイム, オブ**ジェ**クティヴ
めい **姪** mei	cháu gái チャウ ガーイ	niece ニース
めいあん **名案** meian	ý tưởng tốt, gợi ý hay イー トゥオング トッ, ゴーイ イー ハイ	good idea **グ**ド アイ**ディ**ーア
めいおうせい **冥王星** meiousei	sao Diêm Vương, Diêm Vương Tinh サーウ ジエム ヴオング, ジエム ヴオング ティン	Pluto プルートウ
めいかいな **明快な** meikaina	rõ rệt, rõ ràng ゾー ゼッ, ゾー ザーング	clear, lucid クリア, **ル**ースィド
めいかくな **明確な** meikakuna	minh xác, xác đáng ミン サーク, サーク ダーング	clear, accurate クリア, **ア**キュレト
めいがら **銘柄** meigara	nhãn hiệu, mác ニャーン ヒエウ, マーク	brand, description ブランド, ディスク**リ**プション
めいぎ **名義** meigi	danh nghĩa, họ tên ザイン ンギア, ホー テーン	name ネイム
めいさい **明細** meisai	chi tiết, tỉ mỉ チー ティエッ, ティー ミー	details **ディ**ーテイルズ

日	越	英
めいさく **名作** meisaku	kiệt tác, tuyệt tác キエッ ターク, トゥイエッ ターク	masterpiece **マ**スタピース
めいし **名刺** meishi	danh thiếp, các vi dít ザイン ティヒエプ, カーク ヴィー ジーッ	business card ビズネス **カ**ード
めいし **名詞** meishi	danh từ ザイン トゥー	noun **ナ**ウン
めいしょ **名所** meisho	danh thắng, danh lam thắng cảnh ザイン **タ**ハング, ザイン ラーム タハング カイン	noted place, notable sights ノウテド プレイス, ノウタブル **サ**イツ
めいしん **迷信** meishin	mê tín, mệ tín dị doan メー ティーン, メー ティーン ジー ズアーン	superstition スーパス**ティ**ション
めいじん **名人** meijin	danh nhân, người có tên tuổi ザイン ニオン, ングオイ コー テーン トゥオイ	master, expert **マ**スタ, エクス**パ**ート
めいせい **名声** meisei	danh tiếng, tên tuổi ザイン ティエング, テーン トゥオイ	fame, reputation **フェ**イム, レピュ**テ**イション
めいそう **瞑想** meisou	trầm ngâm, trầm tư mặc tưởng チャム ンゴム, チャム トゥー マク トゥオング	meditation メディ**テ**イション
めいちゅうする **命中する** meichuusuru	trúng, trúng đích チューム, チューム ディク	hit **ヒ**ト
めいはくな **明白な** meihakuna	sáng tỏ, minh bạch サーング トー, ミン バイク	clear, evident ク**リ**ア, **エ**ヴィデント
めいぶつ **名物** meibutsu	đặc sản, sản phẩm đặc biệt ダク サーン, サーン フォム ダク ビエッ	special product ス**ペ**シャル プ**ラ**ダクト
めいぼ **名簿** meibo	danh bạ, danh sách ザイン バー, ザイン サイク	list of names リスト オヴ **ネ**イムズ
めいめい **銘々** meimei	mỗi, từng モーイ, トゥーング	each, everyone **イ**ーチ, **エ**ヴリワン

日	越	英
めいよ **名誉** meiyo	danh dự, vinh dự ザイン ズー, ヴィン ズー	honor, ⒷHonour **ア**ナ, ア**ナ**
〜棄損	phỉ báng, bôi nhọ uy tín フィー バーング, ボーイ ニョー ウイーティーン	libel, slander **ラ**イベル, ス**ラ**ンダ
めいりょうな **明瞭な** meiryouna	rành mạch, rõ ràng ザイン マイク, ゾー ザーング	clear, plain **ク**リア, **プ**レイン
めいる **滅入る** meiru	trầm cảm, u sầu チャム カーム, ウー ソウ	feel depressed **フ**ィール ディ**プ**レスト
めいれい **命令** meirei	lệnh, mệnh lệnh レン, メン レン	order, command **オ**ーダ, コ**マ**ンド
〜する	ra lệnh, ra chỉ thị ザー レン, ザー チー ティヒー	order **オ**ーダ
めいろ **迷路** meiro	mê lộ, mê cung メー ロー, メー クーンム	maze, labyrinth **メ**イズ, **ラ**ビリンス
めいろうな **明朗な** meirouna	vui tính, tươi sáng ヴーイ ティン, トゥオイ サーング	cheerful, bright **チ**アフル, **ブ**ライト
めいわく **迷惑** meiwaku	phiền phức, phiền nhiễu フィエン フーク, フィエン ニエウ	trouble, nuisance ト**ラ**ブル, **ニュ**ースンス
〜する	cảm thấy phiền phức, thấy phiền カーム トホイ フィエン フーク, トホイ フィエン	(be) troubled by, (be) inconvenienced by (ビ) ト**ラ**ブルド バイ, (ビ) インコン**ヴ**ィーニエンスト バイ
めうえ **目上** meue	bề trên, cấp trên ベー チェーン, コプ チェーン	superiors ス**ピ**アリアズ
めーかー **メーカー** meekaa	người sáng tạo, nhà sản xuất ングオイ サーング ターウ, ニャー サーン スオッ	maker, manufacturer **メ**イカ, マニュ**フ**ァクチャラ
めーたー **メーター** meetaa	đồng hồ đo, thước đo ドーンム ホー ドー, トゥフォク ドー	meter **ミ**ータ

日	越	英
めーとる **メートル** meetoru	mét, thước メーツ, トゥフオク	meter, ⓑmetre ミータ, ミータ
めかくし **目隠し** mekakushi	bịt mắt, che mắt ビーッ マッ, チェー マッ	blindfold ブラインドフォウルド
めかた **目方** mekata	trọng lượng, cân nặng チョーンム ルオング, コン ナング	weight ウェイト
めかにずむ **メカニズム** mekanizumu	cơ cấu, cơ chế コー コウ, コー チェー	mechanism メカニズム
めがね **眼鏡** megane	kính, kiếng キン, キエング	glasses グラスィズ
めがへるつ **メガヘルツ** megaherutsu	mê ga hẹc, mega hertz メー ガー ヘーク, メガ ヘツ	megahertz メガハーツ
めがみ **女神** megami	nữ thần, vị thần nữ ヌー トホン, ヴィー トホン ヌー	goddess ガデス
めきしこ **メキシコ** mekishiko	Mê hi cô, Mễ Tây Cơ メー ヒー コー, メー トィ コー	Mexico メクスィコウ
めきめき **めきめき** mekimeki	lia lịa, nhảy vọt リア リア, ニャイ ヴォーッ	rapidly, markedly ラピドリ, マーケドリ
めぐすり **目薬** megusuri	thuốc đau mắt, thuốc nhỏ mắt トゥフオク ダウ マッ, トゥフオク ニョー マッ	eye drops アイ ドラプス
めぐまれる **恵まれる** megumareru	hạnh phúc, may mắn ハイン フークプ, マイ マン	(be) blessed with (ビ) ブレスト ウィズ
めぐみ **恵み** (恩恵) megumi	ân huệ, ơn huệ オン フエー, オーン フエー	favor, ⓑfavour フェイヴァ, フェイヴァ
(天恵)	phúc lành, ơn phúc フークプ ライン, オーン フークプ	blessing ブレスィング
めぐらす **巡らす** megurasu	quay tròn, bao vây クアイ チョーン, バーウ ヴォイ	surround サラウンド

日	越	英
めくる **めくる** mekuru	lật, giở	turn over, flip
めぐる **巡る** meguru	đi tuần, du lịch	travel around
めざす **目指す** mezasu	nhắm, nhắm đến	aim at
めざましい **目覚ましい** mezamashii	đáng chú ý, nổi bật	remarkable
めざましどけい **目覚まし時計** mezamashidokei	đồng hồ báo thức	alarm clock
めざめる **目覚める** mezameru	tỉnh giấc, thức giấc	awake
めした **目下** meshita	bề dưới, cấp dưới	inferiors
めしべ **雌しべ** meshibe	nhuỵ, nhị cái	pistil
めじるし **目印** mejirushi	dấu hiệu, mục tiêu	sign, mark
めす **雌** mesu	cái, nái	female
めずらしい **珍しい** mezurashii	hiếm, mới lạ	unusual, rare
めだつ **目立つ** medatsu	bắt mắt, nổi bật	(be) conspicuous
めだま **目玉** medama	nhãn cầu, cầu mắt	eyeball
～焼き	trứng ốp la	sunny-side-up, fried egg

日	越	英
めだる **メダル** medaru	huy chương フイー チュオング	medal **メ**ドル
めちゃくちゃな **めちゃくちゃな** mechakuchana	vô lý, bậy bạ ヴォー リー, ボイ バー	absurd アブ**サ**ード
めっか **メッカ** mekka	Mecca, Mếch ca メッカー, メク カー	Mecca **メ**カ
めっき **鍍金** mekki	mạ, mạ kim マー, マー キーム	plating プ**レ**イティング
めつき **目付き** metsuki	ánh mắt アイン マッ	eyes, look **ア**イズ, ル**ク**
めっせーじ **メッセージ** messeeji	thông điệp, tin nhắn トホーンム ディエプ, ティーン ニャン	message **メ**スィヂ
めったに **滅多に** mettani	hiếm khi, hiếm có ヒエム キヒー, ヒエム コー	seldom, rarely **セ**ルドム, **レ**アリ
めつぼうする **滅亡する** metsubousuru	diệt vong, tiêu vong ジエッ ヴォーンム, ティエウ ヴォーンム	go to ruin **ゴ**ウ トゥ **ル**ーイン
めでぃあ **メディア** media	môi giới, phương tiện truyền thông モーイ ゾーイ, フオング ティエン チュイエン トホーンム	media **ミ**ーディア
めでたい **めでたい** medetai	đáng mừng, vui mừng ダーング ムーング, ヴーイ ムーング	happy, celebratory **ハ**ピ, **セ**レブレイトリ
めど **目処** medo	triển vọng, mục tiêu チエン ヴォーンム, ムークプ ティエウ	prospect プ**ラ**スペクト
めにゅー **メニュー** menyuu	thực đơn, menu トゥフーク ドーン, メニュー	menu **メ**ニュー
めのう **瑪瑙** menou	mã não, đá mã não マー ナーゥ, ダー マー ナーゥ	agate **ア**ガト
めばえる **芽生える** mebaeru	đâm chồi, nảy mầm ドム チョーイ, ナイ モム	sprout スプ**ラ**ウト

日	越	英
めまい **目まい** memai	chóng mặt, choáng váng	dizziness, vertigo
めまぐるしい **目まぐるしい** memagurushii	hoang mang, choáng váng	bewildering, rapid
めも **メモ** memo	ghi nhớ, ghi chú	memo
めもり **目盛り** memori	vạch chia, vạch đánh dấu	graduation
めもりー **メモリー** memorii	ký ức, kỷ niệm	memory
めやす **目安** meyasu	tiêu chuẩn, mức áng chừng	yardstick, standard
めりーごーらうんど **メリーゴーランド** meriigooraundo	vòng quay ngựa gỗ	merry-go-round, carousel, ⒷRoundabout
めりこむ **めり込む** merikomu	lún, bị lún	sink into
めりっと **メリット** meritto	giá trị, lợi ích	merit
めろでぃー **メロディー** merodii	giai điệu, âm điệu	melody
めろん **メロン** meron	dưa tây, dưa lưới	melon
めん **綿** men	bông, vải bông	cotton
めん **面** (マスク・仮面) men	mặt nạ	mask

日	越	英
（側面）	mặt, phương diện	aspect, side
（表面）	mặt, bề mặt	face, surface
めんえき **免疫** men-eki	miễn dịch, miễn nhiễm	immunity
めんかい **面会** menkai	phỏng vấn, diện kiến	interview
めんきょ **免許** menkyo	cho phép, cấp giấy phép	license
～証	bằng, chứng chỉ	license
めんしき **面識** menshiki	quen mặt, quen biết	acquaintance
めんじょう **免状** menjou	bằng cấp, chứng chỉ	diploma, license
めんしょくする **免職する** menshokusuru	cách chức, bãi chức	dismiss
めんじょする **免除する** menjosuru	miễn, miễn trừ	exempt
めんする **面する** mensuru	quay về, đối mặt	face on, look out on to
めんぜい **免税** menzei	miễn thuế	tax exemption
～店	cửa hàng miễn thuế	duty-free shop
～品	hàng miễn thuế	tax-free articles

日	越	英
めんせき **面積** menseki	diện tích ジエン ティク	area **エ**アリア
めんせつ **面接** mensetsu	phỏng vấn, gặp mặt フォーンム ヴォン, ガプ マッ	interview **イ**ンタヴュー
〜試験	vấn đáp, thi vấn đáp ヴォン ダープ, ティヒー ヴォン ダープ	personal interview パーソナル **イ**ンタヴュー
めんてなんす **メンテナンス** mentenansu	bảo quản, duy trì バーゥ クアーン, ズイー チー	maintenance **メ**インテナンス
めんどうな **面倒な** mendouna	phiền phức, rắc rối フィエン フーク, ザク ゾーイ	troublesome, difficult ト**ラ**ブルサム, **ディ**フィカルト
めんどり **雌鶏** mendori	gà mái ガー マーイ	hen **ヘ**ン
めんばー **メンバー** menbaa	thành viên, hội viên タハイン ヴィエン, ホーイ ヴィエン	member **メ**ンバ
めんぼう **綿棒** menbou	tăm bông タム ボーンム	cotton swab **カ**トン ス**ワ**ブ
めんみつな **綿密な** menmitsuna	kỹ càng, tỉ mỉ キー カーング, ティー ミー	meticulous メ**ティ**キュラス
めんもく **面目** menmoku	thể diện, sĩ diện テヘー ジエン, シー ジエン	honor, credit **ア**ナ, ク**レ**ディト
めんるい **麺類** menrui	thực phẩm có hình sợi トゥフーク フォム コー ヒン ソーイ	noodles **ヌ**ードルズ

も, モ

もう **もう**　(すでに) mou	đã, đã từng ダー, ダー トゥーング	already オール**レ**ディ
(間もなく)	sắp, sắp sửa サプ, サプ スア	soon **ス**ーン

日	越	英
もうかる **儲かる** moukaru	có lợi, sinh lợi コー ローイ, シン ローイ	(be) profitable (ビ) プラフィタブル
もうけ **儲け** mouke	lợi, lãi ローイ, ラーイ	profit, gains プラフィト, **ゲ**インズ
もうける **儲ける** moukeru	được lãi, giành được ドゥオク ラーイ, ザイン ドゥオク	make a profit, gain メイク ア プラフィト, **ゲ**イン
もうしあわせ **申し合わせ** moushiawase	đồng ý, hợp đồng ドーム イー, ホープ ドーム	agreement アグリーメント
もうしいれ **申し入れ** moushiire	đề nghị, yêu cầu デー ンギー, イエウ コウ	proposition プラポ**ズィ**ション
もうしこみ **申し込み** （加入などの手続き） moushikomi	sự ghi danh, đăng ký スー ギー ザイン, ダング キー	subscription サブスク**リ**プション
（要請・依頼）	thỉnh cầu, cầu xin ティヒン コウ, コウ シーン	request for リク**ウェ**スト フォ
もうしこむ **申し込む** （加入する・応募する） moushikomu	đăng ký, nộp đơn ダング キー, ノープ ドーン	apply for, subscribe アプ**ラ**イ フォ, サブスク**ラ**イブ
（依頼する）	cầu xin, thỉnh cầu コウ シーン, ティヒン コウ	request, ask for リク**ウェ**スト, **ア**スク フォ
もうしでる **申し出る** moushideru	đề nghị, đưa ra デー ンギー, ドゥア ザー	offer, propose **オ**ファ, プロ**ポ**ウズ
もうすぐ **もうすぐ** mousugu	sắp sửa, chẳng bao lâu サプ スア, チャング バーウ ロウ	soon **ス**ーン
もうすこし **もう少し** mousukoshi	một chút nữa, một tí nữa モッ チューッ ヌア, モッ ティー ヌア	some more, a little more サム **モ**ー, ア **リ**トル **モ**ー
もうぜんと **猛然と** mouzento	mãnh liệt, dữ dội マィン リエッ, ズー ゾーイ	fiercely **フィ**アスリ
もうそう **妄想** mousou	ảo tưởng, mộng tưởng アーウ トゥオング, モーンム トゥオング	delusion ディ**ル**ージョン

日	越	英
もうちょう **盲腸** mouchou	ruột thừa, ruột dư ズオットゥフア, ズオッズー	appendix アペンディクス
もうどうけん **盲導犬** moudouken	chó dẫn đường チョーゾンドゥオング	seeing-eye dog, guide dog スィーイングアイ ドーグ, ガイド ドーグ
もうどく **猛毒** moudoku	thuốc độc chết người トゥフオク ドークプ チェーッ ングオイ	deadly poison デドリ ポイズン
もうふ **毛布** moufu	mền, chăn メーン, チャン	blanket ブランケト
もうもくの **盲目の** moumokuno	mù, bị mù ムー, ビー ムー	blind ブラインド
もうれつな **猛烈な** mouretsuna	dữ dội, mãnh liệt ズーゾーイ, マイン リエッ	violent, furious ヴァイオレント, フュアリアス
もうろうとした **もうろうとした** mouroutoshita	lờ mờ, mập mờ ロー モー, モプ モー	dim, indistinct ディム, インディスティンクト
もえつきる **燃え尽きる** moetsukiru	cháy hết, đốt hết チャイ ヘーッ, ドーッ ヘーッ	burn out バーン アウト
もえる **燃える** moeru	cháy, bị cháy チャイ, ビー チャイ	burn, blaze バーン, ブレイズ
もーたー **モーター** mootaa	động cơ ドーンム コー	motor モウタ
〜ボート	thuyền máy, ca nô トゥフイエン マイ, カー ノー	motorboat モウタボウト
もがく **もがく** mogaku	vật lộn, xoay xở ヴォッ ローン, スアイ ソー	struggle, writhe ストラグル, ライズ
もくげきする **目撃する** mokugekisuru	chứng kiến, mục kích チューング キエン, ムークプ キク	see, witness スィー, ウィトネス
もくざい **木材** mokuzai	gỗ ゴー	wood, lumber ウド, ランバ

日	越	英
もくじ **目次** mokuji	mục lục ムークプ ルークプ	(table of) contents (**テイ**ブル オヴ) **カ**ンテンツ
もくせい **木星** mokusei	Mộc Tinh, sao Mộc モークプ ティン, サーゥ モークプ	Jupiter **ヂュ**ピタ
もくぞうの **木造の** mokuzouno	bằng gỗ, làm bằng gỗ バング ゴー, ラーム バング ゴー	wooden **ウ**ドン
もくちょう **木彫** mokuchou	khắc gỗ, chạm khắc gỗ カハクク ゴー, チャーム カハクク ゴー	wood carving **ウ**ド **カ**ーヴィング
もくてき **目的** mokuteki	mục đích ムークプ ディク	purpose **パ**ーパス
～**地**	nơi đến, nơi đi ノーイ デーン, ノーイ ディー	destination デスティ**ネ**イション
もくにんする **黙認する** mokuninsuru	dung túng, bỏ qua ズーンム トゥーンム, ボー クアー	give a tacit consent **ギ**ヴ ア **タ**スィト コン**セ**ント
もくはんが **木版画** mokuhanga	tranh khắc gỗ チャイン カハクク ゴー	woodcut **ウ**ドカト
もくひけん **黙秘権** mokuhiken	quyền giữ im lặng クイエン ズー イーム ラング	(the) right to remain silent (ザ) **ラ**イト トゥ リ**メ**イン **サ**イレント
もくひょう **目標** mokuhyou	mục tiêu ムークプ ティエゥ	mark, target **マ**ーク, **タ**ーゲト
もくもくと **黙々と** mokumokuto	lầm lũi, im ỉm ロム ルーイ, イーム イーム	silently **サ**イレントリ
もくようび **木曜日** mokuyoubi	thứ năm トゥフー ナム	Thursday **サ**ーズデイ
もぐる **潜る** moguru	lặn, lặn xuống ラン, ラン スオング	dive into **ダ**イヴ イン**ト**ゥ
もくろく **目録** mokuroku	mục lục, ca ta lô ムークプ ルークプ, カー ター ロー	list, catalog, ⒷCatalogue **リ**スト, **キャ**タローグ, **キャ**タローグ

日	越	英
もけい **模型** mokei	mô hình モー ヒン	model **マ**ドル
モザイク mozaiku	khảm, cẩn カハーム, コン	mosaic モウ**ゼ**イイク
もし moshi	nếu, giả như ネーゥ, ザー ニュー	if **イ**フ
もじ **文字** moji	chữ, văn tự チュー, ヴァン トゥー	letter, character **レ**タ, **キャ**ラクタ
もしゃ **模写** mosha	sao chép, sao chụp サーゥ チェープ, サーゥ チュープ	copy **カ**ピ
もぞう **模造** mozou	bắt chước, mô phỏng バッ チュオク, モー フォーンム	imitation イミ**テ**イション
もたらす **もたらす** motarasu	đem lại, mang lại デーム ラーィ, マーング ラーィ	bring ブ**リ**ング
もたれる motareru	tựa, dựa トゥア, ズア	lean on, lean against **リ**ーン オン, **リ**ーン アゲンスト
もだんな **モダンな** modanna	hiện đại, cận đại ヒエン ダーィ, コン ダーィ	modern **マ**ダン
もちあげる **持ち上げる** mochiageru	nâng, nhấc ノング, ニォク	lift, raise **リ**フト, **レ**イズ
もちあじ **持ち味** (特色) mochiaji	đặc sắc, đặc thù ダク サク, ダク トゥフー	characteristic キャラクタ**リ**スティク
(特有の味)	mùi vị riêng, mùi vị đặc biệt ムーィ ヴィー ジエング, ムーィ ヴィー ダク ビエッ	peculiar flavor ピ**キュ**ーリア フ**レ**イヴァ
もちいる **用いる** mochiiru	sử dụng, dùng スー ズーンム, ズーンム	use **ユ**ーズ
もちかえる **持ち帰る** mochikaeru	mang về, đem về マーング ヴェー, デーム ヴェー	bring home ブ**リ**ング **ホ**ウム

日	越	英
もちこたえる **持ちこたえる** mochikotaeru	chịu đựng, cầm cự チーゥ ドゥーング, コム クー	hold on, endure **ホウルド オン, イン**デュア
もちこむ **持ち込む** mochikomu	mang vào, đem vào マーング ヴァーゥ, デーム ヴァーゥ	carry in **キャリ イン**
もちにげする **持ち逃げする** mochinigesuru	cuỗm đi, cuỗm mất クオム ディー, クオム モッ	go away with **ゴウ ア**ウェ**イ ウィ**ズ
もちぬし **持ち主** mochinushi	người chủ, chủ nhân ングォイ チュー, チュー ニオン	owner, proprietor **オ**ウナ, プラプ**ラ**イアタ
もちはこぶ **持ち運ぶ** mochihakobu	mang theo, đem theo マーング テヘーゥ, デーム テヘーゥ	carry **キャ**リ
もちもの （所持品） **持ち物** mochimono	vật mang theo, vật đem theo ヴォッ マーング テヘーゥ, ヴォッ デーム テヘーゥ	belongings ビ**ロー**ンギングズ
（所有物）	vật sở hữu, của cải ヴォッ ソー フーゥ, クア カーイ	property プ**ラ**パティ
もちろん **もちろん** mochiron	tất nhiên, dĩ nhiên トッ ニエン, ジー ニエン	of course オフ **コー**ス
もつ （携帯している） **持つ** motsu	mang theo, cầm マーング テヘーゥ, コム	have **ハ**ヴ
（所有している）	có, sở hữu コー, ソー フーゥ	have, possess **ハ**ヴ, ポ**ゼ**ス
（保持する）	giữ, giữ lại ズー, ズー ラーイ	hold **ホ**ウルド
もっかんがっき **木管楽器** mokkangakki	nhạc cụ thổi hơi ニャーク クー トホーイ ホーイ	woodwind instrument **ウ**ドウインド **イ**ンストルメント
もっきん **木琴** mokkin	mộc cầm, đàn phiến gỗ モークプ コム, ダーン フィエン ゴー	xylophone **ザ**イロフォウン
もったいぶる **もったいぶる** mottaiburu	làm bộ màu mè, ra vẻ ta đây ラーム ボー マゥ メー, ザー ヴェー ター ドィ	put on airs プト オン **エ**アズ

日	越	英
もっていく **持って行く** motteiku	mang đi, đem đi マーング ディー, デーム ディー	take, carry **テイク**, **キャリ**
もってくる **持って来る** mottekuru	mang đến, đem đến マーング デーン, デーム デーン	bring, fetch ブリング, **フェチ**
もっと **もっと** motto	nữa, lại nữa ヌア, ラーイ ヌア	more モ―
もっとー **モットー** mottoo	khẩu hiệu, phương châm コホウ ヒエウ, フオング チオム	motto **マ**トウ
もっとも **最も** mottomo	nhất, hơn cả ニャッ, ホーン カー	most モウスト
もっともな **もっともな** mottomona	có lý, hợp lý コー リー, ホーブ リー	reasonable, natural **リ**ーズナブル, **ナ**チュラル
もっぱら **専ら** moppara	chủ yếu là, chuyên tâm チュー イエウ ラー, チュイエン トム	chiefly, mainly **チ**ーフリ, **メ**インリ
もつれる **もつれる** motsureru	rối, lộn xộn ゾーイ, ローン ソーン	(be) tangled (ビ) **タ**ングルド
もてなす **もてなす** motenasu	đãi, tiếp đãi ダーイ, ティエブ ダーイ	entertain エンタ**テ**イン
もてはやす **もてはやす** motehayasu	khen tặng, ca ngợi ケヘーン タング, カー ンゴーイ	praise a lot, make a hero of プレイズ ア **ラ**ト, **メ**イク ア **ヒ**ーロウ オヴ
もでむ **モデム** modemu	modem, bộ điều giải モデム, ボー ディエウ ザーイ	modem **モ**ウデム
もてる **もてる** moteru	được ưa thích, được hâm mộ ドゥオク ウア ティヒク, ドゥオク ホム モー	(be) popular with, (be) popular among (ビ) **パ**ピュラ ウィズ, (ビ) **パ**ピュラ アマング
もでる **モデル** moderu	model, mô đen モデン, モー デーン	model **マ**ドル
〜チェンジ	thay đổi thiết kế タハイ ドーイ ティヒエッ ケー	model changeover **マ**ドル **チ**ェインヂョウヴァ

日	越	英
もと **本[基, 元]** （基礎） moto	cơ sở, nền tảng コーソー, ネーン ターング	foundation ファウンデイション
（起源）	nguồn gốc, cội nguồn ングオン ゴークプ, コーイ ングオン	origin **オ**ーリヂン
もどす **戻す** （元へ返す） modosu	trả lại, hoàn lại チャー ラーイ, フアーン ラーイ	return リ**タ**ーン
もとせん **元栓** motosen	van chính ヴァーン チン	main tap メイン **タ**プ
もとづく （起因する） motozuku	bởi vì, tại vì ボーイ ヴィー, タイ ヴィー	come from **カ**ム フラム
（根拠とする）	dựa vào, căn cứ vào ズア ヴァーウ, カン クー ヴァーウ	(be) based on (ビ) **ベ**イスト オン
もとめる **求める** （捜す） motomeru	tìm tòi, tìm kiếm ティーム トーイ, ティーム キエム	look for **ル**ク フォ
（要求する）	yêu cầu, cầu khiến イエウ コウ, コウ キヒエン	ask, demand **ア**スク, ディ**マ**ンド
（欲する）	mong muốn, mong mỏi モーンム ムオン, モーンム モーイ	want **ワ**ント
もともと **元々** （元来） motomoto	vốn, vốn dĩ ヴォーン, ヴォーン ジー	originally オ**リ**ヂナリ
（生来）	bẩm sinh ボム シン	by nature バイ **ネ**イチャ
もどる **戻る** （引き返す） modoru	trở gót, lui lại チョー ゴッツ, ルーイ ラーイ	turn back **タ**ーン バク
（元に返る）	trở lại, trở về チョー ラーイ, チョー ヴェー	return, come back リ**タ**ーン, **カ**ム バク
もなこ **モナコ** monako	Mô na cô モーナーコー	Monaco **マ**ナコウ

日	越	英
もにたー **モニター** monitaa	giám sát viên, thiết bị giám sát ザーム サーツ ヴィエン, ティヒエツ ビー ザーム サーツ	monitor マニタ
もの **物** mono	đồ, vật ドー, ヴォッ	thing, object ス**ィ**ング, ア**プ**チェクト
ものおき **物置** monooki	buồng kho ブオング コホー	storeroom ス**ト**ールーム
ものおと **物音** monooto	tiếng động ティエング ドーング	noise, sound **ノ**イズ, **サ**ウンド
ものがたり **物語** monogatari	truyện チュイエン	story ス**ト**ーリ
ものくろの **モノクロの** monokurono	đơn sắc, trắng đen ドーン サク, チャング デーン	monochrome, black-and-white **マ**ノクロウム, ブ**ラ**ク アンド (ホ)**ワ**イト
ものごと **物事** monogoto	sự vật, sự việc スー ヴォッ, スー ヴィエク	things ス**ィ**ングズ
ものしり **物知り** monoshiri	bác học, người thành thạo バーク ホークブ, ングオイ タハイン タハウ	learned man **ラ**ーネド **マ**ン
ものずきな **物好きな** monozukina	hiếu kỳ, tò mò ヒエウ キー, トー モー	curious **キュ**アリアス
ものすごい **物凄い** monosugoi	tuyệt vời, cừ khôi トゥイエッ ヴォーィ, クー コホーィ	wonderful, great **ワ**ンダフル, グ**レ**イト
(恐ろしい)	khủng khiếp, ghê sợ クフーンム キヒエブ, ゲー ソー	terrible, horrible **テ**リブル, **ホ**リブル
ものたりない **物足りない** monotarinai	thiêu thiếu, bất mãn ティヒエウ ティヒエウ, ボッ マーン	unsatisfactory アンサティス**ファ**クトリ
ものほし **物干し** monohoshi	dây phơi quần áo ゾイ フォーイ クオン アーウ	clothesline ク**ロ**ウズライン
ものまね **物真似** monomane	bắt chước, làm theo バッ チュオク, ラーム テヘーウ	impersonation インパーソ**ネ**イション

781

日	越	英
ものれーる **モノレール** monoreeru	đường một đường ray, xe chạy trên một đường ray ドゥオング モーッ ドゥオング ライ, セーチャイ チェーン モーッ ドゥオング ライ	monorail **マ**ノレイル
ものろーぐ **モノローグ** monoroogu	độc bạch, kịch một vai ドークバイク, キクモーッ ヴァーイ	monologue **マ**ノローグ
ものわかりのよい **物分かりのよい** monowakarinoyoi	dễ bảo, hiểu chuyện ゼー バーウ, ヒエゥ チュイエン	sensible, understanding **セ**ンシブル, アンダス**タ**ンディング
もばいるの **モバイルの** mobairuno	di động ジー ドーム	mobile **モ**ウビル
もはん **模範** mohan	gương mẫu, mô phạm グオング モゥ, モーファーム	example, model イグ**ザ**ンプル, **マ**ドル
もふく **喪服** mofuku	áo tang, áo sô アーゥ ターング, アーゥ ソー	mourning dress **モ**ーニング ドレス
もほう **模倣** mohou	sự bắt chước, mô phỏng スー バッチュオク, モー フォーンム	imitation イミ**テ**イション
～する	bắt chước, mô phỏng バッ チュオク, モー フォーンム	imitate **イ**ミテイト
もみのき **樅の木** mominoki	linh sam, cây linh sam リン サーム, コイ リン サーム	fir tree **ファ**ートリー
もむ **揉む** momu	bóp, xoa bóp ボープ, スアー ボープ	rub, massage **ラ**ブ, マ**サ**ージ
もめごと **揉め事** momegoto	tranh cãi, tranh chấp チャイン カーイ, チャイン チャプ	quarrel, dispute ク**ウォ**レル, ディス**ピュ**ート
もめる **揉める** momeru	mâu thuẫn, xung đột モゥ トゥフォン, スーンム ドーッ	get into trouble, get into a dispute **ゲ**ト イントゥ ト**ラ**ブル, **ゲ**ト イントゥ ア ディス**ピュ**ート
もも **腿** momo	đùi, bắp đùi ドゥーイ, バプ ドゥーイ	thigh **サ**イ

も

日	越	英
もも **桃** momo	đào, quả đào ダーゥ, クアー ダーゥ	peach ピーチ
もや **もや** moya	sương, sương mù スオング, スオング ムー	haze, mist ヘイズ, ミスト
もやし **もやし** moyashi	giá, giá đỗ ザー, ザー ドー	bean sprout ビーン スプラウト
もやす **燃やす** moyasu	đốt, đốt cháy ドーッ, ドーッ チャイ	burn バーン
もよう **模様** moyou	hoa văn, mẫu vẽ フアー ヴァン, モウ ヴェー	pattern, design パタン, ディザイン
もよおす **催す** moyoosu	tổ chức トー チューク	hold, give ホウルド, ギヴ
もよりの **最寄りの** moyorino	gần bên, gần nhất ゴン ベーン, ゴン ニャッ	nearby ニアバイ
もらう **貰う** morau	nhận, được ニャン, ドゥオク	get, receive ゲト, リスィーヴ
もらす **漏らす** morasu	làm rỉ ra, để rò ra ラーム ジー ザー, デー ゾー ザー	leak リーク
(秘密を)	để lộ ra, để lọt ra デー ロー ザー, デー ローッ ザー	let out, leak レト アウト, リーク
もらる **モラル** moraru	đạo đức, đức hạnh ダーゥ ドゥーク, ドゥーク ハイン	morals モラルズ
もり **森** mori	rừng ズーング	woods, forest ウヅ, フォレスト
もる **盛る** moru	chất đầy チャッ ドイ	pile up パイル アプ
(料理を)	xới, múc ソーィ, ムークッ	dish up ディシュ アプ

日	越	英
もるひね **モルヒネ** moruhine	móc phin, thuốc giảm đau gây ngủ モークフ フィーン, トゥフオク ザーム ダゥ ゴィングー	morphine モーフィーン
もれる **漏れる** moreru	rỉ ra, rò ra ジー ザー, ゾー ザー	leak, come through リーク, カム スルー
（秘密が）	lộ ra, lọt ra ロー ザー, ローッ ザー	leak out リーク アウト
もろい **もろい** moroi	dễ vỡ, dễ gãy ゼー ヴォー, ゼー ガイ	fragile, brittle フラデル, ブリトル
もろっこ **モロッコ** morokko	Ma rốc マー ロク	Morocco モラコウ
もん **門** mon	cổng コーンム	gate ゲイト
もんく **文句** monku	lời phàn nàn, lời than phiền ローイ ファーン ナーン, ローイ タハーン フィエン	complaint コンプレイント
～を言う	phàn nàn, kêu ca ファーン ナーン, ケーゥ カー	complain コンプレイン
もんげん **門限** mongen	giờ đóng cửa, giờ bắt về nhà ゾー ドームン クア, ゾー バッ ヴェー ニャー	curfew カーフュー
もんごる **モンゴル** mongoru	Mông Cổ モーンム コー	Mongolia マンゴウリア
もんだい **問題** mondai	vấn đề, bài toán ヴォン デー, バーイ トゥアーン	question, problem クウェスチョン, プラブレム

や, ヤ

日	越	英
や **矢** ya	tên, mũi tên テーン, ムーイ テーン	arrow アロウ

日	越	英
ヤード yaado	thước Anh	yard
八百長をする yaochouwosuru	gian lận, trá hình	fix a game
八百屋 yaoya	hiệu bán rau, tiệm bán rau	vegetable store, ⓑgreengrocer's (shop)
野外で yagaide	ngoài trời, ở ngoài trời	outdoor, open-air
やがて yagate	sắp, sắp sửa	soon
（そのうち）	một ngày nào đó, trong tương lai gần	one day, in due course
やかましい yakamashii	ồn ào, ầm ĩ	noisy, clamorous
夜間 yakan	ban đêm, đêm tối	night (time)
薬缶 yakan	ấm đun nước	kettle
山羊 yagi	con dê, dê	goat
～座	Cung Ma kết, Cung Sơn Dương	Goat, Capricorn
焼き肉 yakiniku	thịt nướng, thịt quay	roast meat
焼き餅を焼く yakimochiwoyaku	ghen tị, đố kỵ	(be) jealous of

日	越	英
やきゅう **野球** yakyuu	bóng chày, môn bóng chày ボーンム チャイ, モーン ボーンム チャイ	baseball ベイスボール
やきん **夜勤** yakin	ca đêm, làm ca đêm カー デーム, ラーム カー デーム	night duty **ナイト** デューティ
やく **焼く** yaku	nướng, nung ヌオング, ヌーンム	burn, bake バーン, ベイク
やく **役**　　（地位） yaku	cương vị, địa vị クオング ヴィー, ディア ヴィー	post, position **ポ**ウスト, ポ**ジ**ション
（任務）	nhiệm vụ, nghĩa vụ ニエム ヴー, ンギア ヴー	duty, service **デュ**ーティ, **サ**ーヴィス
（配役）	phân vai, vai diễn フォン ヴァーイ, ヴァーイ ジエン	part, role パート, ロウル
やく **約** yaku	khoảng, chừng クフアーング, チューング	about ア**バ**ウト
やく **訳** yaku	dịch, biên dịch ジク, ビエン ジク	translation トランス**レ**イション
やくいん **役員** yakuin	nhân viên giữ trọng trách, thành viên hội đồng quản trị ニオン ヴィエン ズー チオーンム チャイク, タハイン ヴィエン ホーイ ドーンム クアーンチー	officer, official **オ**ーフィサ, オ**フィ**シャル
やくがく **薬学** yakugaku	dược học, dược khoa ズオク ホークブ, ズオク クフアー	pharmacy **ファ**ーマスィ
やくご **訳語** yakugo	lời dịch, dịch thuật ローイ ジク, ジク トゥフオッ	translation トランス**レ**イション
やくざ **やくざ** yakuza	côn đồ, lưu manh コーン ドー, ルーウ マイン	gangster **ギャ**ングスタ
やくざいし **薬剤師** yakuzaishi	dược sĩ ズオク シー	pharmacist, druggist, ⒷChemist ファーマスィスト, ド**ラ**ギスト, **ケ**ミスト

日	越	英
やくしゃ **役者** yakusha	diễn viên, kép, đào ジエン ヴィエン, ケープ, ダーウ	actor, actress **アク**タ, **アク**トレス
やくしょ **役所** yakusho	công sở, ủy ban nhân dân コーンム ソー, ウイー バーン ニオン ゾン	public office **パブ**リク **オー**フィス
やくしんする **躍進する** yakushinsuru	tiến bộ nhảy vọt ティエン ボー ニャイ ヴォーッ	make progress **メ**イク プラ**グ**レス
やくす **訳す** yakusu	dịch, phiên dịch ジク, フィエン ジク	translate トランス**レ**イト
やくそう **薬草** yakusou	thảo dược, dược thảo タハーウ ズオク, ズオク タハーウ	medicinal herb メ**ディ**スィナル **アー**ブ
やくそく **約束** yakusoku	hẹn hò, hứa hẹn ヘーン ホー, フア ヘーン	promise プ**ラ**ミス
～する	hẹn, hứa ヘーン, フア	promise プ**ラ**ミス
やくだつ **役立つ** yakudatsu	có ích, bổ ích コー イク, ボー イク	(be) useful (ビ) **ユー**スフル
やくひん **薬品** yakuhin	dược phẩm, thuốc men ズオク フォム, トゥオク メーン	medicine, drugs **メ**ディスィン, ド**ラ**ッグズ
やくめ **役目** yakume	vai trò, nghĩa vụ ヴァーイ チォー, ンギア ヴー	duty **デュー**ティ
やくわり **役割** yakuwari	vai trò, tác dụng ヴァーイ チォー, タック ズーンム	part, role **パー**ト, **ロ**ウル
やけい **夜景** yakei	cảnh ban đêm カィン バーン デーム	night view **ナ**イト **ヴュー**
やけど **火傷** yakedo	sự bỏng, phỏng スー ボーンム, フォーンム	burn **バー**ン
～する	bỏng, phỏng ボーンム, フォーンム	burn, (get) burned **バー**ン, (ゲット) **バー**ンド

日	越	英
やける **焼ける** yakeru	cháy, bị cháy チャイ, ビー チャイ	burn バーン
（肉・魚などが）	nướng chín ヌオング チーン	(be) roasted, (be) broiled (ビ) ロウステド, (ビ) ブロイルド
やこうせいの **夜行性の** yakouseino	ăn đêm, hoạt động ban đêm アン デーム, フアーッ ドーム バン デーム	nocturnal ナク**タ**ーナル
やこうとりょう **夜光塗料** yakoutoryou	sơn dạ quang ソーン ザー クアーング	luminous paint **ル**ーミナス ペイント
やさい **野菜** yasai	rau, rau cỏ ザゥ, ザゥ コー	vegetables **ヴェ**ヂタブルズ
やさしい **易しい** yasashii	dễ, dễ dàng ゼー, ゼー ザーング	easy, plain **イ**ーズィ, プレイン
やさしい **優しい** yasashii	hiền, hiền lành ヒエン, ヒエン ライン	gentle, kind **ヂェ**ントル, **カ**インド
やしなう **養う** yashinau	chăm sóc, trông nom チャム ソークプ, チオーング ノーム	support, keep サ**ポ**ート, **キ**ープ
（育てる）	nuôi dưỡng, nuôi nấng ヌオイ ズオング, ヌオイ ノング	raise, bring up レイズ, ブリング **ア**プ
やじる **野次る** yajiru	la ó, la lối ラー オー, ラー ローイ	hoot, jeer **フ**ート, **ヂ**ア
やじるし **矢印** yajirushi	dấu mũi tên ゾウ ムーイ テーン	arrow **ア**ロウ
やしん **野心** yashin	hoài bão, tham vọng フアーイ バーウ, タハーム ヴォーンム	ambition アン**ビ**ション
〜的な	có nhiều hoài bão, tham vọng コー ニエゥ フアーイ バーウ, タハーム ヴォーンム	ambitious アン**ビ**シャス
やすい **安い** yasui	rẻ, rẻ tiền ゼー, ゼー ティエン	cheap, inexpensive **チ**ープ, イニクス**ペ**ンスィヴ

日	越	英
やすうり **安売り** yasuuri	bán rẻ, bán hạ giá バーン ゼー, バーン ハー ザー	discount, bargain sale ディスカウント, バーゲン セイル
やすっぽい **安っぽい** yasuppoi	rẻ tiền, rẻ rúng ゼー ティエン, ゼー ズーンム	cheap, flashy チープ, フラシ
やすみ **休み** (休憩) yasumi	sự nghỉ ngơi スー ンギー ンゴーイ	rest レスト
(休日)	ngày nghỉ ンガイ ンギー	holiday, vacation ハリデイ, ヴェイケイション
やすむ **休む** (休息する) yasumu	nghỉ, nghỉ ngơi ンギー, ンギー ンゴーイ	rest レスト
(欠席する)	vắng, vắng mặt ヴァング, ヴァング マッ	(be) absent from (ビ) アブセント フラム
やすらかな **安らかな** yasurakana	yên ổn, bình yên イエン オーン, ビン イエン	peaceful, quiet ピースフル, クワイエト
やすらぎ **安らぎ** yasuragi	nhẹ nhõm, bình yên ニェー ニョーム, ビン イエン	peace, tranquility ピース, トランクウィリティ
やすり **やすり** yasuri	giũa, cái giũa ズア, カーイ ズア	file ファイル
やせいの **野生の** yaseino	hoang, dại フアーング, ザーイ	wild ワイルド
やせた **痩せた** (体が) yaseta	gầy, ốm ゴィ, オーム	thin, slim スィン, スリム
(土地が)	khô cằn, cằn cỗi コホー カン, カン コーイ	poor, barren プア, バレン
やせる **痩せる** yaseru	gầy đi, ốm đi ゴィ ディー, オーム ディー	(become) thin, lose weight (ビカム) スィン, ルーズ ウェイト
やそう **野草** yasou	cỏ dại コー ザーイ	wild grass ワイルド グラス

日	越	英
やたい **屋台** yatai	quầy hàng, sạp hàng クオィ ハーング, サープ ハーング	stall, stand ス**トー**ル, ス**タ**ンド
やちょう **野鳥** yachou	chim rừng チーム ズーング	wild bird **ワ**イルド **バ**ード
やちん **家賃** yachin	tiền cho thuê, tiền thuê ティエン チォー トゥフエー, ティエン トゥフエー	rent **レ**ント
やっかいな **厄介な** yakkaina	phiền phức, rắc rối フィエン フーク, ザク ゾーィ	troublesome, annoying ト**ラ**ブルサム, ア**ノ**イイング
やっきょく **薬局** yakkyoku	hiệu thuốc, tiệm thuốc ヒエウ トゥフオク, ティエム トゥフオク	pharmacy, drugstore, ⒷChemist **ファ**ーマスィ, ド**ラ**ッグストー, **ケ**ミスト
やっつける **やっつける** （一気にやる） yattsukeru	làm một hơi, làm cho xong ラーム モーッ ホーィ, ラーム チォー ゾーンム	finish (in one go) **フィ**ニシュ (イン **ワ**ン **ゴ**ウ)
（打ち倒す）	đánh đổ, lật đổ ダィンドー, ロッドー	beat, defeat **ビ**ート, ディ**フィ**ート
やっと **やっと**（ようやく） yatto	cuối cùng, chung cuộc クオィ クーンヌ, チューンム クオク	at last アト **ラ**スト
（辛うじて）	vừa kịp, vừa đủ ヴア キープ, ヴア ドゥー	barely **ベ**アリ
やつれる **やつれる** yatsureru	bơ phờ, phờ phạc ボー フォー, フォー ファク	(be) worn out (ビ) **ウォ**ーン **ア**ウト
やといぬし **雇い主** yatoinushi	chủ, người thuê lao động チュー, ングオィ トゥフエー ラーゥ ドーンム	employer インプ**ロ**イア
やとう **雇う** yatou	thuê, tuyển nhân viên トゥフエー, トゥイエン ニオン ヴィエン	employ インプ**ロ**イ
やとう **野党** yatou	đảng đối lập ダーング ドーィ ロプ	opposition party アポ**ズィ**ション **パ**ーティ
やなぎ **柳** yanagi	liễu, cây liễu リエゥ, コィ リエゥ	willow **ウィ**ロウ

日	越	英
やぬし **家主** yanushi	chủ nhân, chủ nhà チュー ニオン, チュー ニャー	owner of a house **オウ**ナ オヴ ア **ハ**ウス
やね **屋根** yane	mái, mái nhà マーイ, マーイ ニャー	roof **ル**ーフ
～裏	gác xép sát mái ガーク セープ サーッ マーイ	garret, attic **ギャ**レト, **ア**ティク
やはり（依然として） yahari	vẫn, vẫn còn ヴォン, ヴォン コーン	still ス**テ**ィル
（結局）	kết cục, rốt cuộc ケーッ クープ, ゾーッ クオッ	after all **ア**フタ **オ**ール
（他と同様に）	cũng, cũng như クーンム, クーンム ニュー	too, also **ト**ゥー, **オ**ールソウ
やばんな **野蛮な** yabanna	dã man, man rợ ザー マーン, マーン ゾー	barbarous, savage **バ**ーバラス, **サ**ヴィヂ
やぶる **破る** yaburu	xé, làm rách セー, ラーム ザイク	tear **テ**ア
やぶれる **破れる** yabureru	rách, bị rách ザイク, ビー ザイク	(be) torn (ビ) **ト**ーン
やぶれる **敗れる** yabureru	thua, bị thua トゥファ, ビー トゥファ	(be) beaten, (be) defeated (ビ) **ビ**ートン, (ビ) ディ**フ**ィーテド
やぼう **野望** yabou	tham vọng, ước mong quá lớn タハーム ヴォーンム, ウオッ モーンム クアー ローン	ambition アン**ビ**ション
やぼな **野暮な** yabona	quê kệch, quê mùa クエー ケッ, クエー ムア	unrefined, uncouth アンリ**ファ**インド, アン**ク**ース
やま **山** yama	núi, núi non ヌーイ, ヌーイ ノーン	mountain **マ**ウンテン
～火事	cháy rừng チャイ ズーンッ	forest fire **フォ**レスト **ファ**イア

日	越	英
やましい **やましい** yamashii	trái với lương tâm, cắn rứt lương tâm チャーイ ヴォーイ ルオング トム, カンズーツ ルオング トム	feel guilty フィール ギルティ
やみ **闇** yami	bóng tối, tối mịt ボーンム トーイ, トーイ ミーツ	darkness ダークネス
やみくもに **闇雲に** yamikumoni	ẩu, bừa オウ, ブア	at random, rashly アト ランダム, ラシュリ
やむ **止む** yamu	ngừng, tạnh ングーング, タイン	stop, (be) over スタプ, (ビ) オウヴァ
やめる **止める** yameru	ngừng, dừng ングーング, ズーング	stop, end スタプ, エンド
やめる **(引退する)** **辞める** yameru	thôi việc, về hưu トホーイ ヴィエク, ヴェー フーウ	retire リタイア
(辞職する)	từ chức, từ nhiệm トゥー チューク, トゥー ニエム	resign, quit リザイン, クウィト
やもり **ヤモリ** yamori	thạch sùng, thằn lằn タハイク スーンム, タハン ラン	gecko ゲコウ
やりがいのある **やりがいのある** yarigainoaru	đáng giá, bõ công ダーング ザー, ボー コーンム	worthwhile ワース(ホ)**ワ**イル
やりとげる **やり遂げる** yaritogeru	làm trọn, đạt tới ラーム チョーン, ダーツ トーイ	accomplish アカンプリシュ
やりなおす **やり直す** yarinaosu	làm lại, thử lại ラーム ラーイ, トゥフー ラーイ	try again トライ アゲイン
やる **やる** yaru	làm, hành động ラーム, ハイン ドーンム	do ドゥー
(与える)	cho, ban チョー, バーン	give ギヴ
やるき **やる気** yaruki	quyết chí, ý chí クイエッ チー, イー チー	will, drive ウィル, ドライヴ

日	越	英
やわらかい **柔[軟]らかい** yawarakai	mềm, dẻo メーム, ゼーウ	soft, tender ソーフト, テンダ
やわらぐ （弱まる） **和らぐ** yawaragu	đỡ, dịu ドー, ジーウ	lessen レスン
（静まる）	lặng, lắng ラング, ラング	calm down カーム ダウン
やわらげる （楽にする） **和らげる** yawarageru	làm giảm, làm cho đỡ ラーム ザーム, ラーム チョー ドー	allay, ease アレイ, イーズ
（静める）	làm nguôi, làm dịu ラーム ングォイ, ラーム ジーウ	soothe, calm スーズ, カーム
やんちゃな **やんちゃな** yanchana	hay nghịch, nghịch ngợm ハイ ンギク, ンギク ンゴーム	naughty, mischievous ノーティ, ミスチヴァス

ゆ, ユ

日	越	英
ゆ **湯** yu	nước sôi ヌオク ソーイ	hot water ハト ウォータ
ゆいいつの **唯一の** yuiitsuno	duy nhất, độc nhất ズイー ニョッ, ドークプ ニョッ	only, unique オウンリ, ユーニーク
ゆいごん **遺言** yuigon	di chúc ジー チュークプ	will, testament ウィル, テスタメント
ゆうい **優位** yuui	ưu thế, thế vượt trội ウーウ テヘー, テヘー ヴオッ チォーイ	predominance, superiority プリダミナンス, スピアリオーリティ
ゆういぎな **有意義な** yuuigina	có ý nghĩa, đầy ý nghĩa コー イー ンギア, ドイ イー ンギア	significant スィグニフィカント
ゆううつな **憂鬱な** yuuutsuna	u buồn, u sầu ウー ブオン, ウー ソウ	melancholy, gloomy メランカリ, グルーミ
ゆうえきな **有益な** yuuekina	có ích, có lợi コー イク, コー ローイ	useful, beneficial ユースフル, ベニフィシャル

日	越	英
ゆうえつかん **優越感** yuuetsukan	cảm giác ưu việt, cảm thấy tài giỏi hơn hẳn カーム ザーク ウーゥ ヴィエッ, カーム トホイ ターイ ゾーイ ホーン ハン	sense of superiority センス オヴ スピアリオリティ
ゆうえんち **遊園地** yuuenchi	nơi vui chơi, khu vui chơi ノーイ ヴーィ チョーイ, クフー ヴーィ チョーイ	amusement park アミューズメント パーク
ゆうかい **誘拐** (子ども の) yuukai	bắt cóc trẻ em バッ コークプ チェー エーム	kidnapping キドナピング
(拉致)	bắt cóc バッ コークプ	abduction アブダクション
ゆうがいな **有害な** yuugaina	hại, có hại ハーイ, コー ハーイ	bad, harmful バド, ハームフル
ゆうかしょうけん **有価証券** yuukashouken	chứng khoán có giá チューング クフアーン コー ザー	valuable securities ヴァリュアブル スィキュアリティズ
ゆうがた **夕方** yuugata	hoàng hôn, xế chiều フアーング ホーン, セー チエゥ	evening イーヴニング
ゆうがな **優雅な** yuugana	thanh nhã, tao nhã タハイン ニャー, ターゥ ニャー	graceful, elegant グレイスフル, エリガント
ゆうかん **夕刊** yuukan	báo chiều バーゥ チエゥ	evening paper イーヴニング ペイパ
ゆうかんな **勇敢な** yuukanna	dũng cảm, anh dũng ズーンム カーム, アィン ズーンム	brave, courageous ブレイヴ, カレイヂャス
ゆうき **勇気** yuuki	dũng khí, can đảm ズーンム キヒー, カーン ダーム	courage, bravery カーリヂ, ブレイヴァリ
ゆうきゅうきゅうか **有給休暇** yuukyuukyuuka	nghỉ có lương, kỳ nghỉ có lương ンギー コー ルオング, キー ンギー コー ル オング	paid vacation, Ⓑpaid holiday ペイド ヴェイケイション, ペイド ホリデイ
ゆうぐうする **優遇する** yuuguusuru	ưu đãi, đối đãi đặc biệt ウーゥ ダーイ, ドーイ ダーイ ダクビエッ	treat warmly トリート ウォームリ

793

日	越	英
ゆうけんしゃ **有権者** yuukensha	cử tri, người có quyền bầu cử クー チー, ングォイ コー クイエン ボゥ クー	electorate イレクトレト
ゆうこう **有効** yuukou	hiệu lực, hiệu quả ヒエゥ ルーク, ヒエゥ クアー	validity ヴァリディティ
ゆうこうかんけい **友好関係** yuukoukankei	quan hệ hữu nghị, quan hệ hữu hảo クアーン ヘー フーゥ ンギー, クアーン ヘー フーゥ ハーゥ	friendly relations with フレンドリ リレイションズ ウィズ
ゆうこうこく **友好国** yuukoukoku	quốc gia thân thiện, nước bạn bè クオク ザー トホン ティヒエン, ヌオク バーン ベー	friendly nation フレンドリ ネイション
ゆうごうする **融合する** yuugousuru	hoà trộn, hoà hợp フアー チョーン, フアー ホープ	fuse フューズ
ゆうこうな **有効な** yuukouna	hữu hiệu, có hiệu quả フーゥ ヒエゥ, コー ヒエゥ クアー	valid, effective ヴァリド, イフェクティヴ
ゆーざー **ユーザー** yuuzaa	người dùng, người sử dụng ングォイ ズーンム, ングォイ スー ズーンム	user ユーザ
〜名	tên đăng nhập テーン ダング ニォプ	user name ユーザ ネイム
ゆうざい **有罪** yuuzai	có tội, phạm tội コー トーイ, ファーム トーイ	guilt ギルト
〜の	có tội, phạm tội コー トーイ, ファーム トーイ	guilty ギルティ
ゆうし **有志** yuushi	tự nguyện, xung phong トゥー ングイエン, スーンム フォーンム	volunteer ヴァランティア
ゆうし **融資** yuushi	sự bỏ vốn, vay vốn スー ボー ヴォーン, ヴァイ ヴォーン	financing, loan フィナンスィング, ロウン
〜する	bỏ vốn, vay vốn ボー ヴォーン, ヴァイ ヴォーン	finance フィナンス

日	越	英
ゆうしゅうな **優秀な** yuushuuna	ưu tú, xuất sắc ウーウ トゥー, スオッ サク	excellent **エ**クセレント
ゆうしょう **優勝** yuushou	vô địch, chức vô địch ヴォー ディク, チューク ヴォー ディク	championship **チャ**ンピオンシプ
～する	đoạt chức vô địch ドゥアーッ チューク ヴォー ディク	win a championship **ウィ**ン ア **チャ**ンピオンシプ
ゆうじょう **友情** yuujou	tình bạn, tình hữu nghị ティン バーン, ティン フーゥ ンギー	friendship フ**レ**ンドシプ
ゆうしょく **夕食** yuushoku	cơm chiều, bữa chiều コーム チエウ, ブア チエウ	supper, dinner **サ**パ, **ディ**ナ
ゆうじん **友人** yuujin	người bạn, bạn bè ングオィ バーン, バーン ベー	friend フ**レ**ンド
ゆうずう **融通** (その場の対応) yuuzuu	linh hoạt, linh động リン フアーッ, リン ドーンム	flexibility フレクス**ィビ**リティ
(金の貸し借り)	bỏ vốn, cho vay vốn ボー ヴォーン, チョー ヴァィ ヴォーン	finance, lending フィ**ナ**ンス, **レ**ンディング
～する	cho vay, cấp チョー ヴァィ, コプ	lend **レ**ンド
ゆうせいな **優勢な** yuuseina	ưu thế, thế mạnh hơn ウーゥ テヘー, テヘー マィン ホーン	superior, predominant ス**ピ**アリア, プリ**ダ**ミナント
ゆうせん **優先** yuusen	ưu tiên ウーゥ ティエン	priority プライ**オ**ーリティ
～する (他に)	có quyền ưu tiên, được ưu tiên コー クイエン ウーゥ ティエン, ドゥオク ウーゥ ティエン	have priority **ハ**ヴ プライ**オ**ーリティ
ゆうぜんと **悠然と** yuuzento	thong thả, đủng đỉnh トホーンム タハー, ドゥーンム ディン	composedly コン**ポ**ウズドリ
ゆうそうする **郵送する** yuusousuru	gửi qua bưu điện, gửi qua đường bưu điện グーィ クアー ブーゥ ディエン, グーィ クアー ドゥオンヌ ブーゥ ディエン	send by mail **セ**ンド バィ **メ**イル

日	越	英
ゆーたーんする **ユーターンする** yuutaansuru	quay ngược đầu xe, vòng ngược lại クアィ ングオク ドゥ セー, ヴォーンム ングオク ライ	make a U-turn メイク ア **ユ**ーターン
ゆうたいけん **優待券** yuutaiken	vé ưu đãi, vé mời đặc biệt ヴェー ウーゥ ダーィ, ヴェー モーィ ダク ビエッ	complimentary ticket カンプリメンタリ **チ**ケット
ゆうだいな **雄大な** yuudaina	hùng tráng, hùng vĩ フーンム チャーング, フーンム ヴィー	grand, magnificent グランド, マグ**ニ**フィセント
ゆうだち **夕立** yuudachi	trận mưa rào chiều hè, cơn mưa to chiều hè チョンム ムア ザーゥ チエゥ ヘー, コーンム ムア トー チエゥ ヘー	evening squall **イ**ーヴニング スク**ウォ**ール
ゆうどうする **誘導する** yuudousuru	dẫn dắt, chỉ dẫn ゾン ザッ, チー ゾン	lead **リ**ード
ゆうどくな **有毒な** yuudokuna	độc, có độc ドークプ, コー ドークプ	poisonous **ポ**イズナス
ゆーとぴあ **ユートピア** yuutopia	xã hội không tưởng サー ホーィ コホーンム トゥオング	Utopia ユー**ト**ピア
ゆうのうな **有能な** yuunouna	có tài, có năng lực コー ターィ, コー ナング ルークプ	able, capable **エ**イブル, **ケ**イパブル
ゆうはつする **誘発する** yuuhatsusuru	dẫn tới, gây ra ゾン トーィ, ゴィ ザー	cause **コ**ーズ
ゆうひ **夕日** yuuhi	hoàng hôn, xế chiều フアーング ホーン, セー チエゥ	setting sun **セ**ティング **サ**ン
ゆうびん **郵便** yuubin	bưu điện, bưu phẩm ブーゥ ディエン, ブーゥ フォム	mail, Ⓑmail, post **メ**イル, **メ**イル, **ポ**ウスト
～為替	gửi tiền qua bưu điện, chuyển tiền qua bưu điện グーィ ティエン クアー ブーゥ ディエン, チュイエン ティエン クアー ブーゥ ディエン	money order **マ**ニ **オ**ーダ
～局	bưu điện ブーゥ ディエン	post office **ポ**ウスト **オ**ーフィス

日	越	英
～番号	mã số bưu điện, số hòm thư マー ソー ブーゥ ディエン, ソー ホーム トゥフー	zip code, postal code, Ⓑpostcode ズィプ コウド, ポウストル コウド, ポウストコウド
ゆうふくな **裕福な** yuufukuna	giàu có, giàu sang ザゥ コー, ザゥ サーング	rich, wealthy リチ, ウェルスィ
ゆうべ **夕べ** yuube	tối qua, đêm hôm qua トーィ クアー, デーム ホーム クアー	last night ラスト ナイト
ゆうべんな **雄弁な** yuubenna	có tài hùng biện, hùng hồn コー ターィ フーンム ビエン, フーンム ホーン	eloquent エロクウェント
ゆうぼうな **有望な** yuubouna	đầy hứa hẹn, đầy hy vọng ドィ フア ヘーン, ドィ ヒー ヴォーンム	promising, hopeful プラミスィング, ホウプフル
ゆうぼくみん **遊牧民** yuubokumin	dân du mục ゾン ズー ムークプ	nomad ノウマド
ゆうほどう **遊歩道** yuuhodou	đường đi dạo, đường dạo chơi ドゥオング ディー ザーゥ, ドゥオング ザーゥ チョーィ	promenade プラメネイド
ゆうめいな **有名な** yuumeina	nổi tiếng, có tiếng ノーィ ティエング, コー ティエング	famous, well-known フェイマス, ウェルノウン
ゆーもあ **ユーモア** yuumoa	sự hài hước, hóm hỉnh スー ハーィ フオク, ホーム ヒン	humor ヒューマ
ゆーもらすな **ユーモラスな** yuumorasuna	khôi hài, hài hước コホーィ ハーィ, ハーィ フオク	humorous ヒューマラス
ゆうやけ **夕焼け** yuuyake	hoàng hôn, bóng xế フアーング ホーン, ボーンム セー	sunset, Ⓑevening glow サンセト, イーヴニング グロウ
ゆうやみ **夕闇** yuuyami	chạng vạng, nhá nhem チャーング ヴァーング, ニャー ニエーム	dusk, twilight ダスク, トワイライト
ゆうよ **猶予** yuuyo	hoãn, hoãn lại フアーン, フアーン ラーィ	delay, grace ディレイ, グレイス

日	越	英
ゆうりな **有利な** yuurina	có lợi, thuận lợi コー ローイ, トゥフオン ローイ	advantageous アドヴァン**テ**イデャス
ゆうりょうな **優良な** yuuryouna	ưu việt, xuất sắc ウーゥ ヴィエッ, スオッ サク	superior, excellent ス**ピ**アリア, **エ**クセレント
ゆうりょうの **有料の** yuuryouno	mất phí, có phí モッ フィー, コー フィー	fee-based **フィ**ーペイスト
ゆうりょくな **有力な** yuuryokuna	có uy quyền, uy thế コー ウイー クイエン, ウイー テヘー	strong, powerful スト**ロ**ーング, **パ**ウアフル
ゆうれい **幽霊** yuurei	ma, con ma マー, コーン マー	ghost **ゴ**ウスト
ゆーろ **ユーロ** yuuro	euro エウロー	Euro **ユ**アロ
ゆうわく **誘惑** yuuwaku	sự cám dỗ, quyến rũ スー カーム ゾー, クイエン ズー	temptation テンプ**テ**イション
〜する	cám dỗ, quyến rũ カーム ゾー, クイエン ズー	tempt, seduce **テ**ンプト, スィ**デ**ュース
ゆか **床** yuka	sàn, sàn nhà サーン, サーン ニャー	floor フ**ロ**ー
ゆかいな **愉快な** yukaina	vui vẻ, dễ chịu ヴーィ ヴェー, ゼー チーゥ	pleasant, cheerful プ**レ**ザント, **チ**アフル
ゆがむ **歪む** yugamu	méo, méo mó メーゥ, メーゥ モー	(be) distorted (ビ) ディスト**ー**テド
ゆき **雪** yuki	tuyết トゥイエッ	snow ス**ノ**ウ
ゆくえふめいの **行方不明の** yukuefumeino	mất tích, mất tăm モッ ティク, モッ タム	missing **ミ**スィング
ゆげ **湯気** yuge	hơi nước, hơi nước nóng ホーィ ヌオク, ホーィ ヌオク ノーンム	steam, vapor ス**ティ**ーム, **ヴ**ェイパ

日	越	英
ゆけつ **輸血** yuketsu	truyền máu チュイエン マウ	blood transfusion ブラド　トランスフュージョン
ゆさぶる **揺さぶる** yusaburu	làm rung, rung lắc ラーム ズーンム，ズーンム ラク	shake, move シェイク，ムーヴ
ゆしゅつ **輸出** yushutsu	sự xuất khẩu, xuất cảng スー スオッ コホウ，スオッ カーング	export エクスポート
〜する	xuất khẩu, xuất cảng スオッ コホウ，スオッ カーング	export エクスポート
ゆすぐ yusugu	tráng, súc チャーング，スークプ	rinse リンス
ゆすり **強請** yusuri	hăm hoạ để tống tiền ハム フアー デー トーンム ティエン	blackmail ブラクメイル
ゆずりうける **譲り受ける** yuzuriukeru	thừa hưởng, thừa kế トゥフア フオング，トゥフア ケー	take over テイク オウヴァ
ゆする **強請る** yusuru	vòi vĩnh, tống tiền ヴォーイ ヴィン，トーンム ティエン	extort, blackmail イクストート，ブラクメイル
ゆずる **譲る** （引き渡す） yuzuru	nhường ニュオング	hand over, give ハンド オウヴァ，ギヴ
（譲歩する）	nhượng bộ ニュオング ボー	concede to コンスィード トゥ
（売る）	bán cho バーン チョー	sell セル
ゆせいの **油性の** yuseino	tính chất dầu, có tính dầu ティン チョッ ゾウ，コー ティン ゾウ	oil-based, oily オイルベイスト，オイリ
ゆそうする **輸送する** yusousuru	chuyên chở, vận tải チュイエン チョー，ヴォン ターイ	transport, carry トランスポート，キャリ
ゆたかな **豊かな** yutakana	phong phú, dồi dào フォーンム フー，ゾーイ ザーウ	abundant, rich アバンダント，リチ

日	越	英
ゆだねる **委ねる** yudaneru	giao phó, phó thác	entrust with
ゆだやきょう **ユダヤ教** yudayakyou	đạo Do Thái	Judaism
ゆだやじん **ユダヤ人** yudayajin	người Do Thái	Jew
ゆだん **油断** yudan	sự vô ý, sơ ý	carelessness
～する	sơ ý, sơ suất	(be) off one's guard
ゆちゃくする **癒着する** yuchakusuru	dính chặt, bám chặt	adhere
ゆっくり **ゆっくり** yukkuri	thong thả, thư thả	slowly
ゆでたまご **茹で卵** yudetamago	trứng luộc	boiled egg
ゆでる **茹でる** yuderu	luộc	boil
ゆでん **油田** yuden	mỏ dầu, quặng dầu	oil field
ゆとり （気持ちの） yutori	yên ổn trong tâm hồn, thoải mái tinh thần	peace of mind
（空間の）	có đủ không gian, thoáng đãng	elbow room, leeway
ゆにゅう **輸入** yunyuu	sự nhập khẩu, nhập cảng	import
～する	nhập khẩu, nhập cảng	import, introduce

日	越	英
ゆび **指** （手の） yubi	ngón tay ンゴーン タイ	finger **フィ**ンガ
（足の）	ngón chân ンゴーン チョン	toe **ト**ウ
ゆびわ **指輪** yubiwa	nhẫn ニョン	ring **リ**ング
ゆみ **弓** yumi	cung, cái cung クーンム, カーイ クーンム	bow **バ**ウ
ゆめ **夢** yume	mơ, giấc mơ モー, ゾク モー	dream **ド**リーム
ゆらい **由来** yurai	nguồn gốc, xuất xứ ングオン ゴークプ, スオッ スー	origin **オー**リヂン
ゆり **百合** yuri	hoa huệ, hoa bách hợp フアー フエー, フアー バイク ホープ	lily **リ**リ
ゆりかご **揺り籠** yurikago	nôi, cái nôi ノーイ, カーイ ノーイ	cradle ク**レ**イドル
ゆるい **緩い** （厳しくない）	khoan dung, rộng lượng クフアーン ズーンム, ゾーンム ルオンゲ	lenient **リー**ニエント
（締まっていない）	lỏng, lỏng lẻo ローンム, ローンム レーウ	loose **ルー**ス
ゆるがす **揺るがす** yurugasu	lay chuyển, rung chuyển ライ チュイエン, ズーンム チュイエン	shake, swing **シェ**イク, ス**ウィ**ング
ゆるし **許し** （許可） yurushi	phép, sự cho phép フェープ, スー チョー フェープ	permission パ**ミ**ション
ゆるす **許す** （許可する） yurusu	cho phép, thừa nhận チョー フェープ, トゥフア ニョン	allow, permit ア**ラ**ウ, パ**ミ**ト
（容赦する）	tha, tha thứ タハー, タハー トゥフー	forgive, pardon フォ**ギ**ヴ, **パー**ドン
ゆるむ **緩む**（ほどけてしまう） yurumu	lỏng ra, dãn ra ローンム ザー, ザーン ザー	loosen **ルー**スン

日	越	英
(緊張が解ける)	dịu căng thẳng, làm bớt căng thẳng	relax リラクス
ゆるめる 緩める (ほどく) yurumeru	nới ra, làm lỏng ra	loosen, unfasten ルースン, アンファスン
(速度を遅くする)	làm cho chậm, làm chậm lại	slow down スロウ ダウン
ゆるやかな 緩やかな (きつくない) yuruyakana	thoải, thoai thoải	loose ルース
(度合いが少ない)	nhẹ nhàng, dịu dàng	gentle, lenient チェントル, リーニエント
ゆれ 揺れ yure	sự rung động, lay động	vibration, tremor ヴァイブレイション, トレマ
ゆれる 揺れる yureru	rung động, lay động	shake, sway シェイク, スウェイ

よ, ヨ

日	越	英
よ 世 yo	cõi đời, thế gian	world, life ワールド, ライフ
よあけ 夜明け yoake	rạng đông, bình minh	dawn, daybreak ドーン, デイブレイク
よい 酔い yoi	say, say rượu	drunkenness ドランクンネス
(車の)	say xe, chứng say xe	carsickness カースィクネス
(船の)	say sóng, chứng say sóng	seasickness スィースィクネス
(飛行機の)	say gió, say máy bay	airsickness エアスィクネス

日	越	英
よい **良[善]い** yoi	tốt, lành トーッ, ライン	good グド
よいん **余韻** yoin	dư âm, âm vang ズー オム, オム ヴァーング	reverberations リヴァーバレイションズ
よう **用** you	việc, công chuyện ヴィエク, コーンム チュイエン	business, task ビズネス, タスク
ようい **用意** youi	sự sửa soạn, chuẩn bị スー スア スアーン, チュオン ビー	preparations プレパレイションズ
～する	sửa soạn, chuẩn bị スア スアーン, チュオン ビー	prepare プリペア
よういな **容易な** youina	dễ, dễ dàng ゼー, ゼー ザーング	easy, simple イーズィ, スィンプル
よういん **要因** youin	nguyên nhân chính, nguyên do ングイエン ニォン チン, ングイエン ゾー	factor ファクタ
ようえき **溶液** youeki	dung dịch ズーンム ジク	solution ソルーション
ようかいする **溶解する** youkaisuru	tan ra, chảy ra ターン ザー, チャイ ザー	melt メルト
ようがん **溶岩** yougan	dung nham ズーンム ニャーム	lava ラーヴァ
ようき **容器** youki	đồ đựng, vật chứa ドー ドゥーング, ヴォッチ チュア	receptacle リセプタクル
ようぎ **容疑** yougi	tình nghi, nghi ngờ ティン ンギー, ンギー ンゴー	suspicion サスピション
～者	người bị tình nghi, người khả nghi ングオイ ビー ティン ンギー, ングオイ カ ハー ンギー	suspect サスペクト
ようきな **陽気な** youkina	vui tính ヴーイ ティン	cheerful, lively チアフル, ライヴリ

日	越	英
ようきゅう **要求** youkyuu	sự đòi hỏi, yêu cầu	demand, request
～する	đòi hỏi, yêu cầu	demand, require
ようぐ **用具** yougu	dụng cụ, công cụ	tools
ようけん **用件** youken	việc cần, công chuyện	matter, business
ようご **用語** (ことばづかい) yougo	từ, từ ngữ	wording
(語彙)	từ vựng, từ vị	vocabulary
(専門用語)	thuật ngữ, từ chuyên ngành	term, terminology
ようさい **要塞** yousai	lô cốt, pháo đài	fortress
ようし **用紙** youshi	mẫu, mẫu đơn	form
ようし **養子** youshi	con nuôi	adopted child
ようじ **幼児** youji	trẻ nhỏ, ấu nhi	baby, child
ようじ **用事** youji	việc làm, công chuyện	errand, task
ようしき **様式** youshiki	dạng thức, kiểu cách	mode, style
ようじょ **養女** youjo	con gái nuôi	adopted daughter

日	越	英
ようしょく **養殖** youshoku	sự nuôi trồng thuỷ sản, nuôi cấy スー ヌオイ チォーンン トゥフイー サーン, ヌオイ コイ	cultivation カルティ**ヴェ**イション
～する	nuôi trồng thuỷ sản, nuôi cấy ヌオイ チォーンン トゥフイー サーン, ヌオイ コイ	cultivate, raise **カ**ルティヴェイト, **レ**イズ
ようじん **用心** youjin	sự chú ý, để ý スー チュー イー, デー イー	attention ア**テ**ンション
～する	chú ý, để ý チュー イー, デー イー	(be) careful of, (be) careful about (ビ) **ケ**アフル オヴ, (ビ) **ケ**アフル アバウト
ようじん **要人** youjin	VIP, nhân vật quan trọng ヴィープ, ニォン ヴォック クアーン チォーンム	important person イン**ポ**ータント **パ**ースン
ようす **様子** yousu	(外見) vẻ ngoài, hình dáng ヴェー ングアーイ, ヒン ザーング	appearance ア**ピ**アランス
	(状態) tình trạng, tình hình ティン チャーング, ティン ヒン	state of affairs ス**テ**イト オヴ ア**フェ**アズ
	(態度) điệu bộ, cử chỉ ディエゥ ボー, クー チー	attitude **ア**ティテュード
ようする **要する** yousuru	cần thiết, đòi hỏi コン ティヒエッ, ドーイ ホーイ	require, need リク**ワ**イア, **ニ**ード
ようせい **要請** yousei	sự yêu cầu, sự đòi hỏi スー イエゥ コゥ, スー ドーイ ホーイ	demand, request ディ**マ**ンド, リク**ウェ**スト
～する	yêu cầu, đòi hỏi イエゥ コゥ, ドーイ ホーイ	demand ディ**マ**ンド
ようせき **容積** youseki	dung tích ズーンム ティク	capacity, volume カ**パ**スィティ, **ヴァ**リュム
ようせつする **溶接する** yousetsusuru	hàn ハーン	weld **ウェ**ルド

日	越	英
ようそ **要素** youso	yếu tố, thành tố イエウ トー, タハイント トー	element, factor エレメント, ファクタ
ようそう **様相** yousou	tình trạng, khía cạnh ティン チャーング, キヒア カイン	aspect, phase アスペクト, フェイズ
ようだい **容体** youdai	bệnh trạng, tình hình bệnh ベン チャーング, ティン ヒン ベン	condition コンディション
ようちえん **幼稚園** youchien	lớp mẫu giáo ロープ モゥ ザーウ	kindergarten キンダガートン
ようちな **幼稚な** youchina	ấu trĩ, ngây ngô オゥ チー, ンゴイ ンゴー	childish チャイルディシュ
ようちゅう **幼虫** youchuu	ấu trùng オゥ チューンム	larva ラーヴァ
ようつう **腰痛** youtsuu	đau lưng, chứng đau lưng ダゥ ルーング, チューング ダゥ ルーング	lumbago, lower back pain ランベイゴウ, ロウア バク ペイン
ようてん **要点** youten	yếu điểm, điểm quan trọng イエウ ディエム, ディエム クアーン チォーンム	main point, gist メイン ポイント, ヂスト
ようと **用途** youto	cách dùng, cách sử dụng カイク ズーンム, カイク スー ズーンム	use, purpose ユーズ, パーパス
ようねん **幼年** younen	thời thơ ấu, những ngày thơ ấu トホーイ トホー オゥ, ニューング ンガイト ホー オゥ	early childhood アーリ チャイルドフド
ようび **曜日** youbi	các ngày trong tuần カーク ンガイ チォーンム トゥオン	day of the week デイ オヴ ザ ウィーク
ようふ **養父** youfu	cha nuôi チャー ヌオイ	foster father フォスタ ファーザ
ようふく **洋服** youfuku	âu phục オウ フークプ	clothes, dress クロウズ, ドレス

日	越	英
ようぶん **養分** youbun	chất dinh dưỡng, chất bổ チョッ ジン ズオング, チョッ ボー	nourishment **ナ**ーリシュメント
ようぼ **養母** youbo	mẹ nuôi メー ヌオィ	foster mother **フォ**スタ マザ
ようぼう **容貌** youbou	diện mạo, dung mạo ジエン マーゥ, ズーンム マーゥ	looks **ル**クス
ようもう **羊毛** youmou	len, lông cừu レーン, ローンム クーゥ	wool **ウ**ル
ようやく youyaku	cuối cùng, sau cùng クオィ クーンム, サゥ クーンム	at last アト **ラ**スト
ようやくする **要約する** youyakusuru	tóm tắt, tóm lại トーム タッ, トーム ラーィ	summarize **サ**マライズ
ようりょう **要領** youryou	điểm mấu chốt, điểm chính ディエム モゥ チョーッ, ディエム チン	main point, knack メイン **ポ**イント, **ナ**ク
ようりょくそ **葉緑素** youryokuso	diệp lục, diệp lục tố ジエプ ルークプ, ジエプ ルークプ トー	chlorophyll **ク**ローラフィル
ようれい **用例** yourei	thí dụ, ví dụ về cách dùng ティヒー ズー, ヴィー ズー ヴェー カィク ズーンム	example イグ**ザ**ンプル
よーぐると **ヨーグルト** yooguruto	sữa chua, da ua スア チュア, ヤー ウア	yogurt **ヨ**ウガト
よーろっぱ **ヨーロッパ** yooroppa	châu Âu チョウ オウ	Europe **ユ**アロプ
よか **余暇** yoka	thì giờ rỗi rãi, lúc thư nhàn ティヒー ゾー ゾーィ ザーィ, ルークプ トゥ フー ニャーン	leisure **リ**ージャ
よが **ヨガ** yoga	yoga ヨガー	yoga **ヨ**ウガ

日	越	英
よかん **予感** yokan	linh cảm, dự cảm リン カーム, ズー カーム	premonition, foresight プリーマニシャン, **フォー**サイト
～する	linh cảm, dự cảm リン カーム, ズー カーム	have a hunch ハヴ ア ハンチ
よきする **予期する** yokisuru	mong chờ, chờ đợi モーンム チォー, チォー ドーイ	anticipate アンティスィペイト
よきん **預金** yokin	sự gửi tiền tiết kiệm, để dành tiền スー グーイ ティエン ティエッ キエム, デー ザイン ティエン	savings, deposit **セ**イヴィングズ, ディパズィト
～する	gửi tiền tiết kiệm, để dành tiền グーイ ティエン ティエッ キエム, デー ザイン ティエン	deposit money in ディパズィト **マ**ニ イン
よく **欲** yoku	ham muốn, thèm muốn ハーム ムオン, テヘーム ムオン	desire ディ**ザ**イア
よく **良く** (うまく) yoku	tốt, kĩ トーッ, キー	well **ウェ**ル
(しばしば)	hay, thường hay ハイ, トゥフオング ハイ	often, frequently **オ**ーフン, フリークウェントリ
(十分に)	đủ, đầy đủ ドゥー, ドイ ドゥー	fully, sufficiently **フ**リ, サ**フィ**シェントリ
よくあさ **翌朝** yokuasa	sáng hôm sau サーング ホーム サウ	next morning ネクスト **モ**ーニング
よくあつする **抑圧する** yokuatsusuru	áp bức, đè nén アープ ブッ, デー ネーン	oppress オ**プ**レス
よくげつ **翌月** yokugetsu	tháng sau ターハング サウ	next month ネクスト **マ**ンス
よくしつ **浴室** yokushitsu	nhà tắm, phòng tắm ニャー タム, フォーンム ダム	bathroom **バ**スルム
よくじつ **翌日** yokujitsu	hôm sau, ngày hôm sau ホーム サウ, ンガイ ホーム サウ	next day ネクスト **デ**イ

日	越	英
よくせいする **抑制する** yokuseisuru	ức chế, kiềm chế ウーク チェー, キエム チェー	control, restrain コント**ロ**ウル, リスト**レ**イン
よくそう **浴槽** yokusou	bồn tắm ボーン タム	bathtub **バ**スタブ
よくねん **翌年** yokunen	năm sau ナム サウ	next year **ネ**クスト **イ**ヤ
よくばりな **欲張りな** yokubarina	tham lam, có tham vọng タハーム ラーム, コー タハーム ヴォーンム	greedy グ**リ**ーディ
よくぼう **欲望** yokubou	tham vọng, dục vọng タハーム ヴォーンム, ズークプ ヴォーンム	desire, ambition ディ**ザ**イア, アン**ビ**ション
よくよう **抑揚** yokuyou	ngữ điệu ングー ディエウ	intonation イント**ネ**イション
よけいな　(不必要な) yokeina	không cần, không cần thiết コホーンム コン, コホーンム コン ティヒエツ	unnecessary アン**ネ**スィセリ
(余分な)	thừa, dư トゥフア, ズー	excessive, surplus イク**セ**スィヴ, **サ**ープラス
よける **避[除]ける** yokeru	tránh, né tránh チャイン, ネー チャイン	avoid ア**ヴォ**イド
よけんする **予見する** yokensuru	dự kiến, dự đoán ズー キエン, ズー ドゥアーン	foresee フォー**スィ**ー
よこ　　　(側面) **横** yoko	bên, cạnh ベーン, カイン	side **サ**イド
(幅)	bề ngang, bề rộng ベー ンガーング, ベー ゾーンム	width **ウィ**ドス
よこう **予行** yokou	diễn tập, dợt trước ジエン トプ, ゾーッ チュオク	rehearsal リハーサル
よこぎる **横切る** yokogiru	cắt ngang, băng qua カッ ンガーング, バング クアー	cross, cut across ク**ロ**ース, **カ**ト アク**ロ**ース

日	越	英
よこく **予告** yokoku	sự báo trước, lời báo trước スー バーゥ チュオク, ローイ バーゥ チュオク	advance notice アド**ヴァ**ンス **ノ**ウティス
~する	báo trước バーゥ チュオク	announce beforehand ア**ナ**ウンス ビ**フォ**ーハンド
よごす **汚す** yogosu	làm bẩn, làm dơ ラーム ボン, ラーム ゾー	soil, stain **ソ**イル, ス**テ**イン
よこたえる **横たえる** yokotaeru	đặt nằm ngang, đặt ngang ダッ ナム ンガーング, ダッ ンガーング	lay down **レ**イ **ダ**ウン
(身を)	nằm nghiêng người ナム ンギエング ングオイ	lay oneself down, lie down **レ**イ **ダ**ウン, **ラ**イ **ダ**ウン
よこたわる **横たわる** yokotawaru	nằm, nằm xuống ナム, ナム スオング	lie down, stretch out **ラ**イ **ダ**ウン, スト**レ**チ **ア**ウト
よこめでみる **横目で見る** yokomedemiru	liếc ngang, liếc xéo リエク ンガーング, リエク セーゥ	cast a sideways glance **キャ**スト ア **サ**イドウェイズ グ**ラ**ンス
よごれ **汚れ** yogore	vết bẩn, vết dơ ヴェーッ ボン, ヴェーッ ゾー	dirt, stain **ダ**ート, ス**テ**イン
よごれる **汚れる** yogoreru	bị bẩn, bị dơ ビー ボン, ビー ゾー	(become) dirty (ビカム) **ダ**ーティ
よさん **予算** yosan	dự toán, bản dự toán ズー トゥアーン, バーン ズー トゥアーン	budget **バ**ヂェト
よしゅうする **予習する** yoshuusuru	chuẩn bị bài, xem trước bài チュオン ビー バーイ, セーム チュオク バーイ	prepare for a lesson プリ**ペ**ア フォ ア **レ**スン
よしん **余震** yoshin	dư chấn ズー チョン	aftershock **ア**フタショク
よせる **寄せる**(引き寄せる) yoseru	kéo lại, kéo gần lại ケーゥ ラーイ, ケーゥ ゴン ラーイ	pull toward, ⑧draw towards プル トゥ**ウォ**ード, ド**ロ**ー トゥ**ウォ**ーヅ

日	越	英
（脇へ動かす）	để bên cạnh, dịch sang bên cạnh デー ベーン カイン, ジク サーング ベーン カイン	put aside プト アサイド
よせん **予選** yosen	thi sơ tuyển, đấu vòng loại ティヒー ソー トゥイエン, ドゥ ヴォーンム ルアーイ	preliminary contest プリリミネリ カンテスト
よそ **余所** yoso	nơi khác, nhà khác ノーイ カハーク, ニャー カハーク	another place アナザ プレイス
よそう **予想** yosou	sự tính trước, suy tính trước スー ティン チュオク, スイー ティン チュオク	expectation エクスペクテイション
～する	tính trước, suy tính trước ティン チュオク, スイー ティン チュオク	expect, anticipate イクスペクト, アンティスィペイト
よそおう **装う** yosoou	giả vờ, làm bộ ザー ヴォー, ラーム ボー	pretend プリテンド
よそく **予測** yosoku	sự dự đoán, đoán trước スー ズー ドゥアーン, ドゥアーン チュオク	prediction プリディクション
～する	dự đoán, đoán trước ズー ドゥアーン, ドゥアーン チュオク	forecast フォーキャスト
よそみする **余所見する** yosomisuru	nhìn bên cạnh, quay nhìn chỗ khác ニーン ベーン カイン, クアイ ニーン チョー カハーク	look away ルク アウェイ
よそもの **余所者** yosomono	người lạ mặt, người xa lạ ングオイ ラー マッ, ングオイ サー ラー	stranger ストレインヂャ
よそよそしい **よそよそしい** yosoyososhii	khách khí, hờ hững カハイク キヒー, ホー フーング	cold, distant コウルド, ディスタント
よだれ **よだれ** yodare	dãi, nước dãi ザーイ, ヌオク ザーイ	slaver, drool スラヴァ, ドルール
よち **余地** yochi	đất thừa, đất trống ドット トゥフア, ドット チオーンム	room, space ルーム, スペイス

日	越	英
よつかど **四つ角** yotsukado	ngã tư ンガー トゥー	crossroads, Ⓑcrossing クロースロウヅ, クロースィング
よっきゅう **欲求** yokkyuu	thèm muốn, ham muốn テヘーム ムオン, ハーム ムオン	desire ディザイア
よっぱらい **酔っ払い** yopparai	người say rượu ングォイ サイ ズオゥ	drunk ドランク
よっぱらう **酔っ払う** yopparau	say rượu, xỉn サイ ズオゥ, シーン	get drunk ゲト ドランク
よてい **予定** (個々の) yotei	dự định ズー ディン	plan プラン
(全体的な)	dự kiến, kế hoạch ズー キエン, ケー フアイク	schedule スケデュル
よとう **与党** yotou	đảng cầm quyền ダーング コム クイエン	party in power パーティ イン パウア
よどむ yodomu	ứ đọng, nghẹt ウー ドーンム, ングエーッ	(be) stagnant (ビ) スタグナント
よなかに **夜中に** yonakani	lúc khuya, lúc nửa đêm ルークヌ クフィア, ルークヌ ヌア デーム	at midnight アト ミドナイト
よのなか **世の中** yononaka	thế gian, xã hội テヘー ザーン, サー ホーィ	world, society ワールド, ソサイエティ
よはく **余白** yohaku	lề, ngoài lề レー, ングアーィ レー	page margins ペイヂ マーデンズ
よび **予備** yobi	sự dự bị, trù bị スー ズー ビー, チュー ビー	reserve, spare リザーヴ, スペア
〜の	dự bị, trù bị ズー ビー, チュー ビー	reserve, spare リザーヴ, スペア
よびかける **呼び掛ける** yobikakeru	gọi, kêu gọi ゴーィ, ケーゥ ゴーィ	call out, address コール アウト, アドレス

日	越	英
よびりん **呼び鈴** yobirin	chuông rung, chuông báo チュオング ズーング, チュオング バーウ	ring, bell リング, ベル
よぶ **呼ぶ** (招く) yobu	mời, mời đến モーィ, モーィ デーン	invite インヴァイト
(称する)	xưng, gọi スーング, ゴーィ	call, name コール, ネイム
(声で呼ぶ)	gọi, kêu ゴーィ, ケーゥ	call コール
よぶんな **余分な** yobunna	thừa, dư トゥフア, ズー	extra, surplus エクストラ, サープラス
よほう **予報** yohou	dự báo ズー バーゥ	forecast フォーキャスト
よぼう **予防** yobou	sự phòng ngừa, đề phòng スー フォーンム ングア, デー フォーンム	prevention プリヴェンション
～する	phòng ngừa, đề phòng フォーンム ングア, デー フォーンム	prevent from プリヴェント フラム
～注射	tiêm phòng bệnh ティエム フォーンム ベン	preventive injection プリヴェンティヴ インヂェクション
よみがえる **よみがえる** yomigaeru	sống lại, tái sinh ソーンム ラーィ, ターィ シン	revive リヴァイヴ
よむ **読む** yomu	đọc, xem ドークプ, セーム	read リード
よめ **嫁** yome	dâu, vợ ゾゥ, ヴォー	wife ワイフ
(新婦)	cô dâu コー ゾゥ	bride ブライド
(息子の妻)	con dâu コーン ゾゥ	daughter-in-law ドータリンロー

日	越	英
よやく **予約** yoyaku	sự đặt trước, dành trước スー ダッ チュオク, ザイン チュオク	reservation, Ⓑbooking レザヴェイション, ブキング
～する	đặt trước, dành trước ダッ チュオク, ザイン チュオク	reserve, Ⓑbook リザーヴ, ブク
よゆう **余裕** （金銭の） yoyuu	tiêu xài dư dả, dư thừa của cải ティエゥ サーイ ズー ザー, ズー トゥフア クア カーイ	money to spare マニ トゥ スペア
（空間の）	không gian thoáng đãng コホーンム ザーン トゥフアーング ダーング	room, space ルーム, スペイス
（時間の）	dư thừa thời gian, thoải mái về thời gian ズー トゥフア トホーイ ザーン, トゥフアーイ マーイ ヴェー トホーイ ザーン	time to spare タイム トゥ スペア
よりかかる **寄りかかる** yorikakaru	dựa, tựa ズア, トゥア	lean against リーン アゲンスト
よりそう **寄り添う** yorisou	kề bên, kề sát ケー ベーン, ケー サーッ	draw close ドロー クロウス
よりみちする **寄り道する** yorimichisuru	tạt vào, nhân tiện ghé vào ターッ ヴァーウ, ニオン ティエン ゲー ヴァーウ	stop on one's way スタプ オン ウェイ
よる **因[依]る** （原因となる） yoru	do, vì ゾー, ヴィー	(be) due to (ビ) デュー トゥ
（根拠となる）	căn cứ vào, dựa vào カン クー ヴァーウ, ズア ヴァーウ	(be) based on (ビ) ベイスト オン
よる **寄る** （接近する） yoru	đến gần, ghé sát デーン ゴン, ゲー サーッ	approach アプロウチ
（立ち寄る）	ghé vào, tạt vào ゲー ヴァーウ, ターッ ヴァーウ	call at, call on コール アト, コール オン
（脇へ動く）	dãn ra, dịch bước sang bên cạnh ザーン ザー, ジク ブオク サーング ベーン カイン	step aside ステプ アサイド

日	越	英
よる **夜** yoru	đêm, ban đêm デーム, バーン デーム	night **ナ**イト
よるだん **ヨルダン** yorudan	Gioóc đa ni ゾーック ダー ニー	Jordan **チョ**ーダン
よろい **鎧** yoroi	giáp, áo giáp ザープ, アーゥ ザープ	armor, ⒷArmour **アー**マ, **アー**マ
よろこばす **喜ばす** yorokobasu	làm vui, làm vừa ý ラーム ヴーイ, ラーム ヴア イー	please, delight プ**リー**ズ, ディ**ラ**イト
よろこび **喜び** yorokobi	niềm vui, niềm phấn khởi ニエム ヴーイ, ニエム フォン コホーイ	joy, delight **チョ**イ, ディ**ラ**イト
よろこぶ **喜ぶ** yorokobu	vui mừng, phấn khởi ヴーイ ムーング, フォン コホーイ	(be) glad, (be) pleased (ビ) グ**ラ**ド, (ビ) プ**リー**ズド
よろめく **よろめく** yoromeku	loạng choạng, lảo đảo ルアーング チュアーング, ラーゥ ダーゥ	stagger ス**タ**ガ
よろん **世論** yoron	dư luận, công luận ズー ルオン, コーンム ルオン	public opinion **パ**ブリク オ**ピ**ニョン
よわい **弱い** yowai	yếu, yếu đuối イエゥ, イエゥ ドゥオイ	weak **ウィ**ーク
(気が)	nhát, nhút nhát ニャーッ, ニュッ ニャーッ	timid **ティ**ミド
(光などが)	lờ mờ, lù mù ロー モー, ルー ムー	feeble, faint **フィ**ーブル, **フェ**イント
よわさ **弱さ** yowasa	tính yếu đuối, tính yếu ớt ティン イエゥ ドゥオイ, ティン イエゥ オーッ	weakness **ウィ**ークネス
よわまる **弱まる** yowamaru	yếu đi, nhụt đi イエゥ ディー, ニューッ ディー	weaken **ウィ**ークン
よわみ **弱み** yowami	điểm yếu, nhược điểm ディエム イエゥ, ニュオク ディエム	weak point **ウィ**ーク **ポ**イント

日	越	英
よわむし **弱虫** yowamushi	đồ nhút nhát ドー ニューッ ニャーッ	coward **カ**ウアド
よわる **弱る** yowaru	suy yếu đi, suy nhược đi スイー イエゥ ディー, スイー ニュオク ディー	grow weak グロウ **ウ**ィーク
(困る)	khổ tâm, khổ sở コホー トム, コホー ソー	(be) worried (ビ) **ワ**ーリド
よん **四** yon	bốn ボーン	four **フォ**ー
よんじゅう **四十** yonjuu	bốn mươi, bốn chục ボーン ムオィ, ボーン チュークプ	forty **フォ**ーティ

ら, ラ

日	越	英
らいう **雷雨** raiu	bão tố có sấm sét バーゥ トー コー ソム セッ	thunderstorm **サ**ンダストーム
らいおん **ライオン** raion	sư tử スー トゥー	lion **ラ**イオン
らいげつ **来月** raigetsu	tháng sau, tháng tới タハーング サウ, タハーング トーイ	next month ネクスト **マ**ンス
らいしゅう **来週** raishuu	tuần sau, tuần tới トゥオン サウ, トゥオン トーイ	next week ネクスト **ウ**ィーク
らいせ **来世** raise	kiếp sau キエプ サウ	afterlife, next life **ア**フタライフ, ネクスト **ラ**イフ
らいたー **ライター** raitaa	bật lửa, hộp quẹt ga ボッ ルア, ホープ クエッ ガー	lighter **ラ**イタ
らいと **ライト** raito	ánh sáng, ánh đèn アイン サーング, アイン デーン	light **ラ**イト
らいにちする **来日する** rainichisuru	đến Nhật, thăm Nhật デーン ニオッ, タハム ニオッ	visit Japan **ヴ**ィズィト チャパン

日	越	英
らいねん **来年** rainen	năm tới, sang năm ナム トーイ, サーング ナム	next year **ネ**クスト **イ**ア
らいばる **ライバル** raibaru	đối thủ, đối phương ドーイ トゥフー, ドーイ フオング	rival **ラ**イヴァル
らいひん **来賓** raihin	khách quý, tân khách カハイク クイー, トン カハイク	guest **ゲ**スト
らいぶ **ライブ** raibu	tường thuật trực tiếp, nhạc sống トゥオング トゥフオッ チューク ティエプ, ニャック ソーンム	live performance **ラ**イヴ パ**フォ**ーマンス
らいふすたいる **ライフスタイル** raifusutairu	cách sống, lối sống カイク ソーンム, ローイ ソーンム	lifestyle **ラ**イフスタイル
らいふる **ライフル** raifuru	súng trường スーンム チュオング	rifle **ラ**イフル
らいふわーく **ライフワーク** raifuwaaku	công việc cả đời, sự nghiệp cả đời コーンム ヴィエク カー ドーイ, スー ンギエプ カー ドーイ	lifework **ラ**イフワーク
らいめい **雷鳴** raimei	sấm, sấm sét ソム, ソム セーッ	thunder **サ**ンダ
らいらっく **ライラック** rairakku	tử đinh hương, cây tử đinh hương トゥー デイン フオング, コイ トゥー デイン フオング	lilac **ラ**イラク
らおす **ラオス** raosu	Lào, nước Lào ラーウ, ヌオク ラーウ	Laos **ラ**ウス
らくえん **楽園** rakuen	thiên đường, nơi cực lạc ティヒエン ドゥオング, ノーイ クーク ラーク	paradise パ**ラ**ダイス
らくがき **落書き** rakugaki	viết bậy, vẽ bậy ヴィエッ ボイ, ヴェー ボイ	scribble, graffiti ス**ク**リブル, グラ**フィ**ーティ
らくごする **落伍する** rakugosuru	tụt hậu トゥーッ ホウ	drop out of ド**ラ**プ **ア**ウト オヴ

ら

日	越	英
らくさ **落差** rakusa	khoảng cách, chênh lệch クアーング カイク, チェン レク	gap, difference **ギャ**プ, **ディ**ファレンス
らくさつする **落札する** rakusatsusuru	trúng thầu, thắng thầu チューング トホウ, タハング トホウ	make a successful bid **メ**イク ア サク**セ**スフル **ビ**ド
らくせんする **落選する** rakusensuru	thất bại trong cuộc bầu cử, không trúng cử トホッ バーイ チョーンム クオク ボウ クー, コホーンム チューング クー	(be) defeated in (ビ) ディ**フィ**ーテド イン
らくだ **駱駝** rakuda	lạc đà, con lạc đà ラーク ダー, コーン ラーク ダー	camel **キャ**メル
らくだいする **落第する** rakudaisuru	thi trượt, lưu ban ティヒー チュオッ, ルーウ バーン	fail **フェ**イル
らくてんてきな **楽天的な** rakutentekina	lạc quan, yêu đời ラーク クアーン, イエゥ ドーイ	optimistic アプティ**ミ**スティク
らくな **楽な** rakuna	dễ chịu, thoải mái ゼー チーウ, トゥファーイ マーイ	comfortable **カ**ンフォタブル
（容易な）	dễ, dễ dàng ゼー, ゼー ザーング	easy **イ**ーズィ
らくのう **酪農** rakunou	sản xuất bơ sữa サーン スオッ ボー スア	dairy (farm) **デ**アリ (**ファ**ーム)
～家	người sản xuất bơ sữa ングオイ サーン スオッ ボー スア	dairy farmer **デ**アリ **ファ**ーマ
らぐびー **ラグビー** ragubii	bóng bầu dục, môn bóng bầu dục ボーンム ボゥ ズークプ, モーン ボーンム ボゥ ズークプ	rugby **ラ**グビ
らくようじゅ **落葉樹** rakuyouju	cây rụng lá コイ ズーンム ラー	deciduous tree ディ**スィ**デュアス ト**リ**ー
らくらい **落雷** rakurai	sét, sét đánh セーッ, セーッ ダィン	thunderbolt **サ**ンダボウルト
らけっと **ラケット** raketto	vợt, cái vợt ヴォーッ, カーイ ヴォーッ	racket **ラ**ケト

日	越	英
らじうむ **ラジウム** rajiumu	ra đi um, radium ザー ディー ウーム，ラディウム	radium レイディアム
らじえーたー **ラジエーター** rajieetaa	bộ tản nhiệt, vật bức xạ ボー ターン ニエッ，ヴォッ ブーク サー	radiator レイディエイタ
らじお **ラジオ** rajio	radio, máy thu thanh ラディオー，マイ トゥフー タハイン	radio レイディオウ
らじこん **ラジコン** rajikon	bộ điều khiển không dây ボー ディエウ キヒエン コホーンム ゾイ	radio control レイディオウ コントロウル
らずべりー **ラズベリー** razuberii	mâm xôi, cây mâm xôi モム ソーイ，コイ モム ソーイ	raspberry ラズベリ
らせん **螺旋** rasen	xoắn ốc, đường xoắn ốc スアン オークプ，ドゥオング スアン オークプ	spiral スパイアラル
らちする **拉致する** rachisuru	bắt cóc バッ コークプ	kidnap, abduct キドナプ，アブダクト
らっかー **ラッカー** rakkaa	sơn ソーン	lacquer ラカ
らっかする **落下する** rakkasuru	rơi, rót ゾーイ，ゾーッ	drop, fall ドラプ，フォール
らっかんする **楽観する** rakkansuru	lạc quan ラーク クアーン	(be) optimistic about (ビ) アプティミスティク アバウト
らっかんてきな **楽観的な** rakkantekina	lạc quan, yêu đời ラーク クアーン，イエゥ ドーイ	optimistic アプティミスティク
らっきーな **ラッキーな** rakkiina	may, may mắn マイ，マイ マン	lucky ラキ
らっこ **ラッコ** rakko	rái cá biển ザーイ カー ビエン	sea otter スィー アタ
らっしゅあわー **ラッシュアワー** rasshuawaa	giờ cao điểm ゾー カーゥ ディエム	rush hour ラッシュ アウア

日	越	英
らっぷ **ラップ** （音楽の） rappu	nhạc rap, rap ニャーク ラップ, ラップ	rap music ラプ ミューズィク
（食品用の）	màng bao thực phẩm マーング バーウ トゥフーク フォム	wrap, Ⓑclingfilm ラプ, クリングフィルム
らっぷたいむ **ラップタイム** rapputaimu	thời gian thực hiện một vòng đua トホーイ ザーン トゥフーク ヒエン モッ ヴォーンム ドゥア	lap time ラプ タイム
らつわんの **辣腕の** ratsuwanno	khéo tay, nhanh tay ケヘーウ タイ, ニャイン タイ	shrewd, able シュルード, エイブル
らでぃっしゅ **ラディッシュ** radisshu	củ cải đỏ, củ cải cay クー カーイ ドー, クー カーイ カイ	radish ラディシュ
らてんご **ラテン語** ratengo	tiếng La Tinh ティエング ラー ティン	Latin ラティン
らてんの **ラテンの** ratenno	La Tinh, của La Tinh ラー ティン, クア ラー ティン	Latin ラティン
らふな **ラフな** rafuna	thô ráp, gồ ghề トホー ザープ, ゴー ゲー	rough ラフ
らぶれたー **ラブレター** raburetaa	thư tình トゥフー ティン	love letter ラヴ レタ
らべる **ラベル** raberu	nhãn, nhãn hiệu ニャーン, ニャーン ヒエウ	label レイベル
らべんだー **ラベンダー** rabendaa	oải hương, cây oải hương ウアーイ フオング, コイ ウアーイ フオング	lavender ラヴェンダ
らむ **ラム** （ラム酒） ramu	rum, rượu rum ズーム, ズオウ ズーム	rum ラム
（子羊の肉）	thịt cừu non ティヒーッ クーウ ノーン	lamb ラム
らん **欄** ran	cột, cột báo コーッ, コーッ バーウ	column カラム

日	越	英
らん **蘭** ran	lan, hoa lan ラーン, フアー ラーン	orchid **オ**ーキド
らんおう **卵黄** ran-ou	lòng đỏ, tròng đỏ ローンム ドー, チョーンム ドー	yolk **ヨ**ウク
らんがい **欄外** rangai	lề sách, lề trang sách レー サイク, レー チャーング サイク	margin **マ**ーヂン
らんく **ランク** ranku	hạng, bậc ハーング, ボク	rank **ラ**ンク
らんざつな **乱雑な** ranzatsuna	lộn xộn, bừa bãi ローン ソーン, ブア バーイ	disorderly ディス**オ**ーダリ
らんし **乱視** ranshi	loạn thị ルアーン ティヒー	astigmatism, distorted vision アス**ティ**グマティズム, ディス**ト**ーテド **ヴィ**ジョン
らんそう **卵巣** ransou	buồng trứng, noãn sào ブオング チューング, ヌアーン サーウ	ovary **オ**ウヴァリ
らんとう **乱闘** rantou	loạn đả, ẩu đả ルアーン ダー, オゥ ダー	fray, brawl フレイ, ブロール
らんなー **ランナー** rannaa	người chạy, đấu thủ chạy đua ングオイ チャイ, ドゥ トゥフー チャイ ドゥア	runner **ラ**ナ
らんにんぐ **ランニング** ranningu	chạy チャイ	running **ラ**ニング
らんぱく **卵白** ranpaku	lòng trắng, tròng trắng ローンム チャング, チョーンム チャング	egg white, albumen **エ**グ (ホ)**ワ**イト, アル**ビュ**ーメン
らんぷ **ランプ** ranpu	đèn, cây đèn デーン, コイ デーン	lamp **ラ**ンプ
らんぼうする **乱暴する** ranbousuru	hành hung ハイン フーング	inflict violence インフ**リ**クト **ヴァ**イオレンス
らんぼうな **乱暴な** ranbouna	hung bạo, cường bạo フーング バーウ, クオング バーウ	violent, rough **ヴァ**イオレント, **ラ**フ

日	越	英
らんようする **乱用する** ran-yousuru	lạm dụng ラーム ズーンム	misuse, abuse ミス**ユ**ーズ, ア**ビュ**ーズ

り, リ

りあるたいむ **リアルタイム** riarutaimu	thời gian thực トホーイ ザーン トゥフーク	real time **リ**ーアル **タ**イム
りあるな **リアルな** riaruna	thực tế, thật トゥフーク テー, トホッ	real **リ**ーアル
りーぐ **リーグ** riigu	liên đoàn, liên minh リエン ドゥアーン, リエン ミン	league **リ**ーグ
〜戦	đấu vòng tròn ドゥ ヴォーンム チョーン	league series **リ**ーグ ス**ィ**アリーズ
りーだー **リーダー** riidaa	người lãnh đạo, người chỉ đạo ングォイ ライン ダーゥ, ングォイ チーダーゥ	leader **リ**ーダ
〜シップ	tài lãnh đạo, khả năng lãnh đạo ターイ ライン ダーゥ, カハー ナング ライン ダーゥ	leadership **リ**ーダシプ
りーどする **リードする** riidosuru	đứng đầu, dẫn đầu ドゥーング ドゥ, ゾン ドゥ	lead **リ**ード
りえき **利益** rieki	lợi, lãi ローイ, ラーイ	profit, return プ**ラ**フィト, リ**タ**ーン
りか **理科** rika	khoa học tự nhiên クフアー ホークプ トゥー ニエン	science **サ**イエンス
りかい **理解** rikai	sự hiểu, lý giải スー ヒエゥ, リー ザーイ	comprehension カンプリ**ヘ**ンション
〜する	hiểu, lý giải ヒエゥ, リー ザーイ	understand アンダス**タ**ンド
りがい **利害** rigai	lợi hại, được mất ローイ ハーイ, ドゥオク モッ	interests **イ**ンタレスツ

日	越	英
りきせつする **力説する** rikisetsusuru	nhấn, nhấn mạnh ニオン, ニオン マイン	emphasize エンファサイズ
りきゅーる **リキュール** rikyuuru	rượu mùi ズオゥ ムーイ	liqueur リカー
りきりょう **力量** rikiryou	lực lượng, sức mạnh ルーク ルオング, スーク マイン	ability アビリティ
りく **陸** riku	đất liền, lục địa ドッ リエン, ルークプ ディア	land ランド
りくえすと **リクエスト** rikuesuto	đòi hỏi, mong muốn ドーイ ホーイ, モーンム ムオン	request リクウェスト
りくぐん **陸軍** rikugun	lục quân ルークプ クオン	army アーミ
りくじょうきょうぎ **陸上競技** rikujoukyougi	điền kinh, môn điền kinh ディエン キン, モーン ディエン キン	athletics アスレティクス
りくつ **理屈** rikutsu	lý lẽ, lý thuyết リー レー, リート トゥフイエッ	reason, logic リーズン, ラヂク
りくらいにんぐしーと **リクライニング シート** rikurainingushiito	ghế ngả ゲー ンガー	reclining seat リクライニング スィート
りけん **利権** riken	quyền lợi, lợi quyền クイエン ローイ, ローイ クイエン	rights, concessions ライツ, コンセションズ
りこうな **利口な** rikouna	lanh lợi, có tài ăn nói ラィン ローイ, コー ターイ アン ノーイ	clever, bright クレヴァ, ブライト
りこーる **リコール** （欠陥商品の回収） rikooru	thu hồi hàng lỗi トゥフー ホーイ ハーング ローイ	recall リコール
（公職者の解職）	bãi miễn バーイ ミエン	recall リコール
りこしゅぎ **利己主義** rikoshugi	tính ích kỷ, vị kỷ ティン イク キー, ヴィー キー	egoism イーゴウイズム

日	越	英
りこてきな **利己的な** rikotekina	ích kỷ, vị kỷ イクキー, ヴィーキー	egoistic イーゴウイスティク
りこん **離婚** rikon	ly hôn, ly dị リーホーン, リージー	divorce ディヴォース
リサイクル risaikuru	tái chế ターイチェー	recycling リーサイクリング
リサイタル risaitaru	biểu diễn độc tấu, đơn ca ビエウジエンドークプトゥ, ドーンカー	recital リサイトル
りざや **利鞘** rizaya	lời, lãi ローイ, ラーイ	profit margin, margin プラフィト マーヂン, マーヂン
りさんする **離散する** risansuru	ly tán, phân tán リーターン, フォンターン	(be) scattered (ビ) スキャタド
りし **利子** rishi	lợi tức, tiền lãi ローイトゥーク, ティエンラーイ	interest インタレスト
りじ **理事** riji	giám đốc, người điều hành ザームドークプ, ングオイディエウハイン	director, manager ディレクタ, マニヂャ
りじゅん **利潤** rijun	lợi nhuận, lãi ローイニュオン, ラーイ	profit, gain プラフィト, ゲイン
りしょく **利殖** rishoku	bỏ vốn kiếm lời, thu lợi gia tăng tài sản ボーヴォーンキエムローイ, トゥフーローイザータングターイサーン	moneymaking マニメイキング
りす **栗鼠** risu	sóc, con sóc ソークプ, コーンソークプ	squirrel スクワーレル
リスク risuku	nguy hiểm, rủi ro ングイーヒエム, ズーイゾー	risk リスク
リスト risuto	danh sách, danh bạ ザインサイク, ザインバー	list リスト
リストラ risutora	tái cơ cấu ターイコーコウ	restructuring リーストラクチャリング

日	越	英
りずむ **リズム** rizumu	nhịp, nhịp điệu ニープ, ニープ ディエウ	rhythm **リ**ズム
りせい **理性** risei	lý tính リー ティン	reason, sense **リ**ーズン, **セ**ンス
～**的な**	có lý tính, có lý trí コー リー ティン, コー リー チー	rational **ラ**ショナル
りそう **理想** risou	lý tưởng リー トゥオング	ideal アイ**ディ**ーアル
～**主義**	chủ nghĩa lý tưởng, chủ nghĩa duy tâm チュー ンギア リー トゥオング, チュー ンギア ズイー トム	idealism アイ**ディ**ーアリズム
～**的な**	lý tưởng リー トゥオング	ideal アイ**ディ**ーアル
りそく **利息** risoku	lợi tức, lời ローイ トゥーク, ローイ	interest **イ**ンタレスト
りちうむ **リチウム** richiumu	lithi, lithium リティー, リティウム	lithium **リ**スィアム
りちぎな **律儀な** richigina	nghiêm túc, nghiêm chỉnh ンギエム トゥークプ, ンギエム チン	honest **ア**ネスト
りちてきな **理知的な** richitekina	lý trí, có lý trí リー チー, コー リー チー	intellectual インテ**レ**クチュアル
りつ **率** (割合) ritsu	tỷ lệ, tỷ suất ティー レー, ティー スオッ	rate **レ**イト
(百分率)	tỷ suất ティース オッ	percentage パ**セ**ンティヂ
りっきょう **陸橋** rikkyou	cầu sắt, cầu vượt コゥ サッ, コゥ ヴオッ	viaduct **ヴァ**イアダクト
りっこうほしゃ **立候補者** rikkouhosha	người ứng cử ングオイ ウーング クー	candidate **キャ**ンディデイト

日	越	英
りっこうほする **立候補する** rikkouhosuru	ứng cử ウーング クー	run for office ラン フォ オーフィス
りっしょうする **立証する** risshousuru	chứng tỏ, chứng minh チューング トー, チューング ミン	prove プルーヴ
りったい **立体** rittai	lập thể, khối lập thể ロプ テヘー, コホーイ ロプ テヘー	solid サリド
〜交差	cầu vượt, cầu chui コウ ヴオッ, コウ チューイ	overpass オウヴァパス
〜的な	lập thể ロプ テヘー	three-dimensional スリーディメンショナル
りっちじょうけん **立地条件** ricchijouken	điều kiện mảnh đất, điều kiện miếng đất ディエゥ キエン マイン ドッ, ディエゥ キエン ミエング ドッ	conditions of location コンディションズ オヴ ロウケイション
りっとる **リットル** rittoru	lít リーッ	liter, Ⓑlitre リータ, リータ
りっぱな **立派な** rippana	đàng hoàng, tuyệt vời ダーング フアーング, トゥイエッ ヴォーイ	excellent, splendid エクセレント, スプレンディド
りっぷくりーむ **リップクリーム** rippukuriimu	kem dưỡng môi ケーム ズオング モーイ	lip cream リプ クリーム
りっぽう **立方** rippou	khối, lập phương コホーイ, ロプ フオング	cube キューブ
〜センチ	centimét khối センティメッ コホーイ	cubic centimeter キュービク センティミータ
〜体	lập phương, khối ロプ フオング, コホーイ	cube キューブ
〜メートル	mét khối メーッ コホーイ	cubic meter キュービク ミータ
りっぽう **立法** rippou	lập pháp ロプ ファープ	legislation レデスレイション

日	越	英
〜権	quyền lập pháp	legislative power
りてん **利点** riten	lợi điểm, điểm có lợi	advantage
りとう **離島** ritou	đảo xa	isolated island
りとぐらふ **リトグラフ** ritogurafu	in thạch bản, in đá	lithograph
りにあもーたーかー **リニアモーターカー** riniamootaakaa	tàu điện siêu tốc linear	linear motorcar
りにゅうしょく **離乳食** rinyuushoku	đồ ăn giặm, thức ăn giặm	baby food
りねん **理念** rinen	ý niệm, triết lý	philosophy, principles
りはーさる **リハーサル** rihaasaru	dợt trước, diễn tập	rehearsal
りはつ **理髪** rihatsu	cắt tóc, hớt tóc	haircut
〜店	tiệm cắt tóc, tiệm hớt tóc	barbershop, Ⓑbarberr
りはびり **リハビリ** rihabiri	phục hồi, phục hồi chức năng	rehabilitation
りはんする **離反する** rihansuru	ly khai, phản bội	(be) estranged from
りひてんしゅたいん **リヒテンシュタイン** rihitenshutain	Lích Ten xtên	Liechtenstein

日	越	英
りふぉーむする **リフォームする** rifoomusuru	tân trang, sửa đổi トン チャーング, スア ドーイ	remodel リー**マ**ドル
りふじんな **理不尽な** rifujinna	vô lý, phi lý ヴォー リー, フィー リー	unreasonable アン**リー**ズナブル
りふと **リフト** rifuto	máy nâng hàng, ghế cáp treo マイ ノング ハーング, ゲー カープ チェーウ	chair lift **チェ**ア リフト
りべーと **リベート** ribeeto	hoa hồng, tiền hoa hồng フアー ホーング, ティエン フアー ホーンム	rebate リー**ベ**イト
りべつする **離別する** ribetsusuru	ly biệt, ly dị リー ビエッ, リー ジー	separate **セ**パレイト
りべらるな **リベラルな** riberaruna	tự do, theo chủ nghĩa tự do トゥー ゾー, テヘーウ チュー ンギア トゥー ゾー	liberal **リ**ベラル
りぽーと **リポート** ripooto	báo cáo バーウ カーウ	report リ**ポ**ート
りぼん **リボン** ribon	ruy băng, băng ルイー バング, バング	ribbon **リ**ボン
りまわり **利回り** rimawari	lợi suất, lợi tức ローイ スオッ, ローイ トゥーク	yield, rate of return **イ**ールド, **レ**イト オヴ リ**タ**ーン
りむじん **リムジン** rimujin	xe limousine セー リムジン	limousine **リ**ムズィーン
りもこん **リモコン** rimokon	điều khiển từ xa, cái điều khiển từ xa ディエウ キヒエン トゥー サー, カーイ ディエウ キヒエン トゥー サー	remote control リ**モ**ウト コント**ロ**ウル
りゃく **略** ryaku	sự lược bớt, tỉnh lược スー ルオク ボッ, ティン ルオク	omission オウ**ミ**ション
りゃくご **略語** ryakugo	chữ viết tắt, từ viết tắt チュー ヴィエッ タッ, トゥー ヴィエッ タッ	abbreviation アブリヴィ**エ**イション

日	越	英
りゃくしきの **略式の** ryakushikino	theo thủ tục rút gọn, không theo thủ tục quy định テヘーウ トゥフー トゥークプ ズーッ ゴーン, コホーンム テヘーウ トゥフー トゥークプ クイー ディン	informal インフォーマル
りゃくす **略す** (簡単にする) ryakusu	rút gọn, ước lược ズーッ ゴーン, ウオク ルオク	abridge, abbreviate アブリヂ, アブリーヴィエイト
(省く)	lược bớt, tỉnh lược ルオク ボーッ, ティン ルオク	omit オウミット
りゃくだつする **略奪する** ryakudatsusuru	cướp đoạt, cưỡng đoạt クオプ ドゥアーッ, クオング ドゥアーッ	plunder, pillage プランダ, ピリヂ
りゆう **理由** riyuu	lý do, cớ リー ゾー, コー	reason, cause リーズン, コーズ
りゅういき **流域** ryuuiki	lưu vực, vùng lưu vực ルーウ ヴーク, ヴーンム ルーウ ヴーク	valley, basin ヴァリ, ベイスン
りゅういする **留意する** ryuuisuru	lưu ý, để ý ルーウ イー, デー イー	pay attention to ペイ アテンション トゥ
りゅうがく **留学** ryuugaku	du học, lưu học ズー ホークプ, ルーウ ホークプ	studying abroad スタディング アブロード
～生	du học sinh, lưu học sinh ズー ホークプ シン, ルーウ ホークプ シン	foreign student フォリン ステューデント
りゅうこう **流行** ryuukou	thời thượng, thị hiếu đương thời トホーイ トゥフオング, ティヒー ヒエゥ ドゥオング トホーイ	fashion, vogue ファション, ヴォウグ
(病気や思想などの)	lan rộng, lây lan ラーン ゾーンム, ロイ ラーン	prevalence プレヴァレンス
～する	phổ biến, thịnh hành フォー ビエン, ティヒン ハイン	(be) in fashion (ビ) イン ファション
りゅうざん **流産** ryuuzan	sảy thai, tiểu sản ソイ タハーイ, ティエウ サーン	miscarriage ミスキャリヂ

日	越	英
りゅうし **粒子** ryuushi	hạt ハーッ	particle パーティクル
りゅうしゅつする **流出する** ryuushutsusuru	chảy ra, trào ra チャイ ザー, チャーウ ザー	flow out フロウ アウト
りゅうせい **隆盛** ryuusei	phồn thịnh, thịnh vượng フォーン テイヒン, テイヒン ヴオング	prosperity プラスペリティ
りゅうせんけいの **流線型の** ryuusenkeino	dáng thuôn, có dáng thuôn ザーング トゥフオン, コー ザーング トゥフオン	streamlined ストリームラインド
りゅうちょうに **流暢に** ryuuchouni	lưu loát, trôi chảy ルーウ ルアーッ, チョーイ チャイ	fluently フルエントリ
りゅうつう **流通** ryuutsuu	sự lưu hành, lưu thông スー ルーウ ハイン, ルーウ トホーンム	distribution ディストリビューション
～する	lưu hành, lưu thông ルーウ ハイン, ルーウ トホーンム	circulate サーキュレイト
りゅうどうする **流動する** ryuudousuru	di chuyển liên tục, dao động ジー チュイエン リエン トゥークプ, ザーウ ドーンム	flow フロウ
りゅうどうてきな **流動的な** ryuudoutekina	thay đổi liên tục, bất ổn định タハイ ドーイ リエン トゥークプ, ボッ オーン ディン	fluid フルーイド
りゅうにゅうする **流入する** ryuunyuusuru	chảy vào, lọt vào チャイ ヴァーウ, ローッ ヴァーウ	flow in フロウ イン
りゅうねんする **留年する** ryuunensuru	lưu ban, học đúp ルーウ バーン, ホークプ ドゥープ	repeat the same grade level リピート ザ セイム グレイド レヴェル
りゅうは **流派** ryuuha	trường phái, môn phái チュオング ファーイ, モーン ファーイ	school スクール
りゅっくさっく **リュックサック** ryukkusakku	ba lô バー ロー	backpack, rucksack バクパク, ラクサク

831

日	越	英
りょう **漁** ryou	đánh cá, câu cá ディン カー, コウ カー	fishing **フィ**シング
りょう **寮** ryou	ký túc xá, ký túc キー トゥークプ サー, キー トゥークプ	dormitory, ⒷhaII of residence **ド**ーミトーリ, **ホ**ール オヴ **レ**ズィデンス
りょう **猟** ryou	săn, săn bắn サン, サン バン	hunting, shooting **ハ**ンティング, **シュ**ーティング
りょう **量** ryou	lượng, khối lượng ルオング, コホーイ ルオング	quantity ク**ワ**ンティティ
りよう **利用** riyou	sự sử dụng, áp dụng スー スー ズーング, アープ ズーング	usage **ユ**ースィヂ
りょういき **領域** ryouiki	lĩnh vực, địa hạt リン ヴーク, ディア ハーッ	domain ドウ**メ**イン
りょうかいする （承認） **了解する** ryoukaisuru	lý giải, hiểu リー ザーィ, ヒエゥ	understand, acknowledge アンダス**タ**ンド, アク**ナ**リヂ
りょうがえ **両替** ryougae	sự đổi tiền スー ドーィ ティエン	exchange イクス**チェ**インヂ
～する	đổi tiền ドーィ ティエン	change, exchange into **チェ**インヂ, イクス**チェ**インヂ イントゥ
りょうがわに **両側に** ryougawani	ở cả hai bên, trên cả hai mặt オー カー ハーィ ベーン, チェーン カー ハーィ マッ	on both sides オン **ボ**ウス **サ**イヅ
りょうきん **料金** ryoukin	lệ phí レー フィー	charge, fee **チャ**ーヂ, **フィ**ー
りょうくう **領空** ryoukuu	vùng trời, không phận ヴーンム チョーィ, コホーンム フォン	(territorial) airspace (テリ**ト**ーリアル) **エ**アスペイス
りょうし **漁師** ryoushi	người đánh cá, dân chài ングオィ ディン カー, ゾン チャーィ	fisherman **フィ**シャマン

日	越	英
りょうし **猟師** ryoushi	người đi săn, thợ săn ングォイ ディー サン, トホー サン	hunter ハンタ
りょうじ **領事** ryouji	lãnh sự ライン スー	consul カンスル
〜館	lãnh sự quán ライン スー クアーン	consulate カンスレト
りようし **理容師** riyoushi	thợ cắt tóc, thợ hớt tóc トホー カット トークプ, トホー ホーット トークプ	hairdresser ヘアドレサ
りょうしき **良識** ryoushiki	lương tri, lẽ thường ルオング チー, レー トゥフォング	good sense グド センス
りょうじゅう **猟銃** ryoujuu	súng săn スーンム サン	hunting gun ハンティング ガン
りょうしゅうしょう **領収証** ryoushuushou	biên lai, hoá đơn ビエン ラーイ, フアー ドーン	receipt リスィート
りょうしょうする **了承する** ryoushousuru	thừa nhận, thoả thuận トゥファ ニョン, トゥファアー トゥフォン	consent コンセント
りょうしん **両親** ryoushin	bố mẹ, song thân ボー メー, ソーンム トホン	parents ペアレンツ
りょうしん **良心** ryoushin	lương tâm, tấm lòng tốt ルオング トム, トム ローンム トーッ	conscience カンシェンス
りようする **利用する** riyousuru	sử dụng, áp dụng スー ズーンム, アープ ズーンム	use, utilize ユーズ, ユーティライズ
りょうせいの **良性の** ryouseino	lành tính ライン ティン	benign ビナイン
りょうせいるい **両生類** ryouseirui	lưỡng thê, lưỡng cư ルオング テヘー, ルオング クー	amphibian アンフィビアン
りょうて **両手** ryoute	đôi tay, hai tay ドーイ タイ, ハーイ タイ	both hands ボウス ハンヅ
りょうど **領土** ryoudo	lãnh thổ, cương thổ ライント トホー, クオング トホー	territory テリトーリ

日	越	英
りょうはんてん **量販店** ryouhanten	cửa hàng bán sỉ クア ハーング バーン シー	volume retailer **ヴァ**リュム リー**テ**イラ
りょうほう **両方** ryouhou	hai bên ハーイ ベーン	both **ボ**ウス
りょうめん **両面** ryoumen	hai mặt ハーイ マッ	both sides, two sides **ボ**ウス **サ**イヅ, **トゥ**ー **サ**イヅ
りょうようする **療養する** ryouyousuru	dưỡng bệnh ズオング ベン	recuperate リ**キュ**ーパレイト
りょうり **料理** ryouri	món ăn モーン アン	cooking **ク**キング
～する	nấu ăn, nấu bếp ノウ アン, ノウ ベープ	cook **ク**ク
りょうりつする **両立する** ryouritsusuru	tương hợp, tương thích トゥオング ホープ, トゥオング テイヒク	(be) compatible with (ビ) コン**パ**ティブル ウィズ
りょかく **旅客** ryokaku	hành khách, lữ khách ハイン カハイク, ルー カハイク	passenger **パ**センヂャ
～機	máy bay chở hành khách マイ バイ チォー ハイン カハイク	passenger plane **パ**センヂャ プ**レ**イン
りょくちゃ **緑茶** ryokucha	trà xanh, chè xanh チャー サイン, チェー サイン	green tea グ**リ**ーン **ティ**ー
りょけん **旅券** ryoken	hộ chiếu, giấy thông hành ホー チエゥ, ゾイ トホーンム ハイン	passport **パ**スポート
りょこう **旅行** ryokou	chuyến du lịch, cuộc du hành チュイエン ズー リク, クオク ズー ハイン	travel, trip ト**ラ**ヴェル, **ト**リプ
～する	du lịch, du hành ズー リク, ズー ハイン	travel ト**ラ**ヴェル
～代理店	đại lý du lịch ダーイ リー ズー リク	travel agency ト**ラ**ヴェル **エ**イヂェンスィ

日	越	英
りょひ **旅費** ryohi	lộ phí, tiền đi đường	travel expenses
りらっくすする **リラックスする** rirakkususuru	thư dãn, giải trí	relax
りりくする **離陸する** ririkusuru	cất cánh	take off
りりつ **利率** riritsu	lợi suất, lãi suất	interest rate
りれー **リレー** riree	tiếp sức, chạy tiếp sức	relay
りれきしょ **履歴書** rirekisho	sơ yếu lý lịch, bản lý lịch	curriculum vitae, CV
りろん **理論** riron	lý luận, lý thuyết	theory
〜的な	có tính chất lý thuyết	theoretical
りんかく **輪郭** rinkaku	nét ngoài, nét phác	outline
りんぎょう **林業** ringyou	lâm nghiệp	forestry
りんく **リンク** rinku	nối kết, liên kết	link
りんご **林檎** ringo	táo tây	apple
りんごく **隣国** ringoku	nước láng giềng	neighboring country
りんじの **臨時の** rinjino	lâm thời, tạm thời	temporary, special

日	越	英
りんじゅう **臨終** rinjuu	lâm chung, hấp hối ロム チューンム, ホプ ホーイ	death, deathbed デス, デスベド
りんしょうの **臨床の** rinshouno	lâm sàng ロム サーング	clinical クリニカル
りんじん **隣人** rinjin	người láng giềng, hàng xóm ングォイ ラーング ジエング, ハーング ソーム	neighbor ネイバ
リンス rinsu	dầu xả, thuốc xả ゾウ サー, トゥオク サー	rinse リンス
りんち **リンチ** rinchi	xử theo luật rừng, hành hình kiểu linsơ スー テヘーウ ルオッ ズーング, ハイン ヒン キエウ リンソー	lynch リンチ
りんね **輪廻** rinne	luân hồi, vòng luân hồi ルオン ホーイ, ヴォーンム ルオン ホーイ	cycle of rebirth, metempsychosis サイクル オヴ リバース, メテンプスィコウスィス
リンパ rinpa	bạch huyết バイク フイエッ	lymph リンフ
～腺	tuyến hạch トゥイエン ハイク	lymph gland リンフ グランド
りんり **倫理** rinri	luân lý, luân thường đạo lý ルオン リー, ルオン トゥフオング ダーゥ リー	ethics エスィクス
～的な	hợp với luân thường đạo lý ホープ ヴォーイ ルオン トゥフオング ダーゥ リー	ethical, moral エスィカル, モーラル

る, ル

日	越	英
るい **類** rui	loại, giống ルアーイ, ゾーンム	kind, sort カインド, ソート
るいご **類語** ruigo	từ đồng nghĩa, từ gần nghĩa トゥー ドーンム ングィア, トゥー ゴン ングィア	synonym スィノニム

日	越	英
るいじ **類似** ruiji	sự giống, giống nhau スー ゾーンム, ゾーンム ニャウ	resemblance リ**ゼ**ンブランス
〜する	giống, giống nhau ゾーンム, ゾーンム ニャウ	resemble リ**ゼ**ンブル
るいすいする **類推する** ruisuisuru	loại suy ルアーィ スイー	reason through analogy **リ**ーズン スルー ア**ナ**ロヂ
るいせきする **累積する** ruisekisuru	chồng chất, tích luỹ チョーンム チャッ, ティク ルイー	accumulate ア**キュ**ーミュレイト
るーきー **ルーキー** ruukii	cầu thủ mới, lính mới コウ トゥフー モーィ, リン モーィ	rookie **ル**キ
るーずな **ルーズな** ruuzuna	không nghiêm, buông thả コホーンム ンギエム, ブオング タハー	loose **ル**ース
るーつ **ルーツ** ruutsu	nguồn gốc, cội nguồn ングオン ゴークプ, コーィ ングオン	roots **ル**ーツ
るーと **ルート**　（道筋） ruuto	tuyến đường, đường lối トゥイエン ドゥオング, ドゥオング ローィ	route, channel **ル**ート, **チャ**ネル
（平方根）	căn, căn bậc hai カン, カン ボク ハーィ	root **ル**ート
るーまにあ **ルーマニア** ruumania	Ru ma ni ルー マー ニー	Romania ロウ**メ**イニア
るーむめいと **ルームメイト** ruumumeito	bạn ở chung phòng バーン オー チューンム フォーンム	roommate **ル**ームメイト
るーる **ルール** ruuru	quy luật, luật chơi クイー ルオッ, ルオッ チォーィ	rule **ル**ール
るーれっと **ルーレット** ruuretto	cò quay, rulet コー クアィ, ルーレッ	roulette **ル**ーレト
るくせんぶるく **ルクセンブルク** rukusenburuku	Lúc xem bua, Luých xem bua ルークプ セーム ブア, ルイク セーム ブア	Luxembourg **ラ**クセンバーグ

日	越	英
るす **留守** rusu	đi vắng ディー ヴァング	absence **ア**ブセンス
るすばん **留守番** rusuban	trông nhà チョーンム ニャー	caretaking **ケ**アテイキング
（人）	người trông nhà ングオイ チョーンム ニャー	caretaker, house sitter **ケ**アテイカ, ハウス **ス**イタ
～電話	máy nhắn tin マイ ニャン ティーン	answering machine **ア**ンサリング マ**シ**ーン
るねっさんす **ルネッサンス** runessansu	thời kỳ Phục hưng トホーイ キー フークプ フーング	Renaissance ルネ**サ**ーンス
るびー **ルビー** rubii	hồng ngọc, ruby ホーンム ンゴークプ, ルビー	ruby **ル**ービー

れ, レ

日	越	英
れい **例** rei	thí dụ, ví dụ ティヒー ズー, ヴィー ズー	example イグ**ザ**ンプル
れい **礼** （あいさつ） rei	lạy, cúi chào ライ, クーイ チャーウ	bow, salutation **バ**ウ, サリュ**テ**イション
（感謝）	cảm ơn, cảm tạ カーム オーン, カーム ター	thanks **サ**ンクス
（礼儀）	lễ phép, lễ nghĩa レー フェープ, レー ンギア	etiquette, manners **エ**ティケト, **マ**ナズ
れいあうと **レイアウト** reiauto	bố trí, trình bày ボー チー, チン バイ	layout **レ**イアウト
れいえん **霊園** reien	nghĩa địa, bãi tha ma ンギア ディア, バーイ タハー マー	cemetery **セ**ミテリ
れいおふ **レイオフ** reiofu	cho nghỉ việc チョー ンギー ヴィエク	layoff **レ**イオーフ

837

日	越	英
れいか **零下** reika	âm, dưới không オム, ズオイ コホーンム	below zero ビロウ **ズィ**アロウ
れいがい **例外** reigai	ngoại lệ ングアーイ レー	exception イク**セ**プション
れいかん **霊感** reikan	linh cảm リン カーム	inspiration インスピ**レ**イション
れいき **冷気** reiki	khí lạnh, hơi lạnh キヒー ライン, ホーイ ライン	chill, cold **チ**ル, **コ**ウルド
れいぎ **礼儀** reigi	lễ phép, lễ nghĩa レー フェープ, レー ンギア	etiquette, manners **エ**ティケト, **マ**ナズ
れいきゃくする **冷却する** reikyakusuru	làm nguội, nguội đi ラーム ングオイ, ングオイ ディー	cool **ク**ール
れいきゅうしゃ **霊柩車** reikyuusha	xe đám ma, linh xa セー ダーム マー, リン サー	hearse **ハ**ース
れいぐうする **冷遇する** reiguusuru	hờ hững, lãnh đạm ホー フーング, ライン ダーム	treat coldly ト**リ**ート **コ**ウルドリ
れいこくな **冷酷な** reikokuna	tàn nhẫn, độc ác ターン ニオン, ドークッ アーク	cruel ク**ル**ーエル
れいじょう **令状** reijou	lệnh, trát レン, チャーッ	warrant **ウォ**ラント
れいじょう **礼状** reijou	thư cảm ơn, thư tỏ lòng cảm tạ トゥフー カーム オーン, トゥフー トー ローンム カーム ター	thank-you letter **サ**ンキュー **レ**タ
れいせいな **冷静な** reiseina	bình tĩnh ビン ティン	calm, cool **カ**ーム, **ク**ール
れいせん **冷戦** reisen	chiến tranh lạnh チエン チャイン ライン	cold war **コ**ウルド **ウォ**ー
れいぞうこ **冷蔵庫** reizouko	tủ lạnh トゥー ライン	refrigerator リフ**リ**ヂャレイタ

日	越	英
れいたんな **冷淡な** reitanna	lãnh đạm, lạnh lùng ライン ダーム, ライン ルーン	cold, indifferent **コ**ウルド, イン**ディ**ファレント
れいだんぼう **冷暖房** reidanbou	điều hoà không khí, điều hoà nhiệt độ ディエゥ フアー コホーンム キヒー, ディエゥ フアー ニエッ ドー	air conditioning **エ**ア コン**ディ**ショニング
れいとう **冷凍** reitou	làm đông ラーム ドーンム	freezing フ**リ**ーズィング
～庫	tủ đông トゥー ドーンム	freezer フ**リ**ーザ
～食品	thực phẩm đông lạnh トゥフーク フォム ドーンム ライン	frozen foods フ**ロ**ウズン **フ**ーヅ
～する	đông, đông lại ドーンム, ドーンム ラーィ	freeze フ**リ**ーズ
れいはい **礼拝** reihai	cúng bái, lễ bái クーンム バーィ, レー バーィ	worship, service **ワ**ーシプ, **サ**ーヴィス
～堂	nhà thờ nhỏ, nhà thờ riêng ニャー トホー ニョー, ニャー トホー ジエンム	chapel **チャ**ペル
れいふく **礼服** reifuku	lễ phục レー フークプ	full dress **フ**ル ド**レ**ス
れいぼう **冷房** reibou	máy điều hoà nhiệt độ, máy lạnh マイ ディエゥ フアー ニエッ ドー, マイ ライン	air conditioning **エ**ア コン**ディ**ショニング
れいんこーと **レインコート** reinkooto	áo mưa アーゥ ムア	raincoat, Ⓑmack-intosh **レ**インコウト, **マ**キントシュ
れーざー **レーザー** reezaa	laser, lade ラゼー, ラーゼー	laser **レ**イザ
れーす **レース** (競走) reesu	đua, chạy đua ドゥア, チャイ ドゥア	race **レ**イス
(編物)	ren, đăng ten ゼーン, ダンム テーン	lace **レ**イス

日	越	英
れーずん **レーズン** reezun	nho khô ニョー コホー	raisin レイズン
れーだー **レーダー** reedaa	ra đa, radar ザー ダー, ラダー	radar レイダー
れーと **レート** reeto	tỷ lệ ティー レー	rate レイト
れーる **レール** reeru	ray, đường ray ライ, ドゥオング ライ	rail レイル
れきし **歴史** rekishi	lịch sử リク スー	history ヒストリ
れきだいの **歴代の** rekidaino	đời đời kế tiếp, đời đời tiếp nối ドーイ ドーイ ケー ティエプ, ドーイ ドーイ ティエプ ノーイ	successive サク**セ**スィヴ
れぎゅらーの **レギュラーの** regyuraano	chính thức, chính quy チン トゥフーク, チン クイー	regular レギュラ
れくりえーしょん **レクリエーション** rekurieeshon	giải trí, giải lao ザーイ チー, ザーイ ラーウ	recreation レクリ**エ**イション
れこーでぃんぐ **レコーディング** rekoodingu	ghi âm, thu âm ギー オム, トゥフー オム	recording リ**コー**ディング
れこーど **レコード** (音盤) rekoodo	đĩa hát ディア ハーッ	record レコード
(記録)	kỷ lục キー ルークプ	record レコード
れじ **レジ** reji	máy tính tiền マイ ティン ティエン	cash register **キャ**シュ **レ**ヂスタ
れしーと **レシート** reshiito	biên lai, hoá đơn ビエン ラーイ, フアー ドーン	receipt リ**スィ**ート
れじすたんす **レジスタンス** rejisutansu	chống cự, đề kháng チオーンム クー, デー カハーング	resistance レ**ズィ**スタンス

日	越	英
れしぴ **レシピ** reshipi	công thức コーンム トゥフーク	recipe レスィピ
れじゃー **レジャー** rejaa	giải trí, nghỉ ngơi thư giãn ザーイ チー, ンギー ンゴーイ トゥフー ザーン	leisure リージャ
れじゅめ **レジュメ** rejume	bản tóm tắt バーン トーム タッ	résumé, summary レズュメイ, **サ**マリ
れすとらん **レストラン** resutoran	nhà hàng, hiệu ăn ニャー ハーング, ヒエゥ アン	restaurant **レ**ストラント
れすりんぐ **レスリング** resuringu	đấu vật, đánh vật ドゥ ヴォッ, ダィン ヴォッ	wrestling **レ**スリング
れせぷしょん **レセプション** resepushon	lễ chào mừng, lễ tân レー チャーゥ ムーング, レー トン	reception リ**セ**プション
れたす **レタス** retasu	rau diếp, diếp ザゥ ジエプ, ジエプ	lettuce **レ**タス
れつ **列** retsu	hàng ハーング	line, row, queue **ラ**イン, **ロ**ゥ, **キュ**ー
れつあくな **劣悪な** retsuakuna	tồi tàn, xấu xí トーイ ターン, ソゥ シー	inferior, poor イン**フィ**アリア, **プ**ア
れっかーしゃ **レッカー車** rekkaasha	xe kéo, xe kéo moóc セー ケーゥ, セー ケーゥ モーク	wrecker, tow truck **レ**カ, **ト**ゥトラク
れっきょする **列挙する** rekkyosuru	liệt kê リエッ ケー	enumerate イ**ニュ**ーメレイト
れっしゃ **列車** ressha	tàu hoả, xe lửa タゥ フアー, セー ルア	train ト**レ**イン
れっすん **レッスン** ressun	bài học バーイ ホークプ	lesson **レ**スン
れっせきする **列席する** ressekisuru	hiện diện, có mặt ヒエン ジエン, コー マッ	attend ア**テ**ンド

日	越	英
れっとう **列島** rettou	quần đảo クオン ダーウ	islands **ア**イランヅ
れとりっく **レトリック** retorikku	tu từ, tu từ học トゥー トゥー, トゥー トゥー ホークプ	rhetoric レトリク
れとろな **レトロな** retorona	phục cổ, phục hưng フークプ コー, フークプ フーング	retro レトロウ
ればー **レバー**　（肝臓） rebaa	gan, lá gan ガーン, ラー ガーン	liver リヴァ
（取っ手）	đòn bẩy, cán ドーン ボイ, カーン	lever レヴァ
れぱーとりー **レパートリー** repaatorii	món tủ, món ruột モーン トゥー, モーン ズオッ	repertoire, repertory レパトワー, レパトーリ
れふぇりー **レフェリー** referii	trọng tài チョーンム ターイ	referee レファリー
れべる **レベル** reberu	tiêu chuẩn, mức độ ティエウ チュオン, ムーク ドー	level レヴェル
れぽーたー **レポーター** repootaa	báo cáo viên, phóng viên バーウ カーウ ヴィエン, フォーンム ヴィエン	reporter リ**ポ**ータ
れぽーと **レポート** repooto	báo cáo, bản báo cáo バーウ カーウ, バーン バーウ カーウ	report リ**ポ**ート
れもん **レモン** remon	chanh tây チャイン トイ	lemon **レ**モン
れんあい **恋愛** ren-ai	yêu đương, luyến ái イエウ ドゥオング, ルイエン アーイ	love **ラ**ヴ
～結婚	kết hôn không qua mai mối ケーッ ホーン コホーンム クアー マーイ モーイ	love match **ラ**ヴ **マ**チ
れんが **煉瓦** renga	gạch, hòn gạch ガイク, ホーン ガイク	brick ブリク

日	越	英
れんきゅう **連休** renkyuu	ngày nghỉ liên tiếp ンガイ ンギー リエン ティエプ	consecutive holidays コン**セ**キュティヴ **ハ**リデイズ
れんけい **連携** renkei	liên kết, hợp tác リエン ケッㇳ, ホープ タークッ	cooperation, tie-up コウアパ**レ**イション, **タ**イアプ
れんけつ **連結** renketsu	sự nối liền, nối kết スー ノーイ リエン, ノーイ ケッㇳ	connection コ**ネ**クション
～する	nối liền, nối kết ノーイ リエン, ノーイ ケッㇳ	connect コ**ネ**クト
れんごう **連合** rengou	liên hiệp, liên minh リエン ヒエプ, リエン ミン	union **ユ**ーニョン
れんさい **連載** rensai	ra nhiều kỳ, ra nhiều số ザー ニエゥ キー, ザー ニエゥ ソー	serial publication ス**ィ**アリアル パブリ**ケ**イション
れんさはんのう **連鎖反応** rensahannou	phản ứng dây chuyền ファーン ウーング ゾイ チュイエン	chain reaction **チェ**イン リ**ア**クション
れんじ **レンジ** renji	bếp, lò ベープ, ロー	cooking range, cooker **ク**キング **レ**インヂ, **ク**カ
れんじつ **連日** renjitsu	ngày ngày, hàng ngày ンガイ ンガイ, ハーング ンガイ	every day **エ**ヴリ **デ**イ
れんしゅう **練習** renshuu	sự luyện tập スー ルイエン トプ	practice, exercise プ**ラ**クティス, **エ**クササイズ
～する	luyện tập ルイエン トプ	practice, train プ**ラ**クティス, ト**レ**イン
れんず **レンズ** renzu	thấu kính, ống kính トホウ キン, オーンㇺ キン	lens **レ**ンズ
れんそうする **連想する** rensousuru	liên tưởng, liên hệ リエン トゥオング, リエン ヘー	associate with ア**ソ**ウシエイト ウィズ
れんぞく **連続** renzoku	sự liên tục, tiếp tục スー リエン トゥークプ, ティエプ トゥークプ	continuation コンティニュ**エ**イション

日	越	英
～する	tiếp tục ティエプ トゥークプ	continue コンティニュー
れんたい **連帯** rentai	liên đới リエン ドーイ	solidarity サリ**ダ**リティ
～保証人	người bảo đảm liên đới, người bảo lãnh cùng ký ングォイ バーウ ダーム リエン ドーイ, ングォイ バーウ ライン クーンム キー	cosigner コウ**サ**イナ
れんたかー **レンタカー** rentakaa	xe cho thuê セー チョー トゥフエー	rental car, rent-a-car **レ**ンタル **カ**ー, **レ**ンタ**カ**ー
れんたる **レンタル** rentaru	cho thuê チョー トゥフエー	rental **レ**ンタル
れんとげん **レントゲン** rentogen	X quang, tia X イク クアーング, ティア イク	X-rays **エ**クスレイズ
～技師	chuyên gia chụp X quang チュイエン ザー チューブ イク クアーング	radiographer レイディ**オ**ウグラファ
れんぽう **連邦** renpou	liên bang リエン バーング	federation フェデ**レ**イション
れんめい **連盟** renmei	liên minh, liên đoàn リエン ミン, リエン ドゥアーン	league **リ**ーグ
れんらく **連絡** renraku	sự liên lạc スー リエン ラーク	liaison, contact リ**エ**イゾーン, **カ**ンタクト
～する	liên lạc リエン ラーク	connect with コ**ネ**クト ウィズ
れんりつ **連立** renritsu	liên hiệp, liên kết リエン ヒエプ, リエン ケーッ	coalition コウア**リ**ション

日	越	英
～政権	chính phủ liên hiệp チン フー リエン ヒエプ	coalition government コウアリション ガヴァンメント

ろ, ロ

ろいやりてぃー **ロイヤリティー** roiyaritii	tiền bản quyền, sự trung thành ティエン バーン クイエン, スー チューンム タヒン	royalty ロイアルティ
ろう **蝋** rou	sáp サープ	wax ワクス
ろうあしゃ **聾唖者** rouasha	người câm điếc ングオイ コム ディエク	deaf and speech-impaired, ⒷDeaf-mute デフ アンド スピーチインペアド, デフミュート
ろうか **廊下** rouka	hành lang, nhà cầu ハイン ラーング, ニャー コゥ	corridor, hallway コリダ, ホールウェイ
ろうか **老化** rouka	lão hoá ラーウ フアー	aging, growing old エイヂング, グロウイング オウルド
ろうがん **老眼** rougan	lão thị ラーウ ティヒー	presbyopia プレズビオウピア
ろうきゅうかした **老朽化した** roukyuukashita	cũ kĩ, mục nát クーキー, ムークプ ナーツ	old, decrepit オウルド, ディクレピト
ろうご **老後** rougo	tuổi già, sau khi già トゥオイ ザー, サウ キヒー ザー	old age オウルド エイヂ
ろうし **労使** roushi	thợ và chủ, người lao động và người thuê lao động トホー ヴァー チュー, ングオイ ラーウ ドーンム ヴァー ングオイ トゥフエー ラーウ ドーンム	labor and management レイバ アンド マニヂメント
ろうじん **老人** roujin	người già, cụ già ングオイ ザー, クー ザー	older people オウルダ ピープル

日	越	英
ろうすい **老衰** rousui	lão suy, suy yếu do tuổi già ラーウ スイー、スイー イエゥ ゾー トゥオィ ザー	senility スィニリティ
ろうそく **蝋燭** rousoku	nến, cây nến ネーン、コィ ネーン	candle キャンドル
ろうどう **労働** roudou	lao động ラーウ ドーンム	labor, work, ⒷIabour レイバ, ワーク, レイバ
～組合	công đoàn, liên đoàn lao động コーンム ドゥアーン、リエン ドゥアーン ラーウ ドーンム	labor union レイバ ユーニョン
～災害	tai nạn lao động ターイ ナーン ラーウ ドーンム	labor accident レイバ アクスィデント
～時間	giờ làm việc, thời gian làm việc ゾー ラーム ヴィエク、トホーイ ザーン ラーム ヴィエク	working hours ワーキング アウアズ
～者	công nhân, người lao động コーンム ニョン、ングォイ ラーウ ドーンム	laborer, worker レイバラ, ワーカ
～力	nhân lực, nhân công ニォン ルーク、ニォン コーンム	manpower マンパウア
ろうどく **朗読** roudoku	sự đọc thành tiếng スー ドークプ タハインッ ティエング	reading リーディング
ろうねん **老年** rounen	tuổi già, lão niên トゥオィ ザー、ラーウ ニエン	old age オウルド エイヂ
ろうひする **浪費する** rouhisuru	lãng phí, phung phí ラーング フィー、フーンム フィー	waste ウェイスト
ろうりょく **労力** rouryoku	công sức, công lao コーンム スーク、コーンム ラーウ	pains, effort ペインズ, エファト
ろうれい **老齢** rourei	tuổi già, cao tuổi トゥオィ ザー、カーウ トゥオィ	old age オウルド エイヂ

日	越	英
ろーしょん **ローション** rooshon	nước hoa hồng ヌオク フアー ホーンム	lotion **ロ**ウション
ろーてーしょん **ローテーション** rooteeshon	luân phiên, lần lượt ルオン フィエン, ロン ルオッ	rotation ロウ**テ**イション
ろーどしょー **ロードショー** roodoshoo	chiếu phim đặc biệt mới ra チエゥ フィーム ダク ビエッ モーイ ザー	road show ロウド **ショ**ウ
ろーぷ **ロープ** roopu	dây, dây thừng ゾイ, ゾイ トゥフーング	rope **ロ**ウプ
ろーぷうえい **ロープウエイ** roopuuei	xe treo, xe cáp treo セー チェーウ, セー カープ チェーウ	ropeway **ロ**ウプウェイ
ろーらーすけーと **ローラースケート** rooraasukeeto	trượt patanh, môn trượt patanh チュオッ パタイン, モーン チュオッ パタイン	roller skating **ロ**ウラ ス**ケ**イティング
ろーん **ローン** roon	vay nợ, cho vay ヴァイ ノ, チョー ヴァイ	loan **ロ**ウン
ろかする **濾過する** rokasuru	lọc, lọc nước ロークプ, ロークプ ヌオク	filter **フィ**ルタ
ろく **六** roku	sáu サウ	six ス**ィ**クス
ろくおんする **録音する** rokuonsuru	ghi âm, thu âm ギー オム, トゥフー オム	record, tape リ**コ**ード, **テ**イプ
ろくがする **録画する** rokugasuru	ghi hình, thu hình ギー ヒン, トゥフー ヒン	record on リ**コ**ード オン
ろくがつ **六月** rokugatsu	tháng sáu タハーング サウ	June **ヂュ**ーン
ろくじゅう **六十** rokujuu	sáu mươi, sáu chục サウ ムオイ, サウ チュークプ	sixty ス**ィ**クスティ
ろくまく **肋膜** rokumaku	màng phổi マーング フォーイ	pleura プ**ル**ーラ

日	越	英
ろくろ **轆轤** rokuro	bàn gốm, bàn xoay バーン ゴーム, バーン スアィ	potter's wheel **パ**タズ (ホ)**ウィ**ール
ろけーしょん **ロケーション** rokeeshon	phim trường, trường quay ngoài trời フィーム チュオング, チュオング クアイン グアーイ チョーイ	location ロウ**ケ**イション
ろけっと **ロケット** roketto	rốc két, rocket ローックプ ケーツ, ロクケッツ	rocket **ラ**ケト
ろこつな **露骨な** rokotsuna	lộ liễu, trần trụi ロー リエゥ, チォン チューイ	plain, blunt **プ**レイン, **ブ**ラント
ろじ **路地** roji	ngõ, hẻm ンゴー, ヘーム	alley, lane **ア**リ, **レ**イン
ろしあ **ロシア** roshia	Nga ンガー	Russia **ラ**シャ
～語	tiếng Nga ティエング ンガー	Russian **ラ**シャン
ろしゅつ **露出** roshutsu	sự lộ ra, phơi ra スー ロー ザー, フォーイ ザー	exposure イクス**ポ**ウジャ
～する	lộ ra, phơi ra ロー ザー, フォーイ ザー	expose イクス**ポ**ウズ
ろす **ロス** rosu	phí tổn, hao tổn フィー トーン, ハーウ トーン	loss **ロ**ース
～タイム	thời gian chết トホーイ ザーン チェーツ	injury[added] time, loss of time **イ**ンデュリ[**ア**ディド] **タ**イム, **ロ**ース オヴ **タ**イム
ろせん **路線** rosen	tuyến đường, đường lối トゥイエン ドゥオング, ドゥオング ローイ	route, line **ル**ート, **ラ**イン
～図	bản đồ các tuyến đường バーン ドー カーク トゥイエン ドゥオング	route map **ル**ート **マ**プ
ろっかー **ロッカー** rokkaa	tủ sắt, tủ đựng đồ トゥー サッ, トゥー ドゥーング ドー	locker **ラ**カ

日	越	英
ろっくくらいみんぐ **ロッククライミング** rokkukuraimingu	leo vách đá, trèo vách đá レーウ ヴァイク ダー, チェーウ ヴァイク ダー	rock-climbing ラッククライミング
ろっくんろーる **ロックンロール** rokkunrooru	nhạc Rock, rock ニャーク ロク, ロク	rock 'n' roll ラクンロウル
ろっこつ **肋骨** rokkotsu	xương sườn スオング スオン	rib リブ
ろっじ **ロッジ** rojji	túp lều trên núi トゥープ レーウ チェーン ヌーイ	lodge ラヂ
ろてん **露店** roten	quán bán hàng ngoài trời クアーン バーン ハーング ングアーイ チョーイ	stall, booth ストール, ブース
ろびー **ロビー** robii	sảnh đợi, sảnh đón khách サインドーイ, サインドーン カハイク	lobby ラビ
ろぶすたー **ロブスター** robusutaa	tôm hùm, tôm rồng トーム フーム, トーム ゾーンム	lobster ラブスタ
ろぼっと **ロボット** robotto	rô bốt, robot ゾー ボーッ, ロボッ	robot ロウボト
ろまんしゅぎ **ロマン主義** romanshugi	chủ nghĩa lãng mạn チュー ンギア ラーング マーン	romanticism ロウマンティスィズム
ろまんちすと **ロマンチスト** romanchisuto	người lãng mạn ングオイ ラーング マーン	romanticist ロウマンティスィスト
ろめんでんしゃ **路面電車** romendensha	tàu điện, xe điện chạy trên mặt đường タウ ディエン, セー ディエン チャイ チェーン マッ ドゥオング	streetcar, trolley, ⒷTram ストリートカー, トラリ, トラム
ろんぎ **論議** rongi	sự bàn luận, thảo luận スー バーン ルオン, タハーウ ルオン	discussion, argument ディスカッション, アーギュメント
〜する	bàn luận, thảo luận バーン ルオン, タハーウ ルオン	discuss, argue ディスカス, アーギュー

日	越	英
ろんきょ **論拠** ronkyo	luận cứ, căn cứ của lập luận ルオン クー, カン クー クア ロプ ルオン	basis of an argument ベイスィス オヴ アン **ア**ーギュメント
ろんぐせらー **ロングセラー** ronguseraa	mặt hàng bán chạy, hàng ăn khách マッ ハーング バーン チャイ, ハーング アン カハイク	longtime seller **ロ**ーングタイム **セ**ラ
ろんじる **論じる** ronjiru	bàn luận, bàn bạc バーン ルオン, バーン バク	discuss, argue ディス**カ**ス, **ア**ーギュー
ろんそう **論争** ronsou	tranh luận, tranh cãi チャイン ルオン, チャイン カーイ	dispute, controversy ディス**ピュ**ート, **カ**ントロヴァースィ
～する	tranh luận, tranh cãi チャイン ルオン, チャイン カーイ	argue, dispute **ア**ーギュー, ディス**ピュ**ート
ろんてん **論点** ronten	luận điểm ルオン ディエム	point at issue **ポ**イント アト **イ**シュー
ろんぶん **論文** ronbun	luận văn, khoá luận ルオン ヴァン, クファアー ルオン	essay, thesis **エ**セイ, **ス**ィースィス
ろんり **論理** ronri	lôgic, lý luận ロジク, リー ルオン	logic **ラ**ヂク
～的な	lôgic, hợp lý ロジク, ホープ リー	logical **ラ**デカル

わ, ワ

日	越	英
わ **輪** wa	vòng, vòng tròn ヴォーンム, ヴォーンム チョーン	ring, loop **リ**ング, **ル**ープ
わ **和** (総和) wa	tổng số, tổng cộng トーンム ソー, トーンム コーンム	sum **サ**ム
(調和)	hài hoà, điều hoà ハーイ フアー, ディエウ フアー	harmony **ハ**ーモニ
わーるどかっぷ **ワールドカップ** waarudokappu	cúp bóng đá thế giới クープ ボーンム ダー テヘー ゾーイ	World Cup **ワ**ールド **カ**プ

日	越	英
わいしゃつ **ワイシャツ** waishatsu	sơ mi, áo sơ mi có cổ ソー ミー, アーゥ ソー ミー コー コー	(dress) shirt (ドレス) **シャート**
わいせつな **わいせつな** waisetsuna	dâm ô, tà dâm ゾム オー, ター ゾム	obscene, indecent オブ**スィーン**, イン**ディー**セント
わいぱー **ワイパー** waipaa	cần gạt nước, que gạt nước コン ガーッ ヌオク, クエー ガーッ ヌオク	wipers **ワイ**パズ
わいやー **ワイヤー** waiyaa	dây ゾィ	wire **ワイ**ア
わいろ **賄賂** wairo	hối lộ, đút lót ホーイ ロー, ドゥーッ ローッ	bribery, bribe ブ**ライ**バリ, ブ**ライ**ブ
わいん **ワイン** wain	vang, rượu vang ヴァーング, ズオゥ ヴァーング	wine **ワ**イン
～グラス	ly, ly rượu リー, リー ズオゥ	wineglass **ワイン**グラス
～リスト	danh sách rượu vang ザイン サイク ズオゥ ヴァーング	wine list **ワイン** リスト
わおん **和音** waon	hoà âm フアー オム	chord **コー**ド
わかい **若い** wakai	trẻ, trẻ trung チェー, チェー チューンム	young **ヤ**ング
わかいする **和解する** wakaisuru	hoà giải, giảng hoà フアー ザーィ, ザーング フアー	(be) reconciled with (ビ) レコン**サイ**ルド ウィズ
わかがえる **若返る** wakagaeru	trẻ lại, hồi xuân チェー ラーイ, ホーイ スオン	(be) rejuvenated (ビ) リ**チュ**ヴァネイテド
わかさ **若さ** wakasa	tuổi trẻ, tuổi xuân トゥオィ チェー, トゥオィ スオン	youth **ユー**ス
わかす **沸かす** wakasu	đun, đun sôi ドゥーン, ドゥーン ソーィ	boil **ボ**イル

日	越	英
わがままな **わがままな** wagamamana	ích kỷ, tư kỷ イクキー, トゥーキー	selfish, wilful **セ**ルフィシュ, **ウィ**ルフル
わかもの **若者** wakamono	giới trẻ, thanh niên ゾーイ チェー, タハイン ニエン	young man **ヤ**ング **マ**ン
わからずや **分からず屋** wakarazuya	khó bảo, đầu bò コホー バーゥ, ドゥ ボー	blockhead ブ**ラ**クヘド
わかりにくい **分かりにくい** wakarinikui	khó hiểu コホー ヒエゥ	hard to understand **ハ**ード トゥ アンダス**タ**ンド
わかりやすい **分かりやすい** wakariyasui	dễ hiểu ゼー ヒエゥ	easy to understand, simple **イ**ーズィー トゥ アンダス**タ**ンド, **ス**ィンプル
わかる **分かる** wakaru	hiểu, hiểu biết ヒエゥ, ヒエゥ ビエッ	understand, see アンダス**タ**ンド, **ス**ィー
わかれ **別れ** wakare	biệt ly, chia ly ビエッ リー, チア リー	parting, farewell **パ**ーティング, フェア**ウェ**ル
わかれる **分かれる** (区分される) wakareru	phân chia, phân tách フォン チア, フォン タイク	(be) divided into (ビ) ディ**ヴァ**イデド イン トゥ
(分岐する)	chia ra, phân nhánh チア ザー, フォン ニャイン	branch off from ブ**ラ**ンチ **オ**ーフ フラム
わかれる **別れる** wakareru	chia tay, từ biệt チア タイ, トゥー ビエッ	part from **パ**ート フラム
わかわかしい **若々しい** wakawakashii	trẻ trung, trông còn trẻ チェー チューンム, チョーンム コーン チェー	youthful **ユ**ースフル
わき **脇** waki	nách, cạnh ナイク, カイン	side **サ**イド
わきのした **脇の下** wakinoshita	nách, dưới nách ナイク, ズオイ ナイク	armpit **ア**ームピト
わきばら **脇腹** wakibara	hông, bên hông ホーンム, ベーン ホーンム	side **サ**イド

日	越	英
わきみち **脇道** wakimichi	đường phụ, ngõ ドゥオング フー, ンゴー	side street **サイド スト**リート
わきやく **脇役** wakiyaku	vai phụ ヴァーィ フー	supporting role, minor role サ**ポ**ーティング **ロ**ウル, **マ**イナ **ロ**ウル
わく **湧く** (水などが) waku	phun ra, tuôn ra フーン ザー, トゥオン ザー	gush, flow **ガ**シュ, フ**ロ**ウ
わく **沸く** (湯が) waku	sôi ソーィ	boil **ボ**イル
わく **枠** (囲み) waku	khuôn, khung クフオン, クフーンム	frame, rim フ**レ**イム, **リ**ム
(範囲)	khung, phạm vi クフーンム, ファーム ヴィー	range, extent **レ**インヂ, イクス**テ**ント
わくせい **惑星** wakusei	hành tinh ハィン ティン	planet プ**ラ**ネット
わくちん **ワクチン** wakuchin	vác xin, vaccin ヴァーク シーン, ヴァクシン	vaccine ヴァク**スィ**ーン
わけ **訳** wake	lý do, nguyên do リー ゾー, ングイエン ゾー	reason, cause **リ**ーズン, **コ**ーズ
わけまえ **分け前** wakemae	phần, phần chia フォン, フォン チア	share, cut **シェ**ア, **カ**ト
わける **分ける** (区別する) wakeru	phân loại, phân chia フォン ルアーィ, フォン チア	classify ク**ラ**スィファイ
(分割する)	chia ra, chia cắt チア ザー, チア カッ	divide, part ディ**ヴァ**イド, **パ**ート
(分配する)	phân phối, phân chia フォン フォーィ, フォン チア	distribute, share ディスト**リ**ビュト, **シェ**ア
(分離する)	phân ly, phân tách フォン リー, フォン タィク	separate, part **セ**パレイト, **パ**ート

日	越	英
わごむ **輪ゴム** wagomu	dây chun, dây thun ゾイ チューン, ゾイ トゥフーン	rubber band ラバ バンド
わごんしゃ **ワゴン車** wagonsha	xe vừa chở khách vừa chở hàng セー ヴァ チョー カハイク ヴァ チョー ハーング	station wagon ステイション **ワ**ゴン
わざ **技** waza	kỹ thuật キー トゥフオッ	technique, art テク**ニー**ク, **アー**ト
わざ **業** waza	nghề, nghiệp ンゲー, ンギエブ	act, work **ア**クト, **ワー**ク
わざと **わざと** wazato	cố ý, cố tình コー イー, コー ティン	on purpose, intentionally オン **パー**パス, インテンショナリ
わさび **山葵** wasabi	mù tạt Nhật ムー タッ ニオッ	wasabi ワ**サ**ビ
わざわい **災い** wazawai	tai hoạ, tai vạ ターイ フアー, ターイ ヴァー	misfortune ミス**フォー**チュン
わし **鷲** washi	đại bàng, chim đại bàng ダーイ バーング, チーム ダーイ バーング	eagle **イー**グル
わしょく **和食** washoku	món ăn Nhật Bản, cơm Nhật モーン アン ニオッ バーン, コーム ニオッ	Japanese food **チャ**パニーズ **フー**ド
わずかな **僅かな** wazukana	chút ít, tí chút チューッ イーッ, ティー チューッ	a few, a little ア **フュー**, ア **リ**トル
わずらわしい **煩わしい** wazurawashii	phiền, phiền phức フィエン, フィエン フーク	troublesome ト**ラ**ブルサム
わすれっぽい **忘れっぽい** wasureppoi	hay quên, đãng trí ハイ クエーン, ダーング チー	forgetful フォ**ゲ**トフル
わすれもの **忘れ物** wasuremono	đồ bỏ quên, đồ bị quên ドー ボー クエーン, ドー ビー クエーン	thing left behind ス**ィ**ング レフト ビ**ハ**インド
わすれる **忘れる** wasureru	quên, bỏ quên クエーン, ボー クエーン	forget フォ**ゲ**ト

日	越	英
わた **綿** wata	bông, bông gòn ボーンム, ボーンム ゴーン	cotton **カ**トン
わだい **話題** wadai	đề tài, chủ đề デー ターィ, チュー デー	topic **タ**ピク
わだかまり **わだかまり** wadakamari	bất mãn, nghi ngờ ボッ マーン, ンギー ンゴー	bad feelings バド **フィ**ーリングズ
わたし **私** watashi	tôi, mình トーィ, ミン	I **ア**イ
～の	của tôi, riêng tư クア トーィ, ジエング トゥー	my **マ**イ
わたしたち **私たち** watashitachi	chúng tôi, chúng ta チューンム トーィ, チューンム ター	we **ウィ**ー
～の	của chúng tôi, của chúng ta クア チューンム トーィ, クア チューンム ター	our **ア**ウア
わたす **渡す** watasu	trao, giao チャーゥ, ザーゥ	hand **ハ**ンド
（引き渡す）	đưa tận tay, trao tay ドゥア トン タィ, チャーゥ タィ	hand over, surrender ハンド **オ**ウヴァ, サ**レ**ンダ
わたる **渡る** wataru	qua, sang クアー, サーング	cross, go over ク**ロ**ース, **ゴ**ウ **オ**ウヴァ
わっくす **ワックス** wakkusu	sáp サープ	wax **ワ**クス
わっと **ワット** watto	watt, oát ワッ, ウアーッ	watt **ワ**ト
わな **罠** wana	bẫy, cạm bẫy ボィ, カーム ボィ	trap ト**ラ**プ
わに **鰐** wani	cá sấu カー ソゥ	crocodile, alligator ク**ラ**カダイル, **ア**リゲイタ

日	越	英
わびる **詫びる** wabiru	xin lỗi, tạ lỗi	apologize to
わふうの **和風の** wafuuno	kiểu Nhật	Japanese
わへいこうしょう **和平交渉** waheikoushou	đàm phán hoà bình, hoà đàm	peace negotiation
わめく **わめく** wameku	hét, la ó	shout, cry out
わやく **和訳** wayaku	dịch ra tiếng Nhật, bản dịch tiếng Nhật	Japanese translation
わらい **笑い** warai	sự cười, nụ cười	laugh, laughter
～話	truyện cười, truyện tiếu lâm	funny story
わらう **笑う** warau	cười	laugh
わらわせる **笑わせる** warawaseru	làm cho cười, gây cười	make laugh
(ばかげた)	buồn cười, tức cười	ridiculous, absurd
わりあい **割合** wariai	tỷ lệ, tỷ suất	rate, ratio
わりあて **割り当て** wariate	sự phân phối, phân công	assignment, allotment
わりあてる **割り当てる** wariateru	phân phối, phân công	assign, allot

日	越	英
わりかんにする **割り勘にする** warikannisuru	chia đều ra trả, góp chung trả チア デーウ ザー チャー, ゴープ チューン ム チャー	split the bill スプリト ザ ビル
わりこむ **割り込む** warikomu	chen vào, chen ngang チェーン ヴァーウ, チェーン ンガーング	cut in カト イン
わりざん **割り算** warizan	phép chia, toán chia フェープ チア, トゥアーン チア	division ディヴィジョン
わりびき **割り引き** waribiki	sự giảm giá, bớt giá スー ザーム ザー, ボーッ ザー	discount ディスカウント
わりびく **割り引く** waribiku	giảm giá, bớt giá ザーム ザー, ボーッ ザー	discount, reduce ディスカウント, リデュース
わりまし **割り増し** warimashi	phần trả thêm, tiền cộng thêm フォン チャー テヘーム, ティエン コーンム テヘーム	extra charge, premium エクストラ チャーヂ, プリーミアム
～料金	món phải trả thêm tiền, món bị tính thêm tiền モーン ファーイ チャー テヘーム ティエン, モーン ビー ティン テヘーム ティエン	extra charge エクストラ チャーヂ
わる **割る** (壊れる・ひびが入る) waru	đánh vỡ, làm nứt ダイン ヴォー, ラーム ヌーッ	break, crack ブレイク, クラク
(分割する)	cắt, chia cắt カッ, チア カッ	divide into ディヴァイド イントゥ
(裂く)	bổ, xẻ ボー, セー	split, chop スプリト, チャプ
わるい **悪い** warui	xấu, dữ ソウ, ズー	bad, wrong バド, ロング
わるくち **悪口** warukuchi	nói xấu, gièm pha ノーイ ソウ, ゼーム ファー	(verbal) abuse (ヴァーバル) アビュース
わるつ **ワルツ** warutsu	điệu vanxơ, vanxơ ディエウ ヴァンソー, ヴァンソー	waltz ウォールツ
わるもの **悪者** warumono	kẻ xấu, kẻ ác nhân ケー ソウ, ケー アーク ニョン	bad guy, villain バド ガイ, ヴィレン

日	越	英
われめ **割れ目** wareme	vết nứt, vết nẻ ヴェーッ ヌーッ, ヴェーッ ネー	crack, split クラク, スプリト
われる **割れる** （壊れる） wareru	vỡ, vỡ tan ヴォー, ヴォー ターン	break ブレイク
（裂ける）	rách, bị rách ザィク, ビー ザィク	crack, split クラク, スプリト
われわれ **我々** wareware	chúng tôi, chúng ta チューンム トーィ, チューンム ター	we, ourselves ウィー, アウアセルヴズ
わん **椀** wan	bát, tô バーッ, トー	bowl ボウル
わん **湾** wan	vịnh ヴィン	bay, gulf ベイ, ガルフ
わんがん **湾岸** wangan	ven vịnh ヴェーン ヴィン	coast コウスト
わんきょくする **湾曲する** wankyokusuru	cong, uốn khúc コーンム, ウオン クフークプ	curve, bend カーヴ, ベンド
わんぱくな **腕白な** wanpakuna	tinh nghịch, nghịch ngợm ティン ンギク, ンギク ンゴーム	naughty ノーティ
わんぴーす **ワンピース** wanpiisu	áo đầm, váy đầm アーゥ ドム, ヴァィ ドム	dress ドレス
わんまん **ワンマン** wanman	kẻ độc tài, người có quyền hành tuyệt đối ケー ドークナ ターィ, ングオィ コー クイエン ハィント トゥイエッ ドーィ	dictator, autocrat ディクテイタ, オートクラト
わんりょく **腕力** wanryoku	sức mạnh cơ bắp, sức mạnh của cánh tay スーク マィン コー バプ, スーク マィン クア カィン タイ	physical strength フィズィカル ストレングス

付　録

●日常会話

あいさつ ·· 860
　日々のあいさつ／近況・暮らしぶりをたずねる・答える／初対面・再会のときのあいさつ／旅のあいさつ／招待・訪問のあいさつ／別れのあいさつ

食事 ·· 866
　食事に誘う／レストランに入るときの表現／注文する／食事の途中で／レストランでの苦情／お酒を飲む／デザートを注文する／支払いのときの表現／ファストフードを注文するときの表現／食事の途中の会話

買い物 ·· 879
　売り場を探す／品物を見せてもらう・品物について聞く／試着する／品物を買う

トラブル・緊急事態 ······································ 886
　困ったときの表現／紛失・盗難のときの表現／子供が迷子になったときの表現／助けを求める／事件に巻き込まれて

●分野別単語集

味 ··················· 891	数字 ················· 904
家 ··················· 891	スポーツ ············ 906
衣服 ················· 892	台所用品 ············ 908
色 ··················· 893	電気製品 ············ 908
家具 ················· 894	動物 ················· 909
家族 ················· 894	鳥 ··················· 910
体 ··················· 895	度量衡 ··············· 910
木 ··················· 896	肉 ··················· 911
気象 ················· 897	飲み物 ··············· 912
季節・月 ··········· 897	花 ··················· 913
魚介 ················· 898	病院 ················· 914
果物 ················· 899	病気 ················· 915
化粧品 ············· 899	文房具 ··············· 916
時間 ················· 900	店 ··················· 916
自然災害 ··········· 901	野菜 ················· 917
職業 ················· 901	曜日 ················· 918
食器 ················· 903	ベトナム料理 ········ 919
人体 ················· 903	

日常会話

あいさつ

日々のあいさつ —こんにちは！—

●**おはようございます.**
Xin chào.
シーン チャーウ
Good morning.

●**こんにちは.**
Xin chào.
シーン チャーウ
Good afternoon.

●**こんばんは.**
Xin chào.
シーン チャーウ
Good evening.

●**(同年代や年下の人に)やあ！**
Chào (bạn[em]).
チャーウ (バーン[エーム])
Hello. / Hi!

●**おやすみなさい.**
Chúc anh[chị] ngủ ngon.
チュークプ アィン[チー] ングー ンゴーン
Good night.

近況・暮らしぶりをたずねる・答える —お元気ですか？—

●**お元気ですか.**
Anh[Chị] có khoẻ không?
アィン[チー] コー クフエー コホーンム
How are you?

●**調子はどうですか.**
Dạo này anh[chị] thế nào?
ザーウ ナィ アィン[チー] テヘー ナーゥ
How are you doing?

●はい, 元気です. あなたは?
Vâng, tôi khoẻ. Còn anh[chị] thì sao?
ヴォング, トーイ クフエー. コーン アイン[チー] ティヒー サーウ
I'm fine. And you?

●まあまあです.
Tôi cũng bình thường.
トーイ クーンム ビン トゥフオング
So-so.

●お元気そうですね.
Trông anh[chị] có vẻ khoẻ mạnh nhỉ.
チョーンム アイン[チー] コー ヴェー クフエー マイン ニー
You look well.

●仕事はどうですか.
Công việc của anh[chị] thế nào?
コーンム ヴィエク クア アイン[チー] テヘー ナーウ
How are you getting along with your business?

●忙しいです.
Tôi hơi bận.
トーイ ホーイ ボン
I'm busy.

●ご両親はお元気ですか.
Bố mẹ anh[chị] có khoẻ không?
ボー メー アイン[チー] コー クフエー コホーンム
How are your parents getting along?

●ご主人はお元気ですか.
Chồng chị có khoẻ không?
チォーンム チー コー クフエー コホーンム
How is your husband getting along?

●奥さんはお元気ですか.
Vợ anh có khoẻ không?
ヴォー アイン コー クフエー コホーンム
How is your wife getting along?

●ハーイさんはお元気でしょうか.
Anh[Chị] Hải có khoẻ không?
アイン[チー] ハーイ コー クフエー コホーンム
How is Hai?

●みんな元気です.
Vâng[Ừ], cảm ơn anh[chị]. Mọi người đều khoẻ cả.
ヴォング[ウー], カーム オーン アイン[チー]. モーイングオイ デーウ クフエー カー
Thank you. They are all well.

●それは何よりです.
Vậy tốt quá. Có sức khoẻ là nhất đấy.
ヴォィ トーック クアー. コー スーク クフエー ラー ニオッ ドィ
I'm glad to hear that.

初対面・再会のときのあいさつ —はじめまして—

●はじめまして.
Chào anh[chị].
チャーウ アイン[チー]
How do you do? / Nice to meet you.

●よろしくお願いいたします.
Rất mong được anh[chị] giúp đỡ.
ゾッ モーンム ドゥオック アイン[チー] ズープ ドー
Nice to meet you.

●お目にかかれてうれしいです.
Rất hân hạnh được gặp anh[chị].
ゾッ ホン ハイン ドゥオック ガプ アイン[チー]
Nice to see you.

●ハーイさんではありませんか.
Là anh[chị] Hải, phải không?
ラー アイン[チー] ハーイ, ファーイ コホーンム
Aren't you Hai?

●私を覚えていらっしゃいますか.
Nhớ tôi không?
ニォー トーイ コホーンム
Do you remember me?

●お久しぶりです.
Lâu quá không gặp anh[chị].
ロゥ クアー コホーンム ガプ アイン[チー]
I haven't seen you for a long time.

旅のあいさつ　—ようこそ！—

●ようこそベトナムへ．
Chào mừng anh[chị] đã tới Việt Nam.
チャーウ ムーング アイン[チー] ダー トーイ ヴィエッ ナーム
Welcome to Vietnam.

●ようこそハノイへ．
Chào mừng anh[chị] đã tới Hà Nội.
チャーウ ムーング アイン[チー] ダー トーイ ハー ノーイ
Welcome to Hanoi.

●疲れていませんか．
Anh[Chị] có mệt không?
アイン[チー] コー メーッ コホーンム
Aren't you tired?

●ええ，大丈夫です．
Không, không sao.
コホーンム，コホーンム サーウ
No, I'm fine. / Yes, I'm fine.

●ちょっと疲れました．
Tôi hơi mệt tí.
トーイ ホーイ メーッ ティー
I'm a little tired.

●時差ぼけかもしれません．
Có thể là do chênh lệch múi giờ đấy.
コー テヘー ラー ゾー チェン レク ムーイ ゾー ドィ
It's probably jet lag.

●お出迎えありがとうございます．
Cảm ơn anh[chị] đã ra đến đón tôi.
カーム オーン アイン[チー] ダー ザー デーン ドーン トーイ
Thank you for coming to pick me up.

招待・訪問のあいさつ　—すてきなお家ですね．—

●ぜひうちにいらしてください．
Nhất định phải ghé nhà tôi chơi đấy nhé.
ニョッ ディン ファーイ ゲー ニャー トーイ チォーイ ドィ ニェー
Please come visit me.

- **ぜひうかがいます.**
  Vâng vâng, nhất định rồi.
  ヴォング ヴォング, ニョッ ディン ゾーイ
  I'm definitely going.

- **お招きいただきありがとうございます.**
  Cảm ơn anh[chị] đã mời tôi nhé.
  カーム オーン アイン[チー] ダー モーイ トーイ ニェー
  Thanks very much for inviting me.

- **すてきなお家ですね.**
  Nhà đẹp quá nhỉ.
  ニャー デープ クアー ニー
  What a wonderful house!

- **お粗末ですが.**
  Có chút quà nhỏ...
  コー チューック クアー ニョー
  Please accept this gift.

- **日本のおみやげです.**
  Đây là quà của Nhật.
  ドイ ラー クアー クア ニョッ
  Here's a Japanese gift.

別れのあいさつ　—さようなら—

- **(留まる人に)さようなら.**
  Tạm biệt anh[chị]. Tôi đi nhé.
  ターム ビエッ アイン[チー]. トーイ ディー ニェー
  Good-bye. / See you.

- **(去る人に)さようなら.**
  Tạm biệt anh[chị] đi nhé.
  ターム ビエッ アイン[チー] ディー ニェー
  Good-bye. / See you.

- **バイバイ.**
  Bye nhé.
  バイ ニェー
  Bye. / Bye-bye.

- **もう行かなくては.**
  Tới giờ phải đi rồi.
  トーイ ゾー ファーイ ディー ゾーイ
  I should be going now.

- **また近いうちに.**
  Hẹn gặp lại anh[chị] vào dịp gần đây.
  ヘーン ガプ ラーイ アイン[チー] ヴァーウ ジープ ゴン ドイ
  See you soon.

- **じゃあまたあとで.**
  Hẹn gặp lại sau.
  ヘーン ガプ ラーイ サウ
  See you later.

- **また明日.**
  Mai gặp lại.
  マーイ ガプ ラーイ
  See you tomorrow.

- **どうぞ, 楽しい旅を！**
  Chúc anh[chị] có chuyến đi vui vẻ.
  チュークプ アイン[チー] コー チュイエン ディー ヴーイ ヴェー
  Have a nice trip!

- **お気をつけて！**
  Anh[Chị] đi cẩn thận nhé.
  アイン[チー] ディー コン トホン ニェー
  Take care!

- **あなたもね！**
  Anh[Chị] cũng vậy nhé.
  アイン[チー] クーンム ヴォイ ニェー
  You too! / The same to you!

- **今度は日本で会いましょう.**
  Hẹn gặp anh[chị] lần tới gặp ở Nhật nhé.
  ヘーン ガプ アイン[チー] ロン トーイ ガプ オー ニョッ ニェー
  Next time let's meet in Japan.

- **ご主人によろしくお伝えください.**
  Cho tôi gửi lời hỏi thăm chồng chị nhé.
  チョー トーイ グーイ ローイ ホーイ タハム チォーンム チー ニェー
  My regards to your husband.

●奥さんによろしくお伝えください.
Cho tôi gửi lời hỏi thăm vợ anh nhé.
チョー トーイ グーイ ローイ ホーイ タハム ヴォー アイン ニェー
My regards to your wife.

●ご家族によろしくお伝えください.
Cho tôi gửi lời hỏi thăm gia đình anh[chị] nhé.
チョー トーイ グーイ ローイ ホーイ タハム ザー ディン アイン[チー] ニェー
My regards to your family.

食事

食事に誘う —食事に行きませんか？—

●お腹がすきました.
Tôi đói quá rồi.
トーイ ドーイ クアー ゾーイ
I'm hungry.

●のどが乾きました.
Tôi khát nước quá rồi.
トーイ カハーッ ヌオク クアー ゾーイ
I'm thirsty.

●喫茶店で休みましょう.
Vào quán cà phê đi.
ヴァーゥ クアーン カー フェー ディー
Let's rest at a coffee shop.

●お昼は何を食べようか.
Trưa nay mình ăn gì nhỉ?
チュア ナィ ミン アン ジー ニー
What shall we eat for lunch?

●食事に行きませんか.
Mình đi ăn với tôi không?
ミン ディー アン ヴォーイ トーイ コホーンム
Shall we go and eat together?

●中華料理はどうですか.
Anh[Chị] ăn món Trung Quốc được không?
アイン[チー] アン モーン チューンム クオク ドゥオク コホーンム
How about Chinese food?

●何か食べたいものはありますか.
Anh[Chị] có muốn ăn gì không?
アィン[チー] コー ムオン アン ジー コホーンム
Is there anything you'd like to eat?

●嫌いなものはありますか.
Anh[Chị] có không ăn được món gì không?
アィン[チー] コー コホーンム アン ドゥオク モーン ジー コホーンム
Is there anything you don't like?

●なんでも大丈夫です.
Món gì cũng được ạ.
モーン ジー クーンム ドゥオク アー
Anything's ok.

●あまり辛いものは苦手です.
Tôi không ăn được món quá cay.
トーィ コホーンム アン ドゥオク モーン クアー カィ
I can't eat anything too spicy.

●いいレストランを教えてくれませんか.
Anh[Chị] có thể giới thiệu cho tôi quán ăn nào ngon ngon không?
アィン[チー] コー テヘー ゾーィ ティヒエウ チョー トーィ クアーン アン ナーゥ ンゴーン ンゴーン コホーンム
Could you recommend a good restaurant?

●この店は食べ物はおいしくて値段も手ごろです.
Quán này đồ ăn ngon mà giá cũng phải chăng.
クアーン ナィ ドー アン ンゴーン マー ザー クーンム ファーィ チャング
The food in this restaurant is good and the prices aren't bad.

●ごちそうしますよ.
Tôi mời.
トーィ モーィ
I'll treat you.

レストランに入るときの表現 —何分ぐらい待ちますか？—

●6時から3名で予約をお願いします.
Cho tôi đặt trước ba chỗ lúc sáu giờ.
チョー トーィ ダッ チュオク バー チョー ルークプ サゥ ゾー
I'd like to make a reservation for three persons at six o'clock.

●何分ぐらい待ちますか.
Chúng tôi phải đợi bao lâu?
チュームトーイファーイドーイバーウロウ
How long will we have to wait?

●ここにお名前を書いてください.
Xin vui lòng điền tên vào đây.
シーンヴーイローンムディエンテーンヴァーウドイ
Please put your name down here.

●テラス席がいいのですが.
Chúng tôi có thể đặt chỗ ngoài trời được không?
チュームトーイコーテヘーダッチョーングアーイチョーイドゥオクコホーンム
Can we take the terrace seats?

●7時に予約をしました.
Tôi đã đặt chỗ vào lúc bảy giờ.
トーイダーダッチョーヴァーウルークバイゾー
I have a reservation for seven o'clock.

●2人です.
Hai người
ハーイングオイ
Do you have a table for two?

●3人です.
Ba người
バーングオイ
Do you have a table for three?

●禁煙席・喫煙席どちらがよろしいですか.
Quý khách muốn đặt chỗ dành cho có hút thuốc hay chỗ cấm hút thuốc ạ?
クイーカハイクムオンダッチョーザインチョーコーフートトゥフオクハイチョーコムフートトゥフオクアー
Would you prefer smoking or nonsmoking?

●たばこをお吸いになりますか.
Quý khách có hút thuốc lá không?
クイーカハイクコーフートトゥフオクラーコホーンム
Would you like to smoke?

● **禁煙席をお願いします.**
Cho tôi một chỗ không hút thuốc.
チョー トーイ モーッ チォー コホーンム フーッ トゥフオク
Nonsmoking please.

● **こちらへどうぞ.**
Xin mời đi lối này.
シーン モーイ ディー ローイ ナイ
Right this way please.

● **この席はあいていますか.**
Chỗ này còn trống không?
チォー ナイ コーン チォーンム コホーンム
Is this seat taken?

注文する —本日のスープは何ですか？—

● **ご注文をどうぞ.**
Quý khách gọi món gì ạ?
クイー カハイク ゴーイ モーン ジー アー
May I take your order?

● **メニューを見せてください.**
Cho tôi xem thực đơn được không?
チョー トーイ セーム トゥフーク ドーン ドゥオク コホーンム
Could I have a menu, please?

● **お勧めはなんですか.**
Ở đây có món gì ngon?
オー ドィ コー モーン ジー ンゴーン
What do you recommend?

● **この店の自慢料理は何ですか.**
Món ngon nhất ở đây là món gì?
モーン ンゴーン ニォッ オー ドィ ラー モーン ジー
What's your specialty?

● **本日のスープは何ですか.**
Hôm nay có món súp gì?
ホーム ナイ コー モーン スープ ジー
What's the soup of the day?

- **ハム・ソーセージの盛り合わせをください.**
  Cho tôi một phần hỗn hợp thịt nguội và xúc xích.
  チョー トーイ モーッ フォン ホーン ホップ ティヒーッ ングオイ ヴァー スークプ シク
  I'd like a sausage plate, please.

- **魚にします.**
  Cho tôi món cá.
  チョー トーイ モーン カー
  I'd like the fish.

- **肉にします.**
  Tôi muốn ăn thịt.
  トーイ ムオン アン ティヒーッ
  I'd like the meat.

- **ステーキの焼き具合はどのようにしましょうか.**
  Quý khách muốn thịt nướng tái, vừa hay chín kỹ ạ?
  クイー カハイク ムオン ティヒーッ ヌオング ターイ, ヴア ハイ チーン キー アー
  How would you like your steak?

- **ミディアムにしてください.**
  Tôi muốn thịt chín vừa.
  トーイ ムオン ティヒーッ チーン ヴア
  Medium, please.

- **レアにしてください.**
  Tôi muốn thịt chín tái.
  トーイ ムオン ティヒーッ チーン ターイ
  Rare, please.

- **ウエルダンにしてください.**
  Tôi muốn thịt chín kĩ.
  トーイ ムオン ティヒーッ チーン キー
  Well-done, please.

- **ミックスサラダもください.**
  Cho tôi một đĩa salad trộn.
  チョー トーイ モーッ ディア サラッ チォーン
  I'd like a mixed salad too, please.

- **ごはんを少なめにしていただけますか.**
  Cho tôi một phần ít cơm.
  チョー トーイ モーッ フォン イーッ コーム
  Please give me a small order of rice.

食事の途中で —小皿を持ってきてください．—

●小皿を持ってきてください．
Cho tôi một cái đĩa nhỏ.
チォー トーィ モーッ カーィ ディア ニョー
Please bring a small plate.

●お水をいただけますか．
Cho tôi một cốc nước lọc.
チォー トーィ モーッ コークプ ヌオク ロークプ
I'd like a glass of water.

●箸を1膳いただけますか．
Cho tôi một đôi đũa.
チォー トーィ モーッ ドーィ ドゥア
Give me a pair of chopsticks.

●(レストランで食べ残したもの)これを包んでいただけますか．
Làm ơn gói món này lại cho tôi.
ラーム オーン ゴーィ モーン ナィ ラーィ チォー トーィ
Will you wrap this up?

レストランでの苦情 —頼んだものがまだ来ません．—

●これは火が通っていません．
Món này chưa được chín.
モーン ナィ チュア ドゥオク チーン
This isn't done cooking.

●スープが冷めています．
Súp bị nguội rồi.
スープ ビー ングオィ ゾーィ
The soup is cold.

●私が頼んだのはコムセン(ハス飯)です．
Món tôi đã gọi là cơm sen.
モーン トーィ ダー ゴーィ ラー コーム セーン
I ordered com sen.

●これは注文していません．
Tôi không gọi món này.
トーィ コホーンム ゴーィ モーン ナィ
I didn't order this.

● **頼んだものがまだ来ません.**
Món tôi đã gọi sao vẫn chưa có.
モーン トーイ ダー ゴーイ サーウ ヴォン チュア コー
Our order hasn't arrived yet.

● **確認してまいります.**
Để tôi kiểm tra xem sao ạ.
デー トーイ キエム チャー セーム サーウ アー
I'll go check.

● **申し訳ありません.**
Thành thật xin lỗi quý khách.
タハイント トホッ シーン ローイ クイー カハイク
I'm very sorry.

● **もうしばらくお待ちください.**
Xin quý khách vui lòng đợi trong giây lát.
シーン クイー カハイク ヴーイ ローンム ドーイ チォーンム ゾイ ラーッ
Please wait a moment.

お酒を飲む —ワインをグラスでください.—

● **飲み物は何がいいですか.**
Quý khách muốn gọi nước uống gì ạ?
クイー カハイク ムオン ゴーイ ヌオク ウオング ジー アー
What would you like to drink?

● **ワインリストはありますか.**
Ở đây có những loại rượu gì?
オー ドィ コー ニューング ルアーイ ズォゥ ジー
Do you have a wine list?

● **ワインをグラスでください.**
Cho tôi một ly rượu vang.
チョー トーイ モーッ リー ズォゥ ヴァーング
A glass of wine please.

● **アルコールはだめなんです.**
Tôi không uống được rượu.
トーイ コホーンム ウオング ドゥオク ズォゥ
I don't drink.

●一口ならいただきます．
Tôi chỉ nhấp môi thôi nhé.
トーイ チー ニォプ モーイ トホーイ ニェー
I'll have a sip.

●乾杯！
Cạn ly nào!
カーン リー ナーゥ
Cheers!

デザートを注文する —私はアイスクリームにします．—

●デザートには何がありますか．
Ở đây có những món tráng miệng gì?
オー ドィ コー ニューング モーン チャーング ミエング ジー
What do you have for dessert?

●私はアイスクリームにします．
Cho tôi một ly kem.
チォー トーイ モーッ リー ケーム
I'd like some ice-cream.

●お腹が一杯でデザートは入りません．
Không ăn nổi món tráng miệng vì no quá.
コホーンム アン ノーイ モーン チャーング ミエング ヴィー ノー クアー
I'm so full I don't need dessert.

支払いのときの表現 —お勘定をお願いします．—

●割り勘にしましょう．
Chúng ta chia đều nhé.
チューンム ター チア デーゥ ニェー
Let's split the bill.

●お勘定をお願いします．
Làm ơn cho tôi tính tiền.
ラーム オーン チォー トーイ ティン ティエン
Check, please.

●クレジットカードでお願いします．
Cho tôi tính tiền thanh toán bằng thẻ tín dụng.
チォー トーイ ティン ティエン タハイン トゥアーン バング テヘー ティーン ズーンム
By credit card, please.

● **カードはご使用になれません.**
Xin lỗi, ở đây không dùng được thẻ.
シーン ローイ, オー ドイ コホーンム ズーンム ドゥオク テヘー
You can't use a card.

● **現金でお願いします.**
Xin quý khách vui lòng thanh toán bằng tiền mặt.
シーン クイー カハイク ヴーイ ローンム タハイント トゥアーン バング ティエン マッ
Cash please.

● **計算が間違っています.**
Anh[Chị] tính nhầm rồi.
アイン[チー] ティン ニォム ゾーイ
This was added up wrong.

● **おつりが足りません.**
Tiền trả lại bị thiếu.
ティエン チャー ラーイ ビー ティヒエウ
This is not the correct change.

● **1万円札を渡しました.**
Tôi đã đưa một tờ mười nghìn yên.
トーイ ダー ドゥア モーッ トー ムォイ ンギーン イエン
I gave you a 10,000 yen bill.

ファストフードを注文するときの表現 —ここで食べます.—

● **テイクアウトでハンバーガー2個をお願いします.**
Cho tôi hai chiếc bánh mì kẹp thịt băm mang về.
チョー トーイ ハーイ チエク バイン ミー ケープ ティヒーッ バム マーング ヴェー
Two hamburgers to go, please.

● **マスタード抜きにしてください.**
Không rưới mù tạt.
コホーンム ズォイ ムー ターッ
Hold the mustard, please.

● **ホットドッグとオレンジジュースをください.**
Cho tôi một phần bánh mì xúc xích nướng và một ly nước cam.
チョー トーイ モーッ フォン バイン ミー スークプ シク ヌオング ヴァー モーッ リー ヌオク カーム
A hot dog and an orange juice, please.

●**スモールをお願いします．**
Cho tôi cỡ nhỏ.
チョー トーイ コー ニョー
A small, please.

●**ミディアムをお願いします．**
Cho tôi cỡ vừa.
チョー トーイ コー ヴア
A medium, please.

●**ラージをお願いします．**
Cho tôi cỡ lớn.
チョー トーイ コー ローン
A large, please.

●**氷は入れないでください．**
Không bỏ đá.
コホーンム ボー ダー
No ice, please.

●**ここで食べます．**
Tôi ăn tại đây.
トーイ アン ターイ ドイ
I'll eat it here.

●**持ち帰ります．**
Tôi mang về.
トーイ マーング ヴェー
I'd like this to go.

食事の途中の会話 —どうやって食べるんですか？—

●**冷めないうちに召し上がれ．**
Ăn đi kẻo nguội.
アン ディー ケーゥング オイ
Eat it before it gets cold.

●**たくさん召し上がってください．**
Cứ ăn thoả thích nhé.
クー アン トゥフアー ティヒク ニェー
Please have as much as you'd like.

● お口に合えばいいのですが.
Mong là hợp khẩu vị anh.
モーンム ラー ホップ コホウ ヴィー アイン
I don't know whether you'll like it, but...

● いただきます.
Tôi xin phép ăn đây.
トーイ シーン フェープ アン ドィ
May I begin to eat?

● すごいごちそうですね.
Trông ngon quá.
チォーンム ンゴーン クアー
Wow, what a treat!

● わあ. いい香り.
Ồ, mùi thơm quá.
オー, ムーイ トホーム クアー
Wow. Nice smell.

● おいしい！
Ngon quá!
ンゴーン クアー
Delicious!

● これ, 大好物なんです.
Đây là món khoái khẩu của tôi.
ドィ ラー モーン クフアーイ コホウ クア トーイ
This is my favorite.

● サラダはセルフサービスです.
Món salad xin quý khách tự lấy dùng.
モーン サラッ シーン クイー カハイク トゥー ロィ ズーンム
Help yourself to the salad.

● スープの味はいかがですか.
Vị của món súp này thế nào?
ヴィー クア モーン スープ ナィ テヘー ナーゥ
What do you think of the soup?

● 石鍋が熱いですよ.
Cái nồi đá này nóng lắm đó.
カーィ ノーィ ダー ナィ ノーンム ラム ドー
The stone bowl is hot.

鉄板が熱いですよ.
Cái tấm sắt này nóng lắm.
カーイ トム サッ ナィ ノーンム ラム
The "teppan" is hot. / The iron plate is hot.

やけどしないようにね.
Coi chừng kẻo bị bỏng.
コーイ チューング ケーウ ビー ボーンム
Try not to get burned.

これは何ですか.
Đây là món gì?
ドィ ラー モーン ジー
What is this?

どうやって食べるんですか.
Phải ăn như thế nào thì được?
ファーイ アン ニュー テヘー ナーウ ティヒー ドゥオク
How do you eat this?

手で持ってもいいんですか.
Có thể dùng tay để cầm ăn không?
コー テヘー ズーンム タィ デー コム アン コホーンム
Can I hold it in my hand?

こうやって食べるんです.
Ăn như thế này.
アン ニュー テヘー ナィ
You eat it like this.

これも食べられますか.
Cái này cũng ăn được chứ?
カーイ ナィ クーンム アン ドゥオク チュー
Can you eat this too?

それは飾りです.
Cái này chỉ dùng để trang trí.
カーイ ナィ チー ズーンム デー チャーング チー
That's a decoration.

それは食べられません.
Cái đó thì không ăn được.
カーイ ドー ティヒー コホーンム アン ドゥオク
We don't eat that.

● **食べるのは初めてです.**
Đây là lần đầu tiên tôi ăn món này.
ドイ ラー ロン ドゥ ティエン トーイ アン モーン ナイ
This is the first time I've eaten this.

● **ごめんなさい, これはちょっと食べられません.**
Xin lỗi. Chắc tôi không ăn được món này rồi.
シーン ローイ. チャク トーイ コホーンム アン ドゥオク モーン ナイ ゾーイ
I'm sorry, but I can't eat this.

● **アレルギーが出るんです.**
Tôi có biểu hiện bị dị ứng.
トーイ コー ビエゥ ヒエン ビー ジー ウーング
I'll have an allergic reaction.

● **おかわりはいかがですか.**
Anh[Chị] có muốn gọi thêm phần nữa không?
アイン[チー] コー ムオン ゴーイ テヘーム フォン ヌア コホーンム
How about another helping? / How about another drink?

● **もう十分いただきました.**
Tôi ăn đủ rồi.
トーイ アン ドゥー ゾーイ
I've already had enough.

● **お腹が一杯です.**
Tôi no rồi.
トーイ ノー ゾーイ
I'm full.

● **たいへんおいしかったです, ごちそうさま.**
Món ăn rất ngon. Cám ơn anh[chị].
モーン アン ゾッンゴーン. カーム オーン アイン[チー]
The meal was delicious, thank you.

買い物

売り場を探す —安い靴を探しています．—

● **いらっしゃいませ．**
Xin chào quý khách.
シーン チャーゥ クイー カハイク
May I help you?

● **パスポートケースはありますか．**
Ở đây có bán đồ đựng bao hộ chiếu không?
オー ドィ コー バーン ドー ドゥーング バーゥ ホー チエゥ コホーンム
Do you have passport cases?

● **文房具はどこで売っていますか．**
Văn phòng phẩm bán ở đâu vậy?
ヴァン フォーンム フォム バーン オー ドゥ ヴォィ
Where do you sell stationery?

● **ジーンズを探しています．**
Tôi đang tìm quần bò.
トーィ ダーング ティーム クオン ボー
I'm looking for jeans.

● **ハノイの地図を探しています．**
Tôi đang tìm bản đồ Hà Nội.
トーィ ダーング ティーム バーン ドー ハー ノーィ
I'm looking for maps of Hanoi.

● **安い靴を探しています．**
Tôi đang tìm giày giá rẻ một chút.
トーィ ダーング ティーム ザィ ザー ゼー モーッ チューッ
I'm looking for some cheap shoes.

● **婦人服売り場はどこですか．**
Quầy bán quần áo nữ ở đâu vậy?
クオィ バーン クオン アーゥ ヌー オー ドゥ ヴォィ
Where can I find women's clothes?

● **紳士服売場は何階ですか．**
Quầy bán quần áo nam ở tầng mấy vậy?
クオィ バーン クオン アーゥ ナーム オー トング モィ ヴォィ
What floor is men's clothes on?

● こちらにございます．
Dạ, ở đây ạ.
ザー, オー ドィ アー
It's over here.

● 子供服売場の奥にございます．
Ở phía trong quầy bán trang phục trẻ em.
オー フィア チョーンム クオィ バーン チャーング フークプ チェー エーム
It's in the back of the Children's section.

● 3階にあります．
Ở tầng ba.
オー トング バー
That's on the 3rd floor.

● 地下2階にあります．
Ở tầng hầm thứ hai.
オー トング ホム トゥフー ハーィ
That's on the 2nd floor below.

● エレベーターで5階に行ってください．
Anh[Chị] hãy lên tầng năm bằng thang máy.
アィン[チー] ハィ レーン トング ナム バング タハーング マィ
Please take the elevator to the 5th floor.

● あちらの階段で上がってください．
Anh[Chị] hãy lên cầu thang bộ ở đằng kia.
アィン[チー] ハィ レーン コゥ タハーング ボー オー ダング キア
Please take the stairway over there up.

● あちらの階段で下りてください．
Anh[Chị] hãy xuống ở cầu thang bộ ở đằng kia.
アィン[チー] ハィ スオング オー コゥ タハーング ボー オー ダング キア
Please take the stairway over there down.

● 申し訳ございません，こちらでは扱っておりません．
Xin lỗi, ở đây chúng tôi không có.
シーン ローィ, オー ドィ チューンム トーィ コホーンム コー
I'm sorry, we don't have those here.

品物を見せてもらう・品物について聞く
—色違いのものはありますか？—

●あれを見せてくださいますか.
Có thể cho tôi xem cái kia không?
コー テヘー チョー トーイ セーム カーイ キア コホーンム
Could you show me that one, please?

●このイヤリングを見せてください.
Cho tôi xem đôi hoa tai này.
チョー トーイ セーム ドーイ フアー ターイ ナィ
Please show me these earrings.

●右端のものを見せてください.
Cho tôi xem cái cuối cùng bên phải.
チョー トーイ セーム カーイ クオイ クーンム ベーン ファーイ
Please show me the one at the right end.

●左端のものを見せてください.
Cho tôi xem cái cuối cùng bên trái.
チョー トーイ セーム カーイ クオイ クーンム ベーン チャーイ
Please show me the one at the left end.

●左から３つ目のものを見せてください.
Cho tôi xem cái thứ ba từ bên trái qua.
チョー トーイ セーム カーイ トゥフー バー トゥー ベーン チャーイ クアー
Please show me the third one from the left.

●ほかのを見せてくださいますか.
Cho tôi xem cái khác, có được không?
チョー トーイ セーム カーイ カハーク, コー ドゥオク コホーンム
Could you show me another one, please?

●サイズはいくつですか.
Cỡ bao nhiêu ạ?
コー バーゥ ニエゥ アー
What size do you take? / What size do you want?

●サイズはＳです.
Cỡ S.
コー エス
I wear a small.

●サイズはＭです.
Cỡ M.
コー エム
I wear a medium

- ●サイズはLです.
  Cỡ L.
  コー エル
  I wear a large.

- ●サイズがわかりません.
  Tôi không biết cỡ mấy.
  トーイ コホーンム ビエッ コー モィ
  I don't know my size.

- ●大きすぎます
  Quá to.
  クアー トー
  This is too large.

- ●小さすぎます
  Quá nhỏ.
  クアー ニォー
  This is too small.

- ●長すぎます.
  Quá dài.
  クアー ザーィ
  This is too long.

- ●短かすぎます.
  Quá ngắn.
  クアー ンガン
  This is too short.

- ●ちょうどいいです.
  Vừa rồi.
  ヴア ゾーィ
  This is my size.

- ●違うデザインはありますか.
  Có mốt khác không?
  コー モーッ カハーク コホーンム
  Do you have any other style?

- ●これより大きいサイズはありますか.
  Có cỡ lớn hơn cái này không?
  コー コー ローン ホーン カーィ ナィ コホーンム
  Do you have this in a larger size?

- ●これより小さいサイズはありますか.
  Có cỡ nhỏ hơn cái này không?
  コー コー ニォー ホーン カーィ ナィ コホーンム
  Do you have this in a smaller size?

- ●色違いのものはありますか.
  Có màu khác không?
  コー マゥ カハーク コホーンム
  Do you have another color?

- ●これで黒のものはありますか.
  Có cái như thế này mà màu đen không?
  コー カーィ ニュー テヘー ナィ マー マゥ デーン コホーンム
  Do you have one like this in black?

試着する —試着してもいいですか？—

●試着してもいいですか.
Tôi mặc thử có được không?
トーイ マク トゥフー コー ドゥオク コホーンム
Can I try this on?

●鏡はありますか.
Anh[Chị] có gương không?
アィン[チー] コー グオング コホーンム
Is there a mirror?

●ぴったりです.
Hợp quá.
ホープ クアー
It fits me perfectly!

●ちょっときついです.
Hơi chật.
ホーイ チョッ
It's a bit tight.

●ちょっとゆるいです.
Hơi rộng.
ホーイ ゾーンム
It's a bit loose.

●似合うかなぁ.
Có hợp không nhỉ?!
コー ホープ コホーンム ニー？
I wonder if this will look good.

●(私には)似合わないみたい.
Có vẻ không hợp với tôi.
コー ヴェー コホーンム ホープ ヴォーイ トーイ
I don't think this looks good on me.

●お似合いですよ.
Anh[Chị] thấy hợp mà.
アィン[チー] トホイ ホープ マー
It suits you. / It looks good on you.

● こちらのほうがお似合いです.
Cái này trông hợp hơn.
カーイ ナイ チョーンム ホップ ホーン
This one looks better on you.

品物を買う —全部でいくらですか？—

● これをください.
Cho tôi lấy cái này.
チョー トーイ ロイ カーイ ナイ
I'll take this, please.

● これを3つください.
Cho tôi lấy ba cái này.
チョー トーイ ロイ バー カーイ ナイ
I'll take three of these.

● いくらですか.
Bao nhiêu vậy?
バーウ ニエゥ ヴォイ
How much? / How much is it?

● 全部でいくらですか.
Tất cả bao nhiêu vậy?
トッ カー バーウ ニエゥ ヴォイ
How much is it all together?

● いくらまで免税になりますか.
Bao nhiêu thì được miễn thuế?
バーウ ニエゥ ティヒー ドゥオク ミエン トゥフエー
How much is the limit for duty free?

● 気に入りましたが値段がちょっと高すぎます.
Tôi thích nhưng nó hơi đắt.
トーイ ティヒク ニューング ノー ホーイ ダッ
I like it, but the price is a bit too high.

● まけてもらえますか.
Bớt cho tôi một chút được không?
ボーッ チョー トーイ モーッ チューッ ドゥオク コホーンム
Can you give me a discount?

● クレジットカードは使えますか．
Tôi dùng thẻ tín dụng được không?
トーイ ズーンム テヘー ティーン ズーンム ドゥオク コホーンム
Can I use a credit card?

● トラベラーズチェックは使えますか．
Tôi có thể dùng séc du lịch được không?
トーイ コー テヘー ズーンム セーク ズー リク ドゥオク コホーンム
Can I use a traveler's check?

● 現金でお支払いします．
Tôi sẽ trả bằng tiền mặt.
トーイ セー チャー バング ティエン マッ
I'll pay in cash.

● カードでお支払いします．
Tôi sẽ trả bằng thẻ.
トーイ セー チャー バング テヘー
I'll pay by card.

● 別々に包んでいただけますか．
Gói riêng từng thứ giùm tôi được không?
ゴーイ ジエング トゥーング トゥフー ズーム トーイ ドゥオク コホーンム
Will you wrap it individually?

● 日本に送ってもらえますか．
Gửi về Nhật giùm tôi được không?
グーイ ヴェー ニォッ ズーム トーイ ドゥオク コホーンム
Will you send this to Japan?

● どのくらい日数がかかりますか．
Mất khoảng mấy ngày?
モッ クファーング モィ ンガイ
How many days will it take?

● 計算が間違っています．
Anh[Chị] tính nhầm.
アィン[チー] ティン ニオム
This was added up wrong.

● おつりが足りません．
Tiền trả lại không đủ.
ティエン チャー ラーイ コホーンム ドゥー
This is not the correct change.

● 1万円札を渡しました．
Tôi đã đưa tờ mười nghìn Yên.
トーイ ダー ドゥア トー ムオィ ンギーン イエン
I gave you a 10,000 yen bill.

● 話が違います．
Đó không phải là những gì anh[chị] đã nói.
ドー コホーンム ファーイ ラー ニューング ギー アィン[チー] ダー ノーイ
That's not what you said.

● これを別のと取り替えてほしいのですが．
Tôi muốn đổi cái này lấy cái khác.
トーイ ムオン ドーイ カーイ ナィ ロィ カーイ カハーク
I'd like to exchange this for another one.

● これがレシートです．
Đây là hoá đơn.
ドィ ラー フアー ドーン
Here's the receipt.

トラブル・緊急事態

困ったときの表現 —警察はどこですか？—

● ちょっと困っています．
Tôi đang gặp chút vấn đề.
トーイ ダーング ガプ チューッ ヴォン デー
I've got a problem.

● 警察はどこですか．
Cho hỏi đồn cảnh sát ở đâu ạ?
チョー ホーイ ドーン カィン サーッ オー ドゥ アー
Where is the police station?

● 道に迷いました．
Tôi bị lạc đường.
トーイ ビー ラーク ドゥオング
I think I got lost.

● コンタクトレンズを落としました．
Tôi bị rơi kính áp tròng.
トーイ ビー ゾーイ キン アープ チォーンム
I've dropped a contact lens.

紛失・盗難のときの表現 —パスポートをなくしました．—

●パスポートをなくしました．
Tôi bị mất hộ chiếu.
トーィ ビー モッ ホー チエゥ
I've lost my passport.

●電車の中にかばんを忘れました．
Tôi đã để quên cặp trên xe điện.
トーィ ダー デー クエーン カプ チェーン セー ディエン
I left my bag in the train.

●ここに上着を忘れたようです．
Hình như tôi đã quên áo khoác ở đây.
ヒン ニュー トーィ ダー クエーン アーゥ クファーク オー ドィ
I might have left my jacket here.

●ここにはありませんでした．
Ở đây không có gì hết.
オー ドィ コホーンム コー ジー ヘーッ
It's not here.

●見つかったらホテルに電話をください．
Nếu anh[chị] nhìn thấy thì xin gọi đến khách sạn giúp tôi.
ネーゥ アイン[チー] ニーン トホイ ティヒー シーン ゴーィ デーン カハイク サーン ズープ トーィ
Please call the hotel when you find it.

●何を盗まれましたか．
Anh[Chị] bị lấy mất gì à?
アイン[チー] ビー ロィ モッ ジー アー
What was stolen?

●財布をすられました．
Tôi bị móc mất ví.
トーィ ビー モークプ モッ ヴィー
My wallet has been stolen.

●かばんを盗まれました．
Tôi bị trộm mất cặp.
トーィ ビー チォーム モッ カプ
Someone has stolen my bag.

● **かばんの特徴を教えてください.**
Hãy nói cho tôi đặc điểm của cái cặp đó.
ハイ ノーイ チョー トーイ ダク ディエム クア カーイ カプ ドー
What does your bag look like?

● **このくらいの大きさの黒い肩掛けかばんです.**
Nó là cái cặp đeo lưng màu đen lớn cỡ chừng này.
ノー ラー カーイ カプ デーウ ルーング マウ デーン ローン コー チューング ナイ
It's a black shoulder bag about this size.

● **目撃者はいますか.**
Lúc đó có người nào nhìn thấy không?
ルークプ ドー コー ングオイ ナーウ ニーン トホイ コホーンム
Were there any witnesses?

● **あの人が見ていました.**
Có người kia đã nhìn thấy.
コー ングオイ キア ダー ニーン トホイ
That person saw it happen.

子供が迷子になったときの表現 —息子がいなくなりました.—

● **息子がいなくなりました.**
Tôi không thấy con trai đâu cả.
トーイ コホーンム トホイ コーン チャーイ ドゥ カー
I can't find my son.

● **彼を探してください.**
Hãy tìm nó giúp cho tôi.
ハイ ティーム ノー ズープ チョー トーイ
Please look for him.

● **息子は5歳です.**
Con trai tôi năm tuổi.
コーン チャーイ トーイ ナム トゥオイ
My son is five years old.

● **名前は太郎です.**
Tên bé là Taro.
テーン ベー ラー タロー
His name is Taro.

- **白いTシャツとジーンズを着ています．**
  Bé mặc áo phông trắng và quần bò.
  ベー マク アーウ フォーンム チャング ヴァー クオン ボー
  He's wearing a white T-shirt and jeans.

- **Tシャツには飛行機の絵がついています．**
  Có hình máy bay trên áo phông.
  コー ヒン マィ バィ チェーン アーウ フォーンム
  There's a picture of an airplane on his T-shirt.

- **これが彼の写真です．**
  Đây là ảnh của bé.
  ドィ ラー アィン クア ベー
  This is his picture.

助けを求める ―助けて！―

- **助けて！**
  Cứu tôi với!
  クーウ トーィ ヴォーィ
  Help!

- **火事だ！**
  Cháy!
  チャィ
  Fire!

- **どろぼう！**
  Ăn cắp.
  アン カプ
  Thief!

- **おまわりさん！**
  Cảnh sát ơi!
  カィン サーッ オーィ
  Police!

- **お医者さんを呼んで！**
  Hãy gọi bác sĩ.
  ハィ ゴーィ バーク シー
  Call a doctor!

- **救急車を！**
  Hãy gọi xe cấp cứu thương.
  ハィ ゴーィ セー コプ クーウ トゥフオング
  Get an ambulance!

- **交通事故です！**
  Đây là tai nạn giao thông.
  ドィ ラー ターィ ナーン ザーウ トホーンム
  There's been an accident!

- **こっちに来てください.**
  Xin hãy đến đây.
  シーン ハイ デーン ドィ
  Please come here.

- **けが人がいます.**
  Có người bị thương.
  コー ングオィ ビー トゥフオング
  We have an injured person.

- **病人がいます.**
  Có người bị ốm.
  コー ングオィ ビー オーム
  We have a sick person.

事件に巻き込まれて —大使館の人に話をしたいのです.—

- **私は被害者です.**
  Tôi là người bị hại.
  トーィ ラー ングオィ ビー ハーィ
  I'm the victim.

- **何も知りません.**
  Tôi không biết gì cả.
  トーィ コホーンム ビエッ ジー カー
  I don't know anything.

- **日本大使館の人に話をしたいのです.**
  Tôi muốn nói chuyện với người của đại sứ quán Nhật.
  トーィ ムオン ノーィ チュイエン ヴォーィング オィ クア ダーィ スー クアーン ニオッ
  I'd like to talk to someone at the Japanese embassy.

- **日本語の通訳をお願いします.**
  Xin hãy dịch sang tiếng Nhật.
  シーン ハイ ジク サーング ティエング ニオッ
  Please translate from Japanese.

- **日本語のできる弁護士をお願いします.**
  Tôi cần một luật sư biết tiếng Nhật.
  トーィ コン モーッ ルオッ スー ビエッ ティエング ニオッ
  I'd like to talk to a lawyer who can speak Japanese.

分野別単語集

味　mùi vị /ムーイ ヴィー/, vị /ヴィー/

旨い　ngon /ンゴーン/　英 nice
美味しい　ngon /ンゴーン/　英 nice, delicious
まずい　không ngon /コホーン ンゴーン/, dở /ゾー/　英 not good
甘い　ngọt /ンゴーッ/　英 sweet
辛い　cay /カイ/　英 hot, pungent
苦い　đắng /ダング/　英 bitter
渋い　chát /チャーッ/　英 astringent
酸っぱい　chua /チュア/　英 sour, acid
塩辛い　mặn /マン/　英 salty
甘辛い　vừa ngọt vừa cay /ヴア ンゴーッ ヴア カイ/　英 salty-sweet
甘酸っぱい　chua ngọt /チュア ンゴーッ/　英 sweet and sour
濃い　đậm /ドム/, đặc /ダク/　英 thick, strong
薄い　nhạt /ニャーッ/, loãng /ルアーング/　英 weak
あっさりした　vị nhạt /ヴィー ニャーッ/, vị thanh /ヴィー タハイン/　英 simple
しつこい　vị gắt /ヴィー ガッ/　英 heavy
軽い　vị nhẹ /ヴィー ニェー/　英 light, slight
重い　vị nặng /ヴィー ナング/　英 heavy

家　nhà /ニャー/, nhà cửa /ニャー クア/

門　cổng /コーンム/　英 gate
玄関　lối vào /ローイ ヴァーウ/, cửa vào /クア ヴァーウ/　英 entrance
ドア　cửa /クア/, cánh cửa /カイン クア/　英 door
縁側　hiên nhà /ヒエン ニャー/, hè /ヘー/　英 veranda
庭　sân /ソン/　英 garden, yard
部屋　phòng /フォーンム/, buồng /ブオング/　英 room
和室　phòng kiểu Nhật /フォーンム キエウ ニョッ/　英 Japanese-style room
洋室　phòng kiểu phương Tây /フォーンム キエウ フォング トイ/, phòng kiểu Tây /フォーンム キエウ トイ/　英 European-style room
リビングルーム　phòng khách /フォーンム カハイク/　英 living room
ダイニング　phòng ăn /フォーンム アン/　英 dining room
書斎　phòng đọc sách /フォーンム ドークプ サイク/, phòng sách /フォーンム サイク/　英 study

寝室 (しんしつ)　phòng ngủ /フォーン ングー/ 英 bedroom
浴室 (よくしつ)　nhà tắm /ニャー タム/, phòng tắm /フォーン タム/ 英 bathroom
トイレ　nhà vệ sinh /ニャー ヴェー シン/, phòng vệ sinh /フォーン ヴェー シン/ 英 bahtroom
キッチン (きっちん)　nhà bếp /ニャー ベープ/, bếp /ベープ/ 英 kitchen
物置 (ものおき)　buồng kho /ブオング コホー/ 英 storeroom
屋根 (やね)　mái /マーイ/, mái nhà /マーイ ニャー/ 英 roof
窓 (まど)　cửa sổ /クア ソー/ 英 window
車庫 (しゃこ)　ga ra /ガー ザー/, nhà để xe /ニャー デー セー/ 英 garage
塀 (へい)　rào /ザーウ/, hàng rào /ハーング ザーウ/ 英 wall, fence
インターホン (いんたーほん)　hệ thống máy nói nội bộ /ヘー トホーンム マイ ノーイ ノーイ ボー/ 英 interphone

---

衣服 (いふく)　quần áo /クオン アーウ/

スーツ (すーつ)　com lê /コーム レー/ 英 suit
ズボン (ずぼん)　quần /クオン/ 英 trousers
スラックス (すらっくす)　quần âu /クオン オウ/, quần tây /クオン トイ/ 英 slacks
スカート (すかーと)　váy /ヴァイ/, duýp /ズイープ/ 英 skirt
ミニスカート (みにすかーと)　váy ngắn /ヴァイ ンガン/ 英 mini
ワンピース (わんぴーす)　áo đầm /アーウ ドム/, váy đầm /ヴァイ ドム/ 英 dress, one-piece
シャツ (しゃつ)　sơ mi /ソー ミー/, áo sơ mi /アーウ ソー ミー/ 英 shirt
ポロシャツ (ぽろしゃつ)　áo thun có cổ /アーウ トゥフーン コー コー/ 英 polo shirt
Tシャツ (てぃーしゃつ)　áo phông /アーウ フォーンム/, áo thun /アーウ トゥフーン/ 英 T-shirt
セーター (せーたー)　áo len /アーウ レーン/ 英 sweater, pullover
タートルネック (たーとるねっく)　áo cổ cao /アーウ コー カーウ/, áo cổ lọ /アーウ コー ロー/ 英 turtleneck
ベスト (べすと)　gi lê /ギー レー/, áo gi lê /アーウ ギー レー/ 英 vest
ブラウス (ぶらうす)　sơ mi nữ /ソー ミー ヌー/, áo kiểu /アーウ キエウ/ 英 blouse
着物 (きもの)　quần áo /クオン アーウ/, áo quần /アーウ クオン/ 英 kimono
コート (こーと)　áo khoác /アーウ クファーウク/, măng tô /マング トー/ 英 coat
ジャケット (じゃけっと)　jacket /ジャケッ/, áo jacket /アーウ ジャケッ/ 英 jacket
ダウンジャケット (だうんじゃけっと)　áo jacket chần bông /アーウ ジャケッ チオン ボーンム/ 英 down jacket
レインコート (れいんこーと)　áo mưa /アーウ ムア/ 英 raincoat
長袖 (ながそで)　áo dài tay /アーウ ザーイ タイ/, áo tay dài /アーウ タイ ザーイ/ 英 long sleeves
半袖 (はんそで)　cộc tay /コークプ タイ/ 英 short sleeves

893

ノースリーブの áo không có tay /アーウ コホーンム コー タイ/, áo sát nách /アーウ サーッ ナイク/ 英 sleeveless

ベルト thắt lưng /タハッ ルーング/, dây lưng /ゾイ ルーング/ 英 belt

ネクタイ ca vát /カー ヴァーッ/, cà vạt /カー ヴァーッ/ 英 necktie, tie

マフラー khăn quàng cổ /カハン クアーング コー/ 英 muffler

スカーフ khăn quàng cổ mỏng /カハン クアーング コー モーンム/ 英 scarf

手袋 găng tay /ガング タイ/, bao tay /バーウ タイ/ 英 gloves

靴 giày /ザイ/ 英 shoes, boots

靴下 bít tất /ビーッ トッ/, vớ /ヴォー/ 英 socks, stockings

アオザイ áo dài /アーウ ザイ/ 英 ao dai

和服 áo kimono /アーウ キーモーノー/ 英 Japanese clothes

色 màu /マウ/, màu sắc /マウ サク/

黒 màu đen /マウ デーン/ 英 black

グレー màu xám /マウ サーム/ 英 gray

白 màu trắng /マウ チャング/ 英 white

青 màu xanh /マウ サイン/ 英 blue, green

赤 màu đỏ /マウ ドー/ 英 red

緑 màu xanh lá cây /マウ サイン ラー コイ/, màu lục /マウ ルークプ/ 英 green

茶 màu nâu /マウ ノウ/ 英 light brown

紫 màu tím /マウ ティーム/ 英 purple, violet

黄 màu vàng /マウ ヴァーング/ 英 yellow

黄緑 màu xanh nõn chuối /マウ サイン ノーン チュオイ/, màu xanh vàng /マウ サイン ヴァーング/ 英 yellowish green

透明 trong suốt /チョーンム スオッ/, trong sáng /チョーンム サーング/ 英 transparency

オレンジ màu da cam /マウ ザー カーム/ 英 orange

水色 màu xanh nhạt /マウ サイン ニャーッ/, màu xanh nước biển /マウ サイン ヌオク ビエン/ 英 sky-blue

ピンク màu hồng /マウ ホーンム/ 英 pink

紺 màu xanh đậm /マウ サイン ドム/, màu xanh thẫm /マウ サイン トホム/ 英 dark blue

ベージュ màu be /マウ ベー/ 英 beige

金色 màu vàng /マウ ヴァーング/, màu hoàng kim /マウ フアーング キーム/ 英 gold

銀色 màu bạc /マウ バーク/ 英 silver

家具　đồ đạc /ドーダーク/

- **箪笥** tủ /トゥー/ 英 chest of drawers
- **椅子** ghế /ゲー/, ghế ngồi /ゲーンゴーイ/ 英 chair, stool
- **ソファー** ghế xô pha /ゲー ソー ファー/, ghế sa lông /ゲー サー ローンム/ 英 sofa, couch
- **机** bàn viết /バーンヴィエッ/, bàn giấy /バーンゾイ/ 英 desk, bureau
- **テーブル** bàn /バーン/, bàn ăn /バーンアン/ 英 table
- **本棚** giá sách /ザーサイク/, kệ sách /ケーサイク/ 英 bookshelf
- **食器棚** chạn bát /チャーンバーッ/, tủ chén /トゥーチェーン/ 英 cupboard
- **カーテン** màn cửa /マーンクア/, rèm cửa /ゼームクア/ 英 curtain
- **絨毯** thảm /タハーム/, thảm len /タハームレーン/ 英 carpet, rug
- **ベッド** giường /ズオング/ 英 bed

家族　gia đình /ザーディン/

- **父** bố /ボー/, cha /チャー/ 英 father
- **母** mẹ /メー/, má /マー/ 英 mother
- **兄** anh trai /アインチャーイ/ 英 elder brother
- **姉** chị gái /チーガーイ/ 英 elder sister
- **弟** em trai /エームチャーイ/ 英 (younger) brother
- **妹** em gái /エームガーイ/ 英 (younger) sister
- **夫** chồng /チオーンム/ 英 husband
- **妻** vợ /ヴォー/ 英 wife
- **息子** con trai /コーンチャーイ/ 英 son
- **娘** con gái /コーンガーイ/ 英 daughter
- **祖父** ông /オーンム/ 英 grandfather
- **祖母** bà /バー/ 英 grandmother
- **叔[伯]父** chú /チュー/, bác trai /バークチャーイ/ 英 uncle
- **叔[伯]母** cô /コー/, bác gái /バークガーイ/ 英 aunt
- **いとこ** anh em họ /アインエームホー/ 英 cousin
- **甥** cháu trai /チャウチャーイ/ 英 nephew
- **姪** cháu gái /チャウガーイ/ 英 niece
- **曾祖父** cụ /クー/, cố /コー/ 英 great-grandfather
- **曾祖母** cụ /クー/, cố /コー/ 英 great-grandmother
- **孫** cháu /チャウ/ 英 grandchild
- **曾孫** chắt /チャッ/ 英 great-grandchild
- **はとこ** con của anh em họ /コーン クア アインエームホー/ 英 second cousin
- **継母** mẹ kế /メーケー/, dì ghẻ /ジーゲー/ 英 stepmother

895

漢字	ベトナム語	英語
養父(ようふ)	cha nuôi /チャー ヌオイ/	⑲ foster father
養母(ようぼ)	mẹ nuôi /メー ヌオイ/	⑲ foster mother
舅(しゅうと)	bố vợ /ボー ヴォー/, bố chồng /ボー チョーンム/	⑲ father-in-law
姑(しゅうとめ)	mẹ vợ /メー ヴォー/, mẹ chồng /メー チョーンム/	⑲ mother-in-law
義兄(ぎけい)	anh vợ /アインㇷ ヴォー/, anh chồng /アインㇷ チョーンム/	⑲ brother-in-law
義姉(ぎし)	chị vợ /チー ヴォー/, chị chồng /チー チョーンム/	⑲ sister-in-law
義弟(ぎてい)	em trai vợ /エーム チャーイ ヴォー/, em trai chồng /エーム チャーイ チョーンム/	⑲ brother-in-law
義妹(ぎまい)	em gái vợ /エーム ガーイ ヴォー/, em gái chồng /エーム ガーイ チョーンム/	⑲ sister-in-law
親(おや)	bố mẹ /ボー メー/, cha mẹ /チャー メー/	⑲ parent
両親(りょうしん)	bố mẹ /ボー メー/, song thân /ソーンム トゥン/	⑲ parents
兄弟(きょうだい)	anh em /アインㇷ エーム/	⑲ brothers
姉妹(しまい)	chị em /チー エーム/	⑲ sisters
夫婦(ふうふ)	vợ chồng /ヴォー チョーンム/, phu thê /フー テヘー/	⑲ couple
子供(こども)	con cái /コーン カーイ/, trẻ con /チェー コーン/	⑲ child
養子(ようし)	con nuôi /コーン ヌオイ/	⑲ adopted child
養女(ようじょ)	con gái nuôi /コーン ガーイ ヌオイ/	⑲ adopted daughter
末っ子(すえっこ)	con út /コーン ウーッ/	⑲ youngest child
長男(ちょうなん)	con trai cả /コーン チャーイ カー/, trưởng nam /チュオンム ナーム/	⑲ oldest son
長女(ちょうじょ)	con gái cả /コーン ガーイ カー/, trưởng nữ /チュオンム ヌー/	⑲ oldest daughter
親戚(しんせき)	họ hàng /ホー ハーング/, thân thích /トゥン ティヒク/	⑲ relative
先祖(せんぞ)	tổ tiên /トー ティエン/, ông cha /オーンム チャー/	⑲ ancestor
母方(ははかた)	bên ngoại /ベーン ングアーイ/	⑲ mother's side
父方(ちちかた)	bên nội /ベーン ノーイ/	⑲ father's side

体 thân /トゥン/, mình /ミン/

漢字	ベトナム語	英語
頭(あたま)	đầu /ドゥ/	⑲ head
肩(かた)	vai /ヴァーイ/	⑲ shoulder
首(くび)	cổ /コー/	⑲ neck
胸(むね)	ngực /ングーク/, ức /ウーク/	⑲ breast, chest
腹(はら)	bụng /ブーンム/, dạ /ザー/	⑲ belly
背(せ)	lưng /ルーング/	⑲ back
手(て)	tay /タイ/, bàn tay /バーン タイ/	⑲ hand
手首(てくび)	cổ tay /コー タイ/	⑲ wrist
掌(てのひら)	lòng bàn tay /ローンム バーン タイ/	⑲ palm of the hand

肘 (ひじ)	khuỷu /クフイーウ/, cùi chỏ /クーイチョー/ 英 elbow
腰 (こし)	lưng /ルーング/, thắt lưng /タハッルーング/ 英 waist
足 (あし)	chân /チョン/, bàn chân /バーンチョン/ 英 foot
膝 (ひざ)	đầu gối /ドゥゴーイ/, gối /ゴーイ/ 英 knee, lap
股 (もも)	đùi /ドゥーイ/, bắp đùi /バプドゥーイ/ 英 thigh
脹脛 (ふくらはぎ)	bắp chân /バプチョン/, bắp chuối /バプチュオイ/ 英 calf
足首 (あしくび)	cổ chân /コーチョン/ 英 ankle
髪 (かみ)	tóc /トークプ/, mái tóc /マーイトークプ/ 英 hair
顔 (かお)	mặt /マッ/, khuôn mặt /クフオンマッ/ 英 face
眉 (まゆ)	mày /マイ/, lông mày /ローンムマイ/ 英 eyebrow
睫毛 (まつげ)	lông mi /ローンムミー/ 英 eyelashes
目 (め)	mắt /マッ/ 英 eye
耳 (みみ)	tai /ターイ/, vành tai /ヴァインターイ/ 英 ear
鼻 (はな)	mūi /ムーイ/ 英 nose
口 (くち)	miệng /ミエングッ/, mồm /モーム/ 英 mouth
歯 (は)	răng /ザング/ 英 tooth

木	cây /コイ/, cây cối /コイコーイ/
根 (ね)	gốc /ゴークプ/, cội /コーイ/ 英 root
幹 (みき)	thân /トホン/, thân cây /トホンコイ/ 英 trunk
枝 (えだ)	cành /カイン/, ngành /ンガイン/ 英 branch, bough
芽 (め)	mầm /モム/, chồi /チョーイ/ 英 bud
葉 (は)	lá /ラー/, lá cây /ラーコイ/ 英 leaf, blade
実	quả /クアー/, trái /チャーイ/ 英 fruit, nut
種子 (しゅし)	hạt /ハーッ/, hột /ホーッ/ 英 seed
松 (まつ)	thông /トホーンム/, cây thông /コイトホーンム/ 英 pine
杉 (すぎ)	tùng /トゥーンム/, cây tùng /コイトゥーンム/ 英 Japanese cedar
柳 (やなぎ)	liễu /リエウ/, cây liễu /コイリエウ/ 英 willow
竹 (たけ)	tre /チェー/, cây tre /コイチェー/ 英 bamboo
白樺 (しらかば)	cây bu lô trắng /コイブーローチャング/ 英 white birch
銀杏 (いちょう)	cây ngân hạnh /コインゴンハイン/, cây bạch quả /コイバイククアー/ 英 ginkgo
欅 (けやき)	cây du Nhật Bản /コイズーニオッバーン/ 英 zelkova tree
栗の木 (くりのき)	cây hạt dẻ /コイハーッゼー/ 英 chestnut tree
桜 (さくら)	anh đào /アインダーウ/, cây anh đào /コイアインダーウ/ 英 cherry tree
アカシヤ	cây keo /コイケーウ/ 英 acacia
椿 (つばき)	trà mi /チャーミー/ 英 camellia
梅 (うめ)	mai /マーイ/, cây mai /コイマーイ/ 英 plum tree

椰子 (やし)   dừa /ズア/, cây dừa /コイ ズア/   英 palm

気象   khí tượng /キヒー トゥオング/

晴れ (はれ)   trời đẹp /チョーイ デープ/, đẹp trời /デープ チョーイ/   英 fine weather
快晴 (かいせい)   đẹp trời /デープ チョーイ/   英 fine weather
曇り (くもり)   trời nhiều mây /チョーイ ニエウ モイ/, trời âm u /チョーイ オム ウー/   英 cloudy weather
雨 (あめ)   mưa /ムア/   英 rain
小雨 (こさめ)   mưa lâm thâm /ムア ロム トホム/   英 light rain
雪 (ゆき)   tuyết /トゥイエッ/   英 snow
霙 (みぞれ)   mưa tuyết /ムア トゥイエッ/   英 sleet
霧 (きり)   sương mù /スオング ムー/   英 fog, mist
雷 (かみなり)   sấm sét /ソム セーッ/   英 thunder
雷雨 (らいう)   bão tố có sấm sét /バーウ トー コー ソム セーッ/   英 thunderstorm
台風 (たいふう)   bão /バーウ/, giông bão /ゾーンム バーウ/   英 typhoon
気温 (きおん)   nhiệt độ /ニエッ ドー/   英 temperature
湿度 (しつど)   độ ẩm /ドー オム/   英 humidity
風力 (ふうりょく)   sức gió /スーク ゾー/   英 force of the wind
気圧 (きあつ)   khí áp /キヒー アープ/, áp suất không khí /アープ スオッ コホーンム キヒー/   英 atmospheric pressure
高気圧 (こうきあつ)   áp cao /アープ カーウ/, khí áp cao /キヒー アープ カーウ/   英 high atmospheric pressure
低気圧 (ていきあつ)   áp thấp /アープ トホプ/   英 low pressure, depression

季節・月   bốn mùa /ボーン ムア/・tháng /タハーング/

春 (はる)   mùa xuân /ムア スオン/   英 spring
夏 (なつ)   mùa hạ /ムア ハー/, mùa hè /ムア ヘー/   英 summer
秋 (あき)   mùa thu /ムア トゥフー/   英 autumn, fall
冬 (ふゆ)   mùa đông /ムア ドーンム/   英 winter
月 (つき)   tháng /タハーング/   英 month
1月 (いちがつ)   tháng một /タハーング モーッ/, tháng giêng /タハーング ジエング/   英 January
2月 (にがつ)   tháng hai /タハーング ハーイ/   英 February
3月 (さんがつ)   tháng ba /タハーング バー/   英 March
4月 (しがつ)   tháng tư /タハーング トゥー/   英 April
5月 (ごがつ)   tháng năm /タハーング ナム/   英 May
6月 (ろくがつ)   tháng sáu /タハーング サウ/   英 June

7月 tháng bảy /タハーング バイ/ 英 July
8月 tháng tám /タハーング タム/ 英 August
9月 tháng chín /タハーング チーン/ 英 September
10月 tháng mười /タハーング ムオイ/ 英 October
11月 tháng mười một /タハーング ムオイ モーッ/, tháng một /タハーング モーッ/ 英 November
12月 tháng mười hai /タハーング ムオイ ハーイ/, tháng chạp /タハーング チャープ/ 英 December

魚介　hải sản /ハーイ サーン/

鯛 cá tráp biển /カー チャープ ビエン/ 英 sea bream
鰯 cá trích /カー チク/, cá mòi /カー モーイ/ 英 sardine
石持 cá lù đù vàng /カー ルー ドゥー ヴァーング/, cá đỏ dạ nhỏ /カー ドー ザー ニョー/ 英 croaker
鯵 cá nục /カー ヌークプ/ 英 sorrel
鮭 cá hồi /カー ホーイ/ 英 salmon
鯖 cá bạc má /カー バークマー/ 英 mackerel
太刀魚 cá hố /カー ホー/ 英 cutlassfish
鮪 cá ngừ đại dương /カーングー ダーイ ズオング/ 英 tuna
秋刀魚 cá thu đao /カー トゥフー ダーウ/ 英 saury
鰹 cá ngừ /カーングー/ 英 bonito
鰻 cá chình /カー チン/, con lươn /コーン ルオン/ 英 eel
鱸 cá vược /カー ヴオク/, cá chẽm /カー チェーム/ 英 perch
蛸 bạch tuộc /バイク トゥオク/ 英 octopus
烏賊 con mực /コーン ムーク/, cá mực /カー ムーク/ 英 cuttlefish, squid
海老 tôm /トーム/ 英 shrimp, prawn, lobster
伊勢海老 tôm rồng Nhật Bản /トーム ゾーンム ニョッブバーン/, tôm hùm gai Nhật Bản /トーム フーム ガーイ ニョッブバーン/ 英 lobster
蟹 cua /クア/ 英 crab
サザエ ốc xà cừ /オークプ サークー/ 英 turban shell
鮑 bào ngư /バーウングー/ 英 abalone
蛤 sò /ソー/, sò đốm /ソー ドーム/ 英 clam
浅蜊 ngao /ンガーウ/, nghêu /ンゲーウ/ 英 clam
海胆 nhím biển /ニーム ビエン/ 英 sea urchin
海鼠 hải sâm /ハーイ ソム/ 英 sea cucumber
牡蠣 hàu /ハウ/, con hàu /コーン ハウ/ 英 oyster

果物　hoa quả /ファー クアー/, trái cây /チャーィ コィ/

- **杏**（あんず） hạnh /ハイン/, hạnh đào /ハイン ダーウ/ 英 apricot
- **苺**（いちご） dâu tây /ゾウ トイ/ 英 strawberry
- **オレンジ**（おれんじ） cam /カーム/ 英 orange
- **キウイ**（きうい） ki vi /キー ヴィー/ 英 kiwi
- **グレープフルーツ**（ぐれーぷふるーつ） bưởi chùm /ブオィ チューム/ 英 grapefruit
- **サクランボ**（さくらんぼ） quả anh đào /クアー アイン ダーウ/, quả cheri /クアー チェリー/ 英 cherry
- **西瓜**（すいか） dưa hấu /ズア ホウ/ 英 watermelon
- **梨**（なし） lê /レー/ 英 pear
- **柿**（かき） hồng /ホーンム/, quả hồng /クアー ホーンム/ 英 persimmon
- **枇杷**（びわ） sơn tra Nhật Bản /ソーン チャー ニョッ バーン/ 英 loquat
- **パイナップル**（ぱいなっぷる） qủa dứa /クアー ズア/, trái thơm /チャーィ トホーム/ 英 pineapple
- **バナナ**（ばなな） chuối /チュオィ/ 英 banana
- **パパイヤ**（ぱぱいや） đu đủ /ドゥー ドゥー/ 英 papaya
- **葡萄**（ぶどう） nho /ニョー/ 英 grape
- **プラム**（ぷらむ） mận /モン/ 英 plum
- **マンゴー**（まんごー） xoài /スアーィ/ 英 mango
- **蜜柑**（みかん） quýt /クイーッ/ 英 mandarin
- **メロン**（めろん） dưa tây /ズア トイ/, dưa lưới /ズア ルオィ/ 英 melon
- **桃**（もも） đào /ダーウ/, quả đào /クアー ダーウ/ 英 peach
- **林檎**（りんご） táo tây /タウ トイ/ 英 apple
- **レモン**（れもん） chanh tây /チャイン トイ/ 英 lemon
- **棗**（なつめ） táo /ターウ/ 英 date
- **無花果**（いちじく） sung /スーンム/, vả /ヴァー/ 英 fig

化粧品　mỹ phẩm /ミー フォム/, son phấn /ソーン フォン/

- **口紅**（くちべに） son /ソーン/, son môi /ソーン モーィ/ 英 rouge, lipstick
- **アイシャドー**（あいしゃどー） phấn mắt /フォン マッ/ 英 eye shadow
- **マスカラ**（ますから） mascara /マスカラ/, đồ chuốt mi mắt /ドー チュオッ ミー マッ/ 英 mascara
- **リップクリーム**（りっぷくりーむ） kem dưỡng môi /ケーム ズオング モーィ/ 英 lip cream
- **リップグロス**（りっぷぐろす） son dưỡng bóng /ソーン ズオング ボーンム/ 英 lip gloss
- **化粧水**（けしょうすい） nước hoa hồng /ヌオッ フアー ホーンム/ 英 skin lotion
- **乳液**（にゅうえき） nhựa mủ /ニュア ムー/, sữa dưỡng ẩm /スア ズオング オム/ 英 milky lotion

899

分野別単語集

クレンジングクリーム kem tẩy trang /ケーム トイ チャーング/ 英 cleansing cream

コールドクリーム kem rửa mặt /ケーム ズア マッ/, kem xoa mặt /ケーム ソアー マッ/ 英 cold cream

ファンデーション nền móng /ネーン モーンム/, phấn nền /フォン ネーン/ 英 foundation

パック miếng đắp mặt /ミエング ダプ マッ/, mặt nạ làm đẹp /マッ ナー ラーム デプ/ 英 pack

洗顔料 sữa rửa mặt /スア ズア マッ/, kem tẩy trang /ケーム トイ チャーング/ 英 cleansing cream [foam]

日焼け止めクリーム kem chống nắng /ケーム チョーンム ナング/ 英 sunscreen

シャンプー dầu gội đầu /ゾウ ゴーイ ドウ/ 英 shampoo

リンス dầu xả /ゾウ サー/, thuốc xả /トゥオク サー/ 英 rinse

トリートメント nước xả tóc /ヌオク サー トークプ/, dầu xả tóc /ゾウ サー トークプ/ 英 treatment

石鹸 xà phòng /サー フォーンム/, xà bông /サー ボーンム/ 英 soap

時間 thời gian /トホーイ ザーン/, thì giờ /ティヒー ゾー/

年 năm /ナム/ 英 year
月 tháng /ターハング/ 英 month
週 tuần /トゥオン/, tuần lễ /トゥオン レー/ 英 week
日 ngày /ンガイ/, hôm /ホーム/ 英 day, date
時 giờ /ゾー/ 英 time, hour
分 phút /フーッ/ 英 minute
秒 giây /ゾイ/ 英 second
日付 ngày tháng /ンガイ ターハング/ 英 date
曜日 ngày thứ mấy trong tuần lễ /ンガイ トゥフー モイ チョーンム トゥオン レー/ 英 day
午前 buổi sáng /ブオイ サーング/ 英 morning
午後 buổi chiều /ブオイ チエウ/ 英 afternoon
朝 buổi sáng /ブオイ サーング/, ban sáng /バーン サーング/ 英 morning
昼 trưa /チュア/, buổi trưa /ブオイ チュア/ 英 daytime, noon
夜 đêm /デーム/, ban đêm /バーン デーム/ 英 night
夜明け rạng đông /ザーング ドーンム/, bình minh /ビン ミン/ 英 dawn, daybreak
日没 hoàng hôn /フアーング ホーン/, chiều tà /チエウ ター/ 英 sunset
夕方 hoàng hôn /フアーング ホーン/, xế chiều /セー チエウ/ 英 late after-

noon, evening

深夜 khuya /クフイア/, nửa đêm /ヌア デーム/ 英 midnight
今日 hôm nay /ホーム ナイ/, bữa nay /ブア ナイ/ 英 today
明日 ngày mai /ンガイ マーイ/, mai /マーイ/ 英 tomorrow
明後日 ngày kia /ンガイ キア/ 英 day after tomorrow
昨日 hôm qua /ホーム クアー/, bữa qua /ブア クアー/ 英 yesterday
一昨日 hôm kia /ホーム キア/ 英 day before yesterday

自然災害 thiên tai /ティヒエン ターイ/

豪雨 trận mưa to /チョンム ムアートー/, mưa rào /ムア ザーウ/ 英 heavy rain
雪崩 tuyết lở /トゥイエッ ロー/ 英 avalanche
土砂崩れ lở đất /ロー ドッ/, sạt lở đất /サッ ロー ドッ/ 英 landslide
(河川の)氾濫 ngập lụt /ンガプ ルッ/, tràn ngập /チャーン ンガプ/ 英 flood
陥没 lún /ルーン/, sụt /スッ/ 英 dipression
地盤沈下 lún nền /ルーン ネーン/, lún xuống nền nhà /ルーン スオング ネーン ニャー/ 英 subsidence (of the ground)
山火事 cháy rừng /チャイ ズーング/ 英 forest fire
竜巻 lốc /ロークプ/, gió lốc /ゾー ロークプ/ 英 tornado
地震 động đất /ドーンム ドッ/, địa chấn /ディア チョン/ 英 earthquake
津波 sóng thần /ソーンム トホン/ 英 *tsunami*

職業 nghề nghiệp /ンゲー ンギエプ/

医師 bác sĩ /バーク シー/ 英 doctor
イラストレーター người vẽ minh hoạ /ングオイ ヴェー ミン フアー/ 英 illustrator
運転手 lái xe /ラーイ セー/, tài xế /ターイ セー/ 英 driver
エンジニア kỹ sư /キー スー/ 英 engineer
音楽家 nhạc sĩ /ニャーク シー/ 英 musician
会社員 nhân viên công ty /ニオン ヴィエン コーンム ティー/ 英 office worker
介護士 hộ lý /ホー リー/, nhân viên hộ lý /ニオン ヴィエン ホー リー/ 英 care worker
画家 hoạ sĩ /フアー シー/, hoạ công /フアー コーンム/ 英 painter
写真家 nhà nhiếp ảnh /ニャー ニエプ アイン/, nghệ sĩ nhiếp ảnh /ンゲー シー ニエプ アイン/ 英 photographer
看護師 y tá /イー ター/ 英 nurse
客室乗務員 tiếp viên hàng không /ティエプ ヴィエン ハーング コホーンム/ 英 Cabin Crew

教員（きょういん）	giáo viên	/ザーウ ヴィエン/	teacher
銀行員（ぎんこういん）	nhân viên ngân hàng	/ニョン ヴィエン ンゴン ハーング/	bank clerk
警察官（けいさつかん）	cảnh sát /カイン サーッ/, người cảnh sát /ングオイ カイン サーッ/		police officer
芸術家（げいじゅつか）	nghệ sĩ	/ンゲー シー/	artist
建築家（けんちくか）	nhà kiến trúc /ニャー キエン チュークプ/, kiến trúc sư /キエン チュークプ スー/		architect
工員（こういん）	công nhân	/コーンム ニョン/	factory worker
公務員（こうむいん）	công chức	/コーンム チューク/	public worker
裁判官（さいばんかん）	thẩm phán /トホム ファーン/, quan toà /クアーン トゥアー/		judge
左官（さかん）	thợ hồ /トホー ホー/, thợ nề /トホー ネー/		plasterer
作家（さっか）	nhà văn /ニャー ヴァン/, văn sĩ /ヴァン シー/		writer, author
商人（しょうにん）	nhà buôn /ニャー ブオン/, thương gia /トゥオング ザー/		merchant
消防士（しょうぼうし）	lính cứu hoả	/リン クーウ フアー/	fire fighter
職人（しょくにん）	thợ	/トホー/	workman, artisan
新聞記者（しんぶんきしゃ）	nhà báo /ニャー バーウ/, phóng viên /フォーンム ヴィエン/		pressman, reporter
スタイリスト	nhà tạo mẫu	/ニャー ターウ モウ/	stylist
政治家（せいじか）	chính trị gia /チン チー ザー/, nhà chính trị /ニャー チン チー/		statesman, politician
セールスマン	người đi chào hàng	/ングオイ ディー チャーウ ハーング/	salesman
設計士（せっけいし）	người thiết kế	/ングオイ ティヒエッ ケー/	designer
船員（せんいん）	thuỷ thủ	/トゥフイー トゥフー/	crew, seaman
大工（だいく）	thợ mộc	/トホー モークプ/	carpenter
通訳（つうやく）	phiên dịch /フィエン ジク/, thông dịch /トホーンム ジク/		interpreter
デザイナー	nhà thiết kế /ニャー ティヒエッ ケー/, người vẽ kiểu /ングオイ ヴェー キエウ/		designer
店員（てんいん）	nhân viên bán hàng	/ニョン ヴィエン バーン ハーング/	clerk
農業（従事者）（のうぎょう（じゅうじしゃ））	nhà nông /ニャー ノーンム/, nông gia /ノーンム ザー/		farmer
判事（はんじ）	thẩm phán /トホム ファーン/, quan toà /クアーン トゥアー/		judge
秘書（ひしょ）	thư ký /トゥフー キー/, bí thư /ビー トゥフー/		secretary
美容師（びようし）	thợ làm đẹp /トホー ラーム デープ/, thợ uốn tóc /トホー ウオン トークプ/		beautician
不動産屋（ふどうさんや）	nhà kinh doanh bất động sản	/ニャー キン ズアイン ボッ ドーンム サーン/	estate agent
弁護士（べんごし）	luật sư	/ルオッスー/	lawyer, barrister
編集者（へんしゅうしゃ）	biên tập viên /ビエンプ ヴィエン/, người biên soạn /ングオイ ビエン		

スアーン/ 英 editor
薬剤師 dược sĩ /ズオクシー/ 英 pharmacist, druggist
漁師 người đánh cá /ングオィ ダイン カー/, dân chài /ゾン チャーイ/ 英 fisherman

食器　bát đĩa /バーッ ディア/

コップ　cốc /コークプ/, ly /リー/ 英 glass
カップ　ca /カー/, cái ca /カーィ カー/ 英 cup
ティーカップ　tách /タイク/, cái tách /カーィ タイク/ 英 tea cup
グラス　ly /リー/, cái ly /カーィ リー/ 英 glass
ワイングラス　ly rượu /リー ズオゥ/ 英 wineglass
ジョッキ　cốc vại /コークプ ヴァーィ/, vại /ヴァーィ/ 英 jug, mug
水差し　bình nước /ビン ヌオク/, bình rót /ビン ゾーッ/ 英 pitcher
ティーポット　ấm /オム/, ấm trà /オム チャー/ 英 teapot
コーヒーポット　bình cà phê /ビン カー フェー/ 英 coffeepot
コースター　tấm lót cốc /トム ローッ コークプ/, miếng lót ly /ミエング ローッ リー/ 英 coaster
皿　đĩa /ディア/, dĩa /ジア/ 英 plate, dish
小皿　đĩa nhỏ /ディア ニョー/, đĩa con /ディア コーン/ 英 small plate
大皿　đĩa lớn /ディア ローン/, đĩa to /ディア トー/ 英 platter
飯碗　bát cơm /バーッ コーム/, chén cơm /チェーン コーム/ 英 rice-bowl
箸　đũa /ドゥア/ 英 chopsticks
スプーン　thìa /ティーア/, muỗng /ムオング/ 英 spoon
フォーク　nĩa /ニア/, dĩa /ジア/ 英 fork
ナイフ　dao /ザーゥ/, con dao /コーン ザーゥ/ 英 knife
ストロー　ống hút /オーンム フッ/, cần hút /コン フッ/ 英 straw

人体　cơ thể con người /コー テヘー コーン ングオィ/, thân thể /トホン テヘー/

脳　não /ナーゥ/, óc /オークプ/ 英 brain
骨　xương /スオング/ 英 bone
筋肉　bắp thịt /バプ ティヒーッ/, bắp cơ gân /バプ コー ゴン/ 英 muscle
血管　huyết quản /フイエックアーン/, huyết mạch /フイエッ マイク/ 英 blood vessel
神経　thần kinh /トホン キン/, dây thần kinh /ゾィ トホン キン/ 英 nerve
気管支　cuống phổi /クオング フォーィ/ 英 bronchus
食道　thực quản /トゥフーク クアーン/ 英 gullet
肺　phổi /フォーィ/, lá phổi /ラー フォーィ/ 英 lung

心臓(しんぞう) tim /ティーム/, quả tim /クアー ティーム/ 英 heart
胃(い) dạ dày /ザー ザィ/, bao tử /バーゥ トゥー/ 英 stomach
大腸(だいちょう) ruột già /ズオッ ザー/, đại tràng /ダーイ チャーング/ 英 large intestine
小腸(しょうちょう) ruột non /ズオッ ノーン/, tiểu tràng /ティエウ チャーング/ 英 small intestine
十二指腸(じゅうにしちょう) tá tràng /ター チャーング/ 英 duodenum
盲腸(もうちょう) ruột thừa /ズオッ トゥァ/, ruột dư /ズオッ ズー/ 英 cecum
肝臓(かんぞう) gan /ガーン/, lá gan /ラー ガーン/ 英 liver
膵臓(すいぞう) tuỵ /トゥイー/, lá tuỵ /ラー トゥイー/ 英 pancreas
腎臓(じんぞう) thận /トホン/, cật /コッ/ 英 kidney

数字 con số /コーン ソー/, chữ số /チュー ソー/

0 (ぜろ、れい) không /コホーンム/, số không /ソー コホーンム/ 英 zero
1 (いち)
   (固数) một /モーッ/ 英 one
   (序数) thứ nhất /トゥフー ニョッ/ 英 first
2 (に) (固数) hai /ハーイ/ 英 two
   (序数) thứ hai /トゥフー ハーイ/, thứ nhì /トゥフー ニー/ 英 second
3 (さん) (固数) ba /バー/ 英 three
   (序数) thứ ba /トゥフー バー/ 英 third
4 (し、よん) (固数) bốn /ボーン/ 英 four
   (序数) thứ tư /トゥフー トゥー/ 英 fourth
5 (ご) (固数) năm /ナム/ 英 five
   (序数) thứ năm /トゥフー ナム/ 英 fifth
6 (ろく) (固数) sáu /サウ/ 英 six
   (序数) thứ sáu /トゥフー サウ/ 英 sixth
7 (しち、なな) (固数) bảy /バイ/ 英 seven
   (序数) thứ bảy /トゥフー バイ/ 英 seventh
8 (はち) (固数) tám /ターム/ 英 eight
   (序数) thứ tám /トゥフー ターム/ 英 eighth
9 (く、きゅう) (固数) chín /チーン/ 英 nine
   (序数) thứ chín /トゥフー チーン/ 英 ninth
10 (じゅう) (固数) mười /ムオイ/, chục /チュークプ/ 英 ten
   (序数) thứ mười /トゥフー ムオイ/ 英 tenth
11 (じゅういち) (固数) mười một /ムオイ モーッ/ 英 eleven
   (序数) thứ mười một /トゥフー ムオイ モーッ/ 英 eleventh
12 (じゅうに) (固数) mười hai /ムオイ ハーイ/, tá /ター/ 英 twelve
   (序数) thứ mười hai /トゥフー ムオイ ハーイ/ 英 twelfth
13 (じゅうさん) (固数) mười ba /ムオイ バー/ 英 thirteen

(序数) thứ mười ba /トゥフー ムオイ バー/ 英 thirteenth
14 (固数) mười bốn /ムオイ ボーン/ 英 fourteen
(序数) thứ mười bốn /トゥフー ムオイ ボーン/ 英 fourteenth
15 (固数) mười lăm /ムオイ ラム/ 英 fifteen
(序数) thứ mười lăm /トゥフー ムオイ ラム/ 英 fifteenth
16 (固数) mười sáu /ムオイ サウ/ 英 sixteen
(序数) thứ mười sáu /トゥフー ムオイ サウ/ 英 sixteenth
17 (固数) mười bảy /ムオイ バイ/ 英 seventeen
(序数) thứ mười bảy /トゥフー ムオイ バイ/ 英 seventeenth
18 (固数) mười tám /ムオイ ターム/ 英 eighteen
(序数) thứ mười tám /トゥフー ムオイ ターム/ 英 eighteenth
19 (固数) mười chín /ムオイ チーン/ 英 nineteen
(序数) thứ mười chín /トゥフー ムオイ チーン/ 英 nineteenth
20 hai mươi /ハーイ ムオイ/, hai chục /ハーイ チュークプ/ 英 twenty
21 hai mươi mốt /ハーイ ムオイ モーッ/ 英 twenty-one
30 ba mươi /バー ムオイ/, ba chục /バー チュークプ/ 英 thirty
40 bốn mươi /ボーン ムオイ/, bốn chục /ボーン チュークプ/ 英 forty
50 năm mươi /ナム ムオイ/, năm chục /ナム チュークプ/ 英 fifty
60 sáu mươi /サウ ムオイ/, sáu chục /サウ チュークプ/ 英 sixty
70 bảy mươi /バイ ムオイ/, bảy chục /バイ チュークプ/ 英 seventy
80 tám mươi /ターム ムオイ/, tám chục /ターム チュークプ/ 英 eighty
90 chín mươi /チーン ムオイ/, chín chục /チーン チュークプ/ 英 ninety
100 một trăm /モーッ チャム/ 英 a hundred
1,000 một nghìn /モーッ ンギーン/, một ngàn /モーッ ンガーン/ 英 a thousand
10,000 mười nghìn /ムオイ ンギーン/, một vạn /モーッ ヴァーン/ 英 ten thousand
100,000 một trăm nghìn /モーッ チャム ンギーン/, mười vạn /ムオイ ヴァーン/ 英 one hundred thousand
1,000,000 một triệu /モーッ チエウ/ 英 one million
10,000,000 mười triệu /ムオイ チエウ/ 英 ten million
100,000,000 một trăm triệu /モーッ チャム チエウ/ 英 one hundred million
2倍 gấp hai /ゴァ ハーイ/, gấp đôi /ゴァ ドーイ/ 英 double
3倍 gấp ba /ゴァ バー/, gấp ba lần /ゴァ バー ロン/ 英 triple
1/2 một phần hai /モーッ フォン ハーイ/, một nửa /モーッ ヌア/ 英 a half
2/3 hai phần ba /ハーイ フォン バー/ 英 two thirds
2 4/5 hai và bốn phần năm /ハーイ ヴァー ボーン フォン ナム/ 英 two and four fifths
0.1 không phẩy một /コホーンム フォイ モーッ/ 英 point one
2.14 hai phẩy mười bốn /ハーイ フォイ ムオイ ボーン/ 英 two point fourteen

スポーツ　thể thao /テヘ̂ー タハーウ/

柔道　Judo /ジュドー/, nhu đạo /ニュー ダーウ/ 英 *judo*

体操　thể dục /テヘ̂ー ズークプ/, tập thể dục /トプ テヘ̂ー ズークプ/ 英 gymnastics

新体操　thể dục nghệ thuật /テヘ̂ー ズークプ ンゲー トゥフオッ/ 英 rhythmic gymnastics

バレーボール　bóng chuyền /ボーンム チュイエン/, môn bóng chuyền /モーン ボーンム チュイエン/ 英 volleyball

バスケットボール　bóng rổ /ボーンム ゾー/, môn bóng rổ /モーン ボーンム ゾー/ 英 basketball

ハンドボール　bóng ném /ボーンム ネーム/, môn bóng ném /モーン ボーンム ネーム/ 英 handball

卓球　bóng bàn /ボーンム バーン/, môn bóng bàn /モーン ボーンム バーム/ 英 table tennis

バドミントン　cầu lông /コウ ローンム/, môn cầu lông /モーン コウ ローンム/ 英 badminton

水泳　bơi /ボーイ/, bơi lội /ボーイ ローイ/ 英 swimming

水球　bóng nước /ボーンム ヌオク/, môn bóng nước /モーン ボーンム ヌオク/ 英 water polo

平泳ぎ　bơi ếch /ボーイ エク/ 英 breaststroke

背泳ぎ　bơi ngửa /ボーイ ングア/ 英 backstroke

バタフライ　bơi bướm /ボーイ ブオム/ 英 butterfly stroke

テニス　quần vợt /クオン ヴォッ/, ten nít /テーン ニッ/ 英 tennis

スケート　trượt băng /チュオッ バング/ 英 skating

ラグビー　bóng bầu dục /ボーンム ボウ ズークプ/, môn bóng bầu dục /モーン ボーンム ボウ ズークプ/ 英 rugby

アメリカンフットボール　bóng bầu dục Mỹ /ボーンム ボウ ズークプ ミー/ 英 (American) football

野球　bóng chày /ボーンム チャイ/, môn bóng chày /モーン ボーンム チャイ/ 英 baseball

ソフトボール　bóng mềm chày /ボーンム メーム チャイ/ 英 softball

サッカー　bóng đá /ボーンム ダー/, môn bóng đá /モーン ボーンム ダー/ 英 soccer, football

ゴルフ　chơi gôn /チョーイ ゴーン/, golf /ゴーン/ 英 golf

スキー　trượt tuyết /チュオッ トゥイエッ/ 英 skiing, ski

マラソン　marathon /マラトン/, chạy ma ra tông /チャイ マー ラー トーンム/ 英 marathon

陸上競技　điền kinh /ディエン キン/, môn điền kinh /モーン ディエン キン/ 英

athletic sports

ハンマー投げ ném búa /ネーム ブア/, ném tạ xích /ネーム ター シク/ 英 hammer throw

槍投げ phóng lao /フォーム ラーウ/, môn phóng lao /モーン フォーム ラーウ/ 英 javelin throw

幅跳び nhảy xa /ニャイ サー/, môn nhảy xa /モーン ニャイ サー/ 英 broad jump

走り高跳び nhảy cao /ニャイ カーウ/, môn nhảy cao /モーン ニャイ カーウ/ 英 high jump

棒高跳び nhảy sào /ニャイ サーウ/, môn nhảy sào /モーン ニャイ サーウ/ 英 pole vault

ウエイトリフティング cử tạ /クー ター/, môn cử tạ /モーン クー ター/ 英 weightlifting

レスリング đấu vật /ドゥ ヴォッ/, đánh vật /ダイン ヴォッ/ 英 wrestling

アーチェリー bắn cung /バン クーンム/, môn bắn cung /モーン バン クーンム/ 英 archery

ボクシング quyền Anh /クイエン アイン/, môn đấm bốc /モーン ドム ボークナ/ 英 boxing

カヌー chèo xuồng /チェーウ スオング/, môn chèo xuồng /モーン チェーウ スオング/ 英 canoe

フェンシング đấu kiếm /ドゥ キエム/, môn đấu kiếm /モーン ドゥ キエム/ 英 fencing

ゴールボール môn lăn bóng dành cho người khiếm thị /モーン ラン ボーンム ザイン チョーング オイ キヒエム ティヒー/ 英 goalball

パラパワーリフティング môn cử tạ dành cho người khuyết tật /モーン クー ター ザイン チョーング オイ クフイエットッ/ 英 para powerlifting

シッティングバレーボール môn bóng chuyền dành cho người khuyết tật /モーン ボーンム チュイエン ザイン チョーング オイ クフイエットッ/ 英 sitting volleyball

車いすバスケットボール bóng rổ xe lăn /ボーンム ゾー セー ラン/, môn bóng rổ xe lăn /モーン ボーンム ゾー セー ラン/ 英 wheelchair basketball

車いすフェンシング đấu kiếm trên xe lăn /ドゥ キエム チェーン セー ラン/, môn đấu kiếm trên xe lăn /モーン ドゥ キエム チェーン セー ラン/ 英 wheelchair fencing

車いすテニス môn quần vợt trên xe lăn /モーン クオン ヴォッ チェーン セー ラン/ 英 wheelchair tennis

ウィールチェアーラグビー bóng bầu dục trên xe lăn /ボーンム ボウ ズークプ チェーン セー ラン/, môn bóng bầu dục trên xe lăn /モーン ボーンム ボウ ズークプ チェーン セー ラン/ 英 wheelchair rugby

台所用品　dụng cụ nhà bếp /ズーンム クー ニャー ベーブ/

鍋　nồi /ノーイ/, soong /ソーング/ 英 pan
圧力鍋　nồi nấu áp cao /ノーイ ノウ アーブ カウ/, nồi áp suất /ノーイ アーブ スオッ/ 英 pressure cooker
薬缶　ấm đun nước /オム ドゥーン ヌオク/ 英 kettle
フライパン　chảo /チャーウ/ 英 frying pan
包丁　dao /ザーウ/, con dao /コーン ザーウ/ 英 kitchen knife
俎　thớt /トホーツ/, cái thớt /カーイ トホーツ/ 英 cutting board
お玉　môi /モーイ/, muôi /ムオイ/ 英 ladle
杓文字　thìa xới cơm /ティーア ソーイ コーム/ 英 ladle
ボウル　chậu /チョウ/, bát to /バーッ トー/ 英 bowl
水切りボウル　cái rổ /カーイ ゾー/ 英 colander
計量カップ　cái ca định lượng /カーイ カー ディン ルオング/, cái long đong gạo /カーイ ローンム ドーンム ガーウ/ 英 measuring cup
調理ばさみ　kéo làm bếp /ケーウ ラーム ベーブ/ 英 poultry shears
フライ返し　môi lật đồ ăn /モーイ ロッ ドー アン/, xẻng lật /セーング ロッ/ 英 spatula
泡立て器　cái đánh trứng /カーイ ダイン チューング/, cái đánh kem /カーイ ダイン ケーム/ 英 whisk
ミキサー　máy trộn /マイ チョーン/, máy xay /マイ サイ/ 英 blender
炊飯器　nồi cơm /ノーイ コーム/, nồi cơm điện /ノーイ コーム ディエン/ 英 rice cooker

電気製品　đồ điện /ドー ディエン/

冷房　máy điều hoà nhiệt độ /マイ ディエウ フアー ニエッ ドー/, máy lạnh /マイ ライン/ 英 air conditioning
扇風機　quạt máy /クアーッ マイ/ 英 electric fan
暖房　lò sưởi /ロー スオイ/ 英 heating
ストーブ　lò sưởi /ロー スオイ/, máy sưởi /マイ スオイ/ 英 heater, stove
掃除機　máy hút bụi /マイ フーッ ブーイ/ 英 vacuum cleaner
洗濯機　máy giặt /マイ ザッ/ 英 washing machine
乾燥機　máy sấy /マイ ソイ/, máy làm khô /マイ ラーム コホー/ 英 dryer
ドライヤー　máy sấy /マイ ソイ/, máy sấy tóc /マイ ソイ トークブ/ 英 drier
照明　chiếu sáng /チエウ サーング/, rọi sáng /ゾーイ サーング/ 英 lighting
冷蔵庫　tủ lạnh /トゥー ライン/ 英 refrigerator
冷凍庫　tủ đông /トゥー ドーンム/ 英 freezer
電子レンジ　lò vi sóng /ロー ヴィー ソーンム/, lò vi ba /ロー ヴィー バー/ 英

microwave oven

テレビ máy truyền hình /マイ チュイエン ヒン/, ti vi /ティー ヴィー/ 英 television
パソコン máy tính cá nhân /マイ ティン カー ニャン/, máy tính riêng /マイ ティン ジエング/ 英 personal computer
プリンター máy in /マイ イーン/ 英 printer
ファックス fax /ファク/, máy fax /マイ ファク/ 英 fax
コピー機 máy phô tô /マイ フォー トー/, máy photocopy /マイ フォトコピー/ 英 copier

---

動物　động vật /ドーンム ヴォッ/, loài vật /ルアーイ ヴォッ/

ライオン sư tử /スー トゥー/ 英 lion
虎 hổ /ホー/, cọp /コープ/ 英 tiger
豹 báo /バーウ/, con báo /コーン バーウ/ 英 leopard, panther
麒麟 hươu cao cổ /フオウ カーウ コー/ 英 giraffe
象 voi /ヴォーイ/ 英 elephant
鹿 nai /ナーイ/, hươu /フオウ/ 英 deer
豚 lợn /ローン/, heo /ヘーウ/ 英 pig
牛 bò /ボー/ 英 cattle
羊 cừu /クーウ/ 英 sheep
山羊 dê /ゼー/ 英 goat
熊 gấu /ゴウ/ 英 bear
駱駝 lạc đà /ラークダー/ 英 camel
河馬 hà mã /ハーマー/, trâu nước /チョウ ヌオク/ 英 hippopotamus
パンダ gấu trúc /ゴウ チュークプ/ 英 panda
コアラ gấu túi /ゴウ トゥーイ/ 英 koala
カンガルー canguru /カングルー/, chuột túi /チュオッ トゥーイ/ 英 kangaroo
栗鼠 sóc /ソークプ/, con sóc /コーン ソークプ/ 英 squirrel
猿 khỉ /キヒー/ 英 monkey, ape
ゴリラ khỉ đột /キヒー ドーッ/, gorila /ゴリラー/ 英 gorilla
狼 chó sói /チョー ソーイ/ 英 wolf
狸 raccoon /ラクーン/ 英 raccoon dog
狐 con cáo /コーン カーウ/ 英 fox
猪 lợn rừng /ローン ズーング/ 英 wild boar
兎 thỏ /トホー/ 英 rabbit
野兎 thỏ rừng /トホー ズーング/, thỏ đồng /トホー ドーンム/ 英 hare
鼠 chuột /チュオッ/ 英 rat, mouse
犬 chó /チョー/ 英 dog

猫 mèo /メーウ/ 英 cat
鯨 cá voi /カーヴォーイ/ 英 whale
海豹 hải cẩu /ハーイコウ/, chó biển /チョービエン/ 英 seal
海豚 cá heo /カーヘーウ/ 英 dolphin

鳥 chim /チーム/, gía cầm /ザーコム/

鳥 chim /チーム/ 英 bird
鶏 gà /ガー/ 英 fowl, chicken
七面鳥 gà tây /ガートイ/ 英 turkey
アヒル vịt /ヴィーッ/, ngan /ンガーン/ 英 (domestic) duck
白鳥 thiên nga /ティビエンンガー/ 英 swan
鶴 con hạc /コーンハーク/, con sếu /コーンセーウ/ 英 crane
鷹 diều hâu /ジエウホウ/ 英 hawk
鷲 đại bàng /ダーイバーング/, chim đại bàng /チームダーイバーング/ 英 eagle
コンドル kền kền Nam Mỹ /ケーンケーンナームミー/, kền kền khoang cổ /ケーンケーンクフアーングコー/ 英 condor
啄木鳥 gõ kiến /ゴーキエン/, chim gõ kiến /チームゴーキエン/ 英 woodpecker
燕 én /エーン/, chim én /チームエーン/ 英 swallow
水鳥 thuỷ cầm /トウフイーコム/, chim ở nước /チームオーヌオク/ 英 waterfowl
郭公 chim cu /チームクー/, cu cu /クークー/ 英 cuckoo
鳩 bồ câu /ボーコウ/, chim bồ câu /チームボーコウ/ 英 pigeon, dove
鶯 chim chích Nhật Bản /チームチクニョッバーン/ 英 Japanese nightingale
鴎 hải âu /ハーイオウ/ 英 sea gull
雲雀 sơn ca /ソーンカー/, chiền chiện /チエンチエン/ 英 lark
鶫 hét /ヘーッ/, chim hét /チームヘーッ/ 英 thrush
烏 quạ /クアー/, con quạ /コーンクアー/ 英 crow
梟 cú /クー/, con cú /コーンクー/ 英 owl
ペンギン cánh cụt /カインクーッ/, chim cánh cụt /チームカインクーッ/ 英 penguin

度量衡 đơn vị đo lường /ドーンヴィードールオング/

●距離
ミリ mi li mét /ミーリーメーッ/, li /リー/ 英 millimeter
センチ cen ti mét /ケーンティーメーッ/, phân /フォン/ 英 centimeter
メートル mét /メーッ/, thước /トウフオク/ 英 meter

911

キロ ki lô mét /キーローメーツ/, cây số /コイソー/ ㊥ kilometer
ヤード yard /ヤー/, thước Anh /トゥフオクアイン/ ㊥ yard
マイル dặm /ザム/, lý /リー/ ㊥ mile

● 面積
平方メートル mét vuông /メーツヴオング/ ㊥ square meter
平方キロメートル kilômét vuông /キロメーツヴオング/ ㊥ square kilometer
アール a /アー/, đơn vị a /ドーンヴィーアー/ ㊥ are
ヘクタール héc ta /ヘークター/, công mẫu /コーンムモウ/ ㊥ hectare
エーカー mẫu Anh /モウアイン/ ㊥ acre

● 重さ
グラム gram /グラム/, gam /ガーム/ ㊥ gram
キロ ki lô gam /キーローガーム/, cân /コン/ ㊥ kilogram
オンス ounce /アウン/, ao xơ /アーウソー/ ㊥ ounce
ポンド pound /パウン/, bảng Anh /バーングアイン/ ㊥ pound
トン tấn /トン/ ㊥ ton

● 体積
立方センチ centimét khối /センチメーツコホーイ/ ㊥ cubic centimeter
リットル lít /リーツ/ ㊥ liter
立方メートル mét khối /メーツコホーイ/ ㊥ cubic meter

● 速度
キロ ki lô mét giờ /キーローメーツゾー/ ㊥ kilometer/hour
マイル dặm giờ /ザムゾー/ ㊥ mile/hour
ノット dặm biển giờ /ザムビエンゾー/ ㊥ knot/hour

● 温度
摂氏 độ C /ドーセー/, độ bách phân /ドーバイクフォン/ ㊥ Celsius

肉 thịt /ティヒーツ/

牛肉 thịt bò /ティヒーツボー/ ㊥ beef
子牛 bê /ベー/, con bê /コーンベー/ ㊥ veal
豚肉 thịt lợn /ティヒーツローン/, thịt heo /ティヒーツヘーウ/ ㊥ pork
鶏肉 thịt gà /ティヒーツガー/ ㊥ chicken
鴨肉 thịt vịt trời /ティヒーツヴィーツチォーイ/ ㊥ duck
羊の肉 thịt cừu /ティヒーツクーウ/ ㊥ mutton
子羊の肉 thịt cừu non /ティヒーツクーウノーン/ ㊥ lamb
挽肉 thịt băm /ティヒーツバム/, thịt bằm /ティヒーツバム/ ㊥ ground meat
赤身 nạc /ナーク/, không dính mỡ /コホーンムジンモー/ ㊥ lean
ロース thịt thăn lưng trên /ティヒーツタハンルーングチェーン/ ㊥ sirloin
リブロース thịt thăn lưng giữa /ティヒーツタハンルーングズア/ ㊥ loin

ヒレ肉 thịt thăn /ティヒーツ タハン/, thịt nạc thăn /ティヒーツ ナーク タハン/ 英 fillet
サーロイン thịt thăn cuối lưng /ティヒーツ タハン クオイ ルーング/ 英 sirloin
タン lưỡi bò /ルオィ ボー/ 英 tongue
レバー gan /ガーン/, lá gan /ラー ガーン/ 英 liver
鶏のもも肉 thịt đùi gà /ティヒーツ ドゥーィ ガー/ 英 leg
ハム giò /ゾー/, giăm bông /ザム ボーン/ 英 ham
生ハム giăm bông tươi /ザム ボーン トゥオィ/ 英 Parma ham
薫製 thịt xông khói /ティヒーツ ソーンム コホーィ/ 英 smoked
ソーセージ xúc xích /スークブ シク/ 英 sausage
ベーコン thịt lưng lợn muối xông khói /ティヒーツ ルーング ローン ムオィ ソーンム コホーィ/, thăn lợn hung khói /タハン ローン フーンム コホーィ/ 英 bacon
サラミ xúc xích Ý /スークブ シク イー/, lạp xường /ロブ スオング/ 英 salami

飲み物 đồ uống /ドー ウオング/, thức uống /トゥフーク ウオング/

水 nước /ヌオク/, nước lạnh /ヌオク ラィン/ 英 water
ミネラルウォーター nước suối /ヌオク スオィ/, nước khoáng /ヌオク クホアーング/ 英 mineral water
炭酸水 nước soda /ヌオク ソダー/ 英 soda water
赤ワイン vang đỏ /ヴァーング ドー/ 英 red wine
白ワイン vang trắng /ヴァーング チャング/ 英 white wine
ロゼ vang hồng /ヴァーング ホーンム/ 英 rosé
ビール bia /ビア/ 英 beer
生ビール bia tươi /ビア トゥオィ/, bia hơi /ビア ホーィ/ 英 draft beer
ウイスキー rượu uýt ky /ズオゥ ウイッ キー/, whiskey /ウイスキー/ 英 whiskey
シャンパン sâm banh /ソム バイン/, rượu sâm banh /ズオゥ ソム バイン/ 英 champagne
日本酒 rượu Nhật /ズオゥ ニォツ/ 英 sake
焼酎 rượu trắng /ズオゥ チャング/, rượu đế /ズオゥ デー/ 英 makgeolli
アルコール cồn /コーン/, rượu /ズオゥ/ 英 alcohol
カクテル rượu cốctay /ズオゥ コクタイ/, cocktail /コクタイ/ 英 cocktail
コーラ cô ca /コーカー/, cô ca cô la /コーカー コー ラー/ 英 Coke
ジュース nước hoa quả /ヌオク フアー クアー/, nước trái cây /ヌオク チャーィ コィ/ 英 juice
レモネード nước chanh /ヌオク チャイン/ 英 lemonade
ジンジャーエール đồ uống ướp gừng /ドー ウオング ウオブ グーング/, ginger beer /ジンジャービア/ 英 ginger ale

ミルク sữa /スア/, sữa tươi /スア トゥオイ/ 英 milk
コーヒー cà phê /カーフェー/ 英 coffee
カフェオレ cà phê sữa /カーフェースア/ 英 cafe au lait
アイスコーヒー cà phê đá /カーフェーダー/ 英 iced coffee
紅茶 trà đen /チャーデーン/, trà lipton /チャー リプトン/ 英 tea
ミルクティー trà sữa /チャースア/ 英 tea with milk
レモンティー trà chanh /チャー チャイン/ 英 tea with lemon
アイスティー trà đá /チャーダー/ 英 iced tea
緑茶 trà xanh /チャー サイン/, chè xanh /チェー サイン/ 英 green tea
烏龍茶 trà ô long /チャー オーローンム/ 英 oolong tea
ココア ca cao /カーカーウ/ 英 hot chocolate
コーン茶 trà ngô /チャーンゴー/, trà bắp /チャー バプ/ 英 corn tea

花 hoa /フアー/, bông /ボーンム/

朝顔 cây bìm bìm /コイ ビーム ビーム/ 英 morning glory
紫陽花 cẩm tú cầu /コム トゥー コウ/, tú cầu /トゥー コウ/ 英 hydrangea
菖蒲 hoa diên vĩ /フアージエンヴィー/, i rit /イージーッ/ 英 flag, iris
カーネーション cẩm chướng /コム チュオング/, hoa cẩm chướng /フアー コム チュオング/ 英 carnation
ガーベラ hoa đồng tiền /フアー ドームテイエン/ 英 gerbera
菊 cúc /クークプ/, hoa cúc /フアー クークプ/ 英 chrysanthemum
コスモス hoa bướm /フアー ブオム/, hoa sao nhái /フアー サーウ ニャーイ/ 英 cosmos
桜 anh đào /アイン ダーウ/, hoa anh đào /フアー アイン ダーウ/ 英 cherry blossoms
シクラメン hoa anh thảo /フアー アイン タハーウ/, hoa lật /フアー ロッ/ 英 cyclamen
スイートピー cây đậu hoa /コイ ドウ フアー/ 英 sweet pea
水仙 thuỷ tiên /トゥフィー ティエン/ 英 narcissus
睡蓮 súng /スーンム/, hoa súng /フアー スーンム/ 英 water lily
菫 violet /ヴィオレ/, hoa violet /フアー ヴィオレ/ 英 violet
蒲公英 bồ công anh /ボー コーンム アイン/, hoa bồ công anh /フアー ボー コーンム アイン/ 英 dandelion
チューリップ tuy líp /トゥイー リープ/, hoa tuy líp /フアー トゥイー リープ/ 英 tulip
椿 trà mi /チャー ミー/ 英 camellia
菜の花 hoa cải /フアー カーイ/, hoa cải vàng /フアー カーイ ヴァーング/ 英 rape blossoms

薔薇 hồng /ホーンム/, hoa hồng /フアー ホーンム/ 英 rose
向日葵 hướng dương /フォング ズオング/, hoa hướng dương /フアー フォング ズオング/ 英 sunflower
牡丹 mẫu đơn /モウ ドーン/, hoa mẫu đơn /フアー モウ ドーン/ 英 peony
マーガレット hoa cúc tây /フアー クークプ トイ/, cúc mắt bò /クークプ マッ ボー/ 英 marguerite
木槿 râm bụt /ゾム ブーッ/, bông bụt /ボーンム ブーッ/ 英 rose of Sharon
百合 huệ /フエー/, bách hợp /バイク ホープ/ 英 lily
蘭 lan /ラーン/, hoa lan /フアー ラーン/ 英 orchid

病院 bệnh viện /ベン ヴィエン/, nhà thương /ニャー トゥフオング/

救急病院 bệnh viện cấp cứu /ベン ヴィエン コプ クーウ/ 英 emergency hospital
総合病院 bệnh viện đa khoa /ベン ヴィエン ダー クフアー/ 英 general hospital
医師 bác sĩ /バーク シー/ 英 doctor
看護師 y tá /イー ター/ 英 nurse
薬剤師 dược sĩ /ズオク シー/ 英 pharmacist, druggist
患者 bệnh nhân /ベン ニョン/ 英 patient
診察室 phòng khám bệnh /フォーンム カハームプ ベン/ 英 consulting room
手術室 phòng phẫu thuật /フォーンム フォウ トゥフオッ/, phòng mổ /フォーンム モー/ 英 operating room
病棟 toà nhà bệnh viện /トゥアー ニャー ベン ヴィエン/ 英 ward
病室 phòng bệnh /フォーンム ベン/, buồng bệnh /ブオング ベン/ 英 sick-room, ward
薬局 hiệu thuốc /ヒエウ トゥフオク/, tiệm thuốc /ティエム トゥフオク/ 英 drugstore
レントゲン X quang /イク クアーング/ 英 X rays
眼科 khoa mắt /クフアー マッ/, nhãn khoa /ニャーン クフアー/ 英 ophthalmology
形成外科 khoa phẫu thuật thẩm mỹ /クフアー フォウ トゥフオッ トホム ミー/ 英 plastic surgery
外科 khoa ngoại /クフアー ングアーイ/, ngoại khoa /ングアーイ クフアー/ 英 surgery
産婦人科 khoa phụ sản /クフアー フー サーン/ 英 obstetrics and gynecology
歯科 nha khoa /ニャー クフアー/, khoa răng /クフアー ザング/ 英 dental surgery
口腔外科 khoa khoang miệng /クフアー クフアーング ミエング/ 英 oral and maxillofacial surgery

915

耳鼻咽喉科 (じびいんこうか) khoa tai mũi họng /クファアー ターイ ムーイ ホーンム/ 英 otorhinolaryngology

小児科 (しょうにか) nhi khoa /ニー クファアー/, khoa nhi /クファアー ニー/ 英 pediatrics

整形外科 (せいけいげか) khoa chỉnh hình /クファアー チン ヒン/, khoa phẫu thuật chỉnh hình /クファアー フォウトゥオッチン ヒン/ 英 orthopedics

内科 (ないか) khoa nội /クファアー ノーイ/, nội khoa /ノーイ クファアー/ 英 internal medicine

泌尿器科 (ひにょうきか) khoa tiết niệu /クファアー ティエッ ニエウ/ 英 urology

病気 bệnh /ベン/, bệnh tật /ベン トッ/

インフルエンザ cúm /クーム/, bệnh cúm /ベン クーム/ 英 influenza

ノロウイルス vi rút gây tiêu chảy /ヴィー ズーッ ゴイ ティエウ チャイ/ 英 norovirus

赤痢 (せきり) bệnh lỵ /ベン リー/, kiết lỵ /キエッ リー/ 英 dysentery

コレラ dịch tả /ジク ターˀ/, bệnh dịch tả /ベン ジク ターˀ/ 英 cholera

チフス bệnh hôn mê /ベン ホーン メー/, thương hàn /トゥフオング ハーン/ 英 typhoid, typhus

マラリア sốt rét /ソーッ ゼーッ/, ngã nước /ンガー ヌオク/ 英 malaria

ジフテリア bạch hầu /バイク ホウ/, bệnh bạch hầu /ベン バイク ホウ/ 英 diphtheria

結核 (けっかく) bệnh lao /ベン ラーウ/, bệnh lao phổi /ベン ラーウ フォーイ/ 英 tuberculosis

エイズ SIDA /シダー/, AIDS /エイズ/ 英 AIDS

アルツハイマー病 (あるつはいまーびょう) bệnh đãng trí. /ベン ダーング チー/ 英 Alzheimer's disease

麻疹 (はしか) lên sởi /レーン ソーイ/, bệnh sởi /ベン ソーイ/ 英 measles

風邪 (かぜ) cảm /カーム/, cảm mạo /カーム マーウ/ 英 cold

おたふく風邪 quai bị /クアーイ ビー/, bệnh quai bị /ベン クアーイ ビー/ 英 mumps

癌 (がん) ung thư /ウーンム トゥフー/, bệnh ung thư /ベン ウーンム トゥフー/ 英 cancer

頭痛 (ずつう) đau đầu /ダウ ドウ/, nhức đầu /ニュク ドウ/ 英 headache

食中毒 (しょくちゅうどく) ngộ độc /ンゴー ドークˀ/, bị ngộ độc /ビー ンゴー ドークˀ/ 英 food poisoning

盲腸炎 (もうちょうえん) viêm ruột thừa /ヴィエム ズオッ トゥフア/ 英 appendicitis

腹痛 (ふくつう) đau bụng /ダウ ブーンム/, đau dạ dày /ダウ ザー ザイ/ 英 stomachache

ストレス (すとれす) áp lực /アープ ルークˀ/, stress /ストゥレッ/ 英 stress

虫歯 (むしば) răng sâu /ザング ソウ/ 英 decayed tooth

捻挫 (ねんざ) trẹo /チェーウ/, sái /サーイ/ 英 sprain

骨折（こっせつ） gãy xương /ゴイ スオング/ 英 fracture
打撲（だぼく） cú đánh /クー ダイン/, đòn /ドーン/ 英 bruise
脱臼（だっきゅう） sai khớp /サーイ コホープ/, trật khớp /チョッ コホープ/ 英 dislocation

文房具　văn phòng phẩm /ヴァン フォーング フォム/

鉛筆（えんぴつ） bút chì /ブー チー/ 英 pencil
万年筆（まんねんひつ） bút máy /ブー マイ/ 英 fountain pen
ボールペン（ぼーるぺん） bút bi /ブー ビー/, bút bích /ブー ビク/ 英 ball-point pen
シャープペンシル（しゃーぷぺんしる） bút chì kim /ブー チー キーム/, bút chì bấm /ブー チー ボム/ 英 mechanical pencil
消しゴム（けしごむ） tẩy /トイ/, cục tẩy /クーク トイ/ 英 eraser, rubber
インク（いんく） mực tây /ムーク トイ/, mực /ムーク/ 英 ink
コンパス（こんぱす） com pa /コーム パー/, compa /コムパー/ 英 compasses
絵の具（えのぐ） màu vẽ /マウ ヴェー/ 英 paints, colors
パレット（ぱれっと） bảng màu /バーング マウ/, bảng pha màu /バーング ファー マウ/ 英 palette
クレヨン（くれよん） bút chì sáp /ブー チー サープ/ 英 crayon
クレパス（くれぱす） bút sáp tô màu /ブー サープ トー マウ/ 英 pastel crayon
色鉛筆（いろえんぴつ） bút chì màu /ブー チー マウ/ 英 colored pencil
ノート（のーと） vở /ヴォー/, quyển vở /クイエン ヴォー/ 英 notebook
スケッチブック（すけっちぶっく） sổ phác hoạ /ソー ファーク ファー/, sổ phác thảo /ソー ファーク タハウ/ 英 sketchbook
手帳（てちょう） sổ tay /ソー タイ/ 英 notebook
日記帳（にっきちょう） sổ nhật ký /ソー ニャッキー/ 英 diary
原稿用紙（げんこうようし） giấy bản viết tay /ゾイ バーン ヴィエッ タイ/, giấy bản thảo /ゾイ バーン タハウ/ 英 manuscript paper
葉書（はがき） bưu thiếp /ブー ティヒエプ/ 英 postal card
便箋（びんせん） giấy viết thư /ゾイ ヴィエッ トゥフー/ 英 letter paper
封筒（ふうとう） phong bì /フォーム ビー/, bao thơ /バーウ トホー/ 英 envelope
糊（のり） hồ dán /ホー ザーン/, keo dán /ケーウ ザーン/ 英 glue
セロテープ（せろてーぷ） băng dính /バング ジン/ 英 Scotch tape
クリップ（くりっぷ） kẹp giấy /ケープ ゾイ/ 英 clip
ホッチキス（ほっちきす） đồ bấm giấy /ドー ボム ゾイ/ 英 stapler

店　cửa hàng /クア ハーング/, hiệu /ヒエウ/

八百屋（やおや） hiệu bán rau /ヒエウ バーン ザウ/, tiệm bán rau /ティエム バーン ザウ/ 英 vegetable store

花屋 tiệm hoa /ティエム ファー/ 英 flower shop

魚屋 hàng cá /ハーング カー/ 英 fish shop

肉屋 hàng thịt /ハーング ティーツ/ 英 meat shop

酒屋 quán rượu /クアーン ズオウ/, tiệm rượu /ティエム ズオウ/ 英 liquor store

パン屋 hiệu bánh mì /ヒエゥ バインミー/, tiệm bánh mì /ティエム バイン ミー/ 英 bakery

薬局 hiệu thuốc /ヒエゥ トゥフオク/, tiệm thuốc /ティエム トゥフオク/ 英 pharmacy, drugstore

文房具店 cửa hàng văn phòng phẩm /クア ハーング ヴァン フォーンム フォム/, tiệm văn phòng phẩm /ティエム ヴァン フォーンム フォム/ 英 stationery store

靴屋 hiệu giày /ヒエゥ ザイ/, tiệm giày /ティエム ザイ/ 英 shoe store

本屋 hiệu sách /ヒエゥ サイク/, tiệm sách /ティエム サイク/ 英 bookstore

雑貨屋 hàng tập hoá /ハーング トナ ファー/, hiệu tập hoá /ヒエゥ トナ ファー/ 英 variety store

時計屋 hiệu đồng hồ /ヒエゥ ドーンム ホー/, tiệm đồng hồ /ティエム ドーンム ホー/ 英 watch store

理髪店 hiệu cắt tóc /ヒエゥ カット-クプ/, tiệm hớt tóc /ティエム ホーット-クプ/ 英 barbershop

クリーニング店 hiệu giặt là /ヒエゥ ザッ ラー/, tiệm giặt ủi /ティエム ザッ ウーイ/ 英 laundry

玩具店 hiệu đồ chơi /ヒエゥ ドー チョーイ/, tiệm đồ chơi /ティエム ドー チョーイ/ 英 toyshop

不動産屋 công ty bất động sản /コーンム ティー ボッ ドーンム サーン/ 英 real estate agent

家具屋 cửa hàng nội thất /クア ハーング ノーイ トホッ/, tiệm nội thất /ティエム ノーイ トホッ/ 英 furniture store

キオスク ki ốt /キー オーッ/ 英 kiosk

スーパーマーケット siêu thị /シエウ ティヒー/ 英 supermarket

デパート cửa hàng bách hoá /クア ハーング バイク ファー/, cửa hàng tổng hợp /クア ハーング トーンム ホープ/ 英 department store

コンビニ cửa hàng tiện lợi /クア ハーング ティエン ローイ/ 英 convenience store

---

野菜 rau /ザウ/, rau cỏ /ザウ コー/

胡瓜 dưa chuột /ズア チュオッ/, dưa leo /ズア レーウ/ 英 cucumber

茄子 cà /カー/, cà tím /カー ティーム/ 英 eggplant, aubergine

人参 cà rốt /カー ゾーッ/ 英 carrot

大根 củ cải /クー カーイ/, cải củ /カーイ クー/ 英 radish

じゃが芋 khoai tây /クアーイ トイ/ 英 potato
里芋 khoai sọ /クアーイ ソー/ 英 taro
カボチャ bí đỏ /ビードー/, bí ngô /ビーンゴー/ 英 pumpkin
牛蒡 cây ngưu bàng /コイ ングーウ バーング/, củ ngưu bàng /クーングーウ バーング/ 英 burdock
白菜 cải trắng /カーイ チャング/, cải Trung Quốc /カーイ チューンム クオク/ 英 Chinese cabbage
菠薐草 bi na /ビーナー/, rau bi na /ザウ ビー ナー/ 英 spinach
葱 hành /ハイン/, hành lá /ハイン ラー/ 英 leek
玉葱 hành tây /ハイン トイ/, hành củ /ハイン クー/ 英 onion
莢隠元 đậu cô ve /ドウ コーヴェー/ 英 green bean
枝豆 đậu tương non /ドウ トゥオング ノーン/, đậu nành non /ドウ ナイン ノーン/ 英 green soybeans
大蒜 tỏi /トーイ/, củ tỏi /クー トーイ/ 英 garlic
トマト cà chua /カー チュア/, quả cà chua /クアー カー チュア/ 英 tomato
ピーマン ớt tây /オートイ/, ớt Đà Lạt /オッダー ラーッ/ 英 green pepper
キャベツ bắp cải /バプ カーイ/, cải bắp /カーイ バプ/ 英 cabbage
レタス rau xà lách /ザウ サー ライク/ 英 lettuce
アスパラガス măng tây /マング トイ/ 英 asparagus
カリフラワー cải hoa /カーイ フアー/, súp lơ /スープ ロー/ 英 cauliflower
ブロッコリー súp lơ xanh /スープ ロー サイン/ 英 broccoli
セロリ cần tây /コン トイ/, rau cần tây /ザウ コン トイ/ 英 celery
パセリ mùi tây /ムーイ トイ/, rau mùi tây /ザウ ムーイ トイ/ 英 parsley
グリーンピース đậu Hà Lan /ドウ ハー ラーン/ 英 pea
玉蜀黍 bắp /バプ/, ngô /ンゴー/ 英 corn
茸 nấm /ノム/ 英 mushroom
もやし giá /ザー/ 英 bean sprout
かぶ củ cải chuông /クー カーイ チュオング/ 英 turnip
冬瓜 bí đao /ビーダーウ/, bí phấn /ビー フォン/ 英 wax gourd
韮 hẹ /ヘー/, lá hẹ /ラー ヘー/ 英 scallion
蓮根 củ sen /クー セーン/ 英 lotus root
筍 măng /マング/, măng tre /マング チェー/ 英 bamboo shoot

曜日 các ngày trong tuần /カーク ンガイ チョーンム トゥオン/

日曜日 chủ nhật /チュー ニャッ/ 英 Sunday
月曜日 thứ hai /トゥフー ハーイ/ 英 Monday
火曜日 thứ ba /トゥフー バー/ 英 Tuesday
水曜日 thứ tư /トゥフー トゥー/ 英 Wednesday

木曜日 thứ năm /トゥフー ナム/ 英 Thursday
金曜日 thứ sáu /トゥフー サウ/ 英 Friday
土曜日 thứ bảy /トゥフー バイ/ 英 Saturday
週 tuần /トゥオン/, tuần lễ /トゥオン レー/ 英 week
週末 cuối tuần /クオイ トゥオン/ 英 weekend
平日 ngày thường /ンガイ トゥフオング/ 英 weekday
休日 ngày nghỉ /ンガイ ンギー/ 英 holiday, vacation
祭日 ngày lễ /ンガイ レー/, ngày hội /ンガイ ホーイ/ 英 national holiday, festival day

ベトナム料理　món ăn Việt Nam /モーン アン ヴィエッ ナーム/

フォー〔平たい米のヌードル〕 Phở /フォー/ 英 rice noodle soup

ブン(ビーフン)〔フエ風ビーフヌードル〕 Bún bò Huế /ブーン ボー フエー/ 英 spicy beef noodle soup

チャオ〔お粥〕 Cháo /チャーウ/ 英 Vietnamese porridge

チャオガー〔鶏肉粥〕 Cháo gà /チャーウ ガー/ 英 Vietnamese chicken porridge

コムガー〔鶏ご飯〕 Cơm gà /コーム ガー/ 英 chicken rice

ネムザン(北部)/チャーヨー(南部)〔揚げ春巻き〕 Nem rán / Chả giò /ネーム ザーン/チャー ゾー/ 英 bite-sized crunchy spring rolls

ゴイクオン/ネムクオン〔生春巻き〕 Gỏi cuốn / Nem cuốn /ゴーイ クオン/ネーム クオン/ 英 spring rolls packed with greens

バインセオ〔ベトナム風お好み焼き〕 Bánh xèo /バイン セーウ/ 英 Vietnamese pancake

バインチュン〔ベトナム風ちまき〕 Bánh chưng /バイン チューング/ 英 rice-dumpling wrapped in bamboo leaves

バインバオ〔ベトナム風中華まん〕 Bánh bao /バイン バーウ/ 英 steamed pork buns

ゴイドゥードゥー〔青パパイヤのサラダ〕 Gỏi đu đủ /ゴーイ ドゥー ドゥー/ 英 green papaya salad

バインミー〔ベトナムサンドイッチ〕 Bánh mì /バイン ミー/ 英 Vietnamese baguette sandwich

チェー〔ぜんざいのようなデザート〕 Chè /チェー/ 英 sweet dessert beverage or pudding

ケムズア/ケムチャイユア〔ココナッツアイスクリーム〕 Kem dừa / Kem trái dừa /ケーム ズア/ケーム チャーイ ズア/ 英 coconut ice cream

ヌクミア〔さとうきびのジュース〕 Nước mía /ヌオク ミア/ 英 sugarcane juice

カーフェー〔ベトナムコーヒー〕 Cà phê /カー フェー/ 英 Vietnamese coffee

2018 年 6 月 10 日　　初版発行

デイリー 日本語・ベトナム語・英語 辞典

2018 年 6 月 10 日　　第 1 刷発行

監　修	冨田健次（とみた・けんじ）
編　者	三省堂編修所
発行者	株式会社三省堂　代表者 北口克彦
印刷者	三省堂印刷株式会社
発行所	株式会社三省堂

〒 101-8371
東京都千代田区神田三崎町二丁目 22 番 14 号
電話　編集　（03）3230-9411
　　　営業　（03）3230-9412
http://www.sanseido.co.jp/

落丁本・乱丁本はお取り替えいたします。

ISBN978-4-385-12287-8

〈デイリー日越英・928pp.〉

本書を無断で複写複製することは、著作権法上の例外を除き、禁じられています。また、本書を請負業者等の第三者に依頼してスキャン等によってデジタル化することは、たとえ個人や家庭内での利用であっても一切認められておりません。

■音節頭子音＋主要母音 ② (前の見返しより続く)

頭子音\母音	12 ia イア	13 ua ウア	14 ưa ウア	15 oa ゥアー	16 oe ゥエー
b	bia ビア	bua ブア	bưa ブア		
c		cua クア	cưa クア		
k	kia キア				
qu				qua クアー	que クエー
ch	chia チア	chua チュア	chưa チュア	choa チュアー	choe チュエー
d	dia ジア	dua ズア	dưa ズア	doa ズアー	
đ	đia ディア	đua ドゥア	đưa ドゥア	đoa ドゥアー	
g				goa グアー	
gh					
gi		giua ズア	giưa ズア		
h	hia ヒア	hua ファ	hưa ファ	hoa ファー	hoe フエー
kh	khia キヒア	khua クファ	khưa クファ	khoa クファアー	khoe クフエー
l	lia リア	lua ルア	lưa ルア	loa ルアー	loe ルエー
m	mia ミア	mua ムア	mưa ムア		
n	nia ニア	nua ヌア	nưa ヌア	noa ヌアー	
ng			ngưa ングア	ngoa ングアー	ngoe ングエー
ngh	nghia ンギア				
nh			nhưa ニュア	nhoa ニュアー	nhoe ニュエー
ph	phia フィア		phưa ファ		
r	ria ジア	rua ズア	rưa ズア		
s	sia シア	sua スア	sưa スア	soa スアー	
t	tia ティア	tua トゥア	tưa トゥア	toa トゥアー	toe トゥエー
th	thia ティヒア	thua トゥファ	thưa トゥファ	thoa トゥファアー	
tr	tria チア		trưa チュア		
v	via ヴィア	vua ヴア	vưa ヴア		
x	xia シア	xua スア	xưa スア	xoa スアー	xoe スエー